예제풀이중심

마케팅조사론

이 돈 재
황 호 종 공저

法 文 社

머 리 말

요즈음 기업 환경이 점점 더 복잡하고 어려워 짐에 따라 기업 목표를 달성하기 위해서는 보다 계획적이고 과학적인 의사결정방법이 요구되고 있다. 과학적인 의사결정방법이란 기업 활동에 필요한 자료를 바탕으로 객관화된 연구방법론을 통해 도출되는 결과를 해석하여 기업목표를 달성해 나가는 수단이다. 과학적인 의사결정이 기업 목표 달성에 주는 영향으로 보아 절대적이라고 할 수 있는데 이는 기업 브랜드 가치 창조와 함께 기업의 좋은 이미지 향상이 시장지배력에 주는 영향이 크기 때문이다.

기업의 목표도 이제는 소비자 만족의 시대로 돌입한지 오래다. 소비자 만족을 통해 재구매율과 재방문율을 높이는 것이야 말로 장기적인 기업 목표와 일치되기 때문이다. 재구매를 높이는 대상을 구체적으로 소비자라 한다면 어떤 특정 목적지의 재방문율에 대한 대상은 관광객이라고 할 수 있다. 소비자와 관광객이라는 두 집단에 대한 특성을 파악하여 기업목표에 적용하기 위해서는 어떤 상품으로, 얼마 만한 가격으로, 어떻게 알리고, 어떻게 최종소비자와 관광객에 전달할 수 있는가에 대한 소위 마케팅 믹스의 개념을 아는 일이 무엇보다도 중요해지게 된다.

따라서 합리적인 기업의사결정이란 종국적으로 소비자와 관광객 시장을 찾는 일부터 시작되며 시장을 찾는 방법에 과학적인 연구 방법이 절대적으로 필요하게 된다. 즉, 과학적 연구 분석의 중심에 소비자 집단이 있다는 것이다.

그러나 기업경영환경을 둘러싼 시장조사와 분석의 필요성에도 불구하고 대학에서의 조사·통계와 관련된 정규 교과목이 수강신청인원의 감소와 수요자 중심 교육이라는 기치아래 개설 과목수가 감소되고 있다. 반면 기업의 성과는 숫자를 중심으로 한 실적 위주의 평가방식으로 그 어느 때보다도 객관적이고 실제적인 평가가 이루어 지고 있으며 CEO의 능력도 이와 같은 범위내에서 이르어 지고 있다. 즉 대학의 교육내용이 공급자 중심에서 수요자 중심으로 바뀌었지만 오히려 인력을 수요하는 곳에서는 이와 정반대의 요구가 생겨나고 있는 것이다.

그 이유를 굳이 찾자면 우선 수업 받기가 용이한 과목으로 수강신청이 이루어지고 있다는 점과 함께 학과의 특성을 반영한 실무적이고 실제 기업에서 필요로 하는 수리·조사·통계과목으로 실무를 익히게 하기보다는 기존에 나와 있는 고과서의 내용이 경영과 관광분야에서 필요로 하는 것과는 달리 이해하기 어려운 통계분석 위주로 강의가 이루어지고 있다는 점 등을 원인으로 들 수 있을 것이다.

본 책은 위와 같은 배경으로 출판되게 되었다. 그러나 의욕과는 달리 실제 책 내용에서도 오류가 있을 수 있고 따라서 배우기 쉽지 않게 편제된 장도 있다고 생각된다. 그와 같은 내용이 있다면 서슴없이 메일과 전화로 질책하여 주기를 바라며 모든 내용상의 오류는 저자에게 있음을 미리 밝힌다.

본 책의 주안점을 요약·정리함으로써 독자 여러분의 이해를 돕고자 한다.

■ 첫째, 비교적 어렵다고 생각하는 이론을 예제를 통해 그 이론이 무엇을 의미하는가를 설명하도록 하였다. 그 예제는 경영학과 관광학에서 일반적으로 접할 수 있는 문제로 선정하였다.

■ 둘째, 예제를 몇 가지의 방법으로 풀어 동일한 결론이 도출되는가를 검증하였다. 이론에 대한 이해없이는 그 이론에 의해 도출되는 결론을 이해하기 어렵다는 인식하에 거의 모든 예제를 직접 풀었다. 직접풀이는 MS Excel을 통하여 했으며 최대한 그 과정과 결과를 본문에 담고자 했다. 특히 Excel의 함수를 통한 풀이는 그림 파일로 본문에 편제하였는데 그 이유는 독자 여러분들도 그대로 같은 셀 위치에 자료를 입력하여 따라 해 볼 수 있게 하기 위함이였다. 그러나 Excel에 대한 기능을 30% 이상 활용하는 전문가가 없다고는 하나 독자 여러분이 저자들보다 월등한 Excel 사용 능력을 갖고 있다고 생각한다. 만약 그렇지 않다면 주어진 본문 내용대로 그대로 따라서 문제를 풀어 보길 권장한다.

■ 셋째, 마케팅 분야에서 가장 대중적인 분석 프로그램인 Spss 10.01(영문)을 통해 앞의 Excel에서와 같이 예제를 다시 풀어 그 의미와 결과를 Excel과 같이 비교할 수 있게 하였다. 이 과정에서 독자들은 두 프로그램간의 호환성이나 자료의 입력 방법, 결과의 제시 및 해석이 어떻게 차이가 있는지를 저절로 알 수 있게 될 것이다. Spss의 10.01 영문판을 이용한 이유는 한글판보다 용어에 대한 정의와 설명이 Excel의 함수 명령어와 유사하여 독자들의 이해를 높이게 하기 위함이였다. 그리고 가장 최신 버전을 이용하지 않은 이유도 보다 손쉽게 구할 수 있는 버전이

2000년에 출시된 10.01이기 때문이였다.

넷째, 일부 장의 경우는 문제가 대학 학부생들에게 어려울 수 있다. 그러나 자료분석이 어렵다 또는 어렵지 않다가 중요한 것이 아니라 원하는 분석을 어떠한 과정으로 풀어 나가는가를 이해하는 것이 중요하므로 굳이 어떤 문제는 대학 학부용이고 어떤 문제는 대학원생용이라고 구분하지 않았다. 이 점 독자 여러분께 선택적인 선호가 이루어지길 희망한다.

다섯째, 예제에서 이용한 자료는 직접 입력이 가능하도록 적은 수로 구성하였다. 그러나 자료수가 많아 입력시간이 오래 걸릴 수 있는 자료는 http://cafe.naver.com/haveajoy의 자료실에 업로드 해 놓았으니 독자 여러분의 많은 이용바라며 질문과 질책이 있을 경우에도 이 카페를 이용해 주시기를 부탁드린다.

독자 여러분의 마케팅 분석능력의 제고를 이룬다는 매우 원대한 포부를 갖고 시작하였으나 많은 부분에서 원하는 대로 내용전개가 되지 못한 점은 저자들의 불충이므로 독자 여러분의 넓은 이해를 바란다. 이 책이 나오기 까지 많은 분들의 도움이 있었다. 먼저 출판의 기회를 주신 법문사 배효선 사장님과 편집일을 맡아 주신 이재필 이사님께 감사를 드린다. 처음부터 출판되는 날까지 무섭게 관심을 기울여 준 정현성부장께 고마움을 표한다. 더군다나 처음부터 복잡하고 어려운 수식을 입력하느라 여름휴가도 못가면서 도움을 주신 광암문화사 진학범 사장님과 이선미양과 이은혜양에게도 고마움을 표한다. 최종 원고 마감에 대해 학부학생으로서 실증적인 검토를 해 준 최영준군과 이정수군, 이정석군, 황준범군에게도 고마움을 표한다.

2007년 8월
저자 올림

차　　례

제 2 장 자료와 통계학

제 3 장 기술통계학과 자료의 정리 · 표현

제10장 회귀분석

01

경영·관광학의 이해를 위한 마케팅 조사론 개관

1. 마케팅과 조사

미국의 한 팬 케익 제조회사가 새로운 신제품을 출시하기 위해 소비자 조사를 실시하던 중 이 회사 팬 케익을 매우 좋아하는 한 할머니가 팬 케익을 생산하는 기업의 사장에게 보낸 편지의 일부이다. "친애하는 사장님. 저는 귀사의 팬 케익을 누구보다도 좋아하고 사랑하는 소비자입니다. 아침에 눈을 뜨면 팬 케익 가루를 반죽하여 팬 케익을 구워내고 달콤한 시럽을 발라 먹는 즐거움에 설레입니다. 이렇게 맛있는 팬 케익을 만들어 주셔서 감사합니다. 그런데 저는 80을 넘긴 노인이어서 손엔 힘이 없는데 비해 귀사의 포장이 너무 단단하여 새로운 팬 케익 가루가 든 봉투를 개봉하려 하면 너무도 힘이 듭니다. 빨리 먹고는 싶고 열리지는 않아 어떤 때는 권총으로 '탕' 하고 쏴 빨리 포장을 열고 싶은 충동을 느낄 때도 있습니다. 쉽게 열 수 있는 포장의 제품으로 만들어 주시기를 간곡히 부탁드립니다." 기업 사장은 바로 열기 쉬운 포장을 개발하도록 지시하였고 이 기업은 새로운 포장으로 된 신제품을 출시하여 커다란 성공으로 이어졌다.

마케팅에서 소비자는 항상 중심에 서있다. 마케팅 철학은 고객을 위한 가치창조가 기업이 존재하는 이유이며 기업은 항상 소비자의 욕구에 부응하는 제품과 서비스를 창조해야 하는 당위성을 명시하고 있다. 팬 케익 회사의 예에서 보듯이 고객의 문제를 기업 내부에서 누구도 발견하지 못했고 고객의 소리를 통해 소비자 문제가 소비자 정보가 되었고 그것이 마케팅 기회로 이어졌다. 소비자는 기업수입의 근본적인 원천이다. 소비자가 자사의 브랜드를 선호하지 않는다면 그것은 곧 기업 경영의 실패로 이어진다.

마케팅은 소비자의 문제를 해결하고 소비자의 욕구를 만족시켜줌으로써 자사의 브랜드 선호도와 브랜드 가치를 제고시키고 그 결과로 기업의 수익을 확보하는 활동이다. 이 같은 관점에서 마케팅을 활성화시키기 위해서는 조사를 통해 소비자의 문제와 욕구를 확인하고 그 확인된 문제의 해결점을 도출하는 것이 합리적이라 할 수 있다.

2000년대 초반 보르네오 가구는 부엌가구 시장에서 자사 제품의 시장 점유율이 작고 그나마 하락하고 있는 문제점에 봉착하였다. 이에 한샘과 에넥스 등 경쟁업체에 대비한 자사 제품의 문제점이 무엇인가를 조사하고 신제품을 개발하기 위하여 표적 집단 면접법이라고 하는 소비자 면접 조사를 실시하였다. 그리하여 강남에 거주하는 가정부부 10명과 강북에 거주하는 가정부부 10명을 불러 한 사람의 진행자를 중심으로 인터뷰를 시도하였다. 진행자는 면접초기 일상사에서부터 시작하여 점차로 제품에 관한 사항으로 화제를 옮겨 부엌가구 브랜드에 대한 소비자의 인지도, 현재 사용하고 있는 부엌가구의 장단점, 사용에 있어서의 만족과 불만사항, 새로운 신제품의 출시될 경우 선호하는 디자인, 색상, 그리고 가격에 이르기까지 폭넓은 질문을 시도하였다. 물론 보르네오 부엌가구에 대한 인지도, 불만사항, 서비스 개선사항 나아가 건의사항 등에 대해서도 물어보았다. 그 결과 보르네오 가구는 경쟁제품에 비교하여 부엌가구의 이미지보다는 중후한 거실이나 침실가구로서의 이미지를 가지고 있었다. 또한 젊은 주부층에게 어필하지 못하고 있다는 사실을 발견하였다. 이에 따라 보르네오는 개별 브랜드 전략으로 전환하여 젊은 주부들이 선호하는 신제품 브랜드 명칭으로 바꾸고 색상과 디자인 등 소비자가 문제점으로 지적된 사항을 모두 개선시킴으로써 시장점유율을 제고시키는 계기를 마련하였다.

보르네오 가구는 우선적으로 소비자들의 문제점들이 무엇인가를 확인하고 그들 문제점들을 분석하여 해결하고자 하였다. 여기서 소비자는 젊은 가정주부들이었다. 결혼한 남자도 미혼의 남자도 대상에서 제외되었다. 조사대상이 모든 소비자가 아닌 자사의 제품이나 서비스에 가장 적합할 것으로 판단되는 '목표 소비자'로 설정하는데 주안점을 두었다. 마케팅의 성공을 위해서는 목표 소비자가 갖는 개별적 특성을 파악해야 하는 일이 중요하기 때문이다. 소비자의 욕구, 신념, 그리고 태도 등은 소비자에 따라 다양하고 천차만별이며 소비자가 속해 있는 외부적 환경도 각양각색이다. 또한 시장의 경쟁적 상황에 대한 파악과 분석이 없이는 '목표 소비자'를 점유할 수 없다.

상대 경쟁기업의 제품이나 서비스에 비해 자사 제품이나 서비스의 차별적인 우위가 무엇인지를 파악하지 못한다면 그리고 그것을 정확히 소비자에게 각인시키지 못한다면 선도기업의 위치를 차지할 수 없다. 마케팅의 조사는 소비자와 경쟁 환경에 관련된 필요 정보를 획득하고 분석한 결과를 바탕으로 마케터의 의사결정을 수행함으로써 소비자를 만족시키고 기업의 목표를 달성하는 것이다.

빙그레의 바나나 우유는 1974년 출시된 이후 줄곧 바나나 우유시장의 80%를 점유하며 선두자리를 지켜왔다. 한편 매일유업에서 2006년 12월 새로 출시한 '바나나는 원래 하얗다'는 출시 3개월 만에 1000만개가 팔려 100억원 규모로 하루 평균 10만개의 매출이 이루어져 시장의 새로운 경쟁제품으로 부상하였다. 매일유업의 '바나나는 원래 하얗다'의 광고는 바나나 과일의 겉은 노랗지만 실제 소비자가 먹는 바나나 속은 실제 색깔이 하얗다는 사실을 강조한다. 환언하면 기존 제품들은 인체에 안 좋을 수도 있는 노란색 인공색소를 사용하였다는 것을 은연중 암시하고 있다. 이에 반해 매일유업의 '바나나는 원래 하얗다'는 무색소를 사용한 천연제품이라는 차별점을 강하게 소비자에게 전달하고 있다. 이는 목표 소비자의 고정관념을 깨는 역발상적인 시도이다.

마케팅 활동이 판매관리와 차이가 있는 것도 소비자를 둘러싼 정보를 과학적으로 가공하는 점에 있다. 판매 지향적 관리가 소비자에게 가격할인, 경품 등의 판매 촉진적 도구를 사용하여 단기적인 판매성과를 지향하고 있는 반면 마케팅 지향적 관리는 소비자에 관한 계량적 정보를 통계화함으로써 소비자를 과학적으로 관리하고 장기적 성과를 지향하고 있는 것이다. 따라서 마케팅에 있어 조사와 통계학적인 지식은 소비자 정보를 체계적으로 수집하고 분석, 해석하여 마케팅의 성공을 이끌어내는 필수적인 도구인 것이다. 마케팅의 시작은 조사로부터 시작되고 마케팅 활동의 끝도 조사활동으로 이루어져 이를 통해 나타난 결과를 피드백 하여 다시금 새로운 정보를 생산함으로써 역동적인 마케팅 전략이 실행된다.

1.1 마케팅 조사의 정의 및 영역

1.1.1 마케팅 조사의 정의

미국 마케팅학회(AMA)의 마케팅 조사에 대한 정의를 살펴보면 다음과 같다. "마케팅 조사란 고객, 소비자와 일반 대중을 정보를 통해 마케팅 담당자와 연결시키는 기능인데 여기서 정보란 마케팅의 기회와 문제점을 파악하고 규정하는데 이용하고 마케팅 활동을 창출하고 개선하고 평가하는데 이용하며 마케팅 성과를 추적하고 하나의 통합적 과정으로서 마케팅에 관한 이해를 향상시키는 정보를 말한다. 마케팅 조사는 이 같은 문제해결을 위해 필요한 정보를 명시하고 자료수집방법을 설계하며 자료수집과정을 집행하고 관리하며 결과를 분석하며 결과와 시사점을 전달하는 것이다[1]."

이 정의에 따르면 마케팅 조사는 첫째, '고객, 소비자와 일반 대중을 정보를 통해 마케팅 담당자와 연결시키는 기능'을 가지고 있는데 이는 마케터(marketer)의 의사결정에 필요한 제반 정보를 제시한다는 점에서 실용적 성격을 띠고 있는 활동으로 간주할 수 있다.

둘째, '마케팅의 기회와 문제점을 파악하고 규정하기' 위해서는 문제를 둘러싼 전반적인 정보를 탐색하고 문제를 기술하는 행위라고 할 수 있다.

셋째, '마케팅 활동의 창출'에 이용되는 정보이어야 된다는 것은 마케팅 조사가 마케팅 믹스(marketing mix)의 전 과정에 개입되어야 함을 의미하고 있다. 마케팅 조사는 기업의 제품(product), 가격(price), 촉진(promotion), 유통(place) 등 마케팅 믹스 전 분야에서의 관리 의사결정을 활성화시키는데 공헌해야 한다. 이같이 마케팅 믹스는 의사결정에 필요한 정보를 제공함으로써 각 분야에 의사결정 위험도를 줄일 수 있다.

넷째, '자료수집방법을 설계하며 자료수집과정을 집행하고 관리한다'는 것은 자료수집을 위한 체계적이고 과학적 방법을 적용해야 함을 시사하고 있다. 마케팅 정보는 직관적으로 혹은 우연히 얻어지는 것이 아니다.

---

1) "New Marketing Research Definition Approved," *Marketing News*, January 2, 1987, p. 1.

조사자는 세밀한 노력과 인내를 통해 편견이나 선입관의 개입없이 객관적이고 과학적 정보를 조사해야 한다.

또한 오늘날의 마케팅조사는 영리기관만이 아닌 정부, 병원, 교육기관 등의 비영리기관에 있어서도 정보제공을 통한 문제해결과 환경에 대한 불확실성을 감소시켜주는 역할을 수행하고 있다.

1.1.2 마케팅 조사의 영역과 역할

마케팅 조사의 영역은 크게 마케팅 문제를 확인하는 부분과 확인된 문제를 해결하는 부분의 두 개의 영역으로 나눌 수 있다. 전자는 잠재적 시장의 크기, 기존 산업 혹은 시장에서의 경쟁업체에 대비한 시장점유율, 제품이나 서비스에 대한 인지도와 회상도, 소비자의 인구 통계적 특성(demographic factors), 소비자 구매행위 특성, 지리적 특성, 판매액의 변화, 시장 트렌드 그리고 미래예측 등을 측정하여 마케팅 문제를 확인하는 영역이다. 만일 잠재적 시장의 크기가 감소하고 있다면 기업이 목표로 한 성장을 달성하기 어려울 것이다. 보르네오 가구의 경우 부엌가구에 대한 소비자의 이미지와 목표 소비자의 구매결정요소를 확인함으로써 문제를 확인할 수 있었던 것이다. 후자의 경우는 일단 문제가 확인되면 특정의 문제에 대한 문제 해결을 위한 부분으로 〈표 1.1〉에서 보는 바와 같이 시장세분화, 가격, 제품촉진, 유통과 같은 4P의 영역에서 이루어진다. 매일유업의 신제품 '바나나는 원래 하얗다'는 무색소, 천연과즙이라는 소비자 욕구에 대한 정보를 확인하고 그를 광고의 톡특한 소구점(unique selling point)으로 사용하여 소비자를 설득함으로써 문제 해결과 마케팅 목표를 달성하였다. 이와 같이 마케팅 조사는 의사 결정자에게 새로운 변화에 대한 통찰력을 주고 시장에서의 새로운 마케팅 기회를 찾는 주요 수단의 역할을 수행한다. 그러면 어떠한 분석을 통하여 마케팅의 기회를 알 수 있을까? 이를 파악하는 일이 매우 중요하게 된다.

상기의 마케팅 조사 영역 혹은 주제에서 수행하는 마케팅 조사는 기술적·분석적·예측적 기능을 수행하고 있다. 첫째, 기술적 기능이란 관련 사실을 서술한 정보를 제공하기 위해 통계학의 기법을 사용하는 일이다.

예를 들어 '소비자가 현대 자동차의 소나타에 가지고 있는 이미지는 견고성이다' 라든가 '소비자의 고급 와인에 대한 구매 결정요소는 병의 디자인이다' 등과 같이 소비자나 시장의 특성을 서술적으로 표현하는 역할을 한다.

둘째, 마케팅 관련 변수간의 상호 영향이나 관계성을 밝히는 기능을 수행한다. 예를 들어 포장 디자인의 변화가 판매에 미치는 영향이나 호텔 식사 메뉴의 변화가 고객만족도에 미치는 영향 등이 그것이다.

셋째, 예측적 기능으로 미래 소비자의 변화하는 트랜드를 겨냥하여 마케팅 기회를 활용하는 정보를 제공하는 기능이다. 사회적 · 경제적 · 기술적 · 문화적, 나아가 정치적 환경에 이르기까지 미래의 시간을 예측함으로써 시장이 가지고 있는 잠재적 기회를 선행적으로 활용할 수 있도록 한다. 독신 생활자의 증가, 여성 노동 인구의 증가, 국제화, 개방화, 다양한 커뮤니케이션 수단의 등장, 주거 문화의 변화, 소비자의 새로운 웰빙 트랜드 등등의 환경적 변화와 이에 대한 예측은 신제품 개발을 위한 좋은 기회를 제공해준다.

〈표 1.1〉 문제 해결 조사의 영역

조사 영역	세부 조사 내용
시장 세분화	시장세분화 기초의 결정, 다양한 세분시장의 반응도와 시장 잠재력의 설정, 목표시장의 선택(target market), 목표시장에 대한 라이프 스타일 특성, 인구 통계, 미디어, 제품이미지 특색의 설정
제품 조사	제품 개념 테스트(concept test), 최적의 제품 설계, 포장 테스트, 제품의 수정, 브랜드 위치 선정 및 재위치 선정, 마케팅 테스트, 유통경로에서의 제품 테스트
가격 조사	브랜드 선택에 있어서 가격의 중요성, 가격 정책, 제품 계열 가격 정책, 수요에 대한 가격 탄력성, 가격변동에 대한 반응
촉진 조사	최적의 촉진 예산, 판매촉진 관계, 최적의 촉진 mix, 매체 및 copy 결정, 광고 제작 테스트, 광고의 효과성 평가
유통 조사	유통의 유형, 경로 구성원의 태도, 도머 및 소매 경로 점유율, 경로 이익, 도매 및 소매 경로 위치

자료: Naresh K. Malhotra(2007), *Marketing Research: An Applied Orientation*, Prentice-Hall, p. 9.

1.2 마케팅 전략과 조사

마케팅 전략은 마케팅 목표를 달성하기 위한 수단이다. 유용한 마케팅 전략의 수립은 좋은 마케팅 조사에 기초하며 궁극적으로 기업에게 장기적 이익과 시장점유를 보장한다. 따라서 여기서는 마케팅 전략과정에 마케팅 조사가 개입하는 정보와 과정을 체계적으로 살펴본다.

먼저 마케팅 전략 수립의 과정은 크게 환경 분석, 목표 소비자 설정 그리고 목표소비자 공략 등의 3단계로 나뉘어진다. 마케팅 전략을 수립하기 위해서는 우선적으로 기업 전체의 경영 목표와 경영 계획에 기반한 환경 분석을 해야 하는데 이는 마케팅 기회를 확인하기 위해서다. 외부 환경 분석에 있어서는 정치, 경제, 사회, 법률 분야 등 거시적 분석과 산업, 소비자, 경쟁자 등 미시적 분석이 포함된다. 내부 자원분석에 있어서는 재무, 성과, 조직, 원가, 그리고 제품의 포트폴리오 등의 분석이 있다. 이 같은 내부적·외부적 환경 분석은 기업으로 하여금 기업에 위협적이거나 기회적인 요인 그리고 기업의 강점과 약점을 파악하게 하여 마케팅의 목표를 설정하게 하는 주요 자료가 된다.

1.2.1 목표시장의 선택과 포지셔닝(positioning)

마케팅 목표를 설정한 후 마케팅의 2가지 기능, 즉 목표소비자의 설정과 공략의 과정을 진행케 된다. 전자는 시장세분화, 목표시장, 그리고 위치선정의 3단계(STP)로 나뉘어지며 후자는 제품전략, 위치전략, 촉진전략, 가격전략(4P)을 통해 달성된다. 이 같은 마케팅 전체의 전략과정은 모두 조사를 통한 자료의 획득을 바탕으로 한다.

먼저 마케팅의 정의에 따른 이상적인 마케팅 활동은 소비자 1인에 대해 존재하는 욕구를 개별적으로 맞추어 주는 것이다. 비슷하게 보이는 소비자라 해도 그들이 완전하게 욕구가 일치할 수는 없다. 이것은 마치 지구상의 모든 사람의 지문이 하나도 동일한 것이 없는 것에 비유할 수 있다. 결국 이상적 마케팅은 만명의 소비자가 있다면 각각의 소비자에게 일치하는 만개의 각기 다른 제품이나 서비스를 소비자에게 제공해야 한다는 것이다. 사람의 욕구가 완벽하게 일치할 수는 없기 때문이다.

그러나 이것은 이상적 바람이지 현실적으로는 아직 불가능에 가깝다. 따라서 서로 다른 구매의욕과 필요조건을 가진 구매자 군을 식별하는 시장세분화(market segmentation)를 통하여 목표시장을 파악한다. 즉 시장세분화는 소비자를 포괄적인 개념으로 파악하는 것이 아니라 시장의 이질성에 따라 시장을 몇 개의 특정한 집단으로 분해하는 것이다 이러한 시장세분화는 목표시장을 더욱 명확하게 식별하여 선정할 수 있고 각 세분시장에 적합한 마케팅 전략을 전개하여 소비자의 욕구와 필요를 만족시킬 수 있는 마케팅 활동을 이행할 수 있는 이점을 가지고 있다.

이에 대해 먼저 마케팅 조사는 전체시장과 세분시장의 차별화에 대한 정보를 제공해준다. 그 같은 조사는 인구 통계적 관점이나 특성을 기준으로 세분시장을 설명해 줄 수 있다. 예를 들어 골프 클럽은 드라이버와 아이언 제품으로 이루어지는데 이 중 드라이버에 관한 소비자의 편익 구성요인으로는 공이 날아가는 비거리, 공의 방향성, 드라이버의 무게중심 등을 들 수 있다. 따라서 이들 편익을 각각 나눈 혹은 그 편익의 조합으로 시장을 세분할 수 있다. 예를 들어 비거리 시장, 방향성 시장, 무게중심 시장, 비거리 + 방향성 시장, 비거리 + 무게중심 시장, 방향성 + 무게중심 시장, 비거리 + 방향성 + 무게중심 시장 등으로 구분될 수 있다. 이 같은 소비자가 요구하는 편익정보를 조사한다면 그에 따른 목표고객을 겨냥한 신제품을 출시할 수 있고 특정의 소비자와의 원활한 커뮤니케이션과 목표시장의 선정이 용이해진다.

또한 목표시장 소비자의 욕구를 정확히 알지 못한다면 경쟁기업에 대한 차별적 우위를 소비자에게 설득시킬 수 없다. 예를 들어 타이레놀 광고에서 '꼭 드셔야한다면 타이레놀' 이라는 광고는 타이레놀이 타 경쟁제품에 비해 부작용이 적다는 면을 소비자에게 설득하고 강조하는 나만의 포지션을 소비자의 마음속에 심어줄 수 없다. 이같이 마케팅 조사는 마케팅 전략의 핵심적 요소들인 시장세분화와 포지셔닝을 수행하는데 있어 필수적인 역할을 수행하고 있다.

1.2.2 마케팅 믹스의 기획과 실행

기업측면에서 소비자를 공략하는 수단의 4가지 전략인 4P전략에 있어서도 소비자가 선호하는 가격, 소비자가 편리하다고 생각하는 장소, 소비자가 좋아하는 제품, 소비자에게 주의 집중되는 메시지 등에 관한 정보 등이 확보되지 않는다면 소비자 공략은 실패로 돌아갈 수밖에 없다.

제품조사에 있어서는 신제품을 개발하고 평가하는 조사를 한다. 제품 컨셉에 관한 시험조사는 소비자가 새로운 제품의 아이디어를 어느 정도 수용하는지를 측정한다. 〈사례 1〉에서 보듯이 크라운 제과는 그린이라고 하는 건강 지향적인 소비자의 욕구정보를 확인하고 이를 제품에 이입시킴으로써 컬러 마케팅 제품 전략을 성공적으로 이끌 수 있었다.

〈사례 1〉 크라운제과와 컬러 마케팅

2004년도 크라운제과는 '그린'에 승부를 걸며 컬러 마케팅에 나섰다. 크라운제과는 최근 보성녹차영농조합과 손을 잡고 '크라운산도'와 '쵸코하임', '쿠크다스', '국희땅콩샌드' 등 기존의 회사가 주력해 온 4개 제품에 녹차 맛을 새롭게 선보이는 그린마케팅을 펼치고 있다. 보성녹차와 클로렐라 성분 등을 사용해 새로 출시된 제품은 '산도 그린'과 '그린 하임', '쿠크다스 그린', '국희 그린 샌드' 등으로 크라운제과는 이보다 한발 앞서 올 상반기에도 클로렐라 연양 갱을 출시해 그린마케팅에 시동을 걸었다. 이 회사는 차별화된 컬러 마케팅을 위해 매장 내에 보성녹차 사용 제품만을 위한 별도 진열대를 마련하는 '그린존'을 구성할 계획이다. 이들 그린 제품 품목으로 월 50억원의 매출이 예상된다(서울경제신문).

가격조사는 전형적인 마케팅 조사를 대표한다. 가격이란 소비자가 지불한 돈의 가치를 희생하여 소비자가 느끼는 가치 만큼과 재화를 교환하는 양을 지칭한다. 많은 제품 시험시장에서 두 가지의 다른 가격에 소비자의 반응정도를 살펴보는 것이 전형적인 가격조사이다. 또한 스타 벅스가 고가전략을 수행하고 있는데 현 가격의 2배로 값을 올린다면 소비자의 변화는 어떻게 될 것인가? 소비자가 자사 제품만이 가지고 있는 독특한 제품의 특성에 어느 정도 지불할 용의가 있는가 그리고 지역 상표와 전국상표에 큰 가격차이가 있는가 등등의 조사는 기업의 가격전술에 소비자가 반응하는 것을 살피는 것이다. 가격조사 중 가장 중요한 조사는 소비자가 자사 제품의 가치를 어느 정도로 평가하여 자신의 재무적 자원을 이에 기꺼이 투여할 용의가 있는가를 소비자에게 직접 문의하여 물어보는 신제품 가격책정 조사이다.

〈사례 2〉에서 보듯이 애경산업은 제품의 원가기준에서 제품가격을 책정하지 않고 소비자가 좋아하고 용인하는 가격정보를 조사하여 그에 따른 가격을 책정함으로써 성공적인 가격전략을 달성하였다.

〈사례 2〉 닥터 쌀벌레

우리 선조들은 쌀독에서 쌀벌레 발생 예방을 위해 예부터 민간요법으로 고추와 마늘을 같이 넣어두는 방법을 사용하여 왔으나 이는 초기 쌀벌레 예방에는 다소 효과가 있었으나 고추 마늘에서 발생하는 진드기, 곰팡이 등의 2차적인 오염의 피해를 가져올 수 있다. 그리하여 애경산업은 이러한 선조의 지혜를 근간으로 제품개발을 시작하였고 100% 식품첨가물에 의한 핵심원료만을 추출하여 국내 최초로 민간요법을 과학화한 '닥터 쌀벌레'를 출시하였다. '닥터 쌀벌레'는 출시당시 국내에 소개되지 않은 신제품으로 기본적인 가격정책 방향은 소비자 설문을 통한 적정가격 책정방법이었다. 시장 개척자로써 리더전략과 국내 경제상황을 고려한 저가격 정책을 구사할 수도 있었지만 소비자 설문을 통한 합리적인 가격을 책정하였다.

그리고 소비자에게 6개월 동안 쌀벌레를 박멸하는 제품에 대해 질문하였을 때 다음과 같은 결과를 얻었다.

〈표 1.2〉 소비자 가격 설정 조사

가격 제시	구입여부	이 유
6,000원 이상 일 때	27%	- 쌀벌레 퇴치효과만 뛰어난다면 구입 - 제품에 대한 신뢰성
5,000원선 일 때	55%	- IMF상황 - 3천원이면 효과 의심 6천원 이상이면 비쌈
3,000원선 일 때	16%	- 가격이 비싸면 쉽게 사기 힘듬 - 슈퍼마켓 단일 제품의 상대적 가격

자료: '99 제7회 KMA 히트상품대상 성공사례발표회, 한국능률협회컨설팅.

유통전략에서는 소매점이나 보관창고의 물색이나 소매점, 도매점 나아가 제조업체 등 유통구성원간의 갈등과 영향력에 관한 사항을 조사하기도 한다. 또한 마케팅 채널의 효율성을 증진시키는 방안에 관한 조사도 한다.

촉진활동은 소비자에게 알리고 설득하기 위한 기업의 의사소통의 기능을 담당하고 있다. 촉진활동과 관련된 조사는 광고나 쿠폰이나 가격할인과 같은 판매촉진, PR 등의 효과성을 측정한다. 다양한 광고 매체 가운데서 특정의 매체를 선택할 수 있는 것은 특정의 광고 매체가 도달할 수 있는 각각의 세분시장에 있는 소비자의 비율을 보여주는 조사에 기초하게 된다.

1.2.3 마케팅 성과의 분석

마케팅 전략이 실행되고 나면 마케팅 관리자에게 계획이 예정대로 수행되었는지를 피드백하여 마케팅 프로그램을 통제한다. 성과측정 조사는 마케팅 활동에 대한 통제와 평가를 위해 정기적으로 조사를 하게 된다. 시장점유율과 판매액에 대한 분석은 성과조사의 전형적인 사항인데 마케팅 분석결과, 계획대로 이루어지지 않았다면 세밀한 정보를 찾아 그 이유가 설명되어야 한다. 또한 전반적 시각에서 문제가 확인되고 나면 지역별 및 인구통계별로 분석하여 어떤 경영의사결정의 문제가 있었는가를 밝혀야 한다.

마케팅 조사는 마케팅 전략을 움직이게 하는 핵심 두뇌 혹은 에너지와도 같은 것이다. 따라서 마케팅 조사의 성공과 실패가 마케팅 전략의 성공과 실패를 가늠한다고 해도 지나치지 않다. 그런 측면에서 정확한 과학적 조사가 이루어지지 않으면 기업의 경영목표의 달성도 보장받을 수 없게 되는 것이다.

[그림 1.1] 마케팅 전략과정과 마케팅 정보

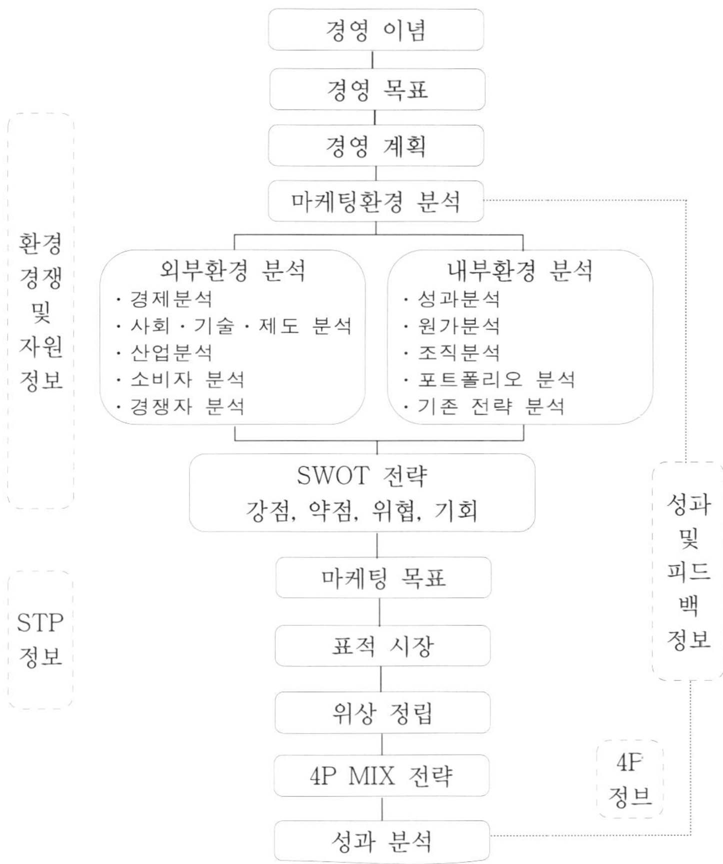

2. 마케팅 조사의 종류

마케팅 조사의 종류는 조사문제의 불확실성의 정도에 따라 탐색적 · 기술적 · 실험조사의 3가지로 구분할 수 있다. 우선 조사문제의 불확실성이 클 경우에는 우선적으로 탐색조사를 하여 문제의 윤곽을 파악할 필요가 있다. 예를 들어 신제품의 매출이 계속 하락하고 있으나 담당 관리자조차 그 문제점이 무엇인지 파악하기 어려운 경우나 애매모호할 때 포괄적 정보나 단서적 정보를 탐색할 수 있다. 반면 기술적 조사는 조사문제의 불확실성이 보통이고 조사문제가 부분적으로 정의될 때 소비자에게 질문한 질적·양적 자료인 통계적 자료에 따라 문제를 기술하고 가설을 세워 검증을 하는 조사이다. 반면 조사문제가 잘 정의되고 불확실성의 정도가 상대적으로 낮을 때 변수간의 원인과 결과관계를 찾는 실험조사를 한다. 이같이 마케팅 조사자는 기업의 마케팅 문제가 무엇인지 정확히 파악하고 기업 의사결정의 불확실성 정도에 따라 조사 설계를 해야 한다. 분류한 3가지의 조사를 구체적으로 살펴보면 다음과 같다.

2.1 탐색적 조사

탐색적 조사는 잠재적인 시장 기회가 될 수 있는 아이디어를 발견하기 위해서나 혹은 애매모호한 상황을 명백히 하기 위해 수행된다. 탐색조사는 특정의 행위를 결정하기 위한 결론적인 근거를 찾기 위해 의도된 것이 아니다. 정확하게 의사결정할 사항이 명백하지 않은 상황에서 서둘러 구체적인 조사를 하는 것은 부적절한 정보의 제공으로 인하여 시간과 돈 그리고 노력을 낭비할 수 있다. 이러한 관점에서 탐색조사는 그 자체로 조사의 종결이 되는 것이 아니며 최종적인 결론을 도출하기 위해서 우선적으로 그 문제에 접근하기 위한 단서를 찾는 조사이다. 마케팅 조사 자료는 크게 1차 자료와 2차 자료로 구분된다. 1차 자료는 조사자가 조사프로젝트를 수행하면서 직접 수집하여야 할 자료이고, 2차 자료가 탐색적 조사에서 수집하는 자료이다. 2차 자료는 일반적으로 손쉽고 값싸게 획득할 수 있기 때문에 2차 자료의 효과적인 획득, 이용이 성공적인 마케팅조사에 중요한 변수로 작용하기로 한다. 2차 자료로 조사의 목적을 충분히 달성할 수 있다면 조사 프로젝트는 탐색적 조사로 종결될 수 있다.

이 같은 탐색적 조사의 종류는 크게 문헌조사, 전문가 견해조사, 표적집단 면접 그리고 사례조사 등으로 나눌 수 있다.

문헌조사는 중앙도서관, 대학 도서관, 통계청 등의 정부기관, 그리고 기업체 등에서 보유하고 있는 문헌을 통해 수집하는 자료이다. 이들 자료들을 통해 조사하고자 하는 주제의 미시적·거시적 경제 환경 자료, 산업동향, 경쟁업체의 동향 나아가 목표 소비자의 라이프 스타일 및 기호 정보까지도 알 수가 있다. 따라서 문헌조사에 들이는 시간과 비용 등 자원을 많이 투여할수록 달성하고자 하는 조사목적에 드는 비용과 시간을 절약할 수 있다.

전문가 견해조사는 문헌조사의 보조적 수단으로서 사용되며 관련 조사 주제에 대한 통찰력을 얻을 수 있는 장점이 있다. 전문가는 장기간 한 분야의 직접적이고, 간접적인 경험과 지식을 축적한 데이터의 보고이다. 따라서 새로운 정보를 얻거나 문제의 핵심에 직접적으로 도달할 수 있는 주체이다. 국제 마케팅 조사에 있어서도 진출하고자 하는 국가의 정치적·경제적·사회적 위험도에 관한 자료를 탐색할 때 외무 혹은 국무장관과 같은 전문가(Old Hands) 집단의 자문을 받기도 한다.

표적 집단 면접법은 하나의 특정 제품이나 동일 제품 목록에 집중된 집단 토의를 위해 한 사람의 진행자와 8-10명 정도의 그룹으로 구성된다. 답변자들은 그들의 흥미, 태도, 동기 그리고 생활스타일 등에 관하여 토의를 한다. 포커스 그룹의 잠재적인 장점은 그룹 토의를 통해 나타나는 역동성이 개별적 인터뷰로는 얻을 수 없는 통찰력을 제시해준다는 점에 있다. 이 집단 표적 집단 면접은 약 2시간이 소요되기 때문에 조사자가 하루에 두개의 그룹까지도 면접을 진행시킬 수 있다. 따라서 표적 집단 면접의 진행자는 많은 진행의 기술을 가지고 있어야 한다. 면접 진행자는 짧지만 자유로운 토의를 통해 다양하고 많은 아이디어와 통찰력을 얻을 수 있도록 하여야 한다. 면접 후의 분석에 도움을 주기위해 면접은 녹화되고 테이프로 녹음되며 한쪽의 유리창을 통하여 그들을 관찰하기도 한다.

사례조사는 기업이 현재 직면하고 있는 상황과 유사한 사례를 발견하여 분석하고 그 사례들 속에 나타난 공통적인 특성을 발견하는 조사이다. 이는 주어진 문제에 대한 간접적 경험과 사전지식을 갖게 하고 상황에 대한 유추를 하게 해준다. 예를 들어 보험 상품 판매원의 경우 남성이며 40세 이상 집단의 공통적 활동의 특성이나 혹은 실적이 좋은 판매원 집단과 실적이 나쁜 판매원 집단의 특성을 발견하여 이를 비교하는 것이다. 그리하여 두 집단 모두 상품에 대한 전문적 지식 정도는 동일하나 전자가 후

자보다 고객서비스 실적이 우월하다는 등의 정보를 얻을 수 있다. 이 같은 사례연구는 조사자가 사례의 실제적이고 전체적인 상황을 살펴봄으로써 조사자에게 보다 직관적이고 정확한 정보를 준다는 장점이 있다. 반면에 하나의 사례를 주관적 관점에서 해석하기 때문에 객관성이 떨어지는 단점이 있다. 또한 조사결과가 의사결정에 결정적인 것이 아니며 단지 시사적인 의미를 지닌다. 즉 사례조사가 전체의 부분적 사실이나 그렇다고 일부가 전체의 일반적 사실일 수는 없는 것이다. 따라서 사례조사에서 발견된 사실을 일반화하기 위해서는 공통적인 특성에 대한 가설을 설정하고 그것을 통계학적으로 검증을 하는 절차를 밟아야 하며 이때 통계학적인 지식이 매우 필요로 해진다.

2.2 기술적 조사

기술적 조사는 말 그대로 대상물이나 개인 혹은 집단 조직 환경의 특성을 묘사하는 것이다. 단순히 표현하면 주어진 상황을 그리는 것이다. 마케팅 관리자는 제품의 구매자, 시장의 크기 그리고 경쟁자의 상황 등을 파악하고 확인하는 등의 의사결정을 해야 할 필요가 있다. 기술적 조사는 이같이 누가, 언제, 어디서, 그리고 어떻게라는 질문을 언급해야 한다. 예를 들어 연령별 마케팅의 하나인 '키즈 마케팅'은 1990년대 이후 '한 자녀' 가정이 늘면서 급격히 팽창하고 있다. '내 자녀 하나 만큼은 왕자나 공주처럼 키우겠다'는 부모들의 심리를 이용하여 프리미엄급 우유 및 분유 시장, 놀이방 및 보육시설, 장난감 대여점, 사진관, 소아 치과, 유아 전문 인터넷 쇼핑몰과 교육 사이트 등 종류도 다양하다. 이러한 키즈 소비자군의 특성에 대해 기술적 조사를 통해 상세히 묘사할 수가 있다. 즉 키즈 소비자군의 나이분포, 거주지역, 주요구매지역, 부모의 소득정도 등을 조사하여 그 특성을 기술하는 것이다. 따라서 정확성이야말로 기술적 조사의 핵심요소이다. 소비자 태도, 만족도, 매출액이나 비용 등에 관한 기술이 탐색적 조사와는 달리 정확해야지 그렇지 않으면 잘못된 의사결정을 할 수가 있다. 탐색적 조사를 기반으로 얻은 단서를 바탕으로 문제에 대한 충분한 정보와 이해를 가진 상황에서 기술적 조사는 시도되어야한다. 그리하여 문제의 정확한 제시와 가설 설정 등을 통하여 특정의 조사 주제를 가져야한다. 서베이 조사가 대표적인 기술적 조사이며 마케팅 문제에 대한 분석적 해답을 제시한다. 예를 들어 자사 브랜드의 상표가 경쟁업체의 브랜드 상품보다 매출이 떨어질 때 소비자의 제품 구매결정요소로 간주되는 색상, 디자인, 크기 등에 대한 소비자의 의견을 자사와 경쟁사와 함께 제시하게 함으로써 자사 브랜드의 상대적 열위부분을 분석하게 된다. 그러나 기술적 조사는 그 같은 차이를 분석할 수는 있으나 인과의 직접적인 근거는 제시할 수가 없다.

2.3 인과조사

인과조사는 원인과 결과의 관계를 이끌어내는 조사이다. 원인이 없이 결과는 존재하지 아니한다. 인과관계는 상관관계와는 다르게 전자는 하나의 원인변수가 씨가 되어 그 결과변수로 열매를 맺게 되었다는 것이고 후자는 서로 양 변수가 서로에게 어떤 영향을 주었는지는 모르나 결과적으로 관계가 있는 현상을 보이고 있다는 것이다. 예를 들어 광고액수를 증가시키니 판매가 증가하였는데 이 경우 두 변수간 동시에 상호 증가하는 추이로 보아 상호간에 관계가 존재한다고 볼 수는 있으나 오직 광고만이 원인이 되어 판매가 증가 되었다고는 할 수가 없다. 만일 광고만이 매출을 증가시킨다는 긍정적 인과관계를 밝혀냈다면 모든 광고주들은 불황이 오거나 매출이 감소하면 광고액수를 증가시킬 것이다. 그러나 불황이 오면 가장 먼저 감소되는 것이 광고액수이다. 이같이 의사결정자가 판매(sales)나 소비자 만족과 같은 핵심 결과변수를 야기시키는 원인변수를 파악한다면 의사결정자는 확고한 결정을 내릴 수 있을 것이다. 인과조사는 왜 하나의 사건, 원인이 또 다른 사건과 결과를 초래하는지를 설명해 줌으로써 관리자가 보다 강력한 의사결정을 할 수 있도록 도움을 줄 수 있다. 탐색적 조사와 기술적 조사는 보통 인과조사보다 먼저 하는데 이로 인해 조사자가 현상에 대한 이해를 하게 되고 시험하게 될 인과관계에 대한 근거있는 예측을 만들어 낼 수 있기 때문이다.

2.3.1 인과관계 성립조건

우리가 항상 일상생활에서 인과라는 용어를 사용하지만, 이를 과학적으로 무엇이다 하고 원인으로 정립해 놓기란 쉬운 일은 아니다. 인과조사의 인과추론은 시간적인 우선순위, 동반되는 변화, 외생변수의 제거 등의 인과근거가 존재할 때 성립될 수 있다. 인과조사는 첫째, 적합한 인과순서나 사건의 순서를 세우고 둘째 추정되는 원인과 결과 사이에서 발생할 수 있는 동반되는 변화를 측정하고 마지막으로 외생변수를 통제해야 한다.

2.3.2 시간적인 우선순위

시간적인 우선순위란 인과관계는 사건의 적절한 인과순서를 나타내야 한다는 것이다. 원인은 반드시 결과가 나타나기 전에 일어난다. 예를 들어 한 레스토랑 매니저에게는 만약 판매량이 줄어든 것이 새로운 주방장이 오기 전에 일어났다면, 이 새로 온 주방장에게 매출이 줄어든 것을 탓하기가 힘들 것이다.

2.3.3 동반되는 변화

인과관계는 두 개의 사건이 체계적으로 변화하였을 때 일어난다. 즉 원인 안에 한 변화가 발생하였다면 결과에서도 변화가 발견되는 것을 의미한다. 상관관계는 인과관계 속에 존재하는데 상관관계는 인과관계가 존재하기 위한 필요조건이지 충분조건은 아니다. 예를 들어, 만약에 소매점이 직원들의 휴가 정책을 한번도 바꾸지 않았다고 해도, 그 휴가 정책은 고객 만족도에 대한 변화를 가져올 수 없다. 왜냐하면 이 두 개의 사건에는 아무런 상관관계가 없기 때문이다. 반면 만약 이 두 사건이 동반적인 변화를 보인다면 하나의 사건이 다른 사건을 야기시킬 수도 있다. 자동차의 배기가스 배출량이 증가할 때 지구의 온난화 속도가 빨라진다면 배기가스가 온난화를 야기시킨 것일지도 모른다. 그러나 동반되는 변화라 하더라도 제 3의 요인에 의한 변화의 결과의 가능성도 배제해서는 안된다. 예를 들어 겨울 스키장에서 오뎅의 판매량이 늘어나자 의무실로 실려 오는 스키어들의 숫자가 증가하였다면 오뎅이 원인이 되어 부상을 증가시켰다는 인과관계는 비약적인 논리이다. 이는 동반되는 변화의 현상이기는 하나 스키어들의 증가된 숫자가 원인과 결과를 야기시킨 것이다. 따라서 동반되는 변화만을 근거로 인과의 관계를 추정해서는 안되며 새로운 변수의 영향을 찾아야 한다.

2.3.4 외생변수의 통제

원인과 결과 사이에서 일어나는 변화 가운데 원인변수 이외의 결과변수에 영향을 미치는 변수의 영향은 배제되어야 한다. 광고가 원인되어 판

〈표 2.1〉 마케팅 조사 종류의 비교

특징 \ 조사종류	탐색 조사	기술 조사	인과 조사
조사 문제 (불확실성)	애매모호한 문제 (大)	부분적으로 정의된 문제(中)	명백히 정의된 문제 (小)
문제 제기 예	신제품 판매가 감소하는 원인	경쟁 제품 디자인에 대한 소비자 선호도	두개의 광고문안 중 어느 것이 더욱 효과적인가?
조사 방법	문헌조사 전문가 의견 조사 표적 집단 면접법 사례조사	횡단 조사(서베이) 종단 조사	실험조사
조사 자료	질적 정보 자료 단서적 정보 자료 포괄적 정보 자료	양적 정보 자료 통계적 자료	양적 정보 자료 원인 및 결과 자료
조사 도구	시행착오식 질문	체계적 설문 양식	관찰 및 테스트
조사 결과	가설설정의 보조 역할	가설설정에 따른 과학적 문제 해결 방안 제시	과학적 인과관계 확인 및 의사결정 대안 제시

매가 증가되었다면 광고 이외의 다른 요인들은 판매실적에 아무런 영향을 미치지 않았다는 증거가 있어야만 광고가 판매실적의 증가원인이라고 할 수 있다. 그러나 이 같은 외생변수의 작용관계를 파악하고 그 영향을 제거하기란 쉬운 작업이 아니다 따라서 인과관계를 밝히기 위해서는 탐색이나 기술조사보다 난이도가 높은 실험설계를 필요로 한다.

3. 마케팅 조사의 절차

마케팅 조사는 조사과정의 단계가 지속적으로 중복되는 등 연관성이 높은 일련의 과정을 거친다. 따라서 모든 마케팅 조사의 절차를 동일한 과정으로 제시하는 것은 약간의 비약이 될 수 있으므로 일반적 형태의 절차를 살펴본다. 또한 좋은 조사는 과학적으로 수행하는 조사이다. 의사결정에 쓰일 정보가 조사를 잘못해서 산출된 잘못된 정보라면 이는 조사를 하지 않는 것보다 못하다. 오히려 관리자의 직관과 경험에 기초한 결정이 더 나을 수 있다. 특히 신제품 출시와 같은 전략적으로 중요한 전략을 수행함에 있어 잘못된 정보는 전략의 결정적 실패의 원인을 제공하고 기업에 큰 손실을 가져다 줄 수 있다. 마케팅의 많은 절차가 기술(art)적 측면이 많지만 조사정보 만큼은 엄밀한 과학적 절차를 거쳐 산출되어야 한다.

3.1 과학적 방법

3.1.1 과학적 방법의 특성

과학의 사전적인 정의는 어떤 가정 위에서 일정한 인식목적과 합리적인 방법에 의해 세워진 체계적 지식이라는 의미이다. 자연과학의 경우 자연현상에 관한 사실에 대해 일정한 가정을 세워놓고 합리적인 실험을 반복하여 항상 동일한 결과가 나온다면 그것이 하나의 체계적 지식이 되는 것이고 이론화 되는 것이다. 물이 섭씨 100도℃에서 끓는다는 사실은 그 같은 동일한 실험을 반복한 결과 항상 같은 결과를 나타냈기 때문인 것이다.

과학은 타당성과 신뢰성이라는 두 가지 특성을 지니고 있어야 한다. 먼저 타당성이라 함은 원래 측정하고자 하는 내용을 실제로 측정하고 있는가에 관한 문제이다. 달을 보라고 하였는데 손가락을 보고 있다면 그것은 손가락을 측정하는 것이지 달을 측정하는 것은 아니다. 탁자의 가로를 재라고 하였더니 세로를 열심히 측정한다면 그 역시 비과학적인 것이다. 따라서 조사에 있어 가장 우선적으로 견지해야 할 것은 조사할 내용을 제대로 조사하고 있느냐는 타당성의 문제이다.

둘째는 신뢰성으로 반복적으로 다른 조사자가 조사하더라도 항상 동일한 결과가 나와야 한다는 것이다. 자연과학에 있어서는 통제의 대상이 무생물일 경우나 혹은 생물이라 할지라도 통제할 수 있는 수단이 많기 때문에 상황을 동일하게 반복할 수 있는 실험이 가능하다. 일정한 환경을 설치하고 온도를 10도℃ 상승시켰을 때 습도의 변화를 일정기간 반복적으로 시도할 수 있다. 실험쥐에게 동일한 양의 약물을 투여하고 그 반응이 일정한지를 계속적으로 지켜볼 수가 있다. 그러나 인간과 인간간의 관계를 측정하는 사회과학의 경우 이와 같은 정황을 설정하기가 어렵다. 마케팅 분야의 조사 프로젝트에 관련되는 모든 조건을 통제하기란 매우 어렵기 때문에 동일한 조사자가 동일한 시점에서 측정하더라도 유사한 결과를 재현하는 것은 쉽지 않다. 이같이 마케팅 조사가 다음의 여러 가지 이유로 과학적 방법의 적용에 제약을 받고 있는 것이 사실이다. 그러므로 마케팅 조사자는 이같은 제약조건하에 객관적이고 정확한 조사가 되도록 해야 한다는 사실을 숙지하여야 한다.

3.1.2 과학적 방법 적용의 문제점

□ 측정도구의 문제

조사를 하여 정보를 얻는다고 하는 것은 현상에 대한 측정을 하는 것이다. 자연 현상에 대한 측정도구는 많이 발달이 되어있다. PC 모니터의 길이를 재고자한다면 한국표준협회의 공인을 받은 30센티 자를 가지고 길이를 재면 된다. 신체의 열을 측정하려면 체온계를 가지고 수 분간 귀나 겨드랑이에 끼고 있으면 된다. 그러나 마케팅에 있어 측정대상은 대부분이 인간, 즉 소비자를 측정하는 것이다. 특히 소비자의 의견과 태도와 같은 것은 주관적이고 표준화하기 어려운 부분들이다. 예를 들어 새로 출시한 청량음료의 용기에 대한 소비자 태도를 조사하려고 할 때 일반적으로 사용되는 도구의 형태는 ① 매우 좋다 ② 약간 좋다 ③ 보통이다 ④ 약간 싫다 ⑤ 아주 싫다 등의 5가지 문항 또는 보다 세분화 시킨 7가지 문항으로 된 질문을 도구로 사용한다. 예를 들면 4박 5일의 발리 신혼여행상품에 대한 만족도를 다음과 같이 측정할 수 있다.

[그림 3.1] 신혼여행상품에 대한 만족도 측정방법

1	2	3	4	5	6	7
매우만족	아주만족	만족	보통	불만족	아주불만족	매우불만족

이러한 문항의 도구가 조잡하다는 것은 더 말할 나위가 없다. 매우와 약간의 언어적 차이에 대해 모든 소비자에게 동질적으로 인식되기 어렵고 보통이라는 단어 역시 그것을 받아들이는 개념이 사람마다 차이가 있을 것이다. 즉 인간을 측정하기 위한 도구가 언어이고 그 언어 도구의 불완전성이 소비자를 측정하는 데 있어 신뢰성을 낮추게 하는데 하나의 원인이 된다. 이와 같은 측정 자료의 특성에 대한 문제는 장을 바꾸어 보다 자세하게 설명하기로 한다.

□ 측정대상의 문제점

마케팅 전략의 수립에서도 언급이 되었으나 환경적 분석을 비롯하여 목표소비자의 설정과 공략과정에 있어 조사의 대상은 자연과학과 달리 복잡다단한 인간인 소비자이다. 인간은 상황에 의해 영향을 받는다. 내가 선호하는 제품이라도 주변의 친구들이 혐오하면 인간은 사회적 동물이기에 불가피하게 본인의 마음을 숨길 수 있다. 로봇에게 질문하면 사실을 답변하지만 인간은 사실과 다른 거짓을 사실처럼 이야기하기도 한다. 또한 오늘 말한 사실이 내일도 반드시 동일하리라는 보장이 없다. 정황과 추론에 의해 환경에 새롭게 몰입하거나 적응할 수도 있는 것이다. 이는 과학적 측정에 있어 전제되는 신뢰성을 크게 훼손시키는 일이다. 이같이 측정대상인 인간의 마음과 행동의 복잡성으로 인하여 타당성과 신뢰성을 유지하는 것이 어렵다.

□ 조사과정의 문제

마케팅 조사의 조사대상은 대부분이 소비자이며 그로인해 측정과정이 조사결과에 영향을 미치게 된다. 인간은 자신이 측정 받고 있다는 사실을 인지하게 되면 그에 따른 변화된 태도나 행위를 보일 수 있다. 물리학자가 원심력의 크기를 측정하고자 하는 과정은 조사결과에 영향력을 미치지는 않는다. 그러나 인간의 경우 본인이 관찰을 받고 있다고 느낄 때는 그를 의식하여 평소 보이는 행위나 태도를 가식적으로 나타낼 수가 있어 신뢰성의 문제가 발생한다. 또한 질문의 내용에 대한 사전지식이나 동일한 질문을 받은 경험이 있는 경우에는 평소보다 많은 관심을 나타내게 된다. 나아가 소비자의 인구통계적인 요소인 나이나 직장, 특히 소득과 같은 사항에 관한 정보를 얻고자 할 때에는 무기명으로 하더라도 본인의 사적인 요소가 드러나는 것을 혹 염려하여 정확히 기재하지 않을 수 있다. 이같이 조사대상이 측정을 받고 있다는 사실을 인지함으로써 태도나 행위가 변화되어 신뢰성과 타당성이 떨어지게 된다. 이와 같은 내용을 샘플링에러(표집에러)라 한다.

□ 조사자의 문제

조사를 시도하는 조사자는 항상 선입관과 직관을 배제해야 하며 따라서 객관적 사고의 유지를 필요로 한다. 그러나 조사자 또한 본인이 처한 상황적 요인에 의해 주관적이거나 혹은 시간적 요인에 의해 객관성을 상실할 수 있다. 조사자와 관리자가 각각 자신의 입장에 맞는 결과만을 선호하면 객관성을 상실할 수 있으며 기업 경영자의 경우도 본인의 직관과 일치하는 조사의 결과를 선호한다면 신뢰성이 보장받지 못하게 된다.

3.2 조사의 절차

조사의 절차는 수행자의 관점과 견해에 따라 여러 가지로 다를 수 있으나 개략 6단계로 나누어 살펴보면 다음과 같다

1. 조사목적의 명시와 가설 2. 조사설계 3. 표본추출
4. 자료의 수집 5. 자료의 분석 6. 결론도출과 리포트 작성

3.2.1 조사목적의 명시와 가설

조사의 시작은 조사의 목적을 명시하는데서 시작한다. 조사목적이란 주로 의사결정을 하는데 도움이 되는 해결책을 제시하는 것이라고 할 수 있다. 예를 들어 상표 애호도를 증진시키는 요인을 발견하는 것이나 신제품 도입을 통한 시장 확대 등을 조사목적으로 제시할 수 있을 것이다. 다른 형태의 목적 제시는 다른 형태의 조사 설계를 필요로 하게 된다. 따라서 조사목적은 의사결정자와 조사자간에 문제제기에 대한 공통적 이해를 전제로 한다. 따라서 이들은 조사제안서 등을 통한 다양한 커뮤니케이션을 통해 문제를 발견하고 그에 대한 공통적 인식을 해야 한다.

문제를 잘 정의하면 반은 해결된 것과 같다는 속담과 같이 정연하게 정리된 문제 정의는 조사에 대한 명쾌한 지침을 보여줄 수 있다. 아마도 문제를 정확하게 파악하고 정의하는 것이 문제를 해결하는 것보다 더 어려울 수가 있다. 따라서 마케팅 조사에 있어 마케팅 문제의 정확한 본질이 규명되기 전에 자료를 수집한다면 유용한 결과를 기대하기 어렵다. 이같이 마케팅 조사는 명확한 목적과 설계를 제시해야 한다. 따라서 각 부서의 관리자가 마케팅 믹스의 특정부분에 대한 정보의 필요성을 확실히 인식하면 관리자는 관리자의 의사결정문제를 문장화하여 제시하고 조사

〈표 3.1〉 의사결정문제와 조사문제

의사결정문제	조사문제	가 설
신제품 가격 결정	가격차별에 따른 소비자의 가격수용 범위	목표 소비자는 신제품에 대해 5000원을 기꺼이 지불할 용의가 있다.
판매원의 서비스 제고 방향	핵심 서비스 결정요소의 확인	구색 맞춤은 소비자의 서비스 품질 지각에 긍정적으로 관련되어 있다.
소매유통경로와의 갈등 해소 방안	소매유통경로 만족도에 영향을 미치는 요인의 확인	경로에 대한 재정적 인센티브는 경로 만족도를 높게 한다.
포장 변경	차별화된 포장에 대한 소비자 선호도 조사	A 포장재에 대한 소비자 선호도는 B 포장재보다 높다.

자는 조사목적을 문장화하여 명확히 제시하여야 한다. 정확한 의사결정문제와 조사목적은 조사과정을 결정해주며 이것에 소홀할 경우 조사의 말미에서 더 큰 비용을 치룰 수 있을 것이다.

의사결정문제와 조사문제의 제기는 곧 가설의 제시로 이어질 수 있다. 가설은 조사문제를 검증하고자 하는 추론적 문장이다. 예를 들어 신제품 가격을 결정하고자 하는 의사결정의 조사문제는 가격차별에 따른 소비자의 가격수용범위 정보를 필요로 한다. 이를 위해서는 가격별 소비자의 수용도 정도를 추론적으로 가정하여 제시하는 것이다. 예를 들어 "신제품 '닥터 쌀벌레'의 신제품가격이 4000원일 때 주부 소비자의 50% 이상이 수용할 것이다"라는 가설을 세우고 이를 수집한 조사 자료를 바탕으로 검증하는데 사용하는 것이다. 가설은 아직 검증되지 않은 변수들 간의 관계나, 기존의 연구, 관찰된 현상, 그리고 개인적 경험 등으로 변수간의 관계를 추론하여 정립하는 것이다. 가설검정에 대한 문제는 장을 바꾸어 상세히 다룰 것이다.

3.2.2 조사설계

조사목적이 완성되면 조사설계를 단계적으로 진행하여야 한다. 조사

설계란 필요로 하는 정보를 수집하고 분석하는 방법과 과정을 망라한 것이다. 따라서 정의한 조사문제를 해결하는데 필요한 정보목록이 무엇이며 조사설계기법과 표본추출기법 그리고 조사일정과 비용에 대해 결정해야 한다.

□ 조사기법의 선택

마케팅 조사를 위한 조사설계기법은 조사의 목적, 이용 가능한 자료, 의사결정의 시급성 그리고 자료수집비용 등에 따라 서베이, 실험조사, 관찰 등의 세 가지 형태로 나뉘어 질 수 있다. 이들 기법 가운데서 가장 유용한 기법은 사용정황에 따라 달라지지만 조사자의 경험에 따라 가장 적절한 조사기법을 선택할 수 있을 것이다. 일반적으로 설문조사를 시도하는 서베이 기법이 가장 우월한 방법으로 인식될지도 모르나 조사의 목적을 달성하는데 경제성과 효율성을 가장 최적화하는 기법이 가장 적합한 것이라고 할 수 있다.

□ 서베이

1차 자료를 발생시키는 가장 일반적인 방법은 서베이이다. 마케팅 조사자는 설문지를 만들고 표본을 추출하여 그 표본에게 설문지를 통해 질문을 하고 관찰을 하기도 한다. 자료를 수집하기 위해서는 전화, 우편, 인터넷, 대인 면접 등을 시도하며 각각의 환경에 가장 적합한 방법을 선택한다.

□ 실험조사

실험조사는 인과관계를 밝히는 조사이다. 실험조사는 하나의 변수의 변화가 다른 변수에 어떠한 영향을 주는지를 조사할 수 있다. 예를 들어 통제된 환경에서 광고액수 변수를 조작함으로써 판매변수에 어떠한 변화를 주는지를 조사하는 것이다. 이때 조사자는 변수간의 인과관계를 규명하기 위해서는 이에 영향을 미칠 수 있는 변수, 즉 외생변수들을 체계적으로 제거해야 하며 실험대상이 모집단을 대표할 수 있어야 한다.

□ 관찰기법

관찰기법은 응답자의 답변이나 보고에 의지하지 않고 행위를 관찰하여 기록하는 것이다. 관찰 자료는 응답자의 직접적인 참여없이 수집되어지는데 태도, 의견, 동기부여 혹은 심리적인 부분에 대해 조사되는데 이것이 결코 쉬운 일이 아니며 숙련된 조사자를 필요로 한다.

3.2.3 표본추출

표본추출이란 모집단을 규명하기 위해 일부를 추출하여 표본으로 만들어 그것으로 모집단 전체를 대표하는 것으로 설명하는 과정이다. 예를 들어 표적 집단이 100만명인데 이들 모두를 조사하여 전체에 대한 사실을 도출코자 한다면 시의성과 신뢰성 및 타당성을 전제조건으로 하는 과학적 조사는 결코 견지될 수가 없다. 따라서 통계적 절차를 준수하여 표본을 추출한다면 하나의 표본의 특성이 전체 모집단의 특성을 잘 반영할 수가 있다. 물론 오류가 발생하게 되면 그 모집단에 대한 표본의 추정치는 신뢰할 수가 없게 된다.

표본추출의 단계는 3단계로 나뉘어 지는데 첫째는 표본대상을 정하는 것으로 표본을 추출할 모집단을 정의하는 것이다. 예를 들어 자동차를 보유한 세대를 모집단으로 한다면 자동차를 보유할 잠재소비자는 포함되지 않는다. 또한 자동차라는 개념이 광의로 해석되어 트럭이나 버스 등의 상용차도 포함이 되는지 등의 모집단 정의 선정은 매우 신중하게 결정되어야 한다. 두번째 과정은 표본의 크기를 결정하는 것이다. 표본의 크기가 커지면 커질수록 통계적 정확성은 증가하나 경제적·시의적 효율성은 감소한다. 반면 표본의 크기가 작으면 작을수록 통계적 정확성은 감소하나 경제적·시의적 효율성은 증가한다. 따라서 조사목적을 달성할 수 있는 적절한 통계적 정확성과 경제성을 유지할 수 있는 선에서 표본규모를 결정해야 한다. 셋째는 표본을 추출하는 방법을 정해야 한다. 표본추출 방법은 모집단에서 표본으로 확률로서 추출되는 확률표본추출과 알 수 없는 비확률표본추출로 나뉠 수 있는데 그 종류와 방법에 대한 설명은 다시 논의될 것이다.

3.2.4 자료의 수집

표본추출계획이 수립되면 대상 표본에 대해 자료수집이 시작된다. 아무리 좋은 조사설계기법을 사용한다 하더라도 자료가 충실치 못하면 조사목적을 달성할 수가 없다. 음식을 만들 때 싱싱한 채소나 고기 등의 제반 재료가 좋아야 훌륭한 음식을 만들 수 있다. 아무리 유능한 조리사라 하더라도 썩은 재료를 가지고 맛있는 요리를 만들어 낼 수는 없다. 자료수집은 면담자나 관찰자 혹은 인간이 아닌 기계에 의해 이루어진다. 서베이 기법의 경우 응답자의 직접 참여에 의해 설문서를 작성하는 등 조사원과의 상호작용이 이루어진다. 반면 관찰이나 관찰기구에 의해 자료수집이 이루어지는 경우는 피관찰자가 전혀 의식치 못하는 상황에서 이루어진다.

3.2.5 자료의 분석

자료의 분석은 수집된 자료의 편집, 코팅, 통계적 기법으로 이루어진다. 편집은 조사 설계의 따른 분석을 행할 수 있도록 안전하고 일관성 있는 자료를 확보하기 위한 작업으로 주로 자료의 정정, 보완, 삭제 등이 이루어진다. 코딩은 자료분석을 용이하게 하기 위해서 관찰된 내용의 일정한 숫자를 부여하는 과정이다. 코딩 후 컴퓨터에 입력된 자료의 통계적인 분석이 이루어진다. 통계적 분석방법은 분석기법별로 요구하는 자료의 형태가 다르므로 조사설계를 계획할 때부터 수집할 자료의 성격과 분석방법을 일관성 있게 고려하여야 한다.

자료의 입력 및 분석방법은 다양한 방법을 통해 이루어진다. 입력방법만 하더라도 자료의 특성에 따라 코딩(coding) 방법이 달라지는 것을 그 예로 들 수 있다. 그것은 양적 자료인가 질적 자료인가에 따라서 달라지며 질적 자료 중에도 범주형자료라고 하면 그 입력방법이 달라져야 한다. 그리고 현재 아주 다양한 통계분석 프로그램이 시판되고 있다. 그러나 서로 비슷한 내용을 담고 있는 통계팩키지(statistics program)라 하더라도 그 분석과정이 서로 다르기 때문에 이해하기 어려운 경우가 있다. 예를 들어 우리가 자주 이용하는 Spss나 Excel, Minitab, SAS, S-Plus 등의 경우 분석결과는 같다 하더라도 자료의 입력과 분석하는 과정이 달라 곤란을 겪을 수 있다.

이럴 때에는 기본으로 돌아가는 것이 좋을 수 있다. 즉, 직접 계산을 하여 그 결과를 실제 여러분들이 운용하는 통계프로그램과 비교해 보는 것이다. 이러한 과정을 거친다면 어렵게 생각하는 부분까지 쉽게 이해할 수 있을 것이다. 차차 부연 설명하겠지만 본 책에서는 Excel을 통해 주어진 문제를 여러분이 직접 계산해보고 다시 Spss의 프로그램에서 나온 결과를 서로 비교하면서 조사결과를 해석하는 방법을 배우게 될 것이다.

3.2.6 결론 도출과 리포트 작성

조사보고서는 조사 결과와 결론을 마케팅 의사결정자에게 그들의 의사결정에 도움이 되도록 문자나 도표로 정리해 놓는 것이다. 여기서 주의해야 할 사항은 의사결정자와 조사담당자 사이의 원활한 의사소통이 이루어져야 한다는 것이다. 조사내용과 결과가 아무리 좋다고 그것을 정보의 이용자가 이해하지 못하면 아무런 효과가 없는 것이므로 이용자의 이해도와 조사에 관한 지식정보를 고려하여 보고서를 작성해야 한다.

조사결과를 요약·정리하는 것도 일종의 실력이다. 어떤 프로그램을 이용하더라도 그 결과를 간단 명료하게 정리할 수 있는 방법을 알고 있다면 그 자체가 바로 경쟁력이 된다. 다행히 Windows 환경은 다중작업(multi-task)이 가능하다. 여러분들도 알다시피 대부분의 보고서는 서두에 요약보고서를 내놓고 있으며 어떤 경우에는 서두에 Executive Summary가 한 두페이지로 제시되어 있는 경우도 있다. 즉, 과학적이고 효율성이 있는 조사가 되고자 한다면 그 결과를 멋지게 리포트화하는 것도 매우 중요하다는 의미이다.

[그림 3.2] 마케팅 조사절차

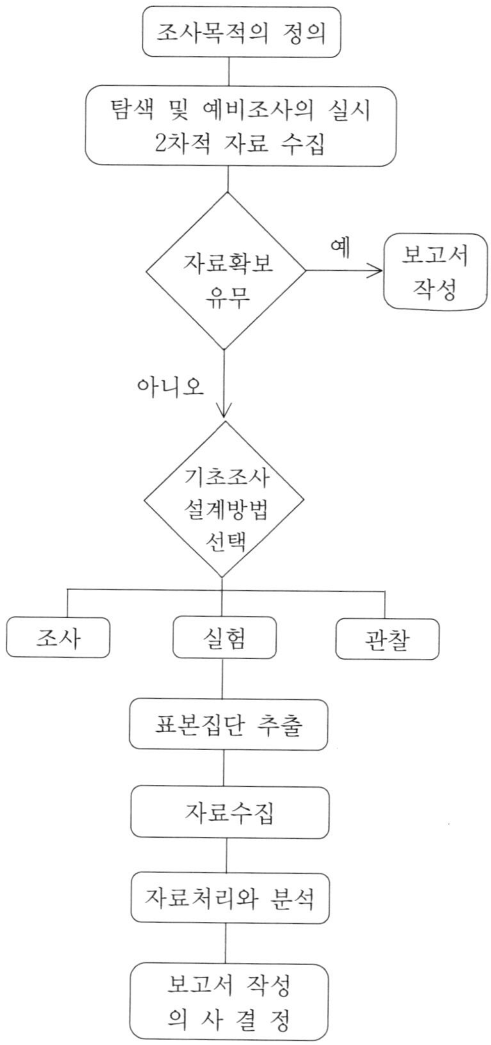

02

자료와 통계학

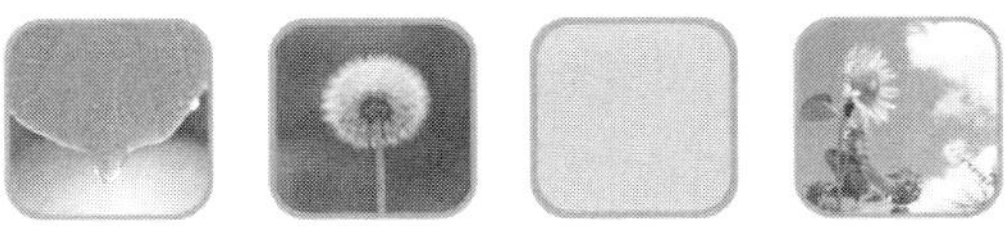

1. 자 료

1.1 자료의 개념

적절한 정보의 취득은 경제주체들에게 매우 중요한 사항이다. 흔히 많은 사람들은 특정 상황에 접했을 때 문제해결을 도울 수 있는 정확한 정보를 생각하게 된다. 예를 들면 시장조사 전문가(marketer)들은 새롭게 개발된 신제품을 타사제품과 구별하여 평가받고 싶어하며 신약을 개발한 제약회사들은 약효가 얼마나 정확하게 잘 듣는가를 알고자 한다. 또한 호텔 총지배인(General Manager)은 새롭게 건립한 신규호텔에 대한 관광객의 반응을 알고자 하며 어떤 학생들은 대학생들이 가장 선호하는 인기 연예인이 누구이며 왜 좋아하는가를 알고 싶어하기도 한다. 그런데 이런 내용을 알기 위해서 관련되는 정보를 조사하고 정보를 정리하는 자료화의 과정을 거쳐야 한다.

늘상 하는 일이지만 책상에 앉아 컴퓨터를 켠다. 포털사이트에 들어가면 인기검색어를 보게 된다. 그 순위는 우리가 해당검색어를 클릭하거나 또는 검색창에 해당용어를 입력하고 엔터키를 누르는 동시에 자동적으로 계산되어 순위가 매겨지게 되는 것이다. 즉, 순위는 주어지는 정보를 포털사이트 운영자가 자료로서 이용하기 때문이다. 이와 같이 정보는 자료(data)로서 가치가 주어질 때 의미가 있게 된다.

불과 얼마 전까지도 우리는 필요한 자료를 얻기 위해 많은 노력을 기울였었다. 그러나 최근 computer와 internet을 통해 어떤 정보를 얻고자 하면 자동적으로 통계자료가 형성되는 것을 알 수 있다. 예를 들면 대형할인매장에서 원하는 상품을 구매하는 즉시 카운터에서 bar code가 읽혀지고 그 상품에 대한 구매정보가 대형 컴퓨터에게 입력되고 card로 결제하면 구매자의 정보까지도 자료화된다. 특히 요즈음은 원하는 자료의 시기를 연월일 뿐만 아니라 시분초까지 알 수 있다. 따라서 이제는 산재하여 있는 정보를 어떻게 정리하여 자료화 하고 이를 어떻게 활용하는가가 중요하다고 할 수 있다. 즉, 정보는 많으나 이를 이용하여 합리적 의사결정을 이끌어 낼 수 있는 정보, 원하는 자료는 제한적일 수 뿐이 없다. 아무리 많은 정보가 있다 할지라도 이들이 체계화되어 있지 못하고 책상 위에 머물러 있다면 이는 자료가 아니다. 자료란 것은 정리되어 있거나 체계화되어 있는 실체를 의미한다. 책상 위에 흩어져 있는 각종 서류나 인터넷에 떠도는 많은 양의 정보는 정리되어 있지 못하기 때문에 자료로서의 가치를 상실하기 때문이다.

일반적으로 자료를 얻는 방법은 다음과 같이 3가지 경우로 나누어진다. 첫째, 정부나 기업, 민간단체들에 의해 이미 출판된 책자나 홈페이지의 정보, 둘째, 실험(experiment)을 통해 필요한 정보를 취득하는 방법, 셋째, 조사(survey)를 통해 원하는 자료를 얻는 방법이 있다.

1.2 자료의 유형

우리는 일상생활에서 자녀 수, 시험점수, 월 판매액, 불량품 수, 주가지수 등 많은 숫자에 접하게 된다. 이러한 숫자들은 모집단에서 또는 표본으로 수집할 수 있다. 이러한 숫자들을 자료(data)라고 한다. 다음과 같은 예를 생각해 보자

질문유형	응답	자료유형
귀하는 불국사에 다녀오신 적이 있습니까?	예 □ 아니오 □	범주형 자료
불국사에 몇 회 다녀오셨습니까?	회	이산적 자료
불국사까지 가시는데 걸린 시간은?	시간 분 초	연속적 자료

취급하는 자료에서 우리가 관심을 갖는 대상이 되는 항목을 변수(variable)라고 한다. 시험점수, 성별, 수입액, 직종, 불량품 수 등은 수를 세거나, 측정할 때마다 다른 수치를 나타내므로 변수라고 한다. 따라서 자료의 형태도 다르다.

자료는 크게 질적 자료(qualitative data)와 양적 자료(quantitative data)로 나눌 수 있다. 질적 자료는 성별, 직종, 종교, 머리색, 거주지, 소득층(고소득층, 중산층, 저소득층) 등이며 설사 대표성있는 수로 나타낸다 할지라도 그 숫자로 나타낸 값이 의미가 없는 경우를 말한다. 또한 수치로 나타낼 자료는 또한 셀 수 있느냐의 기준에 따라 이산적 자료(discrete data)와 연속적 자료(continuous data)로 나눌 수 있다. 이산적 자료는 학점수, 가족의 수, 골프의 타수, 집의 차의 대수 등과 같이 하나하나 셀 수 있는 정수 값(integer)을 취한다. 이에 대해 연속적 자료는 키, 무게, 온도, 교통시간, 강설량 등과 같이 측정값이 분수나 소수로서 소수점 이하의 값을 취할 수 있는 자료를 말한다.

자료의 형태는 또한 형태를 구분하는 기준이 무엇이냐에 따라 명목자료, 서열자료, 구간자료, 비율자료 등 네 가지로 나눌 수 있다. 자료형태의 구분기준을 측정척도(measurement scale)라고 하는데 측정척도란 측정개체(object)나 사상(event)에 숫자나 부호를 부여하는 규칙을 말한다.

1.2.1 명목척도

명목척도(nominal scale)란 범주나 종류에 따라 측정대상을 분류할 수 있도록 그 측정대상에 부호 또는 수치를 부여하는 방법을 말한다. 명목척도로 측정한 자료를 명목자료라 한다. 측정대상을 분류할 때는 하나의 범주에만 속하도록 해야 한다. 예를 들면 1학년이면서 동시에 4학년일 수는 없는 것이다. 종교, 인종, 출신국, 전공, 정당 등에 관한 자료는 명목자료에 속한다. 예를 들어 백인에 1번을 흑인에 2번을 아시아인 3번을 부여하는 것은 명목척도이다. 여기서 숫자는 임의로 선택되었을 뿐 논리적 순위를 의미하지는 않는다. 명목자료에 해당하는 각 내용은 등호(=)의 의미를 갖는다.

1.2.2 서열척도

서열척도(ordinal scale)는 명목척도와 같이 측정대상을 범주로 분류하지만 각 범주에 숫자크기에 따른 서열순서를 매겨 주는 것이다. 서열척도로 측정한 자료를 서열자료라 한다. 여기서 사용할 수 있는 0, 1 2, 3등의 값은 개체간의 서열을 나타내 줄 뿐이므로 숫자간의 거리는 무의미하고 또한 원점(0)이 존재하지 않는다. 예를 들어 대학교의 학년, 1학년·2학년·3학년·4학년이나 경기의 순위, 1등, 2등, 3등 등에서 나타나는 등위, 상품소비의 만족도가 매우 높다, 매우 낮다 또는 상품의 질이 더 나쁘다, 더 낮다 등과 같이 비교를 할 수 있게 하지만 얼마나 더 좋고, 더 높은지는 비교할 수 없는 한계를 갖는다. 서열자료는 등호(=)와 부등호(〈, 〉)를 이용하여 서로 비교할 수 있다.

1.2.3 구간척도

구간척도(interval scale)는 측정대상을 범주에 따라 분류하고 여기에 서열순서를 매겨 준다는 점에서는 서열척도와 같지만 서열을 나타내는 숫자간의 간격이 산술적 의미를 갖는다는 점에서 서열척도와는 다르다고 할 수 있다. 구간척도로 측정한 자료를 구간자료라 한다. 구간자료도 명목자료와 서열자료와 같이 의미있는 원점(0)이 없기 때문에 숫자간 몇 배라는 비율은 그의 차이를 말할 수 있을 뿐이다. 예를 들어 어제의 기온이 영하 4도이고 오늘은 영하 2도라고 할 때 오늘이 어제보다 두 배 덜 춥다라고 말할 수 없는 것과 같다. 왜냐하면 영하 6도와 영하 4도도 2도의 차이가 있기 때문이다.

1.2.4 비율척도

비율척도(ratio scale)는 명목척도, 서열척도, 구간척도를 포함하는데 절대적 원점(absolute zero point)을 갖기 때문에 크기의 비율을 반영한다.

비율척도로 측정한 시간, 길이, 질량, 무게, 봉급 등의 자료는 비율자료이며 대분분 값이 연속적인 값으로 표현된다. 예를 들면 대형 할인매장의 지난날 매출액이 100억원이고 이번달 매출액이 150억원이라면 이번달은 지난달보다 매출액이 50% 증가했다고 말할 수 있다. 비율자료는 두 자

〈표 1.1〉 자료의 종류 및 예

자료명	설 명	예
명목자료 Nominal	명목자료는 자료가 어떤 특성을 갖고 있는가를 나타내기 때문에 양적인 크기는 의미가 없어 산술적인 계산을 할 수 없다. 자료간 서로 다른 특성을 가진 집단으로 분류하기 때문에 시장세분화를 위한 자료로 많이 이용한다.	성별, 인종, 브랜드, 직업, 거주지, 학력수준 등은 Coding을 통해 숫자로 표현할 수 있으나 그 숫자에 의미를 부여할 수 없다.
서열자료 Ordinal	순서가 있는 자료이다. 자료의 서열관계를 나타내 주므로 순서의 빠르고 늦거나 높거나 낮음 등의 순위를 보여준다. 명목자료와 같이 산술적인 계산을 할 수 없다.	소비자의 특정 브랜드의 선호순위, 여행선호지역의 순위, 매출액의 순위 등 순서를 정할 수는 있으나 그 순서에 양적인 의미는 없다.
구간자료 Interval	구간척도에 의해 측정된 자료를 말하며, 구간 척도란 양적인 정도와 서열척도가 가지는 순위 이외에도 구간의 의미를 가지는 자료이다. 척도는 매우 나쁨에서 매우 좋음 또는 아주 선호안함에서 매우 선호함 등으로 표현되며 이때 1-5 또는 1-7점의 척도를 이용한다.	척도자료는 두 자료를 비교할 수 있으나 양적인 의미는 없다. 여름 기온이 32도이고 겨울이 1도라면 여름이 겨울보다 32배 덥다고 말할 수 없는 것과 같다. 구간자료는 물가지수, 생산성지수 등에 이용한다.
비율자료 Ratio	비율자료는 양적 자료를 대표하는 개념이며 '0'을 포함하므로 측정된 값들간 비율계산이 가능하다. 우리가 기술통계량으로 분석하는 자료는 거의 모두 비율자료이다.	연령, 가격, 가구수, 소득 등인데 50세인 중년분은 25세의 젊은 청년보다 2배 더 오래 살고 있다고 설명할 수 있다.

료간의 수학적인 비교 표현이 가능하다.

2. 자료추출방법

우리는 살면서 불확실한 미래에 대해 의사결정을 해야 하는 상황에 봉착한다. 그때 의사결정하는 방법은 크게 두 가지로 나눌 수 있는데 그 하나는 개인별로 차이는 있지만 그가 갖고 있는 많은 경험과 학식 등에 기초하여 판단하는 주관적 의사결정을 우선 들 수 있다. 그러나 개인이 느끼는 소위 감(感)은 정확할 수 있다고는 하나 그것은 몇몇 통찰력 있는 뛰어난 사람에게나 통할 수 있는 반면에 틀리는 경우가 많이 발생한다. 즉, 확률적으로 실패확률이 높다는 의미이다.

또 다른 하나는 개인의 갖고 있는 감에 덧붙여 객관화된 자료를 통하여 의사결정을 하는 것이다. 물론 이 방법도 미래상황에 정확하게 대응하지 못할 수 있다. 그러나 첫번째 방법보다 실패할 수 있는 확률의 크기가 작아진다는 데 장점이 있다. 따라서 미래의 불확실한 상황에 대비하고자 하는 의사결정은 자료를 통하여 이루어지는 것이 보통의 경우라 할 수 있다.

그런데 우리가 원하는 자료를 어디서 얻을 것인가는 주어진 비용과 시간 등을 고려하면서 결정된다. 예를 들면 외래 관광객 1인당 국내소비금액에 관한 자료가 필요할 때, 이를 어디서 구할 것인가를 먼저 결정해야 한다. 필요한 기준년도 외래방문객 전체를 대상으로 하여 조사를 하는 것이 가장 원하는 답을 정확하게 얻을 수 있게 된다. 그런데 현실적으로 우리나라를 방문하는 외래객 모두를 조사하기 위해서는 1년 내내, 막대한 예산과 인력을 투입해야만 가능하고 또한 이를 정리하여 발표하는데도 상당한 시일이 걸릴 것이다. 따라서 합리적인 조사자라면 이와 같은 전수조사보다는 표본을 추출하여 원하는 정보를 추론하는 방법을 택할 것이다. 즉, 조사분석의 대상이 되는 집단이 있고 시간과 비용 등을 절약하기 위하여 표본을 추출하여 조사분석을 행하는 것이다. 문제는 어떻게 하여 모집단으로부터 모집단이 갖고 있는 모든 특성을 반영하고 있는 표본집단을 추출하는가에 있다. 어떻게 표본을 추출하는 것이 모집단이 갖고 있는 특성을 고스란히 자료화할 수 있는가가 관건이 된다.

2.1 모집단과 표본집단

우리는 의사결정을 할 때 관련된 자료를 수집한다고 하였다. 그렇다면 관련된 자료란 모집단(population) 전체를 대상으로 할 것인가 아니면 그의 일부인 표본(sample)을 대상으로 할 것인가를 결정해야 한다. 모집단이란 우리가 통계분석을 하고 결론을 내리고자 하는 모든 요소들의 집합체라고 할 수 있다. 모집단의 특성은 모수를 통하여 규명되는데 모수에는 모평균 μ, 모분산 σ^2, 모표준편차 σ, 모비율 p가 있다.

모집단은 구성원소의 수에 따라 유한 모집단(finite population)과 무한모집단(infinite population)으로 구분할 수 있다. 예를 들면 우리 집의 평균연령을 조사한다면 이는 구성원소가 유한개이므로 유한모집단이라고 하겠지만 전국 가정의 평균연령을 조사한다면 이는 구성원소가 무한개이므로 무한모집단이라고 할 수 있다.

모집단과 모수

- ☐ 모집단이란 분석할 대상이 있는 모든 관측치의 집합이다.
- ☐ 모수란 모집단의 특성을 나타낼 수 있는 모평균 μ, 모분산 σ^2, 모표준편차 σ, 모비율 p를 말한다.

표본이란 통계분석할 목적으로 모집단에서 추출한 자료를 뜻한다. 표본을 분석하는 것은 모집단 전체를 분석하는 것보다 훨씬 비용이 적게 소요된다. 표본을 사용함으로써 위험을 감소시키고 비용과 시간을 절약할 수 있다. 집단의 특성을 고르게 대표할 수 있는 표본을 추출한다면 통계에 대한 신뢰를 높일 수 있다. 그러나 표본결과를 이용하여 미지의 모집단에 대하여 추론하는 데는 위험이 따른다는 사실도 인식하여야 한다. 모집단의 모수를 추정하는 데 사용되는 것이 표본이다.

표본집단과 통계량

- ☐ 표본집단이란 모집단에서 추출한 개체들의 일부를 의미한다.
- ☐ 표본집단의 특성을 통계량이라 하는데 표본의 통계량에는 표본평균 $\overline{X}$, 표본분산 s^2, 표본표준편차 s, 표본비율 p_s 등이 있다.

모집단의 규모가 작을 때에는 문제가 없으나, 모집단이 클 때에는 비용, 시간, 정확성 등으로 모집단 전체를 측정할 수 없으므로 표본을 추출하게 된다. 여기서 표본측정을 기술하는 것으로 끝나는 것이 아니고 표본정보를 이용해서 모집단 전체에 대해 일반적인 결론을 내릴 수도 있다.

이에 비해 모집단 전체를 조사하는 것을 센서스(census)조사라 하며 우리나라의 경우 매 00년과 05년에 조사하는 인구조사, 총사업체 조사 등이 센서스에 해당된다.

표본집단을 이용하는 이유는 첫째, 전수조사인 센서스보다 시간을 절약할 수 있으며 둘째, 센서스보다 비용이 적게 들며 셋째, 센서스보다 자료를 다루기가 용이한 실제적인 장점이 있기 때문이다.

2.2 표본추출방법(sampling)

2.2.1 표집오차(sampling error)와 비표집오차(nonsampling error)

표본은 분석을 위해 선택되어지는 모집단의 일부이다. 만약 전수를 조사한다고 하면 웃지 못할 일들이 발생한다. 술맛을 보기위해 모든 술을 마셔보아야 하므로 팔 술이 없어지고 바닷물의 성분을 분석하고자 하면 모든 바닷물을 소비하여야 한다. 따라서 모집단을 분석하기 위한 표본집단의 추출은 분석을 용이하게 하는 장점이 있다. 그런데 표븐집단에는 모집단의 정보가 포함되도록 추출되어야 한다. 그렇지 않으면 오차(error)가 발생하게 된다.

표본추출과 관련된 오차를 표집오차(sampling error)라 하는 표본에서 구한 결과와 전수조사의 결과(모수)의 차이가 있거나[1] 또는 모집단의 일부인 표본을 사용하여 모집단의 특성치를 추정하기 때문에 발생하는 필연적인 오차이다. 그에 반해 비표집오차(nonsampling error)는 조사준비과정, 실제 조사, 자료집계 및 자료처리과정에서 발생하는 오차를 말한다.

센서스와 같은 전수조사에는 표집오차는 없고 비표집오차만 발생하지만 표본조사에서는 표집오차와 비표집오차가 같이 나타난다. 비표집오차

---

1) 표본오차 = 모집단의 참값(모수) - 모수에 대한 추정치

가 표집오차보다 문제를 일으키는 경우는 조사를 대규모로 할 때이다. 일반적으로 표본의 크기가 커짐에 따라 표집오차는 감소하지만 비표본오차는 표본의 크기가 커지면 증가하는 경향이 있다. 따라서 무작정 표본의 크기가 커야 모집단의 특성이 잘 반영되어 있을 것이란 생각은 고쳐질 필요가 있게 된다. 왜냐하면 센서스와 같은 전수조사에서 발생하는 비표집오차가 표본을 통해 모집단을 분석하는 조사보다 정확도에서 떨어지기 때문이다.

2.2.2 확률적 표본과 비확률적 표본

표집과정(sampling)은 표집틀(sampling frame)에 의하여 정해진다. 표집틀은 모집단을 구성하는 모든 항목이 포함되도록 짜야한다. 만약 그 틀이 부정확하다면 샘플로부터 얻는 정보는 정확하지 못하여 치우침 현상이 나타나게 된다. 이러한 치우침을 편의(偏倚, bias)라 한다.

표본 추출 방법을 표집이라 하는데 두 가지가 있다. 하나는 비확률적 표집(nonprobability sample)과 확률표집(probability sample)이 있다.

비확률표집(nonprobability sample)은 응답자가 스스로 표본을 지정하거나 자기자신이 표본으로서 선택되는 확률을 알지 못하는 상황에서 참여함으로 성립한다. 요즈음 많은 기업들은 인터넷이나 이메일을 통하여 설문조사를 하고 있다. 즉, 기업의 홈페이지에 대한 정보를 주고 조사표를 완성하게 하고 제출하게 한다. 이러한 비확률표집은 판단표집(judgement sample), 할당표집(quota sample), 덩어리 표집(chunk sample)이 있다.

이러한 비확률 샘플링은 편리하고 빠르며 비용이 적게 든다는 장점이 있는 반면에 단점 두 가지를 갖고 있다. 추출과정의 편의에 따른 부정확성과 결과를 일반화하기가 어렵다. 따라서 가능한 확률적 샘플링을 이용하는 것이 좋다.

확률적 샘플링 방법은 비용, 부정확성, 복잡성 등에 따라 다르나 4가지로 나눈다. 단순임의표집(simple random sample), 계통표집(systematic sample), 층화표집(stratified sample), 군집표집(cluster sample)으로 나눈다.

[그림 2.1] 표집방법

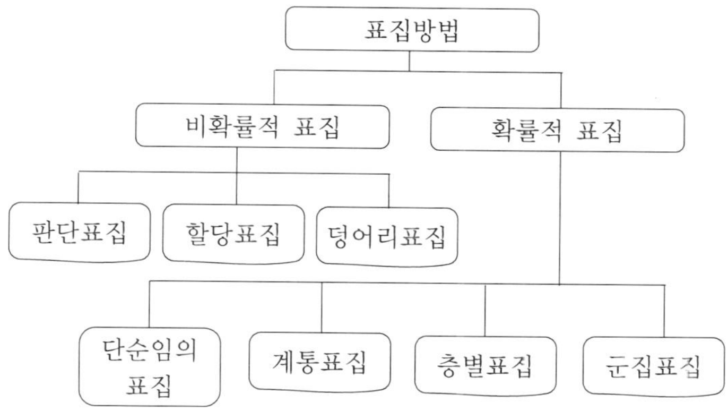

□ 단순임의 표집

단순임의 표집 또는 단순임의 추출은 모집단을 구성하는 모든 구성요소들이 표본으로 선택될 기회를 동일하게 부여하는 방법이며 확률표본집단을 추출하는 방법들의 기준이 된다. n이 표본의 크기이고 N이 모집단의 크기라면 단순임의 추출에서 모집단을 구성하는 모든 요소가 첫번째 표본으로 선택할 확률은 $\frac{1}{N}$이 된다. 단순임의 추출은 표집틀로 선택한 요소가 재투입되는가 아닌가를 기준으로 복원추출(replacement)과 비복원추출(without replacement)로 나눌 수 있다. 복원추출은 첫번째로 추출된 구성요소를 다시 표본틀에 재투입하고 $\frac{1}{N-1}$의 확률을 갖는 것이 아니라 $\frac{1}{N}$의 확률을 갖게 된다.

□ 계통표집 추출

계통표집은 모집단 N을 n개의 표본으로 추출하면 첫번째 추출한 표본에 k를 더하여 순서대로 추출하는 방법이다. 즉, $k=\frac{N}{n}$인데 만약 $N=800$이고 모집단에서 $n=40$의 표본수로 추출한다면 $k=\frac{800}{40}=20$이 된다. 따라서 모집단을 순서대로 나열하였을 때 첫번째 선택된 표본이 8번째였다면 두번째 표본은 $8+20=28$번째가 되며 세번째는 48, 68,

88, 108 ...., 768번째가 되어 총 40개의 표본이 추출되게 된다.

□ 층별 표집

표본추출방법 중 층별 표집 또는 층화 표집은 모집단을 자연적 또는 인위적으로 몇 개의 하부집단으로 나누고 무작위로 표본으로 추출하는 방법이다. 층별표집은 모집단이 서로 상이한 집단들로 구성되어 있을 경우 하위집단으로 층화시킨 후 각 하위집단에서 적절한 수의 표본을 추출하는 방법이다. 단순임의 추출보다 층별표집이 모집단의 정보를 잘 반영한다고 알려져 있다. 모집단을 하위그룹으로 나누는 기준은 성별, 거주지, 학력, 소득 등 인구 통계학적 기준을 이용할 수 있다.

□ 군집 표집

군집 표집은 모집단을 몇 개의 군집(cluster)으로 나누고 그 군집의 크기에 비례하여 표본을 단순임의 추출하는 방법이다. 군집내의 이질성이 있어야 좋은 표집이 된다. 군집으로 나누는 기준은 국적별, 선거구별, 행정구역별, 아파트 동별, 또는 가구별 등을 이용할 수 있다.

3. 통 계 학

3.1 통계학이란?

우리는 매일매일 선택을 하거나 판단을 하면서 살고 있다. 이러한 의사결정은 하기 싫거나, 하고 싶다와는 관계없이 필연적으로 수행해야 하는 일이다. 예를 들면 일기예보에서 내일 비가 올 것이라는 정보를 들은 후 다음날 아침 우산을 갖고 갈 것이냐 아니면 그냥 평소대로 갈 것이냐를 현관 앞에서 가끔 생각하게 된다. 또는 지금 학교에 갈 경우 수업시간에 제대로 들어갈 수 있을까, 아니면 지각할까를 생각하고 늦는다는 판단이 설 경우 대체 교통편에 대한 기대감을 갖고 서두르게 된다. 이와 같이 우리는 어떤 판단이 옳거나 그르거나를 각자 개인이 갖고 있는 모든 정보를 동원하여 판단한다. 즉, 개개인이 각자 갖고 있는 모든 정보를 동원하여 그 정보를 마음속에서 취합하여 나름대로 합리적인 의사결정을 한다는 것이다. 이때 합리적인 의사결정에 도움이 되는 정보가 자료인데 이러한 자료를 통하여 의사결정을 하는 기준은 통계라는 합리적인 도구를 이용하게 된다. 우산을 갖고 갈 것인가 아닌가는 일기예보의 정확성과 개인의 경험을 자료로 이용하고 교통시간에 대한 경험적인 자료를 갖고 도착시간을 예측한다.

그러나 이러한 의사결정이 100% 맞는 경우는 거의 없다. 우산을 갖고 갈 경우 비가 오는 경우와 맞닥드릴 확률, 교통의 원활함에 대한 확률적인 기대치 등이 중간 변수로 작용하게 된다. 이와 같이 우리는 무의식중에 합리적인 의사결정을 하기 위해 통계라는 경험적 확률을 이용하고 있는 것이다.

3.2 통계학의 개념

통계란 무엇이며 통계학이란 어떤 무슨 내용을 다루는 학문인가?

역사적으로 볼 때 현대통계학은 3가지 유형의 변화를 통하여 발전해왔다. 그 하나는 정부가 국민에 관한 정보를 얻기 위하여, 수학적 확률이론의 개발, 그리고 컴퓨터의 발전에 의한 것이다. 그 중 컴퓨터의 발전은 방대한 양의 자료를 수집하고 정리하고 저장할 능력을 확보하게 한 획기적인 사건이라고 할 수 있다.

통계란 알고자 하는 대상을 분석을 통해 정보를 찾는 일이다. 따라서 통계학이란 연구하고자 하는 집단이나 현상에 대해 자료를 수집하고 분류하고 이를 과학적으로 분석하는 학문이다. 대상이 모집단이건 표본집단이건 집단이 갖고 있는 통계량을 구하여 집단의 성격을 규명할 수 있다. 그러나 모집단을 추론하기 위해 표본집단을 추출하였다면 표본에서 구한 통계량을 갖고 모집단의 성격을 규명하지 않으면 안된다. 이와 같이 어떤 연구대상의 통계량을 갖고 그 특성을 분석하는 것을 기술통계학이라 하는 반면 후자를 추측통계학이라 한다.

관광자원개발정책에 반영하기 위하여 제주도 관광자원 중 『주상절리』에 대한 관광객의 주관적인 만족도를 조사한다고 생각해 보자. 조사를 위해 여러 가지 전제조건과 사전조사준비가 필요하지만 모집단과 표본집단과 추측통계를 설명하기 위하여 논의를 간단하게 하자. 제주도 주상절리를 방문하는 관광객은 크게 내국인 관광객과 외국인 관광객으로 나눌 수 있으며 만족도의 크기는 관광객이 갖고 있는 인구통계학적 요소(demographic factor)에 의하여 다르게 나타날 수 있다. 또한 조사시기에 관한 문제도 중요하다. 올해 할 것인가? 내년에 할 것인가? 어느 계절 또는 어느 월에 할 것인가? 주중에 할 것인가 아니면 주말에 할 것인가? 그리고 조사시간은 하루 중 언제 할 것인가? 등을 판단해야 한다.

더군다나 이러한 조사를 주상절리를 방문하는 모든 사람을 대상으로 할 것인가? 아니면 기준을 합리적으로 정하여 일정량의 표본을 추출하여 조사할 것인가?를 생각할 수 있다. 그런데 분명 제주도 주상절리의 관광객의 해안관광자원에 대한 만족도의 실체인 답은 존재한다. 문제는 우리가 그것을 알지 못한다는 것이다. 답에 접근하려면 표본의 통계량을 갖고 모집단인 주상절리 모든 방문객의 답을 추측해야 하는 일이다. 따라서 기술통계량분석과 함께 추측통계학을 공부하지 않으면 안된다.

기술통계학과 추측통계학

☐ 기술통계학이란 분석대상의 특성을 파악하고 이를 기술하는 학문이다.
☐ 추측통계학이란 모집단에 추출한 표본을 통해 모집단의 특성을 추측하는 학문이다.

03

기술통계학과 자료의 정리 · 표현

1. 자료의 정리

통계적 자료를 분류하고 요약하고 또한 표현하기 위하여 표와 그래프가 이용된다. 그래프는 자료의 중요한 특성, 예컨대 분포의 형태와 중심의 위치를 시각적으로 보여주기 때문에 자료표현의 도구가 된다. 그 외에도 요약 특성치는 통계분석에서 중요한 역할을 수행한다. 이러한 요약 특성치는 연구대상을 설명해 줄 수 있어 기술통계량이라고 한다. 또한 우리는 기술통계량으로부터 얻은 정보를 이용하여 우리가 원하는 모집단의 특성을 추측할 수 있게 된다. 본장에서는 자료의 정리방법으로 널리 사용되는 도수분포표의 작성방법과 이를 그래프로 나타내는 방법을 고찰하고 자료의 요약 특성치인 기술통계량의 작성과정을 살펴본다.

대학생 남도 산업관광자원답사 예제문제

Y대학교 산업정보대학 재학생들은 2박3일의 남도 산업관광자원 답사여행을 떠났다. 일정을 마친 후에 80명의 표본을 추출하여 2박 3일 동안 1인당 지출액을 조사하여 다음과 같은 자료를 얻었다.

〈표 1.1〉 대학생 답사 지출금액

(단위: 천원)

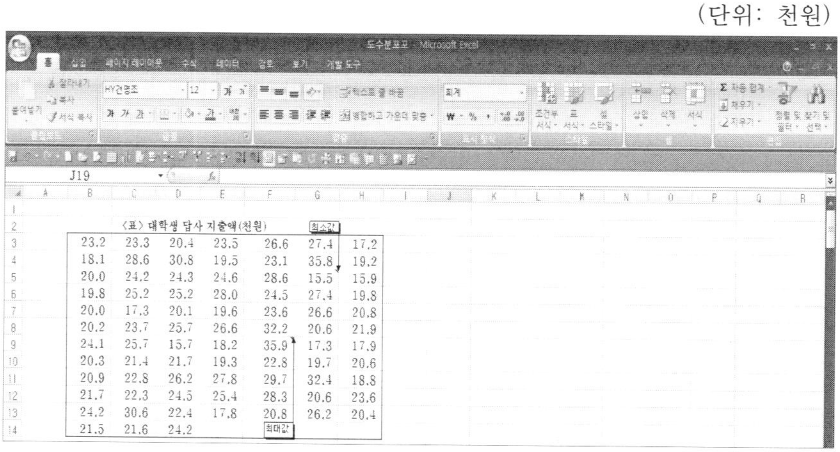

〈표〉 대학생 답사 지출액(천원)

B	C	D	E	F	G	H
23.2	23.3	20.4	23.5	26.6	27.4	17.2
18.1	28.6	30.8	19.5	23.1	35.8	19.2
20.0	24.2	24.3	24.6	28.6	15.5	15.9
19.8	25.2	25.2	28.0	24.5	27.4	19.8
20.0	17.3	20.1	19.6	23.6	26.6	20.8
20.2	23.7	25.7	26.6	32.2	20.6	21.9
24.1	25.7	15.7	18.2	35.9	17.3	17.9
20.3	21.4	21.7	19.3	22.8	19.7	20.6
20.9	22.8	26.2	27.8	29.7	32.4	18.8
21.7	22.3	24.5	25.4	28.3	20.6	23.6
24.2	30.6	22.4	17.8	20.8	26.2	20.4
21.5	21.6	24.2				

주: http://cafe.naver.com/haveajoy.cafe, '3장 대학생 답사 지출액'.xls

여러분들은 이 자료를 보면서 무엇을 알아내고 싶은가?

80명 중 가장 큰 지출금액과 가장 작은 지출금액은 얼마인가? 평균적으로 얼마를 지출했는가? 대학생 개인간의 씀씀이의 차이는 얼마인가? 적은 금액에서 큰 금액 순으로 나열했을 때 중앙에 위치한 값은 얼마인가? 나의 지출 수준이 80명 중에 어떤 위치에 있는가? 지출액으로 보아 적게 지출한 친구들이 많은가? 그렇지 않다면 많이 지출한 학생들에 집중되어 있는가? 가장 많이 지출한 금액에 얼마 만한 친구들이 속해 있는가? 등이다.

이러한 자료의 특성을 분석하는 방법이 자료를 기술할 때 우리가 흔히 사용하는 기술통계량이다. 자료를 언뜻 보아 시각적으로 판단할 수 있는 것이 있는 반면 분석해 보지 않으면 모르는 것도 있다.

이러한 의문점을 푸는 방법은 현실적으로

첫째, 자료를 엑셀에 입력하고 이를 정렬하여 순위를 계산하고 그 순위에 맞는 자료를 찾는 방법

둘째, 자료를 엑셀에 입력한 후 순서대로 정렬하지 않은 상태로 엑셀의 수식 명령어를 이용하는 방법

셋째, SPSS와 같은 통계 프로그램을 이용하여 문제를 푸는 방법 등이 있다. 이하에서는 자료를 계급값으로 정돈한 후 이를 이용하여 우리가 원하는 답을 얻는 방법으로 나누어 구체적으로 이를 소개하도록 한다.

1.1 도수분포표의 작성

도수분포표(frequency table)란 연구 대상이 되는 모집간으로부터 방대한 양의 자료를 수집하여 이를 조직하고 정리하는 데 사용되는 기본적인 표이다. 도수분포표는 자료를 정리하고 그의 특성을 요약하는 기술통계학의 핵심이다.

구체적으로 도수분포표를 작성하는 방법을 위의 예를 가지고 기본적인 개념을 설명하기로 하자.

대학생들의 일인당 지출액 단위는 천원이며 그 지출액에 해당되는 학

생들이 몇 명이냐를 기준으로 작성된다. 그런데 여러분들도 알고 있는 바와 같이 위의 자료는 대학생들 각각의 지출금액이 다르므로 각 금액에 해당되는 학생은 각 1명이 된다. 따라서 이를 그래프로 그리기 위해 X축을 금액으로 놓고 Y축을 학생수로 놓는다면 Y축의 값은 모두 1명이 될 수 뿐이 없다. 보다 효과적으로 그래프로 나타내고자 한다면 X축의 지출금액에 일종의 계급값을 주어 이에 해당하는 Y축에 대학생수를 그린다면 대학생들의 지출성향을 보다 용이하게 나타내 낼 수 있게 된다. 이렇게 단위와는 관계없이 X축에 일종의 계급값을 주어 Y축에 해당 도수를 그려 주는 것을 히스토그램이라 한다.

그리고 단위가 어떤 것인가에 상관없이 수집된 자료를 몇 개의 계급으로 나누고 각 계급에 해당되는 관측치의 개수를 기록한 표를 도수분포표라 한다. 도수(Frequency, 度數)라는 의미는 단위의 종류와는 관계없이 구분된 값에 해당되는 관측치의 개수가 몇 개냐 하는 그 수의 정도를 나타낸 것으로 이해하면 된다. 즉, 명, 개, 천톤, 만원 등의 단위와는 관계없이 전체에서 나타내는 정도의 수가 도수라고 이해하면 될 것이다. 이러한 도수의 합계를 기준으로 각 계급값에 해당하는 도수를 전체도수로 나누어 주면 즉, 백분율을 구하면 이것이 전체 도수에서 해당 계급값이 차지하는 비중인 상대도수(relative frequency)가 산출되는데 상대도수의 개념은 비중과 같은 개념이다.

이와 같이 도수분포표를 기준으로 우리는 도수분포도, 즉 히스토그램(Histogram)의 그래프를 작성하는데 다음과 같은 과정을 거치는 것이 합리적이라 할 수 있으므로 그 과정에 대해 자세한 설명을 하기로 한다.

1.1.1 제1단계: 계급수를 결정한다.

많은 자료를 갖고 도수분포표를 작성하는 일은 쉬운 일이 아니다. 그 중 제일 먼저 결정해야 할 일은 주어진 자료를 몇 개의 계급수로 나누어야 할 것인가이다. 물론 이때의 전제 조건은 최소값과 최대값을 시각적으로 확인해야 하는 일이 선행되어야 한다. 위의 표에서 최소값은 15.5천원이며 최대값은 35.9천원이다. 그 후 최소값과 최대값 사이의 값, 즉 계급의 수를 몇 개로 하는가를 정해야 한다. 만약 계급수가 적으면 해당 자료의 특징을 그래프로 표현하기가 부적절 할 것이며 만약 너무 많게 계급수를 정했다면 그래프의 모양이 평평하게 나타날 것이기 때문이다. 나누고자 하는 계급의 수를 k라 하고 자료의 수를 n이라고 하자. 그러면 나누고자 하는 계급 수는 2^k가 된다. 2^k 값이 n과 같거나 큰 경우에서 k를 결정하면 된다. 만약 2^k값이 n보다 작다면 k값을 더 크게 하여야 한다.

계급값의 수(k)
$2^k \geq n$ k: 계급값의 수, n: 자료 수 2^k의 값이 n보다 커야 한다.

따라서 위의 예에서 $n=80$이므로 $k=6$이면 계급값이 6개를 의미하고 $2^6=64$이므로 자료수보다 작아 충분한 계급값이라 볼 수 없다. 따라서 $k=7$이면 계급값이 7개를 의미하고 $2^7=128$이어서 자료 수 80보다 크므로 계급값은 7개로 나누는 것이 좋다.

1.1.2 제2단계: 계급값의 크기를 정한다.

계급수가 정해지면 해당 계급값의 크기를 얼마로 해야 하는가에 관해 정하여야 한다. 계급값의 폭은 자료의 최대값에서 최소값을 빼준 값을 계급수로 나누어 주어 구하는데 그 값이 정수가 아닌 소수라면 적절하게 이를 정수로 조절하여야 한다.

계급값의 크기(i)
$i \geq \dfrac{MAX-MIN}{k}$ MAX: 최대값, MIN: 최소값, k: 계급의 수 i의 값이 소수점일 경우 적절하게 단위를 조정한다.

앞의 예에서 최대값 = MAX는 35.9천원이며 최소값 = MIN은 15.5천원이므로 i는 2.9143원이 된다. 계급값에 지나치게 정교한 값의 폭을 주면 계산하기가 복잡해지므로 여기서는 3,000원인 3.0천원으로 정하도록 한다. 이렇게 계급값의 폭을 정하면 된다. 그러나 어떤 경우에는 최소값과 최대값 사이가 큰 경우에 중간계급에 있는 값들이 없을 수 있으므로 이때에는 정해진 계급값을 생략하여도 무방한 경우도 있다.

1.1.3 제3단계: 계급값의 하한값과 상한값의 범위를 정한다.

계급의 수와 계급값의 폭이 정하여지면 최소값으로부터 최대값까지 계급을 정하게 된다. 그러나 각 계급에 하한값과 상한값의 범위를 구체적으로 정할 필요가 있다. 즉 하한값은 주어진 값을 포함하여 그 이상이어야 하고 상한값은 그 미만으로 정하는 것이 좋다. 첫번째의 계급값을 15.0천원 이상에서 18.0천원 미만으로 정하는 것과 같다.

1.1.4 제4단계: 도수분포표의 작성

이상의 3단계를 기초로 하여 도수분포표를 작성한다. 도수분포표의 작성방법은 여러 가지 방법을 통하여 할 수 있는데 엑셀에서는 FREQUENCY 함수를 이용한다.

문제풀이 **FREQUENCY 함수**

□ 엑셀 표에 '지출비용'의 이름을 부여한 후 이름을 활용하여 도수분포표를 구하는 방법을 설명한다. B3:H14를 드래그하여 범위를 정한 후 메뉴-수식-이름정의에서 지출비용을 입력하면 이름이 정해진다. 만약 범위를 이용한다면 $B$3:$H$14로 하고 '지출비용' 이름대신 절대범위를 입력하면 된다.

□ B16에 '이상'을 넣고 B17에 15.0부터 B23까지 계급값에 대한 내용을 넣는다. D16에 '이하'를 넣고 D23까지 계급값을 넣고 C17에서 C23까지 중간값을 넣는다. 이때 계급수는 7개로 하고 계급의 폭은 3000원으로 한

다. 이하 [그림 1.1]과 같이 표를 작성한다.

□ E17에서 E23까지 배열수식[1]으로 FREQUENCY함수 명령어를 이용하기 위해 E17부터 E23까지 드래그 하여 범위를 정한다.

□ 수식입력은 '=FREQUENCY(지출비용,$D$17:$D$23)'을 넣고 Ctrl과 Shift키를 누른 상태에서 Enter키를 친다. $D$17:$D$23의 범위를 정하는 이유, 즉 "까지"만 범위를 정하는 이유는 엑셀함수는 각각의 계급값의 상한값을 기준으로 도수분포표를 작성하기 때문이다. 그러면 한꺼번에 도수분포표가 작성됨을 볼 수 있다. 중간값은 나중에 히스토그램을 그리기 위한 *X*축의 값을 주기 위해 미리 작성해 놓은 것이다.

□ E24에 도수 합계를 '=SUM(E17:E23)'으로 구한다. 상대 도수는 비중의 의미이므로 F17에 '=E17/$E$24*100'을 입력하고 마우스 오른쪽

[그림 1.1] 도수분포표의 작성 결과(이름사용)

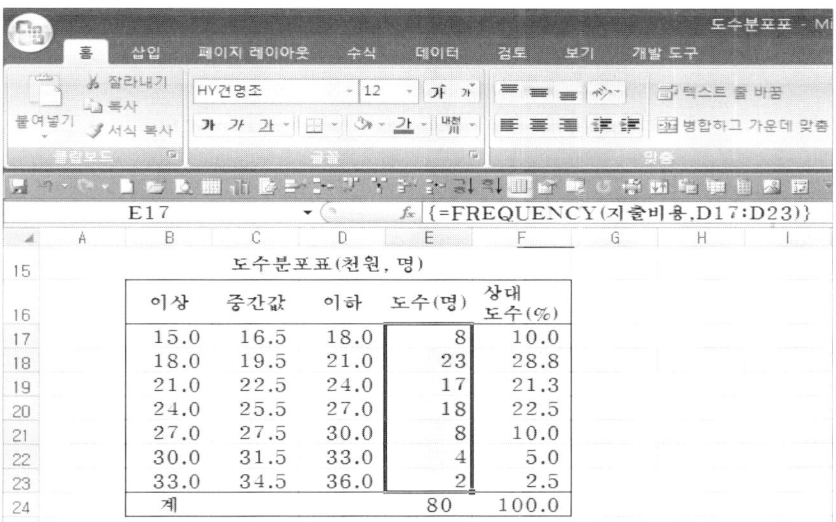

도수분포표(천원, 명)

이상	중간값	이하	도수(명)	상대 도수(%)
15.0	16.5	18.0	8	10.0
18.0	19.5	21.0	23	28.8
21.0	22.5	24.0	17	21.3
24.0	25.5	27.0	18	22.5
27.0	27.5	30.0	8	10.0
30.0	31.5	33.0	4	5.0
33.0	34.5	36.0	2	2.5
계			80	100.0

1) 배열수식은 엑셀함수에서 매우 중요한 역할을 하므로 충분한 이해가 필요하다. 이에 대하여는 엑셀을 다룬 다른 책들이나 엑셀에서 F1키를 눌러 도움말 편에서 충분한 연습과 이해를 바란다.

버튼을 눌러 셀서식-표시형식-범주(숫자) 소수자리수를 '1'로 하고 확인을 누른 후 F17셀을 F24까지 카피하면 도수분포표가 완성된다. 배열수식으로 작성된 셀은 연결된 셀을 모두 지정해야 삭제할 수 있으며 수식을 고칠 수 있기 때문에 한군데의 셀만 변경할 수 없다. 또한 작성된 배열수식은 함수식의 양쪽에 "{ }"의 형태로 나타난다.

1.2 히스토그램의 작성

도수분포를 가장 잘 나타내 주는 그래프는 히스토그램(Histogram)이다. 히스토그램이란 X축에 해당 계급값을 주고 Y축에는 도수를 기준으로 막대그래프를 그리는 것을 말한다. 높이가 높을수록 도수가 많은 것을 의미하며 인접막대와는 서로 연결되어 있다. 나중에 설명하겠지만 히스토그램은 연속확률함수를 이해하는데 필요한 정규분포와 밀접한 관계가 있다는 점을 미리 밝힌다.

1.2.1 엑셀의 챠트마법사를 이용하여 그리는 방법

□ 도수분포표의 E16:E23을 드래그하여 자료범위를 준 후 툴바에서 그래프를 클릭하거나 또는 삽입-세로막대형-2차원세로막대형-묶은세로막대형을 클릭하면 그래프가 그려진다.

□ 그래프에 삽입되어 있는 차트영역의 범례(계열1)를 삭제하고 제목의 '도수(명)'을 히스토그램으로 바꾼다.

□ 챠트의 아무 곳을 클릭하고 마우스 오른쪽 버튼을 눌러- 데이터 선택-가로(항목)축 레이블-편집(T) 클릭-축 레이블 범위-시트상의 C17:C23을 드래그 한 후 확인을 누른다.

□ 챠트안의 막대그래프를 클릭(막대그래프 모두가 선택되어야 함)-마

우스 오른쪽 버튼-데이터 레이블 추가(B)한다.

□ 챠트 안의 막대그래프를 클릭(막대그래프 모두가 선택되어야 함)-마우스 오른쪽 버튼-데이터 계열서식(F)-계열옵션-간격너비(W)를 150%에서 0%로 재설정한다. 그러면 막대그래프간 간격이 없어지고 서로 접하게 된다. 왼쪽 옆의 채우기-단색 채우기-색을 각자 연한색으로 설정한다. 왼쪽 옆의 테두리 색-실선(S)-색을 검정색으로 설정한다. 그러면 서로 인접한 막대그래프가 서로 연결된 히스토그램이 만들어진다.

□ 각자 이러한 방법을 통해 3차원그래프와 색감있는 자기 자신에 맞는 히스토그램을 만들 수 있다.

[그림 1.2] 엑셀의 챠트마법사를 이용하여 작성한 히스토그램

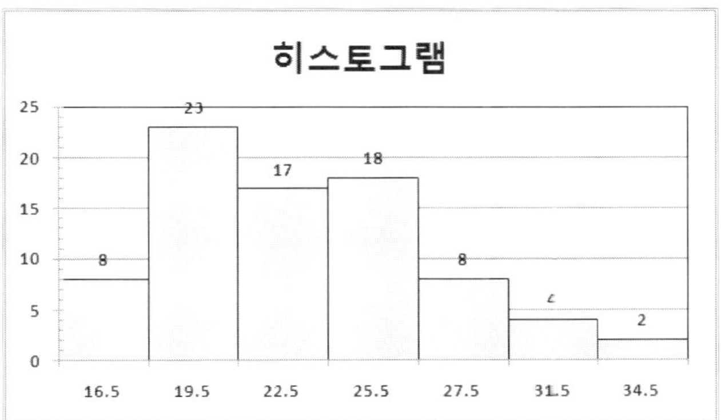

Excel에서 상대위치와 절대위치

□ Excel 시트의 셀 주소를 표현하는 방법은 흔히 우리가 쓴 행렬식과는 다르다. 즉, 행렬 A의 원소를 A_{ij}라 하면 원소의 위치는 i번째 행에서 j번째 열에 해당된다. 즉 행의 번호와, 열의 번호의 순으로 주소를 정한다. 그러나 Excel의 주소는 $DF456$과 같이 열의 위치 DF를 먼저, 456의 행 위치를 나중에 정해 놓았다. 그 이유를 생각해 보길 바란다.

□ 그런데 $DF456$은 열과 행의 결합이기 때문에 각 열과 행의 위치를 분리하여 사용할 수 있다. 이때 생각하여야 하는 것이 상대위치의 개념과 절대위치의 개념이다. 상대위치란 위치를 고정시키지 않고 수식을 복사

할 때 그대로 위치의 설정개념을 이용하는 방법이다. 절대 위치는 입력된 수식을 다른 주소로 이동해도 그 셀의 주소가 바뀌지 않는다. 절대 위치는 $표식을 이용하는데 $\$DF456, DF\$456, \$DF\$456$과 같이 3개의 표현방법이 있다. $\$DF456$는 열을 고정시킨 것이며, $DF\$456$는 행을 고정시킨 것이며 $\$DF\$456$는 행과 열 모두를 고정시켰다는 의미이다.

□ 입력방법은 자판을 통해 셀 주소를 직접 입력하는데 그 방법보다는 각각 필요한 셀 주소를 이름 창에 입력하고 'F4'키를 한번 누르면 열과 행 모두 절대위치가 지정되고 두번 누르면 행만 지정되고 세번 누르면 열로 절대위치가 지정된다.

1.3 엑셀의 데이터 분석을 이용하여 히스토그램을 그리는 방법

엑셀에서 챠트마법사를 이용하여 그래프를 그리는 방법 이외에도 엑셀의 도구-데이터 분석-히스토그램을 클릭하여 그릴 수 있다.

[그림 1.3] 도구-데이터 분석-히스토그램

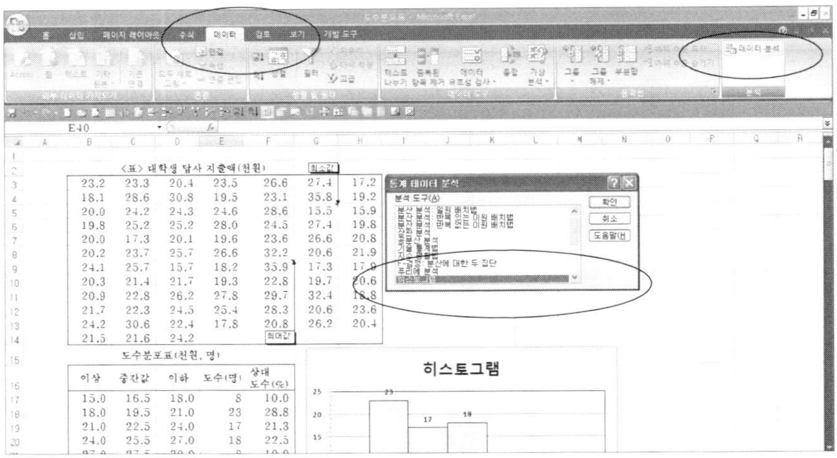

□ 입력범위(I) $B$3: $H$14를 넣고 계급구간(B) $D$17: $D$23, 출력옵션-새로운 워크쉬트, 챠트출력에 첵크하여 확인하면 새로운 쉬트가 생기면서 다음과 같이 표와 그래프가 만들어진다. 계급구간을 설정하여 범위를 지정하는 이유는 자료마다 계급수와 계급의 폭이 다르기 때문이며

출력범위는 여러분이 각각 편리한 방법으로 지정할 수도 있다

□ 도수분포표가 새롭게 만들어지면서 히스토그램이 그려진다.

[그림 1.4] 도구-데이터분석 메뉴를 이용한 히스토그램

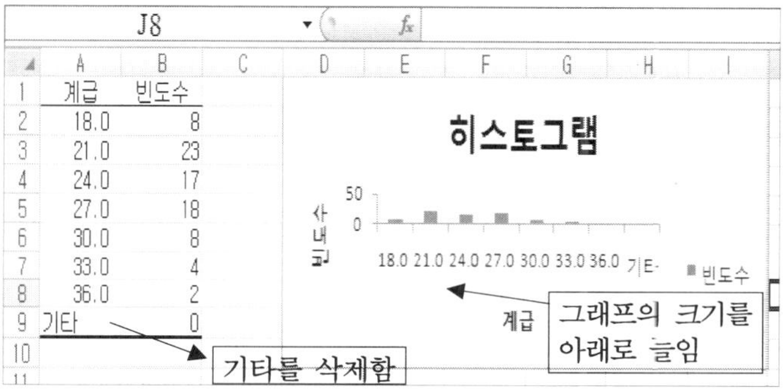

□ 기타의 계급과 빈도수를 삭제(A9:B9)하면 그래프도 자동 수정되며 히스토그램 내부 그래프를 아래로 늘려 크기를 조정한다.

□ 이하 위의 챠트마법사와 같은 방법으로 조정하면 아러와 같이 작성된다.

[그림 1.5] 도구메뉴를 이용한 히스토그램의 작성

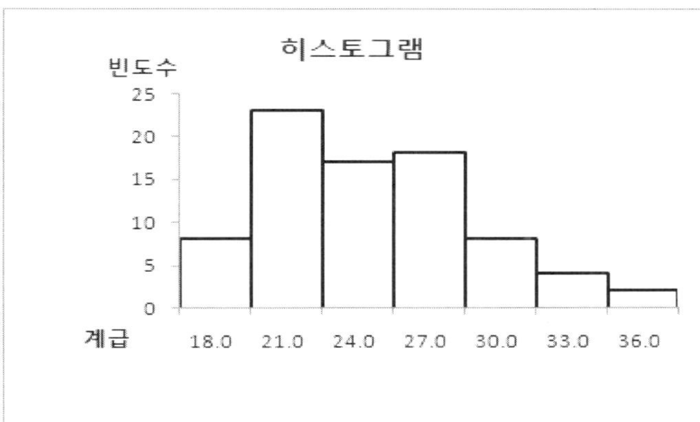

1.4 SPSS를 이용하여 그래프를 그리는 방법

SPSS-Graph를 이용하여 히스토그램을 그릴 수 있다. 엑셀에서 만든 80개의 자료를 하나의 열로 재정리한 후 SPSS-Data View에 붙여넣기하고 Variable View에서 변수 이름을 '지출비용'으로 한다.

[그림 1.6] SPSS-Graphs-Histogram

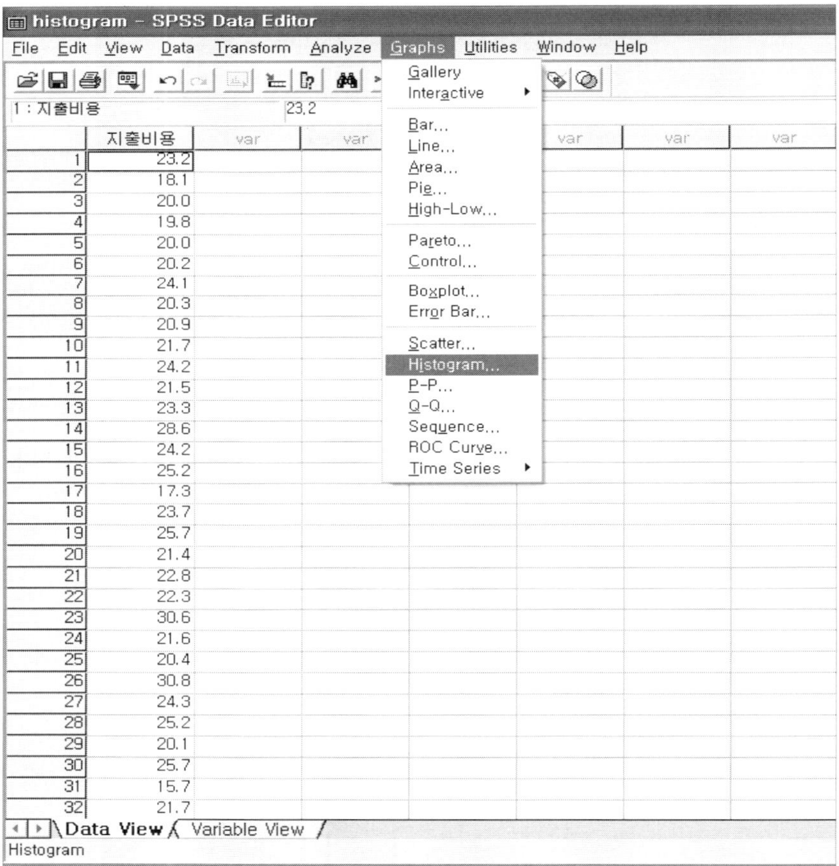

□ SPSS의 Graphs-Histogram을 클릭한다. 왼쪽 박스의 '지출비용' 변수를 오른쪽 Variable로 보내고 Display normal curve에 체크한 후 Titles를 클릭하여 '히스토그램'을 입력한 후 Continue와 OK를 클릭하면 Output-

SPSS Viewer 창이 뜨면서 그래프가 만들어진다. 그러나 만들어 진 그래프는 우선 계급수와 계급폭이 SPSS 프로그램에 의해 작성되어 본래의 히스토그램을 그리고자 하는 것과 달라 이를 수정해야 한다.

□ 그래프를 더블클릭하면 그래프를 수정할 수 있는 창이 만들어지는데 X축의 계급값을 더블클릭한다. Interval Axis(X축 값의 변경)에서 제목을 가운데로 위치하게 하기 위해 Title Justifications-Center로 지정, Interval-Custom 클릭-Define(Definition 박스)-# of Intervals에서 계급수가 7개이므로 7로 수정한 후

□ Interval Width에서 계급폭이 3000원이므로 3으로 수정하고

□ Range 박스에서 Minimum을 15.0천원, Maximum을 36.0천원으로 수정한 후 Continue를 클릭한다.

□ Display labels을 체크하고 Label을 클릭하여 Display 박스에서 All labels를 지정한 후 Type 박스에서 Midpoint를 지정하고 Decimal Places는 소수점 첫째자리가 필요하므로 체크하되 1000s seperator은 단위가 천원이므로 필요하지 않아 빈칸으로 두고 Continue를 클릭하고 OK를 누른다. 그러면 앞의 엑셀의 예에서 작성된 것과 같은 계급의 중간값을 중심으로 한 히스토그램이 자동으로 만들어 짐을 볼 수 있다.

□ 막대그래프의 색이 빨간색이므로 이를 바꾸기 위해서는 막대그래프를 더블클릭한 후 크레파스 모양의 아이콘을 클릭하여 백석으로 바꾼다. 또한 데이터의 수(라벨)을 입력하기 위해 툴바에서 막대그래프의 모양인 Bar Label Style을 클릭하여 적합한 모양의 라벨을 넣는다.

□ 그러면 엑셀과 동일한 모양의 히스토그램이 작성되게 된다. 위와 같은 방법으로 여러분 각자가 생각하는 예쁜 그래프를 만들기 바란다.

[그림 1.7] SPSS-Graphs-Histogram에서 작성된 히스토그램

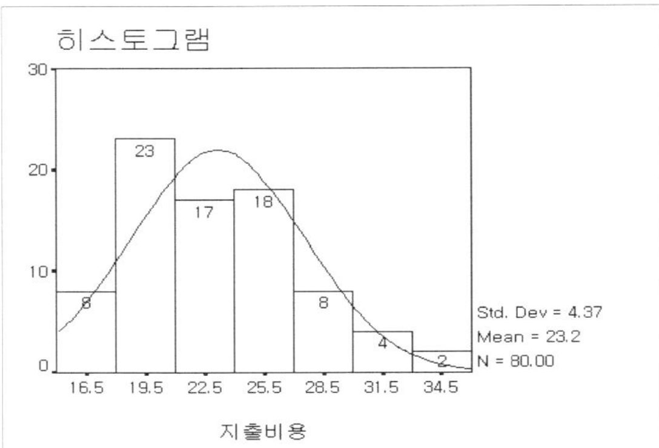

2. 기술 통계학

대학생 80명의 남도 산업관광자원답사에서 쓴 비용에 대한 표본분포의 모양을 살펴보기 위하여 우리는 도수분포표를 작성해 보았다. 그러나 아직 우리가 알고 싶은 내용을 어떻게 분석하는지는 시작하지 못했다. 이제부터는 자료가 갖고 있는 특성이 무엇인가를 파악하는 내용으로 분석이 이루어질 것이다.

일반적으로 자료 특성을 파악하는 일은 정형화되어 있는데 첫째, 집중경향치(Central Tendency)가 어떤 값인가를 파악하는 것으로부터 시작된다. 집중 경향치는 해당 자료가 어떤 값을 중심으로 모여 있는가? 자료를 대표적으로 설명해 줄 수 있는 값은 무엇인가? 로 요약된다. 예를 들면 남도답사에서 대학생들이 지출한 비용을 대표적으로 설명해 주는 값은 무엇인가? 집중 경향치는 평균(Mean), 중앙값(Median), 최빈값(Mode) 등이 있으며 평균도 우리가 일반적으로 쓰는 산술평균(Arithmatic Mean), 가중평균(Weighted Mean), 기하평균(Geometric Mean) 등이 있다.

둘째, 자료가 펼쳐있는 정도를 의미하는 산포(散布, Dispersion)의 정도이다. 산포의 정도는 자료가 특정 값에 집중되어 있는가 또는 넓은 범위

에 펼쳐져 있는가를 판단하는 중요한 개념이다. 예를 들면 대학생 답사지 출금액이 개인적인 편차가 커서 넓게 펼쳐있는 경우와 한 값에 집중되어 있는가를 파악하는 일은 자료가 속한 집단의 특성을 파악하는데 필요하기 때문이다. 산포의 정도는 범위(Range), 사분위범위(Interquartile Range), 분산(Variance), 표준편차(Standard Deviation), 변동계수(Coefficient of Vaiation) 등이 있다.

셋째, 자료가 한쪽에 치우쳐 있는가 또는 특정 값에 집중되어 있는가를 파악하는 대칭성(Symmetry)에 대한 측정이다. 즉 도수분포표에서 본 것처럼 왼쪽이나 오른쪽으로 치우쳐 있는가? 또는 특정 값에 집중되어 있어 도수분포표의 도수가 많아 키가 큰가 작은가를 나타내 주는 지표이다. 이것을 모양(Shape)이라 하기도 하고 대칭성(Symmetry)이라고 하는데 본 책에서는 모두 대칭성으로 기술하기로 한다. 대칭성은 왜도(歪度, Skewness)와 첨도(尖度, Kurtosis)가 있다. 이와 같은 내용을 각각 구체적으로 다음 절에서 살펴보기로 한다.

[그림 2.1] 기술통계 분석내용

2.1 집중 경향치(Central Tendency)

자료를 표나 그래프로 정리해 보면 어떤 계급 또는 특정 값을 중심으로 모여 있는 현상을 발견하게 된다. 이렇게 자료의 분포가 집중적으로 나타나는 값을 집중경향치라 하는데 산술평균, 가중평균, 기하평균, 중앙값, 최빈치 등이 있다. 우리가 흔히 이용하는 평균은 산술평균이지만 그 산술평균도 집중경향치의 한 가지이다.

2.1.1 산술평균(Arithmatic Mean)

산술평균은 평균을 산출하기 위해 우리가 보통 이용하는 방법이다. 산술평균은 모든 자료(X_i)의 합을 자료수 n으로 나누어 구한다. 이와 같은 산술평균은 모집단과 표본집단의 경우로 나누어지며 도수분포표로 작성된 경우와 그렇지 않은 경우로도 나누어진다. 모평균은 앞서 본 바와 같이 μ(뮤)이며 표본 평균은 $\overline{X}$(엑스바)로 표기된다.

산술평균(Arithmatic Mean)- 도수분포표로 작성되지 않은 경우
모집단 산술평균 $\mu = \dfrac{X_1 + X_2 + X_3 + ... + X_N}{N} = \dfrac{\sum_{i=1}^{N} X_i}{N}$ X_i : 개별 자료 N : 모집단의 크기(자료수)
표본집단 산술평균 $\overline{X} = \dfrac{X_1 + X_2 + X_3 + ... + X_n}{n} = \dfrac{\sum_{i=1}^{n} X_i}{n}$ X_i : 개별 자료 n : 표본집단의 크기(자료수)

대학생 80명의 남도 산업관광자원답사의 평균지출액은 다음과 같이 구할 수 있다.

직접 계산하는 방법이 있으나 엑셀을 이용하기로 한다. 보통 우리는 평균을 Mean이라 하지만 엑셀에서 평균은 '=AVERAGE(자료입력범위)'로 구한다. 그리고 각 자료의 합은 '=SUM(자료입력범위)'로 구하고 이를 '=COUNT(자료입력범위)'로 나누어 주면 된다.

AVERAGE를 이용한 평균은 23.17천원으로 나타났으며 SUM은 1,853.9천원이고 COUNT는 80이므로 직접계산으로 산출한 평균도 23.17천원이다.

산술평균(Arithmatic Mean)-도수분포표로 작성된 경우
모집단 산술평균 $\mu = \frac{f_1 \cdot M_1 + f_2 \cdot M_2 + f_3 \cdot M_3 + \ldots\ldots + f_k \cdot M_k}{N} = \frac{\sum_{i=1}^{N} f_i \cdot M_i}{N}$ f_i : i번째 계급의 도수 M_i: i번째 계급의 중간 값 k : 계급수 $f_i \cdot M_i$: i번째 도수와 중간 값의 곱 N : 모집단의 크기(자료수)
표본집단 산술평균 $\overline{X} = \frac{f_1 \cdot M_1 + f_2 \cdot M_2 + f_3 \cdot M_3 + \ldots\ldots + f_k \cdot M_k}{n} = \frac{\sum_{i=1}^{N} f_i \cdot M_i}{n}$ f_i : i번째 계급의 도수 M_i: i번째 계급의 중간값 k : 계급수 $f_i \cdot M_i$: i번째 도수와 중간값의 곱 n : 모집단의 크기(자료수)

〈표 2.1〉 도수분포표로 평균계산

(단위: 천명)

이상	중간값	이하	도수(명)	도수×중간 값
15	16.5	18	8	132.0
18	19.5	21	23	448.5
21	22.5	24	17	382.5
24	25.5	27	18	459.0
27	27.5	30	8	220.0
30	31.5	33	4	126.0
33	34.5	36	2	69.0
	계		80	1837.0

평균 $= \dfrac{\sum_{i=1}^{N} f_i \cdot M_i}{n} = \dfrac{1837.0}{80}$	23.0

2.1.2 가중평균(Weighted Mean)

산술평균은 모집단이나 표본집단의 자료가 똑같이 중요할 때 이용하는 평균이다. 그러나 n이 다른 두 집단 이상의 평균을 계산하기 위해서는 두 집단의 중요도가 같지 않기 때문에 가중치를 사용하여 중요도를 다르게 설정하여야 한다. 예를 들어 특급호텔 커피숍의 특정일의 고객 1인당 객단가를 산출한다고 하자. 8천원의 오렌지 쥬스 250잔, 7천원의 커피 450잔, 만원의 계절과일 쥬스 145잔을 특정일에 판매했을 경우 고객 일인당 평균 객단가를 계산한다면 가중평균을 이용하는 것이 쉽다. 또한 연구방법론의 A반과 B반의 성적을 비교해 본다고 했을 때, A반은 수강인원 32명의 평균이 83점인데 반하여 B반은 40명의 평균이 78점이라면 두 반의 평균은 얼마인가도 가중평균으로 산출하면 된다. 즉, 두 반의 산술평균은 (83+78)/2 = 80.5점이라면 A반과 B반이 똑같은 조건이 아니기 때문에 산술평균보다는 가중평균의 개념을 이용해야 한다.

가중평균(Weighted Mean)
가중평균 $\overline{X}_W = \dfrac{w_1 \cdot X_1 + w_2 \cdot X_2 + w_3 \cdot X_3 + \ldots\ldots + w_n \cdot X_n}{w_1 + w_2 + w_3 + \ldots + w_n}$ $= \dfrac{\sum_{i=1}^{n} w_i \cdot X_i}{\sum_{i=1}^{n} w_i}$ $\overline{X}_W$: 가중평균 w_i : i가중치 X_i: i번째 자료 $w_i \cdot X_i$: i번째 가중치와 자료의 곱 n : 표본집단의 크기(자료수)

앞의 커피숍 이용객의 평균 객단가의 예를 보면 7,810원으로 산출된다.

$$\overline{X}_W = \frac{250 \cdot 8,000 + 450 \cdot 7,000 + 145 \cdot 10,000}{250 + 450 + 145}$$
$$= \frac{6,600,000}{845} = 7,810\text{원}$$

또한 연구방법론 두 반의 평균은 80.2점으로 산출된다.

$$\overline{X}_W = \frac{32 \cdot 83 + 40 \cdot 78}{32 + 40} = \frac{5776}{72} = 80.2\text{점}$$

2.1.3 기하평균(Geometric Mean)

기하평균은 흔히 우리가 접하는 연평균 증가율의 개념으로 많이 이용하는 중요한 개념이다. 연평균 증가율은 시작년도와 목표연도라는 두 시점을 대상으로 그 기간 동안 매년 얼마만큼 평균적으로 증가하였는가를 파악하는데 이용한다. 또한 과거의 연평균 증가율의 개념을 이용하여 미래의 목표량 및 목표액을 정하는데 이용할 수 있다.

다음의 표는 1961년부터 2006년의 우리나라의 입국자수와 출국자수에 대한 엑셀자료를 한국관광공사(www.knto.or.kr)의 T2자료실에서 다운받은 것이다. 2001년의 입국자수는 5,147,204명, 2006년은 6,155,047명인 반면 출국자수는 2001년 6,084,476명, 2006년은 11,609,879명이다. 연말을 기준으로 할 때 2001년-2006년 동안의 입국자수(In)와 출국자수(Out)의 연평균 증가율을 구하여라[2].

연평균 증가율은 해당 기간 동안의 증가율의 평균이 아니라 시작년도와 목표년도 두 기간 동안(중간의 연도는 생략) 매년 동일한 증가율인 r을 찾는 방법이다. 즉 모든 기간 동안의 증가율은 r이 된다. 문제에서와 같이 2001년과 2006년은 연말을 기준으로 5년간이므로 $r = (\frac{Out_{2006}}{Out_{2001}})^{\frac{1}{5}} - 1$이 된다. 유추식은 다음과 같다.

2) 자료: http://cafe.naver.com/haveajoy.cafe, '입국 출국 관광수지 61-06.xls' 참조.

$$Out_{2002} = Out_{2001}(1+r)$$
$$Out_{2003} = Out_{2002}(1+r) = Out_{2002}(1+r)(1+r) = Out_{2001}(1+r)^2$$
$$Out_{2004} = Out_{2003}(1+r) = Out_{2002}(1+r)^2(1+r) = Out_{2001}(1+r)^3$$

따라서 $Out_{2006} = Out_{2001}(1+r)^5$가 된다. 따라서 이를 r에 대하여 풀면된다.

2001-2006년의 입국자수의 연평균 증가율[3)]

$$(\frac{6,155,047}{5,147,204})^{\frac{1}{5}} - 1 \ = \ 0.0364, \quad 3.64\%$$

2001-2006년의 출국자수의 연평균 증가율

$$(\frac{11,609,879}{6,084,476})^{\frac{1}{5}} - 1 \ = \ 0.1379, \quad 13.79\%$$

그런데 위 식은 다음과 같이 변형하여 적용할 수도 있다. 즉, 만약 2001년의 출국자수와 2001에서 2006년까지 예상 연평균 증가율 r도 알고 있는 상황에서[4)] 2006년말의 출국자수를 예측하는 문제를 생각해 보기로 한다. 물론 위 식에서는 이미 출국자수 자료가 발간되어 있지만 연습을 위한 것이므로 모른다고 치자. 위의 자료에서 2001년의 출국자수는 6,084,476명이고 예상 연평균 증가율이 13.79%이다. 그렇다면 위의 자료에 의거하여 2006년의 예상 출국자수는 11,609,879명으로 산출되어야 한다. 이의 산출식을 보자.

$r = (\frac{Out_{2006}}{Out_{2001}})^{\frac{1}{5}} - 1$ 이므로 미지수인 Out_{2006}을 구하는 식으로 풀어야 한다.

따라서 $1+r = (\frac{Out_{2006}}{Out_{2001}})^{\frac{1}{5}}$, $(1+r)^5 = \frac{Out_{2006}}{Out_{2001}}$이 된다.

$$Out_{2006} = Out_{2001} \times (1+r)^5$$

$$Out_{2006} = 6084476 \times (1+0.1379)^5 = 11,609,879$$ [5)]

---

3) 엑셀에서의 수식은 '=(6,155,047/5,147,204)^(1/5)-1'로서 구할 수 있으며 함수식은 =POWER 함수를 이용할 수 있다.

4) 외생변수로서 미래 예측에 대한 거시적 연평균 증가율 자료는 비교적 손쉽게 구할 수 있으므로 예측력을 높일 수 있다는 점을 생각해 두기 바란다.

따라서 실제의 2006년 출국자수와 동일한 값으로 산출된다. 이의 응용 분야를 생각해 보길 바란다.

2-1 | 예제문제 |

다음의 표는 우리나라 입출국자수를 연도별로 정리해 놓은 자료이다.

1. 1961-1971, 1971-1981, 1981-1991, 1991-2001, 2001-2006년간의 입출국자수의 연평균 증가율(%)을 구하여라. 자료의 입력을 다음 표와 같이 하라.

2. 정부는 2011년까지 외래객 입국자수를 11,000,000명으로 증가시키는 정책 목표를 수립하였다. 이 목표를 달성하고자 한다면 2006-2011년간 연평균 증가율이 얼마가 되어야 하는가? 그리고 그 의미를 해석하라.

3. 만약 2006-2011년의 외래객 입국자수의 증가율이 5%로 가정된다면 2011년의 예상되는 외래객 입국자수는 얼마인가?

[그림 2.2] 입출국자수와 연평균 증가율의 계산

I4 =(D4/D3)^(1/10)-1

출입국자수 추이

년도	입국자수(명)	출국자수(명)
1961	11,109	10,242
1971	232,795	76,701
1981	1,093,214	436,025
1991	3,196,340	1,856,018
2001	5,147,204	6,084,476
2006	6,155,047	11,609,879
2011	11,000,000	

주:2006년은 잠정치임

년평균증가율(%)의 계산

기간	기간(년)	입국자수	출국자수
1961-1971	10	0.3556	0.2230
1971-1981	10	0.1673	0.1898
1981-1991	10	0.1133	0.1559
2001-2006	5	0.0364	0.1379
1991-2006	15	0.0447	0.1300

5) 실제자료를 갖고 엑셀로 계산하면 r이 0.137944031292358가 되나 편의상 소수점 4째자리까지 제시한 것이므로 11,607,633명으로 산출된다. 그 차이는 소수점 이하의 값에 대한 문제이다.

문제풀이
직접계산

1. 입국자수와 출국자수의 자료가 입력되면 연평균 증가율은 두 가지의 방법으로 풀 수 있다. 하나는 키보드를 그대로 이용하는 것이며 다른 하나는 함수 명령어인 POWER를 이용하는 것이다. 이용식과 방법은 다음 그림과 같으므로 각자 직접 해보길 바란다.

[그림 2.3] 연평균 증가율의 계산식

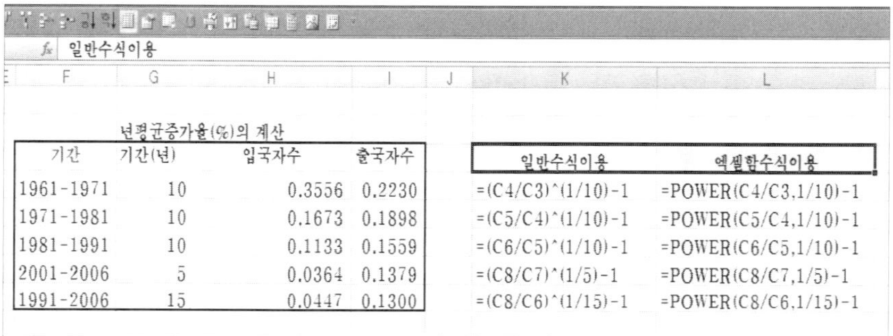

년평균증가율(%)의 계산

기간	기간(년)	입국자수	출국자수		일반수식이용	엑셀함수식이용
1961-1971	10	0.3556	0.2230		=(C4/C3)^(1/10)-1	=POWER(C4/C3,1/10)-1
1971-1981	10	0.1673	0.1898		=(C5/C4)^(1/10)-1	=POWER(C5/C4,1/10)-1
1981-1991	10	0.1133	0.1559		=(C6/C5)^(1/10)-1	=POWER(C6/C5,1/10)-1
2001-2006	5	0.0364	0.1379		=(C8/C7)^(1/5)-1	=POWER(C8/C7,1/5)-1
1991-2006	15	0.0447	0.1300		=(C8/C6)^(1/15)-1	=POWER(C8/C6,1/15)-1

2. 이 문제는 2011년과 2006년, 5년간의 연평균 증가율을 구하는 문제이다.

$r = \left(\frac{IN_{2011}}{IN_{2006}}\right)^{(1/5)} - 1 = 12.31\%$ 이므로 2007년부터 2011년까지 외래객 입국자는 매년 12.31%씩 증가하여야 된다.

3. 문제의 답은 $IN_{2011} = IN_{2006} \times (1+0.05)^5$ =7,855,573 명이 된다.

그 외에도 자료를 분석할 때 연평균 증가율은 매우 다양하게 이용할 수 있다. 각자 이용 분야를 찾아보길 바란다.

2.1.4 중앙값(M_d : Median)

중앙값은 용어가 의미하듯이 분석해야 하는 자료를 낮은 값에서 높은 값으로 정렬했을 때 가운데 위치한 값을 말한다. 또한 자료의 중심을 나타낸다는 의미에서 중위수, 중앙치(中央值)라고도 하며 M_d로 표현하며 집중경향치의 하나가 된다.

중앙값(M_d, Median)

자료를 작은 값에서 큰 값의 순서로 정렬했을 때
가운데 위치한 값을 말한다.
자료의 수가 n개일 때

- n이 홀수 일 때 중앙값 $M_d = \frac{n+1}{2}$ 번째
- n이 짝수 일 때 중앙값은 한 가운데 있는 자료가 $\frac{n}{2}$번째 자료와 $(\frac{n}{2}+1)$ 번째 자료의 두 개가 되므로 두 개를 평균하여 구한다.

$$M_d = \frac{\frac{n}{2}\text{번째 자료} + (\frac{n}{2}+1)\text{ 번째 자료}}{2}$$

[그림 2.4] 엑셀에서의 중앙값 M_d산출방법

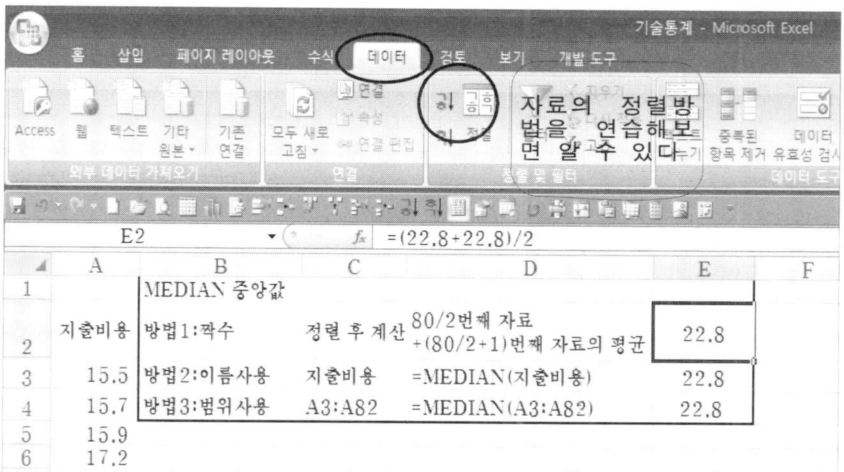

주: 자료입력범위: A3:A82

엑셀에서 M_d를 구하는 방법은 크게 직접 계산하는 방법과 함수식의 MEDIAN(범위)을 이용하는 방법으로 나눌 수 있다. 첫째, 직접 계산하는 방법은 데이터의 범위를 정한 후 메뉴-데이터를 오름차순으로 정렬하는 방식이다. 정렬된 자료를 기준으로 자료수가 80개인 짝수이므로 40번째와 41번째의 두 수를 평균한 것이 중앙값이 된다. 본 자료는 40번째와 41번째의 자료가 모두 22.8이므로 중앙값은 22.8이 된다.

둘째의 방법은 엑셀 함수식의 MEDIAN을 이용하는 방법이다. 이 방법은 이름을 부여하여 범위를 정하는 방법과 셀 주소를 입력하는 방법으로 나눌 수 있으므로 두 방법을 통하여 중앙값을 계산하면 위의 그림과 같으며 계산방법 또한 제시되어 있다.

2.1.5 최빈값(最頻값 M_o : Mode)

또 하나의 집중경향치를 분석할 수 있는 도구는 최빈값이다. 최빈은 이름에서 의미하듯이 자료 중에서 가장 빈도가 높은 값이라 뜻이다. 가장 많이 존재하는 값이 없을 수도 있는 반면 하나 이상일 경우도 있다. 최빈값이 두 개인 경우를 쌍봉(bimodal)이라 하고 세 개 이상 존재하면 다봉(multimodal)이라 한다.

엑셀에서의 계산은 함수식 MODE(범위)를 이용하면 최빈값을 구할 수 있다. 그러나 최빈값의 개수, 즉 얼마나 많은 값의 수가 존재하는가는 MODE 함수만으로는 알 수가 없다. 개수를 알기 위해서는 다른 함수식인 COUNTIF를 이용하면 된다. 위의 예에서는 20.6이 최빈값이며 80개 자료 중에서 3번의 빈도를 갖고 있다.

[그림 2.5] 최빈값 M_o의 계산

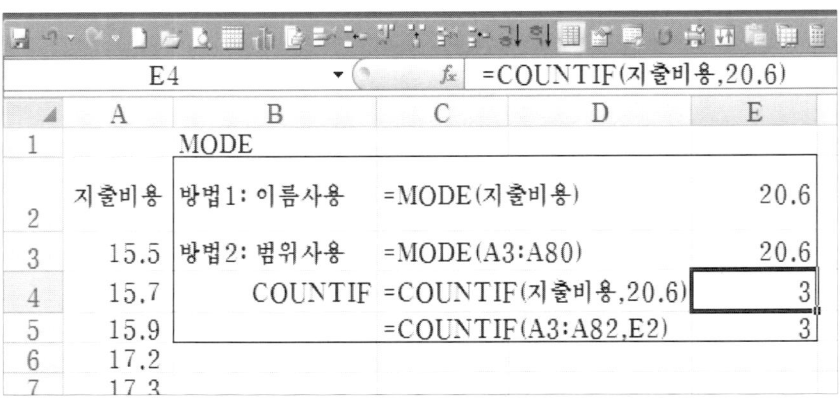
E4 =COUNTIF(지출비용,20.6)

	A	B	C	D	E
1		MODE			
2	지출비용	방법1: 이름사용	=MODE(지출비용)		20.6
3	15.5	방법2: 범위사용	=MODE(A3:A80)		20.6
4	15.7	COUNTIF	=COUNTIF(지출비용,20.6)		3
5	15.9		=COUNTIF(A3:A82,E2)		3
6	17.2				
7	17.3				

주: 자료입력범위: A3:A82

2.1.6 백분위계수(Percentile)와 사분위간계수(Interquartile)

자료값을 낮은 값부터 높은 값의 순으로 정렬했다고 하자. 이 중 25%에 해당되는 값이 무엇인가? 또는 45%에 해당하는 값이 무엇인가를 알 필요가 있을 때가 있다. 주가는 전일 종가를 대상으로 변동 폭이 매우 크게 움직인다. 만약 여러분이 오늘 특정 주식을 매입했다면 낮은 가격에서 샀는가? 또는 높은 가격에서 샀는가? 아니면 하루 변동 폭 중 어느 가격에서 샀는가를 판단하여 매입가격대를 알고자 할 때가 있다. 이럴 때 우리는 백분위계수와 사분위계수를 이용하여 매입의 적정시점을 판단할 수 있다.

백분위계수(percentile)는 자료를 낮은 값부터 높은 값으로 나열하고 그를 100등분 했을 때 해당되는 자료의 퍼센트 값을 찾는 것이고, 사분위계수(interquartile)는 25번째, 50번째, 75번째에 있는 자료를 찾는 것이다. 25번째는 1사분위수, 50번째를 2사 분위수 또는 중앙값이라 하고 75번째에 있는 값을 3사분위수라고 한다.

n개의 자료를 작은 값부터 큰 값의 순으로 정렬했을 때 I 번째 자료는 P 백분위로 계산할 수 있다.

P번째 백분위계수(Percentile)
n 개의 자료를 작은 값에서 큰 값의 순서로 정렬했을 때 I 번째 자료를 찾는 방법.
$$I = \frac{P \times n}{100}$$
I: I 번째의 자료 P: 백분위 n: 자료수
□ I가 소수일 때 : I보다 큰 정수를 택한다. 즉 10.6이라면 11번째의 자료값이 된다.
□ I가 정수일 때 : I번째 자료와 I +1번째 자료의 평균값을 택한다. 즉 I=10.0 이라면 $\frac{10\text{번째 자료} + (10+1)\text{번째 자료}}{2}$ 의 평균값이 된다.

대학생 남도 답사여행의 예에서의 17번째 백분위계수와 2사분위계수 그리고 90번째 백분위계수를 구해보자. 이를 위하여 우선 자료를 낮은 값

부터 높은 값으로 정렬해야 하는데 정렬방법은 메뉴 데이터-정렬의 툴바를 이용한다는 것을 여러분은 이미 알고 있을 것이다.

문제풀이
직접계산

☐ 17번째 백분위계수

$I=\dfrac{80\cdot 17}{100}=13.6$이므로 낮은 순으로부터 14번째 자료가 된다.

☐ 25번째 백분위계수: 2사분위계수

$I=\dfrac{80\cdot 25}{100}=20$ 이므로 낮은 순으로부터 20번째와 21번째 자료의 평균이 된다.

☐ 90번째 백분위계수

$I=\dfrac{80\cdot 90}{100}=72.0$ 이므로 낮은 순으로부터 72번째의 자료가 된다.

엑셀에서는 P번째 백분위계수는 PERCENTILE(범위) 함수를 이용하면 된다. 또한 백분위계수의 순위에 대한 검토는 RANK(범위) 함수를 통하여 검증할 수 있다.

PERCENTILE 함수를 이용할 때는 범위를 먼저 입력 한 후 P번째의 순위는 백분위계수이기 때문에 소수점(0.??)으로 입력하여야 한다. RANK 함수는 구하고자 하는 값의 순위를 입력한 후, 자료의 범위, 그리고 0과 1을 넣어야 한다. 여기서 0은 낮은 차순 정렬, 즉 높은 값부터 낮은 값으로 정렬하는 방식으로 순위를 찾는 것을 의미하는 반면 1의 값은 낮은 값부터 높은 값으로의 정렬하여 순위를 찾는 방식이다. 따라서 1의 값을 입력하여야 한다. 이하 그 결과는 다음 그림을 참조하기 바란다. 그리고 어떤 함수식을 이용할 경우 필요한 단위를 입력할 경우 그림에서 보는 바와 같이 &[6]와 "순위"를 입력하면 값과 순위가 입력된 셀로 나타나게 된다.

---

6) ampersand

[그림 2.6] Percentile함수를 이용한 P번째 백분위계수

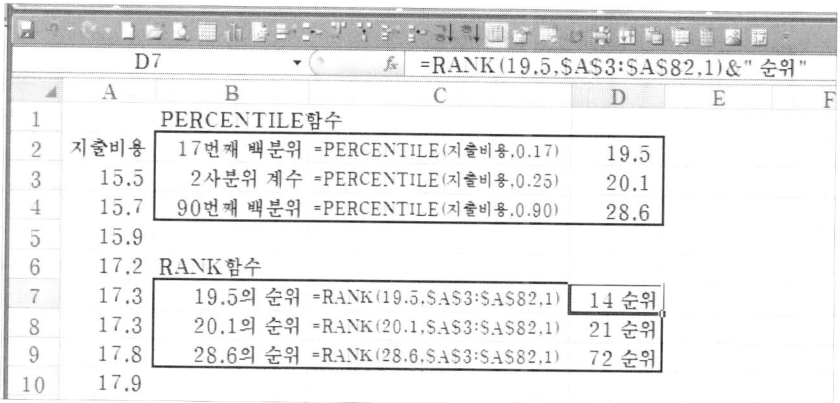

주: 자료는 A3:A82에 입력한다.

문제풀이 SPSS

이와 같이 백분위계수는 SPSS의 Analyze-Descriptive Statistics-Explore를 이용하여 구할 수 있다.

[그림 2.7] SPSS의 백분위계수 산출과정

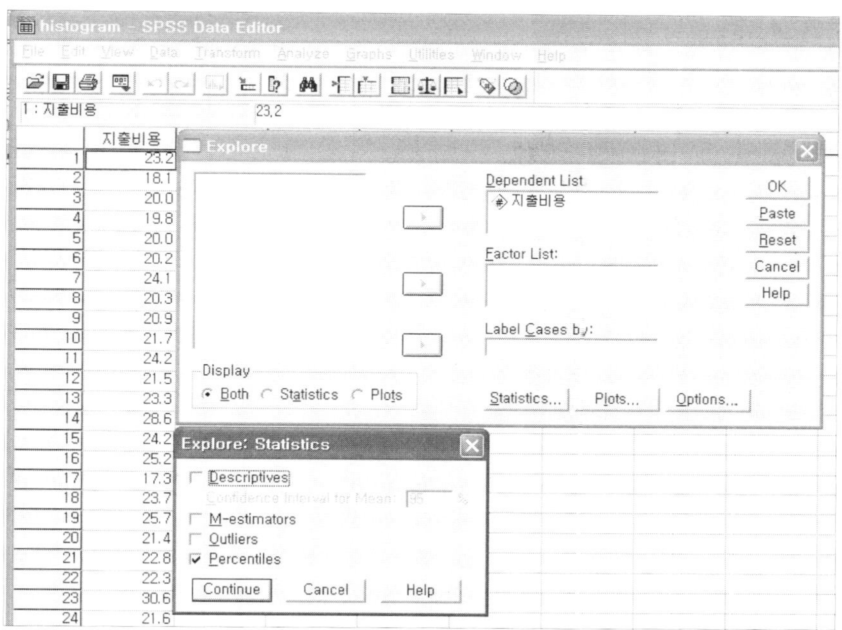

□ Dependent List에 '지출비용'을 보내고 Statistics를 클릭하여 Percentile에 체크하고 Continue-OK를 누르면 output창이 뜬다. 그러면 결과표와 함께 stem-and-leaf plot7) 그래프가 그려짐을 볼 수 있다. 이러한 stem-and-leaf 그래프는 흔히 주식그래프에서 볼 수 있는데 이 그래프가 백분위계수와 자료의 특성을 이해하는데 아주 주요한 역할을 하므로 이에 대한 내용을 설명하기로 한다. 다만 현재 엑셀에서는 stem-and-leaf 그래프를 챠트마법사에서 그릴 수 없으므로8) SPSS에서 이를 설명해 보기로 한다.

[그림 2.8] SPSS의 Percentile의 결과표

Percentiles

		Percentiles						
		5	10	25	50	75	90	95
Weighted Average(Definition 1)	지출비용	17.205	17.920	20.025	22.800	25.700	28.600	32.130
Tukey's Hinges	지출비용			20.050	22.800	25.700		

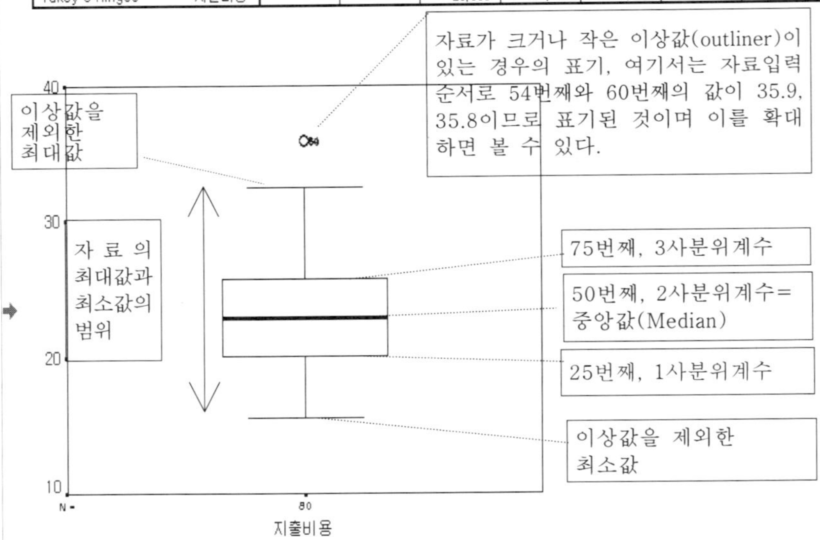

7) 상자-수염(box and whisker plot)그래프라고 하며 상자그림(box plot)이라고도 한다. 그래프를 SPSS상에 더블 클릭하여 가로축으로도 그려보길 바란다.

8) MS OFFICE 2007에서는 주식형 차트의 형태로 그래프를 그릴 수 있으나 자료가 정리되어 있어야 한다.

따라서 stem-and-leaf 그래프는 자료의 범위인 최대값과 최소값을 나타내 주는 한편 1사분위, 2사분위, 3사분위의 값을 나타내 주어 자료의 특성을 한눈에 알 수 있다.

2.2 분포의 정도(Dispersion)

자료가 갖고 있는 기술통계량 중 집중경향치에 대해 설명하였다. 그러나 집중경향치가 파악되었다고 해도 그 자료의 분포정도에 따라 특성이 달라질 수 있다. 예를 들어 연구방법론의 A반과 B반 중간고사성적이 A반의 평균이 B반보다 10점 높다고 하자. 그런데 A반은 성적이 낮은 학생과 높은 학생이 양극화 되어 있어 성적 분포가 넓은 반면 B반은 평균은 낮더라도 거의 모든 학생의 성적이 평균주변에 몰려 있다고 했을 때 평균만 갖고서는 집단의 특성을 설명하기가 어렵다. 따라서 자료가 어떠한 모습으로 퍼져 있는가? 또는 어떻게 분포되어 있는가를 살피는 것이 중요하다. 이때 이용하는 것이 산포도이며 분포의 정도(dispersion)를 파악할 수 있는 것이 범위(Range), 분산(Variance)과 표준편차(Standard Deviation), 그리고 변동계수(Coefficient of Variation)가 있다.

[그림 2.9] 대학생 산업관광자원답사의 일인당 지출액 산포도

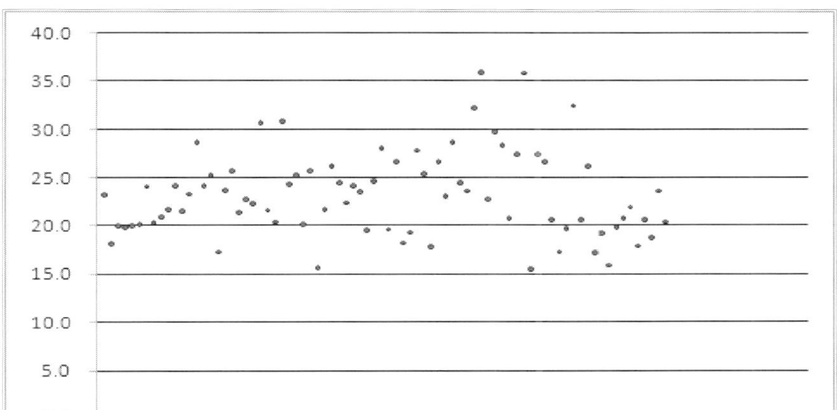

주: 엑셀-그래프-분산형-표식이 있는 분산형으로 그리고 일부 수정한 것임

[그림 2.10] 자료의 분포모양

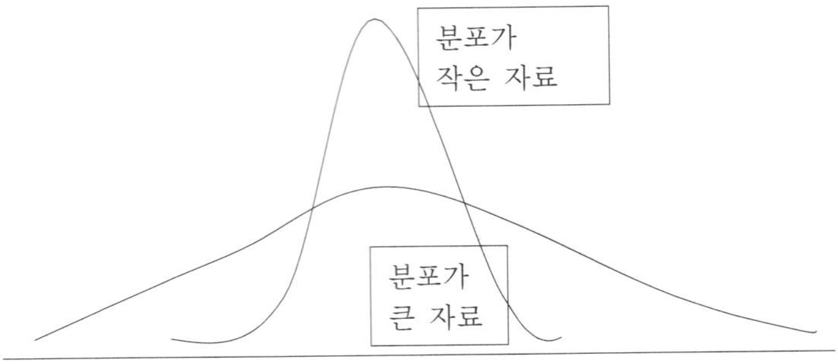

2.2.1 범위(Range)

범위란 자료의 가장 큰 값과 가장 작은 값과의 차이를 말한다. 즉, 최대값과 최소값의 차이를 의미하지만 자료의 퍼져있는 정도(散布), 즉 분포의 정도를 설명하기에는 한계가 있다. 이러한 한계를 줄이기 위해 중간범위로서 3사분위계수에서 1사분위계수의 차이를 구하는 방법을 이용하기도 한다.

엑셀에서 범위를 구하는 방법은 아래와 같다.

범위(Range) '=MAX(지출비용)=35.9' - '=MIN(지출비용)=15.5'
=20.4.

2.2.2 분산(Variance)과 표준편차(Standard Deviation)

자료가 서로 얼마나 퍼져있는가를 알려면 평균을 구하고 평균에서 각 자료가 얼마나 떨어져 있는가를 살펴보는 방법을 생각해 볼 수 있다. 각 자료와 평균과의 차이를 편차(偏差)라 한다. 즉, 각 자료에서 평균을 빼고 그 합을 자료의 개수로 나눈 편차의 평균(표준편차)을 구하면 퍼져있는 정도를 알 수 있을 것이다. 그런데 각 개별 관측치에서 평균을 뺀 후 그 합을 구하면 모든 경우에서 0이 된다[9]. 즉 표본집단의 평균을 $\overline{X}$ 라고 하

9) 각자 몇 개의 자료를 만들어 평균을 구하고 각 개별 자료가 평균으로 떨어진 크기의 합을 구해보면 0이 됨을 알 수 있다.

고 각 개별 관측치를 X_i라고 하면 각 관측치의 편차는 $X_i - \overline{X}$가 되고 모든 편차의 합은 $\sum_{i=1}^{n}(X_i - \overline{X}) = 0$이 된다는 것이다.

따라서 이러한 방법으로 자료가 흩어진 정도를 수량적으로 파악하기 어렵다. 절대 값을 주어 계산할 수 있지만[10] 널리 이용되지 않고 있다.

따라서 절대 값보다는 음과 양의 부호와 관계없이 편차를 알 수 있는 방법이 편차를 제곱하는 방법이다. 편차를 제곱하면 각 관측자료가 평균으로부터 떨어진 차이를 알 수 있게 되고 단위를 통일하기 위해 제곱한 것의 합을 제곱근으로 환원하면 된다. 따라서 제곱한 편차의 평균을 분산이라 하고 분산의 제곱근을 표준편차라 하여 산도도를 측정하는데 가장 널리 이용하는 방법이 되었다.

이때 우리는 모집단의 평균을 μ라 하고 표본집단의 평균을 $\overline{X}$라 하는 것처럼 모집단의 분산을 σ^2라 하고 표준편차는 분산의 제곱근이므로 $\sqrt{\sigma^2} = \sigma$라 한다. 반면 표본집단의 경우는 분산을 s^2라 하고 역시 표준편차는 분산의 제곱근이므로 $\sqrt{s^2} = s$으로 한다.

분산은 주어진 자료가 평균주위에 얼마나 밀집되어 있는가를 나타내 주는데 분산이 크다면 평균주위에 넓게 자료가 퍼져 있음을 의미하고 분산이 작다면 평균주위에 자료가 밀집되어 있다는 것을 의미하는 것이다. 또한 분산으로부터 구해지는 표준편차의 값이 크다면 역시 평균과 각 자료가 멀리 떨어져 분포한다는 의미이고 작다면 평균주위에 자료가 몰려 있다는 뜻으로 이해할 수 있다.

그런데 표본집단의 경우에 분산의 합을 구해 n으로 나누어 준다면 n이 $n-1$보다 크므로 σ^2보다 s^2이 작게 나타난다. 표본분산이 모분산의 추정치이므로 표본분산이 모분산의 불편추정치(unbiased estimate)로 되기 위해 모분산과는 달리 표본분산은 $n-1$로 나누어 준다.

10) 이를 절대표준편차라고 한다.

모집단의 분산과 표준편차

$$\text{분산 } \sigma^2 = \frac{\sum_{i=1}^{n}(X_i-\mu)}{N}$$

EXCEL 함수 = VARP(범위)

$$\text{표준편차 } \sigma = \sqrt{\frac{\sum_{i=1}^{n}(X_i-\mu)}{N}}$$

EXCEL 함수 = STDEVP(범위)

X_i : 각 개별 관측치 μ : 모평균 N : 모집단의 자료수

표본집단의 분산과 표준편차

$$\text{분산 } s^2 = \frac{\sum_{i=1}^{n}(X_i-\overline{X})}{n-1}$$

EXCEL 함수 = VAR(범위)

$$\text{표준편차 } s = \sqrt{\frac{\sum_{i=1}^{n}(X_i-\overline{X})}{n-1}}$$

EXCEL 함수 = STDEV(범위)

X_i : 각 개별 관측치 $\overline{X}$: 모평균 n : 표본집단의 자료수

대학생 답사비용의 예로 엑셀에서 구하면 분산은 19.1천원으로 나타났으며 표준편차는 4천4백원으로 나타났다.

[그림 2.11] 표본집단의 분산과 표준편차의 계산

D3 =VAR(지출비용)

	A	B	C	D
1		표본집단의 분산과 표준편차		
2	지출금액			
3	23.2	분산	=VAR(지출비용)	19.1
4	18.1	표준편차	=STDEV(지출비용)	4.4
5	20.0			
6	19.8	표준편차 검산	=SQRT(19.1)	4.4
7	20.0			

2.2.3 Chebyshev 정리와 변동계수(CV)

러시아의 수학자 P.L. Chebyshev(1821-1894)는 전체 자료 중 얼마 만한 자료가 평균을 중심으로 표준편차 몇 배내에 존재하는가를 비율로 나타내는 이론을 제시하였다. 체비세브정리에 따르면 4개의 자료 중 최소한 3개 또는 75%는 평균을 중심으로 2배의 표준편차 사이에 존재한다고 하였다. 즉, 자료의 75%는 $\overline{X}\pm 2s$ 사이에 존재한다는 것이다. 또한 자료의 9개 중 8개, 88.9%는 $\overline{X}\pm 3s$ 사이에 존재하며 25개 자료 중 24개, 96%는 평균을 중심으로 5배의 표준편차 사이($\overline{X}\pm 5s$)에 있다는 것이다.

Chebyshev의 정리

자료 중 평균을 중심으로 k배의 표준편차에 존재하는 비율은
$1-\dfrac{1}{k^2}$ (k: 1보다 큰 상수)에 따른다.

이와 같은 정리를 이용하여 경험적으로 평균을 중심으로 표준편차 몇 배내에 존재하는 자료의 비율을 찾아낼 수 있다. 이를 정규분포의 규칙(Normal Rule) 또는 실험규칙(Empirical Rule)이라 한다. 분포의 모양이 대칭적(Symmetry)이고 종모양(Bell-Shaped)일 경우 평균을 중심으로 좌우 표준편차내에 존재하는 자료의 비율은 표준편차 1단위 이내의 경우

68%, 두배 사이는 95%, 세배 사이는 99.7%이다.

평균이 100이고 표준편차가 10일 경우 규칙에 의해 포함되는 자료의 비율은 다음 그림과 같다.

[그림 2.12] 정규분포의 규칙

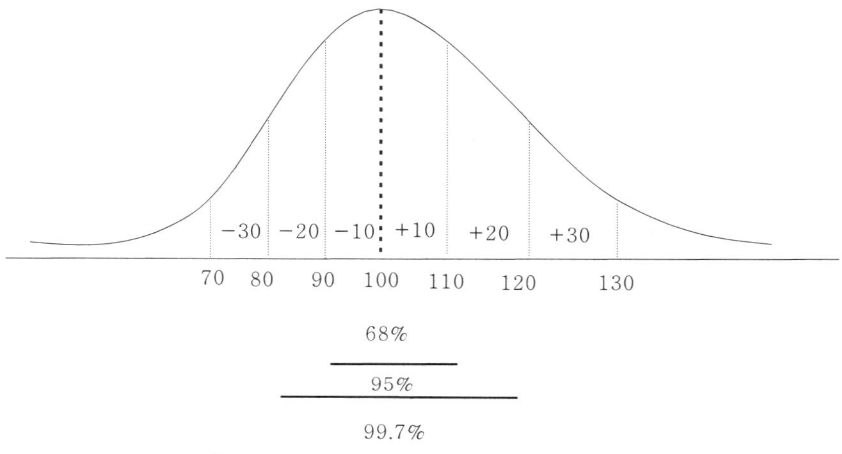

또한 Karl Pearson(1857-1936)은 두 집단간의 변동량을 쉽게 비교할 수 있는 변동계수(CV: Coefficient of Variation)개념을 소개하였다. 변동계수는 표준편차 s를 평균 $\overline{X}$로 나눈 값을 백분율로 표현한 것이다.

변동계수(CV)

$$CV = \frac{s}{\overline{X}} \times 100$$

CV: 변동계수 s: 표본의 표준편차 $\overline{X}$: 표본의 평균

2.3 대칭성

자료의 집중 경향치와 분포의 정도를 파악하였다 하더라도 자료가 어느 쪽으로 치우쳐있는가 또는 한 자료값에 많은 도수가 몰려 있는가 등의

파악도 매우 중요하다. 자료가 한쪽으로 치우쳐 있거나 또는 한 자료값에 많은 수가 몰려 있다면 그래프의 모양이 좌우 대칭형이 되지 않기 때문이다. 이는 거의 모수 분석에 있어서 모집단이나 표본집단이 좌우 대칭형인 정규분포라는 전제 조건에 위배되기 때문이다. 좌우대칭형의 첫번째 조건은 자료가 한곳에 치우치지 않아야 한다는 점이다. 좌우 대칭형은 왜도(歪度, Skewness)를 통하여 판단할 수 있다. 왜도 값은 분포 유형의 비대칭 정도를 나타내는데 $-1 \leq S_k \leq +1$의 값을 가지며 －의 값을 갖는다는 것은 왼쪽 꼬리 모양을, ＋값은 오른쪽 꼬리 모양을 갖는다는 의미한다. 그리고 봉우리가 여러개인가 또는 봉우리의 높이가 높은가 낮은가에 따라 정규분포인가 아닌가를 판단할 수 있다. 봉우리의 높이를 판단할 수 있는 것은 첨도(尖度, Kurtosis)라 하며 K_u로 표시한다. $-3 \leq K_u \leq +3$의 값을 가지며 K_u가 3보다 크면 봉우리가 높은 고봉의 형태를 K_u가 3보다 작으면 봉우리가 낮은 저봉의 형태를 갖는다. 이때 $K_u = 3$이면 좌우 대칭형이 된다.

[그림 2.13] 왜도(S_k)의 모양

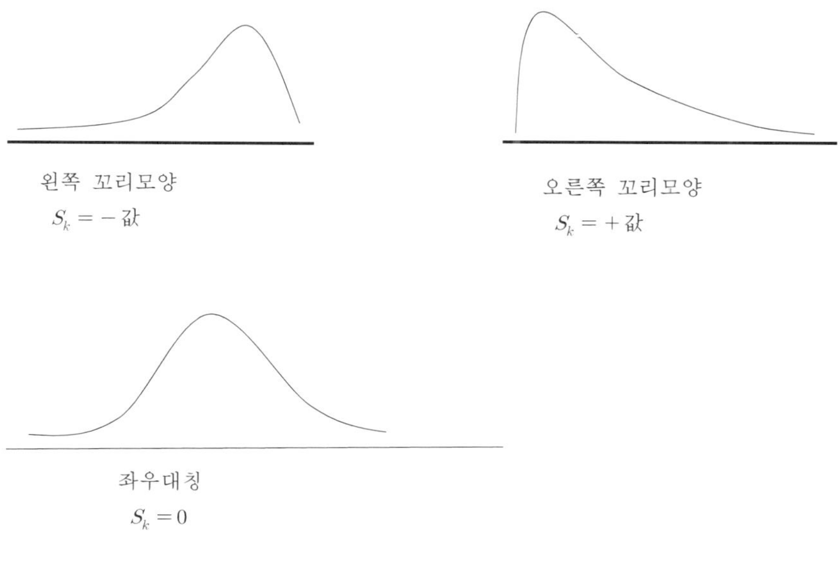

첨도와 왜도

왜도 $S_k = \frac{n}{(n-1)(n-2)}\left[\sum\left(\frac{X_i-\overline{X}}{s}\right)^3\right]$ 11)

Excel에서의 왜도함수 "=SKEW(범위)"

첨도 $K_u = \left\{\frac{n\cdot(n+1)}{(n-1)(n-2)(n-3)}\left[\sum\left(\frac{X_i-\overline{X}}{s}\right)^4\right]\right\} - \frac{3(n-1)^2}{(n-2)(n-3)}$

Excel에서의 첨도함수 "=KURT(범위)"

n: 자료 수　　　X_i : 개별 관측치

$\overline{X}$: 표본의 평균　　s :표본의 표준편차

[그림 2.14] 첨도와 왜도 변동계수의 계산

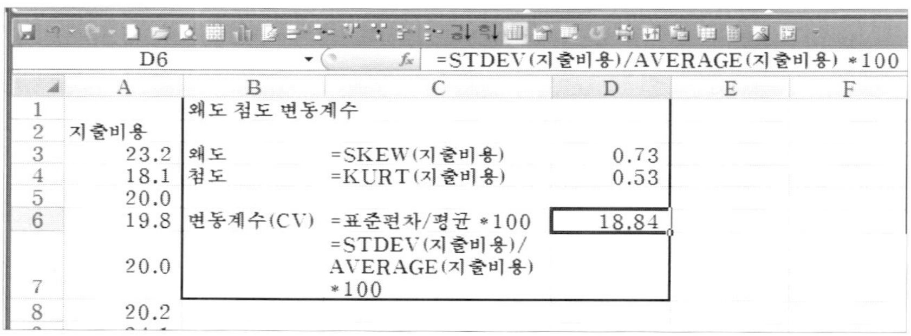

3. 기술통계량 분석 종합

3.1 프로그램의 설치 및 응용

모집단이든 표본집단이든 어떤 집단의 특징을 기술하기 위해서 집중경

11) Karl Pearson의 왜도 계산식은 $S_k = \frac{3(\overline{X}-M_d)}{s}$ 이지만 많은 소프트웨어 프로그램에서는 위의 식을 사용하고 있다.

향치, 분포의 정도, 대칭성과 관련된 분석항목을 살펴보았다. 그런데 이러한 각 분석항목을 보다 쉽게 엑셀과 SPSS에서 만들 수 있다.

문제풀이 엑셀

엑셀에서의 기술 통계량의 분석은 메뉴의 도구-데이터 분석-기술통계량을 지정하면 쉽게 구할 수 있다. 위의 대학생 답사여행의 예를 갖고 보기로 하자. 그러나 MS-OFFICE의 version에 따라 다른데 만약 2002 version이라면 OFFICE 원본 CD가 필요해진다. 즉 도구-추가기능을 클릭하여 필요한 사항을 CD를 삽입한 후 설치하면 된다. 반면 2003 version과 2007 version에서는 도구-추가기능에서 CD없이 설치가 가능하다. 그러면 도구 메뉴에 '데이터 분석'이라는 항목이 생기며 데이터 분석을 이용하여 엑셀의 워크쉬트에서 분석하기 곤란한 분석을 수행할 수 있다. 2007 version에서는 왼쪽 상단 '홈' 위의 OFFICE 단추를 클릭하면 화면이 뜨고 중간 하단 오른쪽에 엑셀옵션(I) 단추와 이동 버튼을 누르면 설치메뉴가 뜨는데 모든 항목을 설치하기보다는 분석도구와 분석도구 VGA 등을 위주로 클릭하여 설치한다. 설치가 끝나면[12] [그림 3.3]의 ⬭안에서 보는 바와 같이 메뉴의 데이터를 클릭하면 오른 쪽 상단에 데이터 분석이라는 항목이 설치됨을 볼 수 있을 것이다. 마찬가지로 이 데이터 분석 항목을 이용하면 엑셀에서 보다 쉽게 통계분석을 할 수 있게 된다.

[그림 3.1] 엑셀 2002 version 이하에서의 추가기능 설치 방법

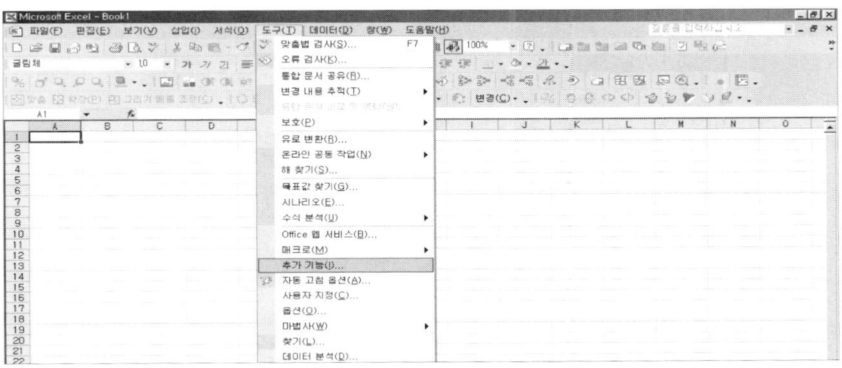

12) 만약 MS-OFFICE 2007의 원본이나 Full Version이 아니라면 설치가 불가능하게 된다.

[그림 3.2] MS-OFFICE 2007의 데이터 분석

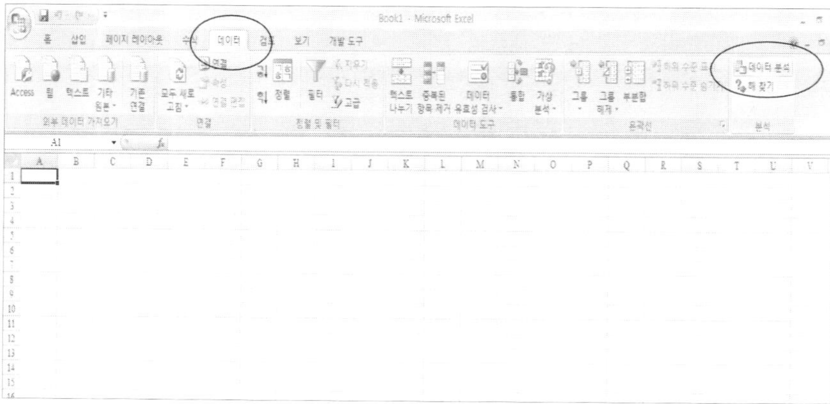

또한 SPSS에서는 Analyze-Descriptives Statistics-Descriptive-Option에서 해당 사항을 체크하고 Continue-OK를 누르면 기술통계량의 값들이 출력된다. 그런데 이 명령에 의한 표는 가로로 길어 한번에 보기가 어렵다. 세로로 보기 위해서는 Analyze-Descriptives Statistics-Explore명령어를 이용하면 세로로 기술통계량의 값이 출력된다.

[그림 3.3] 엑셀-데이터-데이터분석-기술통계법

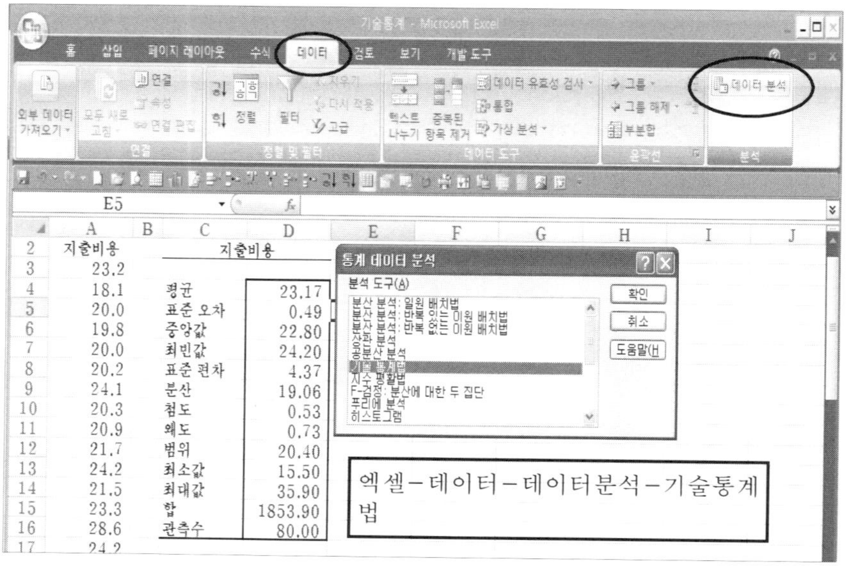

[그림 3.4] SPSS에서 기술통계량을 분석하는 방법

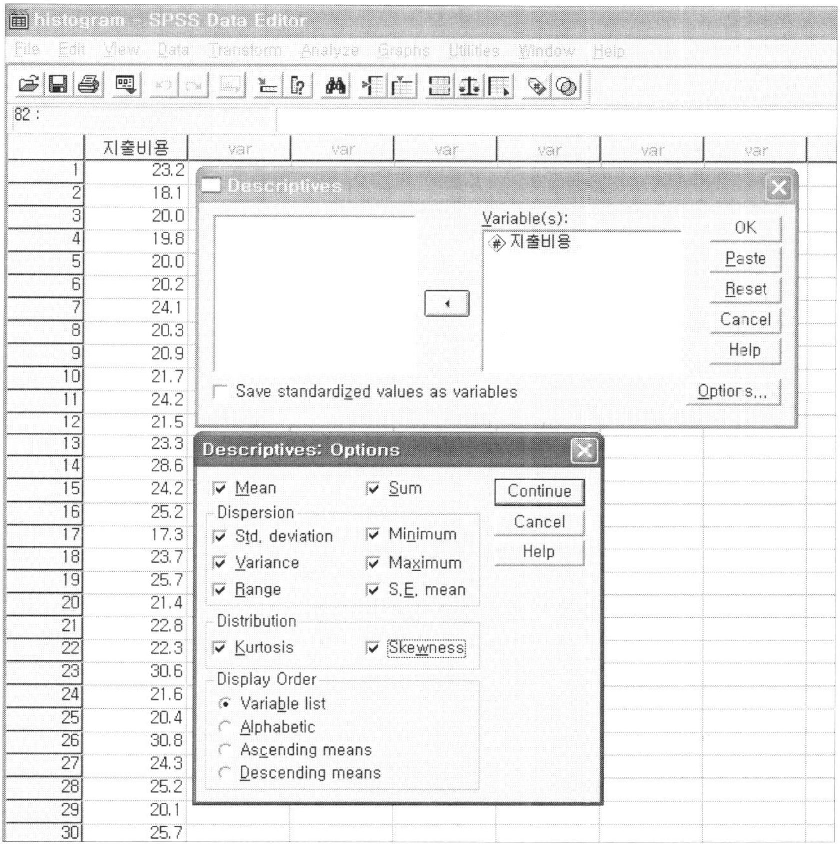

[그림 3.5] SPSS에서 Descriptives Statistics 이용 기술통계량의 결과

Descriptives

Descriptive Statistics

	N	Range	Minimum	Maximu	Sum	Mean		Std.	Variance	Skewness		Kurtosis	
	Statistic	Statistic	Statistic	Statistic	Statistic	Statistic	Std. Error	Statistic	Statistic	Statistic	Std. Error	Statistc	Std. Error
지출비용	80	20.4	15.5	35.9	1853.9	23.174	.488	4.3654	19.057	.725	.269	.527	.532
Valid N (listwise)	80												

[그림 3.6] SPSS에서 Descriptives Statistics-Explorer 이용 기술통계량의 결과

Explore

Descriptives

			Statistic	Std. Error
지출비용	Mean		23.174	.4881
	95% Confidence Interval for Mean	Lower Bound	22.202	
		Upper Bound	24.145	
	5% Trimmed Mean		22.963	
	Median		22.800	
	Variance		19.057	
	Std. Deviation		4.3654	
	Minimum		15.5	
	Maximum		35.9	
	Range		20.4	
	Interquartile Range		5.675	
	Skewness		.725	.269
	Kurtosis		.527	.532

3.2 자료의 작성 및 기술에 관한 Excel 연습

자료의 작성 및 기술 못지않게 중요한 것은 자료가 갖고 있는 특성을 어떻게 표현할 것인가를 결정하는 일도 중요하다. 그 예로 지난 2007년 4월에 실시된 중간고사 문제를 업로드 해 놓았다. 파일을 다운받아 연습하길 바란다.

[그림 3.7] 엑셀과 중간고사 문제[13)]

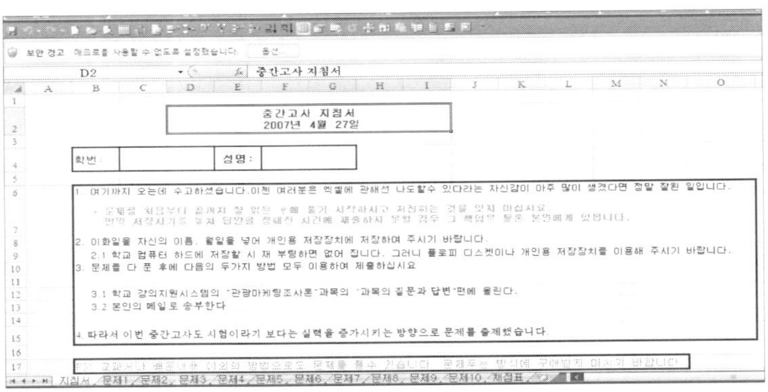

http://cafe.naver.com/haveajoy 카페자료실 2007중간고사0427문제.xls를 다운받아 문제를 푼다.

13) 중간고사 문제 중 일부자료는 다음의 책을 참고하여 작성하였다.
이형범저(2005). 「돈되는 엑셀 실무활용기술」. YoungJin.com

04 기대값과 공분산

1. 기 대 값

□ 기대값과 분산

중고자동차 매매상사에 5년간 근무하고 있는 박근면씨는 토요일에 자신이 파는 자동차 대수를 10주에 걸쳐 조사하여 다음의 자료를 얻었다. 박근면씨는 10주 자료를 보면서 이번 주 토요일에 몇 대를 팔 수 있을까? 생각하면서 많이 팔기를 은근히 기대하고 있다. 그래서 박근면씨는 기대값으로 이번 주 토요일에 판매대수를 예측하기로 하였고 평균적으로 파는 차 대수의 분포도 계산해 보기로 하였다.

〈표 1.1〉 박근면씨의 10주간 토요일 차 판매대수의 도수분포표

판매대수(대)	0	1	2	3	4	계
빈도(토요일수)	1	2	3	3	1	10

확률변수는 팔린 차의 수이므로 소수점 이하로 표현하는 것이 무의미한 이산확률분포를 이루며 박근면씨는 표에서 보듯이 한 대도 못 팔거나 최대 4대까지의 특정 범위 내에서 매주 토요일에 차를 팔고 있다. 그는 5대 또는 50대 이상의 차를 팔 것으로 기대하고 있지 않으며 한 대가 아닌 1/3대, 또는 차 반대를 팔 수도 없다. 그리고 3대와 4대를 토요일 하루에 당연히 팔 수 없다.

박근면씨의 이번 주 토요일 차 판매대수를 예상하기 위해서 우리는 기대값이라는 개념을 이용할 필요가 있다. 과거 10주간의 자료가 있기 때문에 이번 주의 판매대수는 확률의 개념을 이용하여 계산해 낼 수 있다. 즉 10주에 걸친 조사자료에 근거하여 하나도 못 팔 확률, 1대, 2, 3, 4,대 팔 확률을 계산해 낼 수 있다. 따라서 이번 주 토요일에 몇 대를 팔수 있을까는 판매대수에 차를 팔 확률을 곱한 값의 합으로 계산할 수 있다. 물론 가중평균을 이용하여도 차의 예상 판매대수를 계산할 수 있다[1).

기대 판매대수 = 한대도 못 팔 확률 + 1대·1대 팔 확률 + 2다·2대 팔 확률 + ... + 4대·4대 팔 확률이 되며 기대 판매대수는 산술평균의 개념과 같아지고 그 값은 2.1대가 된다. 따라서 차 판매더수의 기대값을 $E[X]$라 하면 $E[X]$는 평균인 μ_X와 같다. 즉 X_i를 판매대수라 하면 $P(X_i)$는 X_i대를 팔 확률이므로 $P(X_i)$는 전체 합에서 해당 X_i를 판 확률이 된다. 예를 들어 3대를 판 확률은 10주에 걸쳐 3대(X_i)를 판 토요일 수가 3주였으므로 $\frac{3}{10} = 0.3$이 되어 30%의 확률로 표현할 수 있다.

기대값과 평균

$$E[X] = \mu_X = \sum_{i=1}^{4}[X_i \cdot P(X)]$$

박근면씨의 이번 주 토요일 차 판매대수의 기대치는 2.1대로 나타났는데 문제는 이에 대한 해석이다. 그는 차를 정확히 2.1대를 팔지 못한다. 2대면 2대, 3대면 3대이어야 하지 2.1대는 팔수 있는 대수가 아니기 때문이다.

그러나 장기적으로 생각해 보자. 향후 약 50주의 토요일에 그가 팔 수 있는 차량의 대수는 50주 × 2.1대 = 105대가 된다. 그래서 그가 50주간 팔수 있는 차량의 대수라는 의미에서 기대값이라고 한다.

그리고 평균적인 토요일 판매대수 2.1대에 대한 눈포의 정도는 분산을 통하여 알아볼 수 있다. 기대값의 분산 역시 확률변수 X_i가 평균 μ_X와의 차이 제곱에 각각의 발생확률 $P(X)$를 곱한 값의 합으로 구할 수 있다.

---

1) 산술평균으로 기대판매대수를 계산하는 방법은 다음과 같다. 앞 장에서 본 바와 같이 확률변수·도수/(도수의 합)인데 이를 식으로 표현하면,

$$\text{기대값} = \frac{\sum_{i=0}^{4} X_i \cdot f_i}{\sum_{i=0}^{4} f_i} = \frac{0 \cdot 1 + 1 \cdot 2 + 2 \cdot 3 + 3 \cdot 3 + 4 \cdot 1}{10} = \frac{21}{10} = 2.1$$

기대값의 분산

$$6\sigma^2 = Var(X) = \sum_{i=0}^{4}[(X_i - \mu_X)^2 \cdot P(X)]$$

〈표 1.2〉에서 보듯이 분산은 $\sigma^2 = 1.290$ 이므로 $\sqrt{1.290} = 1.136$이 표준편차가 된다. 이에 대한 해석은 박근면씨의 토요일 판매대수의 변동량은 1.136대이지만 만약 동료 김근면씨의 표준편차가 1.910로 나타났다면 박근면씨가 김근면씨보다 매주 토요일 자동차 판매대수의 변동성이 작다고 해석할 수 있게 된다.

〈표 1.2〉 토요일 자동차 판매대수의 기대값과 기대값의 분산 계산

판매대수 X_i	주 수 f_i	확률 $P(X_i)$	$X_i \cdot P(X_i)$	$(X_i - \mu_X)$	$(X_i - \mu_X)^2$	$(X_i - \mu_X)^2 \cdot P(X_i)$
0	1	1/10= 0.1	0	-2.1	4.41	0.441
1	2	2/10= 0.2	0.2	-1.1	1.21	0.242
2	3	3/10= 0.3	0.6	-0.1	0.01	0.003
3	3	3/10= 0.3	0.9	0.9	0.81	0.243
4	1	1/10= 0.1	0.4	1.9	3.61	0.361
계	10	10/10= 1.0	평균(μ_X) $\sum X_i \cdot P(X_i) = 2.1$		분산($Var(X)$) $\sum(X_i - \mu_X)^2 \cdot P(X_i) = 1.290$	

주: 표준편차 $\sigma = \sqrt{\sum(X_i - \mu_X)^2 \cdot P(X_i)} = 1.136$

이와 같은 기대값은 몇 가지 특성을 갖는데 다음 표와 같이 요약·정리할 수 있다.

기대값의 특성

- □ $E[a] = a$
- □ $E[bX] = b \cdot E[X]$
- □ $E[a + bX] = a + b \cdot E[X]$
- □ $E[X + Y] = E[X] + E[Y]$
- □ $E[aX + bY] = a \cdot E[X] + b \cdot E[Y]$

1-1 | 예제문제 |

A 자동차 영업소장은 일일 자동차 판매대수를 지난 500일간 조사하여 다음 표 굵은 선 안의 자료를 얻었다. 이 표를 보고 질문에 답하시오.

1. 일일 판매대수의 확률분포를 구하라.
2. 일일 판매대수의 평균 또는 기대값을 구하라.
3. 하루에 최소한 4대 이상 팔릴 확률은 얼마인가?
4. 표준편차를 구하라.

〈표 1.3〉 일일 자동차 판매대수 자료 및 기대값 분석표

판매대수 X_i	해당일수 f_i	산술평균 $X_i \cdot f_i$	확률 $P(X_i)$	$X_i \cdot P(X_i)$	$(X_i - \mu_X)$	$(X_i - \mu_X)^2$	$(X_i - \mu_X)^2 \cdot P(X_i)$
0	40	0	0.08	0.00	-3.06	9.34	0.75
1	100	100	0.20	0.20	-2.06	4.23	0.85
2	142	284	0.28	0.57	-1.06	1.12	0.32
3	66	198	0.13	0.40	-0.06	0.00	0.00
4	36	144	0.07	0.29	0.94	0.89	0.06
5	30	150	0.06	0.30	1.94	3.78	0.23
6	26	156	0.05	0.31	2.94	8.67	0.45
7	20	140	0.04	0.28	3.94	15.56	0.62
8	16	128	0.03	0.26	4.94	24.44	0.78
9	14	126	0.03	0.25	5.94	35.33	0.99
10	8	80	0.02	0.16	6.94	48.22	0.77
11	2	22	0.00	0.04	7.94	63.11	0.25
계	500	$\sum X_i \cdot f_i =$ 1,528	1.00	3.06	29.33	214.68	6.07
	산술평균 $\sum X_i \cdot f_i / \sum f_i = 3.06$		평 균(μ_X) $\sum X_i \cdot P(X_i) = 3.06$		분산 $\sum (X_i - \mu_X)^2 \cdot P(X_i) = 6.07$ 표준편차 (σ) $\sigma = \sqrt{\sum (X_i - \mu_X)^2 \cdot P(X_i)} = 2.46$		

여러분 스스로 Excel을 통해 위의 표처럼 계산을 해 보면 3번을 제외한 나머지의 답을 구할 수 있게 될 것이고 평균과 기대값이 같다는 결론에 도달하게 될 것이다. 3번의 경우는 하루에 4대 이상 팔릴 확률을 의미하므로 1에서 하루에 0대에서 3대까지 판 확률의 합을 빼주면 된다. 즉, $1-(P(X=0)+P(X=1)+P(X=2)+P(X=3))=0.7$이 되므로 4대 이상 팔 확률은 70%가 된다.

1-2 | 예제문제 |

어떤 도시의 일일 교통사고(X_i)의 확률분포표($P(X_i)$)가 다음과 같을 때, 일일 평균이나 사고 예상치(기대값)를 구하고 표준편차를 계산하시오.

X_i	0	1	2	3	4	5
$P(X_i)$	0.1	0.2	0.45	0.15	0.05	0.05

문제풀이

$$E[X]=\mu_X=2.0, \quad \sigma=1.187$$

2. 공 분 산

두 확률변수 X, Y가 있을 때 두 변수간 연관관계의 강도와 성격을 알아 볼 경우가 있다. 두 변수가 선형관계에 있다면 같은 방향으로 움직이거나 반대 방향으로 움직일 것이고 그렇지 않다면 서로 전혀 관계없이 움직이는 경우를 생각해 볼 수 있다. 즉, 두 변수값 별로 평균과의 차이의 곱, $(X_i-\mu_X)\cdot(Y_i-\mu_Y)$[2)]가 '+'관계가 있다면 서로 동일한 방향으로 움직이며 '—'관계가 있다면 서로 반대 방향으로 움직인다. X가 증가할 때 Y도 증가하거나 X가 감소할 때 Y도 감소하면 '+'의 방향이고 그렇지 않으면 '−'의 방향으로 움직이게 된다. 반면 곱의 값이 '0'이라면 두 변수 X, Y는 독립적이고 선형관계가 아니라고 할 수 있다. 이와 같이 두 변수 사이의 선형관계의 방향을 알아보는 방법이 공분산(covariance)이다.

$(X_i - \mu_X)$는 확률변수 X_i가 X의 평균과의 차이를, $(Y_i - \mu_Y)$는 확률변수 Y_i와 Y의 평균과의 차이를 의미하며 우리는 이러한 평균과의 차이가 편차라는 것을 알고 있다. 변수가 하나일 때 표준편차를 이용하여 분석할 수 있으나 두 개 변수를 분석할 때는 공분산을 이용하여야 한다는 점을 유념하기 바란다. 공분산도 모집단과 표본집단으로 나누어 분석하며 모집단의 공분산은 $Cov(X, Y)$, σ_{XY}로 표기하며 표본집단은 $\widehat{Cov}(X, Y)$, S_{XY}로 표기한다.

보통 공분산은 모집단의 분산, σ^2과 비슷한 식에 의하여 계산되는데 σ^2은 당연히 '−'의 값이 없으나 공분산은 값의 제곱이 아니므로 당연히 음수값도 갖는다.

공 분 산

□ 모집단의 경우[3]

▣ 공분산

$$\sigma_{XY} = Cov(X, Y) = \frac{\sum (X_i - \mu_X)(Y_i - \mu_Y)}{N}$$ [4]

▣ 기대값으로 푸는 공분산

$$\sigma_{XY} = Cov(X, Y) = \sum_{i=1}^{n} (X_i - E[X]) \cdot (Y_i - E[Y]) \cdot P(X_i \cdot Y_i)$$

---

2) $\mu_X = E(X)$, $\mu_Y = E(Y)$

3) Excel에서 공분산은 모집단의 경우 COVAR(arrayl, array2)의 함수 명령어로 구할 수 있으나 표본집단의 공분산은 직접 계산하여야 한다.

4) 모집단의 분산식 $\sigma^2 = \frac{\sum_{i=1}^{N}(X_i - \mu_X)^2}{N}$, 표본의 분산식 $s^2 = \frac{\sum_{i=1}^{n}(X_i - \overline{X})^2}{n-1}$

또는 $Cov(X, Y) = E(XY) - E(X) \cdot E(Y)$[5)]

XY : 두 확률변수 값의 곱

$E(XY)$: $(X \cdot Y) \times P(X=x, Y=y)$,

즉 두변수의 곱에 두 변수가 동시에 일어날 확률의 곱

$E(X)$: (확률변수 X값) $\times P(X=x, Y=y)$의 확률

$E(Y)$: (확률변수 Y값) $\times P(X=x, Y=y)$의 확률

$E(X) = \mu_X = \sum_{i=1}^{N} X \cdot P(X)$, X의 기대값 또는 평균

$E(Y) = \mu_Y = \sum_{i=1}^{N} Y \cdot P(Y)$, Y의 기대값 또는 평균

$P(X, Y)$, 두 확률변수 X, Y의 결합확률

$P(X, Y) \neq P(X) \cdot P(Y)$

▣ 두 확률변수의 합의 기대치와 분산

두 확률변수 합의 기대값은 기대값의 특성에서 본 바와 같이 각각의 변수 기대치의 합과 같아진다. 즉,

$E[X+Y] = E[X] + E[Y]$가 된다.

반면 두 확률변수 합의 분산식은 $\sigma^2_{X+Y} = a^2\sigma^2_X + b^2\sigma^2_Y + 2ab \cdot \sigma_{XY}$ 과 같으며 재무분석 분야에서 많이 이용되고 있는데 이에 대한 해석은 다음의 예제문제에서 상세히 보기로 한다.

a와 b : 가중치 또는 상수

$a = b = 1$ 이면

$\sigma^2_{X+Y} = \sigma^2_X + \sigma^2_Y + 2\sigma_{XY}$

σ^2_X: 확률변수 X의 분산

σ^2_Y: 확률변수 Y의 분산

σ_{XY}: X와 Y의 공분산

---

5) $Cov(X, Y) = E[(X - E[X]) \cdot (Y - E[Y])]$
$= E[X \cdot Y - X \cdot E[Y] - E[X] \cdot Y + E[X] \cdot E[Y]]$
$= E[X \cdot Y] - E[X] \cdot E[Y] - E[X] \cdot E[Y] + E[X] \cdot E[Y]$
$= E[X \cdot Y] - E[X] \cdot E[Y]$

즉 두 확률변수의 분산의 합은 두 변수 각각의 분산의 합에 공분산의 2배를 합한 것과 같다.

두 확률변수의 합의 기대값과 분산
□ 기대값 $E[X+Y]=E[X]+E[Y]$
□ 분산 $\sigma^2_{X+Y}=\sigma^2_X+\sigma^2_Y+2\sigma_{XY}$

□ 표본집단의 경우

▣ 상관관계 분석에 이용되는 공분산

확률변수 X, Y의 평균과의 편차 곱의 합을 다음과 같이 SS_{XY}라 하자.

$SS_{XY}=\sum_{i=1}^{n}(X_i-\overline{X})(Y_i-\overline{Y})$ 그러면 공분산, S_{XY}는 SS_{XY}를 $n-1$로 나눈 값과 같다.

$$\text{공분산 } S_{XY}=\widehat{Cov}(X,Y)=\frac{SS_{XY}}{n-1}=\frac{\sum_{i=1}(X_i-\overline{X})(Y_i-\overline{Y})}{n-1}$$

결합확률(Joint Probability)

두개 이상의 확률변수가 서로 연관되어 영향을 미치는 경우는 변수간 함수 형태로 설명할 수 있다. 이를 결합확률이라 하고 두 변수 X와 Y가 동시에 어떤 실수 값을 취할 확률을 말하며 이산 변수 X가 실수 x, 이산 변수 Y가 실수 y를 동시에(concurrently) 취할 때 대응하는 함수를 말한다.

따라서 $P(X,\ Y)=P(X=x,\ Y=y)$이며 모든 실수값 X, Y가 취할 수 있는 모든 값의 확률의 합은 1이다. $\sum_x\sum_y P(X,\ Y)=1$ 아래의 예제를 통해 결합확률의 의미와 그의 적용분야를 이해바란다.

2-1 | 예제문제 |

미국 커피제조회사는 1개월간 나이에 따른 커피소비량을 성인 300명을 대상으로 조사한 결과 다음의 표를 얻었다. 이를 결합확률로 나타내어라.

〈표 2.1〉 커피소비량의 연령별 도수분포표

	커피소비량			
구분	적음	보통	많음	계
30세 이하	36	32	24	92
31-40세	18	30	27	75
41-50세	10	24	20	54
50세 이상	26	24	29	79
계	90	110	100	300

문제풀이
직접계산

두 확률변수는 커피소비량과 연령이 되지만 커피소비량은 3개의 집단으로 구성되어 있으며 연령은 4개의 집단으로 구분되어 있다. 문제는 이를 어떻게 확률로 나타내는가에 있다. 그러나 총 도수가 300명이므로 각 연령계급과 커피소비량의 정도와는 관계없이 나누어 주면 그것이 확률이 된다. 즉, 연령과 커피소비량과의 두 변수의 결합확률은 '도수 계'로 '연령별 커피소비량의 도수'를 나누어 주면 산출된다. 즉, 30세 이하이면서 커피소비량이 보통일 경우와 연령이 41-50세이면서 커피소비량이 많을 경우의 결합확률은 다음과 같다.

$P(30\text{세이하}, \text{보통}) = \dfrac{32}{300} = 0.11$ 즉 30세 이하이면서 커피 소비량이 보통일 확률은 11%라는 의미가 된다.

$P(41 \sim 50\text{세}, \text{높음}) = \dfrac{20}{300} = 0.07$, 즉 41~50세 이면서 커피를 많이 마시는 사람의 확률은 7%이다. 이와 같이 두 확률변수를 같이 고려하는 확률을 계산해 낼 수 있으며 경영·관광분야에서 조사된 자료를 통해 확률을 계산하는 경우를 각자 생각해 보기 바란다.

〈표 2.2〉 커피소비량과 연령별 결합확률분포의 계산

	커피소비량			
구분	적음	보통	많음	계
30세 이하	0.12	0.11	0.08	0.31
31-40세	0.06	0.10	0.09	0.25
41-50세	0.03	0.08	0.07	0.18
50세 이상	0.09	0.08	0.09	0.26
계	0.30	0.37	0.33	1.00

2-2 | 예제문제 |

굵은 박스안의 자료는 Fund A(A)와 Fund B(B)에 대해 각각 100만원을 투자했을 때의 예상 수익액이며 $P(A \cdot B)$는 경제상황에 따른 시나리오 별 발생가능성에 대한 확률이다. 다음의 문제에 답하라

1. 기대값 또는 평균을 구하라[$E(A)$, $E(B)$].
2. 표준편차를 구하라[σ_{A}, σ_B].
3. 공분산을 구하라[$\sigma_{A \cdot B}$].
4. $E(A+B)$
5. σ_{A+B}

〈표 2.3〉 공분산 계산과정의 이해

(단위: 천원)

경제상황	$P(A_i \cdot B_i)$	Fund A 기대 수입	Fund B 기대 수입	$(A_i \cdot B_i) \cdot P(A_i \cdot B_i)$	$A_i \cdot P(A_i \cdot B_i)$	$B_i \cdot P(A_i \cdot B_i)$	$[A_i - E(A)]^2 \cdot P(A_i \cdot B_i)$	$[B_i - E(B)]^2 \cdot P(A_i \cdot B_i)$
수식 설명	결합 확률			$E[A_i \cdot B_i]$ 의 계산	Fund A의 평균 (기대값)	Fund B의 평균 (기대값)	Fund A의 분산	Fund B의 분산
침체	0.20	- 100	50	- 1,000	- 20	10	7,220	80
보통	0.40	50	30	600	20	12	640	-

좋음	0.30	200	20	1,200	60	6	3,630	30
아주 좋음	0.10	300	20	600	30	2	4,410	10
계	1.00	450	120	$E[AB]$ =1,400	$E[A]$ $=\mu_A$ = 90	$E[B]$ $=\mu_B$ =30	$\sum\sigma^2_{A_i}$ =15,900 $\sigma_A=126.1$	$\sum\sigma^2_{B_i}$ =120 $\sigma_B=10.95$

□ 공분산계산 방법 1[6)]

$$\sigma_{AB} = Cov(A,\ B) = \sum_{i=1}^{n}(A_i - E[A])\cdot(B_i - E[B])\cdot P(A_i\cdot B_i)$$
$$= -760+0-330-210 = -1{,}300$$

□ 공분산계산 방법 2

$$Cov(A,\ B) = E(AB) - E(A)\ \bullet\ E(B)$$
$$= 1{,}400\ -\ 90\cdot30 = -1{,}300$$
$$E[A+B] = E[A] + E[B]$$
$$= 90\ +\ 30\ = 120$$
$$\sigma_{A+B} = \sqrt{\sigma^2_{A+B}} = \sqrt{\sigma^2_A + \sigma^2_B + 2\sigma_{A\cdot B}} =$$
$$\sqrt{126.1^2 + 10.95^2 + 2\cdot1300} = \sqrt{13{,}420} = 115.85$$

따라서 Fund A와 B의 수익성에 대한 공분산이 -1,300이므로 상호 반대의 방향으로 움직이는 것으로 분석된다. Fund A의 수익성이 증가하면 Fund B의 수익성이 감소하는 것으로 나타났다. 두 Fund의 수익성의 합은 $E[A+B]=120$으로 나타난 반면 두 Fund를 같이 운영했을 때 표준편

---

6) 엑셀을 이용하여 공분산을 구하는 방식은 세 가지로 나누어진다. 하나는 직접 계산하는 방법, 둘째, Covar(array1, array2)함수 명령어를 이용하는 방법, 셋째 도구-데이터 분석-공분산 분석을 이용하는 방법이다. 그러나 위에서 푼 문제는 세 가지 모두 확률에 대한 계산을 통해 기대값을 구하지 못하기 때문에 직접 이용할 수 없다. 즉 결합확률을 적용하여 공분산을 구하지 않기 때문에 이용할 수 없다는 것이다. 예를 들면 Excel에서 직접 계산하는 방법 중, 기대값은 $\mu_A = E[A] = 90$으로 산출되지만 함수 Average 명령어를 이용한 Fund A의 평균은 113으로 산출되어 $\sigma_{AB} = Cov(A, B) = \frac{\sum(A_i-\mu_A)(B_i-\mu_B)}{N}$의 값이 −1,750으로 산출된다. 또한 Covar과 도구-데이터 분석-공분산 분석 모두 1,750으로 공분산 값이 산출되어 앞서 기대값으로 분석한 −1,300과 다르다. 따라서 결합확률의 문제로 인하여 Excel에서 직접 이용할 수 없다.

차가 115.85로 크게 나타났는데 이 역시 공분산 값이 '−'이기 때문인 것으로 분석된다.

2-3 | 예제문제 |

두 확률변수의 분산의 합을 적용한 예

σ^2_{X+Y}는 투자에 대한 위험을 줄이기 위해 재무분석 분야에서 잘 활용되는 결합확률분포인데 다음의 현실적인 예에 적용해 봄으로써 그 의미를 살펴보자.

이군은 최근 2억원의 복권에 당첨되는 행운을 얻어 투자할 곳을 찾던 중 A회사에 총액의 25%인 5천만원을 평균수익률 12%, 수익률의 표준편차 3%에 투자하고 나머지 75%인 1억5천만원을 평균수익률 20%, 표준편차 8%인 B회사에 투자하기로 마음을 정했다. 이군이 두 회사 수익률의 공분산을 계산해 보았더니 12로 산출되었다. 그런데 갑자기 C회사에서 평균수익률은 18%, 표준편차 8%내에서 수익을 보장해 주겠다는 제안이 왔다. 이군은 어디로 투자하는 것이 위험을 작게 할 수 있을까?

문제풀이

이군이 최초로 투자하기로 마음먹은 A회사와 B회사의 1년 후 수익률은 $\dfrac{2억원 \times 0.25 \times (1+0.12) + 2억원 \times 0.75 \times (1+0.2)}{2억원} = 1.18$[7)]

그러므로 A회사와 B회사에 투자하는 것은 18%의 수익률이 예상되어 C회사가 제안한 18%와 동일하다. 그러나 수익률의 표준편차가 다를 수 있어 어느 쪽이 표준편차가 작은가가 투자의 안정성면에서 의사결정을 잘한 투자가 된다. 이때 분산의 합의 수식을 적용하여 어느 투자가 잘한 투자인지를 알아 볼 수 있다.

7) 기대수익률 $E(A+B) = a \cdot E(A) + b \cdot E(B) = 0.25(0.12) + 0.75(0.2) = 0.18\%$

$$\sigma^2_{A+B} = a^2\sigma^2 + b^2\sigma^2 + 2ab\sigma_{AB}$$
$$= 0.25^2 \cdot 3^2 + 0.75^2 \cdot 8^2 + 2 \cdot (0.25) \cdot (0.75) \cdot 12$$
$$= 41.0625$$
$$\therefore \ \sigma_{A+B} = \sqrt{41.0625} = 6.408$$

따라서 A와 B회사 투자 평균수익률의 표준편차는 6.408%인데 비하여 C회사는 8%이므로 이군은 A와 B회사에 투자하는 것이 위험을 작게 하는 투자방법이라 할 수 있다.

2-4 예제문제

리조트 회사에서는 리조트를 국내와 국외 어느 곳에 건설하는 것이 회사의 수익성을 높일 수 있을까 고민하고 있다. 약 10억달러의 투자비가 소요된다고 할 때 예상되는 매년 투자 회수액(단위: 백만달러)의 확률분포가 다음 표와 같다고 할 때 다음의 질문에 답하시오.

〈표 2.4〉 리조트 회사의 기대 수익률

확률	국내투자(X)	해외투자(Y)
0.1	-50	-100
0.3	20	50
0.4	100	130
0.2	150	200

문제풀이

1. 국내투자(X)와 해외투자(Y)의 기대수익률을 계산하시오.
   $E[X] = 71, \quad E[Y] = 97$
2. 국내투자(X)와 해외투자의 표준편차를 계산하시오.

$\sigma_X = 61.88, \quad \sigma_Y = 84.27$

3. 공분산을 계산하시오 $\sigma_{XY} = 5113$

4. 국내투자(X)와 해외투자(Y) 중 어느 곳에 투자하는 것이 유리한가?

해외투자가 국내투자 보다 높은 수익을 주나 표준편차의 값이 해외투자가 크게 나타나 안정성 면에서는 국내투자브다 못한 것으로 파악된다. 따라서 안정성을 중시한다면 국내투자가 유리하며 높은 수익성을 추구한다면 해외투자가 유리한 것으로 판단된다.

2-5 | 예제문제 |

시계열의 안정성을 확인하기 위한 공분산의 응용

시계열의 안정성(stationary)을 확인하기 위해 공분산을 이용하는데 어떤 확률과정의 결합확률분포와 조건부 확률분포함수가 시간에 대하여 불변할 경우 이를 안정적 과정이라고 한다. 안정적 과정은 평균과 분산 그리고 공분산이 시간에 대하여 불변하는 특성을 가지며 변수 수에 따라 정방행렬의 형태를 취하며 분산-공분산 매트릭스(matrix)의 형태로 표현된다.

다음과 같은 표본자료가 주어졌다고 하자.

X_1	X_2	X_3
4.0	2.0	0.60
4.2	2.1	0.59
3.9	2.0	0.58
4.3	2.1	0.62
4.1	2.2	0.63

각각의 평균은 $\overline{X_1} = 4.10$, $\overline{X_2} = 2.08$, $\overline{X_3} = 0.604$가 된다. 분산-공분산 매트릭스는 확률변수의 수로 정의되므로 3×3의 정방행렬이 된다.

$$S = \begin{bmatrix} Cov(X_{1,}X_1) & Cov(X_{1,}X_2) & Cov(X_{1,}X_3) \\ Cov(X_{2,}X_1) & Cov(X_{2,}X_2) & Cov(X_{2,}X_3) \\ Cov(X_{3,}X_1) & Cov(X_{3,}X_2) & Cov(X_{3,}X_3) \end{bmatrix}$$

이때 대각행렬의 식은 $Cov(X_i, X_i) = E[(X_i - \mu_X)\cdot(X_i - \mu_X)].$

$$= E[(X_i - \mu_X)^2]$$

이 되므로 식에 의하여 $E[(X_i - \mu_X)^2] = Var(X_i)$의 분산이 된다.

$$S = \begin{bmatrix} Var(X_1) & Cov(X_{1,}X_2) & Cov(X_{1,}X_3) \\ Cov(X_{2,}X_1) & Var(X_2) & Cov(X_{2,}X_3) \\ Cov(X_{3,}X_1) & Cov(X_{3,}X_2) & Var(X_3) \end{bmatrix}$$

따라서 분산-공분산 행렬(Variance-Covariance Matrix)이 된다[8].

즉, 대각선은 분산을 그 외는 공분산을 나타내는데 분산이 일정한지의 여부는 대각선상의 값을 보면 알 수 있고 공분산의 경우는 시차간격을 동일하게 하여 값의 일치여부를 보면 알 수 있다[9].

▣ 공분산행렬의 풀이: 엑셀에서 직접계산

자료순	X_1	X_2	X_3	각 분석식 및 방법
1	4.0	2.0	0.60	$\sum(X_1 - \overline{X_1})^2 =$ 0.1000[10] $Var(X_1)$ =0.0250
2	4.2	2.1	0.59	$\sum(X_2 - \overline{X_2})^2 =$ 0.0280 $Var(X_2) =$ 0.0070
3	3.9	2.0	0.58	$\sum(X_3 - \overline{X_3})^2 =$ 0.0017 $Var(X_3) =$ 0.0004
4	4.3	2.1	0.62	$Cov(X_1, X_2) = Cov(X_{2,}X_1) =$ 0.00750

8) $S_{XY} = \widehat{Cov}(X, Y) = \dfrac{SS_{XY}}{n-1} = \dfrac{\sum_{i=1}(X_i - \overline{X})(Y_i - \overline{Y})}{n-1}$

9) 기타 자세한 사항은 다음의 서적을 참고 바란다. 이종원 · 이상돈 공저(1996), 「RATS를 이용한 계량경제분석」, 박영사: 서울, p. 936.

5	4.1	2.2	0.63	$Cov(X_1, X_3) = Cov(X_3, X_1) =$ 0.00175
합계	20.5	10.4	3.0	$Cov(X_2, X_3) = Cov(X_3, X_2) =$ 0.00135
평균($\overline{X_i}$)	4.1	2.1	0.6	각각 Excel의 함수 명령어를 이용하여 풀어 보기 바란다.
분산 (S^2)	0.0250	0.0070	0.0004	
표준편차(S)	0.1581	0.0837	0.0207	

$$S = \begin{bmatrix} 0.0250 & 0.0075 & 0.0018 \\ 0.0075 & 0.0070 & 0.0014 \\ 0.0018 & 0.0014 & 0.0004 \end{bmatrix}$$

▣ 엑셀에서 수식으로 계산(각 셀에 범위만 설정하면 된다)

$$S = \begin{bmatrix} Var(X_1) & Covar(X_1, X_2) & Covar(X_1, X_3) \\ Covar(X_2, X_1) & Var(X_2) & Covar(X_2, X_3) \\ Covar(X_3, X_1) & Covar(X_3, X_2) & Var(X_3) \end{bmatrix}$$

▣ 엑셀에서 '도구-데이터 분석-공분산 분석'으로 계산

	X1	X2	X3
X1	0.0200		
X2	0.0060	0.0056	
X3	0.0014	0.0011	0.0003

주: 이 분석방법은 모집단일 경우에 적용해야 한다. 왜냐하면 분자가 모집단일 경우 N 이나 표본집단은 $n-1$이 되기 때문이다. 따라서 위에서 산출한 값과는 차이가 난다.

이와 같이 공분산 분석은 두 변수가 서로 정의 방향으로 또는 역의 방향으로 움직이는가를 파악하는데 중요한 판단기준을 제공한다. 그러나 '+'와 '−'의 방향성과는 달리 산출되는 값 자체에는 의미를 부여하기는

10) 표본분산이므로 합계를 $n-1$로 나누어 주어야 한다.

어렵다. 왜냐하면 두 변수간의 단위가 다를 경우 값의 해석에 문제가 발생하기 때문이다. 예를 들면 X의 단위가 '명'이고 Y의 단위가 '천원'일 때의 공분산 값과 X의 단위가 '천명'이고 Y의 단위가 '백만원'일 때의 공분산은 단위의 차이가 있어 서로 비교할 수 없게 된다. 그러나 만약 공분산의 값을 비율로 전환할 수 있다면 방향성과 산출된 비율값 모두가 의미를 갖게 되는데 이와 같이 측정단위를 제거하여 비율로 제시하는 방법이 상관계수이다. 상관계수는 공분산의 값을 두 변수 각각의 표준편차의 곱으로 나누어 줌으로써 단위에 따른 비교문제를 해결하고 값도 의미를 갖게 해 주는 방법이다. 즉 X의 단위가 '㎝'이고 Y의 단위가 '㎏'이라면 공분산의 값의 단위는 '㎝㎏'이 되는데 X의 표준편차와 Y의 표준편차의 곱으로 나누어 줌으로써 단위가 삭제되고 비율로서 값이 산출되게 된다.

또한 공분산 분석은 종속변수에 영향을 미치는 외생(독립)변수의 영향을 설명하거나 제거하는데 이용되는데 중요한 역할을 한다. 분산분석(ANOVA)은 처리(treatment)가 반응변수로서 종속변수에 미치는 영향에 초점을 두고 분석하는데 비해 공분산 분석은 종속변수에 영향을 미치는 독립변수에 관심을 둔다. 공분산 분석이 적용되는 경우는 양적 종속변수가 하나이고 양적 독립변수와 질적 독립변수를 함께 분석할 때 적용된다. 여기서 양적 독립변수를 '공변량'이라 하며 통제할 수 없는 변수인데 공분산 분석을 통해 외생적 변동요인을 제거하여 줌으로써 무작위 설계의 정확성을 높여 주며 편차를 제거할 수 있게 된다.

05

확률분포와 확률분포함수

1. 확률변수와 분포함수

1.1 확률변수와 확률분포

확률실험에서 얻은 확률변수의 값을 함수식으로 표현한 것을 확률함수라 한다. 확률변수는 표본공간에 존재하는 내용을 숫자에 대응시켜 수학적으로 표현한 함수이며 어떤 특정 사안(events)을 변수로 취급하여 그 사안이 나타날 경우를 확률로 표현한 것이다. 어떤 확률변수가 갖는 값에 따라 구체적인 확률값으로 표현되는 함수는 두 가지 경우가 있는데 이를 살펴보기로 하자. 그런데 대부분의 학생들이 지금부터 설명하는 용어에 대해 혼동하거나 또는 용어를 듣는 순간 시작도 하기 전에 어렵다고 느끼는 경우가 많이 있는데 인내심을 갖길 바란다.

예를 들어 500원 동전 1개를 3번 던져 모두 '학' 문양이 나올 확률을 보기로 하자. '학'문양이 출현하는 것을 성공의 'S'로 표현하고 성공하는 경우를 확률변수 X로 표현하기로 하자. 반면 '500'문양이 나오는 경우는 실패라 하고 F로 표현하자. 그렇다면 이때 X가 가질 수 있는 경우의 수는 4가지가 된다. 즉, X가 취할 수 있는 값은 성공횟수로서 0(한번도 성공 못함), 1회 성공, 2회 성공, 3회 성공이 되며 이때의 확률을 $p(X=X$가 취할 수 있는 값)라 표현할 수 있다.

따라서 확률변수 X가 취할 수 있는 모든 확률의 합은 1이 된다. 즉, $p(X=0)+p(X=1)+p(X=2)+p(X=3)=1$ 이다. 그리고 확률변수

〈표 1.1〉 500원 동전을 3번 던져 '학' 문양이 나올 확률의 계산

$p(X=0)$	$p(F,F,F)$	$1/2\times 1/2\times 1/2$	1/8
$p(X=1)$	$p[(S,F,F),(F,S,F),(F,F,S)]$	$(1/2\times 1/2\times 1/2)$ $1/8+1/8+1/8$	3/8
$p(X=2)$	$p[(S,S,F),(S,F,S),(F,S,S)]$	$1/8+1/8+1/8$	3/8
$p(X=3)$	$p(F,F,F)$	$1/2\times 1/2\times 1/2$	1/8

가 가질 수 있는 특정 값 이하나 이상의 확률을 계산할 수도 있다. 500원짜리 동전을 3번 던져 학의 문양이 2번 이상이나 2번 이하 나올 확률을 계산해 낼 수 있다.

2번 이상 나올 확률 : $p(X=2)+p(X=3)=\frac{3}{8}+\frac{1}{8}=\frac{1}{2}$

2번 이하 나올 확률 :

$$p(X=2)+p(X=1)+p(X=0)=\frac{3}{8}+\frac{3}{8}+\frac{1}{8}=\frac{7}{8}$$

이때에는 확률변수 X가 특정 값을 가질 확률은 존재하지 않고 어떤 범위에 들 확률이 존재한다. 따라서 확률변수 X가 특정 값 a에 대한 확률값은 $p(X<a)$와 $p(X \leq a)$는 같게 된다. 예를 들면 $a=2$라면 두번 이상이나 이하는 두번의 값을 포함하지만 1.99 또는 2.001번과 같은 값을 계산해 낼 수 없다는 것이다.

또 한 가지의 예는 우리가 흔히 보는 일기예보에서 손쉽게 볼 수 있다. 만약 내일 기온이 꼭 30도라고 하는 예보를 여러분들은 보았는가? 대부분의 예보는 여름 한낮의 기온이 30도 내외가 될 것으로 예보를 한다. 앞의 동전 던지기와는 달리 확률변수는 성공(S) 또는 실패(F)와 같이 명확한 정수의 값을 갖지 않고 소수점을 포함하는 연속적인 값을 갖고 움직이는 확률변수가 있다는 점이다. 따라서 동전 던지기는 1.99번이나 2.001번은 그 의미가 없지만 내일의 기온은 30.001도, 28.987도 등과 같이 소수점의 값을 가질 수 있다. 날씨의 온도 등과 같이 계속적으로 변하는 확률변수의 경우는 X가 특정한 값과 정확하게 일치하는 값을 가질 확률은 '0'이다. 예를 들어 보자. 여러분의 체중은 얼마인가? 또는 매일 학교까지 가는데 걸리는 시간이 얼마인가? 지금 현재 체중이 72.6㎏이며 통학시간이 58분 30초와 꼭 일치하는가? 물론 그렇지 않다. 따라서 변동폭이 큰 확률변수는 앞의 동전던지기의 예와 일치하지 않고 연속적인 값을 갖는다. 즉, 내 몸무게가 72㎏ 이상일 확률과 같으며 그렇지 않을 경우 확률값은 '0'이 된다.

p(체중 $\geq$ 72.0)의 확률로 계산된다.

위의 두 예에서와 같이 확률변수가 취할 수 있는 값 각각에 대하여 확률을 계산해 놓은 것이 확률분포의 개념이다. 확률변수의 각 값에 대한 확률이 주어지면 확률변수에 관련된 어떠한 사건에 대해서도 그 확률을 산출할 수 있음은 앞에서 본 바와 같다.

그러나 내일의 날씨와 같은 경우 확률변수는 이론적으로 0부터 ∞까지의 연속적인 값을 가지므로 확률 계산 방법이 달라지며 확률분포도 연속적인 함수로 정의되어야 한다. 이런 경우 확률변수 X는 특정한 값을 가질 확률은 없으며 특정 구간이나 범위내에 있을 확률이 존재한다.

확률변수는 이산확률변수(離散: discrete random variable)와 연속확률변수(連續: continuous random variable)로 나눌 수 있다. 이산확률변수는 확률변수가 취할 수 있는 값이 하나하나 셀 수 있는 확률변수를 말하며 보통 질적 자료가 여기에 해당된다. 동전의 앞면과 뒷면, 남자의 수, 한 시간 동안 도착하는 지하철의 수, 훼미리 레스토랑에 판매되는 햄버거의 수, 토요일에 톨게이트를 통과하는 8톤 이상 화물차의 수 등 자료 자체가 분할되어서는 의미가 없는 경우 모두 이산적 자료이다. 이산적이라는 말은 서로 연관되지 않고 따로 떨어져 분포한다는 의미가 있으므로 계속적으로 연결되지 아니한 특성이 있는 확률변수라 생각하면 잊지 않을 것이다.

반면 연속적 확률함수는 일정한 실수 구간내에 무한정 연결되어 값을 갖는 경우를 말한다. 예를 들면 100m 달리기의 기록, 체중, 키, 내일의 기온 등 어떤 특정한 실수값을 중심으로 하여 연속적으로 변동되는 변수를 의미한다.

따라서 확률변수 X가 취할 수 있는 값이 연속적(continuous)인가 이산적(discrete)인가에 따라 연속확률변수와 이산확률변수로 구분되는 것이다. 이산확률변수는 동전 던지기의 예에서 앞면이 나오는 수와 같이 유한하거나 셀 수 있는 값을 취하게 되는 경우의 확률변수이며, 이에 대한 분포를 이산확률분포라고 한다. 연속확률변수는 키, 몸무게, 시간 등과 같이 연속적인 값을 나타내는 확률변수를 의미하며, 연속확률변수에 대한 분포를 연속확률분포라고 한다. 그래프를 그려보아도 이산확률분포는 따로따로 떨어져 확률값이 존재하므로 간헐적으로 나타나지만 연속확률분포의 그래프는 부드러운 곡선형의 그래프로 그려진다.

이산 확률분포는 이항분포(binominal), 포아송 분포(poisson), 초기하 분포(hyperpotential)가 있으며 연속확률분포는 균등분포, 정규분포(normal distribution), 지수분포, t 분포, F 분포, χ^2분포 등이 있다.

확률변수가 이산적 확률분포이거나 연속적 확률분포이거나 관계없이 누적분포함수(cumulative distribution function: CDF)가 존재한다.

1.2 누적분포함수

확률변수 X가 특정 실수값을 갖는다는 이산적 확률분포함수와 특정 구간내의 값을 갖는다는 연속확률분포함수의 특징을 살펴보았다. 그런데 때로는 확률변수 X가 특정한 값 a 이하이거나 그 이상일 경우, 즉 $p(X \leq a)$ 또는 $p(X \geq a)$ 일 때의 확률값을 계산할 필요가 있는 경우가 있다. 모든 확률의 합은 1이므로 X가 특정한 값 a 이상일 확률값을 계산하고자 할 때 그 이상의 확률값을 계산하기보다는 0부터 a까지의 확률을 계산하고 이 확률값을 1에서 빼주면 $p(X \geq a)$ 이상일 경우의 확률값이 계산되게 된다. 따라서 0에서 $p(X \leq a)$까지의 확률값, 즉 누적 값을 알게 되면 이에 대한 계산이 편하게 된다. 이 개념은 아주 중요하므로 충분한 이해가 필요하다.

확률변수가 어떤 값 a 이하의 모든 값에 대한 확률의 누적값을 $F(X)$라 표현할 때 이를 누적분포함수(cumulative distribution function:CDF)라 한다.

누적분포함수 $F(X)$의 성질
□ 누적분포함수 $F(X)$는 확률변수 X가 특정 값 a 이하의 값을 가질 확률인 $p(X \leq a)$을 나타내는 함수이다.
□ 만약 확률변수 X가 특정한 값 b보다는 작고 a보다는 큰 확률을 구한다면 우선 b까지의 누적확률을 구한 후 a까지의 누적 확률을 빼주면 손쉽게 계산할 수 있다. $p(a \leq X \leq b) = p(X \leq b) - p(X \leq a) = F(b) - F(a)$

1.3 이산확률 질량함수

확률변수 X가 이산확률변수인가 또는 연속확률변수인가에 따라 확률질량함수(probability mass function: pmf)와 확률밀도함수(probability density function: pdf)로 나눌 수 있다.

이산확률변수 X가 가질 수 있는 실수값으로 대응하여 표현한 함수가 확률질량함수 pmf이다. 즉, 주사위를 한번 던져 6일 나올 확률은 1/6이며 500원 동전을 던져 학 문양이 나올 확률이 1/2이라고 하는 것과 같다. 확률질량함수는 확률변수가 a가 될 확률을 구체적인 값으로 산출할 수 있으며 확률값은 음수가 아닌 값을 갖는다.

이산확률 질량함수의 성질
□ $p(X) \geq 0, \quad X = X_{1,} X_{2,} X_{3,} \cdots\cdots$ $p(X) = 0, \quad X$가 다른 값을 가질 때
□ 모든 확률변수의 확률 합은 1이다. $\sum_{i=1}^{\infty} p(X_i) = 1$
□ X의 누적분포함수 $F(X)$는 다음과 같다. $F(X) = \sum_{X_i \leq X} p(X_i)$ 즉 X_i까지의 확률의 누적값을 나타낸다.
□ $F(X)$가 주어지면 $p(X_i)$를 구할 수 있다. $p(X_i)$까지의 누적 확률값에서 $p(X_{i-1})$까지의 값을 빼주면 된다. $p(X_i) = F(X_i) - F(X_{i-1}), \quad X_{i-1} < X_i$

1.4 연속확률 밀도함수

연속확률분포는 확률변수 X가 연속적인 값을 취하기 때문에 일정한 구간값을 가질 확률로서 나타내며 구간 A에 있는 모든 실수 X에 대한 함수 $f(X)$에 대하여 조건이 성립할 때 이를 연속확률변수 X의 확률밀도함수(probability density function: pdf)라 한다.

연속확률밀도함수는 어떤 구간에 대하여 적분하면 확률변수 X가 그 구간에 있을 확률로 표현된다. 즉, 확률변수 X가 특정한 값 b보다는 작고 a보다는 클 때의 확률은 이 두 구간을 적분함으로써 산출된다.

[그림 1.1] 연속적 확률밀도함수의 구간 확률

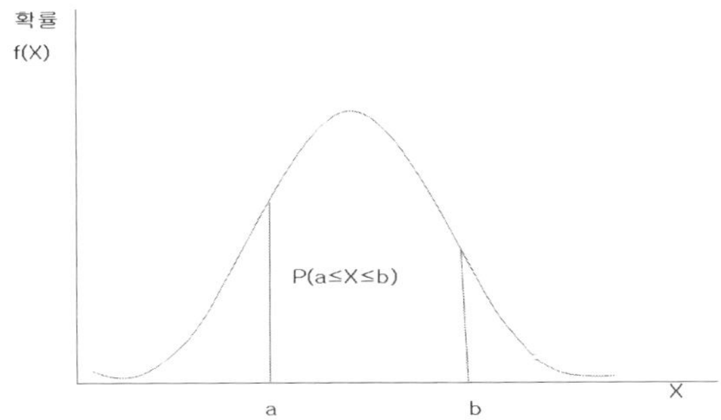

연속확률밀도함수의 성질

□ $p(a \le X \le b) = \int_a^b f(X)dx$

$p(X) = 0,\quad X$가 다른 값을 가질 때

□ 모든 확률변수의 확률합은 1이다.

$\int_{-\infty}^{\infty} f(X)dx = 1$

□ X의 누적분포함수 $F(X)$는 $f(X)$를 $-\infty$에서 x까지 적분하여 산출한다.

$\int_{-\infty}^{x} f(t)dt$

2. 이산 확률분포

이산확률분포에는 이항분포, 포와송 분포, 초기하 분포가 있는데 본 책에서는 이항분포와 포와송 분포만을 대상으르 설명하기로 한다.

2.1 이항분포

이항분포는 각 실험의 결과가 두 개의 범주로 나타나는 경우로서 실험의 결과는 두 범주 중 하나에만 속하게 된다. 이항분포는 이산적 확률변수에 대한 분포이지만 연속적 확률변수에 대해서도 적용할 수 있다. 이산적 확률변수에 속하는 경우는 두 개의 범주 중 하나만 해당되는 변수인데 예를 들면 적임자를 뽑을 때 남자 또는 여자, 선거결과 당선과 낙선, 경기에서 승리와 패배, 로또 복권의 당첨과 탈락, 실험의 성공과 실패, 우량품과 불량품, 동전의 앞면과 뒷면, 야구에서의 출루와 아웃 등을 들 수 있으며 확률변수는 질적 자료로 구성되는 특성을 갖고 있다.

한편 다수 결과로 표현되는 변수도 두 개의 이항변수로 분류할 수 있다. 5지선다형 문제도 정답과 오답으로 표현할 수 있으며 전화통화도 국내통화 국제통화로 구분할 수 있다. 또한 연속적 확률변수의 경우도 이항분포로 표현할 수 있다. 예를 들면 나이가 25세 이하와 이상으로, 100m 달리기의 기록도 10초 이내와 10초 이상 등으로 표현할 수 있다.

이와 같이 두 개의 선택 중 하나를 선택하게 되는 경우 이항분포라 하며 하나를 성공의 S라 하면 다른 하나는 실패 F로 표현할 수 있다. 이러한 두 개의 범주를 갖고 실험이나 관찰을 하는 것을 베르누이 시행(Bernoulli trial)이라 하며 베르누이 시행의 조건은 다음과 같다.

베르누이(Bernoulli) 시행의 조건

□ 각 시행은 성공(S)와 실패(F) 중 하나의 결과만 갖는다.
□ 성공 확률 $p(S)$과 실패의 확률 $q(F)=1-p(S)$는 모든 시행에 동일하다.
□ 시행은 상호 독립적이다.

이항분포는 두 가지 결과를 갖는 실험을 반복할 때 각 결과가 발생할 확률이 매 시행과정에서 일정하게 되는 특성을 가진 확률분포이다. 따라서 이항분포는 반복 시행횟수만 정해지면 분포의 모양이 정확하게 파악되며 실험을 n번 반복하여 X번 성공할 확률은 확률질량함수에 의해 산출된다.

이항분포함수

□ 한번 시행의 성공 확률을 p라고 할 때 n번 반복할 때
성공횟수 X의 확률 질량함수

$$P(X=x)=C_x^m p^x q^{n-x}=\frac{n!}{x!(n-x)!}p^x(1-p)^{n-x},$$

$$(x=0,1,2,3\ ......,n)$$

한편 실험횟수 n이 무한대로 많아지면 이항분포의 형태는 정규분포(normal distribution)와 같아지며 이항분포의 확률계산은 정규분포를 이용하여 어림셈(approximation)을 할 수 있게 된다.

2.2 포아송 분포(Poisson distribution)

포아송 분포(poisson distribution)도 성공과 실패라는 두 상호 배반적 사상으로 구성되어 있다는 점에서 이항분포와 같지만 연속적인 시간간격이나 공간에서 발생하는 사상의 수에 대한 확률을 계산하는데 적용한다는 점에서 어떤 사상이 실험의 결과로 발생되는 이항분포와는 다르다.

포아송 확률변수 X는 일정한 단위시간, 단위구간, 단위공간이나 면적에서 어떤 사상이 발생할 횟수를 의미하고 포아송 분포란 포아송 확률변수 X가 취할 수 있는 값들과 이들의 각 값에 대응하는 확률을 나타내는 분포이다.

포아송 분포는 이항분포에서 $\lambda=xp$에서 λ를 일정하게 늫고 시행횟수 X를 무한대로 했을 때 나오는 분포로 일정시간 동안 사건의 발생횟수에 대한 확률변수다.

포아송 분포 조건

- □ 특정 단위시간에서 발생하는 평균 건수는 단위시간 크기에 비례한다.
- □ 한 단위 시간에서의 발생횟수는 다른 단위시간으로부터 영향을 받지 않는다.
- □ 두 사상이 정확하게 동시에 발생하지 않는다.
- □ 시간 간격이 같으면 사상의 발생확률도 같다.

확률변수 X가 다음과 같은 확률함수를 가지면 이는 포아송 분포에 따른다.

포아송 분포의 특징은 평균과 분산이 같다는 제약적 가정에 근거하고 있기 때문에 이 가정이 만족되지 않는다면 제약적 가정을 하지 않는 한 좀더 유연한 음이항모형을 이용해야 한다. 포아송 모형은 두 가지의 기본적인 가정을 하는데 첫째, 단위시간당 일어나는 사건의 발생이 서로 독립적이어야 하고 단위시간내의 발생확률은 동일하며 시간에 따라 변화하지 말아야 한다. 둘째, 포아송 확률분포의 또 다른 특징은 분포의 평균과 분산이 같다는 등산포(equi-dispersion)의 가정이다.

포아송 모형은 가산자료모형에 많이 이용되는데 이 모형은 일정한 시간 또는 공간 내에서 어떤 사건이 무작위로 발생할 때 그 사건이 발생한 횟수와 그에 대응하는 확률분포를 의미한다.[1)]

포아송 분포

□ $P(X) = \dfrac{e^{-\lambda t}(\lambda t)^x}{x!} = \dfrac{e^{-\mu}\mu^x}{x!}$

e: 2.71818

x: 발생횟수

λ: 단위시간당 평균율(mean)

t: 단위의 수

□ $\lambda t = \mu$, t 시간간격에서의 평균 발생횟수

□ 기대치: $E(X) = \mu = \lambda t$

분 산: $Var(X) = \sigma^2 = \mu$

---

1) 유승훈, 양창영(2005), "가산자료모형을 이용한 해양오염사고 발생횟수의 분석," 「해양정책연구」 제20권 2호, p. 37.

Cameron, A.C and Trivedi P.K.(1986), "Econometric Models based on Count Data: Comparsion and Applications of Some Estimators and Tests," *Journal of Applied Econometrics*, Vol. 1.

2-1 | 예제문제 |

요즘 청년층에서 좋아하는 세럼(Serum)의 한 개당 무게(X)는 평균이 30g, 표준편차가 3g인 정규분포를 따른다고 한다. 세럼 하나의 무게가 35g 이상인 경우는 불량품으로 분류된다. 제품을 1000개 추출했을 때 불량품의 개수가 37개 이상일 확률을 구하라.

문제풀이

직접계산 $P[X>35]=P[\frac{X(35)-30}{3}=1.67]=P[Z>1.67]=0.047$

□ Excel 방법 1: 표준정규 누적 분포값을 구한다. X값을 계산하여 probability에 넣는다.

NORMSDIST(Z값=1.67)=0.9525

□ Excel 방법 2: 지정한 값을 줌으로써 표준정규 누적 분포값을 구한다.

NORMDIST(x=35,mean=30,std=3,
cumulative 누적 정규분포값=1)=0.9525

35그램 이상이 불량품이므로 1에서 빼주어야 한다[2].

이때 1000개를 추출했을 때 불량이 37개 이상일 확률은 포아송 분포를 따르며 엑셀에서 POISSON의 함수식을 이용한다.

$$P[X>37]=1-P[X\le 36]=1-\sum_{x=0}^{36}\frac{e^{-\mu}\mu^{x}}{x!}=1-0.4781=0.05219$$

=1−[POISSON(x=36, mean= 37,
cumulative 누적 포아송 확률=1)]=0.05219

2) 만약 확률 밀도함수값을 구하려면 포아송 확률밀도 함수값에 0의 값을 주어야 한다.

3. 정규분포

연속확률분포에는 균등분포, 정규분포, 지수분포 등이 있지만 정규분포에 대한 설명을 위주로 하고 그 외 t 분포, F 분포, χ^2 분포 등에 대한 설명은 뒤에서 이어지는 해당 장이나 절에서 하기로 한다.

3.1 정규분포(Normal Distribution)

확률변수 X가 갖는 값은 연속적이냐 불연속적이냐로 구분된다.

연속적인 값을 갖는 확률변수는 전자저울에 올려진 소고기 무게, 인터넷에서 파일을 다운로드 하는 시간, 고객이 서비스를 기다리는 시간 등을 예로 들 수 있으며 이와 같은 확률변수를 연속확률변수라 함은 같다.

연속확률변수 값의 분포를 설명하는 수학적 표현을 연속 확률밀도함수(continuous probability density function: p.d.f)라 한다. 확률밀도함수는 $f(x)$로 표현되며 누적확률함수는 $F(x)$로 표현함도 같다.

한편 자료의 분석에서 가장 많이 이용하는 분포는 정규분포인데 흔히 가우스 분포(Gauss)라고도 한다. 정규분포는 자료값이 평균을 중심으로 모여 있으며 음의 무한대부터 양의 무한대 값을 가지며 좌우대칭이다.

따라서 정규분포는 첫째 대부분의 연속확률변수는 정규분포의 형태를 취하며 둘째 중심극한정리(central limit theorem) 때문에 통계학 추론에 정규분포는 다음과 같은 특징을 가지며 함수식 $f(x)$는 정규분포의 특징에서와 같다.

그렇다면 왜 통계학 추론에 정규분포의 논리가 이용될까를 보자!

만약 여러분이 인터넷에서 특정파일을 다운로드 받는다고 하자.

꼭 25초가 걸린다의 확률과 23~27초가 걸린다의 확률 중 어느 확률을 계산할 수 있을까? 즉 내 몸무게를 최근 3개월간 측정했을 때 64㎏에 집중되는 경향이 있다고 해서 지금 측정할 때 64.0㎏이 되지는 않고 64㎏을 중심으로 계기판이 움직이는 것을 보는 것과 같다.

[그림 3.1] 표본통계량의 확률분포 요약 정리

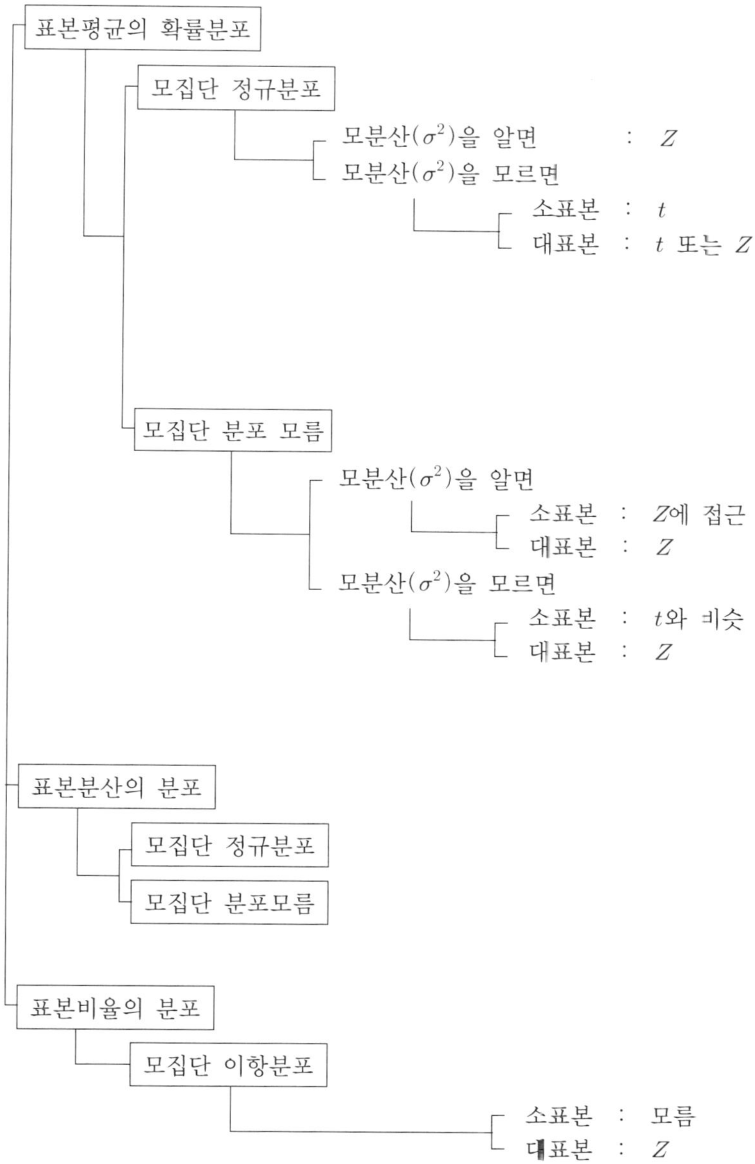

따라서 연속확률변수의 특정 값에 대한 확률은 계산되어 질 수 없는 반면 일정구간의 확률은 계산되어 질 수 있다. 즉 다운로드 시간이 꼭 25

정규분포의 특징
□ 좌우대칭의 종모양(bell shape)이다.
□ 집중경향치(central tendency)의 평균, 중앙값, 최빈치는 모두 같다.
□ 음의 무한대($-\infty$)에서 양의 무한대(∞)값을 갖는다.

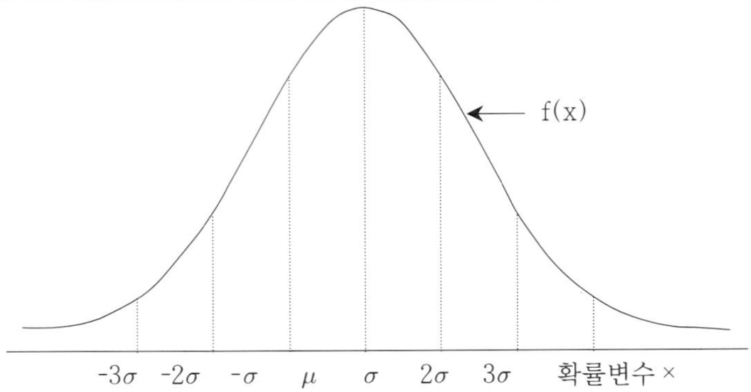

μ: 모집단 평균, σ: 표준편차,
n · σ: 표준편차 n단위 만큼 평균으로부터의 차이

정규분포 함수
□ $f(x) = \dfrac{1}{\sqrt{2\pi\sigma^2}} \cdot e^{-\frac{(x-\mu)^2}{2\sigma^2}}$

초가 되거나 몸무게가 64.0kg이 되는 확률은 '0'이 되는 반면 23~27초, 63~65kg과 같은 구간의 값에 대한 확률이 구해지는 것과 같다.

그리고 확률계산의 편리성을 생각해 보자. 만약 다운로드 시간이 23~27초의 구간 값을 가질 확률을 계산하면 함수 $f(x)$를 알고 있기 때문에 이를 적분하면 된다.

$$p(23 \le x \le 27) = \int_{23}^{27} \frac{1}{\sqrt{2\pi\sigma^2}} \cdot e^{\frac{-(x-\mu)^2}{2\sigma^2}} dx$$

이 수식이 의미하는 것은 다운로드 시간이라는 확률변수 x가 23초에서 27초 사이일 확률 p는 $f(x)$를 적분하면 된다는 것이다.

그런데 정규분포의 특성상 평균 μ로부터 표준편차의 양쪽 σ의 한배, 즉 $\mu-\sigma$와 $\mu+\sigma$ 사이의 확률밀도함수가 차지하는 면적은 0.6826이 된다.

또한 평균 μ를 중심으로 좌우로 표준편차 σ 크기의 2배 거리에 있는

[그림 3.2] 23초와 27초의 확률

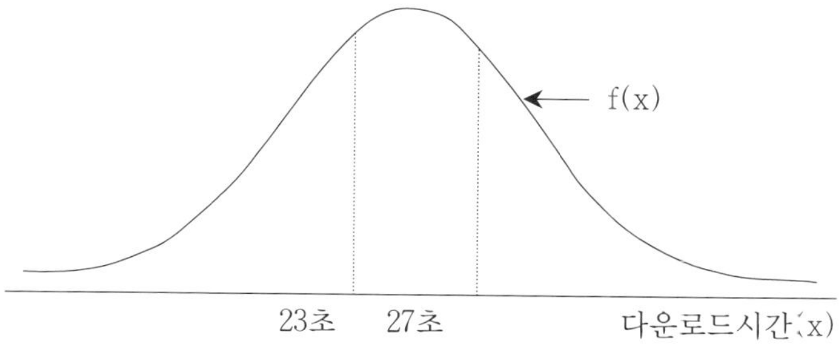

구간의 면적은 0.9544이며 표준편차의 3배 거리, $\mu-3\sigma$와 $\mu+3\sigma$ 사이의 면적은 0.9974이다. 이는 평균 μ를 중심으로 3배 표준편차 내에 특정 확률변수 X가 위치할 확률은 99.7%라는 의미가 된다.

확률변수 X가 평균 μ와 표준편차 σ에 위치에 있을 확률 p
$p(\mu-\sigma \le X \le \mu+\sigma)=0.6826$
$p(\mu-2\sigma \le X \le \mu+2\sigma)=0.9544$
$p(\mu-3\sigma \le X \le \mu+3\sigma)=0.9974$

3.2 정규분포의 표준화(standardization)

연속확률변수 X가 정규분포를 따른다고 하면 X의 모든 값을 고려하는 분포표의 작성은 어렵다. 그래서 모든 형태의 정규분포를 공통된 모형으로 전환시킨다면 확률분포표의 작성이 가능해지는데 이를 정규분포의 표준화라 한다.

표준화는 확률변수 X가 평균 μ로부터 떨어진 거리를 표준편차 σ의 배율로 계산하고 표준화된 값을 Z로 표시한다.

정규분포의 표준화 값 Z
$Z=\dfrac{X-\mu}{\sigma}$
X: 확률변수, μ: 모평균, σ: 모집단 표준편차
Excel함수식=STANDARDIZE(X, μ, S)

확률변수 X가 평균 μ와 표준편차 σ인 정규분포라면 확률변수 Z는 평균 '0'와 표준편차 '1'인 정규분포가 되어 $f(Z)$의 면적은 확률을 의미한다. $f(X)$와 $f(Z)$는 다음의 관계가 있다.

정규분포와 표준정규분포(Z) 관계
$p(-1 \le Z \le 1) = p(\mu - \sigma \le X \le \mu + \sigma) = 0.6826$
$p(-2 \le Z \le 2) = p(\mu - 2\sigma \le X \le \mu + 2\sigma) = 0.9544$
$p(-3 \le Z \le 3) = p(\mu - 3\sigma \le X \le \mu + 3\sigma) = 0.9974$

그런데 정규분포는 종모양의 좌우대칭형이므로 굳이 $p(-1 \le Z \le 1)$ 또는 $p(\mu - \sigma \le X \le \mu + \sigma)$와 같이 좌우측 모두를 계산하기보다는 한쪽만을 계산하는 것이 편리하며 전체에 적용할 때 그 값에 2배를 적용하는 것이 계산과 이해에 도움을 주는 경우도 많다.

만약 $Z = \dfrac{X-\mu}{\sigma}$의 값이 $Z = 2.0$으로 산출되었다면 그 의미는 Z값이 0에서 2까지 $f(Z)$ 면적이 0.4772이므로 양쪽을 계산하면 0.4772+0.4772의

[그림 3.3] 표준정규분포와 정규분포의 관계

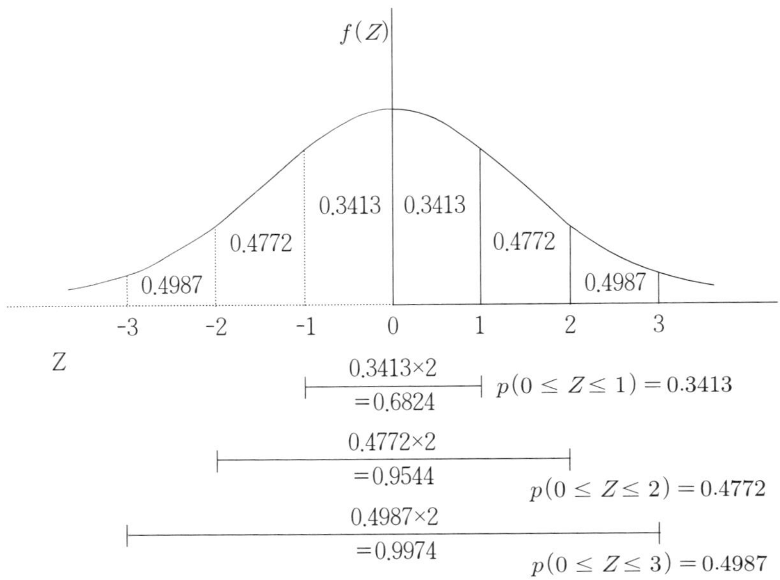

[그림 3.4] 누적분포와 확률값

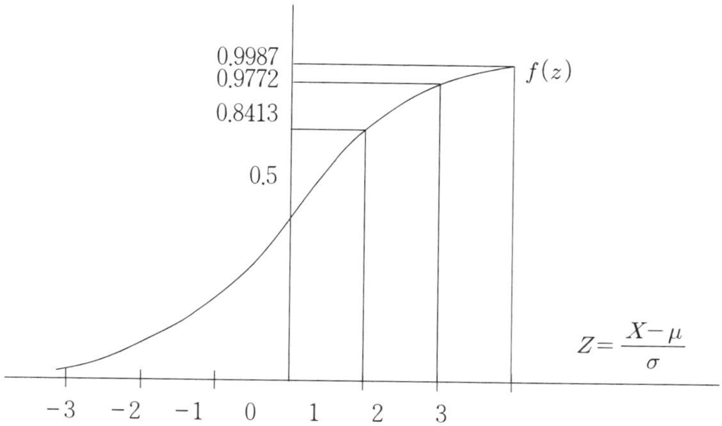

좌우양측의 합인 0.9544이다라는 의미이며 이러한 방법으로 표준정규분포표를 작성할 수 있게 된다.

표준정규분포 함수 $f(Z)$를 누적 확률함수 $f(Z)$로 그리면 정규분포를 따르는 확률변수의 확률값을 알 수 있다.

만약 $p(0 \le Z \le 1)$의 값을 계산한다면 표준 정규분포표에서 찾으면 되겠지만 누적분포에서는 $p(-\infty \le Z \le 1)$에서 0.5를 제하면 구해진다. 누적확률함수 $F(Z)$를 이용하면 확률변수 X를 Z로 변환하여 해당 확률의 계산을 쉽게 할 수 있다.

엑셀에서 「표준정규분포표」 작성방법

보통의 경우 Z값에 대한 표준정규분포표는 외부로부터 주어지는 것으로 생각할 수 있으나 엑셀을 이용하면 쉽게 구할 수 있다. $Z \sim N(0,\ 1)$이므로 +쪽(1사면)만 생각한다면 확률값은 0.5가 되며 아는 바와 같이 0.5는 면적의 합이 된다. 따라서 이때의 Z값은 0에서 확률변수 X르 산출된 값까지의 확률이 된다. 그러므로 Z값의 크기는 무한대로 커질 수 없고 0.5 이상이 되면 Z값의 크기는 의미를 가질 수 없게 된다.

Z값을 소수점 둘째자리까지 계산한다면 A3부터 각 행에 소수점 첫째자리 0.0, 0.1, 0.2, …, 4.0 를 넣고 B2부터 각 열에는 소수점 둘째자리,

〈표 3.1〉 엑셀에서의 표준 정규분포표 작성방법

B3 =NORMSDIST($A3+B$2)-0.5

표준정규분포표

Z값	0.00	0.01	0.02	0.03	0.04	0.05	0.06	0.07	0.08	0.09
0.0	0.00000	0.00399	0.00798	0.01197	0.01595	0.01994	0.02392	0.02790	0.03188	0.03586
0.1	0.03983	0.04380	0.04776	0.05172	0.05567	0.05962	0.06356	0.06749	0.07142	0.07535
0.2	0.07926	0.08317	0.08706	0.09095	0.09483	0.09871	0.10257	0.10642	0.11026	0.11409
0.3	0.11791	0.12172	0.12552	0.12930	0.13307	0.13683	0.14058	0.14431	0.14803	0.15173
0.4	0.15542	0.15910	0.16276	0.16640	0.17003	0.17364	0.17724	0.18082	0.18439	0.18793
0.5	0.19146	0.19497	0.19847	0.20194	0.20540	0.20884	0.21226	0.21566	0.21904	0.22240
0.6	0.22575	0.22907	0.23237	0.23565	0.23891	0.24215	0.24537	0.24857	0.25175	0.25490
0.7	0.25804	0.26115	0.26424	0.26730	0.27035	0.27337	0.27637	0.27935	0.28230	0.28524
0.8	0.28814	0.29103	0.29389	0.29673	0.29955	0.30234	0.30511	0.30785	0.31057	0.31327
0.9	0.31594	0.31859	0.32121	0.32381	0.32639	0.32894	0.33147	0.33398	0.33646	0.33891
1.0	0.34134	0.34375	0.34614	0.34849	0.35083	0.35314	0.35543	0.35769	0.35993	0.36214
1.1	0.36433	0.36650	0.36864	0.37076	0.37286	0.37493	0.37698	0.37900	0.38100	0.38298
1.2	0.38493	0.38686	0.38877	0.39065	0.39251	0.39435	0.39617	0.39796	0.39973	0.40147
1.3	0.40320	0.40490	0.40658	0.40824	0.40988	0.41149	0.41309	0.41466	0.41621	0.41774
1.4	0.41924	0.42073	0.42220	0.42364	0.42507	0.42647	0.42785	0.42922	0.43056	0.43189
1.5	0.43319	0.43448	0.43574	0.43699	0.43822	0.43943	0.44062	0.44179	0.44295	0.44408
1.6	0.44520	0.44630	0.44738	0.44845	0.44950	0.45053	0.45154	0.45254	0.45352	0.45449
1.7	0.45543	0.45637	0.45728	0.45818	0.45907	0.45994	0.46080	0.46164	0.46246	0.46327
1.8	0.46407	0.46485	0.46562	0.46638	0.46712	0.46784	0.46856	0.46926	0.46995	0.47062
1.9	0.47128	0.47193	0.47257	0.47320	0.47381	0.47441	0.47500	0.47558	0.47615	0.47670
2.0	0.47725	0.47778	0.47831	0.47882	0.47932	0.47982	0.48030	0.48077	0.48124	0.48169
2.1	0.48214	0.48257	0.48300	0.48341	0.48382	0.48422	0.48461	0.48500	0.48537	0.48574
2.2	0.48610	0.48645	0.48679	0.48713	0.48745	0.48778	0.48809	0.48840	0.48870	0.48899
2.3	0.48928	0.48956	0.48983	0.49010	0.49036	0.49061	0.49086	0.49111	0.49134	0.49158
2.4	0.49180	0.49202	0.49224	0.49245	0.49266	0.49286	0.49305	0.49324	0.49343	0.49361
2.5	0.49379	0.49396	0.49413	0.49430	0.49446	0.49461	0.49477	0.49492	0.49506	0.49520
2.6	0.49534	0.49547	0.49560	0.49573	0.49585	0.49598	0.49609	0.49621	0.49632	0.49643
2.7	0.49653	0.49664	0.49674	0.49683	0.49693	0.49702	0.49711	0.49720	0.49728	0.49736

표준정규분포표 작성 / Sheet2 / Sheet3 / Sheet4 / Sheet5 / Sheet6 / Sheet7 / Sheet8 / Sheet9 / Sheet1

0.00, 0.01, 0.02, 0.03, …, 0.09를 넣어 이 둘을 합치는 수식을 만들면 2.04와 같은 값이 만들어진다. 2.04는 행의 2.0과 열의 0.04를 합하여 만들어지는 값이다.

B3 셀에 "=NORMSDIST($A3+B$2)-0.5"[3]를 한 후 이를 입력하고 이 셀을 표 범위에 있는 모든 셀에 카피하면 표준정규분포표가 작성된다. 만약 종모양의 정규분포의 양쪽 모두를 구하고자 한다면 0.5는 제외하면 된다. 그러면 이제부터는 각 통계학 책에 부록에 나와 있는 표준정규분포의 값을 찾지 않아도 되어 보다 쉽게 정규분포를 적용・활용하게 된다.

3) 왜 절대위치 표시 $를 엇갈리게 해야 하는지를 생각해 보기 바란다.

3.3 정규분포 판별법

모집단의 정보를 알기 위하여 표본집단을 추출하고 표본에서 얻은 통계량으로 모집단을 추론한다. 그런데 추론의 전제는 모집단이 정규분포(normal distribution)를 이룬다는 조건이 충족되어야 가능해진다. 따라서 정규분포인가 아닌가를 먼저 검정해야 한다. 정규분포 검정은 다음의 4가지 방법으로 할 수 있는데 각 방법의 예를 들기로 한다.

정규분포의 판별방법
① 히스토그램(histogram) 또는 줄기－잎 그래프(stem-and-leaf 그래프)를 그려보아 정규분포 모양과 비슷한 무덤의 봉분모양이나 평균을 중심으로 대칭적(symmetric)인 모습을 보이는가를 시각적으로 확인한다.4)
② 표본의 평균 $\overline{X}$와 표본의 표준편차 s와의 구간값을 구하고 그 구간에 속해 있는 표본들의 백분율을 구한다. 만약 정규분포라면 $\overline{X} \pm s$, $\overline{X} \pm 2s$, $\overline{X} \pm 3s$에 속하게 되는 백분율은 각각 68.26%, 95.44%, 99.74%와 유사할 것이다.
③ 사분위(간)범위(interquartile range: IQR)값을 표본표준편차 s로 나누어 준 비율을 구한다. 만약 정규분포라면 IQR/s≈1.3과 유사할 것이다.
④ 정규확률그림(normal probability plot)을 그려본다. 만약 정규분포라면 각 표본의 값들은 직선과 거의 일치할 것이다.

3-1 | 예제문제 |

동수원 갈비 사장은 4명 동반 가족의 1인당 평균 갈비소비액을 조사하기 위해 최근 1달 동안 100가족을 조사하여 다음과 같은 1인당 평균소비액(단위: 만원)을 얻었다. 이 표본이 정규분포인가 아닌가를 검증하라.

4) 정규근사를 확인하는 방법(normal approximation)이다.

〈표 3.2〉 1인당 동수원 갈비집에서의 소비 지출액(100가정을 기준으로 산출)

36.3	40.5	38.5	41.0	37.1
41.0	36.5	39.0	31.8	40.3
36.9	37.6	35.5	37.3	36.7
37.1	33.9	34.8	33.1	37.0
44.9	40.2	38.6	37.0	33.9
36.8	36.4	39.4	37.6	40.1
30.0	37.7	35.3	37.0	38.0
37.2	37.7	34.4	38.7	35.2
42.1	40.0	38.8	39.0	34.8
36.7	34.2	39.7	35.8	39.5
32.7	36.2	36.3	37.0	39.9
37.3	37.9	36.8	37.2	36.9
41.2	36.0	32.5	40.7	32.9
36.6	37.9	36.4	37.4	33.8
32.9	35.9	40.5	37.1	39.8
36.5	38.2	36.6	37.8	34.0
33.2	38.3	36.1	35.9	36.8
37.4	35.7	38.2	35.6	35.0
37.5	35.6	38.4	36.7	38.1
33.6	35.1	39.3	34.5	36.9

자료: http://cafe.naver.com/haveajoy 자료실에서 '동수원갈비 1인당 소비액.xls'다운로드

문제풀이

방법 1

1. 히스토그램(Histogram)의 작성

1.1 엑셀에서의 방법

□ 100개의 자료를 엑셀 sheet에 A3 : A102에 넣는다.

□ 자료의 명칭을 '소비액'으로 하여 A2에 입력한다.

□ 최소값과 최대값을 구한다.

〈방법 1〉 범위로 구하는 방법

○ C3에 '최대값', C4에 '최소값'을 입력한다.

○ D3에 '=MAX(A3 : A102)'+엔터키

○ D4에 '=MIN(A3 : A102)'+엔터키

엑셀에서는 최대값을 "MAX", 최소값을 "MIN"의 함수식을 이용하여 구한다.

〈방법 2〉 이름으로 구하는 방법

○ 확률변수의 이름으로 자료의 범위를 지정하면 자료의 감소, 증가와 관계없이 분석할 수 있는 장점이 있다. '소비액'의 변수이름이 입력된 A열(column) 전체를 클릭하여 지정한다.

○ 수식－선택영역에서 만들기－첫 행 ☑ 한다.

[그림 3.5] 이름정의 방법(MS-OFFICE 2007)

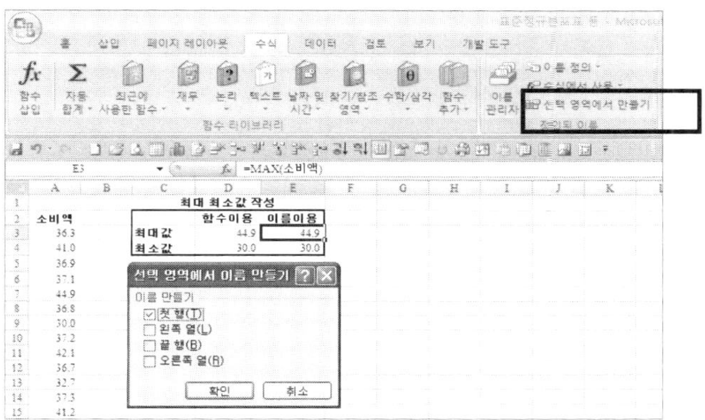

아래 그림과 같이 이름상자를 클릭하면 '소비액' 이름이 삽입된 것을 확인할 수 있다.

[그림 3.6] 이름상자에서 이름 확인 방법

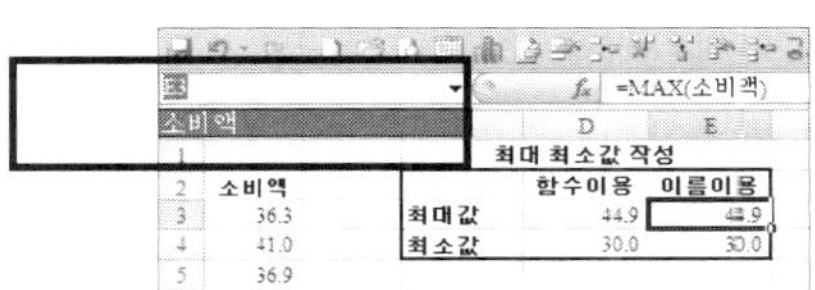

[그림 3.7] 이름정의 방법 1(MS-OFFICE 2002)

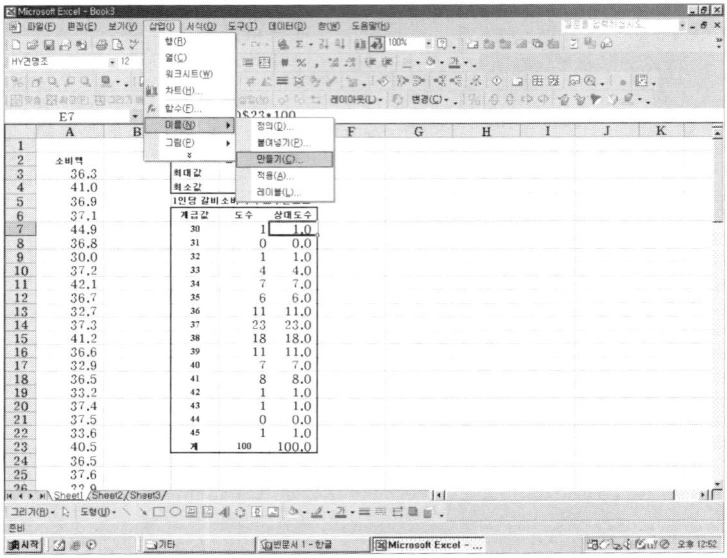

[그림 3.8] 이름정의 방법 2(MS-OFFICE 2002)

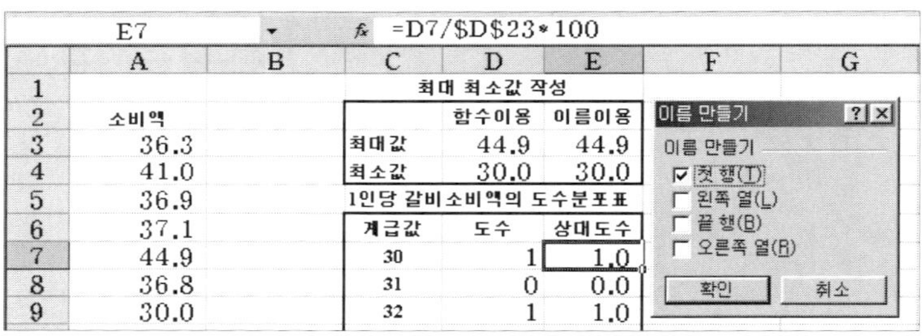

○ E3에 '=MAX(소비액)', ( )에 '소비액' 이름을 넣고 E4에 '=MIN(소비액)'을 넣고 엔터를 치면 범위에서 얻은 값과 동일한 최대·최소값을 구할 수 있다.

□ 도수분포표를 작성하되 최소값, 30부터 최대값, 44.9(45)까지 계급값을 1로 하여 C7부터 E23까지 표를 만든다.

○ 엑셀에서의 도수분포표는 FREQUENCY 함수명령어를 이용하며 배열수식으로 입력하여야 한다.

○ 도수가 작성되어야 하는 부분, 표에서 D7 : D22를 드래그 하여 범위를,

한꺼번에 지정한다.

○ 수식입력창에 '=FREQUENCY($A$2, $C$7 : $C$22)'를 넣고 ctrl과 shift를 누른 상태에서 ENTER 키를 치면 동시에 도수분포표가 작성되고 수식에는 "{ }"가 생긴다. "{ }"는 배열수식이라는 의미이다.

□ FREQUENCY 함수는 참조해야 하는 자료의 영역(data-array)와 계급값의 영역(bins-array)로 나누어 입력하면 된다.5)

[그림 3.9] 도수 분포표 작성(FREQUENCY와 배열수식)

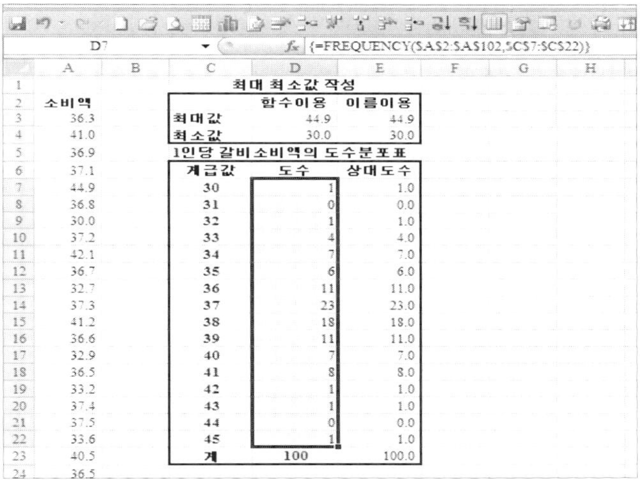

D7 {=FREQUENCY($A$2:$A$102,$C$7:$C$22)}

	A	B	C	D	E
1			최대 최소값 작성		
2	소비액			함수이용	이름이용
3	36.3		최대값	44.9	44.9
4	41.0		최소값	30.0	30.0
5	36.9		1인당 갈비소비액의 도수분포표		
6	37.1		계급값	도수	상대도수
7	44.9		30	1	1.0
8	36.8		31	0	0.0
9	30.0		32	1	1.0
10	37.2		33	4	4.0
11	42.1		34	7	7.0
12	36.7		35	6	6.0
13	32.7		36	11	11.0
14	37.3		37	23	23.0
15	41.2		38	18	18.0
16	36.6		39	11	11.0
17	32.9		40	7	7.0
18	36.5		41	8	8.0
19	33.2		42	1	1.0
20	37.4		43	1	1.0
21	37.5		44	0	0.0
22	33.6		45	1	1.0
23	40.5		계	100	100.0
24	36.5				

□ 도수분포표를 이용하여 막대그래프를 그린다.

[그림 3.10] 정규성(normality)의 그래프

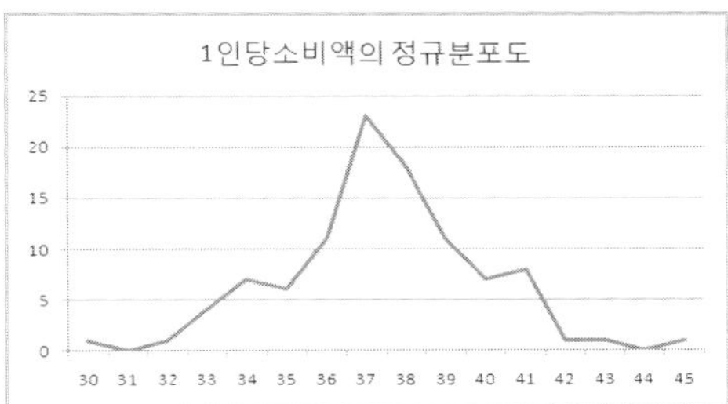

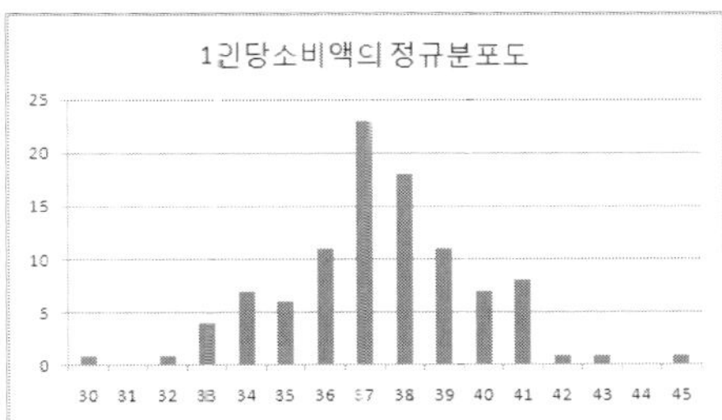

5) 물론 셀 주소대신 이름을 이용해도 작성된다. 여러분 각자 시도해 보길 바란다.

□ 앞의 그래프를 보면 정규분포가 갖는 일반적인 특징을 보여 주고 있어 따라서 동수원갈비 집의 1인당 소비지출액 자료는 비교적 정규분포에 가깝다고 할 수 있다.

문제풀이
Spss

1. SPSS에서 방법

□ 100개의 자료를 SPSS의 'Data View'에 넣는다. Excel에서 입력된 것을 복사하여 붙여 넣기 해도 되며 한글에서 불러와도 좋다.

□ 변수이름을 'Variable View'에서 '소비액'이라 하고 소수점(Decimals) 첫째자리로 정한다.

□ Graphs-Histogram을 클릭하고 Variable에 '소비액'을 넣고 Display normal curve에 체크한 후 'OK' 버튼을 누른다. 이때 Titles을 클릭하여 제목을 정할 수 있다. Titles에서 Line1에 '정규성(Normality)의 확인'으로 Subtitle에 'SPSS'를 넣는다.

[그림 3.11] SPSS에서 정규성의 확인

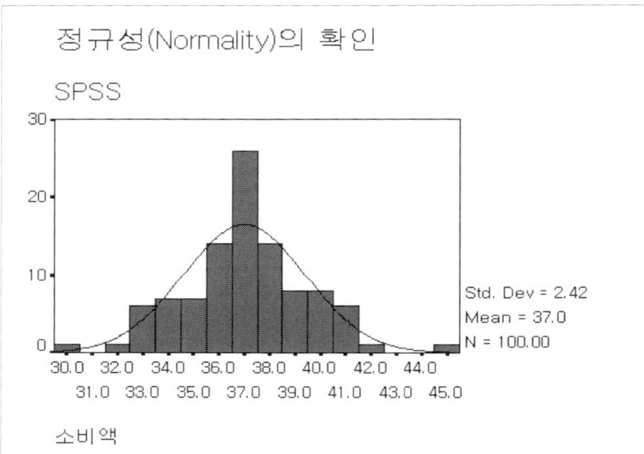

문제풀이
방법 2

2. 평균과 표준편차 이용

평균 $\overline{X}$와 표준편차 s를 구하여 표준편차, 1배, 2배, 3배내에 표본의

몇 %가 속하는가를 이용하여 정규성을 확인하는 방법이다. 즉 정규분포의 정리에 의해 확률변수 X는

$p(\mu-\sigma \leq X \leq \mu+\sigma)=0.6826$

$p(\mu-2\sigma \leq X \leq \mu+2\sigma)=0.9544$

$p(\mu-3\sigma \leq X \leq \mu+3\sigma)=0.9974$

에 분포하므로 평균과 표준편차를 적용하여 위의 확률과 비교하는 방법이다.

□ 평균(AVERAGE함수) $\overline{X}$와 표준편차(STDEV) s를 구한 후 하한값과 상한값을 $\overline{X}\pm 1s$, $\overline{X}\pm 2s$, $\overline{X}\pm 3s$를 계산한다.

□ 해당 하한값과 상한값에 맞는 도수(개수)를 세기 위해서는 SUM 또는 SUMPRODUCT 함수와 배열수식을 이용해야 한다.

□ 표준편차 1배 이내, 2배 이내, 3배 이내에 속한 비율을 구하기 위한 범위는 동일하므로 1배 이내에 대한 수식을 넣을 때 상대위치인지 절대위치인지를 구별하여 수식을 입력한다면 복사하여 이용할 수 있에 빠르고 쉽게 표를 완성할 수 있다. 하한값이 D30, 상한값이 E30이며 열은 변동없고 행만 변하는 수식을 입력하면 된다.

□ F30에 가서 '=SUM((소비액>=$D30)*(소비액<=$E30))'[6]을 넣고 ctrl+shift 키를 누른 상태에서 ENTER키를 친다. F30을 copy하여 F31, F32에 붙여넣기 한다.

□ SUM함수는 각각 조건에 맞는 개수를 찾아서 그 개수를 합하라는 뜻인데 수식을 곱하는 이유는 만약 500 동전을 두번 던져 학문양이 나올 확률을 계산하는 것과 같다. 즉 첫번째 시행의 성공확률이 $\frac{1}{2}\times\frac{1}{2}=\frac{1}{4}$이 되게 된다. 이를 이해하면 보다 쉽게 SUM과 SUMPRODUCT 함수를 이해할 수 있을 것이다.

□ 상대도수가 68%, 96%, 99%로서 정규분포와 매우 유사하게 나타나 1인당 갈비집에서의 소비액의 표본은 정규분포라 할 수 있다.

---

6) SUMPRODUCT 함수도 같으며 '소비액'의 이름을 대신해 셀 범위를 입력해도 된다.

[그림 3.12] 평균과 표준편차 이용

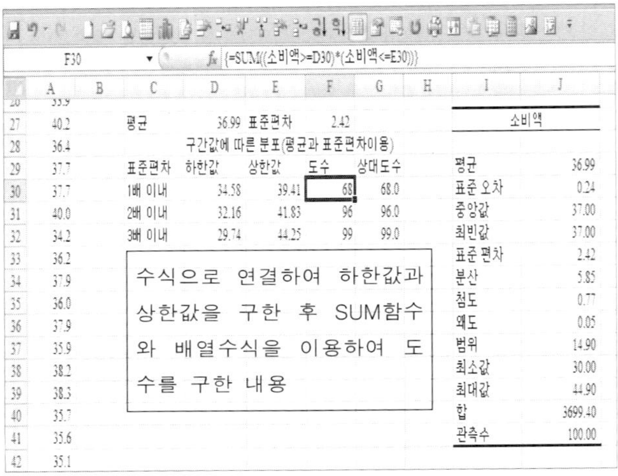

□ 엑셀의 추가기능을 설치한 후 [데이터 분석-기술 통계량(요약통계량)]을 통해 분석한 결과표

문제풀이 방법 3

3. 사분위(간)범위이용 (interquartile)

사분위간 범위(InterQuartile Range: IQR)는 자료를 올림차순(낮은 값 → 높은 값의 순)으로 정리한 후 25번째, 75번째 자료가 어떤 값인지를 구하는 방법이다. 25번째 위치한 자료를 Q_{25}라 하고 75번째 위치한 자료를 Q_{75}라 하면 사분위간 범위는 $Q_{75}-Q_{25}$가 된다.[7)]

$$IQR = Q_{75} - Q_{25}$$

정규성의 확인은 사분위간 범위(IQR)을 표준편차 s로 나누어 그 값이 대략 1.3에 가까우면 정규분포라 하게 된다.

□ 엑셀에서 1사 분위(Q_{25})와 3사 분위(Q_{75})는 QUARTILE함수를 이용한다.

□ 1사분위 '=QUARTILE(소비액, 1)', 3사분위 '=QUARTILE(소비액, 3)'으로 계산하면 된다.

7) Q_{25}는 1사분위계수이며 Q_{75}는 3사분위계수라 한다.

$$Q_{75}(38.325) - Q_{25}(35.675) = 2.65\ ,\quad \frac{2.65}{S} = \frac{2.65}{2.42} = 1.10$$

□ 따라서 1.10의 값은 1.3과 가까우므로 표본자료는 정규근사(approximately normal)라 할 수 있다.

문제풀이 방법 4

4. SPSS에서 정규확률그림(normal probability plot) 이용

□ SPSS에서 Analyze-Descriptive Statistics-Explore, Dependent list에 '소비액' 변수를 보내고 statistics를 클릭하여 percentiles에 체크하고 plots을 클릭하여 Descriptive의 Stem-and-leaf와 Histogram에 체크, Normality plot with tests도 체크한 후 OK를 창이 뜨면서 결과표가 산출된다.

□ 또는 그래프만 분석하길 원한다면 SPSS-Graphs-Q-Q를 클릭하면 정규확률 그림을 볼 수 있다. 거의 모든 값들이 직선 주위에 몰려 있으므로 상기 자료는 정규분포라 볼 수 있다.

[그림 3.13] SPSS에서 정규확률 그림

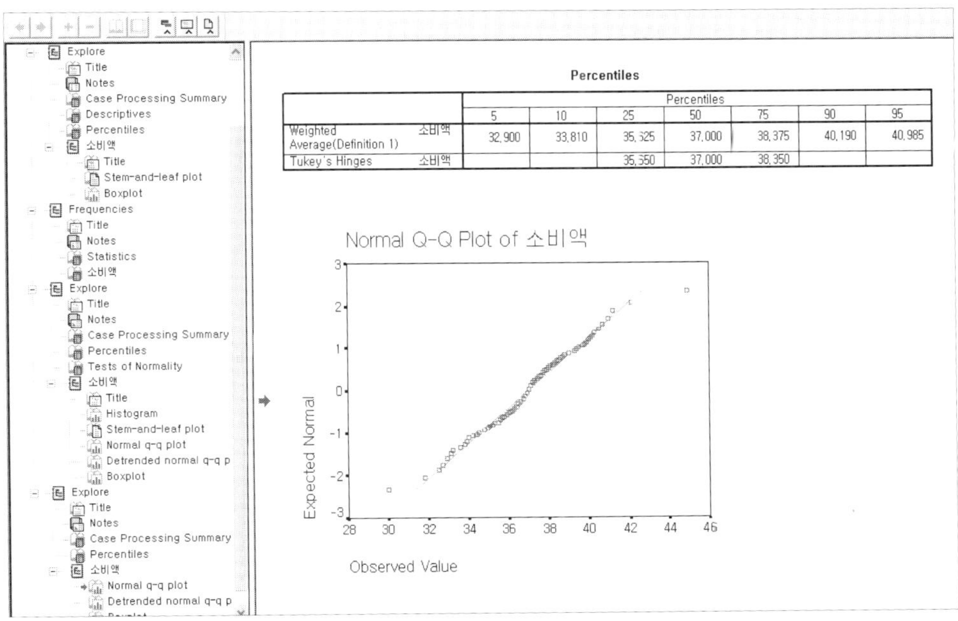

3.4 정규분포의 활용 예

9-1 | 예제문제 |

인터넷 스포츠 동호인 클럽을 운영하고 있는 '나 건강'씨는 회원모두에게 2일에 한번은 로그인하도록 하고 있다. 최근 1주일간 로그인 회원수를 보니 하루 평균 1,000명이 방문하였으며 표준편차는 100명으로 분석되었다. 다음의 확률을 계산하시오.

1. 하루 log-in 회원수가 1,000명에서 1,100명일 확률은?
2. 하루 log-in 회원수가 2,000명 이상일 확률은?
3. 하루 log-in 회원수가 500명 이하일 확률은?
4. 하루 log-in 회원수가 1,000명 이하이거나 1,100명 이상일 확률은?

평균 $\mu = 1,000$, 표준편차 $\sigma = 100$이므로 표준정규분포표를 이용하면 된다.

문제풀이 직접계산

1. 방문회원수가 1,000명에서 1,100명일 확률이므로

$$p(1,000 \le X \le 1,100) = p\left(\frac{1,000-1,000}{100} \le Z \le \frac{1,100-1,000}{100}\right)$$

$p(0 \le Z \le 1)$, 즉 표준정규분포표의 0에서 1까지의 면적이 확률이 된다.

[그림 3.14] 방문회원수가 1,000명에서 1,100명 확률

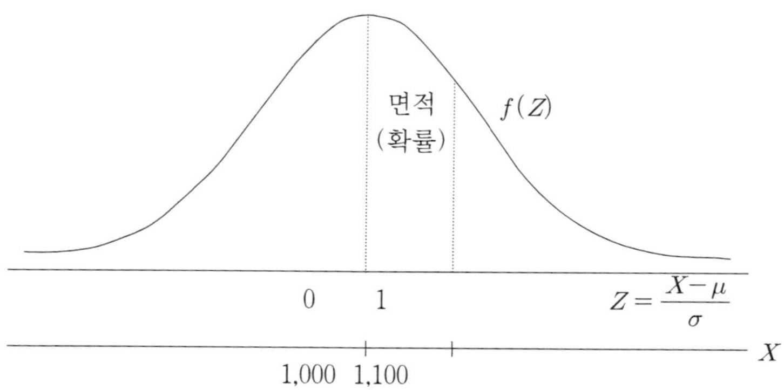

$p(0 \leq Z \leq 1)$의 확률은 표준정규분포에서 찾아볼 수 있으나 앞 절에서 엑셀을 통해 작성한 표를 보면 0.34134이므로 방문회원수가 1000명에서 1,100명일 확률은 0.34134가 된다.

〈표 3.3〉 $f(Z)$값 찾기

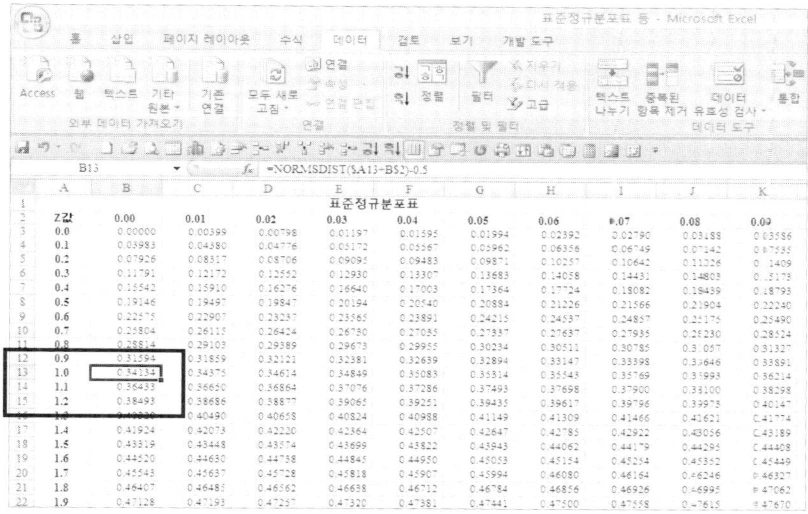

표준정규분포표

Z값	0.00	0.01	0.02	0.03	0.04	0.05	0.06	0.07	0.08	0.09
0.0	0.00000	0.00399	0.00798	0.01197	0.01595	0.01994	0.02392	0.02790	0.03188	0.03586
0.1	0.03983	0.04380	0.04776	0.05172	0.05567	0.05962	0.06356	0.06749	0.07142	0.07535
0.2	0.07926	0.08317	0.08706	0.09095	0.09483	0.09871	0.10257	0.10642	0.11026	0.11409
0.3	0.11791	0.12172	0.12552	0.12930	0.13307	0.13683	0.14058	0.14431	0.14803	0.15173
0.4	0.15542	0.15910	0.16276	0.16640	0.17003	0.17364	0.17724	0.18082	0.18439	0.18793
0.5	0.19146	0.19497	0.19847	0.20194	0.20540	0.20884	0.21226	0.21566	0.21904	0.22240
0.6	0.22575	0.22907	0.23237	0.23565	0.23891	0.24215	0.24537	0.24857	0.25175	0.25490
0.7	0.25804	0.26115	0.26424	0.26730	0.27035	0.27337	0.27637	0.27935	0.28230	0.28524
0.8	0.28814	0.29103	0.29389	0.29673	0.29955	0.30234	0.30511	0.30785	0.31057	0.31327
0.9	0.31594	0.31859	0.32121	0.32381	0.32639	0.32894	0.33147	0.33398	0.33646	0.33891
1.0	0.34134	0.34375	0.34614	0.34849	0.35083	0.35314	0.35543	0.35769	0.35993	0.36214
1.1	0.36433	0.36650	0.36864	0.37076	0.37286	0.37493	0.37698	0.37900	0.38100	0.38298
1.2	0.38493	0.38686	0.38877	0.39065	0.39251	0.39435	0.39617	0.39796	0.39973	0.40147
1.3	[illegible]	0.40490	0.40658	0.40824	0.40988	0.41149	0.41309	0.41466	0.41621	0.41774
1.4	0.41924	0.42073	0.42220	0.42364	0.42507	0.42647	0.42785	0.42922	0.43056	0.43189
1.5	0.43319	0.43448	0.43574	0.43699	0.43822	0.43943	0.44062	0.44179	0.44295	0.44408
1.6	0.44520	0.44630	0.44738	0.44845	0.44950	0.45053	0.45154	0.45254	0.45352	0.45449
1.7	0.45543	0.45637	0.45728	0.45818	0.45907	0.45994	0.46080	0.46164	0.46246	0.46327
1.8	0.46407	0.46485	0.46562	0.46638	0.46712	0.46784	0.46856	0.46926	0.46995	0.47062
1.9	0.47128	0.47193	0.47257	0.47320	0.47381	0.47441	0.47500	0.47558	0.47615	0.47670

또한 Excel 함수식 '=NORMDIST(X, μ, σ, 누적값)'을 이용할 수 있다. NORMDIST함수는 $-\infty$에서 표준 정규분포값 Z까지의 누적값을 나타낸다.

[그림 3.15] 엑셀함수식 NORMDIST의 이해

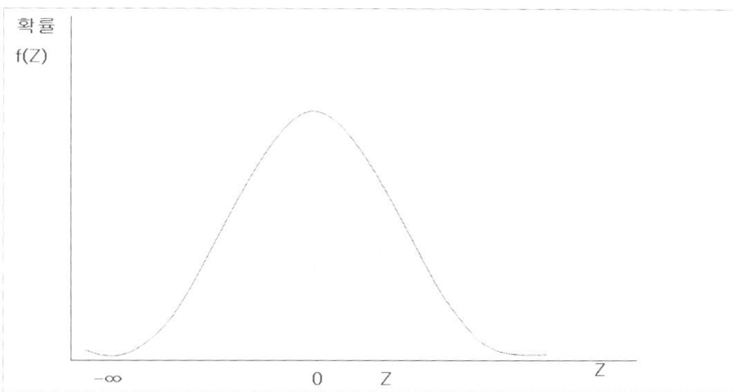

따라서 $p(0 \leq Z \leq Z)$까지의 확률값은 왼쪽 반의 확률, 즉 0.5를 빼줘야 한다.

$p(0 \leq Z \leq Z)$와 NORMDIST함수
=NORMDIST(1100, 1000, 100, 1)−0.5 누적값 1은 $-\infty$부터 해당 Z값까지의 확률이며 0을 입력하면 확률밀도함수(p.d.f)값이 계산된다.

이와 마찬가지로 Excel 함수식 NORMSINV(Z)는 ( )에 계산된 $Z = \dfrac{X-\mu}{\sigma}$의 값을 넣으면 $-\infty$에서 해당 Z의 값까지의 누적확률을 나타내주므로 오른쪽면만 계산한다면 역시 왼쪽의 0.5를 빼주면 된다.

$p(0 \leq Z \leq 1)$과 NORMSDIST함수
=NORMDIST((1100−1000)/100)−0.5

2. $p(X \geq 2000) = p\left(Z \geq \dfrac{2000-1000}{100}\right)$이므로 $p(Z \geq 10)$이 된다.

따라서 왼쪽의 $-\infty$에서 $Z = 10$까지 누적면적이 $p(X \geq 2000)$인 확률이 되므로 2000명 이상은 전체 확률 1에서 $-\infty$에서 $Z = 10$까지의 확률을 빼주면 된다.

$p(X \geq 2000) = 1 - \text{NORMSDIST}(10)$

$= 1 - 1 = 0$

따라서 하루 접속자가 2,000명 이상일 확률은 없다고 할 수 있다.

3. $p(X \leq 500) = p\left(Z \leq \dfrac{500-1000}{100}\right)$이므로 $p(Z \leq -5)$이 된다.

엑셀함수 NORMSDIST의 산출값이 된다.

$p(X \leq 500) = \text{NORMSDIST}(-5)$

따라서 하루접속자가 500명 이하일 확률도 0이다.

4. $p(X \leq 1000)$ 그리고 $p(X \geq 1100)$의 확률은 문제풀이 1의 여집합이 된다. 따라서 1에서 $p(0 \leq Z \leq 1)$의 확률값만 빼주면 된다.

$p(X \leq 1000)$, $p(X \geq 1100) = 1 - p(0 \leq Z \leq 1)$
1 - (NORMSDIST(1) - 0.5) = 1 - (0.3413) = 0.6586

한편 조금은 복잡하지만 먼저 $p(X \leq 1000)$ 또는 $p(Z \leq 0)$까지의 정규분포의 왼쪽을 계산한 후 $p(X \geq 1100)$ 또는 $p(Z \geq 1)$과 합하는 일인데 이때 NORMSDIST 함수식을 이용하여 풀 수 있다.

NORMSDIST(0) = 0.5가 되므로 1,000명 이하일 확률값은 계산되었다. 문제는 NORMSDIST(1), 즉 1,100명 이상일 확률을 구하기 위해 NORMSDIST 함수를 이용해야 하므로 $-\infty$에서 $p(Z = 0)$의 확률인 0.5를 빼주어야 한다. 그 다음 NORMSDIST(1)은 1,100명 이하일 확률값을 의미하므로 이상인 확률은 오른쪽 확률값인 0.5에서 빼주어야 한다.

$p(X \leq 1000)$ 그리고 $p(X \geq 1100)$의 확률계산
=NORMSDIST(0) + [0.5 - (NORMSDIST(1) - 0.5)]
=0.6586

06

표본분포와 모수추정

우리는 전 장에서 확률변수의 확률 분포를 알고 있다고 가정한 후 모수(parameter)가 취할 확률을 계산하였다. 그러나 실제 우리는 모집단의 확률분포와 모수를 알 수 없다. 알 수 있는 경우는 이미 전수 조사가 완료되어 공표되는 센서스뿐이다. 그런데 우리는 선거를 치르기 전에 어느 당의 지지율이 높다는 보도를 보거나 개표가 시작되기 직전에 각 언론사들이 통계 전문기관에 의뢰하여 얻은 당선가능성에 대한 보도를 보게 된다. 그 보도는 조사는 대상이 누구였으며 95% 신뢰도에서 표본 오차가 얼마다라는 조건으로 누구누구가 당선가능성이 높다는 내용이다. 즉, 조금만 기다리면 개표 진행상황도 중계가 되기 때문에 바로 선거 결과가 공표되는데 미리 표본을 추출하여 모집단인 국민 전체에 대해 당선 가능성을 보도하는 것이다. 이러한 보도를 통해 우리는 표본에서 취한 표본 통계량의 값들을 기준으로 모집단의 모수를 추론한다는 것을 알고 있을 것이다.

알고 있듯이 모집단에도 우리가 알고자 하는 통계량(statistic)이 존재한다. 그러나 우리는 이를 사전에 알지 못한다. 사전에 알기 위해서는 표본을 통해 얻는 것이 최선이다. 그런데 표본에서 얻은 표본통계량(sample statistic)의 추정치는 당연히 표본에 관한 것이지 모집단에 관한 것은 아니다. 따라서 표본의 통계량으로 모수를 추론하지 않으면 안되는데 표본평균 $\overline{X}$는 모집단의 평균인 μ를, 표본의 표준편차인 s는 모집단의 표준편차인 σ를, 표본비율 p_s은 모비율 p를 추정하는데 이용된다.

그런데 동일한 모집단으로부터 같은 크기 n개의 표본을 반복하여 표본통계량을 구하지만 그 값은 동일한 모집단으로부터 추출되었다고 하더라도 같지 않고 표본을 추출할 때마다 다르게 나타난다. 그러나 현실적으로 우리는 단 한번의 설문조사를 통해 모집단을 추론하는 과정을 수행하고 있다. 모집단의 모수를 추정하기 위한 표본 통계량을 사용하기 위해서는 가능한 모든 표본 크기를 조사하여야 한다. 한번에 조사를 통해 산출된 표본 통계량으로 모수를 추론한다면 오류를 범할 확률이 높아진다. 그러나 표본분포의 이론을 이해한다면 추정의 오류를 줄일 수 있어 다음 절에서 이를 구체적으로 살펴보기로 한다.

표본분포(sample distribution)는 모집단에서 추출한 같은 수의 표본들로부터 얻은 표본 평균, 표본 분산, 표본 비율 등과 같은 표본통계량의 확률분포를 의미한다. 표본분포를 평균의 표본분포와 비율의 표본분포를 통해 살펴보기로 한다.

1. 평균의 표본분포

1.1 표본평균

확률변수 $\overline{X}$는 표본의 평균을 의미하며 평균의 표본분포는 동일한 모집단으로부터 같은 크기로 n번 추출한 표본들의 평균이 갖는 분포를 의미한다. 평균 μ와 표준편차가 σ인 모집단으로부터 n번 표본을 추출하여 표본의 평균과 표준편차를 구하면 표본평균의 수(하첨자는 실험횟수를 의미)는 $\overline{X_1}, \overline{X_2}, \overline{X_3}, \cdots \overline{X}_{n-3}, \overline{X}_{n-2}, \overline{X_n}$,의 n개이며 이 표본평균의 평균을 $\mu_{\overline{X}}$라 한다.

표본평균의 확률분포(sampling distribution of the sample mean)에서 알아야 할 점은 다음과 같다.

표본평균의 확률분포에서 알아야 할 점
1. 모평균의 계산은 ? 모평균 $\mu = \dfrac{\sum_{i=1}^{n} X_i}{N}$ 2. 표본의 평균은? 표본 평균 $\overline{X} = \dfrac{\sum_{i=1}^{n} X_i}{n}$ 3. 표본을 두 개씩 또는 3개씩 추출했을 때 표본평균의 확률분포의 형태는? 4. 모집단의 확률 분포모양과 표본평균의 확률분포의 모양의 차이는?

예를 기준으로 표본 평균의 확률분포가 갖는 의미를 알아보기로 한다.

Y대학에 다니는 고등학교 동창생 7명(모집단)이 모여 주당 외국어 공부시간에 대해 이야기한 결과 다음과 같은 결과를 얻었다. 이 친구들의 주당 외국어 공부시간에 대한 확률분포를 파악해 보자.

〈표 1.1〉 주당공부시간(모집단)

이름	주당 외국어 공부시간
석일	7
효진	7
혜미	8
명현	8
재승	7
승조	8
지성	9

외국어 공부시간의 확률분포는 7시간이 3 경우, 8시간이 3 경우, 9시간이 한 경우의 분포를 이룬다.

〈표 1.2〉 공부시간에 대한 모집단의 확률분포표

표본평균($\overline{X_i}$)의 값	도수	확률($p_{\overline{X_i}}$)=도수/합계	기대값=표본평균($\overline{X_i}$) × 확률($p_{\overline{X_i}}$)
7.0	3	0.42857	3.00000
8.0	3	0.42857	3.42857
9.0	1	0.14286	1.28571
합계	7	1.00000	7.71429
평균= 7.71429			

첫째 모집단 평균은 $\mu = 7.71$ 시간이다.

$$\mu = \frac{7+7+8+8+7+8+9}{7} = 7.71$$

또한 평균은 기대값을 통하여도 계산될 수 있다. 즉, 표본평균값에 확률을 곱하여 이를 합하면 평균이 된다.

둘째 모집단에서 비복원추출방법으로 2명씩 표본을 모두 추출한다면 21개가 된다. 만약 복원추출(replacement)방식의 경우의 수는 7명을 2명씩 복원추출하기 때문에 $N^n = 7^2 = 49$의 수가 된다. 여기서는 비복원추출 방법에 의해 2명의 짝으로 추출한 표본집단의 평균을 구하고 표본 평균에 대한 표본분포를 작성하여 표본평균의 확률분포를 알아보기로 한다.

7개의 표본을 두개씩 짝을 이룬 표본을 비복원추출로 구하면 경우의 수는 21개가 되며 3개씩 짝을 이루면 35개의 경우가 된다.

$$_NC_n = \frac{N!}{n\,!(N-n)\,!} = \frac{7\,!}{2\,!(7-2)\,!} = ^{1)}$$

$$\frac{7\times6\times5\times4\times3\times2\times1}{(2\times1)\times(5\times4\times3\times2\times1)} = 21$$

N: 모집단의 수

n: 짝을 이루려는 표본의 수

2명씩 짝을 지어 비복원추출로 표본을 추출하면 경으의 스는 21개이다. 〈표 1.3〉에서 보듯이 표본의 평균을 구하고 표본평균의 확률을 구하면 표본평균이 7.0시간인 경우가 3개의 경우로 0.1429의 확률, 7.5시간이 9개의 경우로 0.4285의 확률, 8시간이 6개 경우로서 0.2857, 8.5시간이 3경우의 0.1429의 확률을 갖게 되며 이를 그래프로 그리면 다음 그림과 같다.

〈표 1.3〉 두명씩 비복원추출한 표본들의 평균의 계산

경우수	표본조합	합	평균($\overline{X_i}$)	(표본평균-표본평균의 평균)^2=$(\overline{X_i}-\overline{X})^2$
1	석일 효진	14	7.0000	0.5102
2	석일 혜미	15	7.5000	0.0459

1) 일반적으로 "N 컴비네이션 n"이라고 읽으며 N 개 중 n 개를 조합하여 n개를 뽑는 방법의 가짓수를 의미하되 중복을 허락하지 않는다. 수식의 계산은 $_NC_n = \frac{N!}{n\,!(N-n)\,!}$ 으로 하는데 "!"은 "퀙토리알"로 부르며 $n! = n\times(n-1)\times(n-2)\times\ldots\ldots\ldots\times3\times2\times1$ 가 된다. 엑셀에서는 "FACT(구하려는 정수값)"명령어를 이용하는데 위의 값을 수식을 통해 계산 하면 $\frac{FACT(7)}{FACT(2)\times FACT(7-2)}$ 가 된다.

<table>
<tr><td>3</td><td>석일 명현</td><td>15</td><td>7.5000</td><td>0.0459</td></tr>
<tr><td>4</td><td>석일 재승</td><td>14</td><td>7.0000</td><td>0.5102</td></tr>
<tr><td>5</td><td>석일 승조</td><td>15</td><td>7.5000</td><td>0.0459</td></tr>
<tr><td>6</td><td>석일 지성</td><td>16</td><td>8.0000</td><td>0.0816</td></tr>
<tr><td>7</td><td>효진 혜미</td><td>15</td><td>7.5000</td><td>0.0459</td></tr>
<tr><td>8</td><td>효진 명현</td><td>15</td><td>7.5000</td><td>0.0459</td></tr>
<tr><td>9</td><td>효진 재승</td><td>14</td><td>7.0000</td><td>0.5102</td></tr>
<tr><td>10</td><td>효진 승조</td><td>15</td><td>7.5000</td><td>0.0459</td></tr>
<tr><td>11</td><td>효진 지성</td><td>16</td><td>8.0000</td><td>0.0816</td></tr>
<tr><td>12</td><td>혜미 명현</td><td>16</td><td>8.0000</td><td>0.0816</td></tr>
<tr><td>13</td><td>혜미 재승</td><td>15</td><td>7.5000</td><td>0.0459</td></tr>
<tr><td>14</td><td>혜미 승조</td><td>16</td><td>8.0000</td><td>0.0816</td></tr>
<tr><td>15</td><td>혜미 지성</td><td>17</td><td>8.5000</td><td>0.6173</td></tr>
<tr><td>16</td><td>명현 재승</td><td>15</td><td>7.5000</td><td>0.0459</td></tr>
<tr><td>17</td><td>명현 승조</td><td>16</td><td>8.0000</td><td>0.0816</td></tr>
<tr><td>18</td><td>명현 지성</td><td>17</td><td>8.5000</td><td>0.6173</td></tr>
<tr><td>19</td><td>재승 승조</td><td>15</td><td>7.5000</td><td>0.0459</td></tr>
<tr><td>20</td><td>재승 지성</td><td>16</td><td>8.0000</td><td>0.0816</td></tr>
<tr><td>21</td><td>승조 지성</td><td>17</td><td>8.5000</td><td>0.6173</td></tr>
<tr><td colspan="2">계</td><td></td><td>162.0000</td><td>4.2857</td></tr>
<tr><td>평균 계산</td><td colspan="2">$\frac{\sum_{i=1}^{21}\overline{X_i}}{n} = \frac{162}{21}$</td><td colspan="2">7.7143</td></tr>
<tr><td>평균의 표준편차 계산</td><td colspan="3">$\sqrt{\frac{\sigma^2_{\overline{X_i}}}{n}} = \sqrt{\frac{\sum_{i=1}^{21}(\overline{X_i}-\overline{\overline{X}})^2}{n}} = \sqrt{\frac{4.2857}{21}}$</td><td>0.4518</td></tr>
<tr><td colspan="2">엑셀에서 함수(평균)</td><td colspan="2">=AVERAGE(범위입력)</td><td>7.7143</td></tr>
<tr><td colspan="2">엑셀에서 함수
(모집단 표준편차)</td><td colspan="2">=STDEVP(범위입력)
$\sqrt{\frac{(\overline{X_i}-\overline{\overline{X}})^2}{n}} = \sqrt{\frac{4.2857}{21}}$</td><td>0.4518</td></tr>
</table>

주: 표본집단의 표준편차는 $n-1$로 나누어 주어야 하며 엑셀에서의 표본집단의 표준편차 함수식은' = STDEV(범위)'이다.

〈표 1.4〉 2명을 추출하였을 때 표본평균의 확률분포표 요약정리

표본평균($\overline{X_i}$)의 값	도수	확률($p_{\overline{X_i}}$)=도수/합계	기대값=표본평균($\overline{X_i}$) × 확률($p_{\overline{X_i}}$)
7.0	3	0.14286	1.00000
7.5	9	0.42857	3.21429
8.0	6	0.28571	2.28571
8.5	3	0.14286	1.21429
계	21	1.00000	7.71429
평균=7.71429			

[그림 1.1] 2명씩 표본을 추출하였을 때 표본평균의 확률분포

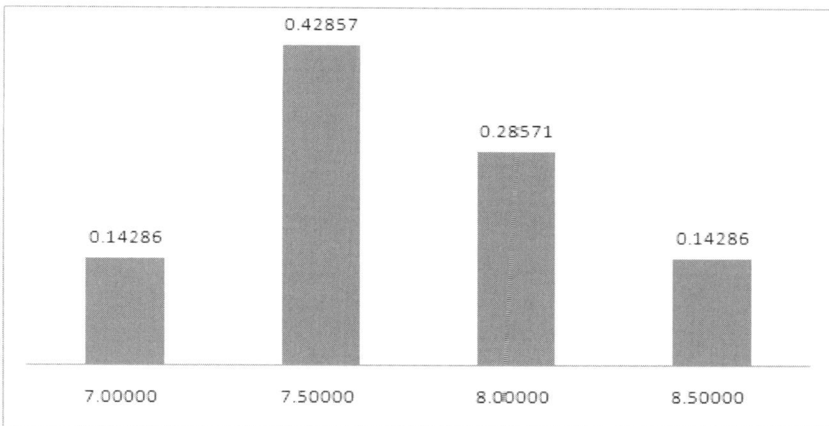

21경우의 표본평균의 평균을 $\mu_{\overline{X}}$라 하면 7.7143은 $\mu_{\overline{X}}$가 되고 모평균인 μ와 같게 된다. 따라서 산술평균은 모평균의 불편추정량(unbiased estimator of the population mean)이 된다.

표본을 3명씩 짝을 이루어 비복원방법으로 추출한 경우의 표본평균의 확률분포도 모평균과 같다. 다음 표를 기준으로 여러분들이 각자 연습해 보길 바란다.

〈표 1.5〉 세명씩 짝을 이루어 추출했을 때 표본평균과 표본의 표준편차

경우	표본크기			공부시간			합계	평균($\overline{X_i}$)	(표본평균-표본평균의 평균)^2=$(\overline{X_i}-\overline{X})^2$
1	석일	효진	혜미	7	7	8	22	7.3333	0.1451
2	석일	효진	명현	7	7	8	22	7.3333	0.1451
3	석일	효진	재승	7	7	7	21	7.0000	0.5102
4	석일	효진	승조	7	7	8	22	7.3333	0.1451
5	석일	효진	지성	7	7	9	23	7.6667	0.0023
6	석일	혜미	명현	7	8	8	23	7.6667	0.0023
7	석일	혜미	재승	7	8	7	22	7.3333	0.1451
8	석일	혜미	승조	7	8	8	23	7.6667	0.0023
9	석일	혜미	지성	7	8	9	24	8.0000	0.0816
10	석일	명현	재승	7	8	7	22	7.3333	0.1451
11	석일	명현	승조	7	8	8	23	7.6667	0.0023
12	석일	명현	지성	7	8	9	24	8.0000	0.0816
13	석일	재승	승조	7	7	8	22	7.3333	0.1451
14	석일	재승	지성	7	7	9	23	7.6667	0.0023
15	석일	승조	지성	7	8	9	24	8.0000	0.0816
16	효진	혜미	명현	7	8	8	23	7.6667	0.0023
17	효진	혜미	재승	7	8	7	22	7.3333	0.1451
18	효진	혜미	승조	7	8	8	23	7.6667	0.0023
19	효진	혜미	지성	7	8	9	24	8.0000	0.0816
20	효진	명현	재승	7	8	7	22	7.3333	0.1451
21	효진	명현	승조	7	8	8	23	7.6667	0.0023
22	효진	명현	지성	7	8	9	24	8.0000	0.0816
23	효진	재승	승조	7	7	8	22	7.3333	0.1451
24	효진	재승	지성	7	7	9	23	7.6667	0.0023
25	효진	승조	지성	7	8	9	24	8.0000	0.0816
26	혜미	명현	재승	8	8	7	23	7.6667	0.0023
27	혜미	명현	승조	8	8	8	24	8.0000	0.0816
28	혜미	명현	지성	8	8	9	25	8.3333	0.3832

<table>
<tr><td>29</td><td>혜미</td><td>재승</td><td>승조</td><td>8</td><td>7</td><td>8</td><td>23</td><td>7.6667</td><td>0.0023</td></tr>
<tr><td>30</td><td>혜미</td><td>재승</td><td>지성</td><td>8</td><td>7</td><td>9</td><td>24</td><td>8.0000</td><td>0.0816</td></tr>
<tr><td>31</td><td>혜미</td><td>승조</td><td>지성</td><td>8</td><td>8</td><td>9</td><td>25</td><td>8.3333</td><td>0.3832</td></tr>
<tr><td>32</td><td>명현</td><td>재승</td><td>승조</td><td>8</td><td>7</td><td>8</td><td>23</td><td>7.6667</td><td>0.0023</td></tr>
<tr><td>33</td><td>명현</td><td>재승</td><td>지성</td><td>8</td><td>7</td><td>9</td><td>24</td><td>8.0000</td><td>0.0816</td></tr>
<tr><td>34</td><td>명현</td><td>승조</td><td>지성</td><td>8</td><td>8</td><td>9</td><td>25</td><td>8.3333</td><td>0.3832</td></tr>
<tr><td>35</td><td>재승</td><td>승조</td><td>지성</td><td>7</td><td>8</td><td>9</td><td>24</td><td>8.0000</td><td>0.0816</td></tr>
<tr><td colspan="8">계</td><td>270.0001</td><td>3.8095</td></tr>
<tr><td colspan="4">평균
계산</td><td colspan="4">$\frac{\sum_{i=1}^{35}\overline{X_i}}{n} = \frac{270.0001}{35}$</td><td colspan="2">7.7143</td></tr>
<tr><td colspan="4">평균의
표준편차계산</td><td colspan="5">$\sqrt{\frac{s_{\overline{X_i}}^2}{n}} = \sqrt{\frac{\sum_{i=1}^{35}(\overline{X_i}-\overline{X})^2}{n}}$
$= \sqrt{\frac{3.8095}{35}}$</td><td>0.3299</td></tr>
<tr><td colspan="4">엑셀에서 함수
(평균)</td><td colspan="4">=AVERAGE
(범위)</td><td colspan="2">7.7143</td></tr>
<tr><td colspan="4">엑셀에서 함수
(모집단 표준편차)</td><td colspan="5">=STDEVP(범위입력)
$\sqrt{\frac{\sum_{i=1}^{35}(\overline{X_i}-\overline{X})^2}{n}} = \sqrt{\frac{3.8095}{35}}$</td><td>0.3299</td></tr>
</table>

〈표 1.6〉 3명씩 짝을 이루어 표본을 추출했을 때 확률분포

표본평균($\overline{X_i}$)의 값	도수	확률($p_{\overline{X_i}}$)=도수/합계	기대값=표본평균($\overline{X_i}$) × 확률($p_{\overline{X_i}}$)
7.00000	1	0.02857	0.20000
7.33334	9	0.25714	1.88572
7.66667	12	0.34286	2.62857
8.00000	10	0.28571	2.28571
8.33334	3	0.08571	0.71429
계	35	1.00000	7.71429
평균값 7.71429			

[그림 1.2] 3명씩 짝을 이루어 표본을 추출했을 때 표본평균의 확률분포

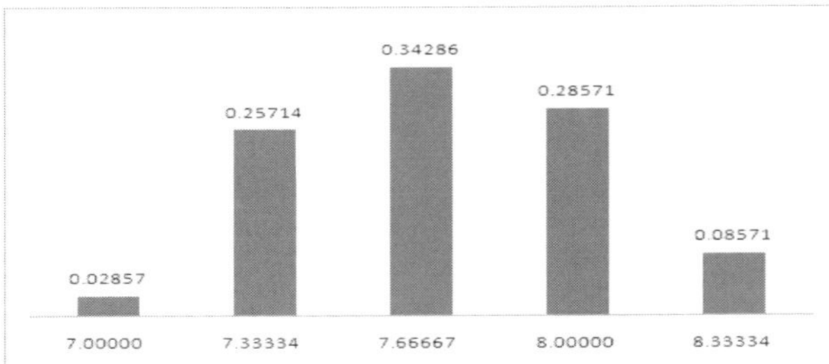

1.2 평균의 표준오차(standard error of the mean)

외국어 공부시간에 대한 2명과 3명의 짝을 이룬 표본의 평균은 모집단의 평균과 같다라는 것을 위의 실증 예에서 보았다. 앞의 예는 표본으로 추출할 수 있는 모든 경우의 수를 갖고 표본의 평균을 계산하여 표본의 평균이 모평균과 같아졌지만 예를 들어 21 경우 또는 35 경우 모두를 계산하지 않으면 표본의 평균은 모평균과 같아지지 않는다. 즉, 2명을 추출하는 예에서 19경우를 갖고 계산한 표본평균의 평균은 8.5263시간이 되고 3명을 추출하는 경우 중 33경우만으로 계산한 표본평균의 평균은 8.1818시간으로 산출된다. 따라서 표본으로 얼마만큼 선택하는가에 따라 표본평균은 변동된다[2]. 실제로 모집단이 가질 수 있는 값의 범위는 큰 값에서 아주 작은 값까지 다양하다. 만약 모집단의 큰값이 표본으로 추출되었다면 표본평균은 커지지만 반대로 작은 값이 표본으로 추출되면 표본평균은 작아진다. 따라서 모집단보다 표본집단에서 표본들의 평균값의 변동량이 크게 된다. 그런데 표본의 크기가 커지면 관찰치가 많아지므로 표본으로 추출된 큰값이나 작은 값들이 평균에 주는 영향 또한 작아지게 된다. 따라서 표본의 평균은 표본수에 따라 달라지고 평균의 변동량은 어떠한 표본을 사용했느냐에 따라 다르게 되는 것이다. 일반적으로 표본크기가 증가하면 이러한 변동량은 작아진다. 따라서 평균의 변동을 평균의 표준오차(standard error of mean)라 하며 표본평균의 표준편차를 의미하

2) 위의 예의 표를 갖고 여러분이 직접 계산해 보길 바란다.

게 되는 것이다.

표본평균의 표준오차, $\sigma_{\overline{X}}$는 추정량의 정도를 나타내는 척도로서 표준편차를 표본크기 n의 양의 제곱근으로 표현한다[3]. 표본오차는 평균의 정확도를 나타내는데 표본을 여러 번 추출했을 때 각 표본들의 평균이 전체평균과 얼마나 차이가 있는가를 알아보는 통계량이다. 표본크기가 증가하면 평균의 표준오차 값은 작아지게 되는데 앞서 보았듯이 최초 모집단 7명과 2명씩 추출한 21의 경우, 3명씩 추출한 35의 경우 표준오차 값은 0.6998, 0.4517, 0.3299로 표본의 수의 증가에 따라 작아짐을 알 수 있다.

평균의 표준오차 = 표본평균의 표준편차
$\sigma_{\overline{X}} = \sqrt{\dfrac{\sigma^2}{n}} = \dfrac{\sigma}{\sqrt{n}}$

1.3 모집단 분포와 표본분포와의 관계

평균의 표본분포 모양은 모집단이 정규분포인가 아닌가에 따라 달라진다. 모집단이 정규분포에 가까울수록 표본분포도 정규분포에 가까워진다.

[그림 1.3] 모집단의 상대도수 분포표

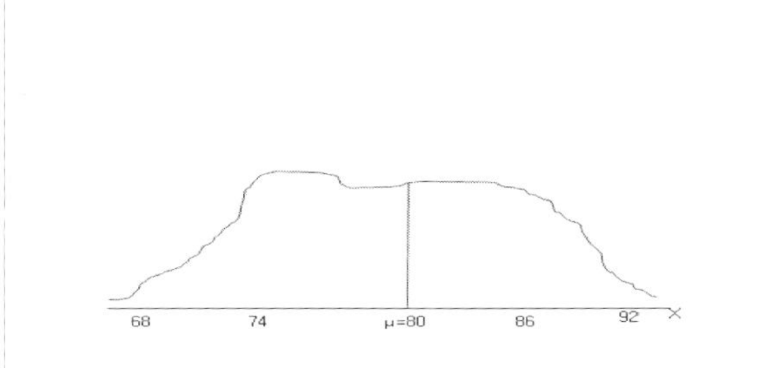

3) 표본의 표준편차는 K. Pearson이 1839년에 자료의 퍼짐 정도를 표현하기 위해 소개하였는데 각 자료가 평균과 얼마만큼 차이를 갖는가를 분산의 양의 제곱근 즉, $s = \sqrt{\dfrac{\sum_{i=1}^{n}(X_i - \overline{X})^2}{n-1}}$ 로 계산된다. 반면 모집단의 표준편차 σ는 분모가 $n-1$이 아닌 n으로 나누어 줌으로써 산출된다.

[그림 1.4] 모집단으로부터 n번 추출한 표본의 평균분포

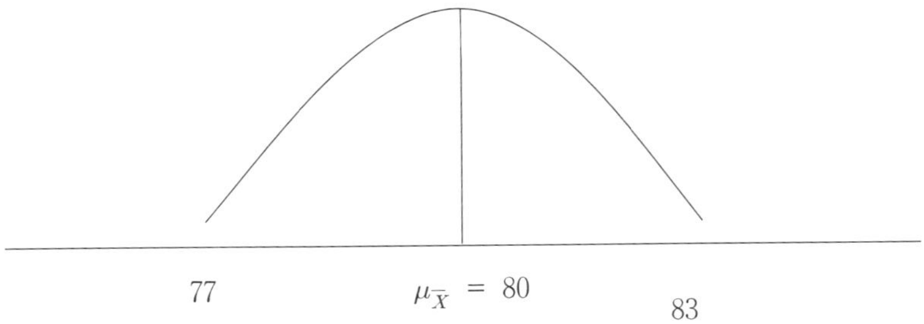

1.3.1 모집단이 정규분포일 때

확률변수 X가 정규분포를 따르는 모집단이라면 표본에서 얻은 평균의 표본분포도 표본크기에 관계없이 정규분포를 따른다. 즉, 평균은 $\mu_{\overline{X}}=\mu$, 표준오차 $\sigma_{\overline{X}}=\dfrac{\sigma}{\sqrt{n}}$인 정규분포를 따른다. 표본크기가 한 개라면 평균은 $\mu_{\overline{X}}=\mu$로 되고 표준오차도 $\sigma_{\overline{X}}=\dfrac{\sigma}{\sqrt{n}}=\dfrac{\sigma}{1}=\sigma$ 가 된다.

따라서 평균의 표본분포가 정규분포를 따르므로 표본평균 $\overline{X}$를 Z값으로 전환하면 확률변수 X가 어떤 값을 갖는가에서 본 것처럼 표본평균 $\overline{X}$가 특정 값을 가질 확률을 계산할 수 있다. 표본평균 $\overline{X}$가 표준정규확률변수 Z로 변환시키기 위한 공식은 다음과 같으며 Z는 표준정규분포 $N(0,1)$을 따른다.

표본평균 확률변수 $\overline{X}$의 표준정규 확률변수 Z로 변환식
$Z=\dfrac{\overline{X}-\mu_{\overline{X}}}{\sigma_{\overline{X}}}=\dfrac{\overline{X}-\mu_{\overline{X}}}{\sigma/\sqrt{n}}$

또한 평균 $\mu_{\overline{X}}$와 분산 $\sigma^2_{\overline{X}}$을 가진 모집단으로부터 추출된 무작위 표본들의 평균 $\overline{X}$는 모집단의 분포형태와 관계없이 표본규모 n이 무한대에 접근할수록 평균 $\mu_{\overline{X}}$와 분산 $\sigma^2_{\overline{X}}/n$을 갖는 정규분포가 된다. 이를 중심극한정리(central limit theorem)라 한다.

보통 표본크기 n이 30보다 클 때 중심극한정리의 적용이 인정된다.

2. 비율의 표본분포

자료를 분석할 때 우리는 흔히 평균개념을 이용하여 집중되는 값을 찾는다. 그러나 모든 자료분석에 평균이라는 개념이 의미가 없는 경우도 많다. 예를 들면 남자와 여자라든가 특정사안에 대해 찬성하는지 또는 찬성하지 않는지, 특정 정당이나 후보를 지지하는지 아니면 지지하지 않는지 브랜드 A를 좋아하는지 또는 브랜드 B를 좋아하는지 등과 같이 선택과 관련된 자료를 분석할 때는 평균의 개념은 무의미하다. 어떤 질문에 대한 가부를 묻는 것이라든가 찬성과 반대를 묻는 것과 같이 자료가 범주형 자료라면 이항분포와 같이 성공과 실패의 두 가지 경우로서 도수를 구하고 그 도수로부터 상대도수의 개념인 비율을 이끌어 낼 수 있다.

만약 5명에게 관광목적지로서 특정 Theme Park에 재방문 여부를 물었을 때 자료정리를 재방문한다와 재방문하지 않는다의 2가지로 구분짓고 몇 명이 해당 문항에 답을 했는가를 상대도수의 개념인 비율로서 표현할 수 있는 것과 같다(0과 1로서 값을 주는 경우). 이때 재방문을 성공확률 p로 표현하면 실패는 $1-p$가 된다. 표본조사를 통해 범주형 자료를 성공과 실패로 정의하면 평균의 표본분포와 같이 모집단과 표본집단의 성공(p_s)과 실패확률을 만들 수 있으며 이를 비율의 표본분포(sample proportion)라 한다.

비율의 표본분포

□ 모집단의 성공확률 $p=\frac{X}{N}$, 실패확률 $1-p$

p: 성공확률, X : 모집단에서 발생하는 성공횟수, N: 모집단의 총수

□ 표본집단의 성공확률 $p_s = \frac{X}{n}$, 실패확률 $1-p_s$

p_s: 표본집단 성공확률, X : 표본에서의 성공횟수, n: 표본의 크기

표본집단의 평균인 $\overline{X}$가 모집단의 평균 μ의 불편추정량이 되는 것과 같이 표본집단의 성공확률 p_s는 모집단 성공비율 p의 불편추정량이 된다. 같은 이치로 비율의 표준오차(standard error of the proportion)는 다음식과 같다.

비율의 표준오차
□ $\sigma_{p_s} = \sqrt{\frac{p(1-p)}{n}}$
□ σ_{p_s} : 표본비율의 표준오차
□ p : 모집단의 성공확률, p_s : 표본집단의 성공확률,
□ $(1-p)$: 실패확률, 즉 성공비율의 여집합

유한 모집단(finite population)에서 복원추출방식으로 추출한 표본비율의 분포는 이항분포를 따르며 특히 $np \geq 5$, $n(1-p) \geq 5$인 경우 평균 $\mu = np$, 표준편차 $\sigma = \sqrt{np(1-p)}$를 갖는 정규분포를 사용할 수 있다.

3. 추론과 신뢰구간

3.1 통계적 추론의 조건

우리는 모집단이 갖고 있는 특성을 파악하기 위해 비교적 시간과 비용이 절약되는 표본을 추출해 표본 통계량(statistic)을 구하고 이것을 이용해 모집단을 파악하려 한다. 추정치(estimate)는 모수를 추정하는데 이용되는 통계량을 말하는데 표본평균, 표본분산, 표본 중앙치 등이 있으며 이와 같은 통계량을 추정량(estimator)이라 한다. 예를 들면 대학교 학생식당의 음식 만족도에 대한 조사를 한다고 하자. 학생식당은 그 학교 전체 학생들이 이용하는 곳이므로 이용한 경험이 있는 모든 학생을 대상으로 조사하여야 신뢰성 있는 판단을 할 수 있는 통계량을 얻을 수 있다. 그러나 모든 이용학생들을 조사한다는 것은 불가능하기 때문에 표본을 추출하여 조사하고 이를 이용해 원하는 표본 통계량을 구하고 이것을 학생식당을 이용하는 전체 학생들에게 확대 적용하려 한다. 그런데 우리가 알고 있는 통계량은 표본 통계량이지 모집단의 통계량이 아니기 때문에 표본 통계량의 값을 갖고 모집단의 통계량을 추정하는 과정을 거쳐야 한다.

간단하게 설명하면 바람직한 추정량은 표본에서 구한 추정량($\hat{\theta}$)이 모수, θ와 일치되는 경우인데 많은 경우 θ와 $\hat{\theta}$간에는 차이가 발생한다. 이러한 차이를 편의(便宜, bias)라 한다. 편의값이 0이 되는 경우 어느 한쪽에 치우치지 않는다고 해서 불편추정량(不偏推定量)이라고 한다. 따라서 불편추정량이 되기 위해서는 편의가 존재하지 않아야 한다.

통계적 추론을 하기 위해서, 즉 모집단에 특성치들에 대한 추론을 하기 위해서는 우선 표본이 합리적인 방법에 의해 추출되어야 함은 물론이고 어떠한 표본 특성치를 사용할 것인가를 결정하여야 한다. 합리적인 방법으로 통계량(statistic)이 추출되어야만 바람직스런 추정량(estimator)이 설정된다. 이하에서 바람직한 추정량을 도출하기 위한 방법과 바람직한 추정량이 갖추어야 할 조건을 설명하기로 한다.

3.2 바람직한 추정량의 도출방안

바람직한 추정량에 대한 조건의 설명은 후속절에서 하기로 하며 여기서는 바람직한 추정량을 어떻게 찾을까 하는 방법론에 대해 간단하게 설명하기로 한다[4]. 바람직한 추정량을 찾는 방법은 최우법(最尤法, maximum likelihood), 적률법(積率法, moments), 최소자승법(最小自乘法, least squares), 몬테칼로 연구(Monte Carlo Studies) 등이 있다.

최우법은 모집단의 분포형태와 가장 가까운 표본의 분포형태를 찾아내는 방법이다. 즉, 관측된 표본값들이 추출될 가능성이 가장 큰 함수를 극대화시키는 모수를 찾는 방법이다. 몬테 칼로 연구는 일종의 모의실험의

4) 바람직한 추정량을 찾는 방법은 쉽지 않아 본 책에서는 이를 간단하게 소개하며 보다 깊숙한 연구를 원하는 독자는 다른 책들을 참고하기 바란다.

성격을 띠는데 여러 추정량들의 소표본에서의 특성을 비교평가하여 제시된 추정량 중 최선의 것을 선정하게 된다[5]. 최소자승법은 회귀분석편에서 다룬다.

3.3 바람직한 추정량의 기준

모든 종류의 모수(parameters)를 θ라 하고 이에 대한 추정량을 $\hat{\theta}$라 하면 바람직한 추정량의 첫번째 조건은 불편성(unbiasedness)이다. 불편성은 한쪽에 치우치지 않는다는 뜻으로 치우침이 없다는 뜻인데 다른 말로 하면 편의(偏倚, bias)가 없는 추정량이 가장 좋은 불편 추정량이 된다. 이를 그림으로 보면 다음과 같다.

[그림 3.1] 바람직한 추정량: 불편성

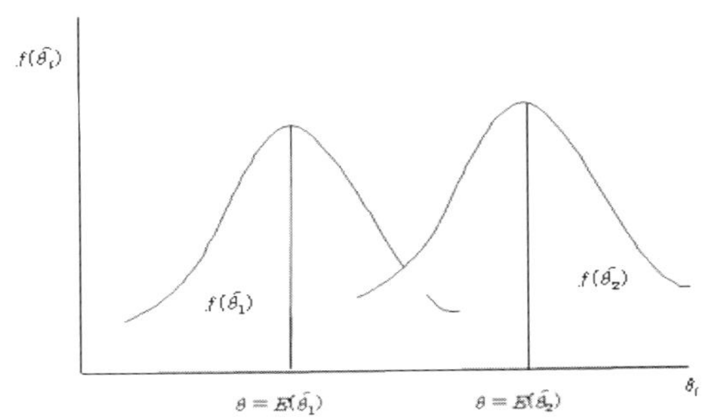

표본에서 구한 추정량인 $\hat{\theta}_i$가 실제 모수 θ와 같아질 때 $\hat{\theta}_i$는 불편추정량이 된다.

둘째, 효율성(efficiency)이다. 편의가 없다 하더라도 추정치는 실제값과 차이가 있을 수 있다. 예를 들면 표본에서 구한 표본 평균과 실제 모집

5) 이종원(1994), 「계량경제학」, 서울: 법문사, p. 38.

단의 평균이 같아 불편성이 있다하여도 표본 관측치가 평균을 포함하여 넓게 퍼져있는 형태를 띠면 분포형태에 차이가 있게 된다. 가급적 표본 관측치가 최대한 평균에 가깝게 분포함으로써 분산의 크기가 작은 것이 효율적인 추정량이 되기 때문이다. 따라서 그림과 같이 분산이 작은 추정량이 효율적이라고 할 수 있어 이를 최량 불편추정량(best unbiasedness estimator)이라 한다. 그러나 많은 경우에 불편추정량 중 분산이 작은, 즉 최소 분산을 가진 추정량을 도출하는 데에는 어려움이 있다. 많은 학자들은 수학적 1차함수관계식이 계산 취급이 간편하고 분포가 갖는 특징이 계승되기 때문에 BLUE(Best Linear Unbiased Estimator)가 된다고 하고 있다.

[그림 3.2] 바람직한 추정량: 효율적인 추정량

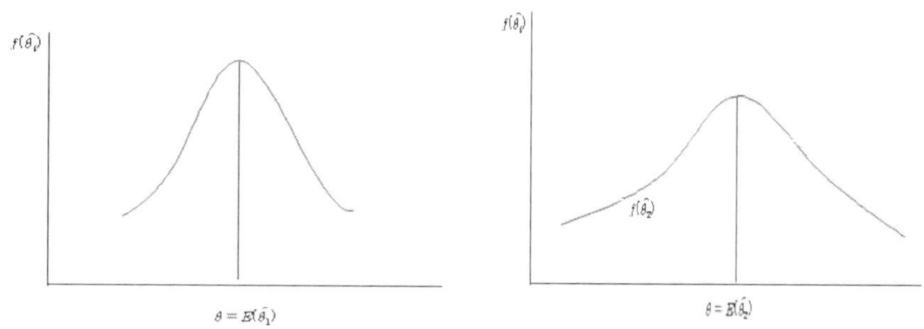

표본에서 구한 추정량 중 분산이 작은 추정량이 효율적 추정량이 된다. 위에서는 $E(\hat{\theta}_1)$가 효율적 추정량이 된다.

셋째, 충족성(充足性)이다. 추정량이 표본의 수가 커질수록 모수 θ에 근접하고 모수에 대해 다양하고 충분한 정보를 제공해 줄 때 충족성이라 하고 이것이 바람직스런 추정량이 된다.

이와 같은 통계량의 바람직한 특성을 소표본과 대표본으로 구분하여 요약하면 다음 표와 같다.

〈표 3.1〉 바람직한 추정량의 조건

구분	소표본	대표본
1. 불편성	- 불편성(不偏性):치우치지 않음:어떤 값을 추정하기 위한 변량의 평균치가 그 값과 일치하는 경우 - 추정량에 대한 기대치가 추정할 모수값 θ와 일치하여 추정한 값의 기대치 $E[\hat{\theta}]=\theta$로 되는 것(즉 추정한 값($\hat{\theta}$)의 기대값이 실제 모수의 값(θ)과 같아지는 것) - 표본의 크기가 작을 경우에는 편의(偏倚)가 발생할 수 있어 불편추정량이 안 될 수 있음	- 표본규모가 커짐에 따라 편의가 사라지는 특성이 있으며 이를 점근적 불편성이 나타난다고 함.
2. 효율성	- 추정값이 모수값과 일치하는 불편성을 갖는 추정량 중에서 가장 작은 분산을 갖는 추정량의 특성. 가장 좋은 추정량이란 최소분산을 갖는 모형으로 이를 최량불편추정량이라함.	- 점근적 효율성이란 일관성을 갖는 추정량 중에서 점근적 분산이 최소인 추정량을 의미함.
3. 충족성	- 표본자료에 내재된 모든 추정량을 충족시켜 줄 수 있는 추정량	
4. 일관성	- 표본의 크기가 커질수록 표본오차가 작아지는 특성이 있는 표본	- 일관성을 가진 추정량 $\hat{\theta}$이 표본크기가 커지면서 모수인 θ와 같아지는 경우

4. 점추정과 신뢰구간

학생식당의 음식만족도에 대해 5점 척도로 조사했다고 하자. 만족의 정도는 높은 점수, 5점에 가까울수록 "매우 만족한다"에 가깝고 점수가 낮을수록, 1점에 가까울수록 "매우 불만족"을 나타내 준다고 하자. 음식만족도에 대한 평균이 예를 들어 3.5로 나타났다면 이는 표본 통계량의 평균값이 된다. 그런데 문제는 학생 전체인 모집단에도 표본에서 구한 값이 동일하게 3.5가 될 것인가, 아니면 3.5를 중심으로 구간값으로 흩어져 있는가를 파악하여야 하는 일이다. 전자를 점 추정치(point estimate)라 하고 후자를 구간 추정치(interval estimate)라 한다.

4.1 점 추정

모수에 대한 가장 바람직한 추정량의 값을 표본 정보를 이용하여 단일 값으로 제시하는 것이 점추정이다. 예를 들면 표본에서 얻은 학생식당의 음식만족도의 값이 학생 전체인 모집단에도 그대로 3.5라고 제시하는 경우이다. 그런데 여러분들은 알 것이다. 간단하게 여러분이 속한 전공학과의 모든 친구들을 모집단이라고 보아 평균 키를 알아 본다고 하자. 분명 모든 친구들이 학교에 와서 조사를 하면 알겠지만 부득이하게 결석하는 친구도 있고 전공과목이지만 다른 이유로 인해 이번 학기 수강하지 않아 만날 수 없는 친구도 있다. 그래서 오늘 온 친구들을 대상으로 키의 평균을 계산해 냈다면 이것이 표본의 키 평균이 된다. 그런데 10번에 걸쳐 키 평균을 계산해 본다고 하여도 그 값은 매번 다르게 나타날 것이다. 따라서 위에서 열거한 바람직스런 추정량의 조건인, 불편성, 효율성, 충족성의 조건을 표본이 다 갖추었다고 하더라도 표본으로부터 산출된 점 추정치가 모수의 값과 꼭 일치하는 확률은 극히 적을 수밖에 없고 만약 일치한다 하더라도 우연이라고 할 수밖에 없다. 비록 표본오차가 작다고 할지라도 추정량의 값이 정확하게 모수와 일치한다는 경우는 찾기 힘들다는 의미이다. 따라서 구간추정을 이용하게 되는데 이는 "우리 학과 3학년 학생의 키는 평균 얼마입니까?"에 대한 대답으로서 "170~175㎝입니다."라거나 "학교까지 오는데 보통 얼마나 걸려?"에 대한 대답으로서 "보통 한 시간에서 한 시간 20분쯤"이라는 대답과 같은 개념이다.

4.2 신뢰구간: 오차율, 신뢰수준, 임계값, 표본수와의 관계

구간추정이란 모수가 점 추정치를 중심으로 일정 구간내에 있을 것이란 추정을 하고 그 사이에 있을 경우를 확률로서 표현하는 방법이다. 즉 모수가 하한값과 상한값의 구간사이에 존재할 것이라는 추측을 확률로서 나타내 주어 점추정이 갖는 불확실성을 작게 해 주는 방법이다. 점 추정치는 모수가 특정 추정치를 갖는다는 것을 전제로 하지만 구간 추정은 모수가 얼마부터 얼마 사이의 값을 갖고 존재한다는 것을 보여 준다는 점에서 점추정치와 다르다. 즉 우리과 3학년 모두의 평균 키는 170㎝과 175㎝ 사이에 있을 것이라고 말했던 경우와 같다. 이러한 구간은 일정한 구간 추정법에 의하여 제시되는데 구간의 하한값과 상한값을 구하는 방법은 절을 달리하여 설명하기로 한다.

예를 들어 모수, θ가 하한값, θ_L과 상한값, θ_U 사이에 있을 확률(P)을 $1-\alpha$로 표현한다고 하면 α는 모수 θ가 하한값 θ_L과 상한값 θ_U 사이에 있지 않을 확률(P)을 의미하게 된다. 따라서 α는 틀릴 확률, 즉 오차율(probability of error)을 의미한다. 예를 들면 "우리과 3학년 모두의 평균 키는 170㎝과 175㎝ 사이에 있을 것"이 99%라면 $1-\alpha=0.99$이므로 이때의 α는 1% 즉 0.01의 값을 갖는다. 따라서 99%는 신뢰를 부여한다는 의미에서 신뢰수준 또는 신뢰계수(confidence level 또는 confidence coefficient)라고 한다.

신뢰구간의 의미
□ $P(\theta_L < \theta < \theta_U) = 1-\alpha$ □ θ_L: 신뢰구간의 하한값 □ θ_U: 신뢰구간의 상한값 □ α : 오차율

따라서 θ가 신뢰구간의 하한값, θ_L 보다 작거나 신뢰구간의 상한값, θ_U 보다 크다면 오차의 오차율인 α에 존재하게 된다. 신뢰구간의 하한값, θ_L 과 신뢰구간의 상한값, θ_U 는 오차의 범위에 속하는가 아닌가를 결정짓는 주요한 값이므로 신뢰임계값(confidence limit) 또는 임계값(critical value)이라 한다. 이러한 임계값은 향후 중요한 개념으로 활용되기 때문에 꼭 기억해 두어야 한다. 그런데 오차율, α는 그림에서 보듯이

[그림 4.1] 모수, θ의 하한값과 상한값

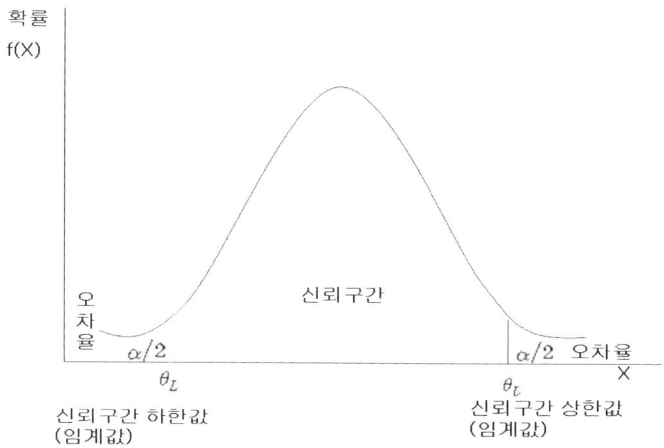

양쪽에 존재하기 때문에 2로 나누어 주어야 한다. 따라서 하한값보다 작은 범위에 $\alpha/2$가 상한값보다 큰 범위에 $\alpha/2$가 존재한다.

이와 같이 신뢰수준과 오차율은 서로 반대 방향으로 움직이는데 신뢰수준이 높을수록, 즉 추정치가 모수를 포함할 확률이 높아지면 구간값의 하한과 상한값의 구간 범위는 커지게 된다. 예를 들면 우리 학과 3학년 평균키가 모수를 포함할 확률이 100%라면 구간값은 매우 커지는데 100%라면 0㎝에서 300㎝ 사이다라고 말하는 것과 똑같다. 그렇다면 신뢰수준을 얼마로 설정해야 하는가? 또는 오차율을 얼마로 설정해야 하는가가 결정해야 할 중요한 문제로 떠오르게 된다. 이때 우리가 생각해야 하는 것이 표본의 수(n)이다.

신뢰구간은 표본 정보를 기초로 설정되는 것이므로 표본의 수에 따라 그 폭이 변화하게 된다. 표본이 크면 클수록 추정치가 모수에 근접해 가기 때문이다. 표본의 수가 많으면 많을수록 추정치의 신뢰수준은 당연히 높아진다. 따라서 신뢰수준이 동일하다고 하여도 표본의 수가 많을수록 신뢰구간은 좁아지게 마련이므로 표본의 수와 신뢰수준간의 관계를 적절하게 조정해야한다.

일반적으로 신뢰도는 99%, 95%, 90%로 하는데 이때의 오차율은 0.01, 0.05, 0.10으로 책정된다.

5. 신뢰구간의 응용예

모평균 μ와 모비율 p의 신뢰구간을 설정하기 위해서 몇 가지 사항을 검토하여 적절한 표본분포를 선택하지 않으면 안된다. 그 사항은 표본이 정규분포를 이루는 모집단으로부터 추출되었는가를 확인하는 일부터 시작한다. 또한 표본수가 30이 넘는가? 모 표준편차 σ를 아는가가 확인되어야 어떤 분포를 이용하여 신뢰구간을 설정하는가가 결정되기 때문이다.

[그림 5.1] 신뢰구간 설정의 주요 판단기준

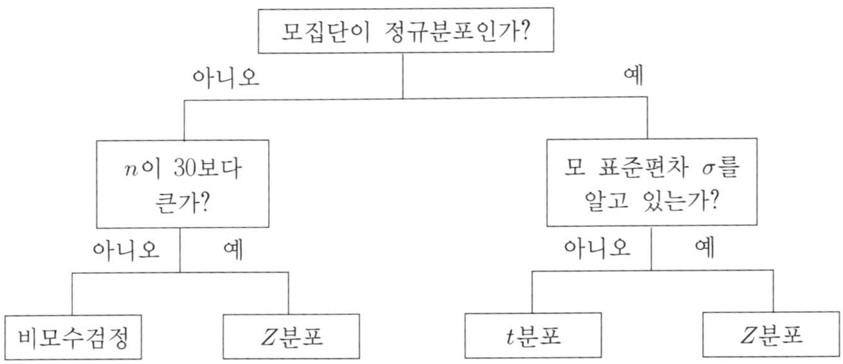

5.1 평균의 신뢰구간

5.1.1 n이 30보다 크고 모 표준편차 σ를 알 때: Z분포이용

5-1 | 예제문제 |

미국 소매업 경영자 협회는 소매업 경영자의 평균 연봉을 조사하였다.

256명의 표본으로부터 표본평균 $45,420, 표본표준편차 $2,050의 자료를 얻었다.

1. 모 평균 μ으로서 미국전체 소매업 경영자의 평균 연봉은 얼마인지를 추정해라.
2. 모 평균 μ인 미국 전체 소매업 경영자의 신뢰할 수 있는 연봉의 범위를 95% 신뢰수준에서 구하라.
3. 이 결과가 의미하는 것을 설명하라.

문제풀이

직접계산

1. 표본수가 30보다 크므로 중심극한정리를 이용하여 표본분포는 정규분포를 이룬다고 할 수 있다. 또한 모집단의 표준편차 σ를 모르지만 표본크기가 커 σ대신 표본집단의 표준편차 s를 이용할 수 있다.

1번 문제는 표본평균 $\overline{X}$를 갖고 모평균 μ를 추정하는 문제이며 표본평균 $45,420이 미국 전체 소매업 경영자의 평균 연봉과 같으냐 하는 것으로 귀결된다. 우리가 알고 있는 것은 표본평균 $\overline{X}=45,420$이지 모집단 단체의 평균 연봉이 아니다. 따라서 $\overline{X}=\mu$라고 할 수 없으며, $45,420이 미국 소매업 경영자의 평균 연봉이라 확인할 수 없다. 표본평균 $\overline{X}=$ $45,420은 모평균 μ의 점 추정치(point estimate)일 뿐이다.

2. 95% 신뢰수준에서 $Z_{0.05/2}=\text{NORMSINV}(0.05/2)=1.96$이고,

$\overline{X}\pm Z_{0.05/2}\cdot\frac{s}{\sqrt{n}}$ 이므로 다음과 같이 산출된다.

$$\overline{X}\pm Z_{0.05/2}\cdot\frac{s}{\sqrt{n}}=\$45,420\pm1.96\cdot\frac{\$2,050}{\sqrt{256}}=\$45,420\pm\$251$$

$$\$45,420\le\mu\le\$45,671$$

따라서 모평균 μ로서 미국 소매업 경영자의 평균 연봉은 $45,169에서 $45,671의 구간 내에 존재하며 95% 신뢰수준에서 표본평균의 표준오차는 $251이다.

3. 위의 예에서 우리는 무작위(random)적으로 표본 256명을 추출하여 표본평균을 구하였다. 그런데 256명은 동일한 모집단, 즉 미국 소매업 경영자에게 무작위로 추출하였기에 추출하는 방법(표집)에 따라 $\overline{X}$의 값은 다르게 나타난다. 따라서 만약 소매업 경영자 전체를 두고 표본을 반복적으로 256명씩 추출했다면 어떤 실험에서는 $\overline{X}$가 μ의 구간속에 위치할 수도 있지만 그렇지 않을 수도 있다. 이때 95% 신뢰수준이란 의미는 100번의 표본을 추출했을 때 95번은 표본평균이 모평균 μ의 구간 내에 속하지만 5번은 속하지 않는다는 의미이다. 95%가 맞는다는 의미가 아니다.

또한 지금의 표본추출에서 얻은 표본평균 $\overline{X}$가 모평균 μ의 구간범위에 있는지 없는지도 모른다. 왜냐하면 우리는 모평균을 모르고 $\overline{X}$를 통해 모평균 μ가 갖는 범위를 추정하였을 뿐이기 때문이다.

그런데 우리는 어떻게 했는가? 단 한번으로 256명을 추출했고 실제로도 단 한번의 실험으로 크기 n의 표본을 추출하고 이에 입각하여 하나의 신뢰구간을 구하고 있다. 따라서 지금 추출한 표본정보가 실제 모집단의 통계량과 일치하는지 판단하기 어렵고 이번 판단에서 얻은 신뢰구간에 모수 μ가 포함되었는지 안되었는지도 모른다.

그렇기 때문에 실제로는 어떤 구간이 모수를 포함할지, 어떤 구간이 이를 포함하지 않을지 전혀 모른다. 이는 점추정치는 표본오차 때문에 모수와 일치하기 어려워 구간추정을 하는 이유로도 설명된다.

따라서 모수 μ에 대한 95% 신뢰구간(confidence interval)이라 할 때 모수 μ가 이 구간 속에 있을 확률이 95%라는 것을 의미하는 것이 아니고 크기 n의 표본을 반복하여 수없이 추출하여 계산한 각 표본평균과 분산에 입각하여 구한 여러 개의 신뢰구간 가운데 평균적으로 95%는 모평균 μ를 포함하고 5%는 포함하지 않을 것이며 더군다나 이번 실험에서 얻은 신뢰구간에 모수가 포함되어 있는지 없는지도 모른다고 해석하여야 한다.

[그림 5.2] $\overline{X}$와 μ

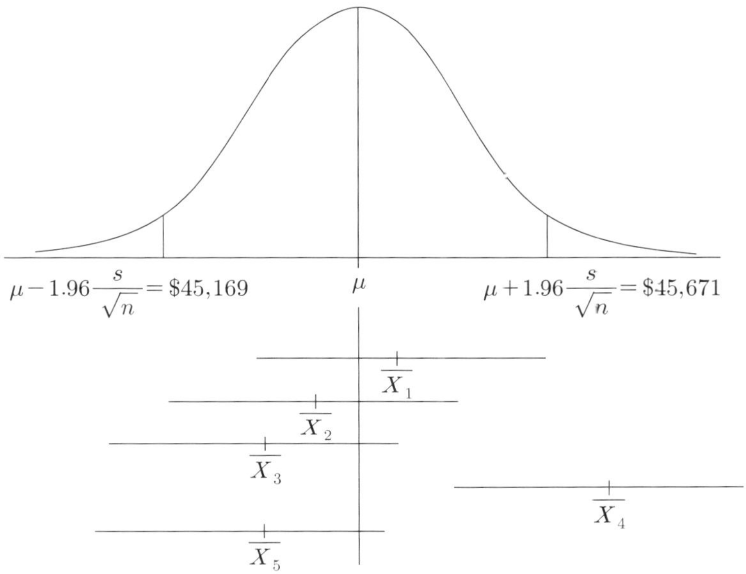

위 그림에서 보듯이 5번의 표본추출을 했을 때 표본평균 중 $\overline{X_4}$는 모평균의 구간 내에 위치하지 않는다.

5.1.2 n이 30보다 적고 모 표준편차 σ를 모를 때: t분포이용

모집단의 평균 μ와 모집단의 표준편차 σ를 안다는 것은 흔한 일이 아니다. 우리가 표본을 추출하는 것은 모집단 전체를 조사하기가 어렵기 때문이며 표본조사를 통해 모집단을 추론할 수 있게 하기 위함이다. 따라서 모 표준편차는 당연히 알 수 없고 더군다나 조사매수도 무한대로 커지지 않고 그 수가 매우 제한적으로 작은 수일 수탁에 없다.

이때 $\sigma_{\overline{X}} = \frac{\sigma}{\sqrt{n}}$ 대신에 평균의 추정표준오차인

$s_{\overline{X}} = \frac{s}{\sqrt{n}}$을 사용해야 하는데 $(\overline{X} - \mu_{\overline{X}})/s_{\overline{X}}$는 표준정규분포가 아닌 자유도 $n-1$의 t-분포를 따른다.

t-분포
정규모집단으로부터 무작위로 n의 표본을 추출했을 때 평균이 $\overline{X}$이고 표준편차가 s일 때의 확률변수를 t라 한다. $$t = \frac{\overline{X} - \mu_{\overline{X}}}{s/\sqrt{n}}$$ □ t분포는 연속분포이며 Z분포와 유사하다. □ Z분포와 유사하게 종모양이며 좌우대칭이다. □ t분포는 표본크기 n에 따라 다른 모양을 갖는다. 표본수 20개와 22개는 표준편차 s에 따라 다른 모양을 갖는데 20개 표본이 22개 표본보다 표준편차 s가 크기 때문이다. 그러나 표본수 n이 증가되면 될 수록 표준편차 s가 작아져 정규분포모양으로 된다. 따라서 Z분포와는 달리 평균이 있는 지점의 그래프 모양이 평평해진다. □ t분포는 자유도(degree of freedom)[6]에 따라 다르며 표본크기 n에서 1을 뺀 값이다. 자유도의 의미는 평균을 계산하기 위해서는 적어도 표본이 3개 이상이 되어야 함인데 왜냐하면 표본이 2라면 $2-1=1$이 되므로 평균의 계산이 불능하기 때문이다.

[그림 5.3] Z와 t분포 비교

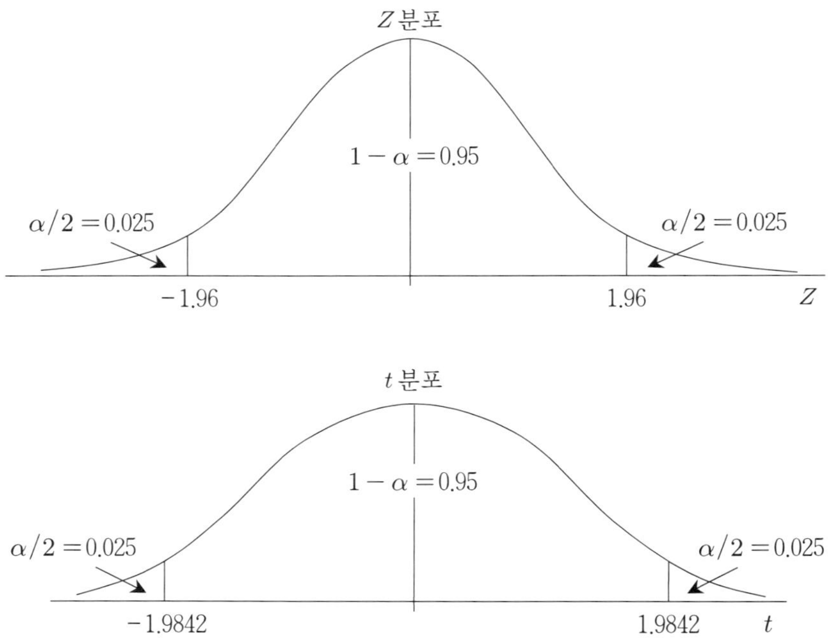

6) 자유도는 d.f 또는 v로서 표현하며 $n-1$이 된다.

[그림 5.3]에서 보듯이 Z분포보다 t분포의 범위가 넓고 평균을 중심으로 그래프의 모양이 평평하다. 이는 n이 작아 표준편차 s가 크므로 범위가 넓게 되기 때문이다. 두 분포 모두 신뢰수준 95%의 하한값과 상한값이 매우 다른 것을 확인할 수 있다.

t분포와 William Gosset(1876－1937)

William Gosset은 1900년대 술공장에서 근무한 양조제조기술자였으나 논문을 발표할 때 Student라는 필명(pen name)을 썼다. 그는 Arthur Guinness & Sons Brewery 공장에 수년 근무하였는데 London에 와서 1908년에 "The Probable Error of a Mean"이란 논문을 Student라는 필명으로 게재하였고 처음으로 t－분포의 특징에 대해 기술하였다. 그래서 t분포는 Student's t라고도 한다.

$t = \dfrac{\overline{X} - \mu_{\overline{X}}}{s/\sqrt{n}}$을 자유도, $n-1$과 양쪽 오차율 $\alpha/2$를 적용하여 μ에 대하여 풀면 다음과 같다.

$$\overline{X} - t_{n-1,\ \frac{\alpha}{2}} \cdot \frac{s}{\sqrt{n}} \le \mu \le \overline{X} + t_{n-1,\ \frac{\alpha}{2}} \cdot \frac{s}{\sqrt{n}}$$

t분포의 신뢰구간

□ $\overline{X} - t_{n-1,\ \frac{\alpha}{2}} \cdot \dfrac{s}{\sqrt{n}} \le \mu \le \overline{X} + t_{n-1,\ \frac{\alpha}{2}} \cdot \dfrac{s}{\sqrt{n}}$

□ Excel, $t_{n-1,\ \frac{\alpha}{2}}$ 값＝TINV(α, $d.f$)

양측검정을 위한 α값을 주고, 자유도를 입력하면 되는데 주의할 점은 원래의 $t_{n-1,\ \frac{\alpha}{2}}$에서 자유도와 오차율 $\alpha/2$를 넣는 것이 아닌 α값과 자유도($n-1$)을 TINV 함수에 입력하면 된다.7)

---

7) $Z_{\frac{\alpha}{2}}$와 $t_{n-1,\ \frac{\alpha}{2}}$에서 α값의 입력내용이 다르다. 즉 Z에 대해서는 =NORMSINV의 수식에 α 또는 $\alpha/2$를 넣지만 TINV는 α만 넣어도 디폴트로 $\alpha/2$가 계산된다.

5-2 | 예제문제 |

Y대학 졸업생 이루다군은 아버지의 도움으로 젊은이들이 좋아하는 메뉴와 분위기를 갖춘 레스토랑을 개업하였다. 사장이 된 이루다 군은 레스토랑의 경영전략을 연구하기 위해 두 청춘남녀 20커플들의 평균소비액을 표본으로 조사하였다. 레스토랑을 이용하는 모든 커플들의 평균소비액을 95% 신뢰수준으로 구하라.

〈표 5.1〉 커플의 소비액 표본자료

48,160	61,460	50,820	41,860
37,920	46,820	52,680	61,830
49,170	48,590	23,780	43,880
42,220	51,350	46,940	54,860
52,640	51,450	58,840	61,690

자료: http://cafe.naver.com/haveajoy 자료실 커플소비.xls

문제풀이
Excel
Spss

모집단을 구성하는 모든 커플의 소비액이 정규분포를 이룬다고 가정한다. 그런데 우리는 모집단의 표준편차 σ를 모르고 표본의 수도 $n < 30$인 $n = 20$이므로 Z분포를 이용할 수 없어 t 분포를 이용하여 신뢰구간을 구하여야 한다.

□ 직접계산

$\overline{X} \pm t_{n-1,\ \frac{\alpha}{2}} \cdot \frac{s}{\sqrt{n}}$ 이므로 $\overline{X}$와 s를 엑셀에서 AVERAGE와 STDEV를 이용하여 구한다. 또는 엑셀 메뉴의 데이터－데이터 분석－기술통계법을 이용한다.

$n = 20$, 자유도$(d.f = n-1) = 20-1$

$\overline{X}$ = AVERAGE이용, 49,348원

s = STDEV이용, 9,012원

$\alpha = 0.05,\ t_{n-1,\ \frac{\alpha}{2}}$ = TINV(0.05, 20-1) = 2.093

$$\overline{X} \pm t_{n-1,\ \frac{\alpha}{2}} \cdot \frac{S}{\sqrt{n}} = 49{,}348 \pm \mathrm{TINV}(0.05,\ 19) \cdot \frac{9{,}012}{\sqrt{20}}$$

$$= 49{,}348 \pm 4{,}218$$

45,130원 $\leq \mu \leq$ 53,566원

$t = \dfrac{\overline{X} - \mu_{\overline{X}}}{s/\sqrt{n}}$ 이므로 t값은 다음과 같다.

$$t = \frac{49{,}348 - 0}{9{,}012/\sqrt{20}} = 24.488$$

□ Spss에서 계산

- 엑셀에 입력된 자료를 Spss에 copy하여 넣되 ","는 제외한다.

- 변수이름은 한글로는 4자, 영문으로는 8자의 입력이 가능하므로 '커플소비'로 한다.

- Analyze-Compare Means-One-Sample T Test를 클릭하고 '커플소비'변수를 Test Variable(s) 박스로 옮기고 Options을 클릭하여 Confidence Interval:을 95%로 넣고 Continue를 클릭하고 OK를 누르면 다음의 Output1-SPSS Viewer 창이 뜬다.

[그림 5.4] SPSS의 구간추정의 과정과 결과

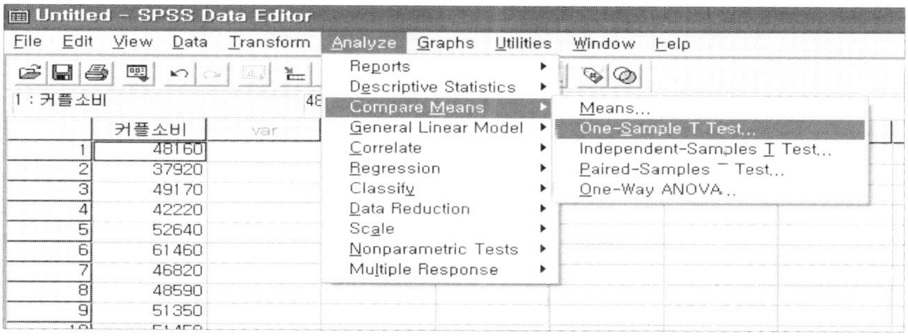

그림연속

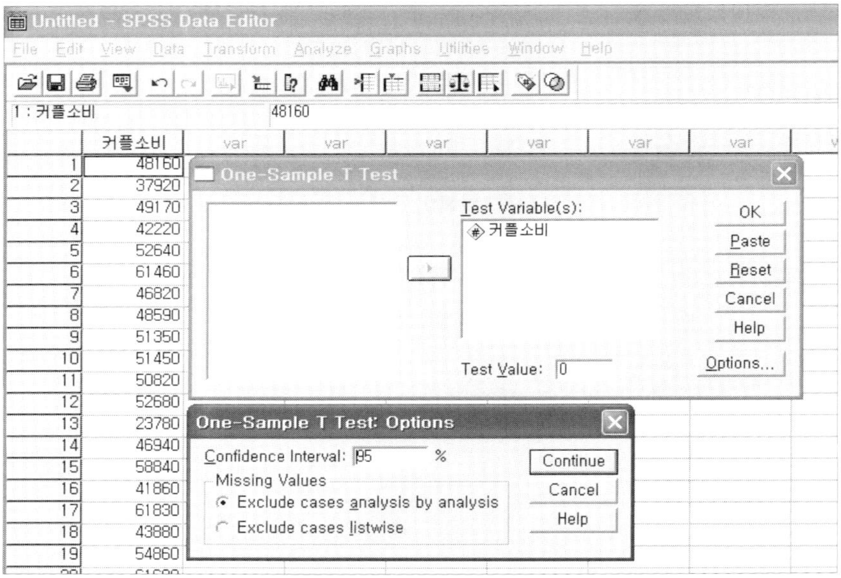

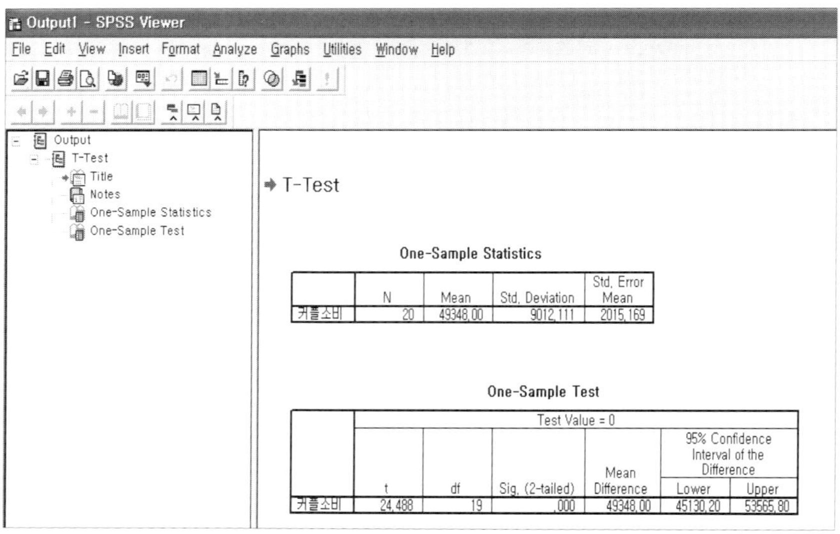

□ 엑셀에서의 계산과 동일한 값으로 산출된다. 따라서 신뢰도를 95%, 99%로 변동시킬 때의 신뢰구간을 각각 구해보길 바란다.

5-4 예제문제

6가구의 2007년 하계 휴가 동안 지출한 금액이 186, 184, 192, 208, 194, 205천원으로 조사되었다. 우리나라 2007 하계휴가 지출금액을 μ라 할 때 μ의 신뢰구간 값을 90%, 95%, 99%의 신뢰수준으로 구하시오.

□ 모평균 μ와 표준편차 σ를 모르는 경우 μ에 대한 100(1 − α)%의 신뢰구간을 구하기 위해서는 t분포를 이용하여야 한다.

$$\overline{X} - t_{n-1,\ \frac{\alpha}{2}} \cdot \frac{s}{\sqrt{n}} \leq \mu \leq \overline{X} + t_{n-1,\ \frac{\alpha}{2}} \cdot \frac{s}{\sqrt{n}}$$

우선 6개 표본의 평균($\overline{X}$)와 표준편차(s)를 구하여야 한다. 이때 $t_{n-1,\ \frac{\alpha}{2}}$는 Excel에서 TINV(1 − α, n)의 수식에서 오차율에 따른 신뢰도의 t값을 구할 수 있다. 이때 TINV의 식에서는 α값만 주면 자동으로 $\alpha/2$로 값을 구해준다. 따라서 $\frac{s}{\sqrt{n}}$과 $\overline{X}$를 구하면 μ의 신뢰구간 값을 구할 수 있다.

다음의 표는 신뢰수준이 변함에 따른 $t_{n-1,\ \frac{\alpha}{2}}$와 $\frac{s}{\sqrt{n}}$의 변하는 구간을 보여주고 있다. 위의 6개 하계휴가 지출의 $\overline{X}$ =194.83천원, s =9.81천원, n =6이다.

표에서 보듯이 신뢰수준이 낮은 값에서 높은 값으로 변함에 따라, 즉 오차율이 작아지게 되면 될수록 μ의 하한값과 상한값의 격차는 넓어진다.

이는 당연한 결과이다. 예를 들어 신뢰수준이 5%일 때 오차율은 95%가 되는데 신뢰도가 낮으므로 상한값과 하한값의 차이는 좁게 된다. 또한 그림에서 보듯이 신뢰도가 높아짐에 따라 오차율은 줄어드는 대신 상한값과 하한값이 차이는 커짐을 알 수 있다.

신뢰수준 90%에서 $t_{n-1,\ \frac{\alpha}{2}}$는 엑셀에서 TINV(1 − 0.1, 6 − 1) =2.0150으로 산출된다. 즉 TINV의 α값을 입력하면 Excel이 자동적으로 $\frac{\alpha}{2}$, 양측검정의 값을 산출해준다.

이때 $\overline{X} - \text{TINV}(1-0.1,\ 6-1) \cdot \frac{s}{\sqrt{n}} = 191.5399$

$\overline{X} + \text{TINV}(1-0.1,\ 6-1) \cdot \frac{s}{\sqrt{n}} = 198.1267$

따라서 μ의 신뢰구간값은 다음과 같다.

$191.5399 \leq \mu \leq 198.1267$

〈표 5.2〉 신뢰수준과 오차율에 따른 신뢰구간의 값

신뢰수준	$TINV(1-\alpha,\ n-1)$	$s/\sqrt{n}$	하한값 $\overline{X}-t_{n-1,\frac{\alpha}{2}} \cdot \frac{s}{\sqrt{n}}$	상한값 $\overline{X}+t_{n-1,\frac{\alpha}{2}} \cdot \frac{s}{\sqrt{n}}$	상한값-하한값	오차율 α
5%	0.0659	0.1077	194.7256	194.9411	0.2155	95.0%
10%	0.1322	0.2160	194.6173	195.0494	0.4321	90.0%
15%	0.1991	0.3255	194.5079	195.1588	0.6509	85.0%
20%	0.2672	0.4367	194.3967	195.2700	0.8734	80.0%
25%	0.3367	0.5503	194.2830	195.3837	1.1007	75.0%
30%	0.4082	0.6672	194.1661	195.5005	1.3344	70.0%
35%	0.4822	0.7882	194.0451	195.6215	1.5764	65.0%
40%	0.5594	0.9143	193.9190	195.7477	1.8287	60.0%
45%	0.6406	1.0470	193.7864	195.8803	2.0939	55.0%
50%	0.7267	1.1877	193.6456	196.0210	2.3754	50.0%
55%	0.8191	1.3387	193.4946	196.1721	2.6774	45.0%
60%	0.9195	1.5029	193.3304	196.3362	3.0058	40.0%
65%	1.0305	1.6843	193.1490	196.5177	3.3687	35.0%
70%	1.1558	1.8890	192.9443	196.7223	3.7780	30.0%
75%	1.3009	2.1263	192.7070	196.9596	4.2526	25.0%
80%	1.4759	2.4122	192.4211	197.2455	4.8244	20.0%
85%	1.6994	2.7775	192.0559	197.6108	5.5549	15.0%
90%	2.0150	3.2934	191.5399	198.1267	6.5868	10.0%
95%	2.5706	4.2014	190.6319	199.0347	8.4028	5.0%
99%	4.0321	6.5902	188.2432	201.4235	13.1804	1.0%

[그림 5.5] 신뢰도와 오차율의 관계

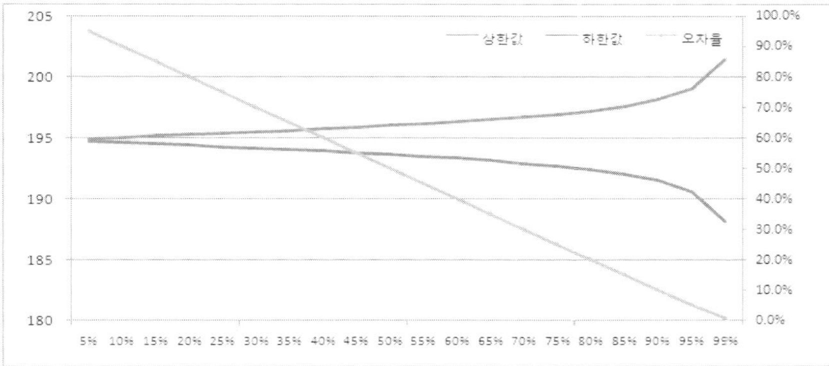

위의 표를 작성하여 그래프로 그려보면 신뢰수준과 오차율의 관계를 알 수 있다.

5.2 비율의 신뢰구간

범주형 자료를 분석할 때 평균을 비롯한 기술통계량의 값보다는 도수 및 상대도수의 개념이 더욱 중요한 역할을 할 수 있다. 즉, 특정 브랜드를 선호하는가 아니면 선호하지 않는가? 두 가지 중 하나의 결과에 대한 비율자료가 유용할 수 있다. 선호 결과를 성공과 실패로 분류할 수 있으며 또는 1과 0로 대신 표현할 수도 있다. 만약 특정브랜드에 대한 선호도를 5명에게 조사할 경우 3명이 선호한다였고 2명이 선호하지 않는다고 했을 때 선호비율은 $\frac{3}{5}=0.6$이고 선호하지 않는 비율은 $\frac{2}{5}=0.4$가 된다. 0.6은 특정브랜드의 선호에 대한 성공비율이며 0.4는 선호하지 않는 비율로서 실패를 의미한다고 할 수 있다. 이는 앞서 설명한 바와 같다.

즉, 성공확률(p)에 실패확률$(1-p)$를 표본의 수로 나누어 구한다. 이때 모집단이 유한하냐 무한하냐에 따라 위의 식은 달리 표현된다. 표본이 유한 모집단에서 복원추출한 것이라면 비율의 표본분포는 이항분포를 따른다. 그러나 정규분포(normal distribution)는 np와 $n(1-p)$가 최소한 5 이상일 때 이항분표의 근사치로 이용될 수 있다. 비율에 관한 표본크기는 거의 모든 사례에 있어 정규분포의 근사치의 조건을 충족시켜 준다고 한다. 그러므로 대부분의 경우처럼 정규분포는 비율의 표본 분포를 평가하는데 이용될 수 있다. $Z = \frac{\overline{X} - \mu}{\sigma / \sqrt{n}}$ 평균의 표본분포에 대한 Z값에서 $\overline{X}$는 p_s로 μ는 p로 대체되면서 $\frac{\sigma}{\sqrt{n}}$는 $\sqrt{\frac{p_s(1-p_s)}{n}}$ 으로 되어 $Z = \frac{p_s - p}{\sqrt{\frac{p_s(1-p_s)}{n}}}$ 로 된다.

모비율(p)의 신뢰구간

□ $Z = \frac{p_s - p}{\sqrt{\frac{p_s(1-p_s)}{n}}}$ 이므로 이것을 모비율 p에 대하여 풀면 다음과 같다.

□ $p_s - Z_{\alpha/2} \cdot \sqrt{\frac{p_s(1-p_s)}{n}} \leq p \leq p_s + Z_{\alpha/2} \cdot \sqrt{\frac{p_s(1-p_s)}{n}}$

5-5 | 예제문제 |

어떤 은행에서 계좌에 대해 조사한 결과 은행 고객의 40%는 두개 이상의 계좌를 갖고 있는 것으로 파악되었다. 무작위로 200명의 예금주를 선정했을 때 30%가 두개 이상의 계좌를 가질 확률을 구하라.

$np = 200(0.4) = 80 \geq 5$, 그리고 $n(1-p) = 200(0.6) = 120 \geq 5$

따라서 비율의 표본분포는 정규분포로 추정된다.

$$Z = \frac{p_s - p}{\sqrt{\frac{p_s(1-p_s)}{n}}} = \frac{0.30 - 0.40}{\sqrt{\frac{0.4 \times 0.6}{200}}} = \frac{-0.10}{0.0346} = -2.89$$

$Z = -2.89$의 값은 0.0019이다. 그러므로 30% 이하의 확률은 0.0019로 매우 작다. 따라서 200명 중 30% 이상이 두개 이상의 계좌를 갖고 있을 확률은 거의 없다.

5-6 | 예제문제 |

B정당의 지지도를 보기 위하여 344명을 조사하여 83명이 선호 및 지지한다고 응답하였다. 모비율의 90%, 95%, 99%에서의 신뢰구간을 구하라.

지지율 $p_s = 83/344 = 0.2413$

$p_s(1-p_s) = 0.2413(1-0.2413) = 0.1831$

모비율 구간식 $p_s - Z_{\frac{\alpha}{2}} \cdot \sqrt{\frac{p_s(1-p_s)}{n}} \le p \le p_s + Z_{\frac{\alpha}{2}} \cdot \sqrt{\frac{p_s(1-p_s)}{n}}$

□ 90% 신뢰구간

$0.2413 - \text{NORMSINV}(1-\frac{0.1}{2}) \cdot \sqrt{\frac{0.1831}{344}} \le p \le$

$0.2413 + \text{NORMSINV}(1-\frac{0.1}{2}) \cdot \sqrt{\frac{0.1831}{344}} =$

$0.2413 - 1.6448 \cdot 0.0230 \le p \le 0.2413 + 1.6448 \cdot 0.0230 =$

$0.2033 \le p \le 0.2792$

□ 95% 신뢰구간

$0.2413 \pm \text{NORMSINV}(1-\frac{0.05}{2}) \cdot \sqrt{\frac{0.1831}{344}} =$

$0.1960 \le p \le 0.2865$

□ 99% 신뢰구간

$0.2413 \pm \text{NORMSINV}(1-\frac{0.01}{2}) \cdot \sqrt{\frac{0.1831}{344}} =$

$0.1818 \le p \le 0.3007$

07

표본크기의 결정

조사설계를 할 때 조사매수를 몇 매로 할 것인가를 결정하는 일은 매우 중요하다. 조사표본수(sample size)가 크면 좋겠지만 시간과 비용이 많이 들게 되고 반대의 경우 조사결과의 신뢰도에 문제가 있게 된다. 필요한 조사매수를 적정하게 설정하는 일은 다음의 3요소를 기준으로 한다.

적정 표본크기 결정 요소
□ 원하는 신뢰수준(level of confidence desired)의 설정
□ 오차율의 설정
□ 조사대상인 모집단의 변동성(variability)의 확인

첫째, 신뢰수준은 0~100%로 설정할 수 있으나 대부분 모든 조사에서 90%, 95%, 99%를 선호하며 참고로 95%에 상응하는 Z값은 ±1.96이며 99%는 ±2.58이다. 일반적으로 신뢰수준이 높을수록 이에 상응하는 표본크기는 커지게 된다.

둘째, 허용오차인데 e로 표현하며 오차의 허용치를 의미한다. 허용오차가 작으면 작을수록 표본수는 커진다.

셋째, 변동성의 확인도 중요한데 변동성은 표준편차를 이용해서 판단한다. 표준편차가 크다는 것은 표본이 넓게 흩어져 있다는 의미이기 때문에 큰 표본이 필요하다고 해석하여야 한다. 모집단이 동질적일수록 표준편차는 작고 그에 따라 표본크기도 작아지게 된다.

그러나 조사를 시행하지 않은 단계에서 모집단의 표준편차를 아는 것은 불가능하기 때문에 변동성의 확인은 다음의 방법을 이용한다.

표준편차의 확인 방법
□ 다른 유사연구의 표준편차를 이용한다.
□ 시험연구(pilot study)를 위한 예비조사를 시행한다.

한편 표본크기를 정하는 대상에 무엇인가에 따라서 표본크기가 달라지는데 본 책에서는 평균(μ)와 비율(p)에 관해서만 설명하기로 한다. 평균에 대한 표본크기의 설정은 모집단의 표준편차인 σ를 아는 경우와 모르

는 경우로 나누어지며 비율의 표본크기도 표본비율 p_s를 아는 경우와 모르는 경우로 나누어져 각기 다른 방법으로 크기를 정하게 된다.

[그림 1.1] 표본크기의 결정방법

- 표본크기
  - 평균 추정시
    - 모집단 σ를 아는 경우
    - 모집단 σ를 모르는 경우
  - 비율 추정시
    - 표본비율 p_s를 아는 경우
    - 표본비율 p_s를 모르는 경우

1. 평균추정을 위한 표본크기

확률변수 Z가 신뢰수준 $1-\alpha$에서 표준정규분포를 따른다고 하자

$Z = (\overline{X} - \mu) / \dfrac{\sigma}{\sqrt{n}}$ 이므로

$-Z_{\frac{\alpha}{2}} \cdot \dfrac{\sigma}{\sqrt{n}} \le \overline{X} - \mu \le Z_{\frac{\alpha}{2}} \cdot \dfrac{\sigma}{\sqrt{n}}$ 가 된다.

따라서 $Z_{\frac{\alpha}{2}} \cdot \dfrac{\sigma}{\sqrt{n}}$ 는 한쪽 폭으로서 허용할 수 있는 최대폭을 의미하므로 오차의 허용범위라 할 수 있어 이를 e로 놓으면 다음식과 같아진다.

$e = Z_{\frac{\alpha}{2}} \cdot \dfrac{\sigma}{\sqrt{n}}$ 이므로 표본크기인 n에 대하여 풀면 평균의 추정에 필요한 표본수를 얻을 수 있다.

즉, $n = \dfrac{Z_{\frac{\alpha}{2}}^2 \cdot \sigma^2}{e^2} = \left(\dfrac{Z_{\frac{\alpha}{2}} \cdot \sigma}{e} \right)^2$

그러나 위 식에서는 모집단의 표준편차인 σ를 알고 있다는 것이 전제가 되어야 한다. 그러나 현실적인 상황에서는 σ를 모르는 경우가 대부분이므로 σ대신에 표본의 표준편차인 s를 이용하지 않으면 안 된다. 즉 위

식에서 표본크기인 n을 산출하기 위해서 σ와 e는 외생적으로 값이 주어진다는 것이다. 일반적으로 표준편차인 σ를 알 수 있는 방법은 기존 유사조사의 결과치를 인용하거나 혹은 예비조사를 통해 알아내는 것이다. 그러나 예비조사를 시행하더라도 표준편차는 모집단의 표준편차인 σ가 아닌 표본집단의 표준편차인 s가 되게 되므로 s를 이용하게 된다는 것이다.

반면 허용오차인 e도 외생적으로 값이 주어지는데 예를 들면 금액인 경우 2만원내의 오차를 허용한다던가, 10명 이내 또는 30분 이내의 오차를 갖는다는 식으로 값을 주면 된다. 따라서 모집단의 표준편차 σ대신 표본집단의 표준편차 s를 이용하므로 Z가 아닌 t 분포를 이용한 수식으로 바뀌어져야 한다.

따라서 $n=\dfrac{Z^2_{\frac{\alpha}{2}}\cdot\sigma^2}{e^2}$은 $t_{n-1,\ \alpha}$와 s를 이용한 수식으로 바뀌게 된다.

$$n=\frac{t^2_{n-1,\ \alpha}\cdot s^2}{e^2}=\left(\frac{t_{n-1,\ \alpha}\cdot s}{e}\right)^2$$

평균추정에 필요한 표본크기	
□ σ를 아는 경우	$n=\left(\dfrac{Z_{\frac{\alpha}{2}}\cdot\ \sigma}{e}\right)^2$
□ σ를 모르고 s를 아는 경우	$\left(\dfrac{t_{n-1,\ \alpha}\cdot\ s}{e}\right)^2$ e : 최대허용오차

1-1 | 예제문제 |

인터넷 쇼핑몰에서 의류판매에 대한 선호 가격대를 조사하려 한다. 과거조사에서 표준편차가 25,000원으로 나타났고 95% 신뢰수준에서 최대허용오차를 5,000원으로 한다고 할 때 선호가격대를 조사하기 위한 표본수를 얼마로 해야 하는가?

문제풀이
직접계산

모집단의 표준편차인 σ를 알고 있으므로[1)]

$$n = \left(\frac{Z_{\frac{\alpha}{2}} \cdot \sigma}{e} \right)^2 = \left(\frac{1.96 \quad \cdot \quad 25,000}{5,000} \right)^2 = 96.04$$

그러므로 유효표본수는 97매이다.

1-2 | 예제문제 |

주부들의 주당 인터넷을 이용시간을 조사를 하고자 한다. 그런데 어떤 조사를 보니 주당 12시간 활용한다고 하며 표준편차는 3시간이라 한다. 15분의 오차를 허용할 때 95% 신뢰수준에서 필요한 조사표본수는 얼마인가?

문제풀이
직접계산

$$n = \left(\frac{1.96 \times 3}{0.15} \right)^2 = 1,536.64 = 1,537\text{매}$$

1-3 | 예제문제 |

$\sigma = 1.5$라 하고 e를 0.5로 허용할 때 90%, 95%, 99% 신뢰수준에서 필요한 n을 구하라.

문제풀이
직접계산

$$n = \left(\frac{Z_{\frac{\alpha}{2}} \cdot \sigma}{e} \right)^2$$

□ 90% 신뢰수준(Excel에서 계산)

$$n = \left(\frac{\text{NORMSINV}((1-0.9)/2) \cdot 1.5}{0.5} \right)^2 = 4.93^2 = 24.3$$

25매

1) NORMSINV(0.025) = 1.96 또는 NORMSINV((1 - 0.95)/2) = 1.96

□ 95% 신뢰수준

$$n = \left(\frac{\text{NORMSINV}((1-0.95)/2)\cdot 1.5}{0.5}\right)^2 = 5.87^2 = 34.6$$

35매

□ 99% 신뢰수준

$$n = \left(\frac{\text{NORMSINV}((1-0.99)/2)\cdot 1.5}{0.5}\right)^2 = 7.73^2 = 59.7$$

60매

1-4 | 예제문제 |

교직원의 직무만족도 설문분석을 시행하기에 앞서 예비조사 20매를 시행하여 다음과 같은 자료를 얻었다. 예비조사항목은 보수1, 상사1, 동료직원이였다. 이때 허용오차의 범위는 표준오차 값으로 한다.

이 세 문항에 대한 95%의 신뢰성을 갖는 유효 조사표본수를 산정하여라.

〈표 1.1〉 예비조사 결과

분석항목	보수1	상사1	동료직원
평균	2.80	2.42	2.20
표준 오차	0.19	0.21	0.12
중앙값	3.00	2.00	2.00
최빈값	3.00	2.00	2.00
표준 편차	0.83	0.90	0.52
분산	0.69	0.81	0.27
첨도	-0.36	-0.34	0.46
왜도	-0.19	0.52	0.29
범위	3.00	3.00	2.00
최소값	1.00	1.00	1.00
최대값	4.00	4.00	3.00

합	56.00	46.00	44.00
관측수	20.00	19.00	20.00

문제풀이

직접계산 $n = [\frac{t_{n-1,\alpha} \cdot s}{e}]^2$ 엑셀에서의 t값의 계산=TINV(0.05, df) α값을 그대로 쓴다.

□ 보수 1의 경우

$$n = [\frac{t_{n-1,\alpha} \cdot s}{e}]^2 = [\frac{2.093025 \times 0.83}{0.19}]^2 = 84\text{ 매}$$

□ 상사 1의 경우

$$n = [\frac{t_{n-1,\alpha} \cdot s}{e}]^2 = [\frac{2.10092 \times 0.90}{0.21}]^2 = 81\text{ 매}$$

□ 동료직원의 경우

$$n = [\frac{t_{n-1,\alpha} \cdot s}{e}]^2 = [\frac{2.093025 \times 0.52}{0.12}]^2 = 82\text{ 매}$$

1-5 | 예제문제 |

30매 예비조사 결과 표본집단의 표준편차는 s는 300만원으로 나타났다. 100만원 이내 오차를 허용할 때 90%, 95%, 99% 신뢰수준에서 필요한 적정조사매수를 구해라.

문제풀이
직접계산

□ 90% 신뢰수준[2)]

$$n=\left(\frac{t_{n-1,\ \alpha}\cdot S}{e}\right)^2=\left(\frac{1.6991\cdot 300}{100}\right)^2=26\text{매}$$

□ 95% 신뢰수준

$$n=\left(\frac{t_{n-1,\ \alpha}\cdot S}{e}\right)^2=\left(\frac{2.045\cdot 300}{100}\right)^2=38\text{매}$$

□ 99% 신뢰수준

$$n=\left(\frac{t_{n-1,\ \alpha}\cdot S}{e}\right)^2=\left(\frac{2.756\cdot 300}{100}\right)^2=69\text{매}$$

2. 모비율 추정을 위한 표본크기

모비율을 추정하기 위한 적정 조사 표본 수를 구하는 방법은 모평균을 추정하기 위한 조사매수를 구하는 방법과 매우 유사하다.

우리는 어떤 모집단에서 어떤 특성이 발생할 확률에 대한 상대도수에 관심을 가질 때가 많이 있다. 예를 들면 특정 후보가 당선될 확률이라던가, 특정상품을 구매할 확률이 그것이다. 이때 이용하는 것이 모비율이다.

모평균과 같이 모비율을 추정하기 위하여 표본을 추출하게 된다. 모비율(p)의 불편추정량은 p_s라 할 때 표본크기가 크면 표본비율 p_s는 정규분포에 근접한다.

즉, 표본비율 p_s의 표본분포의 평균은 모비율과 같고 표본분포의 표준편차 σ_{p_s}는 $\sigma_{p_s}=\sqrt{\frac{p(1-p)}{n}}$ 과 같다. 그런데 우리는 모비율 p를 모르기 때문에 p대신에 표본비율 p_s을 σ_{p_s}의 추정량으로 이용하게 된다.

$$\therefore\ s=\sqrt{\frac{p_s(1-p_s)}{n}}$$

2) =TINV(1-0.90, 30-1)

또한 모비율을 추정하기 위한 표본크기는 표본비율 p_s을 아는 경우와 모르는 경우로 나누어 계산된다.

2.1 표본비율 p_s를 아는 경우

모비율 p의 $100(1-\alpha)\%$ 신뢰구간은 다음과 같다.

$$p_s - Z_{\frac{\alpha}{2}} \cdot \sqrt{\frac{p_s(1-p_s)}{n}} \le p \le p_s + Z_{\frac{\alpha}{2}} \cdot \sqrt{\frac{p_s(1-p_s)}{n}}$$

최대허용오차 $e = \dfrac{\left(Z_{\frac{\alpha}{2}}\right)^2 \cdot p_s(1-p_s)}{e^2}$

2.2 표본비율 p_s를 모르는 경우

그러나 위의 식은 표본비율 p_s를 아는 경우에 이용할 수 있으나 현실적으로 p_s를 모르기 때문에 가장 불리하게 표본크기를 정할 수밖에 없다. 따라서 $p_s(1-p_s)$를 가장 크게 하는 p_s값은 0.5이므로 $p_s(1-p_s)=0.25$의 값을 이용하게 된다[3].

$$n = \frac{0.25\left(Z_{\frac{\alpha}{2}}\right)^2}{e^2}$$

비율추정에 필요한 표본크기

○ 표본비율 p_s를 아는 경우 $n = \dfrac{\left(Z_{\frac{\alpha}{2}}\right)^2 \cdot \ p_s(1-p_s)}{e^2}$

○ 표본비율 p_s를 모르는 경우 $n = \dfrac{0.25\left(Z_{\frac{\alpha}{2}}\right)^2}{e^2}$

e : 최대허용오차

3) 각자 $p_s(1-p_s)$에서 가장 큰 값을 산출하기 위한 p_s의 값을 구해보길 바란다.

2-1 | 예제문제 |

한 품질관리 기사는 생산라인에서 생산하는 제품의 불량품을 추정하고자 한다. 25개의 표본을 추출하여 예비조사를 시행한 결과 8개의 불량품이 발견되었다. 모비율을 95%의 신뢰도와 ±0.04 이내의 오차로 추정하기 위한 필요한 표본의 크기는 얼마인가?

문제풀이
직접계산

모비율 p의 불편 추정량인 표본비율 p_s(여기서는 25개 중에서 8개를 추출하였으므로 $p_s=8/25$)를 아는 경우의 수식을 이용하면 된다[4].

$$n=\frac{\left(Z_{\frac{\alpha}{2}}\right)^2 p_s(1-p_s)}{e^2}$$

$$=\frac{1.96^2\frac{8}{25}\left(1-\frac{8}{25}\right)}{0.04^2}=522.46,\ 523\text{매}$$

〈표 2.1〉 신뢰도에 따른 $\pm Z_{\frac{\alpha}{2}}$ 값

오차율(α)	신뢰수준($1-\alpha$)	$\pm Z_{\frac{\alpha}{2}}$
1%	99%	±2.575
2%	98%	±2.33
5%	95%	±1.96
10%	90%	±1.645
20%	80%	±1.28

2-2 | 예제문제 |

표본 비율을 모르는 상태에서 모비율을 95%의 신뢰도와 ±0.04 이내의

4) NORMSINV(1 − α/2) = 1.95996
NORMSINV(1 − 0.025) = 1.95996

오차로 추정하기 위한 표본의 크기는 얼마인가?

문제풀이
직접계산

표본비율을 모르므로 가장 큰 값을 적용하여야 한다.

$$n = \frac{0.5(1-0.5)\left(\frac{Z_\alpha}{2}\right)^2}{e^2} = 0.25\frac{(1.96)^2}{0.04^2} = 600.25,\ 601\text{매}$$

왜 0.25인가 하면 과거 경험도 없고 예비조사도 하지 않아 표본비율 p_s를 모르는 경우에는 가장 불리하게 표본크기가 크도록 결정하여야 한다. $p_s = 0.05$일 때 $p_s(1-p_s) = 0.25$로서 최대가 된다.

2-3 | 예제문제 |

여론조사기관에서는 새로 설계한 설문지에 대한 고객들의 반응을 추정하려고 한다. 90%의 신뢰도를 갖고 추정할 때 최대 허용오차를 0.06으로 한다면 필요한 표본의 크기는 얼마인가?

문제풀이
직접계산

$$n = \frac{0.5^2(1.645)^2}{0.06^2}$$

=187.9, 188매

2-4 | 예제문제 |

서울 어떤 구의 지역 케이블 가구 가입률은 60%에 달한다고 할 때 5%의 허용오차에서 95% 신뢰수준으로 이를 확인할 수 있는 조사매수는 몇 매인가를 확인하라.

문제풀이
직접계산

$$n = \frac{1.96^2 \cdot 0.6(1-0.6)}{0.05^2} = 369\text{가구}$$

08

가설검정

1. 귀무가설과 대립가설

우리는 표본을 추출하고 표본을 통해 얻은 통계량으로 모집단의 특성을 규명한다. 그런데 표본정보가 모집단의 성격을 그대로 나타내 준다고 보기 어렵다. 즉 표본 관측치로부터 얻은 정보는 표본통계량의 확률분포이므로 모집단의 특성이 제대로 반영이 안 될 경우 일정수준의 오차가 발생하기 때문이다.

따라서 표본통계량의 값이 모집단의 것과 같은지 다른치에 대한 검정이 필요하다. 이때 이용하는 방법이 가설검정이다. 가설검정은 모수값에 대하여 서로 상반되는 두개의 주장 또는 가설에 대해 검증하되 하나를 채택하면 다른 하나를 기각하게 된다. 두개의 가설은 서로 대응되며 반대의 내용을 갖게 된다. 예를 들면 훼밀리 레스토랑에서 음식을 주문했을 때 20분 이내 또는 20분 이상에 배달된다거나 출국시 check-in부터 출국심사대를 통과하는 시간은 평균 1시간이다, 아니다 등에서와 같이 상반되는 두개의 가설을 세울 수 있다.

이때 가설의 내용 중에 연구자가 기각되거나 무효가 되길 희망하는 것이 있는 반면 채택되길 희망하는 가설을 수립되게 되는데 전자를 귀무가설(歸無假說)이라 하고 후자를 대립가설(對立假說)이라 한다.

귀무가설은 연구자가 무효가 되길 희망하므로 “0”의 형태, 즉 의미가 없다, 채택하길 원치 않고 기각되길 희망한다 해서 Null Hypothesis라 하며 H_0로 표현한다.

반면 대립가설은 연구자가 채택하길 원하는 가설이므로 귀무가설의 대안이라는 의미에서 Alternative Hypothesis라 하며 “0”의 반대의 의미로 H_1 또는 H_A로 표현한다. 두 가설은 서로 여집합(complementary set) 관계에 놓이게 된다.

한편 표본정보에서 얻은 값을 모수의 특정 값에 적용시킬 때 하나의 값으로 표현하거나 특정범위 이상이나 또는 이하의 값으로 나타낼 수 있다. 전자를 단순가설이라 하고 후자를 복합가설이라 한다. 즉 앞의 예에서 레스토랑에서 주문 후 20분 이내 또는 20분 이상은 복합가설이며 check-in부터 출국심사대를 통과하는 시간이 평균 1시간이다 아니다는 것은 단순가설이 된다.

[그림 1.1] 가설검정 흐름도

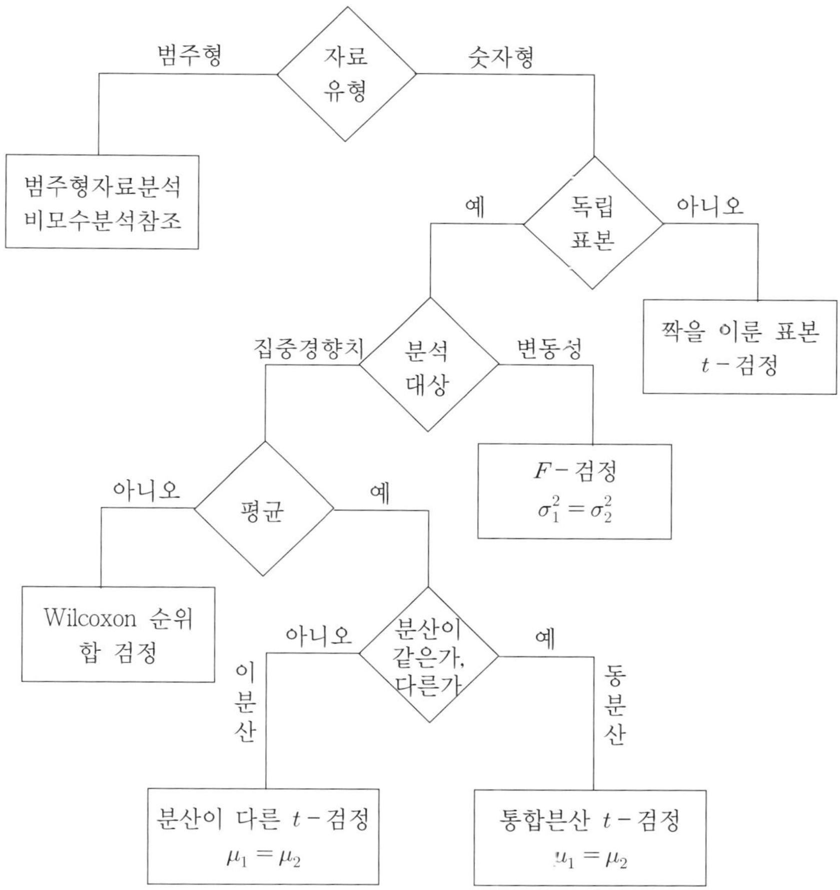

2. 단측검정과 양측검정

가설검정은 귀무가설의 형태가 단순가설인지 복합가설인지에 따라 검정내용이 다르게 되는데 이에 대한 예를 보기로 하자.

먼저 단순가설로서 공항에 도착하여 check-in부터 출국심사대를 통과하는 시간이 1시간이다라고 할 때 우리는 귀무가설과 대립가설을 다음과 같이 설정할 수 있다.

양측검정 $H_0 : \mu = 60$분 또는 $H_0 : \mu = 60$분

$H_1 : \mu \fallingdotseq 60$분 $H_1 : \mu \gtreqless 60$분

이때 귀무가설, H_0는 모수값이 60분과 같다라고 정해져 있으므로 대립가설 H_1은 60분과 같지 않거나 또는 표본으로 부터 추출된 표본평균, $\overline{X}$가 60분보다 아주 작거나, 아주 크면 귀무가설을 기각할 수 있다.

아주 작거나 크다는 값의 한계는 표본평균분포로부터 구해지며 작거나 큰 값은 양쪽 꼬리에 해당되게 되어 2개, 하한값과 상한값을 비교해야 하므로 양측검정(two-tail test)이라 한다. 이때의 한계값 또는 하한값과 상한값의 기준이 되는 값을 임계값(critical value)이라 하며 경험적 사실에 근거하여 표로서 제공된다.

반면 레스토랑의 주문후 배달시간까지가 20분 이내라는 예에서의 귀무가설과 대립가설은 다음과 같다.

단측검정 $H_0 : \mu \leq 20$

$H_1 : \mu > 20$

즉, 귀무가설이 20분 이내이기 때문에 채택과 기각여부는 한쪽만 검정하면 된다. 양쪽꼬리가 아닌 한쪽꼬리만의 임계값을 고려하면 되어 단측

검정(one tail test)을 하면 된다. 또한 귀무가설이 20분보다 같거나 작아야 되므로 좌측(left-side)검정이 된다.

[그림 2.1] 좌측검정

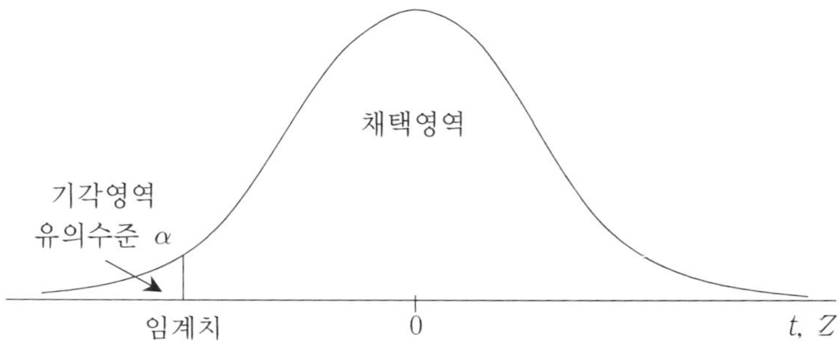

그러나 귀무가설이 20분보다 같거나 크다면 우측검정을 시행해야 한다.

[그림 2.2] 우측검정

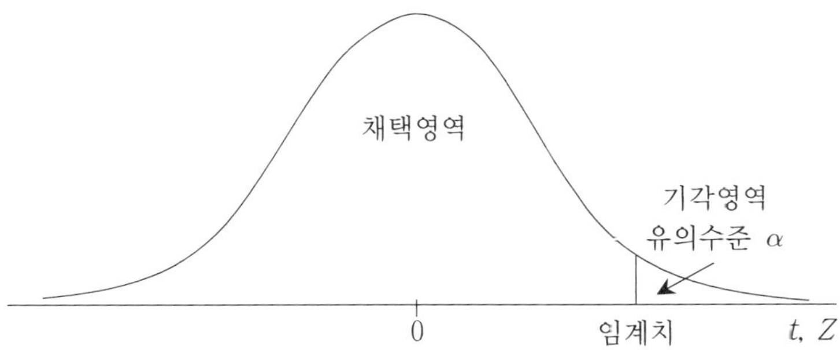

그림에서 보듯이 표본에서 얻은 정보가 모집단에도 이용될 수 있느냐 없느냐 여부는 검정통계량, 즉 검정해야 하는 값이 채택영역에 있느냐 기각영역에 있느냐에 따라 달라진다. 판단의 근거는 표나 엑셀의 함수식을 이용하여 주어지는 임계값과의 비교를 통한다.

[그림 2.3] 양측검정의 채택과 기각영역

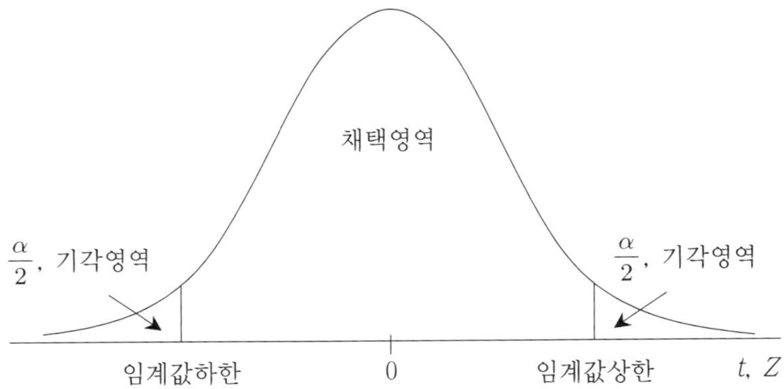

3. 가설검정의 오류

한정된 표본으로부터 얻은 정보가 모집단에도 그대로 적용될 수 있는가는 표본오차로 인해 불확실하다. 표본정보가 모수를 포함하지 못하는 확률을 오차율(probability of error)이라 하며 α로 표기하고 α의 값을 우리는 1%, 5%, 10% 등으로 설정한다는 것을 알고 있다.

가설검정에서도 이러한 오차가 발생할 수 있는데 가설이 두개이고, 채택과 기각의 2경우가 있으므로 총 4경우의 오류가 있게된다. 가설검정에서 오류를 저지를 수 있는 경우를 보면 연구자가 기각되길 원하는 가설이 귀무가설이므로 사실에 입각한 기각이면, 즉 대립가설의 채택이 사실이라면 오류는 당연히 발생하지 않는다.

그러나 주어진 표본정보가 제한적이기 때문에 귀무가설이 사실임에도 이를 기각하거나 또는 귀무가설이 허위임에도 이를 채택하는 오류를 저지를 수 있다. 전자를 제Ⅰ종 오류(Type Ⅰ error) 또는 α오류라 하며 후자를 제Ⅱ종 오류(Type Ⅱ error) 또는 β오류라 한다.

〈표 3.1〉 가설검정의 오류

귀무가설의 진위 / 귀무가설 채택여부	귀무가설이 사실	귀무가설이 허위
귀무가설 채택	$1-\alpha$	제2종 오류(β)
귀무가설 기각	제1종 오류(α)	$1-\beta$

α 값이란 설정된 구간이 실제로는 모수 μ를 포함하지 않음에도 불구하고 이를 포함할 것이라고 추정하는 실수를 저지를 확률이다. α값과 신뢰수준(confidence level) 사이에는 밀접한 관계가 있다. α값이 작을수록 신뢰도는 증가한다. 이러한 신뢰수준에 영향을 미치는 요소는 α 이외에도 n이 있다.

오차율 α와 신뢰수준
신뢰수준 = 1 - α

표본크기가 증가하면 표본오차의 가능성이 줄어들고 신뢰도가 높아지면서 신뢰구간은 좁아진다. 신뢰구간의 폭이 작을수록 정보로서의 가치가 커진다.

α란 귀무가설이 사실임에도 불구하고 허위라고 결론을 내릴 오류인 제Ⅰ종 오류가 발생할 수 있는 확률을 의미한다. 이러한 제Ⅰ종 오류를 저지를 확률을 검정의 유의수준(level of significance)이라고 한다. 따라서 α란 귀무가설이 사실임에도 불구하고 허위라고 결론을 내릴 확률을 의미하므로 유의수준 0.05라는 의미는 귀무가설이 사실인데도 이를 기각할 확률이 5%라는 것을 나타내준다. 귀무가설이 사실이어서 채택되어야 하는데 값으로 계산되는 통계량인 검정통계량이 임계값인 설정통계량 보다 크거나 작아 기각영역에 속하는 확률이다. 즉 양측검정에서 t(검정통계량)$>t_{n-1,\ \frac{\alpha}{2}}$(설정통계량) 또는 $t<-t_{n-1,\ \frac{\alpha}{2}}$이 되어 귀무가설이 사실임에도 불구하고 검정통계량이 기각영역에 속하게 될 확률이 0.05이라는 의미이다.

그리고 귀무가설의 기각여부는 p값으로도 확인할 수 있는데 만약 p값이 $\alpha = 0.05$보다 작은 0.0001로 산출되었다면 귀무가설이 사실임에도 불구하고 허위라는 결론을 내릴 확률이 극히 작다는 의미이고 귀무가설은 허위이므로 기각되는 것이 당연하다는 의미가 된다.

한편 β란 귀무가설이 허위임에도 이것을 채택하는 오류를 제Ⅱ종 오류 β로 표시한 것이다.

4. 가설검정의 내용 및 절차

가설검정은 구간추정과 동일한 내용으로 이루어 진다고 볼 수 있으나 고려해야 할 요소가 매우 많다. 우선 용어에 대한 충분한 이해가 필요하다. 귀무가설, 대립가설 외에 제Ⅰ종 오류, 제Ⅱ종 오류를 포함하여 검정값, 임계치, 유의수준, p값 등이다. 이하 여기서는 이러한 용어를 중심으로 설명하고 가설검정의 내용과 절차를 다룬다.

[그림 4.1] 가설검정 관련용어

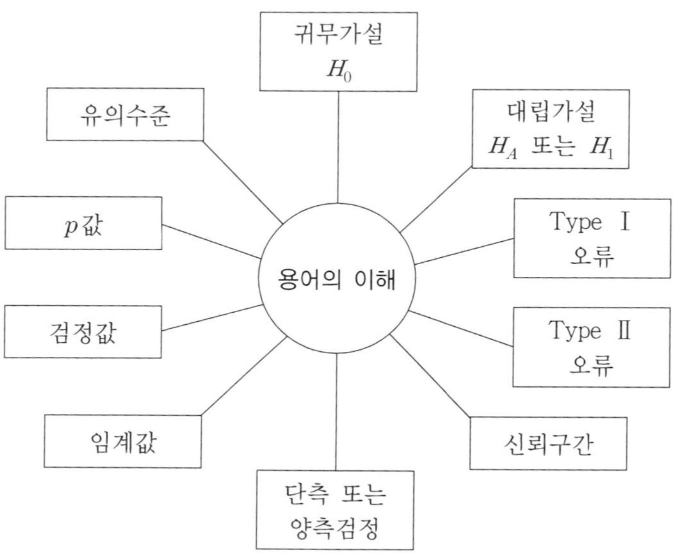

가설검정을 하기 위해 몇 가지 기준에 대해 구분해야 한다.

첫째, 자료가 양적 자료인가 또는 구간, 서열, 명목자료인가?

둘째, 표본의 수, 하나의 표본을 대상으로 가설검정을 할 것인가 또는 둘 이상의 표본을 대상으로 할 것인가?

셋째, 모집단의 표준편차 σ를 아는가, 모르는가? 그리고 표본의 수(n)가 30보다 큰가, 작은가?

넷째, 검정하려는 모수가 모평균, 모비율, 모분산인가? 모수 검정에 필요한 표본통계량, $\overline{X}$, p_s, s^2 등을 파악했는가? 그래야단 표본분포의 형태에 따라 Z검정, t검정, F검정, χ^2검정 등을 수행할 수 있기 때문이다.

이와 같은 자료의 유형과 검정방법은 [그림 4.2]의 검정흐름도와 같다.

[그림 4.2] 가설검정 흐름도

범주형자료: 비율(p)자료

- 비율자료 하나
  - Z검정
- 비율자료 둘
  - Z검정
- 비율자료 셋 이상
  - χ^2검정
- 독립성검정
  - χ^2검정

숫자형 자료

숫자형 자료 하나

○ 평균(μ)
- 분산(σ^2)을 알 때: Z검정
- 분산(σ^2)을 모를 때: t검정

숫자형 자료 둘

○ 평균(μ)의 차이: σ를 모를 때
- 두개의 독립표본자료: t검정
- 짝을 이룬 자료: t검정

○ 평균(μ)의 차이: σ를 알 때: Z검정

○ 분산(σ^2)의 차이: F검정

○ 중앙값(Me: Median)의 차이:
Wilcoxon 순위합 검정

숫자형 자료 셋

○ 평균(μ)의 차이 : ANOVA
한개요인 다수의 수준: 일원분산분석
두개요인 다수의 수준: 이원분산분석
요인분석

○ 중앙값(Me)의 차이
Kruskal-Wallis 순위 검정

〈표 4.1〉 가설검정의 단계

1단계	H_0(귀무가설)
2단계	H_1(대립가설)
3단계	α의 설정
4단계	n의 확정
5단계	검정방법의 설정
6단계	임계치의 산출
7단계	검정통계량의 산출
8단계	검정통계량이 위치한 곳이 채택영역인가 기각영역인가 확인

5. 단일 표본의 경우: 적은 표본, 모표준편차 σ를 모를 경우

우리가 흔히 접하는 각종 조사의 경우 자료가 표준정규분포를 이루며 조사매수가 최소 30매 이상인 것을 전제로 하는 것이 대부분이다. 또한 조사대상인 모집단의 표준편차 σ를 아는 것을 전제로 한다. 이때 이용하는 것이 Z통계량이다.

Z 검정 통계량

☐ 전제 1 : 모집단이 정규분포를 이룬다.
☐ 전제 2 : n이 최소 30 이상이다.
☐ 전제 3 : 모집단 표준편차 σ를 알고 있다.

$$Z = \frac{\overline{X} - \mu}{\sigma / \sqrt{n}}$$

☐ 그런데 n이 큰 대표본이지만 모집단의 표준편차 σ는 모르되 사전예비조사를 통해 표본의 표준편차인 s를 안다면 위 식은 다음과 같이 변경된다.

$$Z = \frac{\overline{X} - \mu}{s / \sqrt{n}}$$

그러나 실제조사에서 현실적인 문제로 인해 사전조사를 시행하기가 어렵거나 표본의 크기 n을 무작정 크게 할 수는 없다. 따라서 우리는 예비조사 없이 즉 σ나 s를 알지 못하면서도 조사매수를 많이 하지 못하는 경우에 맞닿는다. 또한 조사설계 후 한번의 조사를 통해 얻은 표본의 통계량으로 모집단을 추론하는 과정을 밟는다. 이때 이용하는 것이 t 분포인데 단측검정과 양측검정의 예를 통해 모평균 μ에 대한 가설검정과정을 보기로 한다.

t 검정 통계량

□ 연속확률분포이며 종모양이고 좌우대칭이다.

$$t = \frac{\overline{X} - \mu}{s / \sqrt{n}}$$

□ $\mu = \overline{X} \pm t_{n-1, \frac{\alpha}{2}} \cdot \frac{s}{\sqrt{n}}$

5-1 | 예제문제 |

□ 단일표본의 가설검정(단측검정)

Water park 지배인은 고객 1인당 지출액을 알고자 26명에 대해 표본을 구하였다. Water-park 방문객 1인당 1일 지출액이 60,000원 이상인가를 유의수준 0.01에서 검정하라.

〈표 5.1〉 water-park 방문객 지출액 표본조사결과

(단위: 원)

45000	38000	51000	51000	56000	63000	69000
48000	49000	76000	58000	59000	56000	57000
48000	53000	62000	40000	43000	61000	
58000	54000	67000	63000	78000	64000	

문제풀이
직접계산

Water-park 지배인이 알고 싶어하는 것은 방문객 1인당 평균지출액이 60,000원 이하인가? 이상인가이다.

□ 귀무가설 H_0와 대립가설 H_1의 설정

Water-park 방문객 모두에게 적용될 수 있는 1인당 평균지출액의 기준점이 60,000원이므로 귀무가설은 60,000을 포함한 그 이상이 되며 대립가설은 그 반대이다.

$H_0 : \mu \geq$ 60,000원

$H_1 : \mu <$ 60,000원

□ 유의수준 설정

유의수준은 0.01이다.

□ 검정통계량 및 해석

모집단의 표준편차 σ를 모르면서 표본수 n이 $n < 30$이므로 검정통계량은 t값$= \dfrac{\overline{X} - \mu}{S/\sqrt{n}}$이 된다.

엑셀에서 $\overline{X}$ =AVERAGE(범위), s =STDEV(범위),

n=COUNT(범위)로 구하거나 데이터－데이터 분석－통계데이터분석의 기술통계법을 활용한다.

검정통계량 t값$= \dfrac{56,423 - 0}{10041/\sqrt{26}} = 28.6539$[1)]

t의 임계값=－TINV(0.01×2, 26－1)=－2.48511

1) 귀무가설 $H_0 : \mu \geq 60,000$이므로 t값 계산은 t값$= \dfrac{56,423 - 60,000}{10,041/\sqrt{26}} = -1.81650$이 되어야 한다. 즉 검정대상인 모수 $\mu = 60,000$을 대입하여 계산하여야 하나 프로그램에서 이용하는 모평균의 값은 0으로 계산하고 또한 Excel과 Spss의 상호값 비교를 위해 $\mu = 0$로 계산한다.

[그림 5.1] water-park 평균지출액의 단측 가설검정 결과(엑셀)

	A	B	C	D	E	F
1						
2		water				
3		45000	평균	56423	=AVERAGE(B3:B28)	
4		48000	표준편차	10041	=STDEV(B3:B28)	
5		48000	자료수(n)	26	=COUNT(B3:B28)	
6		58000	검정모평균	60000	검정모평균	
7		38000	t값	28.65387	=(D3-0)/(D4/SQRT(D5))	
8		49000	유의수준	0.01000	=1-0.99	
9		53000	t 임계값	-2.48511	=-TINV(D7*2,D5-1)	
10		54000	모평균 하한값	50934	=D3-TINV(D8,D5-1)*D4/SQRT(D5)	
11		51000	모평균 상한값	61912	=D3+TINV(D8,D5-1)*D4/SQRT(D5)	
12		76000				
13		62000				

문제풀이

해석 □ 산출된 t값 $= \dfrac{\overline{X}-\mu}{s/\sqrt{n}}$

□ t의 임계값은 $t_{n-1,\alpha}$로 계산되어야 하며 좌측검정이고 단측검정이므로 엑셀에서는 α값에 2를 곱해주어야 한다. 왜냐하면 엑셀에서 TINV 값은 자동적으로 양측검정을 시행하게 되어 있어 α값을 $\alpha/2$로 계산해 주기 때문이다. 따라서 양측검정을 시행할시는 α값만 입력해 주면 된다.

□ 모평균 μ의 상 · 하한값의 식은 $\overline{X} \pm t_{n-1,\alpha/2} \cdot \dfrac{s}{\sqrt{n}}$ 이므로 위의 식처럼 계산하면 되며 이의 결과는 SPSS의 결과표에서 upper와 lower에서 동일한 결과를 확인할 수 있다.

[그림 5.2] 귀무가설의 채택 및 기각결정

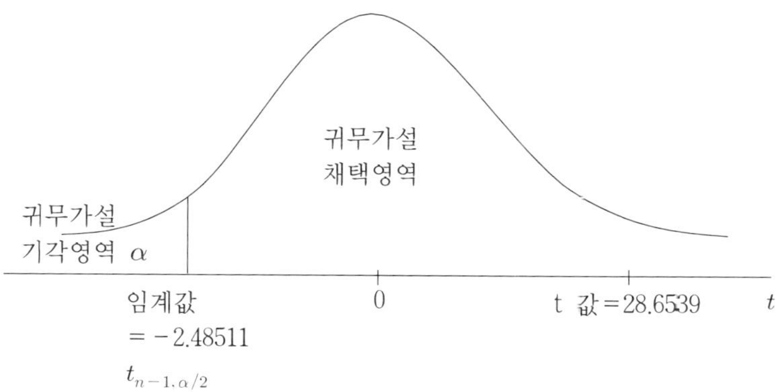

[그림 5.2]에서 보듯이 산출된 검정통계량인 t값이 28.6539로서 좌측 검정의 임계값 −2.48511보다 커 귀무가설의 채택영역에 위치하고 있다. 따라서 water-park의 일인당 일일 평균지출액의 모평균 μ가 60,000원 이상이라는 귀무가설을 채택한다. 그런데 이와 같은 귀무가설의 채택은 엑셀에서 계산한 모평균의 상한값과 하한값의 표를 보아도 알 수 있다. 즉, 모평균에 해당하는 60,000원은 신뢰구간의 하한값 50,934원과 상한값 61,912에 속하게 되므로 연속적 확률변수의 특성에 의하여 모집단 전체에 이용할 수 있다는 것이다.

문제풀이 Spss

Analyze-Compare Means-One-Sample T Test

변수를 Test Variable(s) Box로 보낸 후 Option을 클릭하여 Confidence Level의 값을 유의수준 0.01이므로 99%로 넣고 Continue를 누른 후 OK버튼을 누르면 Output1-SPSS Viewer 창이 뜬다. 그 결과는 다음과 같다.

[그림 5.3] SPSS의 단일표본 검정 순서(단측검정)

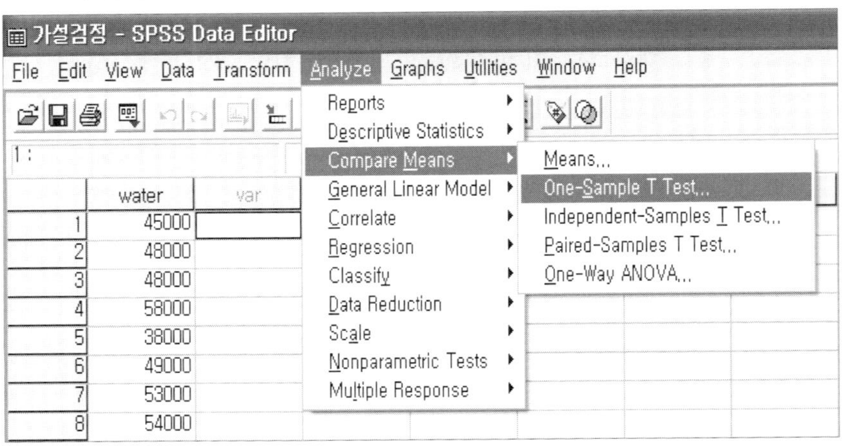

[그림 5.4] SPSS의 단일표본 검정 결과(단측검정)

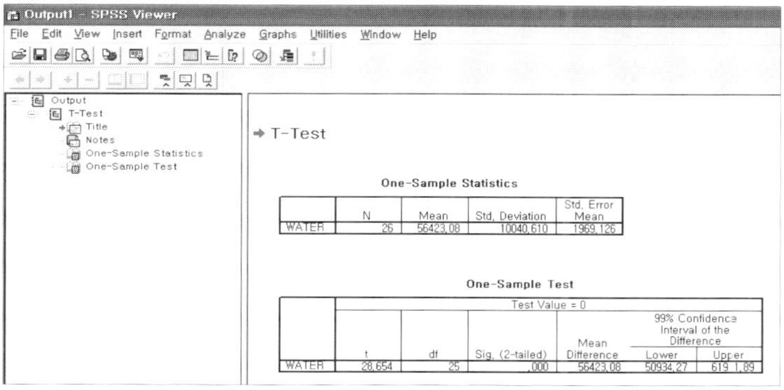

엑셀에서와 같이 동일한 값의 계산이 이루어 짐을 확인할 수 있으며 기타 여러분 스스로 유의수준 0.05에서 재검정을 해보길 바란다.

5-2 | 예제문제 |

□ 단일표본의 가설검정(양측검정)

어떤 공장에서 선반을 조립하기 위해 나무막대를 43cm로 자르고 있다. 공정 책임자는 나무막대가 정확하게 43cm로 잘라지고 있는지를 검사하기 위해 12개의 표본을 조사하여 다음의 자료를 얻었다. 단약 43cm로 정확하게 나무막대가 잘라지지 않는다면 책임자는 관련시설을 고쳐야 할 것이다. 유의수준 0.02에서 가설검정을 하라.

〈표 5.2〉 나무막대 자료

42, 39, 42, 45, 43, 40, 39, 41, 40, 42, 43, 42

문제풀이

직접계산 □ 귀무가설 H_0와 대립가설 H_1의 설정

나무막대의 길이가 43cm가 되어야 하므로 검정대상인 귀무가설은

43cm이고 대립가설은 43cm가 아닌 경우이다.

$H_0 : \mu = 43$

$H_1 : \mu \neq 43$

□ 대립가설이 크거나 작거나와 같이 방향성이 없고 43보다 아주 크거나 아주 작으면 43cm과 같지 않은 것이 되므로 양측검정(two-tailed test)이 된다.

□ 유의수준은 0.02이다.

□ 검정통계량 및 해석(Excel)

모집단의 표준편차 σ를 모르면서 $n < 30$이므로 산출된 t값$= \dfrac{\overline{X} - \mu}{s\sqrt{n}}$으로 계산하여야 하며 엑셀에서의 검정통계량의 계산방법은 단측검정과 같다.

산출된 t값$= \dfrac{41.5 - 0}{1.8/\sqrt{12}} = 80.59369$

t의 양측 임계값=TINV(0.02, 12−1)=±2.71808

μ의 신뢰구간

$$\overline{X} - t_{n-1, \frac{\alpha}{2}} \cdot \frac{s}{\sqrt{n}} \leq \mu \leq \overline{X} + t_{n-1, \frac{\alpha}{2}} \cdot \frac{s}{\sqrt{n}}$$

$40.1\text{cm} \leq \mu \leq 42.9\text{cm}$

[그림 5.5] 나무막대 양측 가설검정 결과(Excel)

	A	B	C	D	E
1					
2		bar			
3		42	평균	41.5	=AVERAGE(B3:B14)
4		39	표준편차	1.8	=STDEV(B3:B14)
5		42	자료수(n)	12	=COUNT(B3:B14)
6		45	검정모평균	43.0	검정모평균
7		43	t값	80.59369	=(D3-0)/(D4/SQRT(D5))
8		40	유의수준	0.02000	=1-0.98
9		39	t 임계값	2.71808	=TINV(D7,D5-1)
10		41	모평균 하한값	40.1	=D3-TINV(D8,D5-1)*D4/SQRT(D5)
11		40	모평균 상한값	42.9	=D3+TINV(D8,D5-1)*D4/SQRT(D5)
12		42			
13		43	p-value	0.00000	=TDIST(산출된 t값=80.59369,
14		42	p값		자유도=12-1, 양측검정=2)
15					

따라서 계산된 t값이 오른쪽 임계값 2.718보다 매우 크므로 기각영역에 속하게 되어 평균이 43㎝라는 귀무가설은 기각된다. 따라서 책임자는 막대 자르는 작업을 중단하고 관련된 시설을 재조정해야 한다.

[그림 5.6] 기각 및 채택영역 구분

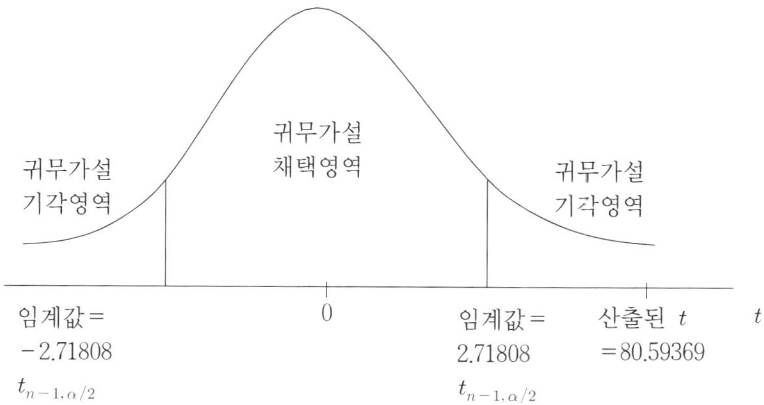

□ 관찰된 유의수준(observed significance level, Sig.)인 Sig.의 값 또는 p 값을 통해 귀무가설의 기각과 채택 여부를 가릴 수 있다. 즉, 귀무가설이 사실임에도 이를 채택하지 아니하고 기각하는 오류가 제Ⅰ종 오류인데 이러한 제Ⅰ종 오류를 범할 확률이 적다면 당연이 귀무가설은 기각되어야 하는 것으로 이해한다. 즉 설정된 유의수준보다 산출된 Sig. 값 또는 p 값이 적다면 제Ⅰ종 오류를 범할 확률이 적으드로 당연히 구무가설은 기각되고 반대로 대립가설이 채택되어야 한다는 것을 의미한다.

그러나 설정된 유의수준보다 Sig. 또는 p 값이 크다면 제Ⅰ종 오류, 즉 귀무가설이 사실임에도 이를 채택하지 아니하고 기각하는 오류를 범할 확률이 크다는 의미이므로 귀무가설은 당연히 채택되어야 한다는 것으로 이해하면 된다.

엑셀에서의 p 값은 TDIST 함수를 이용하여 산출된 t값과 자유도, 단측 또는 양측검정인가를 입력해 주면 산출된다. 위의 예에서 산출된 t 값은 80.593699이고 자유도는 12−1이며 검정방법은 양측 검정이므로 2[2]의 값

2) 만약 단측검정일 경우에는 1을 입력하면 된다. 기타 자세한 사항은 엑셀의 도움말 편을 참고하

을 주면 된다. 따라서 =TDIST(80.59369, 12-1, 2)을 입력하면 p-value가 산출된다.

그 결과 p값이 0.0000이므로 귀무가설이 사실임에도 불구하고 이를 채택하지 아니하고 기각시킬 오류가 작기 때문에 귀무가설은 기각되고 대립가설이 채택된다. 즉 막대의 길이는 43㎝가 아니기 때문에 작업책임자는 막대 자르는 관련시설을 재조정할 필요가 있다고 할 수 있다.

[그림 5.7] SPSS의 단일표본 양측검정 순서

문제풀이 Spss

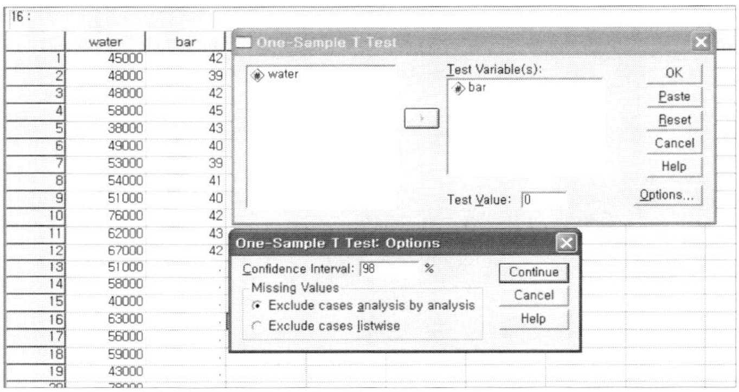

〈그림 5.8〉 SPSS의 단일표본 검정 결과(양측검정)

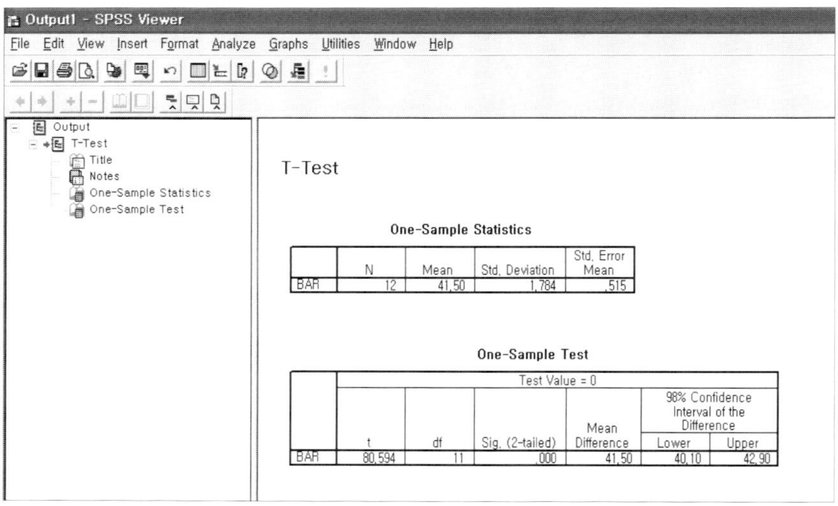

길 바란다.

6. 두개 표본인 경우

위에서는 단일표본에 관하여 알아보았는데 실제에 있어서는 두 모집단의 기술통계량의 차이가 있는가, 없는가를 분석할 필요가 있다. 예를 들면 남·여 대학생의 키의 차이가 있는지, 또는 다이어트를 시작한 여학생의 몸무게가 시작 전과 시작 후에 차이가 있는지, 두개의 정당간에 국민들의 지지율에 차이가 있는지이다. 이때 이용되는 기술통계량의 값은 평균 μ, 분산 σ^2, 비율 p이 된다. 두 집단인 경우에만 이와 같은 분석을 시행할 수 있으며 세 개 이상의 집단에 대한 평균차이 분석은 다음 장에서 이용하는 분산분석(ANOVA)를 이용해야 한다.

두 집단간의 차이 분석을 위해서는 첫째, 차이의 분석 대상이 무엇이냐를 먼저 결정해야 한다. 즉, 평균인가, 분산인가, 비율인가를 정해야 한다는 의미이다. 둘째, 표본의 추출이 서로 독립적으로 이루어졌는가, 아니면 서로 영향을 주고 받을 수 있는 종속적인 표본으로 이루어 졌는가를 파악해야 한다. 종속적(dependent)이라는 용어는 짝을 이룬(paired) 자료라고도 한다. 예를 들면 골프공을 새로이 개발한 두 회사의 비거리 평균을 알아보기 위해 프로 골퍼 10명에게 두 회사의 공을 치게 하였다면 이는 종속적인 자료가 된다. 왜냐하면 프로 골퍼에 따라 비거리에 차이가 있을 수 있기 때문이다. 반면 골프기계에 두 회사 공 10개를 넣어 비거리의 자료를 구했다면 이는 독립표본이 된다. 보통의 표본자료는 독립적인 자료라 할 수 있지만 투약 전후의 효과, 부부에 관한 자료, 다이어트 전후의 효과, 학력이 같은 남녀 사원의 연봉의 차이, 동일한 메뉴의 음식점의 같은 시간대의 고객수, 같은 등급 호텔의 평일 투숙객수 등은 모두 종속적인 자료가 되어 두 집단 차이에 대한 검정 방법을 달리해야 한다.

셋째, 두 집단의 분산의 차이에 대한 검정을 한다면 F검정을 하고 두 집단의 비율의 차이에 대한 검정을 한다면 Z검정을 한다. 그러나 평균에 대한 검정은 보다 복잡한 과정을 거친다. 우선 독립표본인가 종속표본인가를 구분하고, 모집단의 표준편차인 σ를 아는가 모르는가에 따라 검정

방법이 달라지며, 표본의 크기가 큰가, 작은가에 따라서도 달라진다. 또한 두 집단이 동일한 분산을 갖고 있는가 아니면 두 집단의 분산이 서로 다른가를 파악하여야 두 집단의 평균차이에 대한 검정이 이루어진다. 이하 이를 하나하나 살펴보고 예제문제를 통해 이해하도록 한다.

두 집단의 차이 검정

□ 두 표본의 평균의 차이 $\mu_{A},\ \ \mu_B$에 대한 검정:
  독립표본, 종속표본을 구분
▶ 독립표본이고 모집단의 표준편차 σ를 모르지만 대표본인 경우
◎ Z검정, 모 표준편차 σ대신 표본집단 표준편차 s를 이용
▶ 독립표본이고 모집단의 표준편차 σ를 모르지만 소표본인 경우
◎ t검정, 표본집단 표준편차 s를 이용
▶ 짝을 이루는 표본(종속표본)이고 소표본인 경우
◎ t검정, 표본집단 표준편차 s를 이용
□ 두 표본의 분산 $\sigma_{A}^2,\ \ \sigma_B^2$ 에 대한 검정
▶ F 검정
□ 두 표본의 비율 p_{s_1}, p_{s_2}에 대한 검정
▶ Z 검정

6.1 두 집단의 평균의 차이에 대한 검정

두 집단의 평균차이에 대한 검정은 우선 표본이 독립적으로 추출되었는가, 종속적으로 추출되었는가를 구분해야 하며 모집단의 표준편차를 아는가 모르는가, 그리고 표본의 크기가 큰가, 작은가에 따라 달라진다.

6.1.1 독립표본이면서 모집단의 표준편차를 모르지만 대표본인 경우

두 집단을 A, B라 하고 두 모집단의 평균을 $\mu_{A},\ \ \mu_B$라 하면 우리가 검정하고자 하는 것은 두 집단의 평균의 차이이다. 만약 두 집단의 평균이 같다면 $\mu_A - \mu_B = 0$이 되고 다르다면 $\mu_A - \mu_B \neq 0$ 또는 $\mu_A < \mu_B$ 또는 $\mu_A > \mu_B$가 된다. 검정통계량 Z가 임계치인 Z_α 또는 $Z_{\alpha/2}$보다 작거나

크면 귀무가설의 기각영역에 속하게 된다. 이를 단측검정과 양측검정으로 나누어 보아 정리하면 다음 표와 같다.

두 집단의 평균차이 검정, σ를 모르고 s를 알 때, 대표본인 경우	
단측검정	양측검정
$H_0 : \mu_1 - \mu_2 = 0$ $H_1 : \mu_1 - \mu_2 < 0$ 또는 $H_1 : \mu_1 - \mu_2 > 0$	$H_0 : \mu_1 - \mu_2 = 0$ $H_1 : \mu_1 - \mu_2 \neq 0$
검정통계량 $Z = \dfrac{(X_1 - X_2) - (\mu_1 - \mu_2)}{\sqrt{\dfrac{s_1^2}{n_1} + \dfrac{s_2^2}{n_2}}}$ $\overline{X_1}, \overline{X_2}$: 표본집단 1과 2의 평균 $s_1^2,\ s_2^2$: 표본집단 1과 2의 분산 n_1, n_2 : 표본집단 1과 2의 자료수	
기각영역: 검정통계량 $Z < -Z_\alpha$ 또는 검정통계량 $Z > Z_\alpha$	기각영역: 검정통계량 $\mid Z \mid < Z_{\alpha/2}$

즉, 단측검정에서는 산출된 Z값이 설정된, 표와 엑셀에서 주어지는 정규분포의 임계값 Z_α보다 작으면 기각영역에 속하게 되므로 귀무가설이 기각된다. 반면 양측 검정에서는 검정통계량 Z값이 기각영역에 속하려면 양측의 임계값인 $Z_{\alpha/2}$보다 크면 된다. 이때 드 모집단의 평균의 차이 $\mu_1 - \mu_2$의 신뢰구간은 다음과 같다.

대표본일 경우 $\mu_1 - \mu_2$의 신뢰구간
$(\overline{X_1} - \overline{X_2}) - Z_{\alpha/2} \cdot \sqrt{\dfrac{s_1^2}{n_1} + \dfrac{s_2^2}{n_2}} \leq \mu_1 - \mu_2$ $\leq (\overline{X_1} - \overline{X_2}) + Z_{\alpha/2} \cdot \sqrt{\dfrac{s_1^2}{n_1} + \dfrac{s_2^2}{n_2}}$

6-1 | 예제문제 |

한국과 미국의 자동차 회사는 공동노력에 의해 동일 모델을 개발하였다. 이 자동차를 미국과 한국의 각 지점을 통해 미국=50, 한국=30개의 판매 자료를 확보하여 자동차 판매가격의 한국과 미국의 차이가 있는지를 검토하고자 한다. 그런데 많은 사람들이 미국에서 판매되는 자동차 가격이 한국에서 판매되는 자동차 가격보다 쌀 것이라고 한다. 이를 유의수준 0.05에서 검정하라.

〈표 6.1〉 한국과 미국의 자동차 판매가격

(단위: US천$)

USA	18.2	16.2	17.2	18.7	18.4	16.6	14.9	16.8	12.1	10.8
	18.5	15.5	16.2	16.3	18.2	19.5	13.2	16.8	12.9	17.2
	18.2	16.3	16.8	16.4	18.6	15.6	17.1	18.1	18.9	19.0
	17.3	18.8	14.9	16.7	20.3	17.1	14.6	17.2	13.0	18.4
	16.9	13.3	16.3	15.9	16.6	17.6	16.0	17.1	14.6	18.0
KOREA	18.5	14.0	18.2	21.1	13.9	18.7	14.9	16.4	16.3	18.0
	16.8	19.8	17.3	16.6	14.9	16.3	16.5	15.4	17.6	20.1
	16.4	18.0	17.5	18.4	19.8	14.8	18.2	16.7	20.2	16.2

자료: http://cafe.naver.com/haveajoy 자료실 미국 한국 자동차 판매가격.xls

한국의 판매가격이 미국보다 같다는 것이 귀무가설이 되지만 대립가설은 한국이 미국보다 싸다는 것이 되므로 좌측검정이 된다.

문제풀이 직접계산 및 엑셀

$$H_0 : \mu_{USA} - \mu_{KOREA} = 0$$

$$H_1 : \mu_{KOREA} < \mu_{USA}$$

이를 엑셀에서 함수식을 이용하여 직접 계산하여 풀어보면

$$Z = \frac{(X_1 - X_2) - (\mu_1 - \mu_2)}{\sqrt{\dfrac{s_1^2}{n_1} + \dfrac{s_2^2}{n_2}}} = \frac{(16.6 - 17.3) - (0)}{\sqrt{\dfrac{3.9}{50} + \dfrac{3.5}{30}}} = -1.483 \text{이 된다.}$$

다음의 표는 위의 자료를 갖고 확률변수의 이름을 USA와 KOREA로 정의한 후 함수를 이용하여 해당 값을 구한 경우이다. 변수를 이름을 정의하여 문제를 풀면 보다 범위를 지정하는 것보다 쉽게 문제를 풀 수 있다. MS OFFICE 2007에서는[3] 메뉴에서 수식-선택영역에서 이름 만들기를 클릭하고 첫째행의 이름표이용을 첵크하면 간단하게 정의되고 왼쪽 상단의 이름상자를 클릭하면 이름이 삽입된 것을 확인할 수 있다.

[그림 6.1] 엑셀에서의 확률변수이름을 사용하여 직접 계산

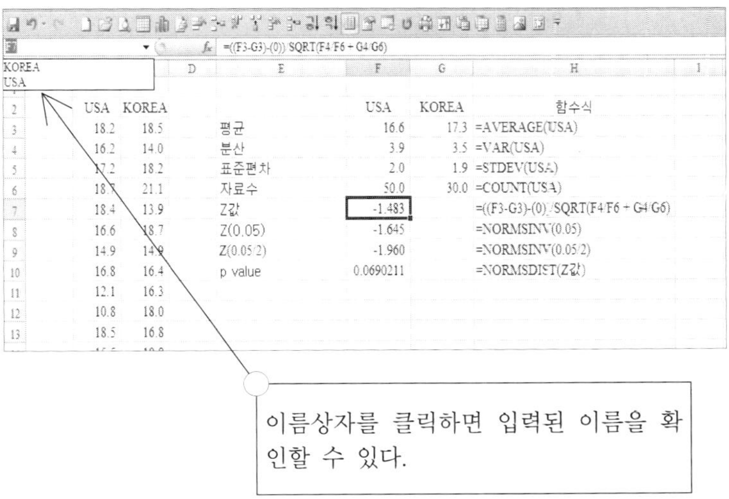

그런데 좌측검정의 임계값은 유의수준이 0.05이므로 =NORMSINV(0.05) = -1.645가 되므로 산출된 Z값은 임계값 오른쪽에 위치하여 채택영역 위치에 있게 된다. 따라서 한국과 미국의 자동차 평균 판매가격에는 차이가 없다는 귀무가설을 채택한다.

---

3) Excel 2002, 또는 2003에서는 메뉴의 삽입-이름정의 또는 삽입-만들기를 이용하여 이름을 정의할 수 있다.

[그림 6.2] 자동차 평균판매가격의 한국과 미국의 비교

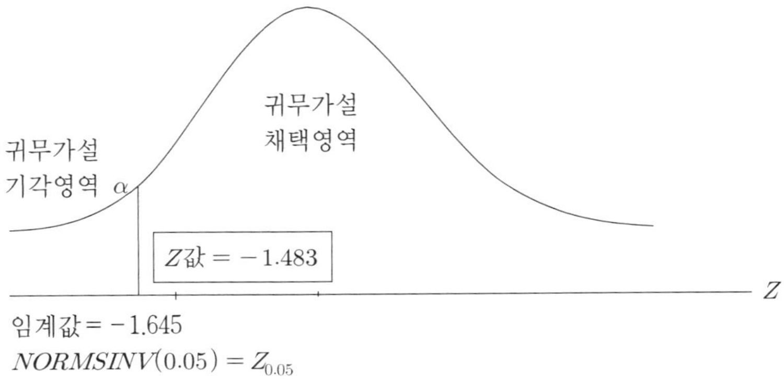

이때 관찰된 유의수준(p value, Observed Significance Level)은 검정통계량이 −1.483이므로 Z가 −1.483보다 낮을 확률을 계산해 보면 된다. 평균이 0 이므로 Z 값이 1.48까지의 면적에서 정규분포의 반의 값을 빼주면 된다.

$$
\begin{aligned}
p-value &= P(z < -1.48) = 0.5 - p(0 < z < 1.48) \\
&= 0.5 - (\ \mathrm{NORMSDIST}(1.48) - 0.5) \\
&= 0.5 - 0.4306 = 0.694
\end{aligned}
$$

또는

$$p-value = NORMSDIST(Z\text{값}) = NORMSDIST(-1.483) = 0.0694$$

이를 그래프로 표현하면 다음과 같다.

[그림 6.3] 채택 및 기각영역

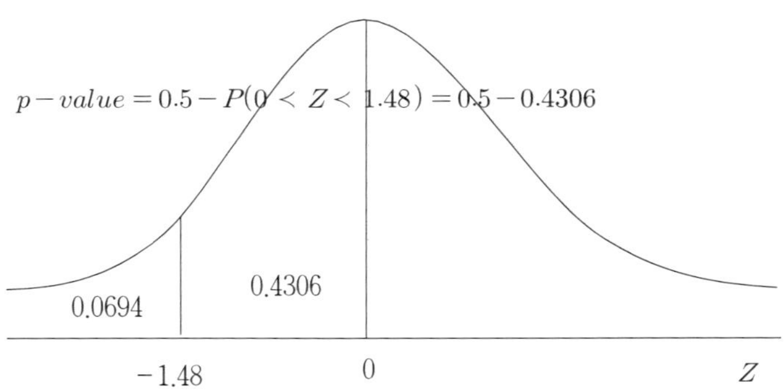

따라서 설정된 유의수준 0.05보다 p값이 0.0694로 커 귀무가설은 채택되고 미국과 한국의 자동차 평균 판매가격에는 차이가 없다[4].

6.1.2 독립표본이면서 모집단의 표준편차를 모르지만 소표본인 경우

대표본인 경우 Z분포를 이용하여 두 집단의 평균의 차이를 검정할 수 있지만 두 집단 모두 자료수가 30개 미만일 경우 이를 이용할 수 없고 앞서 고찰한 t 분포를 이용하게 된다. 왜냐하면 표본수가 작을수록 두 집단의 분산 σ_1^2, σ_2^2가 신뢰할 수 없게 커지고 중심극한정리(central limit theorum)는 더 이상 적용할 수 없기 때문이다.

그래서 두 집단간의 분산이 같다는 동분산의 가정하에 모집단의 분산 σ^2의 통합표본추정량을 도출해 이를 이용한다. 모분산을 이용할 수 없으므로 표본집단의 분산 s_1^2 , s_2^2를 적용하여 통합분산추정량(pooled sample estimators)을 산출하고 이를 구간추정과 두 집단의 평균의 차이 검정에 이용한다. 통합분산추정량 σ^2을 s_p^2이라고 쓰면 그 식은 다음과 같다.

$$\text{통합분산 } s_p^2 = \frac{(n_1-1)\cdot s_1^2 + (n_2-1)\cdot s_2^2}{(n_1-1)+(n_2-1)}$$

$$s_p^2 = \frac{(n_1-1)\cdot s_1^2 + (n_2-1)\cdot s_2^2}{n_1+n_2-2}$$

$$s_p = \sqrt{\frac{(n_1-1)\cdot s_1^2 + (n_2-1)\cdot s_2^2}{n_1+n_2-2}}$$

두 집단의 평균차이 검정, σ를 모르고 s를 알 때, 소표본인 경우	
단측검정	양측검정
$H_0 : \mu_1 - \mu_2 = 0$ $H_1 : \mu_1 - \mu_2 < 0$ 또는 $H_1 : \mu_1 - \mu_2 > 0$	$H_0 : \mu_1 - \mu_2 = 0$ $H_1 : \mu_1 - \mu_2 \neq 0$

4) Z 분포의 값을 통해 두 집단의 평균을 계산하는 일은 타 프로그램을 사용하기가 곤란하므로 직접 계산하여야 한다.

검정통계량 $t = \dfrac{(\overline{X_1} - \overline{X_2}) - (\mu_1 - \mu_2)}{s_p \cdot \sqrt{\dfrac{1}{n_1} + \dfrac{1}{n_2}}}$

$\overline{X_1}, \overline{X_2}$: 표본집단 1과 2의 평균

s_1^2, s_2^2 : 표본집단 1과 2의 분산

n_1, n_2 : 표본집단 1과 2의 자료수

통합분산 $s_p = \sqrt{\dfrac{(n_1 - 1) \cdot s_1^2 + (n_2 - 1) \cdot s_2^2}{n_1 + n_2 - 2}}$

기각영역: 검정통계량 $t < -t_{n_1+n_2-2,\alpha}$ 또는 검정통계량 $t > t_{n_1+n_2-2,\alpha}$ 자유도(df)$= n_1 + n_2 - 2$	기각영역: 검정통계량 $\lvert t \rvert < t_{n_1+n_2-2,\alpha/2}$ 자유도(df)$= n_1 + n_2 - 2$

즉, 단측검정에서는 산출된 t값이 설정된, 표와 엑셀에서 주어지는 정규분포의 $t_{n-1,\alpha}$보다 작으면 기각영역에 속하게 되므로 귀무가설이 기각된다. 반면 양측 검정에서는 검정통계량 t값이 기각영역에 속하려면 양측의 임계값인 $t_{n-1,\alpha/2}$보다 크면 된다. 이때 두 모집단의 평균의 차이 $\mu_1 - \mu_2$의 신뢰구간은 다음과 같다.

소표본일 경우 $\mu_1 - \mu_2$의 신뢰구간

$$(\overline{X_1} - \overline{X_2}) - t_{n_1+n_2-2,\alpha/2} \cdot \sqrt{s_p^2 \cdot \left(\frac{1}{n_1} + \frac{1}{n_2}\right)} \le \mu_1 - \mu_2$$
$$\le (\overline{X_1} - \overline{X_2}) + t_{n_1+n_2-2,\alpha/2} \cdot \sqrt{s_p^2 \cdot \left(\frac{1}{n_1} + \frac{1}{n_2}\right)}$$

자유도(df) $= n_1 - 1 + n_2 - 1$

6-2 | 예제문제 |

대형할인매장에서 매장위치에 따라 음료 판매량의 변화가 있는지를 검

정하고자 한다. 보통의 상품처럼 평범한 2층 선반과 고객의 눈이 잘 띄는 곳인 계산대 앞에 1층 전시대에 각 10일 동안 전시해 놓은 결과 다음과 같은 자료를 얻었다. 위치에 따른 판매량의 변화가 있는지를 유의수준 0.05에서 검정해라.

〈표 6.2〉 판매위치에 따른 판매량 자료

2층	22	40	34	64	52	84	62	56	30	59
1층	52	83	71	66	76	90	54	77	67	84

문제풀이
직접계산

검정대상인 귀무가설은 선반이 2층과 1층에 있을 때와는 상관없이 두 위치의 판매량의 평균은 차이가 없다가 되고 대립가설은 전시위치에 따라 판매액이 달라진다이므로 양측검정이 된다.

$$H_0 : \mu_1 - \mu_2 = 0$$
$$H_1 : \mu_1 - \mu_2 \neq 0$$

검정통계량의 t값이 $|t| < t_{n_1+n_2-2,\alpha/2}$ 이면 귀무가설이 기각되므로 좌측은 $t \le t_{n_1+n_2-2,\alpha/2}$이거나 우측의 $t \ge t_{n_1+n_2-2,\alpha/2}$이어야 한다. 그런데 두 표본의 표본수가 각각 10이고 유의수준은 0.05이며 양측검정이므로 임계값은 $t_{10+10-2,\ 0.05/2}$이므로 이를 TINV(0.05[5]), 18)로 구하면 ± 2.1009가 된다.

통합분산의 값은 $s_p = \sqrt{\dfrac{(n_1-1)\cdot s_1^2 + (n_2-1)\cdot s_2^2}{n_1+n_2-2}}$

$$= \sqrt{\frac{(10-1)350.7 + (10-1)157.3}{10+10-2}} = 15.9$$

5) 앞에서 설명한 것과 같이 t값은 엑셀에서 자동적으로 $\alpha/2$로 산출되므로 별도로 나눈 값을 입력할 필요가 없다.

$$t=\frac{(X_1-X_2)-(\mu_1-\mu_2)}{s_p\cdot\sqrt{\dfrac{1}{n_1}+\dfrac{1}{n_2}}}=\frac{(50.3-72.0)-(0)}{15.9\cdot\sqrt{\dfrac{1}{10}+\dfrac{1}{10}}}=-3.045$$

[그림 6.4] 엑셀에서의 직접 계산 결과

F7 =SQRT(((F6-1)*F4+(G6-1)*G4)/(F6-1+G6-1))

	A	B	C	D	E	F	G	H	I
1									
2		**2층**	**1층**			**2층**	**1층**	**함수식**	
3		22	52		평균	50.3	72.0	=AVERAGE(범위)	
4		40	83		분산	350.7	157.3	=VAR(범위)	
5		34	71		표준편차	18.7	12.5	=STDEV(범위)	
6		64	66		자료수	10.0	10.0	=COUNT(범위)	
7		52	76		sp	15.9		=SQRT(((F6-1)*F4+(G6-1)*G4)/(F6-1+G6-1))	
8		84	90		t값	-3.045		=((F3-G3)-(0))/SQRT(F4/F6 + G4/G6)	
9		62	54		t임계값	2.101		=TINV(0.05, 10+10-2)	
10		56	77		p value	0.0069749		=TDIST(-F8,18,2)	
11		30	67						
12		59	84						
13									

[그림 6.5] 검정 결과

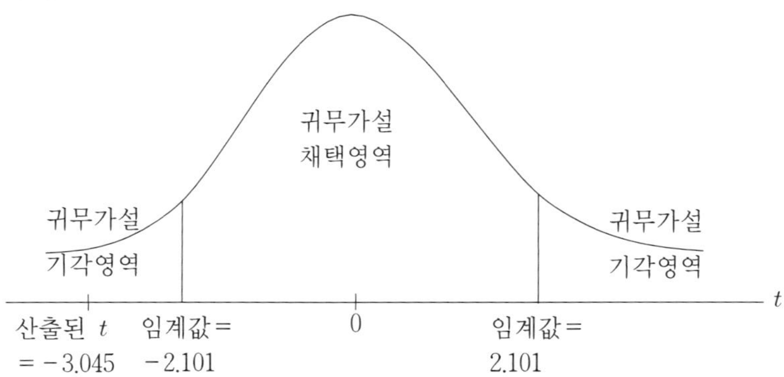

따라서 검정통계량의 t값이 t의 임계값 $t_{10+10-2,\ 0.05/2}=\pm 2.101$보다 더 작으므로 귀무가설은 기각된다.

또한 검정통계량의 t값으로 계산된 p 값은 TDIST(3.045, 18, 2) = 0.0069749이므로 설정된 유의수준 0.05보다 작아 귀무가설은 기각됨을 알 수 있다. 따라서 전시위치에 따른 판매량에는 차이가 있다는 대립가설을 채택한다.

문제풀이 데이터 분석이용

엑셀 메뉴의 데이터-데이터 분석에서 t 검정[6] : 동분산가정 두 집단을 이용하여 두 집단의 평균의 차이에 대한 검정을 행할 수 있다. 이하 다음과 같은 단계를 밟아가면 위에서 직접 계산된 결과와 일치하는 내용을 볼 수 있을 것이다.

〈단계 1〉 통계데이터 분석을 지정하는 절차(MS OFFICE 2007)

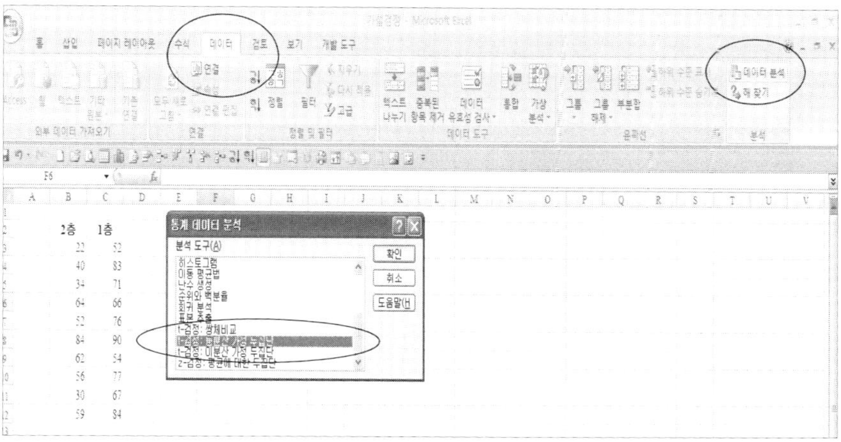

〈단계 2〉 자료를 입력하고 출력범위를 지정하는 순서

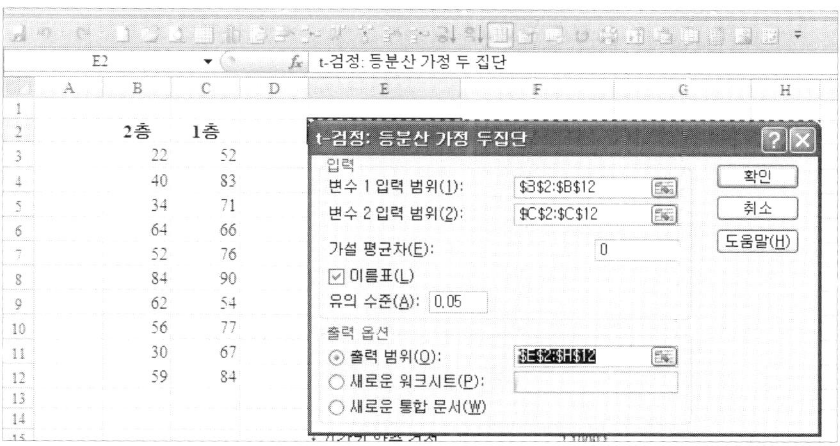

6) 엑셀에서는 동분산(同分散: equal variance)을 등분산(等分散)으로 명명하고 사용하고 있으나 본 책에서는 이를 동분산으로 표기하고자 한다.

〈단계 3〉 동분산가정 두 집단에 대한 t 검정 결과

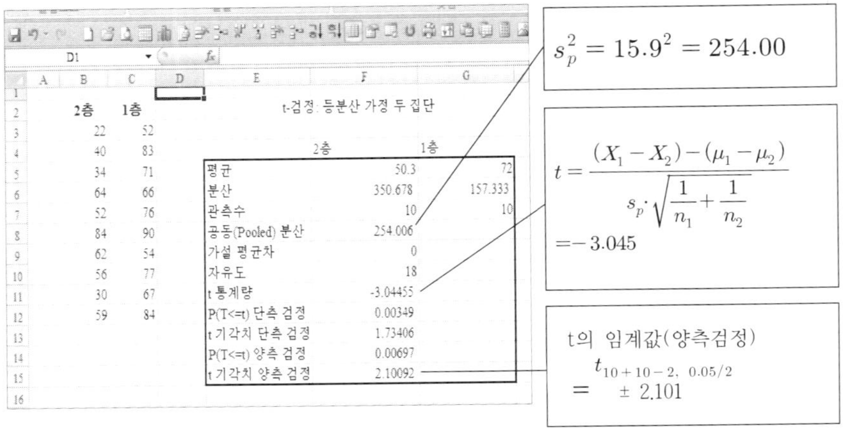

문제풀이
Spss

□ SPSS를 통해서도 위와 동일한 결과를 얻을 수 있다. 그러나 SPSS는 엑셀과는 달리 자료의 입력 방법이 다르다. 엑셀에서는 열을 기준으로 각각의 확률변수의 값을 입력하면 되지만 SPSS는 검정 대상의 변수 값을 한 열에다 입력시키되 다른 열에 각행의 값이 어떤 집단인가를 구분해 주어야 한다. 즉 첫번째 열에는 1층과 2층에 전시된 음료의 판매량을 구분없이 입력하되 그 두번째 열에는 각 행에 맞게 그 판매량이 1층 전시대에서 판매된 것인지, 2층 전시대에서 판매된 것인지를 구분해 주어야 한다는 것이다. 이 책에서 설명되는 엑셀에 의한 방법과 SPSS에 의한 방법은 자료의 입력에 차이가 있다는 점을 염두에 두기 바란다.

□ 엑셀에 동일한 자료가 입력되어 있으므로 엑셀 자료를 SPSS의 Data View에 카피하되 SPSS상에서 약간의 가공을 한다. 변수의 이름을 판매량으로 정하고 1층이냐 2층이냐는 '전시위치'라는 변수 명을 기입한다. 기입은 Variable View에서 한다. Variable View에서 '전시위치' 변수의 value를 클릭하여 [그림 6.6]과 같이 입력한다.

[그림 6.6] Value 값을 넣는 과정

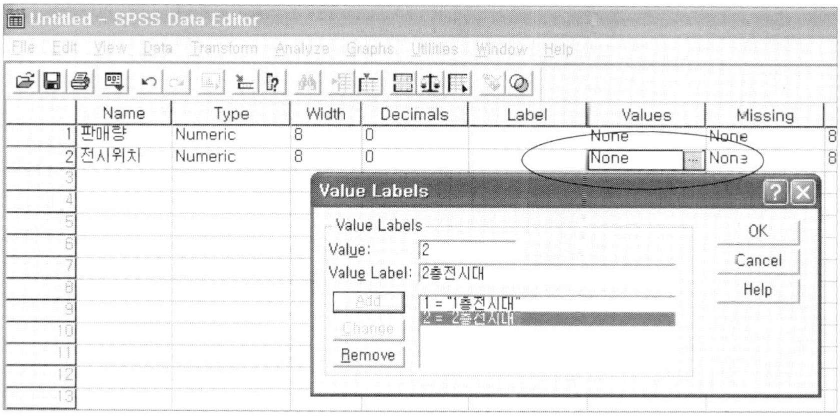

□ 메뉴의 Analyze-Compare Means-Independent samples T Test에서 Test Variable(s)에 판매량 변수를 보내고 Group Variable: 이 전시위치를 정한 것이므로 1과 2를 넣고 Continue를 누르고 option에서 신뢰수준을 설정한다. 예를 들면 유의수준 0.05라면 1－0.05＝0.95를 입력한 후 OK를 누르면 Output SPSS Viewer의 창이 뜨면서 결과가 산출된다.

[그림 6.7] SPSS의 두 모집단의 평균차이 검정 방법

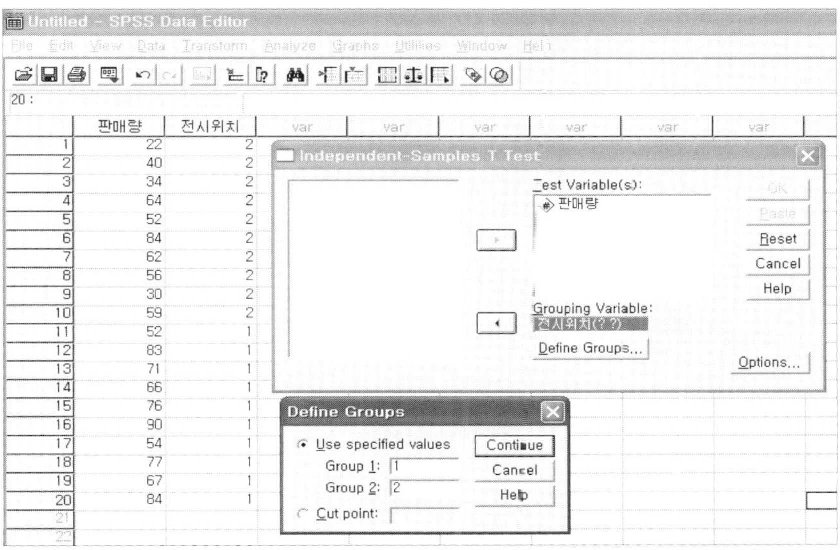

[그림 6.8] SPSS의 두 모집단의 평균차이 검정 결과

➜ T-Test

Group Statistics

	전시위치	N	Mean	Std. Deviation	Std. Error Mean
판매량	1층전시대	10	72.00	12.543	3.967
	2층전시대	10	50.30	18.726	5.922

Independent Samples Test

		Levene's Test for Equality of Variances		t-test for Equality of Means						
									95% Confidence Interval of the Difference	
		F	Sig.	t	df	Sig. (2-tailed)	Mean Difference	Std. Error Difference	Lower	Upper
판매량	Equal variances assumed	1.745	.203	3.045	18	.007	21.70	7.127	6.726	36.674
	Equal variances not assumed			3.045	15.723	.008	21.70	7.127	6.569	36.831

□ 분석결과를 보면 두 줄의 검정결과가 생긴다. Equal Variance Assumed(동분산가정)과 Equal Variance not Assumed(이분산가정)인데 이때 사용된 통계량이 F값이며 그 옆에 관찰된 신뢰수준(observed Significance Level)으로서 Sig.의 값이 생긴다. 유의수준이 0.05이므로 Sig 값이 유의수준보다 큰 0.203의 값을 보이고 있으므로 동분산이라는 가정이 속한 줄이 채택된다[7]. 따라서 그 줄에 속한 t검정 결과를 해석하면 된다.

□ t 값이 직접계산 한 경우나 데이터 분석과 같은 값을 보이며 Sig (p-value)의 값도 동일한 것을 확인할 수 있다. 만약 p-value 값을 확인해 보길 원하면 SPSS의 결과표의 Sig의 값을 엑셀에 카피하여 소수점 자리수를 조정하면 0.00697과 같은 값을 얻을 수 있다. 따라서 귀무가설이 사실임에도 이를 채택하지 아니하고 기각시킬 제 I 종 오류를 범할 확률이 낮아 귀무가설의 기각은 마땅하다는 의미로 해석할 수 있다. 그러므로 전시위치에 따라 판매량은 변한다는 대립가설을 채택한다.

7) 만약 유의수준 0.05에서 F값에 대한 Sig 값이 0.05보다 작다면 동분산이라는 가정이 기각되어 그 다음 줄, 즉 Equal Variance not Assumed(이분산가정)줄에 속한 t 검정을 해석해야 한다.

6.1.3 종속표본이면서 소표본인 경우

다이어트의 효과가 있다는 것을 어떻게 검정할 것인가? 의사의 처방 후 건강상태가 좋아졌다는 것을 어떻게 검정할 것인가? 같은 동네에 위치한 2개의 훼밀리 레스토랑의 일 매출액의 차이가 있는가? 또는 대학을 졸업한 후 바로 취업한 직장 초년생들 중 남자와 여자와의 연봉의 차이가 존재하는가? 등은 우리가 늘 접하는 문제들이다. 그런데 이와 같은 확률변수는 앞서의 독립표본과는 그 특징이 다르다. 이와 같이 짝을 이루거나 서로 대응되는 표본을 종속표본(dependent) 또는 짝을 이루는(paired) 표본이라 하며 두 집단간의 평균차이에 대한 확률분포도 다르게 나타난다. 두 모집단에서 종속적인 표본을 추출하여 두 모집단의 평균차이에 대한 추정과 검정을 할 때는 두 모집단이 정규분포를 이룬다는 것이 전제가 되어야 한다.

짝을 이룬 표본을 X_1, X_2라 할 때 두 표본의 차이를 D라 하면 D의 평균 $\overline{D}$와 표준편차 s_D는 다음의 수식에 따라 산출된다.

짝을 이룬 소표본 D의 평균 $\overline{D}$와 표준편차 s_D

$$\overline{D}= \frac{\sum_{i=1}^{n}(X_1 - X_2)}{n} = \frac{\sum_{i=1}^{n} D_i}{n}$$

$$s_D = \sqrt{\frac{\sum_{i=1}^{n}(D-\overline{D})^2}{n-1}}$$

X_1, X_2 : 짝을 이룬 두 표본

$D_i = X_1 - X_2$

짝을 이룬 소표본 μ_D의 신뢰구간

$$\overline{D}- t_{n_D-1,\alpha/2} \cdot \frac{s_D}{\sqrt{n_D}} \le \mu_D \le \overline{D}+ t_{n_D-1,\alpha/2} \cdot \frac{s_D}{\sqrt{n_D}}$$

자유도(df) $= n_{D-1,\alpha/2}$

짝을 이룬 두 소집단의 평균차이 검정	
단측검정	양측검정
$H_0 : \mu_D = 0$ $H_1 : \mu_D < 0$ 또는 $H_1 : \mu_D > 0$	$H_0 : \mu_D = 0$ $H_1 : \mu_D \neq 0$
검정통계량 $t = \dfrac{\overline{D} - \mu_D}{\dfrac{s_D}{\sqrt{n_D}}}$ $D = X_1 - X_2$: 짝을 이룬 표본집단 1과 2의 차이 $\overline{D} = \dfrac{\sum_{i=1}^{n}(X_1 - X_2)}{n} = \dfrac{\sum_{i=1}^{n} D_i}{n}$ $s_D = \sqrt{\dfrac{\sum_{i=1}^{n}(D - \overline{D})^2}{n-1}}$	
기각영역: 검정통계량 $t < -t_{n_D - 1,\ \alpha}$ 또는 검정통계량 $t > t_{n_D - 1,\ \alpha}$ 자유도(df) $= n_D - 1$ n_D : 짝을 이룬 표본의 차이의 수	기각영역: 검정통계량 $\mid t \mid < t_{n_D - 1,\ \alpha/2}$ 자유도(df) $= n_D - 1$ n_D : 짝을 이룬 표본의 차이의 수

6-3 | 예제문제 |

음식점 사업을 준비하고 있는 대박씨는 서대문구에 있는 두 군데 훼밀리 레스토랑의 매출액을 조사하여 다음과 같은 자료를 얻었다. 같은 요일에 조사된 결과를 놓고 과연 두 군데 훼밀리 레스토랑이 평균적으로 동일한 매출액을 올리고 있는지를 알고 싶어 t 검정을 실시하였다. 적합한 검정방법을 찾고 유의수준 0.05에서 일 매출액이 동일한지를 검정하시오.

〈표 6.3〉 훼밀리 레스토랑의 일 매출액 자료

(단위: 천원)

요일	수요일	토요일	화요일	수요일	금요일	목요일
훼밀리1	1005	2073	873	1074	1932	1338
훼밀리2	918	1971	825	999	1827	1281
요일	목요일	월요일	금요일	월요일	토요일	화요일
훼밀리1	1449	759	1905	693	2106	981
훼밀리2	1302	678	1782	639	2049	933

문제풀이
잘못계산

□ 짝을 이룬 표본을 독립표본으로 잘못 분석할 경우

우리는 위의 자료는 짝을 이룬 종속표본이라는 것을 안다. 왜냐하면 동일 지역내에 동일 요일에 같은 업종의 매출액 자료이기 때문이다. 그런데 만약 이를 독립표본으로 보고 t 검정을 행하면 어떠한 결과가 나올까?

엑셀의 데이터 분석을 이용하여 동분산가정 t 검정과 SPSS의 메뉴의 Analyze-Compare Means-Independent samples T Test를 통해 검정한다고 하자. SPSS에서는 앞서의 예와 같이 자료입력 방법이 엑셀과 틀리다는 점을 유의하고 변수를 매출액과 레스토랑으로 하되 레스토랑 변수명 중 value를 1의 값을 훼밀리1로 하고 2를 훼밀리2로 하자.

[그림 6.9] 엑셀에서의 결과

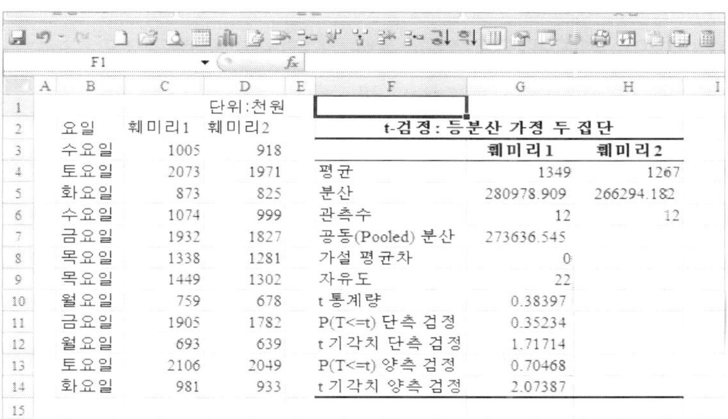

요일	훼미리1	훼미리2
수요일	1005	918
토요일	2073	1971
화요일	873	825
수요일	1074	999
금요일	1932	1827
목요일	1338	1281
목요일	1449	1302
월요일	759	678
금요일	1905	1782
월요일	693	639
토요일	2106	2049
화요일	981	933

단위:천원

t-검정: 등분산 가정 두 집단

	훼미리1	훼미리2
평균	1349	1267
분산	280978.909	266294.182
관측수	12	12
공동(Pooled) 분산	273636.545	
가설 평균차	0	
자유도	22	
t 통계량	0.38397	
P(T<=t) 단측 검정	0.35234	
t 기각치 단측 검정	1.71714	
P(T<=t) 양측 검정	0.70468	
t 기각치 양측 검정	2.07387	

양측 검정결과 엑셀과 SPSS모두 동일한 값이 산출되었다. 엑셀의 결과 산출된 t값이 0.384인데 t의 기각 영역이 ±2.07387으로 임계치보다 작거나 크지 못하므로 채택영역에 속하여 귀무가설은 채택된다. 따라서 주어진 자료를 볼 때 두 훼밀리 레스토랑의 일 매출액의 평균 차이는 없다. 또한 양측검정의 p값도 0.70468이므로 설정된 유의수준 0.05보다 커 귀무가설의 채택을 뒷받침해 주고 있다.

[그림 6.10] SPSS 독립표본 검정 결과

➡ T-Test

Group Statistics

	레스토랑	N	Mean	Std. Deviation	Std. Error Mean
매출액	훼밀리1	12	1349.00	530.074	153.019
	훼밀리2	12	1267.00	516.037	148.967

Independent Samples Test

		Levene's Test for Equality of Variances		t-test for Equality of Means						
									95% Confidence Interval of the Difference	
		F	Sig.	t	df	Sig. (2-tailed)	Mean Difference	Std. Error Difference	Lower	Upper
매출액	Equal variances assumed	.035	.854	.384	22	.705	82.00	213.556	-360.888	524.888
	Equal variances not assumed			.384	21.984	.705	82.00	213.556	-360.906	524.906

Levene 결과는 Sig의 값이 0.854이므로 동분산이라는 가정을 채택한다. 따라서 동분산이라는 줄에 있는 t값을 보면 0.384로서 엑셀과 같으며 두 훼밀리 레스토랑의 일 매출액은 같다는 귀무가설은 Sig 값이 0.705로서 설정된 유의수준 0.05보다 커 귀무가설이 채택됨을 보여준다. 따라서 두 훼밀리 레스토랑의 평균매출액의 차이는 없다고 할 수 있다.

그런데 얼핏 자료를 훑어 보아도 훼밀리 레스토랑1이 훼밀리 레스토랑2보다 거의 모든 요일에서 높다는 것을 알 수 있는데 가설검정 결과 차이가 없다는 것을 납득하기 어려울 것이다. 따라서 표본이 독립적인가 종속적인가를 구별하는 일은 매우 중요하며 짝을 이룬 표본으로 분석해 보기로 한다.

문제풀이
직접계산

두 레스토랑의 차이 D_i의 평균 $\overline{D}$와 표준편차 s_D로서 직접 계산해 보자. 두 집단의 차이의 평균 $\overline{D}=82.0$천원이며 차이의 표준편차 $s_D=31.989$천원으로 나타나 검정통계량 t 값은 8.879로 계산된다. 그런데 양측 검정의 t의 임계값이 2.20099이므로 검정통계량 t는 기각영역에 속하게 된다. 또한 관찰된 유의수준 p값도 0.0000으로서 귀무가설을 기각하는 것으로 나타났다. 따라서 두 레스토랑의 일 매출액의 차이가 없다는 귀무가설을 기각함으로써 차이가 있다는 대립가설을 채택한다. 그림에서도 보듯이 산출된 검정통계량인 t값이 귀무가설의 기각영역에 속하고 있음을 볼 수 있다.

[그림 6.11] 두 레스토랑의 일 매출액 차이에 대한 검정

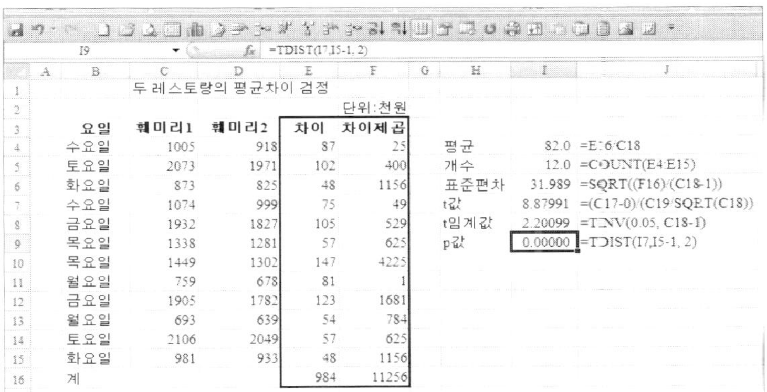

I9 =TDIST(I7,I5-1, 2)

두 레스토랑의 평균차이 검정

단위:천원

요일	훼미리1	훼미리2	차이	차이제곱				
수요일	1005	918	87	25		평균	82.0	=E16/C18
토요일	2073	1971	102	400		개수	12.0	=COUNT(E4:E15)
화요일	873	825	48	1156		표준편차	31.989	=SQRT((F16)/(C18-1))
수요일	1074	999	75	49		t값	8.87991	=(C17-0)/(C19/SQRT(C18))
금요일	1932	1827	105	529		t임계값	2.20099	=TINV(0.05, C18-1)
목요일	1338	1281	57	625		p값	0.00000	=TDIST(I7,I5-1, 2)
목요일	1449	1302	147	4225				
월요일	759	678	81	1				
금요일	1905	1782	123	1681				
월요일	693	639	54	784				
토요일	2106	2049	57	625				
화요일	981	933	48	1156				
계			984	11256				

주: 직접 계산해 보길 바란다.

[그림 6.12] 짝을 이룬 표본 검정 (훼밀리 레스토랑의 경우)

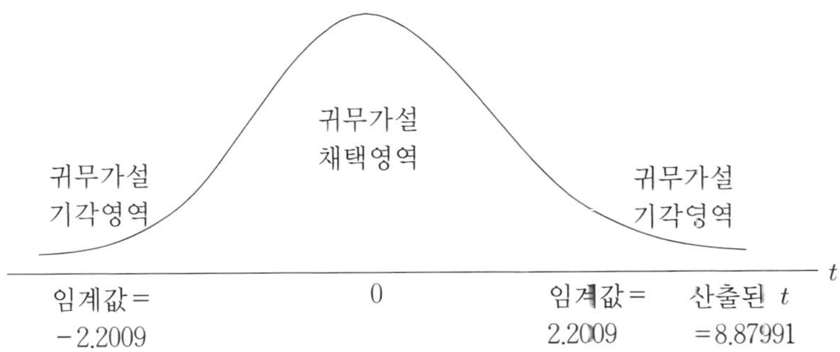

문제풀이 데이터 분석도구 엑셀에서의 메뉴의 데이터-데이터 분석에서 t-검정 : 쌍체비교에서 종속표본의 평균차이에 대한 검정을 수행할 수 있다. 기타 설명은 위와 같으므로 여기서는 생략하기로 한다.

[그림 6.13] *t* 검정: 쌍체비교

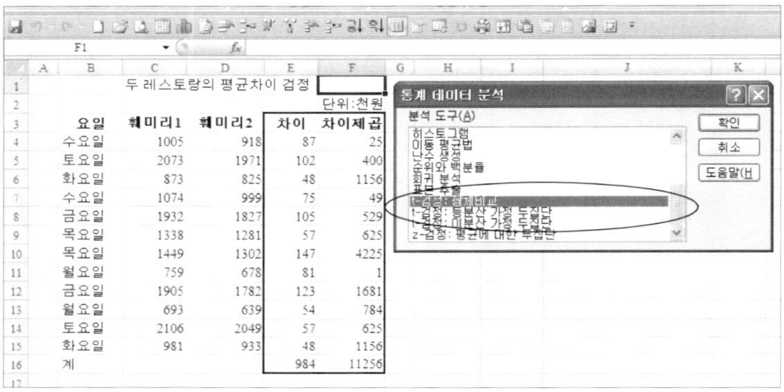

[그림 6.14] *t* 검정: 쌍체비교 결과

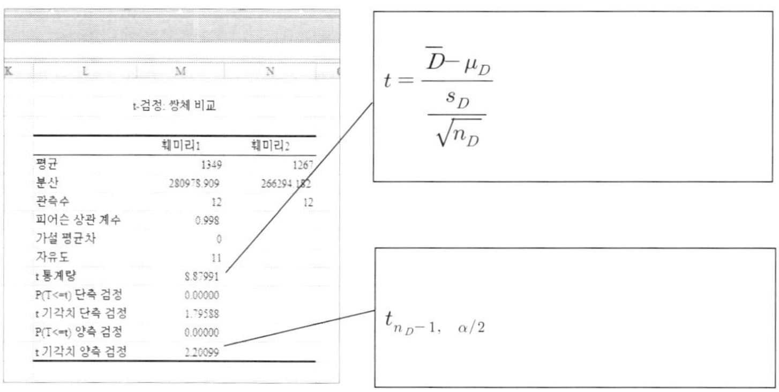

문제풀이 SPSS □ 메뉴의 Analyze-Compare Means-Paired Samples T Test를 실행하면 짝을 이룬 대응표본의 평균차이의 검정을 할 수 있다. 그러나 이번 경우의 자료입력 방법은 엑셀과 동일하다. 따라서 훼밀리1과 훼밀리2를 변수명으로 하여 각각의 열에 엑셀자료를 카피하여 붙여 넣기를 하자.

Paired Samples T Test를 클릭하여 짝을 이룬 훼밀리1과 훼밀리2를 Paired Variables의 박스안으로 보내고 Option을 클릭하여 신뢰도를 95%로 확인한 후 Continue와 OK 버튼을 누르면 Output Viewer의 창이 뜬다.

[그림 6.15] 종속표본의 t 검정

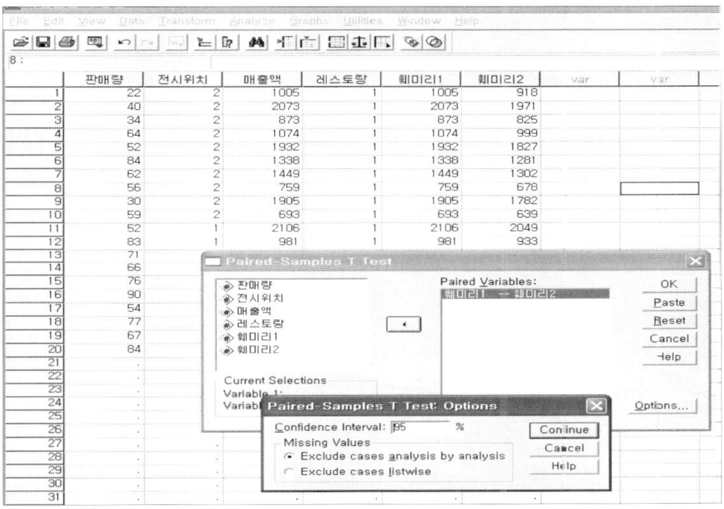

	판매량	전시위치	매출액	레스토랑	훼미리1	훼미리2	var	var
1	22	2	1005	1	1005	918		
2	40	2	2073	1	2073	1971		
3	34	2	873	1	873	825		
4	64	2	1074	1	1074	999		
5	52	2	1932	1	1932	1827		
6	84	2	1338	1	1338	1281		
7	62	2	1449	1	1449	1302		
8	56	2	759	1	759	678		
9	30	2	1905	1	1905	1782		
10	59	2	693	1	693	639		
11	52	1	2106	1	2106	2049		
12	83	1	981	1	981	933		
13	71							
14	66							
15	76							
16	90							
17	54							
18	77							
19	67							
20	84							

[그림 6.16] 종속표본의 t 검정 결과

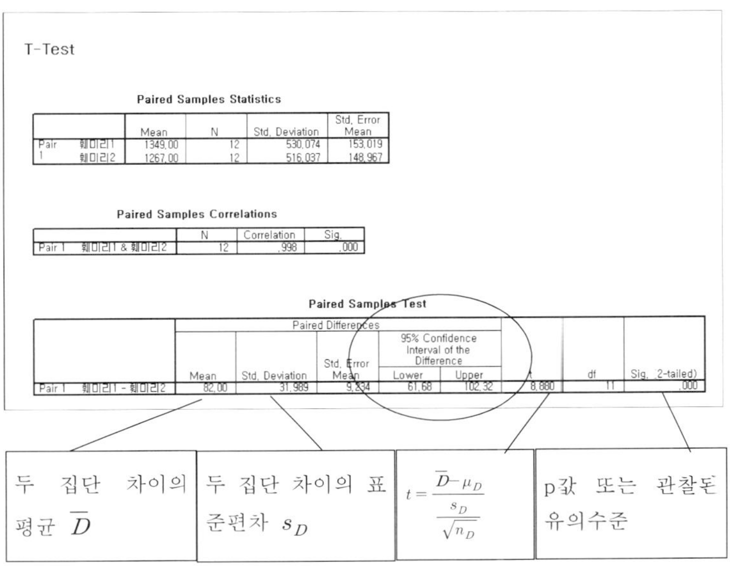

T-Test

Paired Samples Statistics

		Mean	N	Std. Deviation	Std. Error Mean
Pair 1	훼미리1	1349.00	12	530.074	153.019
	훼미리2	1267.00	12	516.037	148.967

Paired Samples Correlations

		N	Correlation	Sig.
Pair 1	훼미리1 & 훼미리2	12	.998	.000

Paired Samples Test

		Paired Differences					t	df	Sig. (2-tailed)
					95% Confidence Interval of the Difference				
		Mean	Std. Deviation	Std. Error Mean	Lower	Upper			
Pair 1	훼미리1 - 훼미리2	82.00	31.989	9.234	61.68	102.32	8.880	11	.000

짝을 이룬 대응 표본에서 서대문구 훼밀리 레스토랑의 일 판매액에 차이가 없다는 귀무가설은 Sig값이 설정된 유의수준 0.05보다 작아 기각되어 두 훼밀리 레스토랑의 일 판매액은 차이가 있다는 대립가설을 채택한다. 특히 원안에 표시된 신뢰수준 95%에서 신뢰구간의 하한값(Lower)의 값이 61.68천원에서 상한값(upper) 102.32천원으로 나타났다. 이의 해석은 평균이 큰 훼밀리 레스토랑1이 훼밀리 레스토랑 2보다 약 62천원에서 102천원 정도 높은 일 매출액을 올린다고 95% 신뢰할 수 있다.

6.2 두 모집단의 분산에 대한 검정: F분포

두 집단의 평균은 집중 경향치를 대표하는 중요한 기술통계량자료이다. 그러나 가끔 우리는 평균과 같이 얼마만큼의 변동성(variability)을 갖는 자료인가에 관심을 둘 경우가 있다. 예를 들면 내 주요 5과목성적이 다른 친구의 것보다 평균은 작지만 얼마 만한 변동폭을 갖고 있는가를 알 필요가 있게 된다. 얼마나 안정적인가를 보고자 하는 것이다. 또한 두 지역의 소득을 비교할 때도 각 지역의 소득 분포가 어떠한 모습을 보여 주는가에도 관심을 기울일 필요가 있으며 두 개의 투자안에 대한 수익률의 변동성에도 관심을 기울일 수 있다. 이러한 것은 두 집단의 평균을 갖고 비교하는 것보다는 분산으로 비교하는 것이 효과적이다. 이때 이용하는 분포가 F분포이다.

앞 절에서는 두 집단의 평균의 차이를 검정하기 위해 t분포를 주로 이용했는데 두 모집단이 정규분포를 이룬다와 분산이 같다는 동분산 가정이 충족된다는 것을 전제로 한 검정이였다.

분산이 같은 두 개의 정규 모집단에서 표본크기 n_1, n_2를 반복하여 추출하여 표본분산 s_1^2, s_2^2을 구하고 표본분산의 비율 $\frac{s_1^2}{s_2^2}$을 구하면 그 비율의 표본분포는 자유도 $v_1 = n_1 - 1$, $v_2 = n_2 - 1$ 인 F분포를 따른다고 한다. $F_{v_1, v_2, \alpha}$로 표기한다. 그런데 두 표본 중 큰 분산을 갖는 표본이 분자 s_1^2가 되며 작은 분산을 갖는 표본이 분모인 s_2^2이 되어야 한다. 따라서 어느 표본이 분산이 큰가를 사전에 알아보아 분모와 분자를 정하여야 한다.

F분포는 오른쪽으로 긴 꼬리 모양을 갖고 있어 왜도(skewness)가 + 의 값을 갖는다. 그러나 두 표본 크기 n_1, n_2가 커지면 커질수록 대칭형으로 바뀌어 가는 특징이 있다. 또한 F값은 언제나 음수값을 갖지 않는다.

***F*-분포**
□ 검정통계량 $F = \dfrac{\text{큰 분산을 갖는 표본}}{\text{작은분산을 갖는 표본}} = \dfrac{s_1^2}{s_2^2}$ 자유도 $v_1 = n_1 - 1$, $v_2 = n_2 - 1$ $n_1 =$ 표본집단 1의 표본수, $n_2 =$ 표본집단 2의 표본수 s_1^2: 표본집단 1의 분산, s_2^2: 표본집단 2의 분산
□ 분산이 큰 집단이 분자가 되어야한다.

따라서 검정통계량의 F값이 설정된 F의 임계값보다 커서 오른쪽에 치우쳐 위치하면 귀무가설은 기각하게 된다. 다시 한번 설명하지만 두 집단 중 표본의 분산이 큰 집단이 s_1^2이 되고 자유도의 v_1이 된다.

[그림 6.17] F 분포의 임계값

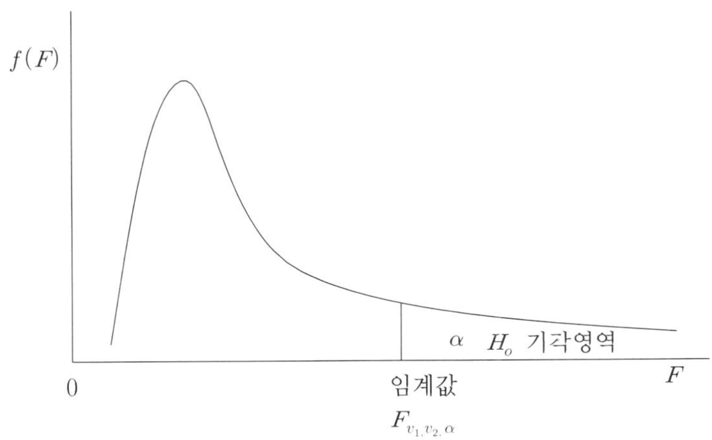

<table>
<tr><th colspan="2">F 분포를 이용한 모집단의 동분산 검정</th></tr>
<tr><th>단측검정</th><th>양측검정</th></tr>
<tr><td>$H_0 : \sigma_1^2 = \sigma_2^2 \quad (\frac{\sigma_1^2}{\sigma_2^2} = 1)$
$H_1 : \sigma_1^2 < \sigma_2^2$ 또는
$H_1 : \sigma_1^2 > \sigma_2^2$</td><td>$H_0 : \sigma_1^2 = \sigma_2^2$
$H_1 : \sigma_1^2 \neq \sigma_2^2$</td></tr>
<tr><td colspan="2">검정통계량 $F = \frac{\text{큰 분산을 갖는 표본}}{\text{작은분산을 갖는 표본}} = \frac{s_1^2}{s_2^2}$</td></tr>
<tr><td>기각영역: 검정통계량
$F > F_{v_1, v_2, \alpha}$
자유도 $v_1 = n_1 - 1,\ v_2 = n_2 - 1$</td><td>기각영역: 검정통계량
$F > F_{v_1, v_2, \alpha/2}$
자유도 $v_1 = n_1 - 1,\ v_2 = n_2 - 1$</td></tr>
</table>

6-4 | 예제문제 |

리조트형 호텔을 운영하고 있는 두 회사는 재방문 고객수를 조사하였다. 조사는 각 호텔별로 서로 다른 요일을 기준으로 독립적으로 행하여졌다. 두 호텔의 마케팅 담당자는 두 호텔간의 재방문 고객수의 변동성에 차이가 있는지를 검정하고자 한다. 유의수준 0.1에서 두 호텔간의 재방문 고객의 변동성을 검정해라.

〈표 6.4〉 두 호텔 재방문 고객수

호텔A	34	25	18	10	28	38	21
	32	40	22	23	22	29	
호텔B	31	18	13	15	27	24	19
	13	22	19	18	18	23	19
	22	23	21	13			

문제풀이 엑셀에서 직접계산

두 호텔 재방문 고객수의 변동성의 차이가 있는가를 알아보기 위해서 가설을 설정하는데 검정 대상은 각 호텔의 분산이다.

σ_A^2: 호텔 A 재방문 고객수의 모분산

σ_B^2: 호텔 B 재방문 고객수의 모분산

귀무가설 $H_0 : \dfrac{\sigma_A^2}{\sigma_B^2} = 1 \quad (\sigma_A^2 = \sigma_B^2)$

대립가설 $H_0 : \dfrac{\sigma_A^2}{\sigma_B^2} \neq 1 \quad (\sigma_A^2 \neq \sigma_B^2)$

비록 호텔 A를 분자로 설정했지만 실제에 있어서는 사전 분석을 통해 두 호텔 A, B 중 어느 호텔의 재방문 고객수의 분산이 큰가를 계산하여야 한다. 곧 연이어 설명하겠지만 엑셀의 데이터 분석의 F 검정과도 관련되어 있으므로 주의하여야 한다. 본 설명에서 혼란을 피하기 위해 두 호텔의 분산을 미리 계산하여 호텔 A를 분자로 정하게 되었음을 밝힌다.

자유도(df)를 보면 호텔 A의 $v_A = n_A - 1 = 12$, 호텔 B의 $v_B = n_B - 1 = 17$이 된다. 따라서 검정통계량은

$$F = \frac{\text{분산이 큰 표본}}{\text{분산이 작은 표본}} = \frac{s_A^2}{s_B^2} = 2.97229$$

이고 $\alpha = 0.1$ 이므로 양측검정의 임계값은 $F_{v_A, v_B \alpha/2}$가 된다. 엑셀에서의 임계값의 계산식은 $=FINV(0.1/2, v_A, v_B)$로 구하면 되고 그 값은 2.38065이다. 따라서 그래프를 보질 않아도 여러분 머릿속에 F분포도가 그려져 있다면 검정통계량의 값인 2.97229가 임계값 2.38065보다 크므로 임계값의 오른쪽인 기각영역에 속하게 됨을 알 수 있다. 따라서 두 호텔 재방문 고객수의 변동이 같다는 귀무가설은 기각되어 두 호텔 간의 재방문 고객수의 변동폭은 다르다는 대립가설을 채택한다.

이는 p 값으로도 확인할 수 있다. F 분포의 p값은 $FDIST$(산출된 F값, v_A, v_B)이므로 $= FDIST(2.977229, 12, 17) = 0.02004$가 되어 설정된 유의수준 0.1보다 작아 귀무가설이 기각됨을 확인할 수 있다.

[그림 6.18] 두 호텔의 F 검정

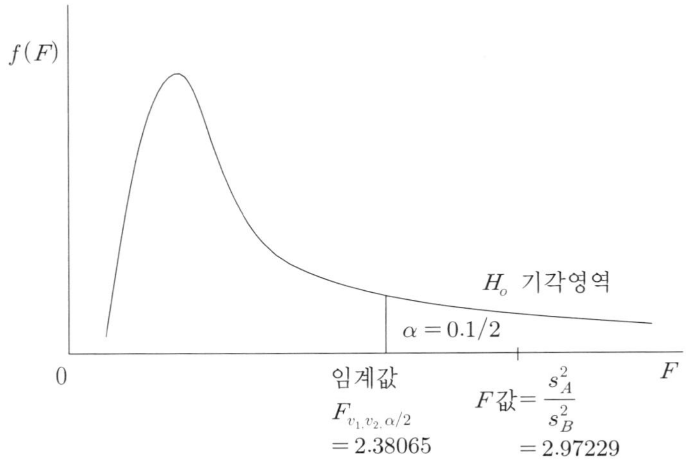

[그림 6.19] 엑셀에서의 직접계산 내용

G9 =FDIST(G5/2,G6,G7)

	A	B	C	D	E	F	G	H
1								
2		호텔A	호텔B					
3		34	31		분산	호텔A	69.89744	=VAR(B3:B15)
4		25	18			호텔B	23.51634	=VAR(C3:C20)
5		18	13		F비		2.97229	=G3/G4
6		10	15		자유도	호텔A	12	=COUNT(B3:B15)-1
7		28	27			호텔B	17	=COUNT(C3:C20)-1
8		38	24		임계값		2.38065	=FINV(0.1/2,G6,G7)
9		21	19		p-value		0.22151	=FDIST(G5,G6,G7)
10		32	13					
11		40	22					
12		22	19					
13		23	18					
14		22	18					
15		29	23					
16			19					
17			22					
18			23					
19			21					
20			13					

문제풀이 데이터 분석

위의 문제는 엑셀 메뉴의 데이터-데이터 분석-F검정: 분산에 대한 두 집단 도구를 이용하면 손쉽게 구할 수 있다. 요구하는 내용대로 자료범위를 입력하되 유의수준이 0.1 이지만 양측검정에 대한 임계값을 알기 위해서는 0.1이 아닌 0.1/2로 정해야 한다는 점만 주의하면 직접 계산한 결과와 동일한 내용을 얻을 수 있다. 또한 p 값도 동일하게 산출된다.

[그림 6.20] 엑셀에서의 F 검정

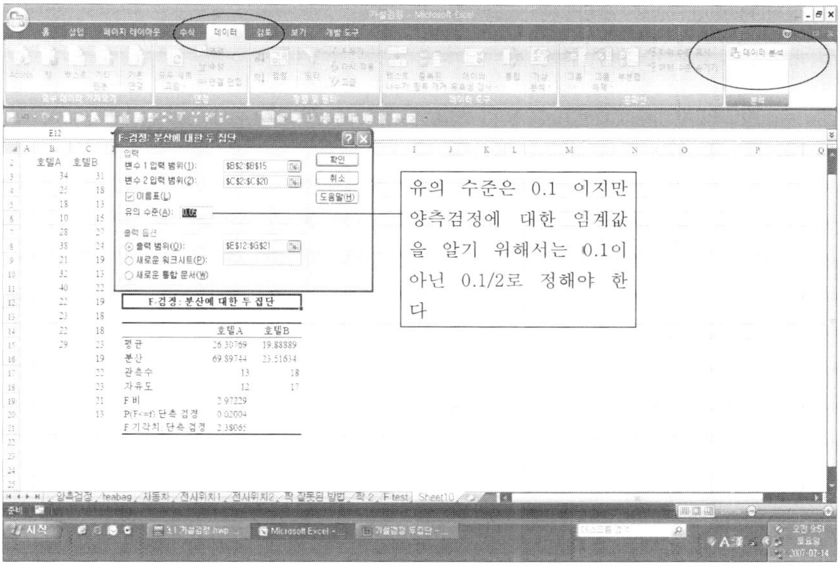

6-5 | 예제문제 |

항공사에 걸려오는 예약 상담 전화의 성공건수를 다음과 같이 조사하였다. 조사는 항공사의 지점 A와 B 두 곳을 선정하였고 각각 독립적으로 요일을 선정하였다. 항공사 사장은 두 지점의 예약상담 성공건수가 다른지 같은지를 검정하고자 한다. 유의수준 0.05로 변동성을 검정하시오.

〈표 6.5 〉 두 항공사 상담 성공자료

group1	62	42	52	53	57	53
	36	46	43	34	68	56
	48	50	42			
group2	65	66	58	70	78	53
	60	71	68	63	69	63

자료: http://cafe.naver.com/haveajoy 자료실 두 항공사 상담 성공률.xls

문제풀이

데이터 분석

$$\text{귀무가설} \ H_0 : \frac{\sigma_A^2}{\sigma_B^2} = 1 \quad (\sigma_A^2 = \sigma_B^2)$$

$$\text{대립가설} \ H_0 : \frac{\sigma_A^2}{\sigma_B^2} \neq 1 \quad (\sigma_A^2 \neq \sigma_B^2)$$

위의 예와 동일한 내용으로 분석을 행하면 된다. 다만 분산이 큰 표본이 분자가 되어야 한다는 점을 주의하면 된다. 이에 대한 직접계산과 데이터-데이터 분석 메뉴를 이용한 결과는 다음 그림과 같다. 산출된 F값이 임계값의 좌측에 있으므로 또한 p 값이 설정된 유의수준 0.05보다 크므로 귀무가설은 기각되어 두 지점간의 예약성공 건수의 변동성이 다르다는 충분한 근거가 없다.

[그림 6.21] 직접계산과 데이터분석메뉴이용 분석 결과

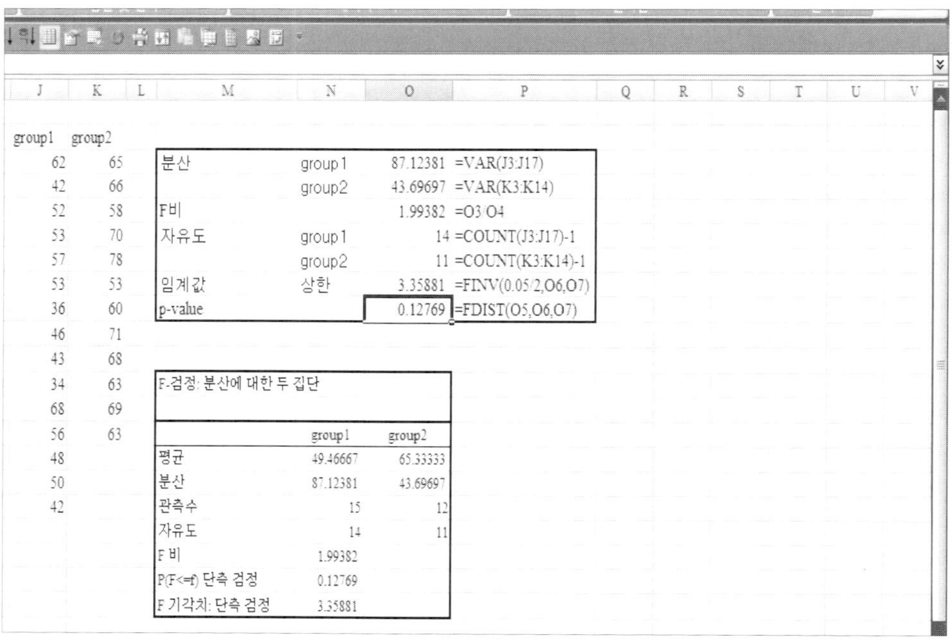

group1	group2
62	65
42	66
52	58
53	70
57	78
53	53
36	60
46	71
43	68
34	63
68	69
56	63
48	
50	
42	

분산	group1	87.12381	=VAR(J3:J17)
	group2	43.69697	=VAR(K3:K14)
F비		1.99382	=O3/O4
자유도	group1	14	=COUNT(J3:J17)-1
	group2	11	=COUNT(K3:K14)-1
임계값	상한	3.35881	=FINV(0.05/2,O6,O7)
p-value		0.12769	=FDIST(O5,O6,O7)

F-검정: 분산에 대한 두 집단

	group1	group2
평균	49.46667	65.33333
분산	87.12381	43.69697
관측수	15	12
자유도	14	11
F 비	1.99382	
P(F<=f) 단측 검정	0.12769	
F 기각치: 단측 검정	3.35881	

[그림 6.22] F-검정 결과

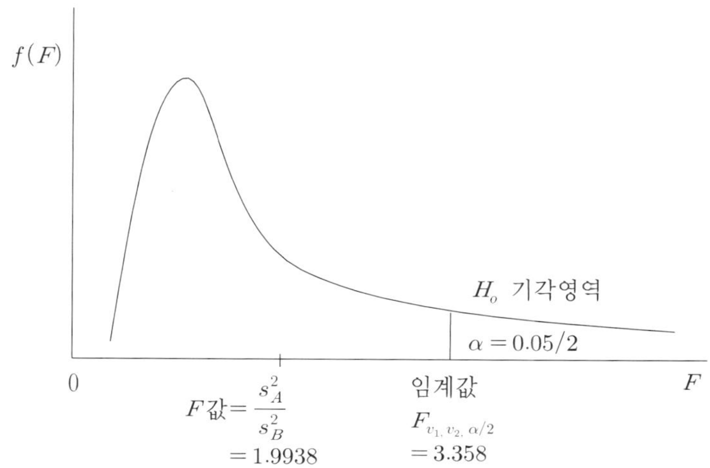

6.3 두 모집단의 비율차이에 대한 Z 검정

6.3.1 비율차이에 대한 Z 검정[8)]

6-6 | 예제문제 |

TC리조트는 Beach Hotel과 Winds Hotel 두개를 운영하고 있다. 성공적인 경영을 위해 두 호텔의 방문자에 대한 호텔이 제공하는 서비스를 평가하는 조사를 시행하고자 한다. 조사의 주 목적은 만족스런 관광객은 다시 리조트를 찾을 것이고 그렇지 않은 고객은 서비스에 대한 불만족으로 다시 찾지 않을 것이기 때문에 호텔경영을 위해 매우 중요한 의사결정을 해야 할 것이기 때문이다. 조사 문항은 "다시 TC 리조트를 방문하신다면 머무르셨던 호텔을 다시 선택하시겠습니까?"에서 Beach Hotel은 227명

8) 범주형 자료분석 편을 참조 바란다.

중 163명이, Winds Hotel 은 262명 중 154명이 "예"라고 답하였다. 0.05 유의수준에서 두 호텔 간의 재방문 의도간의 차이가 있는가를 검정해라?

〈표 6.6〉 Hotel 재방문에 대한 조사표

재방문여부	Beach	Winds	계
예	163	154	317
아니오	64	108	172
계	227	262	489

문제풀이
직접계산

Z 검정은 두 모집단에서 충분하게 추출한(large sample size) 두 표본 비율인 $p_{s_1} - p_{s_2}$ 차이를 검증할 수 있다.

두 비율차이에 관한 Z 검정

검정통계량 $Z = \dfrac{(p_{s_1} - p_{s_2}) - (p_1 - p_2)}{\sqrt{\bar{p}(1-\bar{p})(\dfrac{1}{n_1} + \dfrac{1}{n_2})}}$

$\bar{p} = \dfrac{X_1 + X_2}{n_1 + n_2}, \quad p_{s_1} = \dfrac{X_1}{n_1}, \quad p_{s_2} = \dfrac{X_2}{n_2}$

p_{s_1} = 표본 1의 성공비율(확률)
X_1 = 표본 1의 성공의 수
n_1 = 모집단의 1의 표본 크기
p_1 = 모집단 1의 성공비율(확률)
p_{s_2} = 표본 2의 성공비율(확률)
X_2 = 표본 2의 성공의 수
n_2 = 모집단의 2의 표본 크기
p_2 = 모집단 2의 성공비율(확률)
$\bar{p}$ = 모집단 전체의 성공비율

귀무가설은 두 독립 모집단의 비율간의 차이가 없다가 된다.
즉 $H_0 : p_1 = p_2, \qquad H_1 : p_1 \neq p_2$

TC 리조트간의 동질성에 대한 Z 검정을 하면 0.05 유의수준에서 양측 검정의 Z값의 임계치는 1.96이 된다.

[그림 6.23] 비율 검정

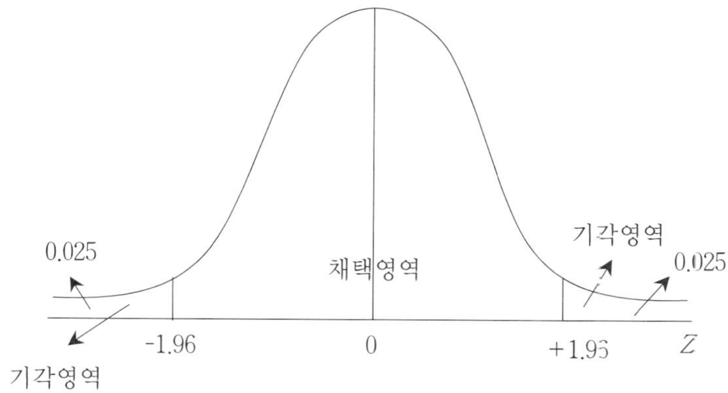

$$p_{s_1} = \frac{X_1}{n_1} = \frac{163}{227} = 0.718,\ \ p_{s_2} = \frac{X_2}{n_2} = \frac{154}{262} = 0.588$$

$$\therefore\ \bar{p} = \frac{X_1 + X_2}{n_1 + n_2} = \frac{317}{489} = 0.648$$

$$Z = \frac{(0.718 - 0.588) - (0)}{\sqrt{0.648(1-0.648)(\frac{1}{227} + \frac{1}{262})}} = \frac{0.13}{0.0433} = +3.002$$

0.05유의수준에서 귀무가설 H_o는 $Z = +3.00$ 〉 +1.96이기 때문에 기각영역에 속해 기각된다. 만약 귀무가설이 사실이라면, Z 통계량의 값이 +1.96보다 작거나 1.96보다 커야 한다.

p값이란 제Ⅰ종 오류를 범할 실제로 정확한 확률, 즉 사실인 귀무가설을 거부하게 하는 유의수준 α의 최소치를 의미하므로 만일 귀무가설이 사실일 때 검정통계량 Z의 값이 표본분포의 중심에서 멀어질수록 자료와 귀무가설 사이에 일치성이 작게 되어 귀무가설을 거부하게 되고 p값은 작게 된다. 반대로 검정통계량의 값이 표본분포의 중심에 가까워 질수록 p값이 크게 되어 귀무가설은 채택하고 검정통계량 Z값과 p값은 부의 관계를 이룬다[9].

따라서 $Z = 3.002 > Z_{0.025} = 1.96$ 이므로 H_o를 기각하게 되고 양측검정에서 엑셀에서 p값=Z×(1−NORMSDIST(3.002))=Z×0.00134 〈 α = 0.05이므로 H_o는 기각한다.

재방문의도로 본 두 호텔의 만족도의 차이에 대한 비율검정은 차이가 있다고 할 수 있으며 Beach Hotel이 Winds Hotel보다 재방문의사의 비율이 크다고 할 수 있다.

6.3.2 두 독립집단비율의 신뢰구간추정

두 비율간 차이에 대한 신뢰구간 추정식
$(P_{s_1} - P_{s_2}) \pm Z\sqrt{\bar{p}(1-\bar{p})} \cdot \ (\frac{1}{n_1} + \frac{1}{n_2})$
또는
$(p_{s_1} - p_{s_2}) - Z\sqrt{\bar{p}(1-\bar{p}) \cdot \ (\frac{1}{n_1} + \frac{1}{n_2})} < (p_1 - p_2) < (p_{s_1} - p_{s_2})$
$+ Z\sqrt{\bar{p}(1-\bar{p}) \cdot \ (\frac{1}{n_1} + \frac{1}{n_2})}$

상기의 예에서 Beach Hotel과 Winds Hotel간의 95% 신뢰구간의 값은 다음과 같다.

$$p_{s_1} = \frac{X_1}{n_1} = \frac{163}{227} = 0.718\,,\ p_{s_2} = \frac{X_2}{n_2} = \frac{154}{262} = 0.588\ \bar{p} = 0.648$$

$$\therefore (0.718 - 0.588) \pm Z_{0.025} = 1.96^{3)} \sqrt{0.648\,(1 - 0.648) \cdot (\frac{1}{227} + \frac{1}{262})}$$

$$= 0.13 \pm 1.96 \cdot 0.0432$$ [10)]

따라서 $0.0453 < (p_{s_1} - p_{s_2}) < 0.2147$

Beach Hotel Winds Hotel 간의 재방문 비율의 차이는 95% 신뢰수준에서 0.0453 ~ 0.2147의 차이가 있다.

---

9) 강금식, 「현대통계학」, p. 341.

10) = NORMSINV(0.025)

09 조사설계와 분산분석

t 검정은 두 모집단의 평균이나 비율이 동일하다는 가설을 검정하는 방법이다. 그러나 이러한 방법으로는 세 개 이상의 모평균이 서로 동일하다는 가설을 검정하기 곤란하다. 예컨대 n 개의 모평균이 서로 같다는 가설을 검정하자면 총 nC_2 번 만큼 검정을 해야 하며 서로 상충되는 결과가 산출될 때 이를 합리적으로 총괄하여 설명해 줄 수 있는 결론을 도출 할 수 없다. 따라서 분산분석(ANOVA: Analysis of Variance)이라는 별도의 기법을 이용해야 한다. 분산분석이 필요한 이유를 간단하게 요약 정리하면 다음과 같다.

첫째, 세 집단의 평균의 동질성을 검정하려면 t 검정을 여러 번 이용하여 하면 되는데 그러면 시행하는 횟수만큼 오류를 범할 확률이 커진다. 예를 들면 t 검정을 1회 시행할 때 오차율이 0.05라면 신뢰수준은 95%인데 반해 2회 시행할 때의 신뢰수준은 $0.95 \times 0.95 = 0.9025$로 감소하며 3회 시행하는 경우 $0.95 \times 0.95 \times 0.95 = 0.8574$로 횟수를 증가할수록 통계적 검정에 대한 신뢰수준이 떨어지게 된다.

둘째, 분산분석이란 표본들의 분산을 분석함으로써 모집단 평균들의 동일성을 검정하는데 유용한 통계적 기법이다.

셋째, 분산분석의 기본가정은 다음과 같다.

모집단은 정규분포를 이룬다. 모집단의 분산은 모두 같다. 모집단의 평균은 서로 다르더라도 분산은 같아야 한다. 이는 모집단 간의 분산을 통합하여 분석하기 위해서 필요한데 만일 각 모집단에서 추출하는 표본의 크기가 같으면 F분포에 입각한 추론이 분산이 다르다고 해서 크게 영향을 받지 않기 때문이다. 그러나 표본의 크기도 같지 않고 분산도 같지 않으면 분산분석에 의한 추론은 큰 영향을 받는다. 표본은 각 모집단에서 무작위로 추출하여야 하며 추출된 표본은 서로 독립적이어야 한다.

넷째, 각 수준간[1] 표본평균들의 차이는 수준간(계급값) 모집단 평균이 실제로 다르기 때문에 발생할 수도 있지만 수준내 실험의 되풀이로 인한 오차현상에 기인하다고 볼 수도 있다. 수준(level)이란 한 독립변수내에

---

1) 독립변수의 계급값이나 독립변수내의 그룹을 의미한다.

여러 계급이 있다는 것을 의미한다. 예를 들면 「성별(gender)」이라는 독립변수는 남자와 여자의 그룹, 즉 두 수준이 있으며 「계절」이라는 독립변수는 봄, 여름, 가을, 겨울의 4수준이 있으며 「대학생」이란 독립변수는 1, 2, 3, 4학년의 4개의 수준이 있다. 따라서 t 검정이 두 집단간의 평균의 차이를 검증할 수 있지만 즉, 대학생 1학년과 3학년, 3학년과 4학년과 같이 두 그룹간의 평균의 차이를 검증할 수는 있어도 대학생 전체 4그룹간의 평균차이를 한번에 검증할 수 없다. 따라서 3개 이상의 수준으로 이루어진 독립변수의 비교를 위해 분산분석(ANOVA)을 이용하는 것이다.

이상이 분산분석이 갖는 기본적인 내용이라고 할 수 있다.

그런데 우리가 연구하고 있는 사회과학 분야의 대부분 자료는 대상을 구체적으로 정해놓고 실험을 통해 얻는 설계자료(designed experiments) 보다는 관측된 표본자료(observational sampling experiments)를 이용하여 사회현상을 분석한다. 즉, 의도된 실험을 통해 자료를 얻기보다는 외부에서 얻은 자료를 갖고 분석에 임하는 경우가 많을 수 있다. 그러나 때론 주 연구대상 변수에 영향을 미치는 하나 또는 둘 이상의 변수(the levels of one or more variables)가 무엇인가를 알아보기 위해 구체적으로 분석할 필요가 있는 경우도 있게 된다. 왜냐하면 외부에서 얻은 관측 자료에 대해서 우리는 어떠한 영향력을 행사할 수도 없고 해서도 안 되기 때문이다. 그러나 의도된 설계실험을 한다면 관심있는 변수에 대해 영향을 주는 변수들을 알아보기 위해 의도되고 반복적인 통제를 행하면서 실험내용을 관찰할 수 있게 된다. 예를 들면 백화점에서 특정매장을 1층 출입구 옆에 배치한 경우와 2층 구석진 곳에 배치했을 때의 매출액의 변화, 호텔의 커피라운지를 1층에 또는 2층에 배치했을 때의 고객 만족의 정도, 서비스 매장에 직원 수를 늘렸을 때 고객들의 호텔에 대한 충성도의 변화 등등을 알아보는데 실험이라는 방법을 이용할 수 있다.

실제 경제상황에서 실험을 통해 얻는 자료를 설계(design)하기란 어렵다고 할 수 있으나 때로는 실험을 통해 자료를 얻는 방법과 내용을 이해하는 것은 필요하다고 할 수 있어 이 장에서는 실험설계의 기본요소, 분석방법과 결과 해석에 관한 내용을 다루면서 세 개 이상의 독립표본에 대한 평균의 차이를 검증하는 분산분석을 이해하고자 한다.

[그림 1.1] 조사설계와 분산분석(ANOVA)

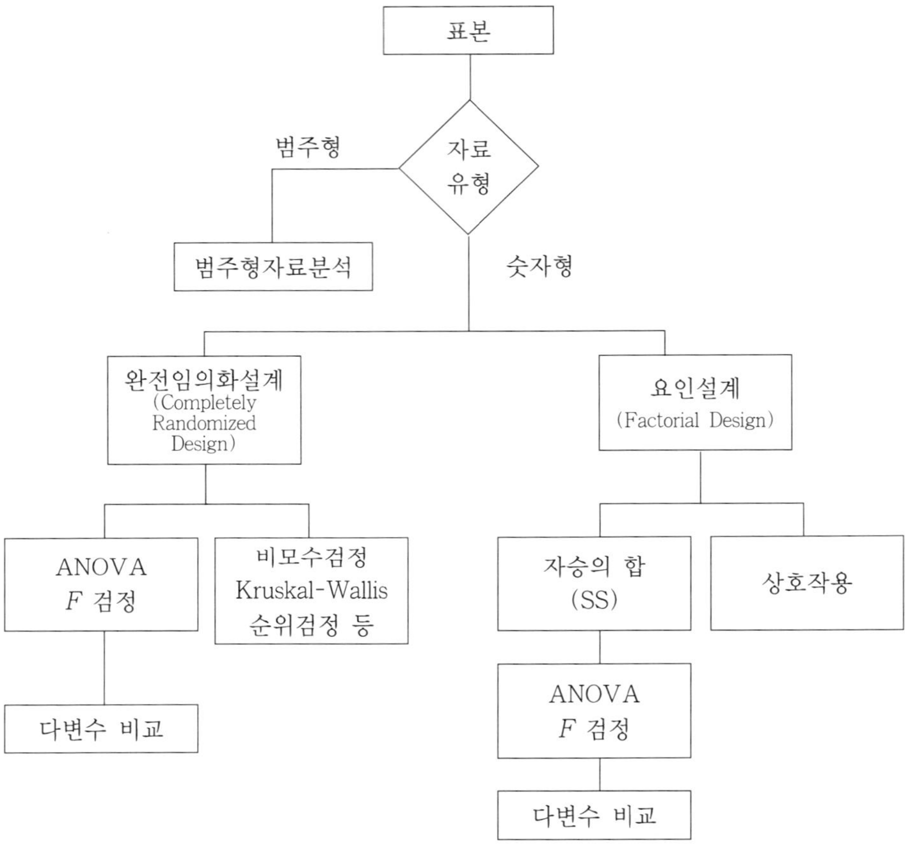

분산분석에 이용하는 자료는 숫자형 자료(numerical data)이며 범주형 자료(categorical data)는 분할표(contingency table)의 작성을 통한 χ^2를 이용하여야 하며 이에 따른 설명은 장을 바꾸어 범주형 자료분석에서 별도로 하기로 한다.

1. 실험설계요소(Elements of Designed Experiment)

실험을 설계하기 전에 몇 가지 용어를 이해해야 한다. 반응과 요소, 수준이란 용어가 그것이다. 반응(Response)은 실험의 주된 변수인데 예를 들면 고3의 '수능점수', 올해 '총 판매액', 한 가구의 '일년 소득' 등을 들 수 있고 모든 독립변수(independent variables)가 주는 영향의 결과로 나타나기에 종속변수(dependent variables)라고도 한다. 반면 우리가 공부하는 대부분의 내용은 반응에 영향을 주는 독립변수를 찾는 일인데 설계된 실험에서는 이를 요인(factors)이라고 한다. 요인도 독립변수와 같이 질적, 양적(qualitative, quantative) 자료 모두를 사용할 수 있다. 고등학교 3학년이 치러야 하는 수능시험의 점수를 예로 보자. 수능시험점수는 수능점수에 영향을 주는 모든 독립변수에 따라 나타나게 되므로 이때 수능점수가 반응변수(종속변수)가 되고 수능시험을 보는 고등학교 3학년 수능점수에 영향을 미치는 독립변수들이 요인이 된다. 즉, 요인은 공부시간, 그날의 컨디션, 학교까지의 교통시간, 잠잔 시간 등으로 설명할 수 있다. 이와 같이 요인은 독립변수를 말하며 독립변수는 질적, 양적 자료 모두를 포함한다.

반응변수(response variable) = 종속변수
요인(factor) = 독립변수

그런데 수능을 보는 학생을 성별로 나누면 남학생과 여학생으로 구분할 수 있으며 공부시간도 계급값으로 세분하여 반응변수인 수능점수와 비교해 볼 수 있다. 따라서 수준(levels)은 실험에 적용되는 요인값(value of factor)으로 표현된다. 수준은 양적 숫자로 표현할 수 있기도 하며 질적으로도 표현할 수 있다. 예를 들면 성별(gender)의 수준은 질적 자료로서 숫자가 아닌 '남학생'. '여학생'으로 표현되지만 직원 수는 1, 3, 5, 7, 9, 12345로 교육년수는 8, 12, 16, 20 등의 숫자도 표현할 수 있다. 즉, 요인(factor)이라는 독립변수를 몇 개의 경우로 세분한 것을 수준(level)이라

고 한다.

또한 수준간의 조합을 통하여 반응변수를 고찰할 수도 있다. 예를 들면 남학생의 공부시간이나 여학생의 공부시간 또는 남학생의 내신등급, 여학생의 내신등급 등으로 수준간의 조합을 만들 수 있는데 이를 처리(treatment)라 한다. 따라서 처리란 요인의 수준간 어떤 조합을 의미한다. 요인이 둘 이상이라면 처리는 요인-수준의 조합이 된다. 즉, 반응변수인 수능점수에 성별(남학생 : M, 여학생 : F)과 내신등급의 두 요인이 적용되면 처리는 (F, 2), (M, 1), (F, 5) … 등의 조합이 된다. 요인은 수준으로 세분되며 각 수준은 조합을 이루어 처리가 된다. 따라서 처리란 분산분석표를 구성하는 한 칸 · 한 칸을 의미한다.

이를 간단한 예로 설명해 보기로 한다. 지금 공부하는 마케팅 조사론의 시험성적은 반응변수가 되고 남학생과 여학생의 두 수준에 각자가 받은 점수는 모두 '처리'가 된다. 그럼 한번 평균이라는 개념을 여기에 적용해 보자. 첫째, 남학생과 여학생을 구분하지 않고 전체를 대상으로 한 총 평균이 있다. 둘째, 남학생과 여학생 두 수준의 평균이 있다. 그런데 이 평균값이 똑같지 않고 서로 다른 값으로 산출될 것이다. 시험점수는 연속확률변수이므로 평균값은 점의 값이 아니고 구간의 값을 갖는다. 따라서 평균값이 남학생과 여학생이 다르다고 두 집단(수준)간에는 성적에 차이가 있다고 말하기가 어렵다. 표본의 평균을 갖고 모평균을 추정하는 경우와 같다. 그래서 신뢰구간이라는 용어에 '구간'(interval)이란 용어가 따라 다니는 것이다.

따라서 산출된 평균값만 갖고 두 수준(집단)의 차이가 있다 없다라는 가설을 검정하기가 어렵게 되므로 분산의 개념을 이용하는 것이다. 분산은 평균과의 차이의 제곱을 자유도($n-1$)로 나누어 주면 된다. 만약 차이에 제곱을 안하면 모든 편차의 합은 항상 '0'이 된다는 점은 다 알고 있을 것이다.

그럼 이 경우의 몇 개의 분산이 있나 한번 생각해 보자.

첫째, 전체 평균과 남녀를 가리지 않은 전체 처리(남녀학생의 점수)와의 차이의 제곱(분산) 둘째, 남학생과 여학생의 각 평균과 전체평균과의 차이의 제곱 셋째, 남학생과 여학생의 평균과 각 남학생, 여학생(처리)이

받은 점수와의 차이의 제곱, 이렇게 3종류로 볼 수 있다. 따라서 우리는 첫째를 총변동 SS라 하고 둘째를 그룹간 변동 SST 셋째를 그룹내 변동 SSE라 하며 산출된 값의 합을 각각의 자유도로 나누어 주어 분산의 값을 산출하여 비교하게 된다. 다만 어느 수준에 차이가 있다 없다를 규명하는 일은 다른 과정을 거쳐야 하는데 이는 차차 설명하기로 한다.

1.1 설계실험의 주요요소의 이해

골프협회에서는 골프공의 비거리를 측정하기 위해 4개의 골프회사의 공 10개를 하나의 「드라이브 기계」에 의해 평균 비거리를 $\alpha=0.1$ 수준에서 비교하고자 한다. 이 실험에서 사용되는 주요용어를 사용하여 실험을 설계해 보자.

반응변수(종속변수)는 비거리이고 독립변수인 요인은 드라이버 기계와 골프공 회사 둘이며 수준은 4개 회사의 골프공별 브랜드인 A, B, C, D가 된다. 또한 각 브랜드 수준은 실험횟수에 따른 「처리(treatment)」로 구성된다. 여기에서 처리란 4개 브랜드 회사 골프공을 하나의 드라이버가 친

〈표 1.1〉 드라이버에 의한 브랜드별 골프공의 비거리 실험 자료

회수	브랜드 A	브랜드 B	브랜드 C	브랜드 D
1	251.2	263.2	269.7	251.6
2	245.1	262.9	263.2	248.6
3	248.0	265.0	277.5	249.4
4	251.1	254.5	267.4	242.0
5	260.5	264.3	270.5	246.5
6	250.0	257.0	265.5	251.3
7	253.9	262.8	270.7	261.8
8	244.6	264.4	272.9	249.0
9	254.6	260.6	275.6	247.1
10	248.8	255.9	266.5	245.9

자료: http://cafe.naver.com/haveajoy 자료실, 4개 골프공 브랜드별 비거리xls

비거리의 조합을 의미한다. 즉, A회사의 다섯번째 실험 공이 드라이버에 의해 날라 간 거리가 처리가 되며 횟수는 4 브랜드별 10회의 비거리가 존재하므로 처리는 총 40개가 존재한다. 이러한 실험 독립변수(요인)가 하나이며 다수의 수준이 존재하는 경우를 일원분산분석(one-way ANOVA)이라 한다.

1.2 두 요인 실험

골프협회에서는 '드라이버'와 '아이언 5번'으로 4개회사 골프공의 평균 비거리를 측정하고자 한다. 각 회사별 골프공은 드라이버로 5회, 아이언 5번으로 5회 친다고 할 때 실험을 설계해 보자.

반응변수는 비거리이며 두개의 요인은 골프공의 브랜드와 골프채(club)이다. 골프공의 브랜드는 4개 수준이며 골프채는 드라이버와 아이언 5번의 두 수준으로 구성된다. 골프공의 브랜드는 4수준이고 클럽은 2수준이므로 처리는 클럽-브랜드의 비거리 조합이 되며 40관측치가 존재한다. 독립변수가 둘이며 다수의 수준이 존재할 때 이원분산분석(two-way ANOVA)라 한다.

1-1 | 예제문제 |

문제풀이 답

1. 질적 자료 하나에 A, B, C, D 4개 수준이 있다고 할 때, 처리(treatment)는 무엇인가?

   답) A, B, C, D

2. 다음과 같은 연구실험을 하기로 하였다. 관찰자료(observation)인가 설계자료(design)인가를 판정하고 그 이유를 설명해 보시오.

   2.1 경기도 대학소속 경제학자인 A교수는 도내 실업률과 GRP와의 관계를 밝히고자 과거 10년의 자료를 구하고 있다.

2.2 H 호텔의 총지배인은 5개의 영업장에 대한 매출액을 증가시키기 위해 3개의 인센티브 프로그램 중 어느 것이 가장 효과적인 프로그램인가를 밝히고자 한다.

2.3 T 레스토랑은 매출액에 대한 광고의 영향을 알고자 1분기에 걸쳐, 4개의 매체를 선정하여 이에 대한 조사를 시행하였다.

답) 2.1, 2.3: 관측자료, 2.2:실험설계자료

3. Y 대학병원에서는 흡연자를 대상으로 폐암 무료 진단프로그램을 한시적으로 운영하기로 하였다. 진단을 위하여 CT(computed tomography)와 X-ray 두 종류의 기계를 설치하고 흡연자의 방문 순서대르 무작위로 두 기계에 할당하였다. 이 조사의 목적은 CT와 X-Ray의 두 기계에서 폐암이 발견되는 흡연자들의 평균 나이를 알아보기 위한 것이라고 한다.

3.1 반응변수란?

3.2 실험단위는?

3.3 요인은 무엇인가?

3.4 처리는?

답) 3.1 폐암발병자의 나이

3.2 흡연자

3.3 진단방법

3.4 CT와 X-Ray의 조합

---

2. 완전임의화설계(The Completely Randomized Design): 하나의 요인

분산분석이란 요인(독립변수)을 몇 개의 수준으로 나누고 나누어진 그룹 간에 존재하는 평균의 차이를 검정하는 기법이다. 검정을 위해 실험결과 관측된 표본(처리) 산포를 총 변동(총 자승합)으로 나타내고 이 총 변동을 실험과 관련된 요인들의 변동으로 분해하여 어느 수준(처리)이 오차에 비해 큰 변동을 나타내는가를 규명하는 방법이다[2].

이때 이용할 수 있는 조사설계 방법은 완전 임의화 설계 또는 완전 확률화 설계(completely randomized design)이다. 완전 임의화 설계란 남녀 수능점수 비교를 위해 고 3남학생 20명과 여학생 15명을 독립적으로 표본으로 선택하고 실험에 점수순위나 생년월일 등의 기준을 적용하지 않고 무작위로 각 처리(수준)에 배정하는 방법을 말한다.

2.1 데이터의 배열

요인 A의 수준(그룹, 처리)이 $A_1, A_2, \cdots A_c$의 c개이고 각 수준에 k개의 실험횟수가 있는 일원 요인분석을 위한 엑셀에서의 데이터 배열[3]은 다음 표와 같다.

〈표 2.1〉 일원 배치법의 데이터 배열

		요인의 수준				
		A_1	A_2	…	A_c	
실험횟수	1	X_{11}	X_{12}	…	X_{1c}	
	2	X_{21}	X_{22}	…	X_{2c}	
	3	X_{31}	X_{32}	…	X_{3c}	
	4			…		
	.			…		
	k	X_{k1}	X_{k2}	…	X_{kc}	
합계		T_1	T_2	…	T_c	$T=\sum_{j=1}^{c} T_j$
평균		$\overline{X}_1$	$\overline{X}_2$	…	$\overline{X}_c$	$\overline{\overline{X}}$

2) 강금식(2003), 「EXCEL 활용 현대 통계학」, 박영사, p. 424.

3) 엑셀에서 직접 계산 또는 [도구 메뉴의 데이터 분석] 명령어를 이용할 경우의 데이터 배열과 Spss에서 분석을 하기 위한 데이터 배열과는 서로 다르므로 이 점 유의하기 바란다. Spss에서의 데이터 배열은 다음의 절을 참고 바란다.

$$T_j = \sum_{i=1}^{k} X_{ij}$$

$$\overline{X_j} = \frac{T_j}{k_j} = \frac{\sum_{i=1}^{k} X_{ij}}{k_j}$$

$$T = \sum_{i=1}^{c} T_j$$

$$\overline{\overline{X}} = \frac{T}{k \cdot c} = \frac{\sum_{i=1}^{k}\sum_{j=1}^{c} X_{ij}}{N} = \frac{\sum_{j=1}^{c} \overline{X}_j}{c}$$

X_{ij} = 관측치, i 번째 실험의 j 번째 수준의 관측치

N: 총 처리의 수이므로 $N = k \times c$ 가 된다. 여기에서 X_{32}는 3번째 실험에서 요인의 2번째 처리를 의미한다.

kc 는 실험횟수의 총 처리수를 의미하나 각 수준별로 실험횟수가 다른 경우와 동일한 경우로 나눌 수 있다. 즉 어떤 수준의 경우는 실험횟수가 다른 수준보다 적거나 많을 수 있다는 의미이며 수준별 반복횟수가 동일한 경우와 실험의 반복횟수가 다른 경우로 나눌 수 있다는 의미이다.

귀무가설 $H_0: \mu_1 = \mu_2 = ... = \mu_c$

대립가설 H_1: 모든 μ_j는 같지 않다(j=1, 2, ⋯ c)

2.2 둘 이상 수준의 평균차이에 대한 F 검정

분산분석에서 총 변동(SS)은 집단간(수준간)과 집단내(수준내) 변동으로 나뉘어진다. 집단내 변동은 실험오차(experiment error) 때문에 발생하며 집단간 변동은 처리효과(treatment effect) 때문에 발생한다[4].

4) 이미 ANOVA를 접한 독자들은 용어의 표기에 대해 혼란을 느낄 수 있다. 다른 책에서는 총 제곱합: SS를 SST(Sum of Squares Total)로, 그룹간 변동:SST를 SSB(Sum of Squares Between Groups), 그룹내 변동:SSE를 SSW(Sum of Squares Within Groups)로 표현하고 있으나 본 책에서 다

총변동의 분해 SS = SST + SSE
• SS : 총 제곱합(Total Sum of Squares) 총 제곱합은 총 변동을 의미하는데 각 개별 관측치(X_{ij})와 전체평균($\overline{\overline{X}}=\mu$)과의 차이의 제곱을 의미한다. • SST : 그룹간 변동(Sum of Squares for Treatments) 즉, 그룹간 변동은 각 수준의 평균($\overline{X_j}=\mu_j$)과 전체평균($\overline{\overline{X}}=\mu$)과의 차이의 제곱을 의미한다. • SSE : 그룹 내 변동(Sum of Squares for Error) 즉, 그룹내 변동은 각 수준의 평균($\overline{X_j}=\mu_j$)과 수준을 구성하는 개별 관측치(X_{ij})와의 차이의 제곱을 의미한다. C : 그룹의 수 또는 요인의 수준 수(열의 수) N : 총 처리수(표본 수)

모집단 평균의 동일성을 ANOVA에서 검정하기 위해 총 변동(total variation)은 총 제곱합(SS)으로 표현되며 전체평균 $\overline{\overline{X}}$ 과의 차이의 제곱합으로 구해진다. 총 변동은 처리의 전체평균($\overline{\overline{X}}$)과 각개별 실험-수준 조합의 처리값과의 차이의 제곱의 합으로 구해진다. 이는 각 수준의 평균과 전체평균과의 차이의 제곱합과 각 처리와 처리가 속한 수준의 평균과의 차이의 제곱합으로 나뉘어져 분석된다.

SS: 총 변동
$SS=\sum_{i=1}^{k}\sum_{j=1}^{c}(X_{ij}-\overline{\overline{X}})^2$ $\overline{\overline{X}}=\dfrac{\sum_{i=1}^{k}\sum_{j=1}^{c}X_{ij}}{k\cdot c=N}$ c: 그룹의 수, 요인의 수준 수(열의 수) k: 실험횟수, 행의 수 X_{ij}: i실험의 j수준의 처리값

루는 블록(Block)실험에서 SSB(Sum of Squares for Block)를 사용하므로 SS, SST, SSE, SSB로 사용한다.

그룹간 변동은 SST이며 각 그룹(수준)의 평균 $\overline{X_j}$과 전체평균 $\overline{\overline{X}}$와의 차이의 제곱합에 각 그룹(수준)의 표본수 k를 적용하여 산출된다.

즉 각 수준의 평균과 전체평균과의 차이의 제곱합으로 구해지기 때문에 전체평균에서 각 수준별 평균제곱의 합이 얼마만한가를 보여준다.

SST: 수준(그룹)간 변동

$$SST = \sum_{j=1}^{c} k_j (\overline{X_i} - \overline{\overline{X}})^2$$

k_j: 그룹 또는 수준의 처리횟수(실험 수)

$\overline{X_j}$: j 그룹의 평균

그룹내 변동, SSE는 X_{ij}와 X_{ij}가 속한 그룹(수준)의 평균 $\overline{X_j}$와의 차이의 제곱합으로 이루어진다.

SSE를 j열에 대하여 풀면

$SSE = (X_{1j} - \overline{X_1})^2 + (X_{2j} - \overline{X_1})^2 + (X_{3j} - \overline{X_1})^2 + \cdots\cdots$

$+ (X_{kj} - \overline{X_1})$이 된다.

SSE: 수준(그룹)내 변동

$$SSE = \sum_{i=1}^{k} \sum_{j=1}^{c} (X_{ij} - \overline{X_j})^2$$

그런데 이 모든 자승의 합을 각각의 자유도로 나누어 주면 평균제곱(mean square)이 되는데 이는 분산(variance)과 같은 의미가 되며 두 측정치의 변동성을 비교할 수 있게 된다. 분산은 제곱의 합을 적합한 자유도로 나누어 주어 산출되므로 평균제곱은 모두 분산에 해당된다. 즉, 표본분산식이 $S^2 = \sum_{i=1}^{n} \frac{(X_i - \overline{X})^2}{n-1}$이므로 각 제곱합을 자유도로 나누어 주면 앞의 분산식과 같은 형태를 띠게 된다.

요인의 c개 수준이 비교되므로 수준(그룹)간 자승의 합(SST)의 비교시에는 자유도는$(c-1)$이 되며, 수준(그룹)내 자승의 합(SSE)시에는

$(N-c)$의 자유도를 갖는다. 또한 총 자승의합(SS)은 $(N-1)$의 자유도를 갖는다.

$$\text{실험횟수} \times \text{수준 수} - \text{수준 수} = \text{수준 수}(\text{실험횟수} - 1) = N-c$$

평균제곱
$MST = \dfrac{SST}{c-1}$, (수준(그룹)간 평균제곱: Mean Square for Treatments)
$MSE = \dfrac{SSE}{N-c}$, (수준(그룹)내 평균제곱: Mean Square for Error)
$MS = \dfrac{SS}{N-1}$ (총 평균제곱 : Mean Square Total)

따라서 검정통계량 F는 두 분산비율 MST와 MSE를 비교하는 것이므로 c그룹간에 처리효과의 차이가 존재하는가를 검증한다는 것은 분산, σ^2에 대해 분석하는 것과 같은 의미가 된다. 이와 같은 이유로 분산분석이라고 불리운다.

하나의 요인 ANOVA F검정 통계량
$F = \dfrac{MST}{MSE}$
H_0기각영역, 산출된 $F = \dfrac{MST}{MSE} > F_{c-1, N-c, \alpha}$(임계값)

즉 수준(그룹)간의 분산(MST)이 수준(그룹)내 분산(MSE)보다 매우 크다면 요인의 수준이 변화함으로써 평균 특성치에 차이가 있다는 것을 의미한다. 이때 산출된 $F = \dfrac{MST}{MSE}$값이 F의 임계값($F_{c-1, N-c, \alpha}$)보다 크게 되면 귀무가설을 기각한다.

산출된 F값이 "1"에 가깝다면 수준내 처리가 수준내의 평균제곱과 비슷한 표집오차(Sampling error)를 의미하며 값이 크다면 수준내 차이가 수준별 차이보다 작으므로 수준간의 평균의 차이가 발생할 수 있는 가능성이 크다는 것을 의미한다.

[그림 2.1] F 검정의 채택과 기각영역

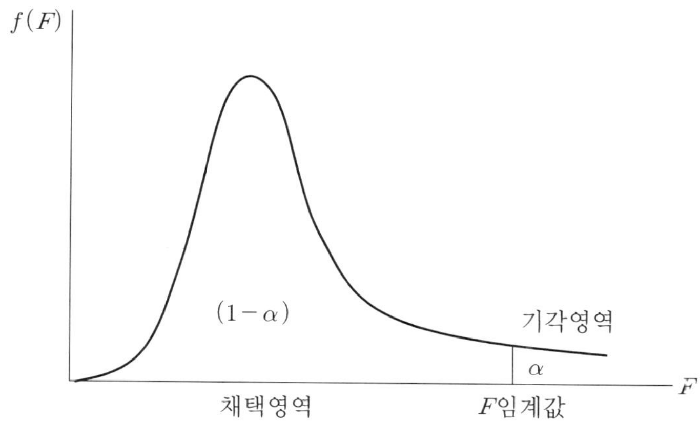

일반적으로 분산분석의 결과는 다음의 요약표와 같은 형식으로 표현된다.

〈표 2.2〉 분산분석의 결과 제시표

구분	자유도	제곱합	제곱평균	산출된 F비	p값	F임계값
처리	$c-1$	SST	$MST=\dfrac{SST}{C-1}$	$\dfrac{MST}{MSE}$	산출된 F값과 자유도로 계산	$F_{\alpha,\text{자유도1},\text{자유도2}}$,
잔차	$N-c$	SSE	$MSE=\dfrac{SSE}{N-c}$			
계	$N-1$					

주: 엑셀에서의 계산식 p-value = FDIST(산출된 F비, 수준수 $(c)-1$, $N-c$)
F임계값 = FINV(α, 수준수$(c)-1$, $N-c$)

2.3 구조모형

하나의 요인 A의 수준이 c개인 일원배치 실험의 모집단 평균 μ와 그의 분포를 보기로 하자. 각 수준의 평균을 μ_j 전체평균을 μ라고 하면

$$\mu = \frac{\sum_{j=1}^{c} \mu_j}{c}$$

단 c는 수준의 수

A_j수준의 모평균 μ_j와 전체평균 μ의 차를 α_j라 하면 $\alpha_j = \mu_j - \mu$ 가 되므로 $\mu_j = \alpha_j + \mu$가 된다.

요인이 1개이고 수준이 4개인 경우의 평균이 몇 개인가를 생각해 보면 위의 문제는 쉽게 풀린다. 즉, 우선 요인이 하나이므로 전체 평균인 μ가 한개 있고, 수준이 4개이므로 각 수준간의 평균(μ_j, $j=1,2,3,4$)이 4개 존재한다. 이때 각 수준간의 평균의 차이가 그룹간 변동을 의미하며 각 수준에서 수준평균과 개별 처리(관측치)와의 차이가 그룹내 변동을 의미하게 되는 것이고 각 개별처리와 전체 평균과의 차이가 총 변동을 의미한다.

[그림 2.2] 일원배치 구조모형

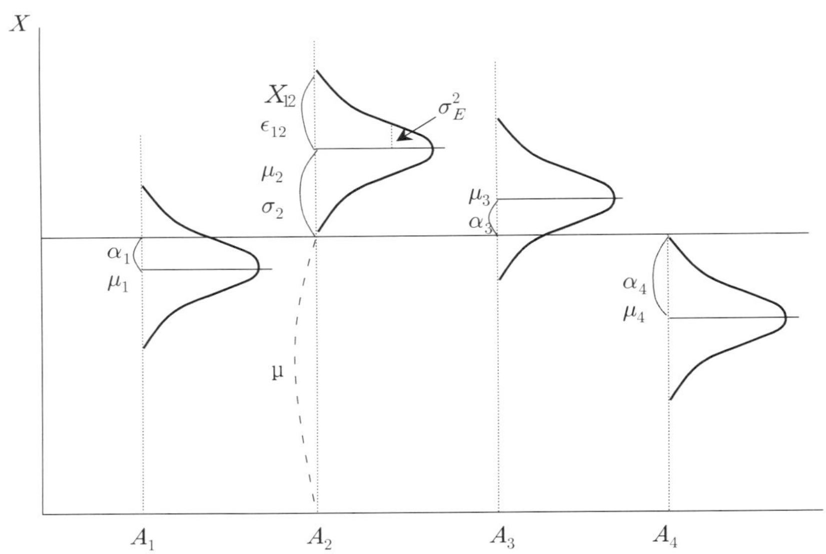

그리고 그 차이 α_j를 모두 합하면 0이 된다.

$$\sum_{j=1}^{c} \alpha_j = \sum_{j=1}^{c} (\mu_j - \mu) = 0$$

i 번째 실험의 j 번째 수준 X_{ij}는 A_j수준의 모평균 μ_j와 오차ϵ_{ij}를 합한 것이므로 다음 식이 성립한다.

$X_{ij} = \mu + \epsilon_{ij}$ (평균$j = 1, 2, ..., c$ $\quad i = 1,2,...k$)
개별 데이터=총평균+수준 j의 처리효과+수준 j의 i번째의 오차
$(X_{ij} - \mu) = (\mu_j - \mu) + (X_{ij} - \mu_j)$
개별 데이터와 총평균의 차=그룹간 평균의 차+그룹내 오차

여기서 $(\mu_j + \alpha_i)$는 일정하나 실험오차 ϵ_{ij}가 데이터를 흩어지게 한다. 오차변량 ϵ_{ij}는 정규분포 $N(0,\ \sigma^2)$을 따른다고 가정한다.

따라서 인자 A의 각 수준간 반복수가 동일한 일원배치법의 데이터의 구조모형을 다음과 같이 정리할 수 있다.

$X_{ij} = \mu + \epsilon_{ij}$
$\epsilon_{ij} = X_{ij} - (\mu + \alpha_i) = X_{ij} - \mu_j$
ϵ_{ij}는 i번째 실험의 j번째 수준의 우연적 오차로서 $N(0, \sigma^2)$을 따르고 서로 독립적이다.

3. 분산분석의 기본가정과 가정의 검토과정

3.1 분산분석의 기본가정

분산분석의 기본가정은 다음과 같다.

첫째, 반응변수의 모집단확률분포는 정규분포이다.

둘째, 각 처리와 관련된 반응변수의 모집단 확률 분포는 동 분산(equal variance)을 가져야 한다.($\sigma_1^2 = \sigma_2^2 = \sigma_3^2 = \cdots = \sigma_c^2$)

셋째, 처리와 관련된 표본추출은 무작위로 독립적으로 이루어져야 한다.

넷째, 모집단의 평균은 서로 달라도 분산은 같아야하며 모든 집단의 표

본크기가 동일하여야 한다.

3.2 분산분석의 가정검토

앞서 살펴 본 예를 통해 우리는 비교적 쉽게 세번째의 가정인 골프공은 4개의 브랜드회사로부터 무작위로 추출되었기 때문에 이를 충족한다고 볼 수 있다. 따라서 첫번째와 두번째의 가정에 대한 검토를 살펴 볼 필요가 있다. 첫번째 가정인 각 표본의 확률분포는 정규분포라는 가정을 확인하기란 쉽지 않지만 시각적으로 stem-and-leaf graph를 통해[5)]시각적으로 확인할 수 있다. 만약 눈으로 보는 정보에서 정규분포를 이루지 않는 것으로 확인되면 각 표본에 대해 보다 많은 표본수가 추가되어야 한다. 그러나 다행히도 분산분석에서 정규분포의 가정이 정확하게 일치되지 않아도 로버스트 방법(robust method) 때문에 ANOVA의 F검정의 유의수준에 큰 영향을 주지 않는 것으로 제시되고 있다. 시간과 노력을 ANOVA의 정규분포 가정 확인에 쏟느니 ANOVA방법론의 Robust화가 어느 정도 이루어졌는지를 확인하는 방법에 의존하는 것이 좋은 방법이라고 한다.

세번째 동분산가정(equal variance)에 대한 확인은 다소 문제가 있지만 이 또한 분산형(dot plot) 그래프를 통하여 시각적으로 확인할 수 있다. 앞의 예를 그래프로 그리면 그림에서 보듯이 골프공 브랜드 1, 2, 3은 어느 정도 일정한 간격으로 표본이 위치되어 있지만 브랜드 D의 한 관측치가 떨어져서 위치하는 것을 확인할 수 있다. 따라서 그래프로 본 자료의 분포는 동분산가정을 어느 정도 일치시키는 것으로 보여진다. 다만 정규분포 가정은 로버스트 방법을 적용하여 다소 문제가 있어도 용인하지만 동분산가정에서 동일한 로버스트한 내용을 적용할 순 없다는 점을 유념해야 한다. 분석의 신뢰성(reliability)에 영향을 주기 때문이다.

반면 동분산가정(Test of Homogeneity of variance)의 검정은 Levene 통계량을 통해 유의수준(sig값)과 α값과의 비교를 통해 검정할 수 있다.

---

5) Box and Whisker Graph를 통하여도 알아 볼 수 있다.

이는 SPSS에서 수행할 수 있는데

Analyze - Compare Means - One-Way ANOVA - Option에서

Homogeneity of Variance Test를 클릭하면 되며 sig값이 설정된 α보다 작은 경우 귀무가설이 가각되고 동분산 가정이 성립되지 않으며 그 반대의 경우 귀무가설이 채택되고 동분산가정이 성립하게 된다.

ANOVA에서 정규분포가정이 충족되지 않으면 표본의 확률분포에 영향을 받지 않고 분석할 수 있는 비모수 분석방법 중 Kraskal-Wallis의 순위검정을 이용하여야 한다[6].

3.3 SPSS에서의 그래프 작성 절차

[그림 3.1] Spss에서 Scatter plot 그래프 작성 절차 1

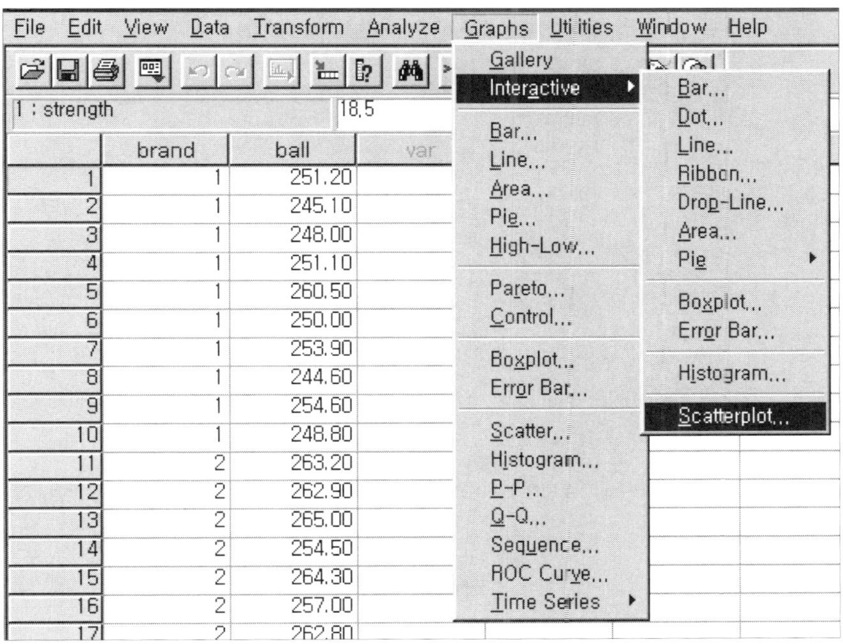

---

6) 비모수통계편을 참조 바람.

Window 환경에서는 엑셀 데이터를 SPSS로 복사하여 옮겨도 글자가 깨지거나 변형되지는 않는다. 그러나 엑셀에서의 분석을 위한 자료의 입력방법과 순서가 SPSS와는 다르다는 점을 주목하지 않으면 안된다. 즉, 엑셀은 자료의 입력방향이 변수별로 열의 방향으로 이어지지만 SPSS는 분석 변수별로 아랫방향으로 입력해야 하므로 차이가 있고 이를 잘못할 경우 분석이 행하여지지 않는다. 즉, SPSS는 변수별로 입력하여야 한다. 수준으로 생각하는 '브랜드(brand)변수'는 4개의 수준으로 이루어져 있지만 한 변수로 취급하여야 하고 또한 '볼의 비거리변수(ball)'도 하나의 변수로 인식되므로 따로 분리하지 말고 한 변수로 취급하여야 한다. 따라서 위의 표에서 'ball'과 'brand'변수는 짝을 이루어 아랫방향으로 입력되어야 한다.

[그림 3.2] SPSS에서 Scatterplot 그래프 작성 절차 2

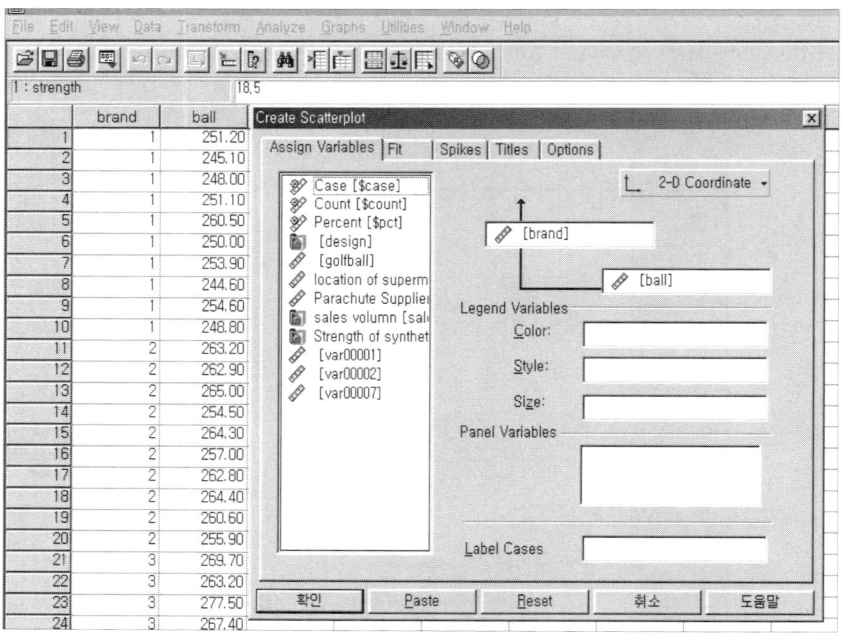

[그림 3.3] SPSS-Graphs-Interactive-Scatter plot

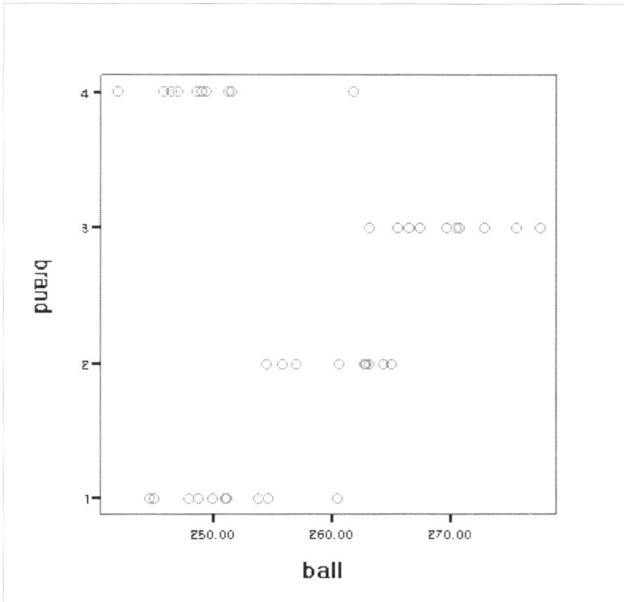

[그림 3.4] SPSS-Graphs-Interactive-box plot

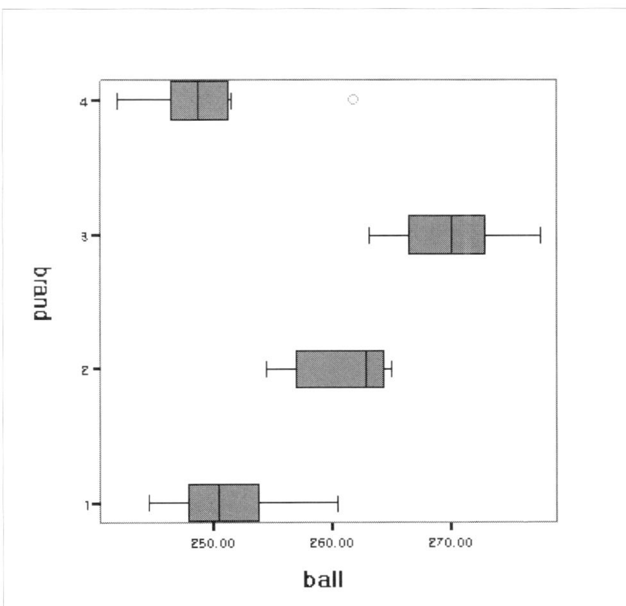

3-1 | 예제문제 |

앞 절의 4개회사가 생산하는 브랜드별 골프공 10개를 무작위로 추출하여 드라이버에 의한 비거리를 측정한 자료를 갖고, $\alpha=0.1$에서 ANOVA 표를 작성하기로 한다. 문제를 푸는 방식은 여러 가지가 있으나

1. 엑셀을 이용하여 수식으로 직접 계산하는 방식과
2. 엑셀의 도구메뉴에서 제공하는 데이터 분석 메뉴를 이용하는 방법,
3. SPSS의 One-Way ANOVA를 이용하는 방법의 3가지로 설명한다.

문제풀이
직접계산

분석방법 1: Excel에서 직접계산

〈표 3.1〉 드라이버에 의한 브랜드별 골프공의 비거리 실험 1

횟수	브랜드 A	브랜드 B	브랜드 C	브랜드 D	열의 합 $\sum_{j=1}^{c=4} X_{ij}$
1	251.2	263.2	269.7	251.6	1035.7
2	245.1	262.9	263.2	248.6	1019.8
3	248.0	265.0	277.5	249.4	1039.9
4	251.1	254.5	267.4	242.0	1015.0
5	260.5	264.3	270.5	246.5	1041.8
6	250.0	257.0	265.5	251.3	1023.8
7	253.9	262.8	270.7	261.8	1049.2
8	244.6	264.4	272.9	249.0	1030.9
9	254.6	260.6	275.6	247.1	1037.9
10	248.8	255.9	266.5	245.9	1017.1
행의 합 $T_j=\sum_{i=1}^{n=10} X_{ij}$	2,507.8	2,610.6	2,699.5	2,493.2	10,311.1 $\sum_{i=1}^{k}\sum_{j=1}^{c} X_{ij}$
수준별 평균 $\overline{X}_j=\mu_j$	250.8	261.1	270.0	249.3	257.8 $\overline{\overline{X}}=\mu$

주: 열의 합, 행의 합, 수준별 평균은 계산을 용이하게 하기 위해 산출한 것이며 각자 엑셀의 수식을 이용하여 직접 계산해 보길 바란다.
자료: http://cafe.naver.com/haveajoy 카페자료실 4개 브랜드별 골프공 비거리.xls

표에서 보듯이 수준별 즉, 각 브랜드별 평균 $\overline{X}_j$는 250.8, 261.1, 270.0 249.3 이고 골프공 40개 전체의 평균 비거리 $\overline{\overline{X}}$ 는 257.8이다. 귀무가설 H_0는 $\mu_{브랜드A} = \mu_{브랜드B} = \mu_{브랜드C} = \mu_{브랜드D}$이므로 골프공의 브랜드별 평균비거리는 차이가 없고 동일하다이이다.

〈표 3.2〉 드라이버에 의한 브랜드별 골프공의 비거리 실험 1. SS 및 MS의 계산

1. SS 및 MS의 계산					
횟수	브랜드A	브랜드B	브랜드C	브랜드D	열의 합: $\sum_{j=1}^{c=4}(X_{ij}-\overline{\overline{X}})^2$
1	43.3 $(X_{11}-\overline{\overline{X}})^2$	29.4 $(X_{12}-\overline{\overline{X}})^2$	142.1 $(X_{13}-\overline{\overline{X}})^2$	38.2 $(X_{14}-\overline{\overline{X}})^2$	253.0
2	160.7	26.2	29.4	84.2	300.6
3	95.6	52.2	389.0	70.2	606.9
4	44.6	10.7	92.6	248.9	396.9
5	7.4	42.5	161.9	127.2	339.0
6	60.5	0.6	59.6	42.0	162.7
7	15.0	25.2	167.0	16.2	223.4
8	173.6	43.9	228.7	77.0	523.2
9	10.1	8.0	317.6	114.0	449.7
10	80.6	3.5	76.1	141.1	301.3
행의 합: $\sum_{i=1}^{k=10}(X_{ij}-\overline{\overline{X}})^2$	691.4	242.3	1,664.0	958.9	3,556.7 자승 합 합계, SS: $\sum_{i=1}^{k=10}\sum_{j=1}^{c=4}(X_{ij}-\overline{\overline{X}})^2$
$MS = SS/(N-1) = 91.2$					

〈표 3.3〉 드라이버에 의한 브랜드별 골프공의 비거리 실험 2. SST 및 MST의 계산

2. SST 및 MST의 계산
□ SST= $\sum_{j=1}^{c} k_j(\overline{X_j}-\overline{\overline{X}})^2 =$ 2,794.4
□ MST= SST/(c-1) = 931.5
□ k_j는 각 수준의 실험횟수이므로 모두 10회임
□ $10\times(\overline{X_{브랜드A}}-\overline{\overline{X}})^2+10\times(\overline{X_{브랜드B}}-\overline{\overline{X}})^2$ $+10\times(\overline{X_{브랜드C}}-\overline{\overline{X}})^2+10\times(\overline{X_{브랜드D}}-\overline{\overline{X}})^2$

〈표 3.4〉 드라이버에 의한 브랜드별 골프공의 비거리 실험 3. SSE 및 MSE의 계산

3. SSE 및 MSE의 계산					
회수	브랜드 A	브랜드 B	브랜드 C	브랜드 D	열의합 $\sum_{j=1}^{c=4}(X_{ij}-\overline{X_j})^2$
1	0.2 $(X_{11}-\overline{X_{브랜드A}})^2$	4.6 $(X_{12}-\overline{X_{브랜드B}})^2$	0.1 $(X_{13}-\overline{X_{브랜드C}})^2$	5.2 $(X_{14}-\overline{X_{브랜드D}})^2$	10.0
2	32.3	3.4	45.6	0.5	81.7
3	7.7	15.5	57.0	0.0	80.3
4	0.1	43.0	6.5	53.6	103.2
5	94.5	10.5	0.3	8.0	113.2
6	0.6	16.5	19.8	3.9	40.8
7	9.7	3.0	0.6	155.8	169.1
8	38.2	11.2	8.7	0.1	58.2
9	14.6	0.2	31.9	4.9	51.7
10	3.9	26.6	11.9	11.7	54.1
행의합	201.8	134.5	182.3	243.7	762.3 $\sum(X_{ij}-\overline{X_j})$
SSE= $\sum_{j=1}^{c}\sum_{i=1}^{k}(X_{ij}-\overline{X_j})^2 =$ 762.3 MSE= SSE/(N-c) = 21.2					

〈표 3.5〉 드라이버에 의한 브랜드별 골프공의 비거리 실험 (Excel에서 직접계산)

ANOVA 요약표(EXCEL에서 직접계산)						
	자유도	제곱합	제곱평균	산출된 F값	p값	F임계치
처리	3.0	2,794.4	931.5	44.0	0.00000	2.2426
잔차	36.0	762.3	21.2			
계	39.0	3,556.7				

주: 산출된 F 값=MST/MSE, p값 산출식: = FDIST(산출된 F값, c-1, N-1),
F임계치 산출식: = FINV(유의수준:0.1, c-1=3, N-c=37)

〈표 3.6〉 분산분석의 결과 제시표

	자유도	제곱합	제곱평균	산출된 F비	P값	F임계값
처리	$c-1$	SST	$MST=\dfrac{SST}{C-1}$	$\dfrac{MST}{MSE}$	산출된 F값과 자유도로 계산	$F_{\alpha,\text{자유도1},\text{자유도2}}$
잔차	$N-c$	SSE	$MSE=\dfrac{SSE}{N-c}$			
계	$N-1$					

주: 엑셀에서의 계산식 p-value=FDIST(산출된 F비, 수준수 $(c)-1$, $N-c$)
F임계값=FINV(α, 수준수 $(c)-1$, $N-c$)

요약표에서 보듯이 수준의 자유도는 4-1=3 이며 N=40 이므로 산출된 $F=\dfrac{MST}{MSE}=44.0>F_{c-1,N-c,\alpha}=2.2426$ 이므로 산출된 F값이 임계치보다 커 귀무가설은 기각된다. 이때 p값도 0.0000으로 나타났다. 따라서 적어도 두개 이상 각 그룹별 또는 수준별, 브랜드별 골프공의 평균 비거리는 차이가 있다[7].

7) 만일 완전임의화 설계에서 수준이 둘이라면 두 수준간의 평균차이의 검정방법인 t검정을 통해 검정해도 동일한 결과를 얻는다. $t=\dfrac{\overline{X_1}-\overline{X_1}}{\sqrt{S_P^2\cdot(\frac{1}{n_1}+\frac{1}{n_2})}}$ $S_P=\sqrt{\dfrac{(n_1-1)S_1^2+(n_2-1)S_2^2}{n_1+n_2-2}}$

문제풀이 엑셀

분석방법 2: Excel 도구-데이터 분석-분산분석 이용

분산분석: 일원배치법 요약표

〈표 3.7〉 EXCEL-도구-데이터분석-분산분석(일원배치법) 엑셀에서 자동계산

인자의 수준	관측수	합	평균	분산
브랜드 A	10	2507.8	250.78	22.4217778
브랜드 B	10	2610.6	261.06	14.9471111
브랜드 C	10	2699.5	269.95	20.2583333
브랜드 D	10	2493.2	249.32	27.0728889

〈표 3.8〉 분산분석의 결과 제시표(도구에서 분산분석 결과)

분산 분석						
변동의 요인	제곱합	자유도	제곱 평균	F 비	P-값	F 기각치
처리	2794.4	3.0	931.5	44.0	0.00000	2.24261
잔차	762.3	36.0	21.2			
계	3556.7	39.0				

문제풀이 SPSS

분석방법 3: SPSS에서 계산

□ 일원분산분석 메뉴

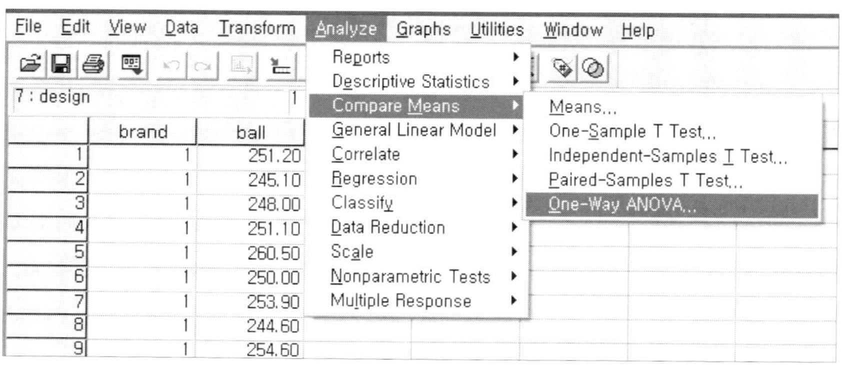

□ Values 넣기

SPSS의 쉬트 중 'Data View'와 'Variable View'에서 'Variable View' 클릭한 후 숫자로 된 '1'에 'Brand A'를 입력하면서 '4'까지 입력하고 상기의 메뉴를 실향하면 다음의 표를 얻게 된다.

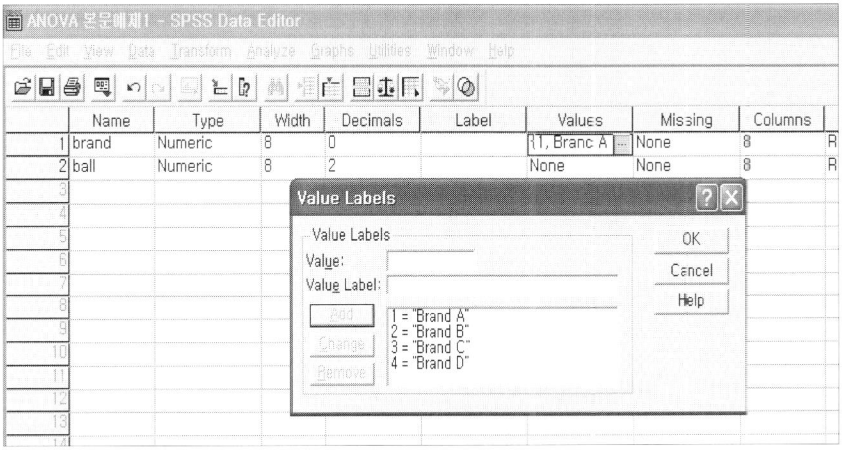

[그림 3.5] 일원분산분석 결과

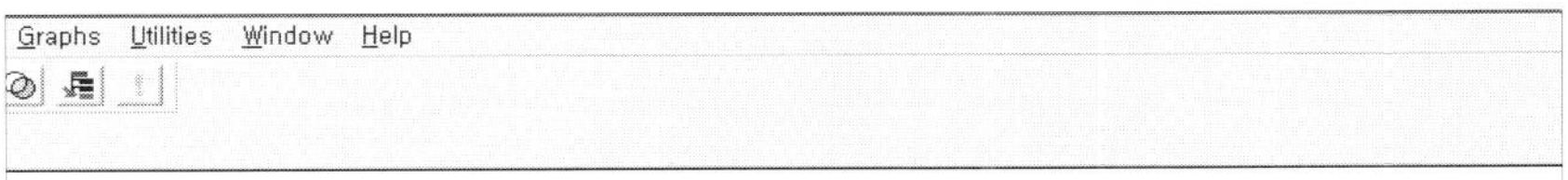

Oneway

Descriptives

BALL

	N	Mean	Std. Deviation	Std. Error	95% Confidence Interval for Mean		Minimum	Maximum
					Lower Bound	Upper Bound		
Brand A	10	250,7800	4,73516	1,49739	247,3927	254,1673	244,60	260,50
Brand B	10	261,0600	3,86615	1,22258	258,2943	263,8257	254,50	265,00
Brand C	10	269,9500	4,50093	1,42332	266,7302	273,1698	263,20	277,50
Brand D	10	249,3200	5,20316	1,64538	245,5979	253,0421	242,00	261,80
Total	40	257,7775	9,54972	1,50994	254,7234	260,8316	242,00	277,50

ANOVA

BALL

	Sum of Squares	df	Mean Square	F	Sig.
Between Groups	2794,389	3	931,463	43,989	,000
Within Groups	762,301	36	21,175		
Total	3556,690	39			

3.3 분산분석 후의 확인과정

각 그룹간의 평균의 차이가 없다는 귀무가설이 기각되면 차이가 있는 집단이나 수준을 파악하는 것이 중요해진다. 집단이나 수준의 차이를 구별하는 방법은 여러 가지 있으나 Tukey, Tukey-Kramer, Bonferroni, Scheffe 등의 Post-hoc 방법이 있다.

이와 동시에 각 수준의 모평균 추정과 신뢰구간을 파악하는 일도 중요한데 일요인 분산분석에서는 수준별 실험횟수가 동일한 경우와 동일하지 않은 경우에 따라 적용방법이 다르므로 이를 주의깊게 다루어야 한다.

3.3.1 수준별 짝의 평균비교

ANOVA 분석을 완료한 다음 수준별 평균의 순위를 매기고 각 수준의 신뢰구간을 설정해야 한다. 보통 수준별 평균차이는 짝을(Pairs of treatment means) 이루어 각각 검증하는데 3개의 수준이라면 $\mu_A - \mu_B$, $\mu_A - \mu_C$, $\mu_B - \mu_C$로 차이를 계산한다.

수준별 평균비교 짝수
만약 수준 또는 처리의 수가 c라면 분석해야 할 짝수의 공식은 다음과 같다. $$짝의\ 수 = \frac{c(c-1)}{2}$$

만약 4 수준에 대한 ANOVA 분석을 행하였다면 짝의 수는 $\frac{4(4-1)}{2} = 6$이 된다. 각자 이러한 짝의 수를 유추해 보길 바란다.

3.3.2 수준별 모평균 차의 추정과 검정

▶ 수준 하나의 모평균 추정과 신뢰구간: 실험횟수가 같은 경우, 다른 경우

j수준의 평균 $\overline{X_j}$의 분산은 $\text{var}(\overline{X_j}) = \frac{\sigma_\epsilon^2}{k}$이고 σ_ϵ^2의 불편추정치는

$MSE = \dfrac{SSE}{N-c}$, 즉, 그룹 내 평균제곱의 합을 $N-c$로 나누어준 값이 된다. 따라서 각 수준의 모평균 μ_j의 $100(1-\alpha)\%$의 신뢰구간은 아래와 같다.

$$\overline{X_j} \pm t_{N-C,\alpha/2} \cdot \sqrt{\frac{MSE}{k_j}}$$

$\overline{X_j}$: j수준(열)의 평균
N : 전체 표본수
c : 수준(그룹)의 수
k_j : j수준의 실험횟수이며 j수준의 실험횟수에 따라 각각 다른 수치적용[8]

골프공실험에서 브랜드 C가 평균 $\overline{X_C} = 269.95$토서 가장 큰 비거리를 보여 주고 있으므로 이에 대한 신뢰구간을 계산해 보자

95%의 신뢰구간에 대한 Excel의 계산 값은 아라와 같다[9].

$$269.95(=\overline{X_C}) \pm TINV(0.05, 40-4) \cdot \sqrt{\frac{MSE=21.2}{k=10}} \text{ 이므로}$$

$$266.99 < \mu_{\text{브랜드}c} < 272.90$$

[그림 3.6] SPSS에서 신뢰구간 설정

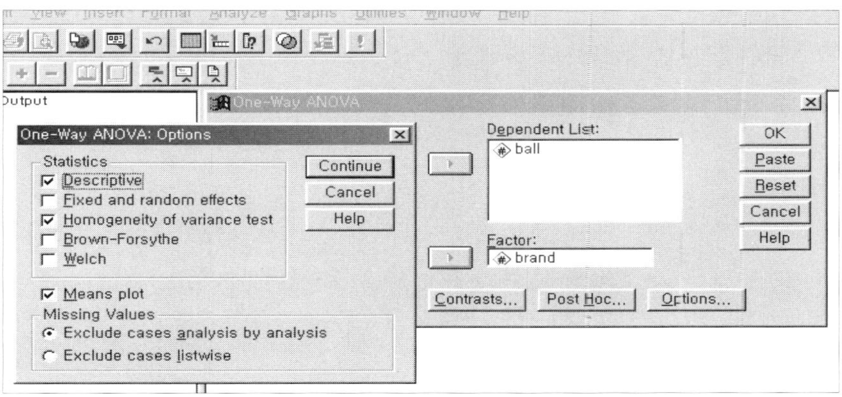

8) 실험횟수가 동일한 경우는 문제되지 않으나 실험횟수가 다른 경우 각각 수준에 맞는 수를 적용하여야 한다.

9) 단일표본 t검정과 동일하다.

[그림 3.7] 일원분산분석 결과

Analyze Graphs Utilities Window Help

➔ Oneway

Descriptives

BALL

	N	Mean	Std. Deviation	Std. Error	95% Confidence Interval for Mean		Minimum	Maximum
					Lower Bound	Upper Bound		
Brand A	10	250,7800	4,73516	1,49739	247,3927	254,1673	244,60	260,50
Brand B	10	261,0600	3,86615	1,22258	258,2943	263,8257	254,50	265,00
Brand C	10	269,9500	4,50093	1,42332	266,7302	273,1698	263,20	277,50
Brand D	10	249,3200	5,20316	1,64538	245,5979	253,0421	242,00	261,80
Total	40	257,7775	9,54972	1,50994	254,7234	260,8316	242,00	277,50

Test of Homogeneity of Variances

BALL

Levene Statistic	df1	df2	Sig.
,015	3	36	,997

SPSS에서 수준별 신뢰구간의 계산을 One-Way ANOVA를 실행한 후 "Post Hoc"에서 유의수준을 정하고 다시 "Option"에서 Descriptive를 클릭하면 된다. 이때 Homogeneity of Variance 산출된 표는 다음과 같다.

▶ 두 수준간 모평균 차의 추정과 검정

하나의 요인 내 두 수준 A와 B는 ANOVA가정에 의해 서로 독립적이므로 분산식은 아래와 같다.

$$Var(\overline{X_A}-\overline{X_B}) = Var(\overline{X_A}) + Var(\overline{X_B}) - 2\,Cov(\overline{X_A} \bullet \overline{X_B})$$
$$= \frac{\sigma_\epsilon^2}{k_A} + \frac{\sigma_\epsilon^2}{k_B} - 0 = \frac{\sigma_\epsilon^2}{k_A} + \frac{\sigma_\epsilon^2}{k_B}$$

□ 실험횟수 k_A와 k_B가 같을 경우($(k_A = k_B)$

$$: \frac{\alpha_\epsilon^2}{k_A} + \frac{\sigma_\epsilon^2}{k_B} = \frac{2\sigma_\epsilon^2}{k_{A\text{또는}B}}$$

□ 실험횟수 k_A와 k_B가 다른 경우($k_A \neq k_B$)

$$: \frac{\sigma_\epsilon^2}{k_A} + \frac{\sigma_\epsilon^2}{k_B}$$

따라서 두 수준의 모평균의 차 $(\mu_A - \mu_B)$의 $100(1-\alpha)\%$의 신뢰구간은 아래와 같다.

□ 실험횟수 k_A와 k_B가 같을 경우$(k_A = k_B)$

$$(\overline{X_A} - \overline{X_B}) \pm t_{N-c,\alpha/2} \cdot \sqrt{\frac{2MSE}{k_{A\ 또는\ B}}}$$

□ 실험횟수 k_A와 k_B가 다른 경우 $(k_A \neq k_B)$

$$(\overline{X_A} - \overline{X_B}) \pm t_{N-c,\alpha/2} \cdot \sqrt{MSE(\frac{1}{k_A} + \frac{1}{k_B})}$$

3-2 | 예제문제 |

골프공의 예에서

1. 수준 브랜드 C의 95% 신뢰구간을 구하라
2. 수준별 모평균을 비교할 수 있는 짝의 수를 구하라
3. 수준 브랜드와 B와 수준 브랜드C 간의 모평균의 차의 95% 신뢰구간을 구하고
4. 이들의 차가 5%에서 유의한가를 밝혀라
5. 만약 수준 브랜드 B와 수준 브랜드 C에서 브랜드 C의 실험횟수가 10번을 제외한 9회라면 두 수준간 모평균의 차이의 변화를 95% 신뢰구간과 이들의 차가 5%에서 유의한가를 밝혀라. 모평균의 차이가 있는 수준과 차이가 없는 수준을 밝혀라

문제풀이
직접계산

1. 모든 수준의 모평균의 신뢰구간은

$\overline{X_j} \pm t_{N-C,\ \alpha/2} \cdot \sqrt{\frac{MSE}{k_j}}$ 이므로 브랜드 C의 신뢰구간은

$$\overline{X_{브랜드C}} \pm t_{(40-4,\ 005)} \cdot \sqrt{\frac{MSE = 21.2}{10}}$$

$$= 269.95 \pm TINV(0.05,\ 40-4) \cdot \sqrt{\frac{21.2}{10}}$$

$$266.99 < \mu_{브랜드C} < 272.90$$

2. 모평균의 차이의 수는 각 경우의 수를 생각해보면 되므로 브랜드 A - 브랜드 B, 브랜드 A - 브랜드 C, 브랜드 A - 브랜드 D, 브랜드 B - 브
랜드C, 브랜드 B - 브랜드 D, 브랜드 C - 브랜드 D의 6경우가 된다.

또한 비교할 수 있는 짝의수 $= \dfrac{C(C-1)}{2}$ 이고 C는 수준의 수이므로 $\dfrac{4-(4-1)}{2} = 6$이 된다.

3. 브랜드 B와 브랜드 C 수준의 모평균을 구하는 식 중 두 수준 모두 실험횟수 k가 10회로 동일하므로

$$(\overline{X_B} - \overline{X_C}) \pm t_{N-c,\ \alpha/2} \cdot \sqrt{\frac{2MSE}{k_j}}$$

$$= (\overline{X}_{브랜드B} - \overline{X}_{브랜드C}) \pm TINV_{0.05,\,40-4} \cdot \sqrt{2 \times 21.2/10}$$

$$-13.064. < \mu_{브랜드B} - \mu_{브랜드C} < -4.716$$

두 브랜드간 수준평균의 차이는 -8.890이다.

4. 브랜드 C의 10번 회수보다 1이 적은 9회에 걸쳐 실험이 이루어 졌다면 평균 270.33, $MSE = 21.4$로 바뀐다.

$$(\overline{X_B} - \overline{X_C}) \pm t_{N-c,\alpha/2} \cdot \sqrt{\frac{MSE}{k_B} + \frac{MSE}{k_C}}$$ 이므로

$$(261.06 - 270.33) \pm t_{N-c,\alpha/2} \cdot \sqrt{\frac{21.4}{10} + \frac{21.4}{9}}$$

$$-13.584 < \mu_{브랜드_B} - \mu_{브랜드C} < -4.962$$

두 브랜드 간 수준평균의 차이는 -9.273이다.

5. 모평균의 차이가 있는 수준과 차이가 없는 수준, 즉 수준간의 차이를 검정하기 위해서는 SPSS의 분석이 필요로 해진다. 보통 처리(treatment)나 수준간의 차이를 분석하기 위해 이용되는 방법은 Tukey, Tukey's-b, Bonferroni, scheffe가 있다[10].

짝을 이룬 비교대상, 즉 수준간에 차이가 있나 없나는 첫째 수준별 실험횟수가 같은가, 다른가 둘째, 비교유형에 따라 다르므로 기준이 되는 사항은 다음 표와 같다.

〈표 3.9〉 ANOVA에서 수준간 비교 방법

방법	실험횟수	비교유형
Tukey	동일	짝
Bonferroni	동일 또는 다른 경우에도 적용	짝
scheffe	〃	일반비교

따라서 SPSS에서 이를 시행하면 다음과 같은 표를 얻는다.

Multiple Comparsion 표에서 비교방법별 평균차이의 값과 95% 신뢰구간, $\mu - \mu_j$간의 구간 값을 나타내 주고 있으며 *표시의 수준 간에는 유의하다는 것을 보여주고 있다. 즉 *표시의 수준 간에는 평균의 차이가 있다는 것을 나타내 준다.

이 표를 기준으로 보면 Homogeneous Subsets 표에서 분석방법별로 동질적 집단으로 구분해 주고 있다. 표에서 보듯이 브랜드D와 브랜드A는 차이가 없는 반면 브랜드 A와 브랜드 B, 브랜드 C와는 차이가 있어 4개의 브랜드 수준은 3개의 집단으로 분류됨을 보여주고 있다. 즉 브랜드 A와 브랜드 D는 동일집단으로 그 나머지 브랜드 B, 브랜드 C와는 다른 집단으로 구분된다.

10) one-way ANOVA의 postHoc을 클릭해 보면 알 수 있다.

[그림 3.8] ANOVA 수준간 차이 비교

ze Graphs Utilities Window Help

Post Hoc Tests

Multiple Comparisons

Dependent Variable: BALL

	(I) BRAND	(J) BRAND	Mean Difference (I-J)	Std. Error	Sig.	95% Confidence Interval Lower Bound	Upper Bound
Tukey HSD	Brand A	Brand B	-10.2800*	2.05791	.000	-15.8224	-4.7376
		Brand C	-19.1700*	2.05791	.000	-24.7124	-13.6276
		Brand D	1.4600	2.05791	.893	-4.0824	7.0024
	Brand B	Brand A	10.2800*	2.05791	.000	4.7376	15.8224
		Brand C	-8.8900*	2.05791	.001	-14.4324	-3.3476
		Brand D	11.7400*	2.05791	.000	6.1976	17.2824
	Brand C	Brand A	19.1700*	2.05791	.000	13.6276	24.7124
		Brand B	8.8900*	2.05791	.001	3.3476	14.4324
		Brand D	20.6300*	2.05791	.000	15.0876	26.1724
	Brand D	Brand A	-1.4600	2.05791	.893	-7.0024	4.0824
		Brand B	-11.7400*	2.05791	.000	-17.2824	-6.1976
		Brand C	-20.6300*	2.05791	.000	-26.1724	-15.0876
Scheffe	Brand A	Brand B	-10.2800*	2.05791	.000	-16.3146	-4.2454
		Brand C	-19.1700*	2.05791	.000	-25.2046	-13.1354
		Brand D	1.4600	2.05791	.917	-4.5746	7.4946
	Brand B	Brand A	10.2800*	2.05791	.000	4.2454	16.3146
		Brand C	-8.8900*	2.05791	.002	-14.9246	-2.8554
		Brand D	11.7400*	2.05791	.000	5.7054	17.7746
	Brand C	Brand A	19.1700*	2.05791	.000	13.1354	25.2046
		Brand B	8.8900*	2.05791	.002	2.8554	14.9246
		Brand D	20.6300*	2.05791	.000	14.5954	26.6646
	Brand D	Brand A	-1.4600	2.05791	.917	-7.4946	4.5746
		Brand B	-11.7400*	2.05791	.000	-17.7746	-5.7054
		Brand C	-20.6300*	2.05791	.000	-26.6646	-14.5954
Bonferroni	Brand A	Brand B	-10.2800*	2.05791	.000	-16.0256	-4.5344
		Brand C	-19.1700*	2.05791	.000	-24.9156	-13.4244
		Brand D	1.4600	2.05791	1.000	-4.2856	7.2056
	Brand B	Brand A	10.2800*	2.05791	.000	4.5344	16.0256
		Brand C	-8.8900*	2.05791	.001	-14.6356	-3.1444
		Brand D	11.7400*	2.05791	.000	5.9944	17.4856
	Brand C	Brand A	19.1700*	2.05791	.000	13.4244	24.9156
		Brand B	8.8900*	2.05791	.001	3.1444	14.6356
		Brand D	20.6300*	2.05791	.000	14.8844	26.3756
	Brand D	Brand A	-1.4600	2.05791	1.000	-7.2056	4.2856
		Brand B	-11.7400*	2.05791	.000	-17.4856	-5.9944
		Brand C	-20.6300*	2.05791	.000	-26.3756	-14.8844

*. The mean difference is significant at the .05 level.

또한 Tukey-Kramer의 다항비교(multi-comparsion)에 대한 내용을 보기로 한다. 수준평균의 차이가 없다는 귀무가설이 기각되면 어떤 수준(그룹)간에 차이가 있는가를 밝히는 것은 중요하다. Tukey-Kramer 방법은 앞서 예를 들은 "Post Hoc"방법과 같이 $C(C-1)/2$의 횟수만큼 짝의 수의 평균을 비교한다.

$$\text{산출 } T-K\text{값} = Q_{\mu}\sqrt{\frac{MSE}{2}\left(\frac{1}{k_A}+\frac{1}{k_B}\right)}$$

Q_{μ} : Studentized range distribution의 상한값

[그림 3.9] ANOVA 수준간 차이 비교 결과

Homogeneous Subsets

BALL

	BRAND	N	Subset for alpha = .05		
			1	2	3
Tukey HSD[a]	Brand D	10	249.3200		
	Brand A	10	250.7800		
	Brand B	10		261.0600	
	Brand C	10			269.9500
	Sig.		.893	1.000	1.000
Tukey B[a]	Brand D	10	249.3200		
	Brand A	10	250.7800		
	Brand B	10		261.0600	
	Brand C	10			269.9500
Scheffe[a]	Brand D	10	249.3200		
	Brand A	10	250.7800		
	Brand B	10		261.0600	
	Brand C	10			269.9500
	Sig.		.917	1.000	1.000

Means for groups in homogeneous subsets are displayed.

a. Uses Harmonic Mean Sample Size = 10.000.

Tukey-Kramer 방법은 짝을 이룬 두 수준의 평균의 절대치를 이용하여 평균의 차이를 계산하며 부표로서 제시된 Studentized range Q statistic에서 Q_α, ν_1, ν_2로서 구한다.

예를 들면 $\alpha = 0.05$, 수준의 수가 4, 처리수가 20개라면 $\nu_1 = 4$, $\nu_2 = 20 - 4$가 된다.

3-3 | 예제문제 |

실험에 대한 결과표가 다음 표와 같다.

1. ANOVA분석을 행하라.
2. μ_j가 처리 j의 평균이라 하면 귀무가설 $\mu_1 = \mu_2 = \mu_3$를 $\alpha = 0.01$에서 검정하라.

〈표 3.10〉 수준에 따른 실험결과 자료

실험수준	실험결과	실험수준	실험결과
1	3.8	2	2.0
1	1.2	2	4.8
1	4.1	2	3.8
1	5.5	3	1.3
1	2.3	3	0.7
2	5.4	3	2.2

문제풀이 Spss

1. 일원분산분석 결과

〈표 3.11〉 SPSS one-way ANOVA 결과표

	Sum of Squares 제곱합	df 자유도	Mean Square 제곱평균	F F비	Sig. p 값
Between Groups 처리	12.301	2	6.151	2.931	.105
Within Groups 잔차	18.888	9	2.099		
Total	31.189	11			

주: 한글은 엑셀에서의 처리 결과표임

2. $F = 2.931 < F_{N-c, 0.01} = 3.2498$ 이므로 귀무가설은 채택되어 각 처리의 평균은 차이가 없다.

3-4 | 예제문제 |

Fortune지는 미국에서 가장 영향력 있는 여성 50명을 선정(2002년 10월 14일)하여 순위별로 연령, 현재 기업 내에서의 지위를 발표하였다. 50명의 현재의 직위를 제1그룹(CEO, CFO, COO, CRO), 제2그룹

(chairman, President), 제3그룹(EVP, SVP, Vice Chair)으로 정하여 다음의 분석을 행하려 한다.

1. 귀무가설을 설정하라.
2. $\alpha = 0.1$에서 귀무가설의 검정기준을 설명하시오.
3. 위의 자료는 ANOVA의 가정을 만족시키는가를 검정하시오.

〈표 3.12〉 영향력 있는 여성 지도자의 연령자료

그룹별	연령	그룹별	연령	그룹별	연령	그룹별	연령
1	48	1	52	3	53	3	48
1	46	2	50	1	53	2	48
1	46	1	58	2	44	3	46
1	46	1	55	2	58	2	41
1	44	1	50	3	52	1	59
1	49	1	47	2	44	3	52
3	53	1	46	3	52	1	42
3	49	1	53	3	52	3	53
2	40	2	58	3	50	2	44
2	48	2	41	3	49	1	63
3	53	1	71	3	44	3	49
1	37	3	49	3	48		
3	45	1	53	1	56		

주: 1) 제1그룹(CEO, CFO, COO, CRO), 제2그룹(chairman, President), 제3그룹(EVP, SVP, Vice Chair) 2) 자료를 직접 입력하여 이용하기 바람.

문제풀이
Spss

1. 반응변수는 연령이 되고 요인은 수준이 3개인 지위가 된다. 그러므로 각 지위별로 평균연령이 같다라는 것이 귀무가설이 된다.

$$H_o : \mu_{제1그룹} = \mu_{제2그룹} = \mu_{제3그룹}$$

2. 일원분산의 결과표는 다음과 같다(Spss).

〈표 3.13〉 결과표

	Sum of Squares	df	Mean Square	F	Sig.
Between Groups	129.639	2	64.820	1.784	.179
Within Groups	1707.981	47	36.340		
Total	1837.620	49			

F비와 p-value에 의해 귀무가설을 채택하여 기각하여 현재 지위별 연령은 다르지 않다.

3. Levene의 동분산 검정 결과 p값이 설정된 유의수준보다 작아 동분산이라는 가정은 기각되기 때문에 ANOVA의 가정을 위반하며 이는 그래프상으로도 확인할 수 있다.

〈표 3.14〉 Test of Homogeneity of Variances(여성연령)

Levene Statistic	df1	df2	Sig.
4.693	2	47	.014

[그림 3.10] 산포도

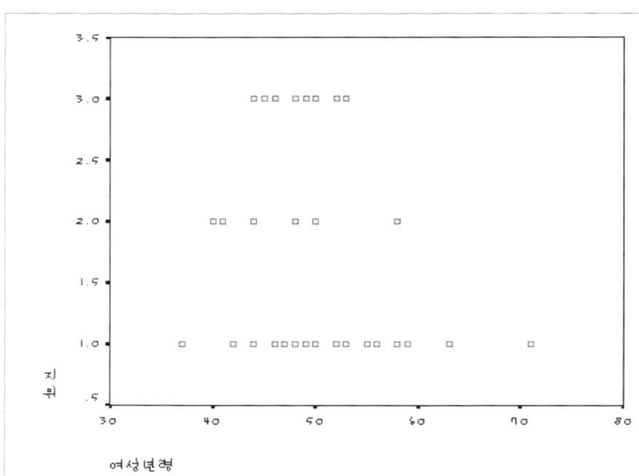

지위: 1.0: CEO, 2.0:President, 3.0: Vice Chair

4. 임의화 블록설계(The Randomized Block Design)

완전 임의화 블록설계에서 처리평균의 크기는 표본의 변동성 때문에 MSE의 크기가 커져 F 값이 작아지므로 결과적으로 귀무가설 H_0가 채택될 수 있는 가능성이 존재한다. 즉 표본을 완전 무작위로 선택하기 때문에 표집오차가 발생할 수 있다. 이러한 MSE의 크기를 줄이면서 실험을 구체적으로 수행할 수 있는 설계방법이 임의화(랜덤화, 확률화)블록설계(Randomized block design)이다. 예를 들면 완전 임의화 설계에서는 남녀 수능성적 비교를 위해 남학생 20명, 여학생 15명을 무작위로 추출했으나 임의화 블록설계에서는 b개의 블록 수 만큼의 고등학교를 지정하고 해당 고등학교 별로 내신등급을 지정한 해당학생의 수능점수를 표본으로 추출하게 되어 잔차 및 오차항으로 분류되는 MSE의 크기를 줄인다는 것이다.

불록이란 각 처리의 조합을 각 실험단위에 체계적으로 정함으로써 표본 변동성을 줄이는 방법이며 다음의 과정을 거친다.

첫째 실험단위의 조합인 블록을 설정하고 블록수 b는 p개의 실험단위로 구성된다. 둘째 각 블록의 실험단위는 임의로 할당되더 이때 $N=bp$가 된다. 이때 p는 블록별 수준의 수를 의미한다

이때 SST는 각 수준별 평균과 전체평균과의 차이의 제곱이므로 One-Way ANOVA와 같다.

그러나 b개의 수준으로 이루어진 임의화 블록설계에서는 SSB(Sum of Square for Blocks)의 개념이 추가되며 SSE는 전체합(SS)에서 SST와 SSB를 뺀 값으로 산출된다.

즉 $SSE = SS - SST - SSB$

SSB는 각 블록별 평균($\overline{X}_{bj}$)과 전체평균($\overline{\overline{X}}$)과의 차이의 제곱을 의미[11]하며 $SSB = \sum_{i=1}^{b} p(\overline{X}_{bi} - \overline{\overline{X}})^2$가 된다.

임의화 블록설계에서 MST는 $(c-1)$의 자유도를 갖고 MSE는 $(N-b-c+1)$의 자유도를 갖는다$(N=bk)$

$$MST=\frac{SST}{c-1}$$
$$MSE=\frac{SSE}{N-b-c+1}$$

c : 수준의 수
N : 처리의 전체수
b : 블록수

처리 또는 수준의 F비 $=\dfrac{MST}{MSE}>F_{\alpha},\ \nu_1,\ \nu_2$이면, H_0기각[12]

귀무가설 $H_0;\mu_1=\mu_2=\cdots=\mu_0$

자유도 $\nu_1=$ 블록의 수준수$(p)-1$, $\nu_2=MSE$의 자유도 $=N-b-c+1$

4-1 | 예제문제 |

앞의 한 사람 드라이버에 의한 4개 골프공별 브랜드 비거리 측정을 생각해 보자. 한 사람이 각 브랜드별 골프공의 비거리를 측정한다면 표집오차가 발생할 가능성이 커 MSE의 크기가 커져 F값이 낮게 산출될 수 있다. 따라서 10회에 10명의 골퍼를 무작위로 추출하여 각각 브랜드별 4개의 골프공을 배정하여 비거리를 측정한다고 하면 완전 임의화 설계보다

11) 앞의 임의화 블록설계에서 우리는 수준의 평균인 $\mu_j=\overline{X_j}$ 를 열로 계산하였지만 행의 합계와 평균은 남겨 놓았다. 즉 행이 블록이라 하면 행의 합계와 평균의 개념을 도입하는 것이 블록설계에서 SSB의 의미이다.

12) 짝을 이룬 대응표본이기 때문에 t검정와 동일한 검정력을 갖는다.

$$\frac{\overline{X_1}-\overline{X_2}}{S_D/\sqrt{n}}>t_{n-1},\ \alpha\text{이면 } H_0\text{기각}$$

$$D_i=X_1-X_2,\ \overline{D}=\frac{\sum_{i=1}^{n}(X_1-X_2)}{n}=\frac{\sum_{i=1}^{n}D_i}{n}$$

$$S_b=\sqrt{\frac{\sum_{i=1}^{n}(D_i-\overline{D})^2}{n-1}}$$

MSE의 오차가 작게 될 수 있으며 이러한 방법이 임의화 블록설계이다. 그러므로 각 골프공 브랜드별, 즉 수준별 평균과 전체 평균 이외에 각 골퍼들의 4개 브랜드별 평균비거리의 개념이 중요해진다. 따라서 골퍼가 블록변수가 되며 각 골퍼의 수준이 p가 되고 각 골퍼의 비거리 평균에서 전체평균과의 차이의 제곱이 MSB(Mean Squares for Blocks)이 된다.

〈표 4.1〉 임의화 블록설계의 ANOVA표

	df	*SS*	*MS*	*F*	*P*	*F*임계치
처리	$c-1$	SST	MST	MST/MSE		
Block	$b-1$	SSB	MSB	MSB/MSE		
잔차	$N-c-b+1$	SSE	MSE			
계	$N-1$	SS				

주: Block의 F값은 MSB/MSE임.

임의화 블록설계 자료가 다음표의 블록과 브런드별로 주어졌다고 하자. 이의 풀이를 직접 계산하는 방식과 Spss 방법의 두 가지로 제시한다.

문제풀이

엑셀

EXCEL에서의 풀이

SS, SST, SSB, SSE를 순서적으로 표로 작성하여 계산한 후 이를 해당 자유도로 나누어 주어 MST, MSB, MSE를 작성하여 F값을 산출한다. 이에 대한 계산결과는 ANOVA 요약표에 정리되어 있다.

브랜드별 평균값에 차이가 없다는 귀무가설의 경우 F값이 $F = MST/MSE = 54.3117 > F_{0.05,}\nu_1 = 3,\ \nu_2 = 27 = 2.9603$이어서 임계값보다 크게 나타나 귀무가설은 기각되고 브랜드별 골프공의 비거리는 차이가 있다는 대립가설을 채택한다.

또한 블록, 즉 골퍼별 비거리의 차이가 없다는 대립가설 또한 기각되어 평균비거리는 골퍼별로도 차이가 있다. 다만 Excel에서는 차이가 있다는 것까지는 제시해 주지만 어떠한 브랜드별로 얼마만큼의 차이가 있는지를 나타내 주지는 않는다. 따라서 앞서 본 바와 같이 Spss의 “Post Hoc”검증을 통한 $c(c-1)/2$수로 대응 짝에 대한 검증을 하여야 한다.

ANOVA표는 Excel과 Spss에서 동일한 값으로 산출되었다.

〈표 4.2〉 임의화 블록설계풀이(EXCEL)에서 자료 및 평균의 계산

블록(골퍼)	브랜드별				열의 합	골퍼별평균 (블럭별평균)
	A	B	C	D		
1	202.4	203.2	223.7	203.6	832.9	208.2
2	242.0	248.7	259.8	240.7	991.2	247.8
3	220.4	227.3	240.0	207.4	895.1	223.8
4	230.0	243.1	247.7	226.9	947.7	236.9
5	191.6	211.4	218.7	200.1	821.8	205.5
6	247.7	253.0	268.1	244.0	1,012.8	253.2
7	214.8	214.8	233.9	195.8	859.3	214.8
8	245.4	243.6	257.8	227.9	974.7	243.7
9	224.0	231.5	238.2	215.7	909.4	227.4
10	252.2	255.2	265.4	245.2	1,018.0	254.5
행의 합	2,270.5	2,331.8	2,453.3	2,207.3	9,262.9	
브랜드별 (수준)평균	227.1	233.2	245.3	220.7	231.6	

자료: http://cafe.naver.com/haveajoy 자료실, 임의화 블록설계.xls

〈표 4.3〉 SS, SST, SSB, SSE의 계산

1.SS					
골퍼	브랜드 A	브랜드 B	브랜드 C	브랜드 D	열의 합
1	851.0	805.0	62.0	782.5	2,500.5
2	108.7	293.4	796.8	83.3	1,282.2
3	124.8	18.3	71.0	584.3	798.4
4	2.5	132.9	260.1	21.8	417.3
5	1,597.8	406.9	165.7	990.5	3,161.0
6	260.1	459.1	1,334.3	154.4	2,207.9
7	281.3	281.3	5.4	1,279.7	1,847.7
8	191.2	144.7	687.9	13.5	1,037.2
9	57.3	0.0	43.9	251.9	353.2

10	425.5	558.3	1,144.3	185.7	2,313.8
행의 합	3,900.3	3,099.8	4,571.4	4,347.7	SS= 15,919.2

2.SST=	3,298.7	MST= SST/(수준수:4-1)	1,099.6
3.SSB=	12,073.9	MSB= SSB/(b-1)	1,341.5
4.SSE=	546.6	MSE= SSE/(N-b-c+1)	20.2
SSE=SS-SST-SSB			

〈표 4.4〉 ANOVA

ANOVA 요약표(직접계산)						
	자유도	제곱합	제곱평균	산출된F값	p값	F임계치
처리 (브랜드)	3.0: c-1	SST : 3,298.7	MST: 1099.6	MST/MSE: 54.3117	FDIST(산출된F값, c-1, N-c-b+1): 0.00000	FINV (α, v_1, v_2): 2.9603
블록 (골퍼)	9.0: b-1	SSB: 12,073.9	MSB: 1341.5	MSB/MSE: 66.2647	FDIST(산출된F값, c-1, N-c-b+1): 0.00000	FINV (α, v_1, v_2): 2.9603
잔차	27.0: N-c-b+1	SSE: 546.6	MSE: 20.2			
계	39:N-1	SS: 15,919.2				

문제풀이 Spss

SPSS는 ANOVA와 관련하여 완전 임의화설계(Completely Randomized), 임의화 블록설계(randomized block), 요인설계(factorial design)의 3가지를 수행할 수 있다. 완전임의화설계의 SPSS분석방법은 앞에서 본 바와 같다. 임의화 블록설계의 분석에서는 우선 반응(종속)변수, 요인(수준)이 양적 자료이나 블록 변수들 최소한 하나는 질적 자료가 되어야 한다.

SPSS menu→General Linear Model→Univariate를 클릭하여 "Dependent Variable"란에 반응변수를 넣고, "Fixed Factor(s)"란에 요인과 블록변수들을 넣는다. "Model…"을 클릭한 후 "Custom"을 클릭하여 "Model" 박스에 요인과 블록변수를 옮기고 "Build Term(s)" 'interaction'

은 그대로 둔다. "Post Hoc"을 클릭한 후 "Factor(s)"box에서 "Post Hoc Tests for" 박스에 검증해야 하는 변수, 즉 귀무가설의 검정대상 변수를 옮겨 놓는다.[13] "Equal Variance Assumed"에서 평균의 차이를 검정할 수 있는 몇 가지 방법을 체크(√)한다. 이때의 방법은 "Bonferroni", "Tukey", "Tukey's-b", "Scheffe"등을 클릭하면 귀무가설 검정 후의 문제를 해결할 수 있다.

"Continue"를 클릭하여 전 화면으로 이동한 후 "option"을 클릭하여 "유의수준 : significance level"을 정한 후 "continue"를 클릭한 후 "univariate" 박스에서 "OK"를 실행하면 완전 임의화 설계에 대한 ANOVA 표를 얻을 수 있다.

Tukey 방법에 의한 대응짝수 $4(4-1)/2=6$, 6개의 짝에 대한 차이의 검증을 본 결과 모두 $\alpha=0.05$에서 차이가 없다는 귀무가설을 모두 기각

[그림 4.1] ANOVA 분석의 Post Hoc 결과표

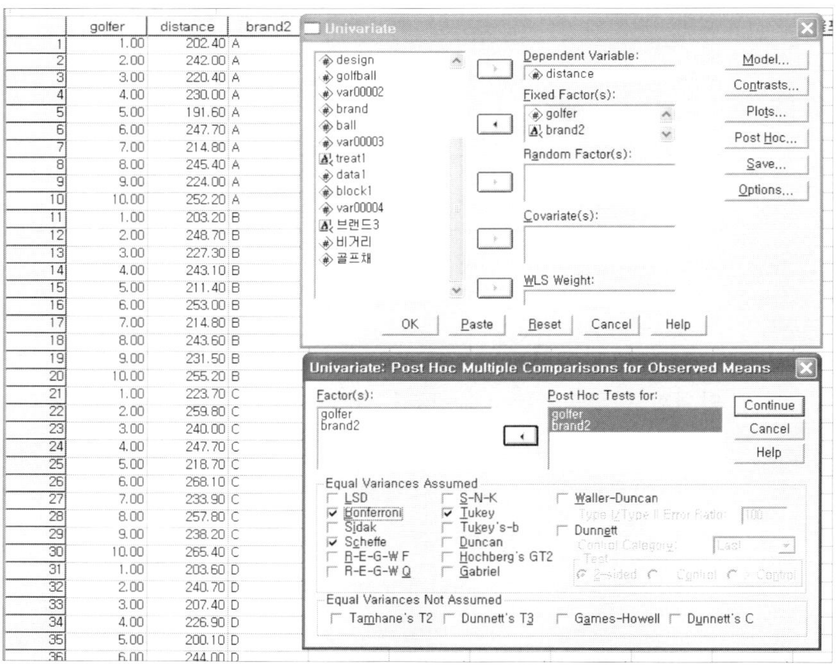

---

13) 수준변수와 블록변수 모두에 대한 검정이 이루어지는 것이 F-검정후 후속작업에 편리하다.

한다. 따라서 골프공비거리(Distance표)는 각 브랜드 별(수준별)로 차이가 있다. 즉, 각각 다르다.

반면 골퍼별, 즉 블록별로 보면 $10(10-1)/2=45$ 대응수로 분석한 표(Homogeneous Subsets : Distance)에서 1번 골퍼와 5, 7번, 2번과 7, 3번…등의 비거리에서 차이가 없다는 것을 보여준다[14].

[그림 4.2] Post Hoc Test

Tests of Between-Subjects Effects

Dependent Variable: DISTANCE

Source	Type III Sum of Squares	df	Mean Square	F	Sig.
Corrected Model	15372.539a	12	1281.045	63.276	.000
Intercept	2145032.910	1	2145032.910	105952.598	.000
GOLFER	12073.882	9	1341.542	66.265	.000
BRAND2	3298.657	3	1099.552	54.312	.000
Error	546.621	27	20.245		
Total	2160952.070	40			
Corrected Total	15919.160	39			

a. R Squared = .966 (Adjusted R Squared = .950)

Post Hoc Tests

BRAND2

Multiple Comparisons

Dependent Variable: DISTANCE
Tukey HSD

(I) BRAND2	(J) BRAND2	Mean Difference (I-J)	Std. Error	Sig.	95% Confidence Interval	
					Lower Bound	Upper Bound
A	B	-6.1300*	2.01222	.025	-11.6366	-.6234
	C	-18.2800*	2.01222	.000	-23.7866	-12.7734
	D	6.3200*	2.01222	.020	.8134	11.8266
B	A	6.1300*	2.01222	.025	.6234	11.6366
	C	-12.1500*	2.01222	.000	-17.6566	-6.6434
	D	12.4500*	2.01222	.000	6.9434	17.9566
C	A	18.2800*	2.01222	.000	12.7734	23.7866
	B	12.1500*	2.01222	.000	6.6434	17.6566
	D	24.6000*	2.01222	.000	19.0934	30.1066
D	A	-6.3200*	2.01222	.020	-11.8266	-.8134
	B	-12.4500*	2.01222	.000	-17.9566	-6.9434
	C	-24.6000*	2.01222	.000	-30.1066	-19.0934

Based on observed means.
*. The mean difference is significant at the .05 level.

14) 임의화 블록설계에 대한 ANOVA 가정이 충족되지 못하면 비모수통계의 Friedmann의 F_r검정으로 이를 수행하면 된다.

Homogeneous Subsets

DISTANCE

Tukey HSD[a,b]

BRAND2	N	Subset 1	2	3	4
D	10	220,7300			
A	10		227,0500		
B	10			233,1800	
C	10				245,3300
Sig.		1,000	1,000	1,000	1,000

Means for groups in homogeneous subsets are displayed.
Based on Type III Sum of Squares
The error term is Mean Square(Error) = 20,245.
a. Uses Harmonic Mean Sample Size = 10,000.
b. Alpha = ,05.

Profile Plots

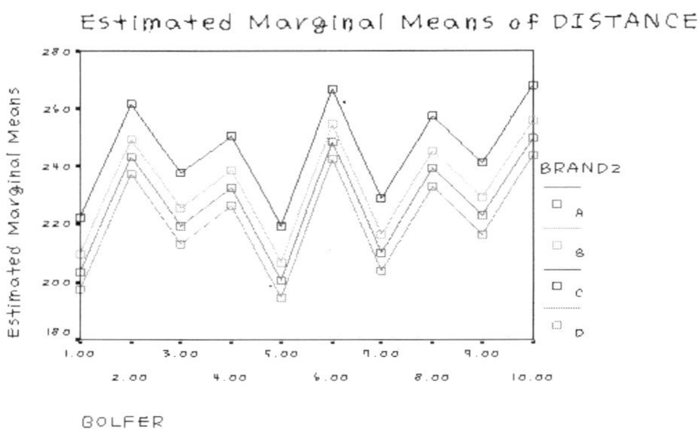

Homogeneous Subsets

DISTANCE

Tukey HSD[a,b]

GOLFER	N	Subset 1	2	3	4	5	6
5,00	4	205,4500					
1,00	4	208,2250					
7,00	4	214,8250	214,8250				
3,00	4		223,7750	223,7750			
9,00	4			227,3500	227,3500		
4,00	4				236,9250	236,9250	
8,00	4					243,6750	243,6750
2,00	4					247,8000	247,8000
6,00	4						253,2000
10,00	4						254,5000
Sig.		,141	,182	,978	,125	,052	,054

Means for groups in homogeneous subsets are displayed.
Based on Type III Sum of Squares
The error term is Mean Square(Error) = 20,245.
a. Uses Harmonic Mean Sample Size = 4,000.
b. Alpha = ,05.

4-2 | 예제문제 |

경제학자는 캘리포니아, 유타, 알라스카 주의 현재 운영 중인 유정굴착장치의 수를 2년간 3시점을 선택하여 3개월 단위로 평균가동일수를 구하였다.

시기	주별 굴착장치수		
	캘리포니아	유타	알라스카
2000년 11월	27	17	11
2001년 10월	34	20	14
2001년 11월	36	15	14

1. 임의화 블록 설계자료인가 아니면 완전 임의화 설계자료인가?
2. 실험에 대한 처리는 무엇인가?
3. 각 실험의 블록은 무엇인가?
4. ANOVA F검정을 하기 위한 귀무가설을 설정하라.
5. ANOVA 결과표를 해석하시오.
6. 0.05 유의수준에서 Tukey 방법에 의한 평균의 다항비교를 하고 월별 가장 많은 수의 유정굴착장치를 운영하는 주는 어느 주인가를 구별하라.

문제풀이

1. 시점별로 주별 굴착장치의 조합이 이루어 졌으므로 임의화 블록자료이다.
2. 처리는 수준과 같은 의미로도 사용되므로 주별 굴착장치수라는 요인에 대한 수준은 3개이며 캘리포니아, 유타, 알라스카가 처리이다.
3. 실험의 블록은 월별로 요인의 조합이 이루어지므로 시점이 블록이며 블록 수는 3개이다.
4. $H_0 : \mu_{California} = \mu_{Utah} = \mu_{Alaska}$ 즉 3주의 평균 유정 굴착기의 수는 차이가 없다이며 대립가설은 최소한 두 주의 평균 유정굴착기수

는 차이가 있다이다.

5. 월평균 유정 굴착기의 차이가 있는가를 요인(주별)으로 보면 F값이 38.068이며 p값이 0.002로서 설정된 유의수준 0.05보다 작아 주별로 차이가 없다는 귀무가설을 기각하여 최소한 두 주는 차이가 있다고 할 수 있다. 또한 블록인 유정 굴착기대수의 차이에 관한 F값이 1.904이며 p값은 0.262로서 설정된 유의수준 0.05보다 커 월별 차이가 없다는 귀무가설을 채택한다.

〈표 4.5〉 Tests of Between-Subjects Effects: Dependent Variable: 굴착수

Source	Type III Sum of Squares	df	Mean Square	F	Sig.
Corrected Model	648.444	4	162.111	19.986	.007
Intercept	3927.111	1	3927.111	484.164	.000
주별	617.556	2	308.778	38.068	.002
년월별	30.889	2	15.444	1.904	.262
Error	32.444	4	8.111		
Total	4608.000	9			
Corrected Total	680.889	8			

a R Squared = .952 (Adjusted R Squared = .905)

[그림 4.3] 굴착수 비교

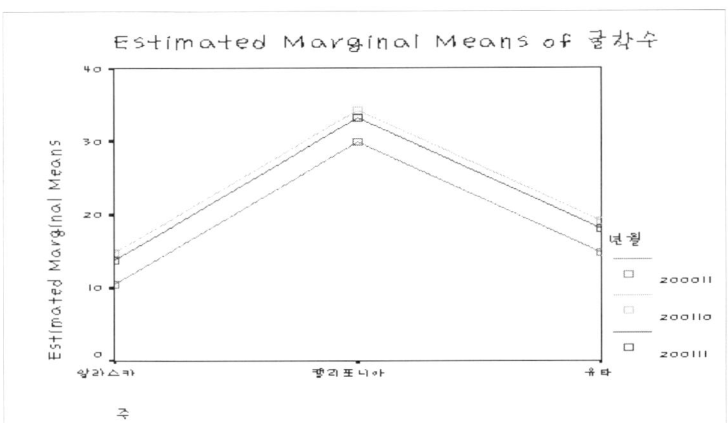

[그림 4.3]에서 보듯이 캘리포니아 수준에서 차이를 보이고 있으나 블록별로는 2000년 11월이 다른 블록과 차이를 보이고 있다.

〈표 4.6〉 Multiple Comparisons Dependent Variable: 굴착수

	(I) 주	(J) 주	Mean Difference (I–J)	Std. Error	Sig.	95% Confidence Interval	
						Lower Bound	Upper Bound
Tukey HSD	알라스카	캘리포니아	-19.3333*	2.32538	.003	-27.6210	-11.0457
		유타	-4.3333	2.32538	.262	-12.6210	3.9543
	캘리포니아	알라스카	19.3333*	2.32538	.003	11.0457	27.6210
		유타	15.0000*	2.32538	.007	6.7124	23.2876
	유타	알라스카	4.3333	2.32538	.262	-3.9543	12.6210
		캘리포니아	-15.0000*	2.32538	.007	-23.2876	-6.7124

Based on observed means.
* The mean difference is significant at the .05 level.

6. 〈표 4.6〉에서 '평균차이'나 '유의수준'에서 보듯이 캘리포니아는 유타와 알라스카 모두 유정굴착기의 월별 운영수가 차이가 없다는 귀무가설을 기각하여 차이가 있는데 반해 유타와 알라스카는 상호 귀무가설을 채택함으로써 유정굴착기 운영대수가 유타와 알라스카는 차이가 없다고 할 수 있다.

4-3 | 예제문제 |

러닝머신회사는 운동효과를 측정하기 위해 24주 프로그램을 만들고 최소한 일주일에 한번은 20분 이상 러닝머신에서 운동을 하는 것을 조건으로 다음과 같은 임의화 블록설계실험을 하기로 했다. 처리에는 확인전화 빈도와 운동 목표에 대한 재확인 유무의 두 가지 조합을 통해 자료를 작

성하기로 했으며 참여할 수 있는 프로그램(수준)을 5가지로 정하였다.

〈표 4.7〉 운동효과 조사를 위한 프로그램 내용

프로그램	무통제(P1)	전화/안함 (P2)	전화/확인 (P3)	가끔/안함 (P4)	가끔/확인 (P5)
확인전화빈도	안함	매주 전화	매주전화	3주에 한번 전화	3주에 한번 전화
운동목표에 대한 재확인유무	안함	재확인 안함	재확인	재확인 안함	재확인

프로그램별 참여자는 각각 27명이었고 효과 측정을 위해 1, 4, 8, 12, 16, 24의 6회에 걸쳐 조사를 하여 다음과 같은 표를 작성하였다.

〈표 4.8〉 프로그램별 러닝머신 참여자

주별	프로그램별				
	P1	P2	P3	P4	P5
1	7	23	25	21	19
4	2	19	25	10	12
8	2	18	19	9	9
12	2	7	20	8	2
16	2	18	18	8	7
24	1	17	17	7	6

1. 블록화(blocking)하는 목적은 무엇인가?
2. 임의화 블록설계의 ANOVA 표를 작성하라
3. 유의수준 0.05에서 프로그램별 평균참여자 평균의 차이가 있다는 충분한 근거가 있는가?
4. Bonferroni 방법을 이용하여 유의수준 0.05에서 처리의 유의한 대응짝별의 순위를 정하고 그 의미를 해석하라.

문제풀이
Spss

1. 블록별 프로그램 조합을 시간의 흐름에 따라 참여자 수가 어떻게 변화하는가를 알아보기 위하여 임의화 블록 설계실험을 행한다.
2. ANOVA 표는 다음 〈표 4.9〉와 같다.

〈표 4.9〉 Tests of Between-Subjects Effects: Dependent Variable: 참여자

Source	Type III Sum of Squares	df	Mean Square	F	Sig.
Corrected Model	1571.400	9	174.600	23.499	.000
Intercept	4320.000	1	4320.000	581.427	.000
주별	386.400	5	77.280	10.401	.000
프로그램	1185.000	4	296.250	39.872	.000
Error	148.600	20	7.430		
Total	6040.000	30			
Corrected Total	1720.000	29			

a R Squared = .914 (Adjusted R Squared = .875)

3. 운동 프로그램별 참여자의 평균은 차이가 없다는 귀무가설에 대한 F값 $= 39.872 > F_{0.05,4,25} = 2.7587$ 이고 $sig = 0.0000$, $p-value = 1.66631E-10$이므로 귀무가설은 기각되고 적어도 두 프로그램은 차이가 있다는 대립가설을 채택한다.
4. 〈표 4.10〉에서 보듯이 프로그램 2와 3, 그리고 프로그램 4와 5만이 차이가 없는 것으로 나타났으며 절대 값을 기준으로 제일 크기가 큰 것은 프로그램 2와 3, 그리고 프로그램 4와 5의 순이다. 따라서 짝을 이룬 대응표본으로 구분할 때 프로그램 2와 3, 프로그램 3과 4, 그리고 프로그램 1과는 참여자수에 있어서 차이가 있다.

〈표 4.10〉 Pairwise Comparisons: Dependent Variable: 참여자

(I) 프로그램	(J) 프로그램	Mean Difference (I-J)	Std. Error	Sig.	95% Confidence Interval for Difference	
					Lower Bound	Upper Bound
1	2	-14.333*	1.574	.000	-19.296	-9.371
	3	-18.000*	1.574	.000	-22.963	-13.037
	4	-7.833*	1.574	.001	-12.796	-2.871
	5	-6.500*	1.574	.005	-11.463	-1.537
2	1	14.333*	1.574	.000	9.371	19.296
	3	-3.667	1.574	.304	-8.629	1.296
	4	6.500*	1.574	.005	1.537	11.463
	5	7.833*	1.574	.001	2.871	12.796
3	1	18.000*	1.574	.000	13.037	22.963
	2	3.667	1.574	.304	-1.296	8.629
	4	10.167*	1.574	.000	5.204	15.129
	5	11.500*	1.574	.000	6.537	16.463
4	1	7.833*	1.574	.001	2.871	12.796
	2	-6.500*	1.574	.005	-11.463	-1.537
	3	-10.167*	1.574	.000	-15.129	-5.204
	5	1.333	1.574	1.000	-3.629	6.296
5	1	6.500*	1.574	.005	1.537	11.463
	2	-7.833*	1.574	.001	-12.796	-2.871
	3	-11.500*	1.574	.000	-16.463	-6.537
	4	-1.333	1.574	1.000	-6.296	3.629

Based on estimated marginal means

* The mean difference is significant at the .05 level.

a Adjustment for multiple comparisons: Bonferroni.

[그림 4.4] 프로그램과 참여자의 평균의 분포

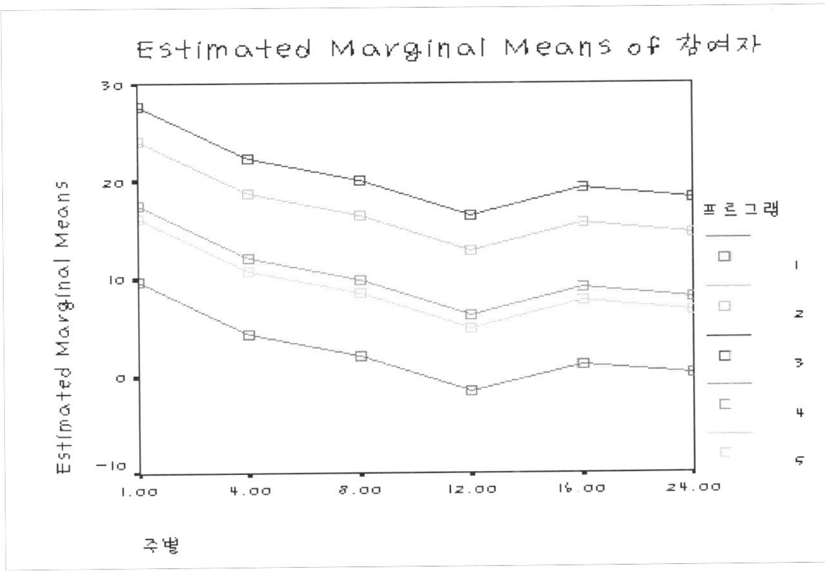

그림에서 보듯이 블록(주별) 프로그램은 차이가 있는 것으로 나타났지만 각 프로그램 수준별은 4번과 5번 그리고 2번과 3번은 동일한 수준으로 움직이지만 프로그램 1은 동떨어져 평균치가 분포하는 것으로 나타났다.

5. 요인실험(factorial Experiment; Two-way ANOVA)

현재까지는 완전 임의화 설계나 임의화 블록설계를 통하여 수준이 여러개라도 요인이 하나인 분석을 했다. 그러나 현실적으로 반응(종속)변수에 영향을 주는 변수가 하나인 경우는 드물다고 할 수 있다. 반응변수에 영향을 주는 두개의 요인을 생각해 보자. 요인 A와 B의 수준을 각각 a, b라 하자. 요인 A는 수준이 a이고 요인 B는 b개의 수준이 있다고 하자. 그러면 처리 수는 ab개가 되는 데 이를 완전 요인실험(complete factorial experiment)이라고 한다. 예를 들면 앞에서 살펴 본 골프공의 비거리 예제를 생각해보자. 골프공 비거리에 영향을 주는 요인은 여러 개가 있을 수 있지만 우리는 골프공의 특성을 반영한 브랜드와 드라이버만을 생각했었다. 그러나 골프클럽에서도 드라이버와 5번 아이언에 따라서도 골프공의 비거리가 달라질 수 있다. 이때의 처리 수는 4개의 골프공 브랜드와 드라이버와 5번 아이언, 두 개의 클럽이기 때문에 총 처리수는 4×2=8가지가 골프공의 비거리에 영향을 주는 것을 알 수 있다. 이와 같이 요인이 두 개인 경우를 이원분산분석(two-way ANOVA)이라 한다. 요인실험은 확률적으로 그리고 독립적으로 표본이 추출되어야 한다. 이때도 마찬가지로 처리 평균의 변동량(MST)과 표본 변동량(MSE), F 검정이 이용된다. 만약 검정을 통하여 귀무가설이 기각된다면 어떤 처리에서 이러한 차이가 발생되는가를 알아야 할 필요가 있다. 즉, 어느 요인이 반응변수에 영향을 주는가? 두 요인 모두 다 영향을 주는가? 또는 한 요인만 영향을 주는가? 두 요인 모두가 반응변수에 영향을 준다면 독립적으로 각각 영향을 주는지 또는 상호작용을 통하여 영향을 주는지를 파악하는 일은 매우 중요해진다.

[그림 5.1] 두 요인분석의 분해

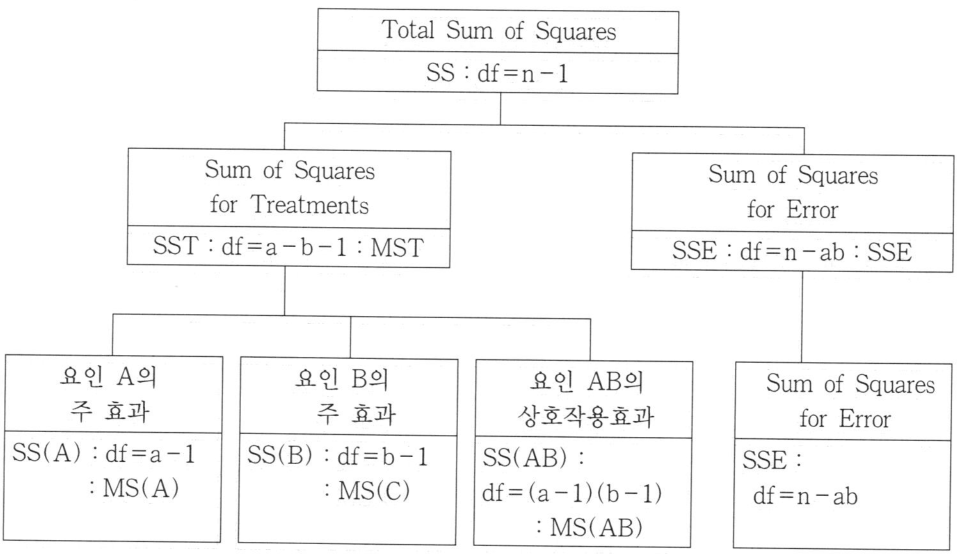

반응변수에 영향을 주는 요인들에 대한 시각적 이해를 돕기 위해 3수준이 있는 요인 A와 2수준의 요인 B의 평균값을 그래프를 통해 보기로 하자.

[그림 5.2] 반응평균과 수준과의 상호작용 검정

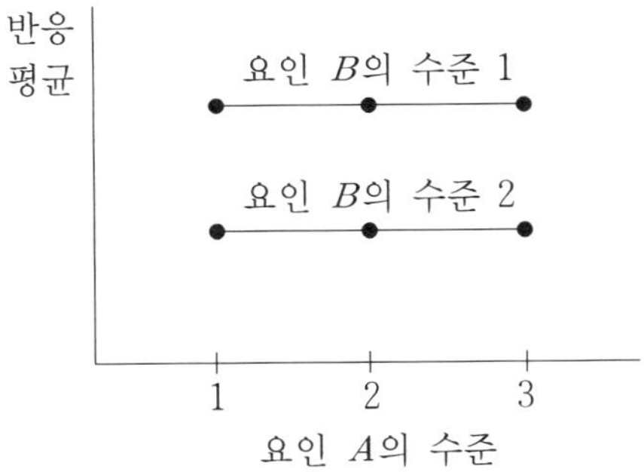

- 요인 B의 수준 1과 수준 2는 반응변수 평균에 차이가 있다.
- 그러나 요인 A의 각 수준은 요인 B의 두 수준에 영향을 주지 않아 요인 A와 요인 B는 상호작용효과는 없다.
- B는 요인 A의 수준에 영향을 받지 않는다.

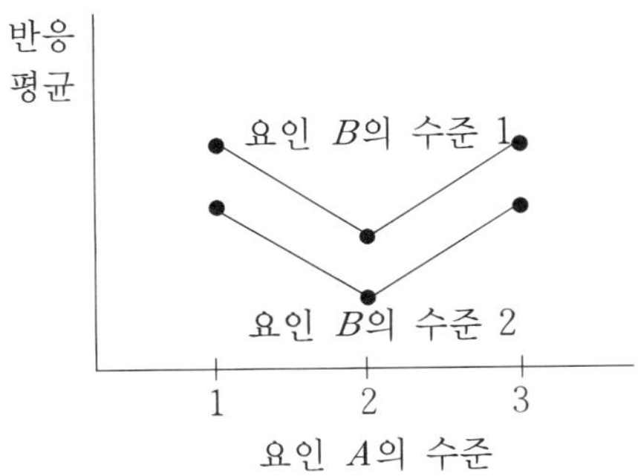

- 요인 B의 수준 1과 수준 2는 반응변수 평균에 차이가 있다.
- 요인 B의 수준 1과 수준 2는 요인 A의 수준에 영향을 받는다. 따라서 요인 A의 주 효과가 존재한다.
- 요인 B 수준평균은 요인 A의 각 수준과 동일하다.

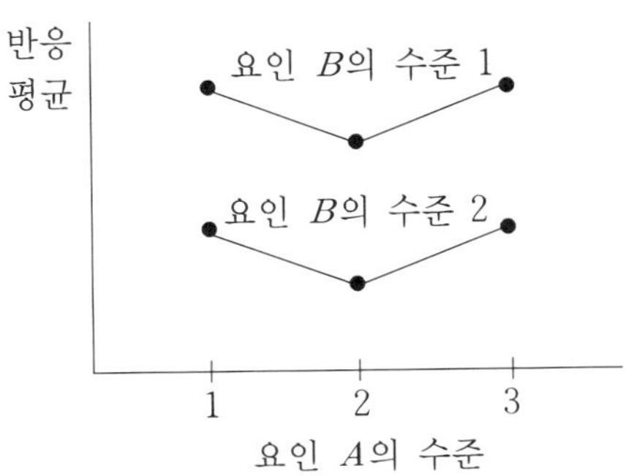

- B의 수준 1과 수준 2는 반응변수 평균에 차이가 있다.
- B와 요인 A는 반응변수에 영향을 주지만 상호작용효과는 존재하지 않는다.
- 요인 B는 요인 A의 각 수준에 영향을 받지 않아 요인 A의 각 수준은 요인 B에 대해 독립적이다.

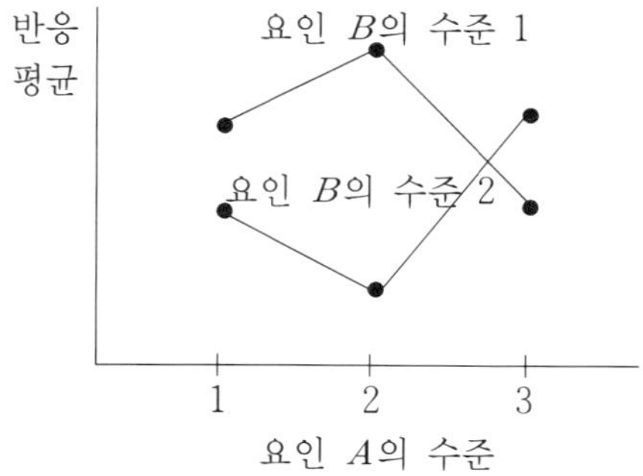

- B의 각 수준은 요인 A의 각 수준에 따라 변화한다.
- 두 요인 간에는 상호작용 효과가 있다.

따라서 처리효과별 영향력을 파악하기 위하여 총 변동량을 분해하여 살펴볼 필요가 있다. 총 제곱의 합(SS: Total Sum of Squares)은 다음의 4부분으로 나누어 분석해야 한다[15].

요인분석에서는 될 수 있는 한 처리수가 동일하게 실험을 설계하는 것이 분석에 용이하며[16] 동일한 실험 횟수를 r회 반복할 수도 있다. r회 반복할 경우 자유도는 $N=ab$에서 $N=abr$로 바뀐다. 따라서 반복회수 r은 최소한 1보다 커야 한다. 그렇지 않으면 $N=abr-ab=0$이 되기 때문이다.

r회 반복한 요인실험의 검정 통계량 요약

□ 처리 평균에 대한 검정

H_0 : ab 처리 평균 간에 차이가 없다.

H_1 : 최소한 두 처리 평균 간에는 차이가 있다.

검정 통계량 $F=\dfrac{MST}{MSE}$ F값 $\geq F_{\alpha,\ ab-1,\ n-ab}$ 귀무가설 H_0 기각,

단 $n=abr$

15) 각 요인에 대한 직접 산출식과 엑셀에서의 직접 계산 방법은 복잡하므로 여기서는 생략하고 SPSS방법에 의존한다. 기타 자세한 내용은 James T. McClave, P. George Benson, Terry Sincich(2005), *Statistics for Business and Economics*, ninth edition, Prentice Hall, pp. 610-611를 참고 바란다.

16) 두 요인 분석에서도 각 요인의 수준의 처리수가 다를 경우도 있다. 다만 본 책에서는 이를 다루지 않는다. 반복수가 다른 두 요인분석과 관련된 다른 서적을 참고 바란다.

□ 요인간 상호작용 검정

H_0 : 요인 A와 B는 반응변수의 평균에 상호 영향을 주지 않는다.

H_1 : 요인 A와 B는 반응변수의 평균에 상호 영향을 준다.

검정 통계량 $F = \frac{MS(AB)}{MSE}$ F값 $\geq F_{\alpha,\ (a-b),(n-ab)}$ 귀무가설 H_0 기각, 단 $n = abr$

□ 요인 A의 주효과 검정

H_0 : 요인 A의 수준별 평균값들 간에는 차이가 없다.

H_1 : 최소한 요인 A의 두 수준 간에는 평균값의 차이가 있다.

검정 통계량 $F = \frac{MS(A)}{MSE}$ F값 $\geq F_{\alpha,\ (a-1),(n-ab)}$ 귀무가설 H_0 기각, 단 $n = abr$

□ 요인 B의 주효과 검정

H_0 : 요인 B의 수준별 평균값들 간에는 차이가 없다.

H_1 : 최소한 요인 B의 두 수준 간에는 평균값의 차이가 있다.

검정 통계량 $F = \frac{MS(B)}{MSE}$ F값 $\geq F_{\alpha,\ (b-1),(n-ab)}$ 귀무가설 H_0 기각, 단 $n = abr$

5-1 | 예제문제 |

골프공과 골프클럽과의 관계를 알아보기 위하여 요인A로서 드라이버와 5번 아이언의 두 채(수준)를 선정하고 요인 B로서 골프공 브랜드 4개(수준)로 비거리 실험을 각각 4회 실시하였다. ANOVA를 통해 $\alpha = 0.05$에서 상호작용이 있는지를 검정하고 비거리를 기준으로 골프클럽별 브랜드의 최적조합을 찾아라.

문제풀이
엑셀

Excel의 도구메뉴에서 '반복 있는 2원 배치법'을 실행하면 다음 표를 얻는다. 표에는 이해하기 쉽게 산출방법과 계산된 값의 의미를 넣었다.

골프채 별로 평균비거리의 차이가 있는가에 대한 $H_0: \mu_{Driver} = \mu_{5Iron}$, F비 $= 936.75 > F_{0.05}, 1.24 = 4.2596$이므로 귀무가설을 기각하여 드라이버와 5번 아이언의 평균비거리는 차이가 있다는 대립가설을 채택한다.

골프공 브랜드별로도 평균비거리의 차이가 있다는 대립가설을 채택한다. 산출된 F값이 F의 임계치보다 크고 p값도 설정된 유의수준 $\alpha = 0.05$보다 작게 나타났다. 골프공과 골프채의 상호작용에 대해서는 F값 $= \dfrac{MS(AB)}{MSE} = 7.45 > F_{0.05,\,3,\,24} = 3.0088$보다 커 상호작용이 없다는 귀무가설을 기각한다.

따라서 골프공과 골프 클럽 간에는 상호작용의 효과가 있다고 할 수 있으며 두 요인 간에 상호작용효과가 존재하면 두 효과를 검정할 필요는 없게 된다. 즉 골프클럽과 골프공이 공동으로 영향을 미치기 때문이다. 두 요인 간 상호작용 효과가 존재하면 가장 효율성이 최대가 되는 조합을 찾을 수 있다. 동 조합은 SPSS에서 Estimated Marginal Means표의 브랜드×골프채의 표에서 알아 볼 수 있다. 표에서 보듯이 가장 큰 비거리를 보인 드라이버와 골프공의 조합은 243.1로서 브랜드 C와의 조합이며 5번 아이언과는 브랜드 B가 최적조합을 보인다.

이는 그래프를 통하여도 확인할 수 있는데 드라이버는 브랜드 C에서 5번 아이언은 브랜드 B에서 가장 높은 비거리를 보여주기 때문이다.

문제풀이
SPSS

SPSS에서의 요인실험은 임의화 블록설계 방법과 동일하다. Custom이 아닌 factorial(디폴트로 설정되어 있음)로 분석하면 된다. 이하 그림을 보고 실행하면 동일한 결과를 얻을 수 있다.

〈표 5.1〉 골프공 브랜드와 드라이버간의 ANOVA의 자료

CLUB	A	B	C	D
DRIVER	226.4	238.3	240.5	219.8
DRIVER	232.6	231.7	246.9	228.7
DRIVER	234.0	227.7	240.3	232.9
DRIVER	220.7	237.2	244.7	237.6
5IRON	163.8	184.4	179.0	157.8
5IRON	179.4	180.6	158.0	161.8
5IRON	168.6	179.5	155.2	162.1
5IRON	173.4	186.2	156.5	160.3

자료: http://cafe.naver.com/haveajoy 자료실, 요인실험.xls

〈표 5.2〉 Excel의 반복있는 이원분산분석(결과표)

분산 분석: 반복 있는 이원 배치법						
변동의 요인	제곱합	자유도	제곱 평균	F 비	P-값	F 기각치
인자 A:골프채	32,093.11	1	MS(A): 32093.11	MS(A)/ MSE: 936.75	FDIST(936.75, 1,24):0.000	FINV(0.05,1,24): 4.2596
인자 B:골프공 브랜드별	800.74	3	MS(B): 266.91	MS(B)/ MSE: 7.79	FDIST(7.79,3, 24):0.00084	FINV(0.05,3,24): 3.0088
교호작용	765.96	3	MS(AB): 255.32	MS(AB)/ MSE:7.45	FDIST(7.45,3, 24):0.00108	FINV(0.05,3,24): 3.0088
잔차	822.24	24	MSE: 34.26			
계	34,482.05	31				

자유도의 계산 인자 A= 2:요인A의 수준-1
인자 B = 3:요인 B의 수준-1
교호작용 = 3:(요인 A의 수준-1)(요인 B의수준-1)
잔차 = 24:(요인 A의수준*요인 B의수준*반복수)-
(요인 A의수준*요인 B의수준)

* 각자 엑셀을 활용하여 풀어보는 방법은 직접 계산하는 방법과 도구메뉴에 추가로 설치한 데이터 분석을 활용하여 이원분산분석을 행하면 된다.

문제풀이

SPSS - General Linear Model - Univariate-Model- Full factorial

[그림 5.3] SPSS의 계산(결과표)

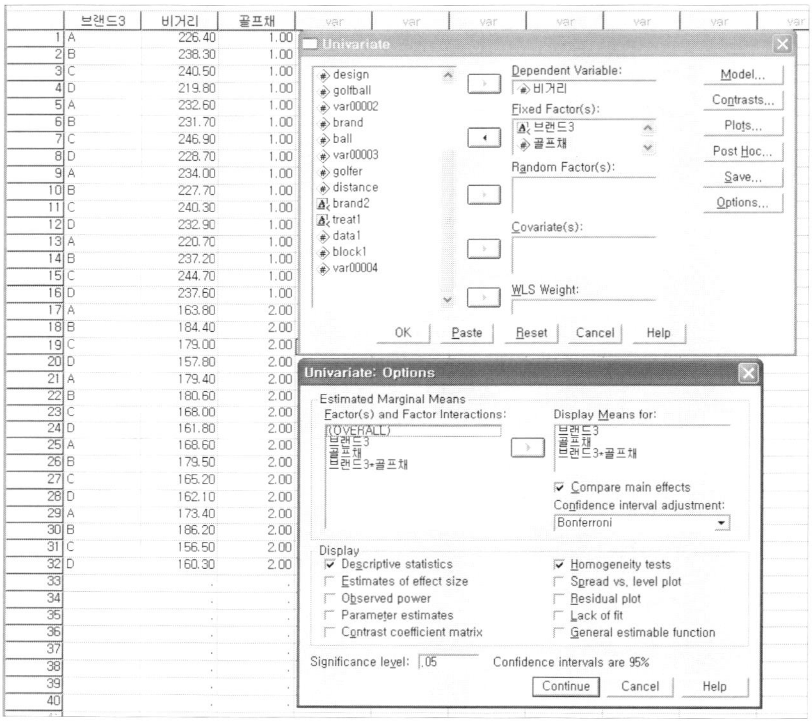

Tests of Between-Subjects Effects

Dependent Variable: 비거리

Source	Type III Sum of Squares	df	Mean Square	F	Sig.
Corrected Model	33659.809a	7	4808.544	140.354	.000
Intercept	1306778.611	1	1306778.611	38142.983	.000
브랜드3	800.736	3	266.912	7.791	.001
골프채	32093.111	1	32093.111	936.752	.000
브랜드3 * 골프채	765.961	3	255.320	7.452	.001
Error	822.240	24	34.260		
Total	1341260.660	32			
Corrected Total	34482.049	31			

a. R Squared = .976 (Adjusted R Squared = .969)

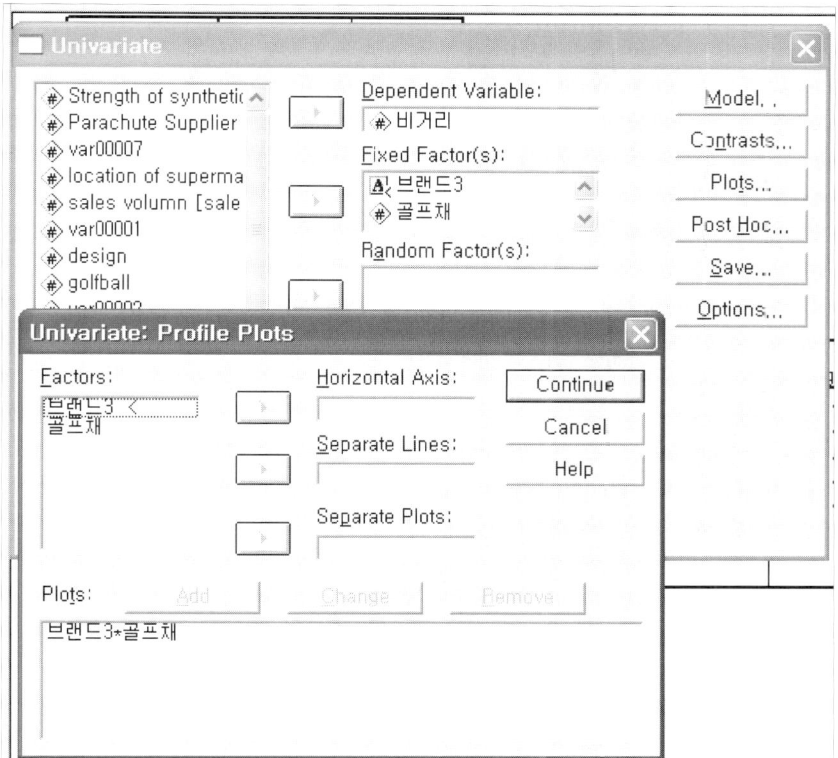

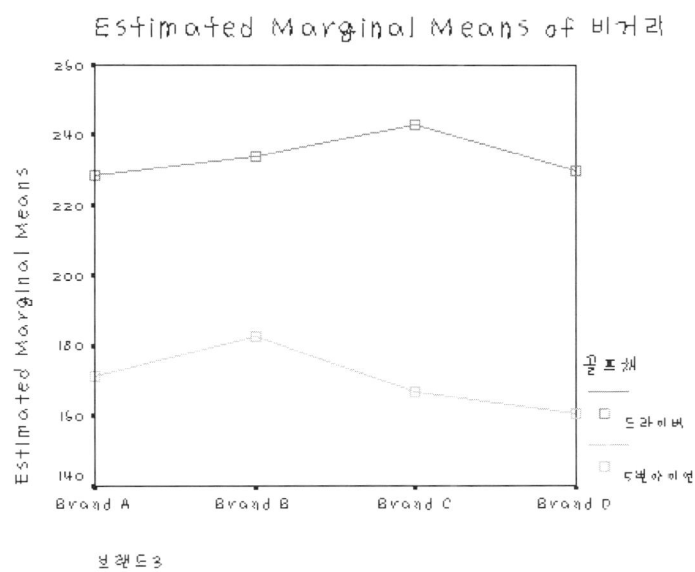
Estimated Marginal Means of 비거리
Estimated Marginal Means
260
240
220
200
180
160
140
Brand A
Brand B
Brand C
Brand D
브랜드3
골프채
드라이버
5번아이언

Homogeneous Subsets

비거리

	브랜드3	N	Subset 1	2	3
Tukey HSD[a,1]	Brand D	8	195.1250		
	Brand A	8	199.8625	199.8625	
	Brand C	8		205.1375	205.1375
	Brand B	8			208.2000
	Sig.		.387	.297	.724
Scheffe[a,b]	Brand D	8	195.1250		
	Brand A	8	199.8625	199.8625	
	Brand C	8		205.1375	205.1375
	Brand B	8			208.2000
	Sig.		.469	.375	.779

Means for groups in homogeneous subsets are displayed.
Based on Type III Sum of Squares
The error term is Mean Square(Error) = 34.260.
a. Uses Harmonic Mean Sample Size = 8.000.
b. Alpha = .1.

Estimated Marginal Means

브랜드3 * 골프채

Dependent Variable: 비거리

브랜드3	골프채	Mean	Std. Error	90% Confidence Interval Lower Bound	Upper Bound
Brand A	1	228.425	2.927	223.418	233.432
	2	171.300	2.927	166.293	176.307
Brand B	1	233.725	2.927	228.718	238.732
	2	182.675	2.927	177.668	187.682
Brand C	1	243.100	2.927	238.093	248.107
	2	167.175	2.927	162.168	172.182
Brand D	1	229.750	2.927	224.743	234.757
	2	160.500	2.927	155.493	165.507

5-2 | 예제문제 |

앞서 설명한 골프클럽의 예와 동일한 실험을 다시 해본 결과 아래 표를 얻었다 이 표를 보고 ANOVA 분석을 행하고 상호작용의 효과를 확인하고 클럽과 골프공의 최적 조합을 찾으시오.

문제풀이
Spss

반응변수는 '비거리'이고 '골프 클럽'은 2수준, 골프공 브랜드는 4수준이 존재하고 각각 2회 반복하였으므로 2 way ANOVA분석을 행한다.

〈표 5.3〉 SPSS - General Linear Model - Univariate-Model- Full factorial

골프크럽	골프공 브랜드			
CLUB	E	F	G	H
DRIVER	238.6	261.4	264.7	235.4
DRIVER	241.9	261.3	262.9	239.8
DRIVER	236.6	254	253.5	236.2
DRIVER	244.9	259.9	255.6	237.5
5IRON	165.2	179.2	189	171.4
5IRON	156.9	171	191.2	159.3
5IRON	172.2	178	191.3	156.6
5IRON	163.2	182.7	180.5	157.4

자료: http://cafe.naver.com/haveajoy 자료실, full factorial 자료.xls

〈표 5.4〉Tests of Between-Subjects Effects: Dependent Variable: 비거리

Source	Type III Sum of Squares	df	Mean Square	F	Sig.
Corrected Model	49959.375	7	7137.054	290.120	.000
Intercept	1423532.828	1	1423532.828	57866.453	.000
크럽	46443.900	1	46443.900	1887.939	.000
브랜드	3410.316	3	1136.772	46.210	.000
크럽 * 브랜드	105.158	3	35.053	1.425	.260
Error	590.407	24	24.600		
Total	1474082.610	32			
Corrected Total	50549.782	31			

a R Squared = .988 (Adjusted R Squared = .985)

ANOVA표에서 보듯이 골프 클럽과 브랜드와는 상호작용은 설정된 유의수준 0.1보다 p값이 커 상호작용은 존재하지 않아 클럽과 브랜드별 평

[그림 5.4] 비거리와 클럽의 비교

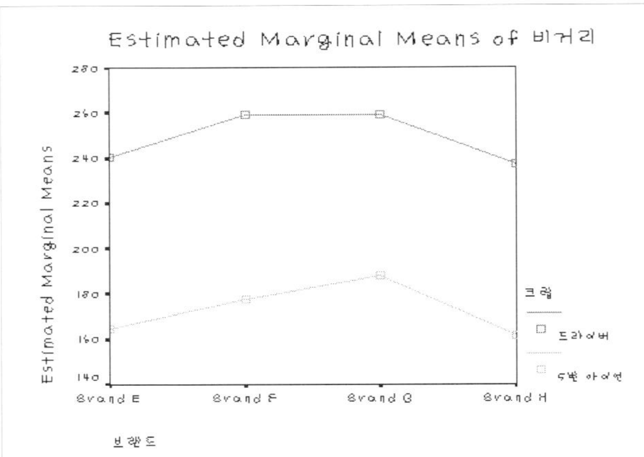

균 비거리는 차이가 없다는 귀무가설이 채택된다.

클럽의 수준 즉, 드라이버와 5번 아이언의 평균 비거리는 차이가 있으며 브랜드 별로도 차이가 있는 것으로 분석된다. 가장 긴 비거리는 드라이버의 경우 브랜드 G이며 5번 아이언의 경우도 브랜드 G에서 가장 큰 비거리를 보이는 것으로 나타났다.

5-5 | 예제문제 |

교양과목을 수강하는 132명의 학생들을 대상으로 기말 시험에 대한 준비로 두 가지의 방법 중 하나를 선택하도록 하였다. 주어진 시간 동안 그냥 복습을 하거나 퀴즈시험을 보는 방법이었다. 이 두 방법에 대한 효과를 기말고사를 본 후 시행하였다. 아무런 도움이 안 되었다는 '0'부터 매우 도움이 되었다는 '10'까지 점수를 주어 두 가지 방법이 실제 받은 기말고사 성적에 얼마만큼 도움을 주었는가를 알아보았다. 실제의 기말고사의 평가는 3가지로 이루어지는데 '보통 이하', '보통', '잘함'의 3가지였다. 반응변수는 실제 도움여부에 대한 0부터 10까지의 점수이며 시험 준비는 두 수준, 평가는 3수준으로 이루어진다. 이에 대한 자료 표가 〈표 5.5〉와 같다.

〈표 5.5〉 준비방법별 기말고사 성적 자료

방법	도움 여부	평점	방법	도움 여부	평점	방법	도움 여부	평점	방법	도움 여부	평점
P	6	1	P	6	1	R	3	1	R	6	1
P	7	1	P	5	1	R	4	1	R	4	1
P	7	1	P	3	1	R	7	1	R	5	1
P	5	1	P	7	1	R	3	1	R	6	1
P	3	1	P	6	1	R	3	1	R	8	1
P	3	1	P	7	1	R	6	1	R	4	1
P	8	1	P	5	1	R	2	1	R	3	1
P	8	1	P	6	1	R	2	1	R	2	1
P	7	1	P	5	1	R	2	1	R	4	1
P	7	1	P	3	1	R	4	1	R	4	1
P	5	1	P	6	1	R	4	1	R	5	1
P	2	2	P	4	2	R	2	2	R	2	2
P	4	2	P	5	2	R	4	2	R	9	2
P	7	2	P	6	2	R	0	2	R	3	2
P	3	2	P	8	2	R	4	2	R	5	2
P	5	2	P	9	2	R	4	2	R	3	2
P	5	2	P	4	2	R	9	2	R	3	2
P	4	2	P	6	2	R	2	2	R	1	2
P	5	2	P	1	2	R	6	2	R	2	2
P	6	2	P	0	2	R	2	2	R	5	2
P	2	2	P	2	2	R	7	2	R	5	2
P	7	2	P	1	2	R	3	2	R	6	2
P	5	3	P	4	3	R	2	3	R	5	3
P	6	3	P	6	3	R	5	3	R	2	3
P	3	3	P	8	3	R	4	3	R	5	3
P	5	3	P	7	3	R	6	3	R	4	3
P	7	3	P	9	3	R	2	3	R	3	3
P	6	3	P	8	3	R	5	3	R	4	3
P	5	3	P	6	3	R	6	3	R	0	3
P	7	3	P	5	3	R	4	3	R	4	3
P	2	3	P	5	3	R	4	3	P	5	3
P	10	3	R	7	3	R	4	3	P	6	3
P	4	3	R	4	3	R	2	3	R	5	3

주: 1) 방법 P: 예비시험, R: 그냥 복습 도움여부는 0-10, 평점은 1: 보통 이하, 2:보통, 3:잘함 2) 자료에는 질적 자료가 포함되어 있기 때문에 분석할 때 이를 변형시켜야 한다. 3) 자료: http://cafe.naver.com/haveajoy 자료실, 교양과목 기말고사.xls

문제풀이 Spss

SPSS - General Linear Model - Univariate Model- Full factorial

귀무가설은 기말고사 시험의 준비방법별로 시험에 실제적인 도움에는 차이가 없다 이며 $H_0 : \mu_{예비시험} = \mu_{그냥복습}$이다. 또한 반응변수는 도움여부인 '도움수준'이 반응변수가 되며 받은 '평점'은 3수준이고 '준비방법'은 2수준이고 실험 단위가 2회이므로 반복 있는 2 way ANOVA로 분석해야 한다.

ANOVA표를 보면 준비방법별 기말고사 시험에 도움에 차이가 없다는 귀무가설의 F값이 14.399이며 p값이 0.000이므로 귀무가설은 기각하고 차이가 있다는 대립가설을 선택한다. 따라서 기말시험에서 받은 평가와는 관계없이 그냥 복습하는 방법과 예비시험 방법간에는 유의한 차이가 있다고 할 수 있다. 또한 받은 평점과 준비방법간에는 유의한 상호작용이 없는 것으로 확인되었다.

그래프에서 보듯이 기말고사 준비방법에 따라 받은 평가는 다르게 나타났다. 즉 실제 예비시험을 보는 방법과 단순하게 복습하는 방법 간에는 차이가 있었으나 그냥 복습한 학생에게보다는 실제 예비시험을 본 학생

〈표 5.6〉 Tests of Between-Subjects Effects: Dependent Variable: 도움수준

Source	Type III Sum of Squares	df	Mean Square	F	Sig.
Corrected Model	84.705	5	16.941	4.457	.001
Intercept	2865.341	1	2865.341	753.794	.000
준비방법	54.735	1	54.735	14.399	.000
평점	16.500	2	8.250	2.170	.118
준비방법 * 평점	13.470	2	6.735	1.772	.174
Error	478.955	126	3.801		
Total	3429.000	132			
Corrected Total	563.659	131			

a R Squared = .150 (Adjusted R Squared = .117)

들이 실제 성적 증가에 도움을 크게 받은 것으로 분석된다. 이런 현상은 예비시험을 치른 학생 중 '보통 이하' 또는 '잘함'에 대한 평점을 받은 학생에게서 두드러지게 나타났다.

[그림 5.5] 도움수준과 시험 준비방법의 비교

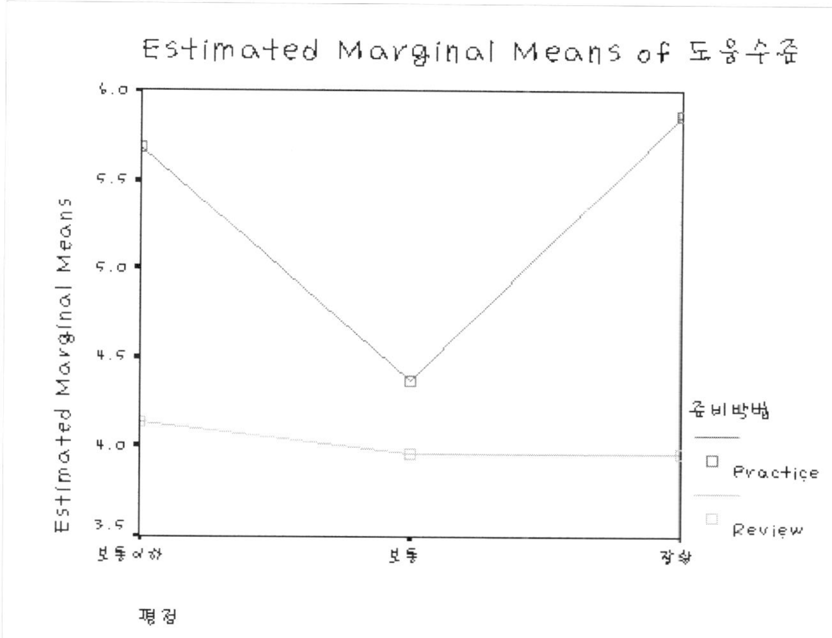

10

회귀분석

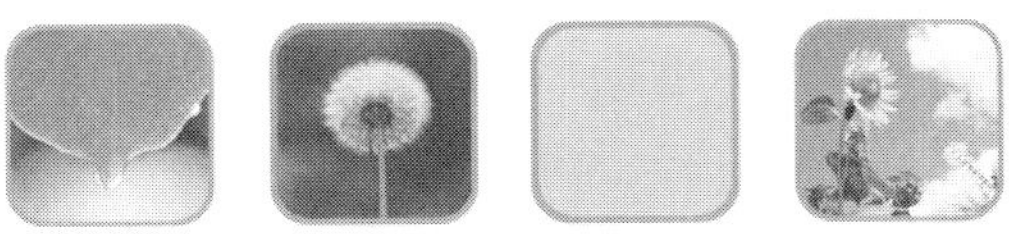

지금까지 우리는 관측된 자료의 특성을 파악하기 위한 분석을 행하였으며 현실적으로 모집단 전체를 파악하기 어려워 표본을 추출하여 모수를 추론하는 과정을 주로 보아왔다. 따라서 각 확률변수간의 기술통계량을 위주로 특성을 파악하되 현재의 상태를 기준으로 분석하였으므로 미래 예측은 못하였다.

그러나 때로는 종속변수에 영향을 주는 각 독립변수들의 관계를 토대로 미래의 상황을 예측해야 하는 경우도 있다. 따라서 이제부터는 두 변수 이상의 상호관계(relationship)를 선형 방정식으로 찾아내는 공부를 하고자 한다. 두 변수 사이의 관계를 분석하는 방법은 회귀분석(regression analysis)과 뒤의 상관분석(correlation analysis)이 있다. 변수를 종속변수와 독립변수라 하는데 수학의 방정식처럼 영향을 받는 반응변수를 종속변수(dependent variable)라 하며 종속변수에 영향을 주는 설명변수를 독립변수(independent variable)라 한다. 종속변수는 Y로 독립변수는 X로 표시하는데 Y값을 예측하기 위해선 X값을 사용하게 된다.

그런데 종속변수 Y는 하나일지라도 Y에 영향을 주는 변수는 여러 가지가 있을 수 있다. 독립변수가 하나인, 즉 X가 하나의 변수로 이루어진 회귀식을 단순회귀분석(simple regression)이라고 하고 독립변수 X가 둘 이상인 경우 다중회귀분석(multiple regression)이라고 한다.

독립변수와 종속변수간의 방정식을 회귀식이라 하는데 가장 용이한 식은 1차 함수형태의 선형방정식이므로 이를 중심으로 설명하기로 한다. 선형방정식이라 할지라도 산출되는 각 파라메타들이 두 변수간의 원인과 결과를 의미하는 인과성을 설명해 준다기보다는 단순하게 두 변수간의 관계의 정도를 나타내주는 것으로 이해하여야 한다. 보통 일변량(univariate)분석은 모집단의 평균(μ), 모비율(p), 분산(σ^2)에 대한 추정과 검정을 하지만 세 표본의 검정은 분산분석(ANOVA)을 이용한다.

단변량 분석과 다변량 분석(multivariate)은 여러 차이점이 있는데 주요한 특징을 정리하면 다음과 같다.

[그림 1.1] 단순회귀분석수행 절차도

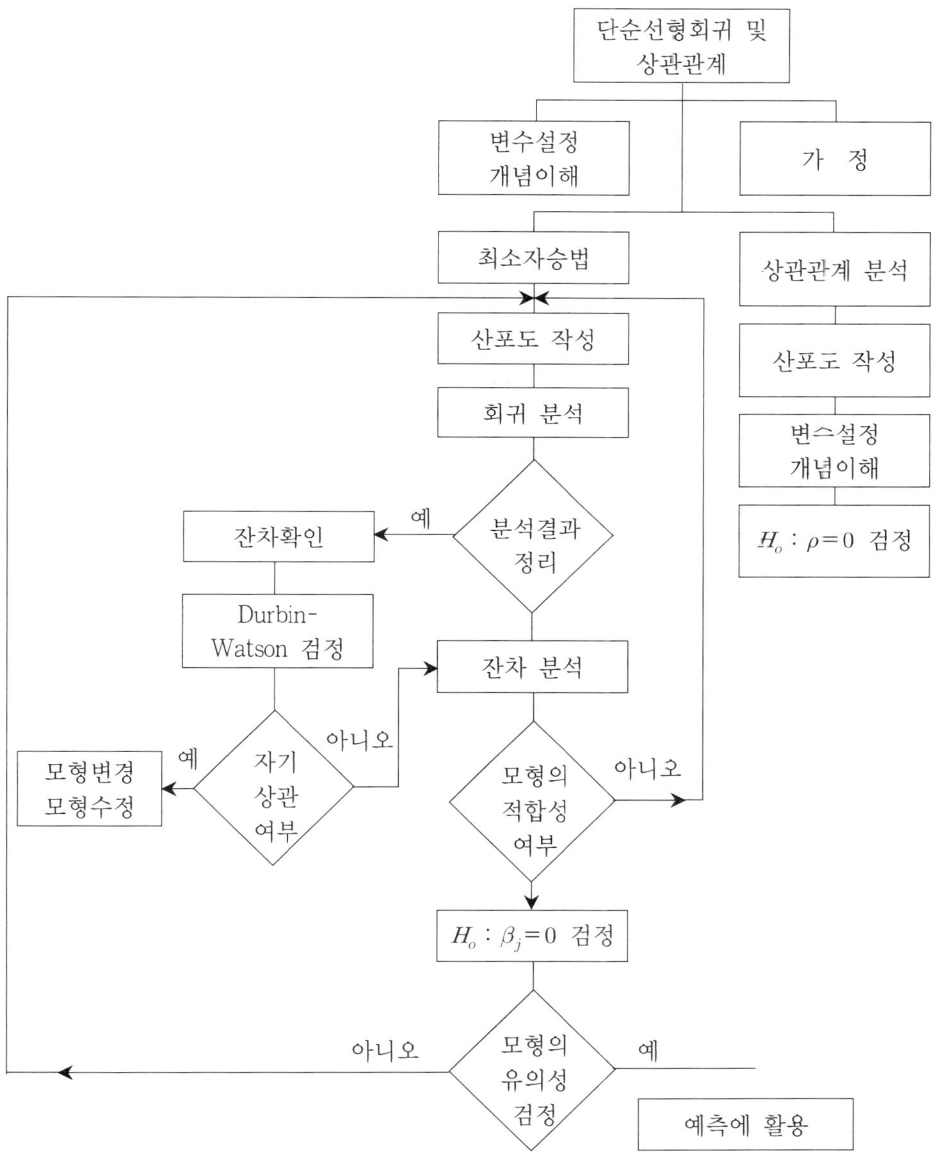

자료: David M. Levine, David Stephan, C. Krehbiel, Mark L. Berenson(2002), *Statistics for Managers Using Microsoft Excel*, Prentice-Hall International, Inc., p. 562.

〈표 1.1〉 일변량 분석과 다변량 분석의 통계적 추론의 비교

항목	일변량 분석(univariate)	다변량 분석(multivariate)
분석대상	모집단의 특징을 1변수로 설명	2변수 이상 간의 관계를 설명
주요분석대상: 특성치(모수)	평균(μ) 또는 비율(p)과 분산(σ^2)	절편(α), 기울기(β)
주요분석내용	- μ, p, σ^2의 추정 - μ, p, σ^2의 검정 - 다수일 때 ANOVA	- α, β에 대한 추정 및 검정 - 적합도와 유의성 검정 및 예측

자료: 이종원(1996), 「계량경제학」, 박영사, p. 145.

결국 회귀분석은 첫째로, 관측된 두변수의 값을 기초로 변수간의 함수관계가 성립되는지, 된다면 구체적으로 어떤 특징을 갖는 함수관계인지, 1차 함수인지 2차 함수인지 등을 이해하는데 이용되고 둘째로 그 값이 알려진 독립변수를 기초로 종속변수의 값을 예측 또는 추정하는 데 이용된다.

1. 단순선형회귀 분석

우리는 독립변수와 종속변수간의 관계를 알아보기 위하여 먼저 선형회귀계수를 추정하고자 한다. 그러나 회귀계수의 추정은 순서와 원칙을 이해해야만 올바르게 추정할 수 있으며 합리적으로 미래를 예측할 수 있게 된다. 일반적으로 회귀계수를 추정하기에 앞서 우리는 몇 개의 독립변수를 생각하고 이것으로 우선 최소자승법[1)]에 계수를 추정하고자 하며 모집단에 맞는 독립변수를 선정하고 이것으로부터 어떤 결론을 얻고자 한다.

모집단을 설명하면서 우리가 선정하는 독립변수들은 우선 표본이라는 것과 설사 나름대로 독립변수를 잘 선택했다 하더라도 그것이 표본의 경우에는 맞을지 몰라도 모집단의 상황을 잘 반영하여 주지 못할 수가 있다

1) 회귀계수를 추정하는 방법은 여러 가지가 있으나 최소자승법이 가장 일반적으로 쓰이며 본 책에서는 다른 산출방법을 생략한다.

는 점을 염두에 두어야 한다.

하나의 예를 들어보자. 호텔 로비 라운지의 일일 매출액에 대한 조사를 하여 이를 예측에 활용하는 문제를 생각해 보자. 우선 로비라운지 매출액은 종속변수가 되고 매출액에 영향을 주는 독립변수는 무수하게 많다는 것을 우리는 안다. 예를 들면 그날 방문자의 소득수준, 연령, 학력수준, 거주지, 만나는 상대방과의 관계, 방문자수, 로비라운지의 분위기, 호텔의 마케팅 전략, 그날의 외부적 환경 등등이다. 그런데 만약 방문자와 매출액간의 관계를 가장 중요시하여 매출액을 종속변수로 놓고 방문자 수 하나를 독립변수로 자의적으로 선정하여 일차방정식에 필요한 각 회귀계수를 구한다고 하자. 우선 일일 매출액과 방문자수에 대한 일차 회귀식을 구하기 위해 무작위로 30일을 택하여 각일의 매출액과 방문자에 대한 자료를 확보해 놓았다. 그러면 최소자승법에 의해 우리는 각 회귀계수를 구할 수 있게 된다.

자 한번 생각해 보자. 첫째, 과연 우리가 구한 30일의 표본자료가 모집단인 로비라운지의 일일 매출액을 구하는데 필요하고 충분한 자료인가? 즉, 구하려고 하는 모집단의 일일매출액을 정확하게 예측할 수 있게 모든 조건에 맞는 표본자료를 추출했는가? 그렇다고 할 수 없다. 모집단으로서 일일 매출액을 분석하고 예측하기 위해서는 우리가 이용하는 표본자료가 모집단의 특성을 정확하게 반영하도록 추출되어야 한다. 요일, 시간, 월, 계절, 외부적 상황, 호텔의 마케팅전략 등등의 특성을 반영하여야 알려고 하는 호텔로비 라운지의 일 매출액을 추정할 수 있다. 즉, 표집오차로 인해 바람직스런 추정량의 조건이 불편성, 효율성, 일치성, 일관성의 4가지 요건을 충분하게 충족하지 못함으로써 편의(bias)가 발생한다. 또한 우리는 방문객 수라는 독립변수 하나를 설정하고 이를 회귀식에 반영하였는데 실제로는 수많은 독립변수들이 일 매출액에 영향을 주고 있다고 할 수 있다.

따라서 회귀식도 확률변수의 추론처럼 모집단의 경우와 표본집단의 경우로 나누어 분석할 수 있으며 현실적으로 모집단 전체를 대상으로 분석할 수 없기 때문에 표본집단을 위주로 한 표본회귀식을 중심으로 공부하게 되는 것이다. 이하 이를 자세하게 살펴보기로 하며 모델을 어떻게 설정하는지를 알아본다.

1.1 모집단 회귀모형

$Y_i = \alpha + \beta X_i$인 모집단의 경우, 종속변수 Y_i는 독립변수 X에 의하여 정확하게 설명되고 있다고 보기가 어렵다. 왜냐하면 Y_i는 X 독립변수 하나가 아닌 수많은 다른 변수에 의해서도 영향을 받기 때문이다. 따라서 X가 설명해 주지 못하는 부분이 있게 마련인데 이것을 우리는 오차(ϵ_i : error)라 하며 바로 이 오차항이 확률적 부분(probabilistic model)을 구성하게 된다. 따라서 모집단의 회귀식은 다음과 같이 수정되어야 한다.

단순회귀분석: $Y_i = \alpha + \beta X_i + \epsilon_i$

이것을 보다 자세하게 알아보자.

종속변수 Y_i는 X_i에 따라서 ϵ_i 만큼 변하면서 움직이는 조건부 기대치의 의미와 같으며 Y_i는 X_i에 의한 기대값을 의미하게 된다.

단순회귀: $E[Y_i|X_i] = \mu_{Y|X_i} = \alpha + \beta X_i$

그런데 여기에서 Y_i는 실제 Y값과 차이가 있게 된다. 왜냐하면 X가 실제 Y값을 그대로 반영하고 있다고 보기 어렵기 때문이다. Y_i는 X_i에 의해 평균적인 값을 갖게 된다는 의미이다. 즉 Y_i는 $Y_i = \mu_{Y/X} + \epsilon_i$가 된다.

1.2 표본집단 회귀모형

단순회귀에서 표본 회귀선은 $\widehat{Y_i} = a + bX_i$ 로 정한다. 또 여기에서는 실제치 Y와 예측치 $\widehat{Y}$ 사이에는 표본오차가 발생하는데 이를 잔차(residual)라 하고 e라 표시하며 잔차 e는 모집단 오차 ϵ의 추정치가 된다.

$e_i = Y_i - \widehat{Y_i}$ 또는 $Y_i = \widehat{Y_i} + e_i$ 가 된다.

이를 대입하여 풀면

$\hat{Y}_i = a + bX_i$ 인데 $\hat{Y}_i = Y_i - e_i$ 이므로

$Y_i - e_i = a + bX_i$

$Y_i = a + bX_i + e_i$ 가 된다.

바로 이것이 표본 회귀모형이 된다.

1.3 오차항의 가정

이 표본 회귀 모형에서 종속변수 Y의 값은 X값이 주어지면 확률변수인 오차항 e에 의해서만 변동한다. 그러므로 절차에 따라 오차항(ϵ)에 대한 확인이 필요하다.

〈표 1.2〉 오차항의 특성

회귀모형	가정	의미	해설
표본 회귀 모형	1. 각 오차의 확률분포 평균은 0이다.	독립변수 X의 값이 주어지면 종속변수의 값은 알려지지 않은 회귀선 위와 아래에 존재하며 이때 e의 값은 +와 −의 값을 갖는데 평균은 0이 된다. $E[\epsilon_i^2] = \sigma^2$	즉, 잔차항의 평균을 산출하기 위해 모두 더하면 +, −의 값 때문에 '0'이 된다.
	2. 각 오차는 근사하게 정규분포를 따른다.	오차항은 0을 중심으로 반절은 +의 값을 갖고 반절은 −의 값을 갖는 종모양을 나타낸다.	오차항을 모두 모아서 그 분포를 보면 정규분포처럼 된다.
	3. 오차의 확률분포의 분산 σ_e^2은 독립변수 X의 모든 값에 대하여 동일하다. (동분산 가정)	비록 독립변수 X의 값이 변하더라도 오차의 분산은 언제나 일정하다. 퍼져있는 정도가 동일하다는 의미이다. 만약 퍼져 있는 정도가 다르면 이분산 현상이 발생하게 된다.	이분산과 동분산
	4. 각 오차는 서로 독립적이다.	종속변수 X의 한 값에 따른 오차는 종속변수 X의 다른 값에 따른 오차에 영향을 받질 않는다.	$E[\epsilon_i * \epsilon_j] = 0$ 교란항끼리는 아무런 함수관계가 없다. 이 가정이 충족되지 못해 자기상관(autocorrelation)이 발생한다.

중회귀 분석	5. 한 독립변수가 다른 어떤 독립변수와 정확히 1차 함수관계에 있어서는 안된다.	만약 상관계수의 값이 ±1 이라면 종속변수의 변동을 설명하는데 필요한 정보는 이 중 한 개의 독립변수의 값만 있으면 된다. 이 때는 최소자승법의 적용이 어려워지고 다중공선성(multi collinearity)의 문제가 발생하게 된다.	산포도 확인
	6. 관측치의 수 n은 독립변수의 수 k보다 두개 이상 많아야 한다.		

1.4 최소자승법

독립변수와 종속변수의 자료가 준비되면 두 변수간의 관계를 보여주는 산포도를 그려볼 필요가 있다. 산포도를 보면 두 변수간의 상관관계를 가늠해 볼 수 있으며 각 점을 잘 연결해 주는 회귀선도 가늠해 볼 수 있다. 표본회귀선, $Y_i = a + bX_i + e_i$의 모수 α와 β를 사용할 회귀계수 a와 b를 결정해야 한다.

또한 실제 관측치 Y_i와 예측치 $\widehat{Y}_i$의 차이인 잔차 e_i는 X_i에 따라 $\widehat{Y} = a + bX_i$선 위의 +값과 −값을 갖는다. 가장 좋은 회귀선은 e_i의 합이 가장 적다는 것을 의미하며 이는 실제값인 Y_i에 가깝게 그려진다는 의미이다. 여러 방법이 e_i를 최소로 하는 회귀선 추정에 이용되지만 대표적이고 유일한 방법이 최소자승법(least squares method)이므로 이를 보기로 한다.

$$\min \sum_{i=1}^{n} e_i^2 = \min \sum_{i=1}^{n} (Y_i - \widehat{Y})^2$$

이를 만족시키는 $\widehat{Y}_i = a + bX_i$의 회귀계수 a와 b를 결정하는 방법이 최소자승법이며 그 식은 다음과 같다.

$$a = \overline{Y} - b\overline{X}$$

$$b = \frac{n\Sigma X_i Y_i - \Sigma X_i \cdot \Sigma Y_i}{n\Sigma X_i^2 - (\Sigma X_i)^2} = \frac{\Sigma X_i Y_i - n\overline{X}\overline{Y}}{\Sigma X_i^2 - n\overline{X}^2}$$

[그림 1.2] 잔차(e_i)

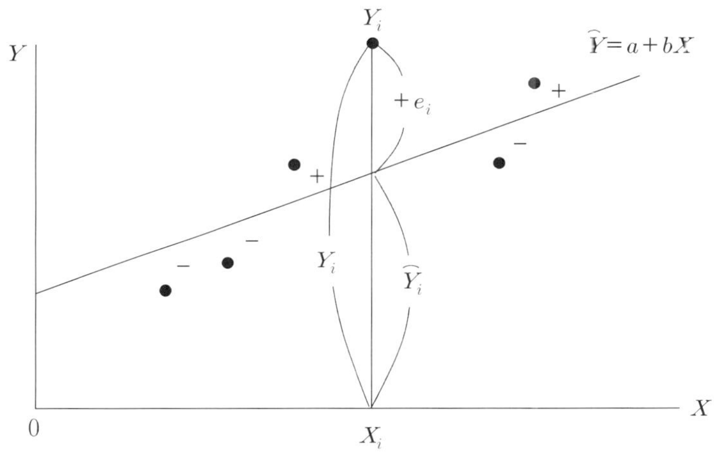

1.5 표본회귀선의 적합도

표본회귀선의 회귀계수 a, b가 구해지면 회귀선이 모든 관측치들을 적합하게 포함하였는지는 적합도 검정(goodness-of-fit test)을 통하여 한다. 그리고 독립변수와 종속변수의 관계가 통계적으로 유의한지, 독립변수가 종속변수에 대한 설명력이 있는지 없는지는 유의성 검정(significance test)을 통한다.

1.5.1 적합도 검정

적합도는 추정의 표준 오차(standard error of estimate)와 결정계수(coefficient of determination)를 이용하여 검정한다.

▶ 추정의 표준오차

종속변수 Y의 값을 예측하는데 오류를 가져오는 것은 오차항 ϵ_i 이므로 오차항을 검토함으로써 회귀선에 의한 예측의 정확성을 측정할 수 있다.

오차들의 평균은 $E(\epsilon_i)=0$ 이고 분산 σ_e^2은 회귀선 주위로 흩어져 있는 Y_i값들의 편차로 측정한다. 그런데 모든 Y_i값들은 모르기 때문에 표본을 이용하게 되고 오차들의 분산 σ_e^2대신에 추정의 표준 오차인 S_e를 이용하게 된다.

추정의 표준 오차(standard error: 각 변수의 표준오차임)

단순회귀: $S_e = \sqrt{\dfrac{\sum(Y_i-\hat{Y}_i)^2}{n-2}} = \sqrt{\dfrac{SSE}{n-2}}$

SSE: 오차 제곱합[2]

추정의 표준 오차나 표준편차는 같은 개념으로 볼 수 있으며 추정의 표준오차가 클수록 관측치들이 널리 흩어질 것이며 적을수록 좋은 것이라 할 수 있다. 모든 관측치 들이 회귀선을 중심으로 정규분포를 따른다고 하면 모든 관측치의 68%는 회귀식의 ± $1S_e$ 내에 들어오게 되고 95.5%는 ± $2S_e$ 내에 들어오게 되고 99.7%는 ± $3S_e$ 내에 들어오게 된다. 이 정보를 이용하면 표본 회귀선이 표본 자료에 적합한지를 알 수 있다. 그러나 이분산 현상이 나타나면 범위가 커져 99.7%도 ± $3S_e$ 내에 안들어 올 수 있어 그 범위가 커져 관측치들이 널리 퍼지는 현상이 발생한다. 즉, 적합도에 문제가 발생한다.

▶ 결정계수(R^2)

회귀분석에서 종속변수의 실제 관측치 Y_i 값과 Y 값들의 평균 $\overline{Y}$ 의 차이의 제곱, 즉 $(Y_i-\overline{Y})^2$를 총편차(total deviation 또는 SS)라 하는데 이는 $(Y_i-\hat{Y})^2$의 설명안된 편차의 제곱(SSE)과 $(\hat{Y}-\overline{Y})^2$로 나타내는

2) ANOVA표를 생각하여야 한다.

설명된 편차의 제곱(SSR)으로 구분할 수 있다.

회귀식의 구성

□ 총 편차의 제곱합(SS) = Total Sum of Squares
□ 회귀 제곱합(SSR) = Sum of Squares Regression : 설명된 편차
□ 오차 제곱합(SSE) = Sum of Squares Error : 설명안된 편차

양변을 제곱하여 합으로 전환하면

총 제곱합 = 오차 제곱합+회귀 제곱합

$$SS = SSE + SSR$$

$$\sum(Y_i - \overline{Y})^2 = \sum(Y_i - \widehat{Y}_i)^2 + \sum(\widehat{Y}_i - \overline{Y})^2$$

설명안된 편차의 제곱(SSE)은 표본회귀선($\widehat{Y}$)도 설명하지 못하는 내용, Y_i에서 $\widehat{Y}$까지의 부분을 말한다. 오차 e_i의 + 부분이다.

총 편차, SS는 독립변수를 고려하지 않았을 경우 실제 관측치 Y_i들이 이들의 평균 $\overline{Y}$ 로부터 흩어진 정도를 말하며 회귀식으로 설명되지 않는 SSE는 잔차의 제곱합 $\sum e_i^2$ 을 의미한다. 즉 $\widehat{Y}$는 e_i를 포함하지 않고 있

[그림 1.3] 회귀선의 구성

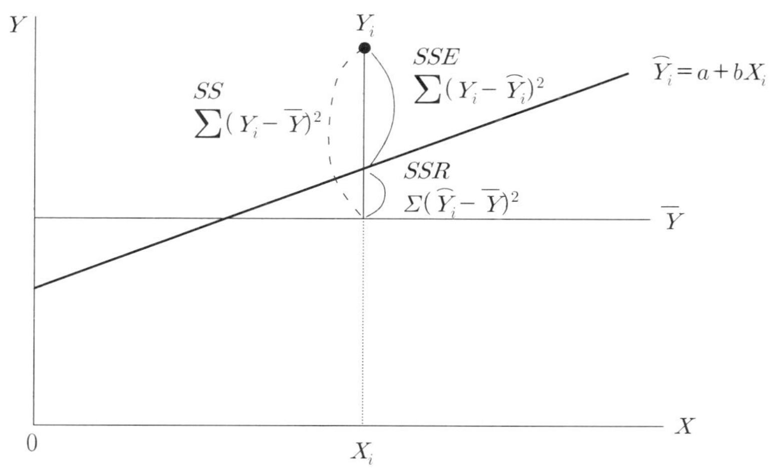

기 때문에 단순회귀에서 표본회귀선은 $\widehat{Y}_i = a + bX_i$에서 Y와 예측치 $\widehat{Y}$ 사이에는 잔차인 표본오차가 발생하게 된다. 표본 회귀식 $Y_i = a + bX_i + e_i$에서 e_i가 설명안되기 때문이다. 한편 독립변수를 포함할 때 회귀식으로 설명되는 부분이 SSR이며 결정계수 R^2은 다음과 같다.

$$R^2 = \frac{\text{설명되는 변동}}{\text{총변동}} = \frac{SSR}{SS} = 1 - \frac{SSE}{SS}$$

$$\text{또는 } R^2 = \frac{SSE}{SS} + \frac{SSR}{SS} = 1$$

1.5.2 유의성 검정

유의성 검정(significance test)은 회귀계수 β가 0인지 아닌지를 검정하는 방법으로 두 변수사이에 선형관계가 성립하는지를 검정하는 방법이다. 왜냐하면 $\beta = 0$이라면 일차함수 관계가 성립하지 않으나 β값이 0이 아닌 어떤 수라면 선형관계가 성립하기 때문이다. 중회귀 모형에서는 모형 전체의 유의성을 검정하기 위해서는 F-검정을 실시하고 개별회귀계수의 유의성을 검정하기 위해서는 t-검정을 실시한다. 이때 F-검정이 먼저인데 모형이 쓸모가 없다면 개별검정에 관한 t-검정을 수행할 필요가 없기 때문이다.

▶ 모집단 회귀선의 기울기 β에 대한 t-검정

이 검정은 모집단의 β의 기울기가 0인가 아닌가를 검토하며 귀무가설 H_0는 $\beta = 0$ 이다. 모수 β는 표본 회귀식의 기울기인 b를 이용하여 검토하며 t-검정을 한다.

$$\text{단순회귀 } t = \frac{b - \beta}{S_b} = \frac{b}{S_e / \sqrt{\sum (X_i - \overline{X})^2}}$$

S_e = 회귀계수 b의 표준오차

자유도는 $n - 2$

양측검정에서 만일 $\frac{b}{s_b} > t_{n-2,\alpha/2}$ 또는 $\frac{b}{s_b} < t_{n-2,\alpha/2}$ 이면 H_0를 기각한다. 즉 산출된 t값이 설정된 t값인 임계값보다 크면 귀무가설을 기각함으로써 β값은 0이 아니라는 의미가 된다.

▶ 모집단 회귀선의 기울기 β에 대한 F-검정

설명된 변동, SSR과 설명안된 변동, SSE를 이용하여 귀무가설 $H_o : \beta = 0$를 검정하는 방법이 F-검정이다. 즉, 설명된 제곱합(SSR)이 설명안된 제곱합 (SSE)에 비해 크면 회귀식이 표본자료를 잘 설명하기 때문에 귀무가설을 기각하는 것이다. 이때 우리가 필요로 하는 것은 SSR과 SSE에 자유도로 각각 나누어 준 설명된 평균제곱, MSR(Mean Square Regression)과 설명안된 평균제곱 MSE(Mean Square Error) 인데 이것은 분산과 같은 개념이다. SSR의 자유도는 독립변수의 수와 같기 때문에 1이고 SSE는 a와 b를 계산해야 하기 때문에 $(n-2)$이다.

MSR과 MSE
□ 설명된 평균제곱(MSR) $MSR = \frac{SSR}{1} = \Sigma(\hat{Y}_i - \overline{Y})^2$
□ 설명안된 평균 제곱(MSE) $MSE = \frac{SSE}{(n-2)} = S_e^2$

모집단 회귀선의 기울기 β에 대한 F 검정

$\frac{MSR}{MSE} \geq F_{1,n-2,\alpha}$이면 H_0를 기각

즉, 산출된 F 값이 설정된 F 값보다 커야 귀무가설을 기각하여 기울기가 0이 아니라는 대립가설을 채택하게 된다.

만약, F_0(산출된 통계량) $= \frac{SSR}{SSE/n-2} > F_{1,n-2,\alpha}$(설정 통계량)

이면 귀무가설이 기각되어 두 변수 사이의 선형관계는 종속변수 Y의 변동을 설명하는데 도움이 된다고 해석한다.

1-1 | 예제문제 |

〈단순회귀분석의 단계별 예〉

화재보험사는 소방서에서 부터 화재난 장소의 거리(km)와 피해액의 규모(억원)가 서로 관계가 있다고 보고 다음의 관측자료를 파악하였다.

회귀식을 구하고 이를 검정하라.

거리	피해액	거리	피해액	거리	피해액
3.4	26.2	5.5	36.0	2.1	24.0
1.8	17.8	0.7	14.1	1.1	17.3
4.6	31.3	3.0	22.3	6.1	43.2
2.3	23.1	2.6	19.6	4.8	36.4
3.1	27.5	4.3	31.3	3.8	26.1

STEP 1[3] • 종속변수(피해액)와 독립변수(거리)설정

• 회귀식 $Y_i = a + bX_i + e_i$

STEP 2 • 자료입력 및 적절한 컴퓨터 프로그램 선정

• a와 b의 산출

• Σe_i, 잔차의 확인

• 표준오차 Se, SSR, SSE, 확인

STEP 3 • 상관계수 r, 결정계수 R^2

• $t = \dfrac{b}{Se/\sqrt{\Sigma(X_i - \overline{X})^2}}$ 과 $t_{n-2,\frac{\alpha}{2}}$ 의 임계값 확인

• $F = \dfrac{SSR}{SSE/n-2}$ 와 $F_{v_1=1,\ v_2=n-2,\ \alpha}$의[4] 임계값 확인

---

3) 다음 페이지의 설명대로 따라하기 바람.

4) v_1, v_2는 독립변수와 종속변수의 자유도를 의미함.

문제풀이

직접계산

$$a = \overline{Y} - b\overline{X}$$

$$b = \frac{n\Sigma X_i Y_i - \Sigma X_i \cdot \Sigma Y_i}{n\Sigma X_i^2 - (\Sigma X_i)^2} = \frac{\Sigma X_i Y_i - n\overline{X}\overline{Y}}{\Sigma X_i^2 - n\overline{X^2}}$$

$$a = 26.41 - 4.92 \cdot 3.28 = 10.278$$

$$b = \frac{15 \cdot 1470.65 - 49.2 \cdot 396.20}{15 \cdot 196.16 - 49.2^2} = \frac{2566.71}{521.76} = 4.919 \text{ 또는}$$

$$\frac{1470.65 - 15 \cdot 3.28 \cdot 26.41}{196.16 - 15 \cdot 3.28^2} = \frac{171.278}{34.784} = 4.92$$

엑셀에서 직접계산

자료수	거리 X_i	피해액 Y_i	X_i^2	Y_i^2	$X_i \cdot Y_i$	$\widehat{Y}_i = 10.278 + 4.919X_i$
1	3.40	26.20	11.56	686.44	89.08	27.00
2	1.80	17.80	3.24	316.84	32.04	19.13
3	4.60	31.30	21.16	979.69	143.98	32.91
4	2.30	23.10	5.29	533.61	53.13	21.59
5	3.10	27.50	9.61	756.25	85.25	25.53
6	5.50	36.00	30.25	1,296.00	198.00	37.33
7	0.70	14.10	0.49	198.81	9.87	13.72
8	3.00	22.30	9.00	497.29	66.90	25.04
9	2.60	19.60	6.76	384.16	50.96	23.07
10	4.30	31.30	18.49	979.69	134.59	31.43
11	2.10	24.00	4.41	576.00	50.40	20.61
12	1.10	17.30	1.21	299.29	19.03	15.69
13	6.10	43.20	37.21	1,866.24	263.52	40.29
14	4.80	36.40	23.04	1,324.96	174.72	33.89
15	3.80	26.10	14.44	681.21	99.18	28.97
합계	$\sum X_i =$ 49.20	$\sum Y_i =$ 396.20	$\sum X_i^2 =$ 196.16	$\sum Y_i^2 =$ 11,376.48	$\sum X_i \cdot Y_i =$ 1,470.65	$\sum \widehat{Y}_i =$ 396.20
평균	$\overline{X}$=3.28	$\overline{Y}$=26.41				

자료: http://cafe.naver.com/haveajoy 자료실의 거리 피해액자료.xls

〈표 연속〉

잔차 = $Y_i - \hat{Y}_i$	SSE = $(Y_i - \hat{Y}_i)^2$	SSR = $(\hat{Y}_i - \overline{Y}_i)^2$	SS = $(Y_i - \overline{Y}_i)^2$	$X_i - \overline{X}$	$(X_i - \overline{X})^2$
-0.80	0.65	0.35	0.05	0.12	0.01
-1.33	1.78	53.01	74.19	-1.48	2.19
-1.61	2.58	42.17	23.88	1.32	1.74
1.51	2.27	23.24	10.98	-0.98	0.96
1.97	3.89	0.78	1.18	-0.18	0.03
-1.33	1.78	119.27	91.90	2.22	4.93
0.38	0.14	161.08	151.62	-2.58	6.66
-2.74	7.49	1.90	16.92	-0.28	0.08
-3.47	12.03	11.19	46.42	-0.68	0.46
-0.13	0.02	25.18	23.88	1.02	1.04
3.39	11.50	33.70	5.82	-1.18	1.39
1.61	2.59	115.01	83.05	-2.18	4.75
2.91	8.49	192.45	281.79	2.82	7.95
2.51	6.30	55.91	99.73	1.52	2.31
-2.87	8.24	6.54	0.10	0.52	0.27
잔차의 합= $\sum(Y_i - \hat{Y}_i) =$ 0.00	SSE의 합 = $\sum(Y_i - \hat{Y}_i)^2$ = 69.75	SSR의 합 = $\sum(\hat{Y}_i - \overline{Y}_i)^2$ = 841.77	SS의 합 = $\sum(Y_i - \overline{Y}_i)^2$ = 911.52		$\sum(X_i - \overline{X})^2$ = 34.78

요약 결과표

b 값 = 4.92	SSR= 841.77	산출된 F값 = MSR / MSE = 156.89
a 값 = 10.28	SS= 911.52	F 임계값 = 4.67
$S_e = \sqrt{\dfrac{(Y_i - \hat{Y}_i)}{n-2}}$ 표준오차 = 2.32	$R^2 = \dfrac{SSR}{SS}$ = 0.92	P값(유의수준) = 0.00
	$r = \sqrt{R^2} = \sqrt{\dfrac{SSR}{SS}}$ = 0.96	
	산출된 $t = \dfrac{b}{Se/\sqrt{\Sigma(X_i - \overline{X})^2}}$ = 12.53	
	t의 임계값 $t_{0.05,\,15-2} = 2.160$	

□ 메뉴: 도구 → 데이터 분석 → 회귀분석에서 실행(Excel 2003이하 Veersion), 또는 데이터-데이터분석-회귀분석(Excel 2007)

[그림 1.4] 엑셀에서 회귀분석의 실행

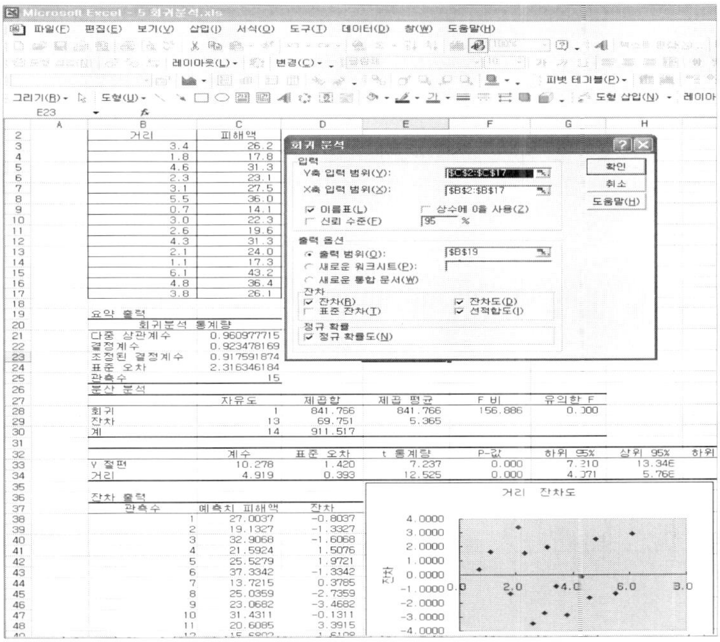

[그림 1.5] 회귀선과 산포도

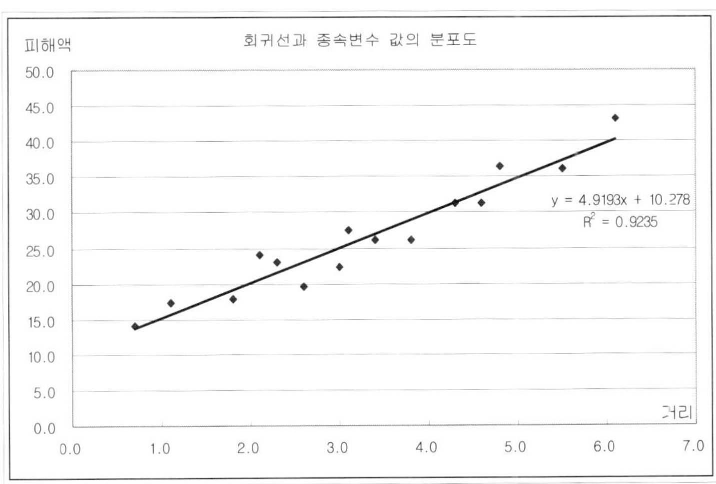

주: 위 그래프를 만드는 방법은 두 가지가 있는데 우선 차트 마법사를 이용하여 표준종류의 분산형을 지정하여 그래프를 만든 후

1. 그래프를 클릭하여 지정하고 메뉴바에 나타난 차트메뉴의 추세선 추가를 지정하는 방법
2. 차트마법사를 통해 만든 그래프 중 산포도에 나타난 X와 Y의 점을 클릭한 후 오른쪽 버튼을 눌러 다음 그림과 같이 지정하는 방법이다.

〈산포도 상에서 추세선 추가 방법〉

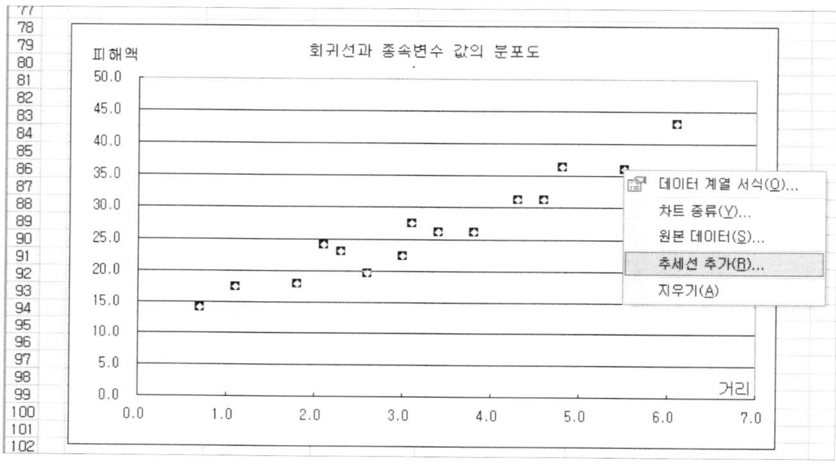

[그림 1.6] 잔차도

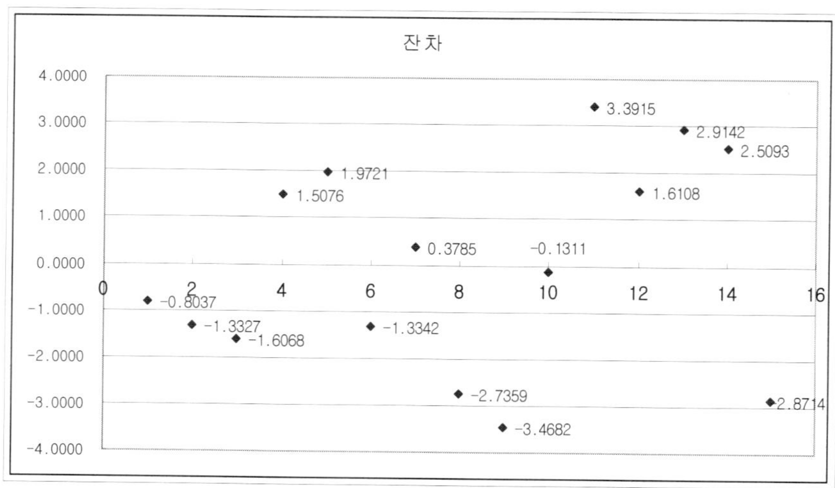

주: 엑셀의 도구-데이터분석-회귀분석의 메뉴에서 잔차와 잔차도를 클릭하여 만들고 수정한 그래프임

〈해석 및 엑셀에서 직접계산〉

□ 'Y절편'의 '계수'는 a를 의미하고 독립변수 '거리'의 '계수'는 b를 의미한다.

$$Y = 10.278 + 4.919X$$

□ $\Sigma e_i = 0$은 '잔차출력'표의 잔차의 합이 되며 '거리' 는 잔차도에서 보듯이 Y축에서 $e_i = Y_i - \widehat{Y}_i$ 값으로 나타나고 X축은 독립변수인 거리를 나타낸다. 따라서 관측치 Y_i는 $\widehat{Y} = 10.278 + 4.919X$에 e_i를 더하면 산출된다.

□ '회귀분석 통계량'표에서 보면 표준오차인 $S_e = 2.3163$이며 n은 15이다. 총편차 SS는 '분산분석'표의 '제곱합'의 '계'를 의미하며 SSR은 '회귀', '제곱합'이며 오차 제곱합 SSE는 '잔차', '제곱합'이 된다. 이러한 SSR, SSE, SS는 상관계수 r, 결정계수 R^2, 기울기 β에 대한 검정에 이용된다.

□ 결정계수 R^2은 '회귀분석 통계량' 표의 '결정계수'를 의미한다.

$$R^2 = 0.9234 \text{ 또는 } \frac{SSR}{SS} = \frac{841.766}{911.517} = 0.9234$$

□ 상관계수 r은 '회귀분석 통계량' 표의 '다중상관계수'이다.

$$r = 0.9609 \text{ 또는 } \sqrt{R^2} = \sqrt{\frac{SSR}{SS}} = 0.9609$$

□ 마찬가지로 표본자료에 의한 상관계수도 동일하다.[5]

$$r = \frac{\Sigma(X_i - \overline{X})(Y_i - \overline{Y})}{\sqrt{\Sigma(X_i - \overline{X})^2} \cdot \sqrt{\Sigma(Y_i - \overline{Y})^2}} = 0.9609$$

5) 각자 계산해 보길 권장한다.

□ $H_0 : b = 0$, 귀무가설 t검정

$$t = \frac{b}{Se/\sqrt{\Sigma(X_i - \overline{X})^2}} = \frac{4.9193}{2.3163/\sqrt{34.7840}} = 12.5254$$

$$S_e = \sqrt{\frac{(Y_i - \hat{Y}_i)}{n-2}} = \frac{69.75}{(15-2)} = 2.3163$$

□ 독립변수 '거리'의 't통계량'

산출된 $t = 12.5254 > t_{0.05,\,15-2} = 2.160$[6)]

□ 독립변수 '거리'의 p 값 '= TDIST(t값, 15-2, 1) × 2(양측검정)' = 0.0000 그러므로 $\beta = 0$이라는 귀무가설을 기각한다.

□ $H_0 : \beta = 0$ 귀무가설의 F 검정

$$F = \frac{SSR}{SSE/n-2} = \frac{841.7664}{69.7512/n-2} = 156.8862$$

□ '분산분석'표의 '회귀'의 F비

$$F = 156.8862 > F_{1,\ n-2,\ \alpha/2} = FINN(0.05,\ 1,\ 13) = 4.6672$$

p값=FDIST(F값, 1, 13)=0.0000

F검정과 p값에서 보듯이 두 변수 사이의 선형관계는 종속변수 Y의 변동을 설명하는데 도움이 된다.

문제풀이 SPSS

Analyze - Regression - Linear로 하며 설명은 엑셀과 동일하다.

6) TINV(0.05, n-2).

[그림 1.7] SPSS에서의 회귀분석

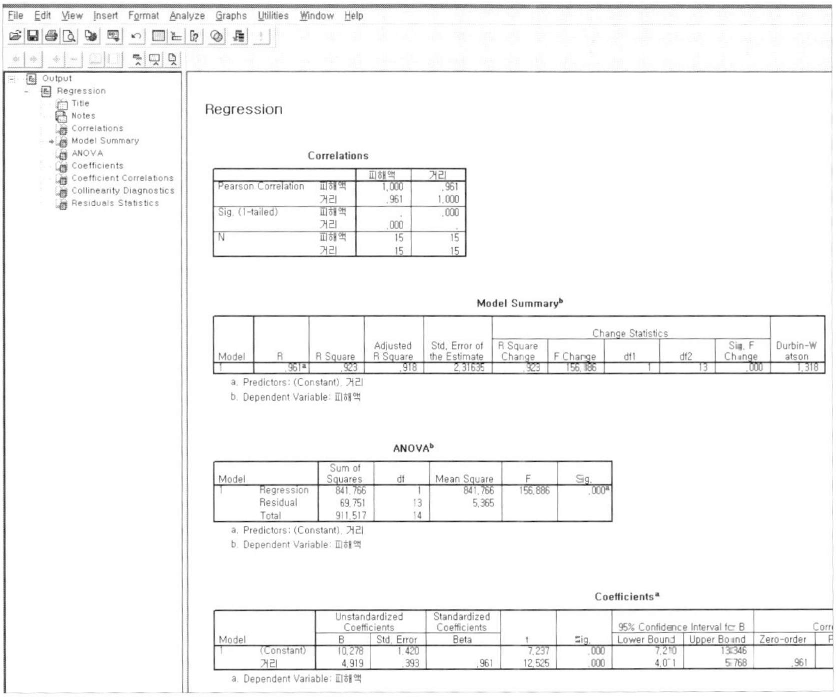

Regression

Correlations

		피해액	거리
Pearson Correlation	피해액	1.000	.961
	거리	.961	1.000
Sig. (1-tailed)	피해액	.	.000
	거리	.000	.
N	피해액	15	15
	거리	15	15

Model Summary[b]

Model	R	R Square	Adjusted R Square	Std. Error of the Estimate	Change Statistics: R Square Change	F Change	df1	df2	Sig. F Change	Durbin-Watson
1	.961[a]	.923	.918	2.31635	.923	156.886	1	13	.000	1.318

a. Predictors: (Constant), 거리
b. Dependent Variable: 피해액

ANOVA[b]

Model		Sum of Squares	df	Mean Square	F	Sig.
1	Regression	841.766	1	841.766	156.886	.000[a]
	Residual	69.751	13	5.365		
	Total	911.517	14			

a. Predictors: (Constant), 거리
b. Dependent Variable: 피해액

Coefficients[a]

Model		Unstandardized Coefficients B	Std. Error	Standardized Coefficients Beta	t	Sig.	95% Confidence Interval for B Lower Bound	Upper Bound	Correlations Zero-order
1	(Constant)	10.278	1.420		7.237	.000	7.210	13.346	
	거리	4.919	.393	.961	12.525	.000	4.071	5.768	.961

a. Dependent Variable: 피해액

주: Excel에서는 Durbin-Watson 값을 별도로 계산하여야 하는데 비해 spss에서는 option에서 이에 대한 항목을 클릭함으로서 산출된다. 위의 표에서는 'Model Summary'의 오른 쪽 끝에 1.318로 제시되어 있는 것을 볼 수 있다.

1.5.3 Durbin-Watson 검정

회귀식의 기본 가정에서 오차항의 성격을 파악하는 일은 중요하다고 하였다. $\Sigma e_i = 0$이라는 가정과 각 오차는 서로 영향을 주지 않고 독립적이라는 가정에 대한 검토는 매우 중요한 일이다. 오차항들이 서로 상관관계가 없다는 가정이 파괴되면 자기상관(auto ccrrelation)현상이 나타난다. 이러한 자기 상관은 시계열 자료(time-series)를 사용할 때 많이 나타나는데 자기상관현상이 심각할 경우 모형으로서의 적합성은 없어진다. 이와 같이 자기상관 여부를 판단하는데 이용하는 방법의 대표적인 것이 Durbin-Watson 검정이다.

즉, 잔차를 $e_i = \rho e_{i-1} + v_i$의 형태로 보고 $H_0 : \rho = 0$이라는 귀무가설의 존재를 검정하는 일이다. $\rho = 0$이라는 귀무가설이 채택되면 e_i는 v_i의 형태로 독립적이 되며 다음의 D를 통해 산출된다.

$$D = \frac{\sum_{i=2}^{n}(e_i - e_{i-1})^2}{\sum_{i=1}^{n} e_i^2}$$

$e_i =$ i 기간의 잔차(residual)

$D \fallingdotseq 2$이면 $\rho = 0$ 즉, 자기상관이 없는 것으로 볼 수 있고 $D \fallingdotseq 0$이면 정의 자기상관, D $\fallingdotseq 4$이면 부의 자기상관이 존재할 가능성이 커진다고 해석한다[7].

분자 $\sum_{i=2}^{n}(e_i - e_{i-1})^2$은 두 연속적인 잔차 간의 차이의 제곱으로 두 번째 관찰치로부터 n번째까지의 합으로 계산한다.

분모 $\sum_{i=2}^{n} e_i^2$은 i번째 잔차의 제곱합이다.

문제풀이 Excel

Excel의 수식으로

분자는 'SUMXMY2' 함수를 이용하되 SUMXMY2(배열 1, 배열 2)으로, 분모는 'SUMSQ'함수로 구하며 분자를 분모로 나누면 D값이 산출된다[8].

주의하여야할 사항은 첫째 잔차는 별도로 계산된 자료를 이용하여야 하는데 $e_i = Y_i - \hat{Y}$이므로 $\hat{Y}$은 추정된 회귀식 $a + bX_i$를 적용하여 구한다. 둘째, SUMSQ함수는 계산된 잔차의 모든 범위에 적용하나 SUMXMY2 함수는 배열 1과 배열 2의 범위를 차등 적용해야 한다. 즉 배열1에 해당되는 e_i는 잔차가 처음 계산된 위치(셀 주소: 예를 들면 C5) 다음 셀부터 마지막 셀까지 범위를 정하고 배열 2는 e_{i-1}에 해당되므로 잔차가 계산

7) 이종원 · 이상돈 공저(1995), 「RATS를 이용한 계량경제 분석」, 박영사, pp. 556-557에서 재인용.

8) SUMXMY2함수는 두 배열에서 대응값의 제곱의 차이를 구한 다음 다음 차의 합계를 구한다. SUMSQ함수는 인수의 제곱의 합을 구한다.

된 처음 셀부터 범위를 정하되 마지막 셀보다 하나 전 셀까지 범위를 정하여야 한다.

[그림 1.8] Durbin-Watson 검정

	A	B	C	D	E	F	G
1							
2		거리	피해액	잔차	분자(SUMXMY2)=	SUMXMY2(D4:D17,D3:D16)	91.9024
3		3.4	26.2	-0.8037	분모(SUMSQ)=	SUMSQ(D3:D17)	69.7510
4		1.8	17.8	-1.3327			
5		4.6	31.3	-1.6068	Durbin-Watson의	D=	1.3176
6		2.3	23.1	1.5076			
7		3.1	27.5	1.9721			
8		5.5	36.0	-1.3342			
9		0.7	14.1	0.3785			
10		3.0	22.3	-2.7359			
11		2.6	19.6	-3.4682			
12		4.3	31.3	-0.1311			
13		2.1	24.0	3.3915			
14		1.1	17.3	1.6108			
15		6.1	43.2	2.9142			
16		4.8	36.4	2.5093			
17		3.8	26.1	-2.8714			
18							

따라서 $D = \dfrac{91.9024}{69.7510} = 1.3176$

한편 Durbin-Watson의 임계치는 표로 제시되어 있는데 α의 설정값과 자료수 n, 그리고 독립변수의 수, k와 일치하는 d_L(하한값)과 d_U(상한값)를 찾으면 되고 판정법은 다음 표와 같다.

따라서 표본수 $n = 15$, 독립변수의 수 $k = 1$, $\alpha = 0.05$의 $D-W$ 임계값을 표에서 찾으면 $d_L = 1.08, d_U = 1.36$이므로 산출된 D값이 1.3716이므로 $d_L < D = 1.3176 < d_U$에 속한다. 따라서 검정결과는 미정이다.

미정일 경우는 Durbin-Watson 검정의 보완책으로서 Theil-Nagan 검정법, Durbin의 'h' 검정 등의 방법을 이용하거나 회귀식에서 상수항을 포함하는 모형이나 포함하지 않는 모형으로 전환하여야 한다[9].

9) 이종원 · 이상돈, 전게서 p. 557 참조.

D값과 자기상관 판정법

d값	판정방법
$D < d_L$	정의 자기상관 인정
$d_L < D < d_U$	검색결과는 미정
$d_L < D < (4 - d_U)$	자기상관이 없다는 귀무가설 채택
$(4 - d_U) < D < (4 - d_L)$	검정결과는 미정
$(4 - d_L) < D$	부의 자기상관 이정

주: d_L: 하한값, d_U: 상한값

2. 다중 회귀모형

2.1 다중 선형회귀모형

n개의 독립변수를 사용하여 종속변수의 변동을 설명하거나 예측하기 위한 선형회귀모형을 다중선형회귀모형이라 한다.

모집단 다중선형 회귀모형:

$$Y_i = \alpha + \beta_1 X_{1i} + \beta_2 X_{2i} + \cdots + \beta_k X_{ki} + \epsilon_i$$

다중회귀모형도 확정적 부분과 확률적 부분으로 구성된다. 확정적 부분은 $\alpha + \beta_1 X_{1i} + \beta_2 X_{2i} + \cdots + \beta_k X_{ki}$이며 오차항 ϵ_i는 확률적 부분의 변동을 나타낸다. α는 Y_i의 절편, β_1, β_2, β_k은 종속변수 Y와 X_1, X_2, X_k 사이의 선형관계의 기울기를 나타내며 편회귀계수(partial regression coefficient)라고 한다.

변수들의 하위부호 i는 모집단에서 X변수의 i번째 관측치라는 의미이다. 편회귀계수는 다른 변수가 종속변수에 미치는 영향이 일정하다고 할

[그림 2.1] 다중회귀분석 수행 절차도

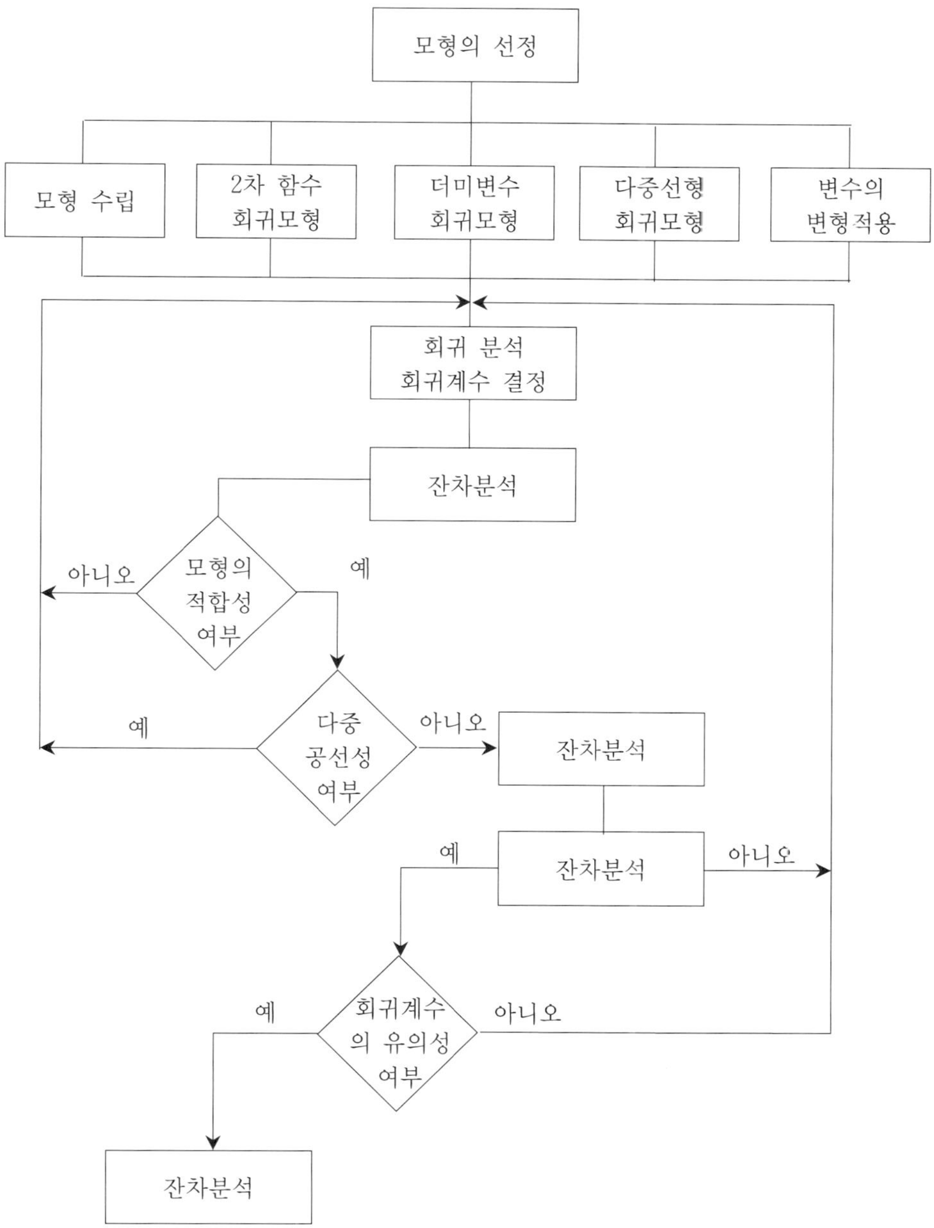

때 해당 독립변수 X가 종속변수에 미치는 영향을 의미하는데 예를 들면 β_i가 +2.5라면 다른 모든 독립변수의 영향이 일정하다고 할 때 X_i 독립변수 1단위의 증가는 종속변수 Y에 평균 2.5의 증가를 가져온다는 의미이다.

그러나 β의 값이 다른 독립변수 β값보다 크다고 해서 Y의 값을 결정하는데 중요한 역할과 기능을 한다는 의미는 아니라는 점을 주의하여야 한다.

모집단의 다중회귀모형을 구하기 위해서는 표본을 이용해야 하는데 표본다중회귀모형은 다음과 같다.

표본 다중회귀식

$$Y_i = a + b_1 X_{1i} + b_2 X_{2i} + \cdots + b_k X_{ki} + e_i$$

단순회귀모형의 설명과 같이 표본다중선형회귀식은

$$Y_i - \widehat{Y}_i = e_i \text{이므로 } Y_i = \widehat{Y}_i + e_i$$
$$\widehat{Y}_i = a + b_1 X_{1i} + b_2 X_{2i} + \cdots + b_k X_{ki}$$

여기에서 a, $b_1, b_2, \cdots, b_k$은 α와 $\beta_1, \beta_2, \cdots, \beta_k$의 추정치이다. 또한 $a, b_1, b_2, \cdots, b_k$는 최소자승법으로 구한다[10].

2.2 다중회귀 모형의 가정

단순회귀모형의 가정에 2가지가 추가로 덧붙여진다. 하나는 다중회귀모형의 독립변수들간 상관관계가 ±1이 되어서는 안된다. 왜냐하면 두 독립변수간의 관계가 1차 함수관계라면 종속변수를 설명하는데 하나의 독립변수간의 상관관계가 ±1에 가까워지면 최소자승법의 적용이 어려워지고 다중공선성(multicollinearity)문제가 발생한다.

---

10) 단순회귀와 같이 최소자승법은 $\sum_{i=1}^{k} e_i^2 = \sum_{i=1}^{k} (Y_i - \widehat{Y}_2)^2$을 최소화하는 회귀계수를 구하는데 본 책에서는 구체적인 산출식을 생략한다.

둘째 관측치의 수 n은 독립변수의 수 k보다 2개 이상 많아야 자유도에 문제가 없다. 즉 추정해야 할 모수의 수는 절편까지 독립변수의 수 $k+1$이므로 자유도는 $n-(k+1)$이고 자유도는 1보다 커야 하므로 $n \geq k+2$가 되어야 한다. 만약 관측치가 둘이고 독립변수의 수가 2라면 자유도는 0이 된다.

2.3 표본 다중회귀식의 적합도와 유의성 검정

2.3.1 적합도 검정

표본자료를 이용하여 최소자승법으로 도출한 표본회귀선이 표본자료를 잘 설명해 주는가를 측정하는 것이 적합도인데 적합도는 추정의 표준오차와 결정계수로 판단한다.

▶ 추정의 표준오차

다중회귀모형도 단순회귀모형과 같이 종속변수 Y_i의 편차를 설명된 변동, SSR과 설명 안 된 변동, SSE로 나누어 표준오차, S_e를 측정한다.

편차(변동)의 구분		
총 편차 SS $\sum_{i=1}^{n}(Y_i-\hat{Y})^2$	설명된 변동 SSR $\sum_{i=1}^{n}(\hat{Y}_i-\overline{Y})^2$	설명 안 된 변동 SSE $\sum_{i=1}^{n}(Y_i-\hat{Y})^2$

추정의 표준오차(S_e)

$$S_e=\sqrt{\frac{SSE}{n-k-1}}=\sqrt{\frac{\Sigma(Y_i-\hat{Y}_i)^2}{n-k-1}}=\frac{\Sigma e_i^2}{n-k-1}$$

n: 표본수, k: 독립변수 수

▶ 다중결정계수와 다중상관계수

다중회귀선의 적합도를 판정하기 위한 다중결정계수(coefficient of

multiple determination)는 다음과 같다.

$$R^2_{Y,X_1,X_2} = \frac{\Sigma(\hat{Y}_i - \overline{Y})^2}{\Sigma(Y_i - \overline{Y})^2} = \frac{Y\text{의 설명된 변동}: SSR}{Y\text{의 총 변동}: SS}$$

$$= 1 - \frac{SSE}{SS}$$

R^2_{Y,X_1,X_2} = 다중결정계수, 종속변수 Y와 독립변수 X_1, X_2

그런데 다중회귀분석에서 결정계수 R^2은 자유도를 고려해야 하는데 독립변수의 수가 증가하면 할수록 총 편차(SS), 즉 $\Sigma(Y_i - \overline{Y})^2 = \Sigma e_i^2$이 감소하므로 SSR이 일정한 상태에서 R^2이 증가하게 된다. 이 때는 결정계수 R^2 대신에 조정된 결정계수(Adjusted Coefficient of Determination)를 사용한다.

조정된 결정계수

$$R^2_{adj} = 1 - \frac{SSE/(n-k-1)}{SS/(n-1)} = 1 - \frac{\Sigma e_i^2/(n-k-1)}{\Sigma(Y_i - \overline{Y})^2/(n-1)}$$

$$= 1 - \frac{e_i\text{분산}}{Y_i\text{분산}}$$

2.3.2 유의성 검정

다중회귀모형의 경우 모형 전체의 타당성 검정과 모형을 구성하고 있는 추정 회귀계수의 값이 0이 아닌지를 검정해야 한다. 모형 전체의 유의성 검정은 F검정을 실시하되 검정결과 유의하지 않다면 모형의 타당성이 없으므로 다른 모형으로 전환하던가 모형을 수정해야 한다. F검정이 유의하다면 개별 회귀계수에 대한 유의성 검정을 t검정으로 실시한다.

▶ F검정

다중회귀모형에서 종속변수와 독립변수간에 선형관계의 유무는 F검정을 통해 수행한다.

$$H_o = \beta_1 = \beta_2 = \cdots = \beta_k = 0$$
$$H_1 = \text{적어도 하나는 0이 아니다}$$

귀무가설이 사실이라면 오차의 제곱합(SSE)이 크고 회귀의 제곱합(SSR)이 작게 되는데 F검정 통계량은 SSE와 SSR에 각각의 자유로 나눈 회귀평균제곱(MSR)과 오차평균제곱(MSE)을 산출하여 구한다.

$$F\text{비} = \frac{SSR/k}{SSE/(n-k-1)} = \frac{MSR}{MSE}$$

$$F\text{값} = \frac{SSR/k}{SSE/(n-k-1)} > F_{k,\,n-k-1,\,\alpha}\text{이면 } H_0 \text{ 기각한다.}$$

▶ t검정

F검정결과 모형의 유의성이 확인되면 개별 회귀계수 β의 유의성 검정을 t검정으로 시행한다.

$$H_0 : \beta_j = 0$$
$$H_1 : \beta_j \neq 0$$

$\beta_i = 0$의 의미는 다른 독립변수의 영향이 일정할 때

독립변수 X_i의 회귀계수 β_i가 0이므로 X_i는 Y와 선형관계가 없음을 의미한다. 이때 자유도는 $n-k-1$이다.

$$t\text{검정량} = \frac{b_j - \beta_j}{S_{b_j}}$$

b_j = 다른 독립변수의 효과가 상수(일정)일 때 X_j의 회귀계수

S_{b_j} = 회귀계수 b_j의 표준오차

(ANOVA표의 회귀계수의 표준오차를 의미하므로 SPSS프로그램에서 계산된 것 이용)

k =독립변수 수

따라서 $t\text{검정량} = \frac{b_j - \beta_j}{S_{b_j}} > t_{n-k-1,\ \frac{\alpha}{2}}$ 또는 $t\text{검정량} = \frac{b_j - \beta_j}{S_{b_j}} <$

$-t_{n-k-1,\ \frac{\alpha}{2}}$ 이면 H_0 기각하여 β_j는 0이 아니므로 선형관계에 있게 된다.

2-1 | 예제문제 |

다중선형회귀분석의 예

전국적인 체인망을 갖고 있는 A사는 스포츠 음료 및 웰빙 음식에 대해 최근 소비자들의 관심이 높아졌다는 사실을 알고 있다. 그래서 A사는 슈퍼마켓에 판매액 증가를 위해 몇 가지 대안을 마련하였다.

그 중 하나는 스포츠 음료 및 웰빙 음식에 관심이 많은 고객을 위해 상품에 대한 정보를 가격표에 덧붙여 제공하는 일이었다. 예를 들면 칼로리, 탄수화물, 에너지 등에 관한 정보를 가격표 옆에 제공하여 소비자의 구매판단을 돕게 하는 것이었다. 전국 34개 매장에 설치비를 추가로 지출하였고 상품의 판매 가격대에 따른 판매액을 1개월간 조사한 자료가 다음과 같았다. 독립변수인 가격대와 설치비가 종속변수인 판매액에 주는 영향을 분석하고 이런 방법이 과연 효과적인지를 판단하여 다른 매장에게 확대적용하려 한다. 다중선형회귀분석을 수행하면서 매니저가 당면한 문제를 해결하라.

〈표 2.1〉 안내판 설치에 따른 판매액 자료

상점순	판매액 Y	설치비 X_1	가격대 X_2
1	4141.0	200	59
2	3842.0	200	59
3	3056.0	200	59
4	3519.0	200	59
5	4226.0	400	59
6	4630.0	400	59
7	3507.0	400	59
8	3754.0	400	59

9	5000.0	600	59
10	5120.0	600	59
11	4011.0	600	59
12	5015.0	600	59
13	1916.0	200	79
14	675.0	200	79
15	3636.0	200	79
16	3224.0	200	79
17	2295.0	400	79
18	2730.0	400	79
19	2618.0	400	79
20	4421.0	400	79
21	4113.0	600	79
22	3746.0	600	79
23	3532.0	600	79
24	3825.0	600	79
25	1096.0	200	99
26	761.0	200	99
27	2088.0	200	99
28	820.0	200	99
29	2114.0	400	99
30	1882.0	400	99
31	2159.0	400	99
32	1602.0	400	99
33	3354.0	600	99
34	2927.0	600	99

단위: 판매액 $, 설치비 $, 가격 cents

자료: http://cafe.naver.com/haveajoy 자료실에서 편상관계수.xls에서 다운받을 것.

▶ 두 개의 독립변수에 대한 표본회귀식 설정

$$\widehat{Y}_i = a + b_1 X_{1i} + b_2 X_{2i} \text{이므로}$$

$$\text{판매액} = a + b_1 \cdot \text{설치비} + b_2 \cdot \text{가격}$$

▶ 적절한 회귀분석 프로그램 실행

여기서는 3개의 S/W를 이용한 분석 프로그램의 절차와 결과를 제시하되 단순회귀분석에서 Excel에 대한 결과를 예를 들어 설명하였으므로 SPSS에 대한 해석을 하기로 한다.

▶ SPSS 다중선형회귀분석

Analyze → Regression → Linear

[그림 2.2] 다중선형회귀분석 분석절차

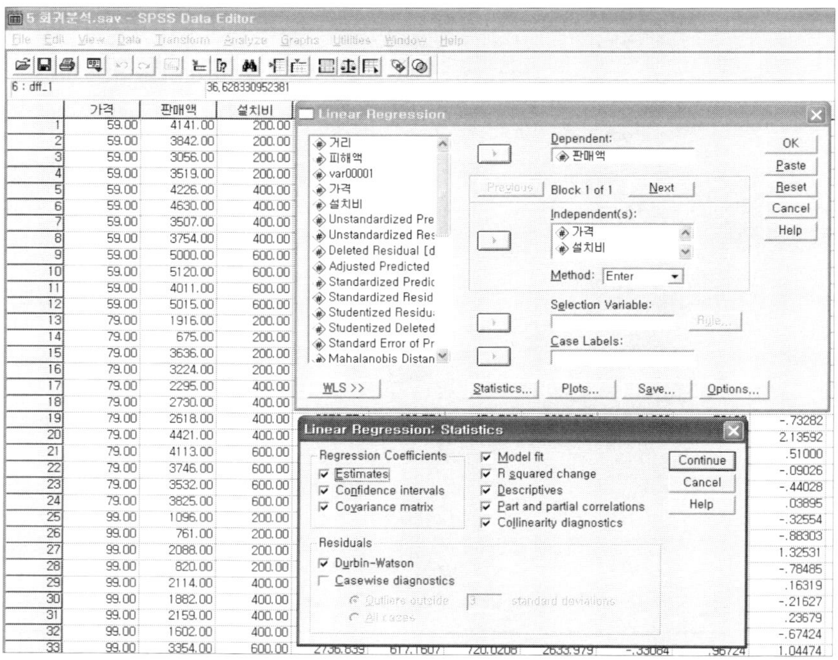

주: 그림에서 보듯이 왼쪽 변수 박스는 무시하고 입력한 자료명에 대한 'Dependent:'와 'Indepedent(s)'에 대한 입력이 제대로 되어 있는가를 확인하고 아래 'Linear Regression: Statistics'에 대한 분석항목에서 필요로 하는 것을 클릭하면 된다.

[그림 2.3] 분석결과 1: 상관관계, 모형요약표, ANOVA, 회귀계수표

Correlations

		판매액	가격	설치비
Pearson Correlation	판매액	1,000	-,735	,535
	가격	-,735	1,000	-,097
	설치비	,535	-,097	1,000
Sig. (1-tailed)	판매액	.	,000	,001
	가격	,000	.	,293
	설치비	,001	,293	.
N	판매액	34	34	34
	가격	34	34	34
	설치비	34	34	34

Model Summary[b]

					Change Statistics					
Model	R	R Square	Adjusted R Square	Std. Error of the Estimate	R Square Change	F Change	df1	df2	Sig. F Change	Durbin-Watson
1	,870[a]	,758	,742	638,06529	,758	48,477	2	31	,000	2,282

a. Predictors: (Constant), 설치비, 가격

b. Dependent Variable: 판매액

ANOVA[b]

Model		Sum of Squares	df	Mean Square	F	Sig.
1	Regression	39472731	2	19736365,387	48,477	,000[a]
	Residual	12620947	31	407127,312		
	Total	52093677	33			

a. Predictors: (Constant), 설치비, 가격

b. Dependent Variable: 판매액

Coefficients[a]

		Unstandardized Coefficients		Standardized Coefficients			95% Confidence Interval for E		Correlations			Collineari
Model		B	Std. Error	Beta	t	Sig.	Lower Bound	Upper Bounc	Zero-order	Partial	Part	Tolerance
1	(Constant)	5837,521	628,150		9,293	,000	4556,400	7118,64				
	가격	-53,217	6,852	-,690	-7,766	,000	-67,193	-39,24	-,735	-,813	-,687	,991
	설치비	3,613	,685	,468	5,273	,000	2,216	5,01	,535	,688	,466	,991

a. Dependent Variable: 판매액

▶ 상관관계(correlation)

☐ 표본집단의 상관관계[11](판매액과 가격)

$$r = \frac{SS_{XY}}{(n-1)S_X \cdot S_Y}$$

$$SS_{XY} = \Sigma(X_i - \overline{X}) \bullet (Y_i - \overline{Y})$$

S_X = 표본 X의 표준편차

S_Y = 표본 Y의 표준편차

Y = 판매액

X = 가격

11) 상관분석의 장을 참조하시오.

$$r = \frac{-496412.941}{(34-1)(16.286) \cdot (1256.422)}$$
$$= -0.73515$$

□ $H_0 : \rho = 0$의 귀무가설 t검정

$$t = \frac{r\sqrt{n-2}}{\sqrt{1-r^2}} = -6.13447 < t_{n-2,\frac{\alpha}{2}} = 2.0369$$

판매액과 가격대간 상관계수 $\rho = 0$라는 귀무가설을 기각하여 모상관계수는 '0'이 아니다. 또한 p값을 계산하면 p값=TDIST(-t값, 34-2, 1)= 0.0000003679이므로 유의수준 $\alpha = 0.05$보다 작아 역시 귀무가설이 기각됨을 알 수 있다.

▶ 표본 다중선형회귀식

독립변수가 2개이므로 회귀식은 다음과 같다.

$$\hat{Y} = a + b_1 X_{1i} + b_2 X_{2i}$$

산출된, 계수(coefficient)표에서 상수(constant), 가격, 설치비에 대한 'β'의 값이 회귀계수의 값이 되므로

$$\hat{Y} = 5837.521 + 53.217 X_{1i} + 3.613 X_{2i}$$

$\hat{Y}$: 판매액

X_1 : 가격

X_2 : 설치비

만약 가격이 79센트이고 설치비가 400＄일 때 $\hat{Y_i} = 3,078.57$이므로 평균 판매액은 3,078.57＄가 된다.

▶ 다중결정계수

다중결정계수 R^2은 독립변수 조합에 의한 종속변수의 설명력 즉 회귀선에 의해 설명되는 부분인 SSR(회귀 제곱합)의 총 편차(SS)의 비율을

의미한다. ANOVA 표를 보면서 R^2를 계산하자.

$$R^2 = \frac{SSR}{SS} = \frac{\sum of\ Squares의\ \ Regression}{\sum of\ Squares의\ \ Total} = 0.7577$$

또한 Model Summary 표의 'R Square'를 보면 된다.

R Square=0.758

따라서 R^2는 판매액(종속변수) 변동의 75.77%는 설치비와 가격의 2 독립변수의 변동에 의해 설명됨을 의미한다.

앞에서 고찰했듯이 R^2를 계산하는 식에는 독립변수의 수 k와 표본의 크기 n이 반영됨이 없이 산출되어 보다 정확한 설명을 위해 k와 n이 반영된 조정된 R^2_{adj} (adjusted R square)이 필요해 진다고 하였다.

$R^2_{adj} = 1 - \frac{SSE/(n-k-1)}{SS/(n-1)}$이고 SSE는 ANOVA표의 Sum of Squares의 Residual을 의미하므로 이를 계산하면 조정된 R^2_{adj}를 얻을 수 있다.

$$R^2_{adj} = 1 - \frac{12620947/(34-2-1)}{52093677/(34-1)}$$
$$= 1 - 0.25790 = 0.74209$$

따라서 판매액 변동의 74.2%는 독립변수 가격과 설치비 그리고 표본의 수로 조정된 다중회귀모형에 의해 설명된다고 할 수 있다.

2.4 잔차분석

단순회귀분석과 같이 분석할 자료의 분포형태를 그림으로 파악하는 일은 매우 중요하다.

독립변수의 수가 많아지면 질수록 파악해야 할 그래프의 수도 많아지며 잔차, e_i의 분포의 형태, 잔차와 독립변수와의 관계, e_i의 자기상관여부 등을 산포의 형태로 보아 파악할 수 있다. 앞의 예를 기준으로 그래프

산포도로 확인해야 할 그래프

	Y축	X축
산포도 1	잔차	$\hat{Y}$
산포도 2	잔차	독립변수 1
산포도 3	잔차	독립변수 2
산포도 4	잔차	시간 또는 자료순서

상으로 파악해야 할 내용과 Y축, X축의 변수배치 문제를 다루고자 한다.

SPSS의 'Data view' 쉬트의 입력한 변수는 종속변수 Y_i, X의 독립변수 그리고 자료의 번호 등이나 $\hat{Y}$와 잔차는 입력대상이 아니므로 별도의 계산과정에서 자동적으로 산출되게 명령을 하여야 한다. 이하 이를 다룬다.

▶ $\hat{Y}$추정치와 $(Y_i - \hat{Y}_i)$의 잔차 계산과 그래프 작성방법

회귀식의 $\hat{Y}$과 $(Y_i - \hat{Y}_i)$의 차이인 잔차와의 관계를 분석하기 위해서는 다음과 같은 절차로 자동계산하도록 하여 SPSS의 'Data view Sheet'에 삽입되도록 하고 자동계산된 $\hat{Y}$과 $(Y_i - \hat{Y}_i)$의 잔차도를 별도의 과정으로 그려야 한다.

▶ $\hat{Y}$과 $(Y_i - \hat{Y}_i)$의 잔차 자동계산 명령

Analyze → Regression → Linear －Dependent: independent(s): 선정
－Save 클릭 → Linear Regression: Save 창에서

- 'Predicted Value'에서 unstandardized를 클릭 → 회귀식의 $\hat{Y}$의 추정치 계산(pre_1의 변수생성)
- 'Residuals'에서 unstandardized를 클릭
  → $(Y_i - \hat{Y}_i)$ 잔차의 계산(res_1의 변수 생성)

－'ok'를 클릭하면 자료가 입력되어 있는 'Data View' 창에 $\hat{Y}$의 값으

[그림 2.3] $\hat{Y}$ 과 $(Y-\hat{Y})$의 잔차 자동계산 방법

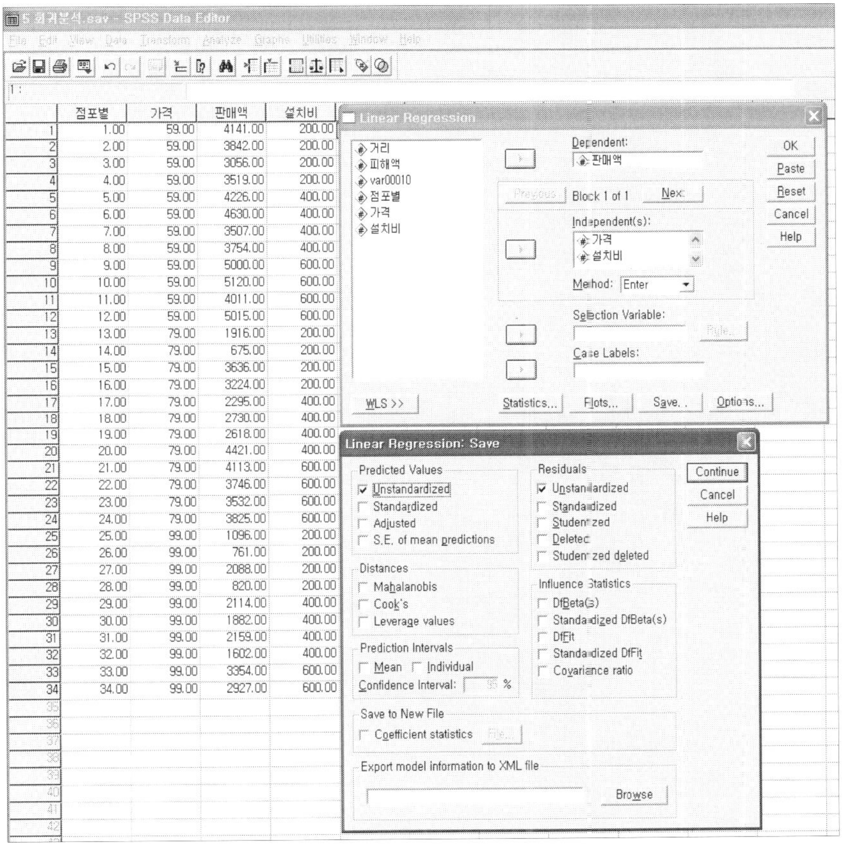

로 pre_1과 $(Y_i-\hat{Y}_i)$의 잔차 값으로 res_1의 변수가 생성된다.

▶ $\hat{Y}$과 $(Y_i-\hat{Y}_i)$의 그래프 작성

동분산가정(homoscedasticity)에 대한 여부는 시각적으로 $\hat{Y}$의 값과 잔차와의 산포도를 통해 확인할 수 있다. 만일 Y의 추정치인 $\hat{Y}$과 잔차의 분포가 일정한 형태를 유지하고 있다면 동분산 가정을 위반하고 있기 때문에, 종속변수 Y의 자료형태를 변형시킬 필요가 있다. 이 때 다른 유형을 보여준다면 두 독립변수 중 적어도 하나는 2차 방정식(guadratic)의 형태를 유지하는 것으로 볼 수 있다.

위에서 구한 $\hat{Y}$과 $(Y_i - \hat{Y}_i)$의 산출값 pre_1과 res_1을 이용하여 산포도를 그릴 수 있다. 편의상 이해를 높이기 위하여 pre_1을 'Yhat'로 res_1을 '잔차1'로 변수명을 바꾸어 그래프를 그리도록 한다.

□ 산포도 작성 절차

Graphs → Scatter → Simple

Y Axis → 잔차 1, X Axis → Yhat(추정치 1)

[그림 2.4] $\hat{Y}$ 추정치와 $(Y - \hat{Y})$, 잔차의 그래프 작성방법

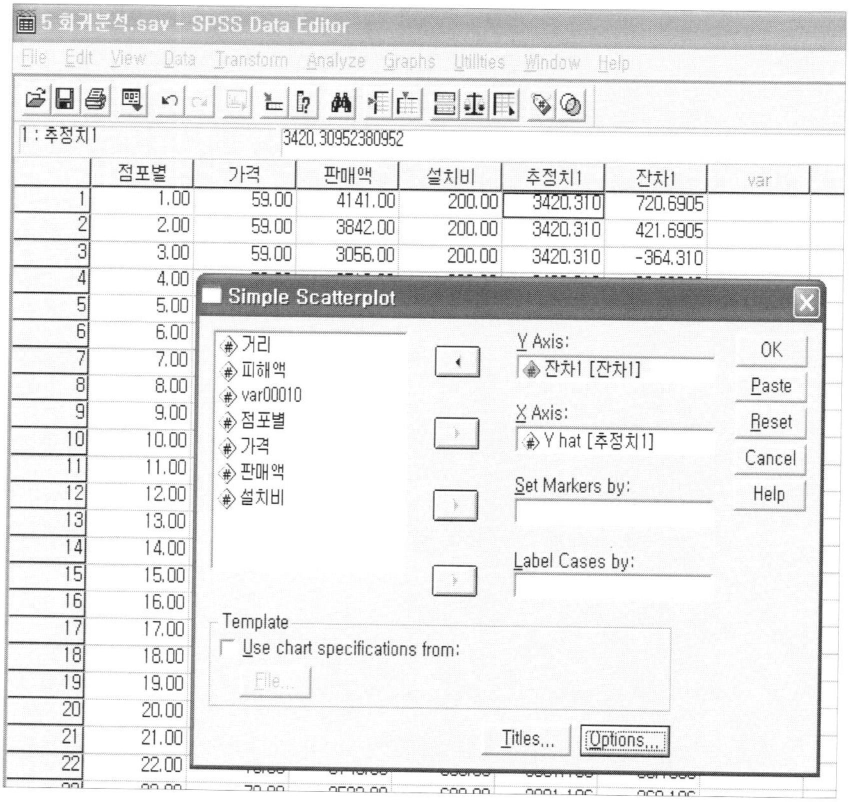

[그림 2.5] $\hat{Y}$과 잔차도

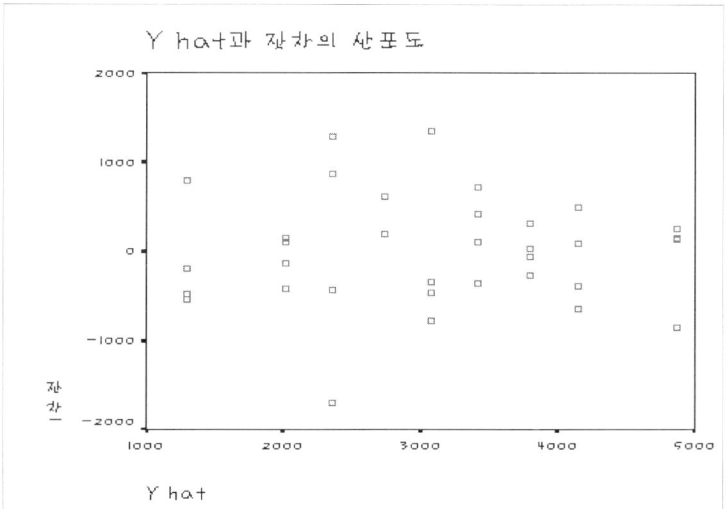

▶ 잔차와 독립변수 산포도

이상의 과정에 따라 다른 산포도를 작성 할 수 있으며 결과는 다음과 같다.

[그림 2.6] 잔차와 독립변수 1(예: 가격)

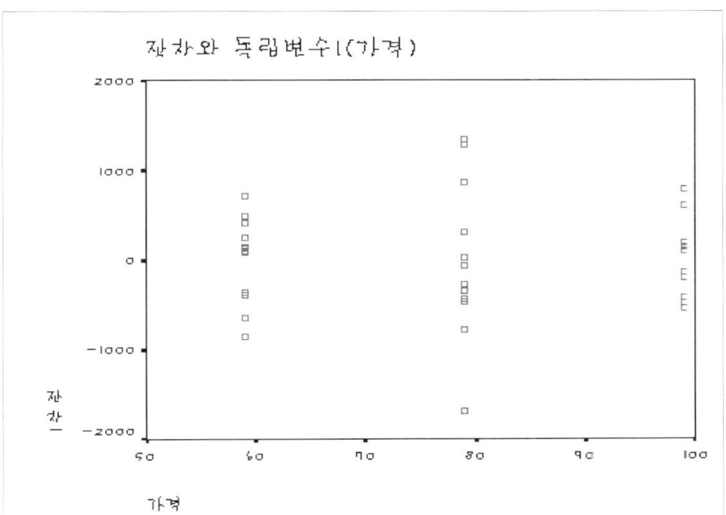

[그림 2.7] 잔차와 독립변수 2(설치비)

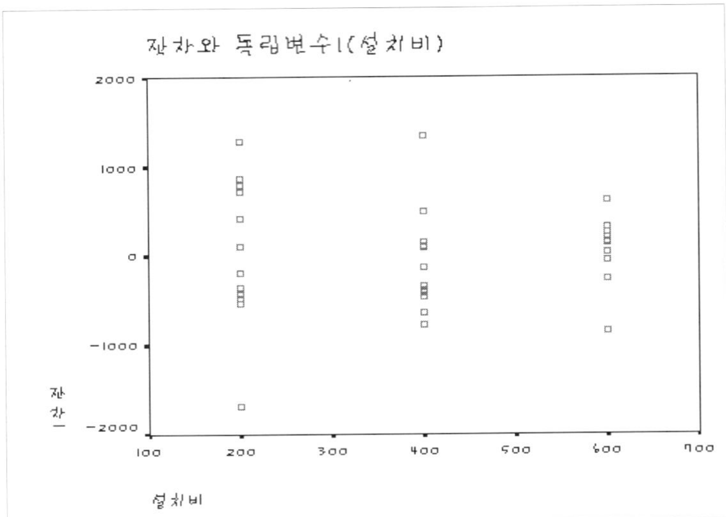

[그림 2.8] 잔차와 시간(예: 점포별)

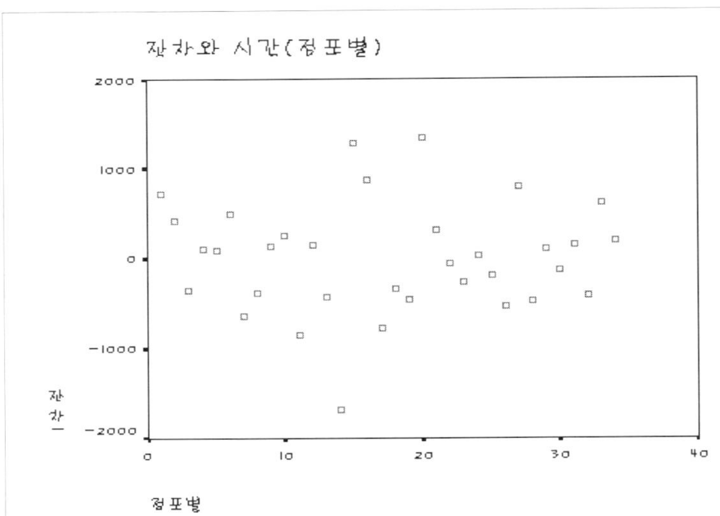

이상의 산포도를 보아 잔차와 독립변수 1, 독립변수 2 그리고 $\hat{Y}$간에는 특정한 유형을 보이지 않는다고 판단되며 e_i의 동분산가정에 맞고 다중공선성이 존재한다고 보여지지 않는다고 할 수 있다.

2.5. 중회귀 모형의 유의성 검정

2.5.1 F검정

종속변수 Y의 독립변수의 설명력의 유무를 확인하는 F검정의 귀무가설은 'β_j가 모두 0이므로 선형관계가 존재하지 않는다'이며 대립가설은 '최소한 독립변수의 하나는 0이 아니라서 선형관계가 있다'이다.

$$H_o : \beta_1 = \beta_2 = \cdots = \beta_k = 0$$

$$H_1 = \text{최소한 하나의 } \beta_j \neq 0$$

$$F = \frac{SSR/k}{SSE/(n-k-1)} \text{ 이므로}$$

ANOVA 표에서 자유도와 SSR과 SSE를 결합하여 구하거나 또는 평균 제곱(Mean Square)를 이용하여

$$F = \frac{MSR(Regression)}{MSE(Residual)} \text{ 로 구할 수 있다.}$$

$$F\text{값} = 48.48 > F_{k,\, n-k-1,\, \frac{\alpha}{2}} = 3.305 \text{ 이고}$$

이때 p값[12]은 0.000<0.05이므로 귀무가설이 기각되어 독립변수의 β값 중 적어도 하나는 0이 아니므로 종속변수에 대한 선형 설명력을 갖는다.

2.5.2 t검정

F 검정의 유의성이 확인되면 독립변수의 종속변수에 대한 선형회귀모형이 성립한다 할 수 있기 때문에 각 개별 β_j에 대한 검정이 이루어져야 하는데 이는 t 검정을 통해 할 수 있다. t의 자유도는 $n-k-1$이다.

$$t = \frac{b_j - \beta_j}{S_{b_j}}$$

12) FDIST(F값, k, n-k-1)=0.00000000028626.

이때 S_{b_j}는 ANOVA 표의 회귀계수의 표준오차를 말한다.

$$상수 : t = \frac{5837.521 - 0}{628.150} = 9.293 > t_{n-k-1, \frac{\alpha}{2}} = 2.039$$[13]

p값 $= 0.000$[14]

$$b_1 : t = \frac{-53.217 - 0}{6.852} = -7.766 > t_{n-k-1, \frac{\alpha}{2}} = 2.0395 \quad p값 = 0.000$$

$$b_2 : t = \frac{3.613}{0.685} = 5.273 > t_{n-k-1, \frac{\alpha}{2}} = 2.0395 \quad p값 = 0.000$$

그러므로 $H_0 : \beta_j = 0$, $H_1 : \beta_j \neq 0$에서 산출된 t 값이 임계값 t보다 커 귀무가설의 영역에 속하며 p값도 설정된 유의수준 $\alpha = 0.05$보다 작아 귀무가설이 기각되어 회귀계수는 모두 0이 아니기 때문에 선형회귀모형이 존재한다고 할 수 있다.

2.5.3 Durbin-Watson 검정

오차항의 독립성에 대한 D-W검정은 앞 단순회귀분석에서 설명한 바와 같다. 실제 Excel에서 계산된 내용은 아래와 같으며 자기상관 판정도 단순회귀분석에서 설명한 바와 같다.

$$D = \frac{\sum_{i=2}^{n}(e_i - e_{i-1})^2}{\sum_{i=1}^{n} e_i} = 2.2824$$

13) $TINV(0.05, n-k-1) = 2.0395$.

14) 양측검정이므로 $2 \times TDIST(t값, n-k-1, 1)$.

[그림 2.9] 다중회귀분석의 자기상관 검정(D–W 검정)

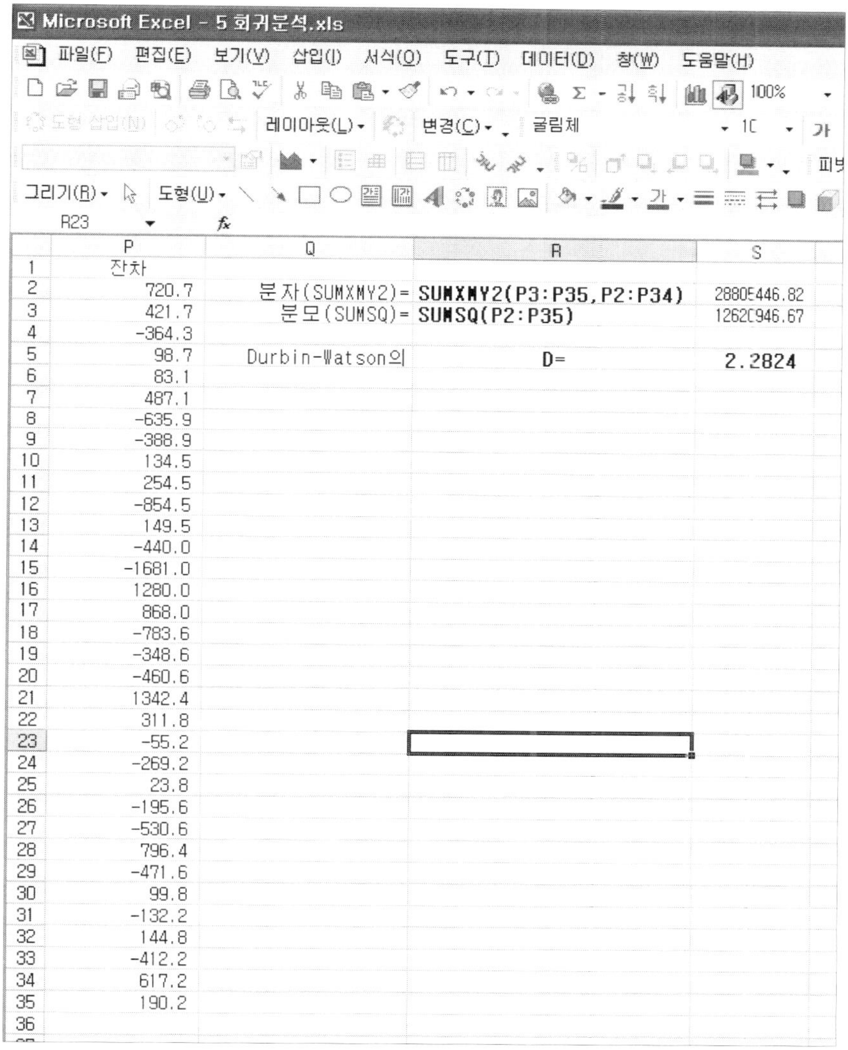

	P	Q	R	S
1	잔차			
2	720.7	분자(SUMXMY2)=	SUMXMY2(P3:P35,P2:P34)	28805446.82
3	421.7	분모(SUMSQ)=	SUMSQ(P2:P35)	12620946.67
4	-364.3			
5	98.7	Durbin-Watson의	D=	2.2824
6	83.1			
7	487.1			
8	-635.9			
9	-388.9			
10	134.5			
11	254.5			
12	-854.5			
13	149.5			
14	-440.0			
15	-1681.0			
16	1280.0			
17	868.0			
18	-783.6			
19	-348.6			
20	-460.6			
21	1342.4			
22	311.8			
23	-55.2			
24	-269.2			
25	23.8			
26	-195.6			
27	-530.6			
28	796.4			
29	-471.6			
30	99.8			
31	-132.2			
32	144.8			
33	-412.2			
34	617.2			
35	190.2			
36				

표본수 34, 독립변수 수 $k=2, \alpha=0.05$의 $D-W$ 임계값을 표에서 찾으면 $D_L=1.33$이고, $D_U=1.58$이다.

따라서 $d_U < D = 2.2824 < (4-d_U)$에 해당된다. 즉, 1.58 〈 D=2.2824 < (4-1.58=2.42), 이 구간에 해당될 때는 표에서 보듯이 자기상관이 없다는 귀무가설을 채택한다.

3. 이차함수 회귀모형(Quadratic Regression Model)

단순회귀모형이나 다중회귀모형은 종속변수를 설명해 주는 독립변수의 수가 하나인지 여러 개인지로 구분되나 분석모형은 모두 선형(Linear)이다. 그러나 어떤 경우에는 곡선형의 형태를 가질 수도 있는데 이의 대표적인 것이 2차 함수형 회귀모형이다.

2차 함수형 회귀모형

$$Y_i = \alpha + \beta_1 X_{1i} + \beta_2 X_{1i}^2 + \epsilon_i$$

α : Y의 절편

β_1 : Y의 선형효과 계수

β_2 : Y의 이차함수 계수

ϵ_i : Y 확률오차

X_{1i}^2 : X_{1i}의 제곱

이차함수 회귀모형은 독립변수가 2이라는 면에서 다중회귀모형과 유사하지만 두번째 독립변수는 첫번째 독립변수의 제곱으로 이루어진다는 면에서 차이가 있다. 표본이차함수 회귀모형도 마찬가지로 a, b_1, b_2 모수 α, β_1, β_2의 추정치로 이용된다.

2차 함수형 표본회귀식

$$\hat{Y} = a + b_1 X_{1i} + b_2 X_{1i}^2$$

$\alpha = \hat{Y}$의 절편

$b_1,\ b_2$: X_{1i}와 X_{1i}^2의 계수

3-1 | 예제문제 |

아이스크림 메니져는 소비자의 기호에 맞추어 가격이 서로 다른 3종류의 아이스크림 세트를 시장에 내 놓았다. 5개의 대리점을 선정하여 가격별 아이스크림 판매 세트를 조사하여 다음의 자료를 얻었다. 아이스크림 세트 가격은 7,900원, 9,900원, 11,900원으로 하였다. 판매세트수와 세트가격을 가장 잘 설명해 주는 회귀식을 찾고 그 이유를 설명하시오.

〈표 3.1〉 아이스크림 세트 판매자료

판매세트	142	151	163	168	176	91	100	107	115	126	77	86	95	100	106
세트가격	79	79	79	79	79	99	99	99	99	99	119	119	119	119	119

문제풀이 Spss

STEP 1: 산포도와 추세선을 이용, 적합한 회귀모형 선정

적합한 모델선정을 위해 판매세트와 세트가격간의 관계를 나타내주는 산포도를 그려보면 가격이 오를수록 5개 대리점의 판매수량은 감소하는 모습을 보인다. 그러나 회귀선의 통과지점을 보면 가격대에 따른 판매량의 감소분이 잘 설명되고 있는지는 알기 어렵다.

[그림 3.1] SPSS의 산포도

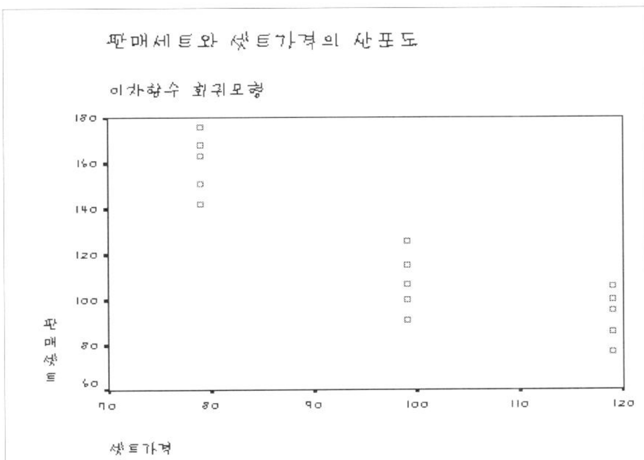

SPSS : Graph- Scatter- Simple- Y Axis: 판매세트, X Axis:세트가격
입력한 데이터의 추세선을 나타내는 것은 가능하지 못함.

STEP 2: 엑셀에서의 산포도와 추세선 작성 방법

□ 차트마법사 -4단계 중 1단계-차트종류

▶ 표준종류 - 분산형 선택

□ 차트마법사 -4단계 중 2단계-차트 원본 데이터

▶ 데이터 범위: 데이터 범위 지정

▶ 방향 : 행 클릭

▶ 계열 쉬트 클릭

▶ 계열(S) 박스의 지정된 모든 계열 제거

▶ 계열의 추가(A)클릭

□ X값으로 '세트가격'의 자료 입력 범위 지정

□ Y값으로 '판매세트'의 자료 입력 범위 지정

□ 차트마법사 -4단계 중 3단계-차트 옵션

▶ X축 값: '세트가격' 입력

▶ Y축 값: '판매세트' 입력

▶ 범례쉬트 클릭, 범례에 체크 안되게 설정

□ 워크쉬트에 삽입

□ 작성된 그래프에서 위치를 나타내는 점 하나를 클릭하고 오른 쪽 버튼을 누르거나 그래프를 클릭한다. 메뉴에서 차트를 클릭하여 '추세선 추가' 항목을 지정하고 거듭제곱을 클릭하면 추세선이 작성된다.

□ 기타 차트상에서 서식과 눈금을 수정하면 된다.

[그림 3.2] 산포도 및 추세선(선형)

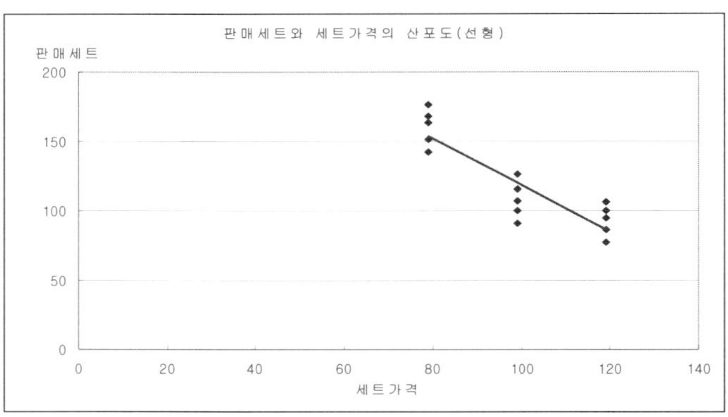

[그림 3.3] 산포도 및 추세선(이차함수형)

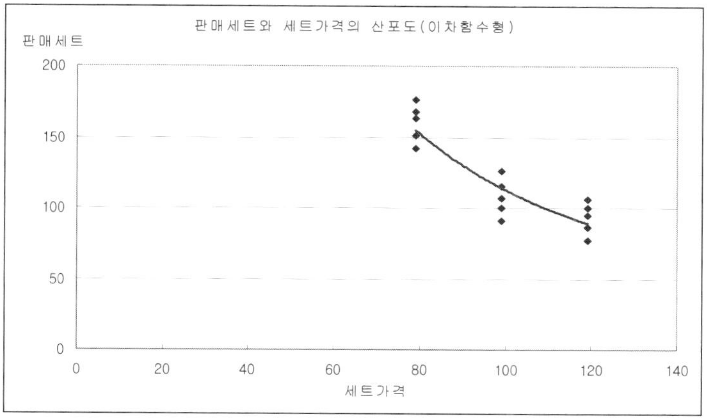

주: 다음페이지의 [엑셀에서의 산포도와 추세선 작성방법] 참조

이해를 돕기 위해 Excel과 SPSS에서 산포도를 그려보았다. SPSS의 산포도는 독립변수인 세트가격에 대한 종속변수 판매세트 관계를 시각적으로 표현하고는 있되 회귀선에 대한 정보를 제공하지 못하고 있어 이용하기가 적절하지 못한 것으로 보인다. Excel을 이용한 그러프는 추세선을 넣을 수 있어 SPSS보다 회귀선의 방향과 설명력을 가늠해 볼 수 있는 장점이 있다.

따라서 선형추세선과 이차함수형으로 검토하면 보다 판단하기가 용이하기 때문에 두 가지를 제시하였다. 선형과 이차함수형 모두 79와 119 가격대의 판매세트를 거의 동일하게 설명하고 있는 데 99 가격대에 있어서는 선형보다는 이차함수형이 평균 가까이 통과하여 설명력이 나은 것으로 판단된다.

STEP 3: 회귀모형의 작성과 해석

가장 적합한 회귀모형을 찾기 위해 선형회귀와 이차함수회귀모형을 비교한다. 배운바와 같이 회귀모형이 계수, 적합성, 유의성을 두 모형간 비교하기로 한다. 앞의 산포도 분석에서도 선형회귀식보다 이차함수회귀식이 Y_i를 보다 잘 설명해 주는 것으로 시각적으로 확인하였다.

〈표 3.2〉 단순선형회귀와 이차함수회귀모형 비교

항목	선형회귀	이차함수
회귀식	$\hat{Y}=286.52-1.680X_1$ (11.619*) (-6.836*)	$\hat{Y}=729.87-10.887X_1+0.0465X_1^2$ (4.312*) (-3.115*) (2.639*)
F비	46.728*	37.561*
Durbin-Watson	1.188	1.552
S_e	15.54	12.87
R^2	0.782	0.862
R^2_{adj}	0.766	0.839

주: ( )값은 t값이며 *는 $\alpha=0.05$에서 유의함

두 모형 모두 모형의 설명력을 나타내주는 F검정과 개별회귀계수의 t검정 모두 $\alpha=0.05$에서 유의하다. 독립변수의 다중공선성에 대한 선형회귀모형의 $D-W$검정은 $\alpha=0.05$, 독립변수 $k=1$일때 $d_L=1.08$, $d_U=1.36$이므로 1.08 < D = 1.188 < 1.36이므로 검정결과는 미정으로 판정된다.

그러나 이차함수회귀식의 경우 $\alpha=0.05, k=2$일때 $d_L=0.95$, $d_U=1.54$이고 이때 $d_U<D<4-d_L$이므로 1.54 < D = 1.55 < 2.46에 해당되어 자기상관이 없다는 귀무가설을 채택하므로 모형의 적합성면에서 선형회귀식보다 우위에 있다.

또한 결정계수 R^2도 선형이 0.782이나 이차함수회귀모형은 0.862로서 종속변수의 설명력이 높다. 더군다나 관측자료와 선형회귀선과 이차함수선에 대한 그래프를 비교해도 이차함수 모형의 설명력이 높다.

[그림 3.4] 관측자료, 선형회귀선, 이차함수회귀선의 비교

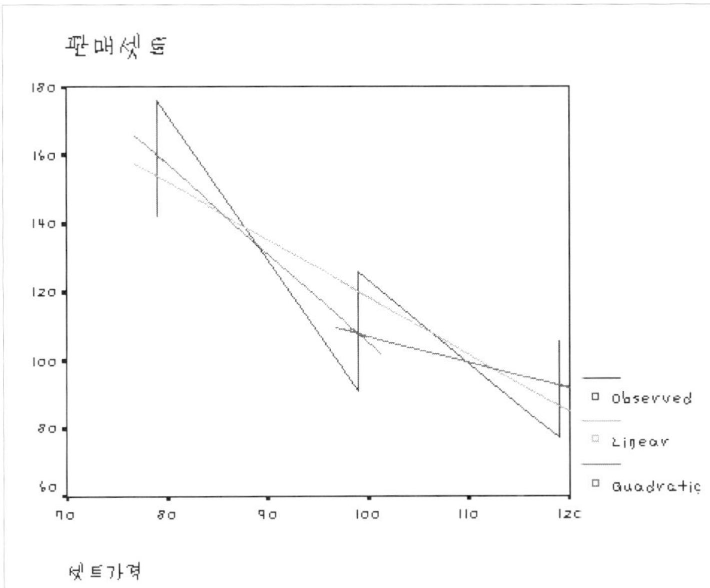

주: 다음에 설명하는 작성방법을 참고바람
observed:관측치 Linear:선형회귀선 Quadratic:이차함수회귀선

이차함수 회귀선 분석절차

이차함수회귀선에서 하나의 독립변수를 갖는 선형회귀계수 b_1과 이차함수회귀계수 b_2를 추정하여 종속변수를 구하는 여러 과정을 설명한다.

1. Excel에서는 독립변수 X_1으로 X_1을 제곱하여 X_1^2의 독립변수를 추가로 작성한 후 회귀분석(도구메뉴－데이터분석－회귀분석)을 행한다.
2. SPSS에서 역시 1번과 같이 새로운 변수로 X_1^2를 생성하여

(Transform 메뉴 － Compute － 'Target Variable:' 변수이름작성 － 'Numeric Expression: 독립변수명 부여' 한 후

Analyze 메뉴－Regression Linear의 분석을 행할 수 있다.

[그림 3.5] 선형회귀와 이차함수회귀모형 분석방법

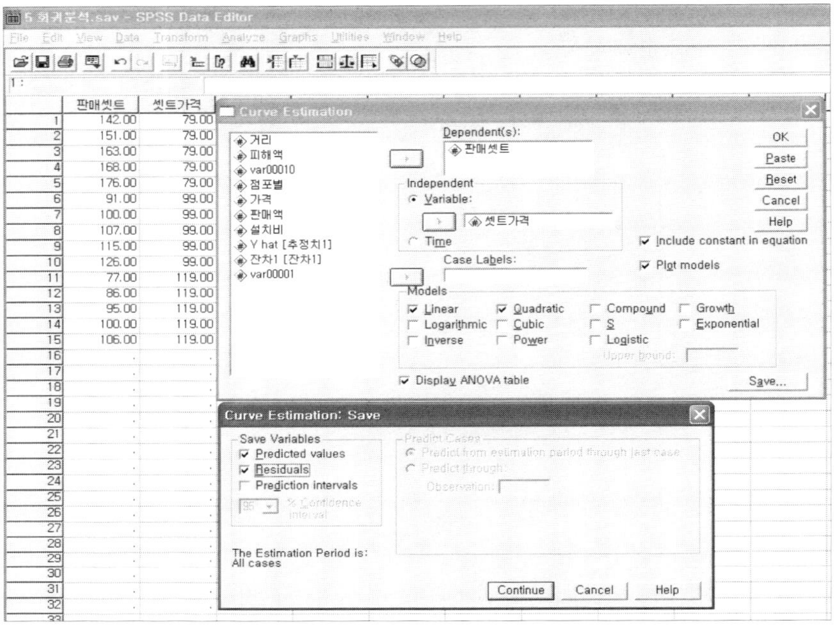

3. 새로운 변수의 생성과 계산 없이 바로 선형회귀분석모형과 이차함수분석모형을 동시에 비교・평가할 수 있다.

Analyze-Regression-Curve Estimation 이며 다음의 그림을 참고하면 된다. 'Save' 클릭하여 Y_i의 추정치 $\widehat{Y}$을 'Data view'에 삽입하기 위해 'Save Variables'박스에 Predicted Values와 잔차 e_i를 위해 Residuals 칸을 클릭한다.

4. 잔차의 비교를 위해 선형회귀식과 이차함수회귀식의 $\widehat{Y}_i$과 e_i를 비교해야 하는데 이는 앞서 수행된 '3번'의 결과를 이용하여 산포도를 작성함으로써 된다. 분석수행의 편리함을 위하여 변수명을 알기 쉽게 고치고 Label에 약간의 설명을 첨가하면 보다 쉽게 개념을 이해할 수 있다. 여기서도 이와 같이 수정을 했다. Graphs 메뉴 - scatter - simple를 이용하여 X축(Axis)에 $\widehat{Y}$를 넣고 수행한 결과는 다음 그림과 같다.

산포도 작성 명령어를 수행하면 SPSS Viewer가 생성되면서 그래프가 그려진다. 그런데 작성된 두 그래프를 보면 X축과 Y축의 구분단위(범위)가 다르게 나타나 동일한 척도로 비교하기 어렵다. 따라서 viewer상에서 각 그래프를 더블클릭하여 동등한 비교가 가능하도록 수정한다.

선형회귀 그림에서 잔차가 퍼져있는 정도가 이차함수회귀식보다 넓음을 알 수 있다. 물론 잔차의 합 Σe_i는 모두 0이지만 잔차의 동분산가정과 효율적 추정량[15]의 조건으로 보면 이차함수회귀모형이 우수하다고 결론 맺을 수 있다.

[그림 3.6] 선형과 이차함수 회귀식의 $\hat{Y}$과 잔차 e_1의 비교

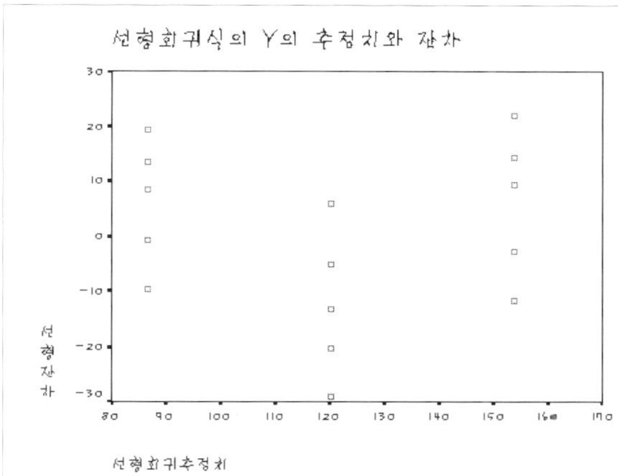

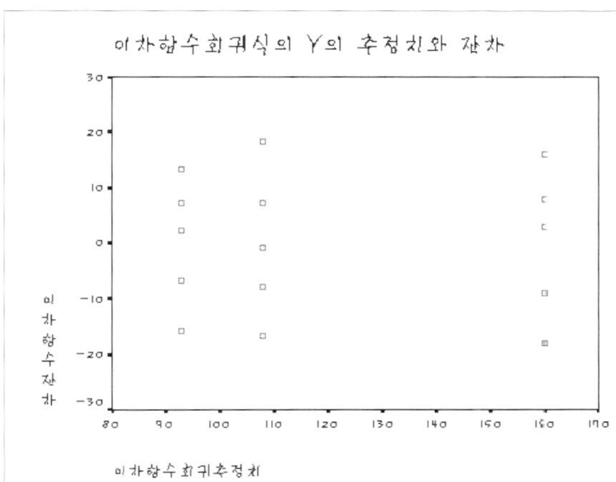

15) 분산이 작은 추정량 $Var(\overline{\theta_1}) < Var(\widehat{\theta_2})$.

앞의 절차를 통해 본 예제는 이차함수 모형이 선형회귀모형보다 우수하다고 결론을 내릴 수 있으며 3가격 종류별로 아이스크림 셋트수를 비교할 수 있게 된다. 즉, 7,900원일 때160세트, 9,900원일 때 107.8세트, 11,900원일 때 92.8세트가 된다. 가격이 7,900원 일 때 9,900원보다 25.2세트를 더 파는 반면 9,900원은 11,900원일 때보다 15세트 더 판다고 결론을 내릴 수 있다.

4. 더미변수 회귀모형

더미변수(假變數, dummy variable)[16]는 우발적인 사건, 전쟁발발 등이나 갑작스런 정책의 시행 등의 '1회성 사건'(one-off event)이 생겨 종속변수에 돌발적으로 그리고 한시적으로 영향을 미치는 요인을 설명변수에 포함한 것을 말한다. 예를 들어 1980년부터 시계열로 해외관광수요를 추정한다고 하였을 때 88올림픽의 특수효과 때문에 1988년은 더미변수로 처리하는 것이 좋으며, 90년대 우리나라 해외여행수요를 추정한다면 IMF 외환위기 기간(1998~1999)도 더미변수로 취급하는 것이 좋다. 이 변수를 모형에 포함시킨 기존의 연구들은 의외로 많다.

지금까지 회귀분석에서는 모든 변수들이 양적 변수(quantative variables)라고 가정한 후 회귀분석을 다루어 왔다. 양적 변수들만이 회귀분석에 사용되는 것이 아니라 질적 변수들도 또한 회귀분석에 많이 사용될 수 있으며, 질적 변수는 독립변수와 종속변수에 모두 사용될 수 있다. 질적 변수는 성질이 두 가지로 분류될 수 있을 때는 일반적으로 0과 1의 값을 갖도록 하는 것이 편리하며, 더미변수도 이처럼 0과 1을 취한다.

다만 더미변수를 종속변수로 할 때 이항로지스틱 회귀모형으로 분석하여야 한다. 종속변수와 독립변수 모두가 0과 1로서 설명되는 더미변수일 때는 결과로 산출되는 p값은 χ^2검정의 p값과 거의 일치하게 된다. 반면

16) 지시변수(indicator), 계획변수(design variables)라고도 한다.

더미변수 회귀모형

$$Y_i = \alpha + \beta_1 D_{1i} + \beta_2 X_{2i} + \cdots + \beta_k X_{ki} + \epsilon_i$$

D_{1i} : 더미변수

β_1 : 더미변수 회귀계수

ϵ_i : Y_i의 확률오차

더미변수 표본 회귀선

$$Y_i = \alpha + b_1 D_{1i} + b_2 X_{2i} + \cdots + b_k X_{ki} + \epsilon_i$$

그러나 회귀식은 더미변수가 갖는 0과 1의 속성 때문에 두 개의 식이 존재하는데 0일 때와 1일 때이다. 즉,

$D_{1i} = 0$일 때 $Y_i = a + b_2 X_{2i} + \cdots + b_k X_{ki} + e_i$

$D_{1i} = 1$일 때 $Y_i = (a + b_1) + b_2 X_{2i} + \cdots + b_k X_{ki} + e_i$

독립변수가 더미변수일 때 단순회귀분석이나 중회귀분석을 이용한다.

□ 더미회귀식의 검정

더미변수가 갖는 '0'과 '1'에 따라 종속변수 Y의 절편값이 a 또는 $(a+b_1)$으로 변화하는 것을 확인하였다.

그러나 독립변수의 기울기 b_2, b_3, $\cdots$, b_k의 값은 더미변수 값 0과 1과는 상관없이 동일하다. 따라서 표본회귀식을 예측에 이용하기 의해서는 더미변수와 독립변수의 곱의 값의 유의한 영향력이 종속변수에 미치지 않아야 한다. 종속변수에 영향력을 미치지 않으려면 두 변수 곱으로 새로이 추가되는 독립변수의 회귀계수가 '0'이 되면 된다. 따라서 더미변수와 독립변수와의 곱으로 새로운 변수를 만들어야 한다.

새로이 추가되는 독립변수를 상호작용변수(interaction term)라 하며 F 검정을 통해 상호작용의 유무를 파악하여야 하는데 이때의 귀무가설은 '상호작용변수의 회귀계수는 0이다'라는 귀무가설을 검정하는 것이다. 귀무가설이 채택될시 표본회귀식은 예측용으로 이용할 수 있다.

상호작용 존재 유무에 대한 F값을 산출하기 위해서,
$F = \dfrac{SSR/k}{SSE/(n-k-1)}$ 이므로 ANOVA 표를 산출해야 SSR과 SS를 알아낼 수 있다. 그런데 상호작용효과는 독립변수 수에 따라 다르므로 새로이 작성된 독립변수를 포함하여 ANOVA 표를 구하고 이것과 표본회귀선에서 구한 ANOVA 표와 비교하여야 한다.

상호작용의 독립변수의 F검정

□ 더미변수를 포함한 독립변수가 2개 일 때

▶ 표본회귀선 $Y_i = a + b_1 D_{1i} + b_2 X_{2i}$

▶ 상호작용효과 포함 $Y_i = a + b_1 D_{1i} + b_2 X_{2i} + b_3 D_{1i} \cdot X_{2i}$

▶ 검정 귀무가설 $H_0 : \beta_3 = 0$

▶ 대립가설 $H_1 : \beta_3 \neq 0$

▶ 귀무가설 기각영역산출된 F값 > $F_{k,\, n-k-1,\, \alpha}$임계값

p값 < 설정된 유의수준

▶ X_1과 X_2 변수값의 곱으로 X_1, X_2 독립변수를 생성하고 ANOVA 분석.

□ 더미변수를 포함한 독립변수가 3개 일 때

▶ 표본회귀식

$Y_i = a + b_1 D_{1i} + b_2 X_{2i} + b_3 X_{3i}$

D_{1i} : 더미변수

▶ 상호작용효과 포함

$Y_i = a + b_1 D_{1i} + b_2 X_{2i} + b_3 X_{3i} + b_4 D_{2i} + b_5 D_{1i} \cdot X_{3i}$

▶ 상호작용효과변수: $D_{1i} \cdot X_{2i}$와 $D_{1i} \cdot X_{3i}$

▶ 귀무가설 $H_0 : \beta_4 = \beta_5 = 0$

대립가설 $H_1 : \beta_4$와 $\beta_5 \neq 0$,

더미변수 D_{1i}와 X_{2i}, D_{1i}와 X_{3i}는 서로 영향을 미친다.

▶ $$F = \frac{\dfrac{(SSR:5\text{개 변수 포함}) - SSR(X_1, X_2, X_3\text{만 포함})}{\text{독립변수의 수 차이}(5\text{개일 때} - 3\text{개일 때})}}{5\text{개 일 때}: SSE/(n-k-1)}$$ 17)

▶ 귀무가설 기각영역

F값 〈 $F_{k,\, n-k-1,\, \alpha}$ 임계치

▶ 표본회귀식의 ANOVA 표와 상호작용을 추정하기 위해 새로이 추가된 독립변수 모두를 포함하여 ANOVA표를 새로 작성하여 SSR과 SSE를 구하여 계산.

4-1 | 예제문제 |

대형 슈퍼마켓 판매담당자는 상품진열 위치에 따라 매출액이 변화되는 것을 알고 특정계층을 위한 품목을 중심으로 매출액, 진열면적, 위치의 3변수를 조사하기로 하였다. 애완견 상품과 같은 칸에 전시한 품목과 애완견 상품이 보이지 않는 반대쪽 칸에 전시한 품목의 판매액을 1주일간 12개 점포를 조사하여 다음과 같은 자료를 얻었다. 더미변수의 값은 같은 칸에 전시해 애완견 상품과 같이 보인다면, '1'로 안보이는 곳은 '0'으로 처리하였는데 이를 보고 다음의 질문에 답하라.

〈표 4.1〉 상품진열위치에 따른 판매액의 변화자료

점포수	진열면적	더미변수	판매액	상호작용	잔차
점포1	5.0	0.0	1.6	0.0	-0.07
점포2	5.0	1.0	2.2	5.0	0.08
점포3	5.0	0.0	1.4	0.0	-0.27
점포4	10.0	0.0	1.9	0.0	-0.14
점포5	10.0	0.0	2.4	0.0	0.36

17) $SSE/(n-k-1)$은 MSE의 값임을 알고 있을 것이다.

점포6	10.0	1.0	2.6	10.0	0.11
점포7	15.0	0.0	2.3	0.0	-0.11
점포8	15.0	0.0	2.7	0.0	0.29
점포9	15.0	1.0	2.8	15.0	-0.06
점포10	20.0	0.0	2.6	0.0	-0.18
점포11	20.0	0.0	2.9	0.0	0.12
점포12	20.0	1.0	3.1	20.0	-0.13

주: 더미변수는 같은 칸에 진열되어 있을 경우 '1', 안보이는 다른 칸일 경우 '0'의 값을 부여하며 상호작용은 진열면적과 더미변수의 곱으로 독립변수간 상호작용효과가 있는지를 검정하기 위해, 그리고 잔차는 Durbin-Watson의 값을 산출하기 위해 미리 작성해 놓았음.

자료: http://cafe.naver.com/haveajoy 자료실 더미변수 회귀자료.xls

1. 회귀식을 추정하고 모형적합도에 관한 전차분석을 하시오.
2. 회귀계수의 종속변수 설명력을 검정하고 $\alpha = 0.05$에서 상호작용의 유무를 검정하시오.

문제풀이 SPSS

SPSS를 실행시켜 독립변수와 종속변수를 지정하고 다중회귀 회귀모형에서 설명한 바와 같이 'save'를 클릭하여 'variable view'에서 변수이름을 알기 쉽게 수정한다. 또한 상호작용의 존재유무를 파악하기 위해 독립변수의 곱을 구하여 새로운 변수로 만든다[18].

1. 다중회귀분석과 동일한 방법으로 SPSS를 실행한다.

모형의 설명력은 $R^2 = 0.864$이며 수정된 $R^2_{adj} = 0.834$로 높은 설명력을 보여준다[19].

18) 새로운 독립변수 추가는 메뉴의 Transform → Compute 명령어를 이용하면 된다.

19) ANOVA표에서 $R^2 = \frac{SSR}{SS}$이므로 2.594/3.003 = 0.8638이고

$$R^2_{adj} = 1 - \frac{SSE/(n-k-1)}{SS/(n-1)} \text{이므로 } n = 12, k = 2$$

$$= 1 - \frac{0.409/(12-2-1)}{3.003/(12-1)} = 1 - 0.1665$$

$$= 0.8335$$

[그림 4.1] 더미변수 회귀분석 결과

lyze Graphs Utilities Window Help

Variables Entered/Removed[b]

Model	Variables Entered	Variables Removed	Method
1	더미변수, 진열면적[a]	.	Enter

a. All requested variables entered.
b. Dependent Variable: 주판매액

Model Summary[b]

Model	R	R Square	Adjusted R Square	Std. Error of the Estimate	Durbin-Watson
1	.929[a]	.864	.834	.21318	2.377

a. Predictors: (Constant), 더미변수, 진열면적
b. Dependent Variable: 주판매액

ANOVA[b]

Model		Sum of Squares	df	Mean Square	F	Sig.
1	Regression	2.594	2	1.297	28.535	.000[a]
	Residual	.409	9	.045		
	Total	3.003	11			

a. Predictors: (Constant), 더미변수, 진열면적
b. Dependent Variable: 주판매액

Coefficients[a]

Model		Unstandardized Coefficients		Standardized Coefficients	t	Sig.
		B	Std. Error	Beta		
1	(Constant)	1.300	.157		8.286	.000
	진열면적	7.400E-02	.011	.827	6.722	.000
	더미변수	.450	.131	.424	3.447	.007

a. Dependent Variable: 주판매액

Residuals Statistics[a]

	Minimum	Maximum	Mean	Std. Deviation	N
Predicted Value	1.6700	3.2300	2.3750	.48556	12
Residual	-.2700	.3600	.0000	.19283	12
Std. Predicted Value	-1.452	1.761	.000	1.000	12
Std. Residual	-1.267	1.689	.000	.905	12

a. Dependent Variable: 주판매액

독립변수의 종속변수에 대한 생명력을 나타내 주는가를 판정하는 F 검정은 F 값이 28.54로서 임계값 $F_{k,\, n-k-1,\, \alpha} = FINV(0.05, 2, 12-2-1)$ $=4.2564$보다 커 귀무가설 $H_0 : \beta_1 = \beta_2 = 0$을 기각하고 p값도 0.000으로 설정된 유의수준 $\alpha = 0.05$보다 작아 귀무가설의 기각을 설명해 주고 있다. Excel로 풀면 다음과 같다.

$$F = \frac{SSR/k}{SSE/(n-k-1)} = \frac{2.594/2}{0.409/(12-2-1)} = 28.54$$

p값=FDIST(산출된 F값=28.54, k, n-k-1)=0.00012708

Durbin - Watson을 표에서 제시된 잔차를 이용하여 계산하면 SUMXMY2 =0.97, SUMSQ=0.41이므로 D값은 2.377으로 산출된다. 따라서 더미변수 회귀식에서 산출된 계수표(coefficents)는 다음과 같다.

$$Y = 1.30 + 0.45D_1 + 0.0074X_2$$
$$(8.286^*)\ (6.722^*)\ (3.447^*)$$

(　　)는 t값, *는 $\alpha = 0.05$에서 유의함

예를 들어 더미변수의 t값과 유의성 검정을 하면 귀무가설은 $H_0 : \beta_1 = 0$이므로

$$t = \frac{b_1}{S_e / \sqrt{\Sigma(X_i - \overline{X})^2}} = \frac{0.45}{0.21318/1.63299} = 3.4470$$

t의 임계치는 $t_{n-k-1,\, \alpha}$=TINV(0.05, n-k-1)=2.26216이 되고 또한 p값은 양측검정이므로 $2 \times TDIST(t$값, $n-k-1)$=0.00730으로 귀무가설을 기각하여 더미변수의 회귀계수는 0이 아니다로 해석한다.

[그림 4.2] 산포도

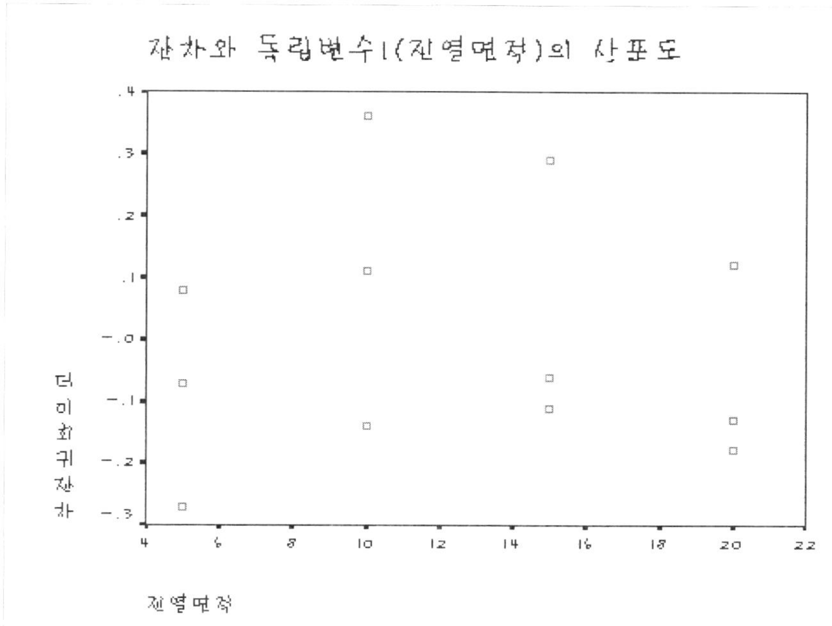

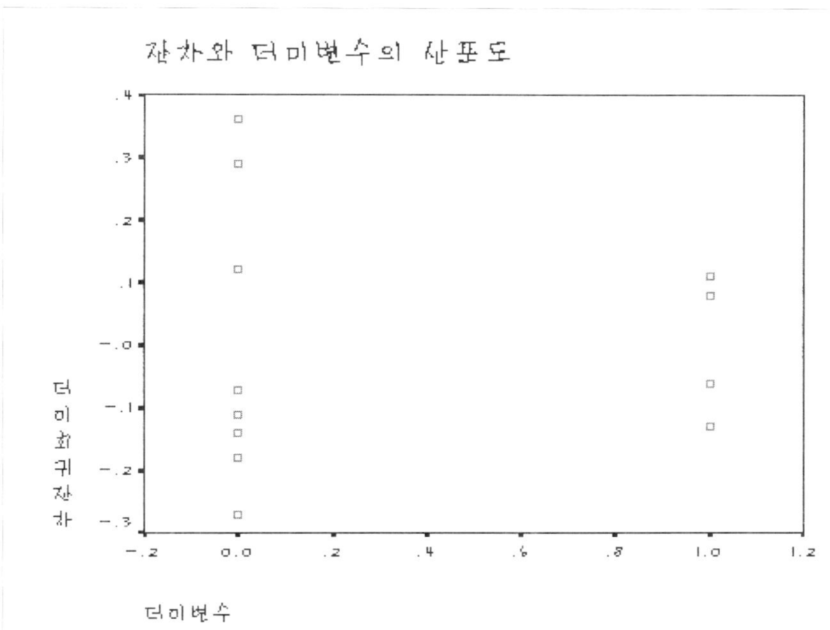

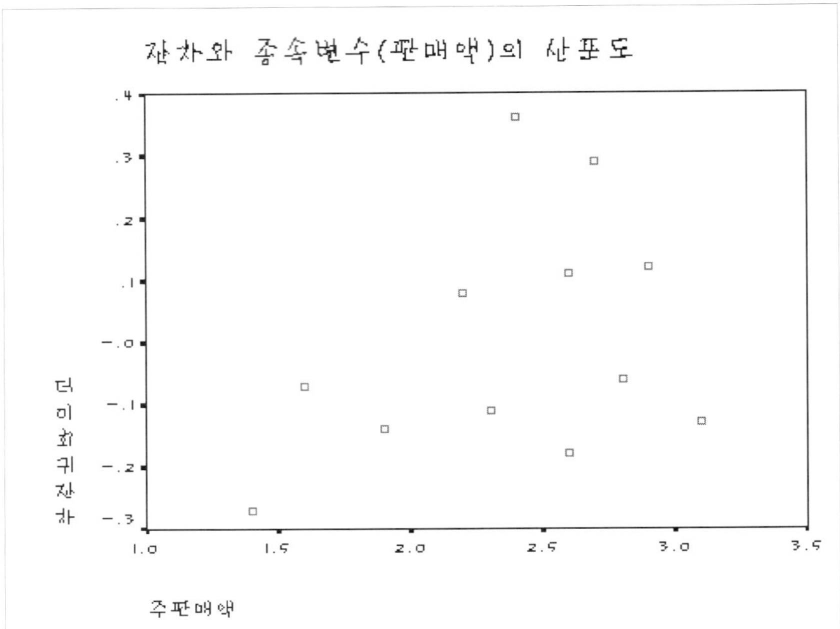

2. 잔차 e_i와 독립변수와 종속변수의 관계를 산포도로 보면 동분산가정과 다중공선성의 관계를 찾아보기 어렵다.

이상의 분석결과를 볼 때 더미변수 회귀식 $Y = 1.30 + 0.45D_1 + 0.074X_2$는 예측모형으로 활용할 수 있다.

다만 더미변수를 포함한 독립변수간의 상호작용효과가 없다는 전제가 충족되어야 하기 때문에 이하에서는 이를 검정하기로 한다. 두 개의 회귀식을 도출하는데 하나는 앞서 본 표본회귀식을 SPSS에서 실행하여 구하면 다음과 같다.

상호작용 없음, $Y = 1.30 + 0.45D_1 + 0.074X_2$

상호작용 있음, $Y = 1.20 + 0.75D_1 + 0.082X_2 - 0.024D_1X_2$

D_1 : 더미변수, D_1X_2 : 상호작용 변수

따라서 귀무가설은 $H_0 : \beta_3 = 0$이고 β_3는 더미변수 D_1과 독립변수 X_2의 곱으로 만든 상호작용변수의 회귀계수이다. 따라서 귀무가설이 기각

된다면 $\beta_3 \neq 0$이므로 상호작용변수는 Y에 영향을 미치므로 회구식을 예측에 이용할 수 없게 되고 채택한다면 그 반대의 경우가 된다.

F 검정보다[20] β_3에 대한 t값이 -1.031이고 sig$=0.333$이므로 $\beta_3 = 0$이라는 귀무가설이 채택되어 상호작용변수는 종속변수 Y에 영향을 미치지 못한다는 것을 알 수 있다.

[그림 4.3] 상호작용이 있는, 없는 더미변수 회귀식 추정

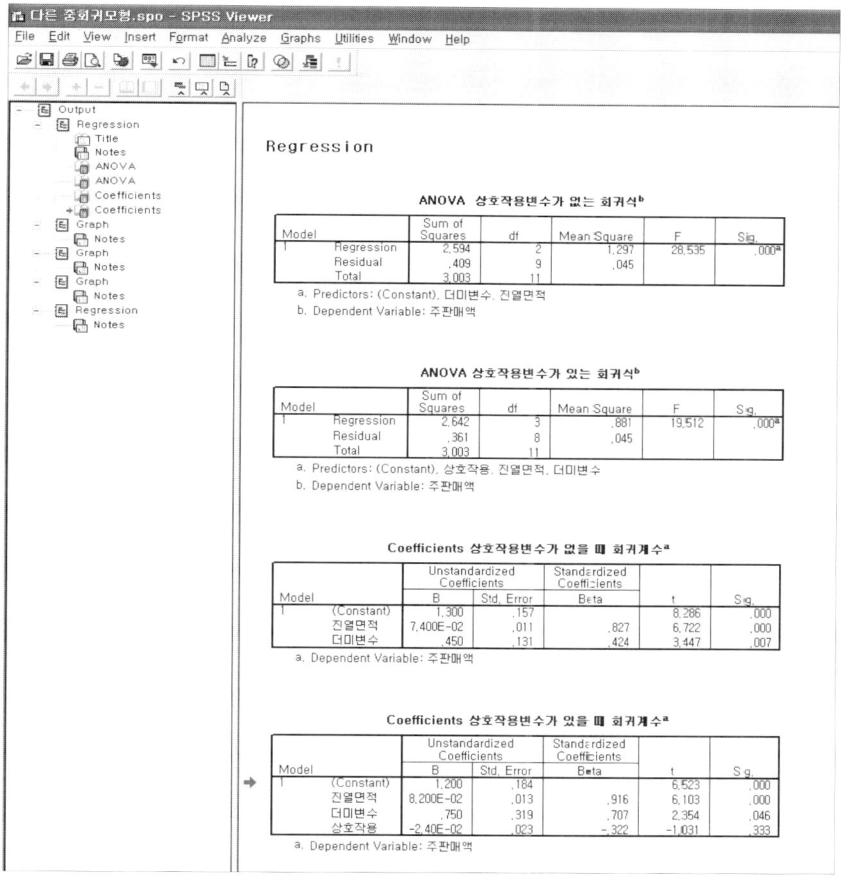

Regression

ANOVA 상호작용변수가 없는 회귀식[b]

Model		Sum of Squares	df	Mean Square	F	Sig.
1	Regression	2.594	2	1.297	28.535	.000[a]
	Residual	.409	9	.045		
	Total	3.003	11			

a. Predictors: (Constant), 더미변수, 진열면적
b. Dependent Variable: 주판매액

ANOVA 상호작용변수가 있는 회귀식[b]

Model		Sum of Squares	df	Mean Square	F	Sig.
1	Regression	2.642	3	.881	19.512	.000[a]
	Residual	.361	8	.045		
	Total	3.003	11			

a. Predictors: (Constant), 상호작용, 진열면적, 더미변수
b. Dependent Variable: 주판매액

Coefficients 상호작용변수가 없을 때 회귀계수[a]

Model		Unstandardized Coefficients		Standardized Coefficients	t	Sig.
		B	Std. Error	Beta		
1	(Constant)	1.300	.157		8.286	.000
	진열면적	7.400E-02	.011	.827	6.722	.000
	더미변수	.450	.131	.424	3.447	.007

a. Dependent Variable: 주판매액

Coefficients 상호작용변수가 있을 때 회귀계수[a]

Model		Unstandardized Coefficients		Standardized Coefficients	t	Sig.
		B	Std. Error	Beta		
1	(Constant)	1.200	.184		6.523	.000
	진열면적	8.200E-02	.013	.916	6.103	.000
	더미변수	.750	.319	.707	2.354	.046
	상호작용	-2.40E-02	.023	-.322	-1.031	.333

a. Dependent Variable: 주판매액

주: SPSS 상에서 비교분석이 가능하도록 표를 편집함

20) 독립변수가 더미변수를 포함하여 3개 일 때는 두 개의 ANOVA 표를 이용하여 F검정을 하여야 한다.

5. 선형회귀식의 변환

지금까지는 단순·다중선형회귀, 2차함수 회귀, 더미변수회귀모형을 연습했다. 그런데 모형을 작성하다 보면 회귀모형의 가정, 즉 오차항의 정규분포, 오차항의 동분산가정, 오차의 독립성, 다중공선성을 위반하는 경우가 있다. 이때는 모형을 변형시켜야 되는데 주로 많이 이용하는 방법은 제곱근(square-root transformation) 전환, log 전환(common logarithm), 자연로그전환(natural logarithm) 방법이 있다.

5.1 제곱근 변환

제곱근 회귀모형은 동분산가정(homoscedasticity)을 위반할 때 활용하며 선형이 아닌 모형을 선형으로 전환하는 방법이다.

제곱근 변환 회귀모형
$Y_i = a + b_1 \sqrt{X_{1i}} + e_i$

5.2 로그 변환

로그 변환 회귀모형도 동분산가정을 위반할 때 이용하되 비선형을 선형으로 변환시킨다는 점에서 제곱근모형과는 다르다.

즉 $Y_i = a \cdot X_{1i}^{b_1} \cdot X_{2i}^{b_2} \cdot e_i$에 로그를 적용하면

$$\begin{aligned}\log Y_i &= \log(a \cdot X_{1i}^{b_1} \cdot X_{2i}^{b_2} \cdot e_i) \\ &= \log a + \log(X_{1i}^{b_1}) + \log(X_{2i}^{b_2}) + \log e_i \\ &= \log a + b_1 \log X_{1i} + b_2 \log X_{2i} + \log e_i\end{aligned}$$

지수회귀모형
□ $Y_i = e^{a+b_1X_{1i}+b_2X_{2i}} + e_i$ □ 양측에 자연로그 ln을 적용하면 $\ln Y_i = a + b_1X_{1i} + b_2X_{2i} + \ln e_i$

11

상관관계 분석

1. 상관계수

상관분석이란 두 확률변수간의 선형관계가 얼마나 밀접한가를 상관계수를 이용하여 측정하는 방안이다. 상관계수는 선형관계의 강도 내지 결합도를 나타낸다. 상관분석은 두 확률변수를 동시에 다루므로 종속변수와 독립변수를 구별하지 않는다.

상관계수는 r로 나타내며 r의 값이 '0'에 가까울수록 두 변수간의 상관관계는 없다고 하며 '+1'에 가까울수록 '정'의 관계(positive)가 '−1'에 가까울수록 '부(negative)' 상관관계가 있다고 한다. 두변수간의 관계는 'scatter' 그래프를 그려보면 쉽게 상관관계의 정도를 파악할 수 있다.

[그림 1.1] 상관계수의 의미

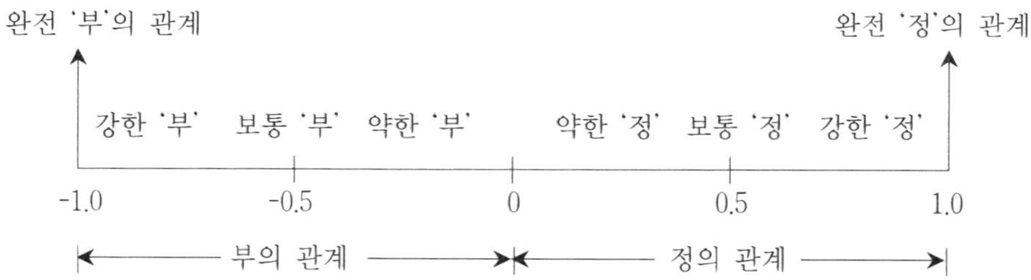

상관계수는 모집단과 표본집단의 산출식이 같은데 모집단의 상관계수인 ρ는 두 변수의 공분산인 σ_{XY}를 두변수의 표준편차의 곱 $\sigma_X \cdot \sigma_Y$으로 나누어주어 산출한다. 동일한 방법으로 표본집단의 상관계수, r은 두 변수의 공분산인 S_{XY}를 두 변수의 표준편차의 곱 $S_X \cdot S_Y$으로 나누어주어 산출한다. 한편 회귀분석에서도 상관계수가 사용되는데 보통의 경우는 분산분석(ANOVA)표를 통해 계산해 낼 수 있다. 회귀선의 적합도를 우리는 결정계수인 R^2를 이용하여 판단하는데 $\sqrt{R^2}$ 이 표본집단의 상관계수인 r이 된다.

표본상관계수 r의 특징

□ $-1.0 \le r \le 1$
□ $|r|$이 클수록 두 변수의 선형관계는 강하다.
□ $r > 0$이면 두 변수는 정의 관계이며 $r < 0$이면 부의 관계이다. □ 회귀분석에서 표본상관계수의 계산(r)은 분산분석(ANOVA)을 이용한다.

상관계수

□ 모집단의 경우

$$\rho = \frac{\sigma_{XY}}{\sigma_X \sigma_Y} \quad (-1 \le \rho \le 1)$$[1]

σ_{XY} : X와 Y의 공분산($Cov(X,\ Y)$)

σ_X : X의 표준편차

σ_Y : Y의 표준편차

□ 표본집단의 경우

▣ **회귀분석**

$$r_{X.Y} = \sqrt{R^2} = \sqrt{\frac{SSR}{SS}}$$

$r_{X.Y}$: 두 변수 X와 Y의 상관계수

R^2 : 결정계수

SS : 총 편차의 제곱 합

SSR: 회귀제곱합(설명된 편차)

▣ **표본자료**

$$r_{X.Y} = \frac{\sum(X_i - \overline{X})(Y_i - \overline{Y})}{\sqrt{\frac{\sum(X_i - \overline{X})^2}{n-1}} \cdot \frac{\sqrt{\sum(Y_i - \overline{Y})^2}}{n-1}}$$

1) 모집단의 경우 상관계수를 ρ로 표시하고 표본집단의 경우 r로 나타낸다.

$$= \frac{S_{XY}}{S_X \cdot S_Y} = \frac{SS_{XY}}{(n-1)S_X \cdot S_Y}$$

X와 Y의 표본 상관계수(r)은 X와 Y의 공분산의 값을 X와 Y의 표준편차의 곱으로 나누어준 것을 의미한다[2]. 또한 상관계수는 독립변수가 하나일 때인 단순회귀분석에서 두 변수간의 밀접도를 분석할 때 이용한다.

□ 상관계수 r값의 $t-test$

귀무가설 $H_0: \rho = 0$, 대립가설 $H_1: \rho \neq 0$

산출된 t값 $= \frac{r \cdot \sqrt{n-2}}{\sqrt{1-r^2}} > t_{\alpha/2, n-2}$(임계치)일 경우 산출된 t값이 기각영역에 있을 때에는 귀무가설을 기각하여 $H_1: \rho \neq 0$ 이라는 대립가설을 채택하므로 상관계수는 '0'이 아니다라고 할 수 있다[3].

1-1 | 예제문제 |

A여행사는 성수기를 맞아 해외여행상품의 판매를 촉진하기 위해 10명의 전화상담원을 배치하였다. 3일간 걸려온 전화수와 여행상품을 구입한 관광객 수를 정리한 결과가 다음의 굵은 선안과 같을 때 상담전화수와 여행상품구입자간의 상관계수를 구하고 유의수준 $\alpha = 0.05$에서 검정해라.

---

2) 그런데 $S_X = \sqrt{\frac{(X_i - \overline{X})^2}{n-1}}$, $S_Y = \sqrt{\frac{(Y_i - \overline{Y})^2}{n-1}}$ 이고 여기서 S_X : 표본 X의 표준편차, S_Y : 표본 Y의 표준편차이므로 상관계수는 $r = \frac{S_{XY}}{S_X \cdot S_Y}$ 또는 $\frac{SS_{XY}/n-1}{S_X \cdot S_Y}$로 쓸 수 있어 $= \frac{SS_{XY}}{(n-1)S_X \cdot S_Y}$과 같게 된다. 이 식을 우리는 피어슨(Pearson)의 상관계수라 한다. 왜냐하면 공분산식이 $S_{XY} = \widehat{Cov}(X, Y) = \frac{SS_{XY}}{n-1} = \frac{\sum_{i=1}(X_i - \overline{X})(Y_i - \overline{Y})}{n-1}$이기 때문이다. 공분산편을 참고 바란다.

3) Excel에서 '$= TINV(\alpha,\ n-2)$'

〈표 1.1〉 전화문의수와 여행상품 구입자

상담원	번호	상담전화수 X	여행상품구입자 Y	$SS_{XY}= (X_i-\overline{X})(Y_i-\overline{Y})$
전화상담원	1	20	30	30
전화상담원	2	40	60	270
전화상담원	3	20	40	10
전화상담원	4	30	60	120
전화상담원	5	10	30	180
전화상담원	6	10	40	60
전화상담원	7	20	40	10
전화상담원	8	20	50	-10
전화상담원	9	20	30	30
전화상담원	10	30	70	200
문제풀이		$\overline{X}=22$ $S_X=9.189$	$\overline{Y}=45$ $S_Y=14.337$	$\sum_{i=1}^{10}(X_i-\overline{X})(Y_i-\overline{Y})=900$ $=SS_{XY}$

주: Excel에서 평균과 표준편차의 함수식을 이용하여 $\overline{X}, \overline{Y}, S_X, S_Y$를 구하라.

문제풀이
엑 셀

엑셀의 추가기능 설치 이용

메뉴 : 도구-데이터분석-상관분석(Excel 2003이하),

데이터-데이터분석(Excel 2007)

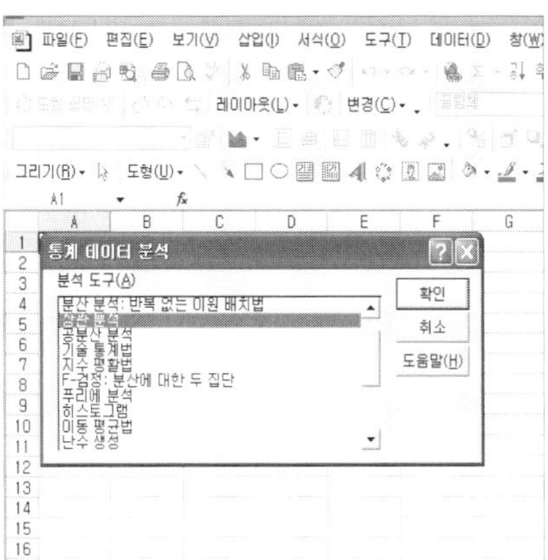

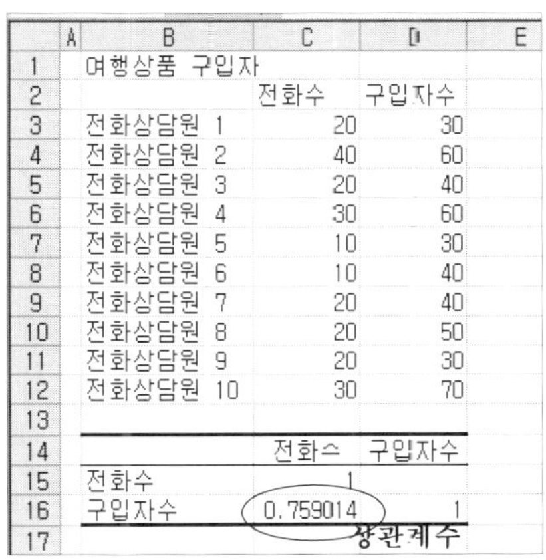

문제풀이

직접계산 $r = \dfrac{S_{XY}}{(n-1)S_X \cdot S_Y} = \dfrac{S_{XY}}{S_X \cdot S_Y}$

□ S_X와 S_Y를 알기위해 도구-데이터 분석-기술통계량 이용

□ S_X와 S_Y를 함수명령어 분산, =VAR(범위)와 표준편차 =STDEVA(범위)를 이용.

□ 이때 SS_{XY} 또는 S_{XY}는 별도계산

공분산 $S_{XY} = \dfrac{SS_{XY}}{n-1} = \dfrac{900}{10-1} = 100$

$$r = \frac{900}{(10-1)\cdot(9.189)\cdot(14.337)} = 0.759$$

$$t = \frac{r\cdot\sqrt{n-2}}{\sqrt{1-r^2}} = 3.297$$

$$> t_{0.05/2,\, n-2} = TINV(0.05,\ 10-2) = 2.306$$

이므로 산출된 t값이 임계치보다 커 귀무가설의 기각영역에 속하므로 귀무가설이 기각되고 대립가설을 채택하여 모상관계수 ρ는 0이 아니다.

또한 $t = 3.297$일때 p값은 $0.010904 = 2$(양측검정) $\times$ $TDIST$ (산출된 t값 = 3.297, $10-2$. 1)로서 설정된 유의수준 $\alpha = 0.05$보다 작아 위의 내용이 타당함을 증명해준다.

[그림 1.2] 상관계수의 검정

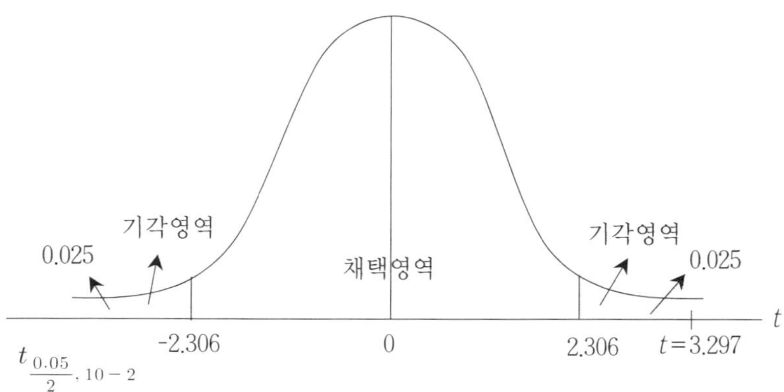

문제풀이
Spss

SPSS 에서 풀이

Analyze → Correlate → Bivariate에서 '전화수'와 '구입자수'를 Variables: 박스에 보내고 "Bivariate Correlations"에서 pearson에 체크한 후 'option'을 클릭, "Bivariate Correlations: option"박스에서 Statistics 박스의 'Means and standard deviations'과 'cross-product deviations and covariances'를 클릭하면 공분산 값, S_{XY}를 구할 수 있어 쉽게 계산에 응용할 수 있다.

[그림 1.3] SPSS의 상관분석 결과

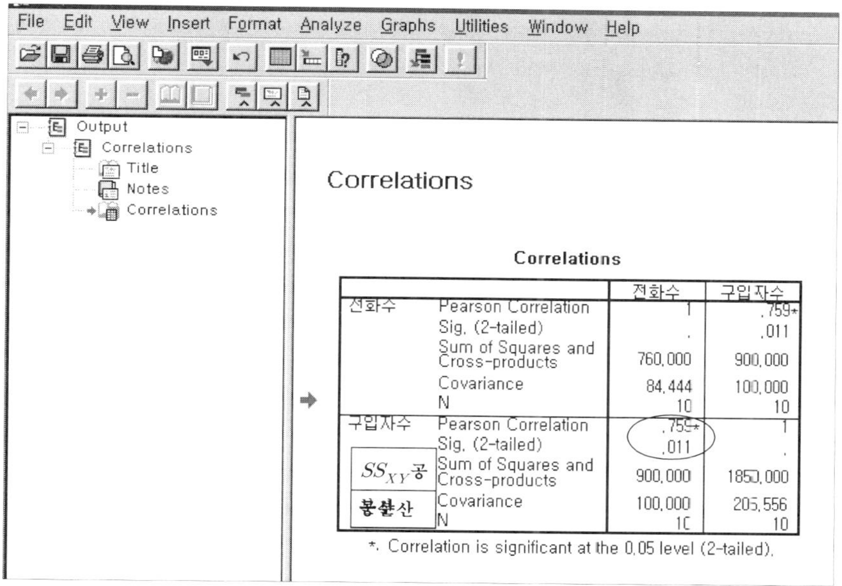

Correlations

		전화수	구입자수
전화수	Pearson Correlation	1	.759*
	Sig. (2-tailed)	.	.011
	Sum of Squares and Cross-products	760.000	900.000
	Covariance	84.444	100.000
	N	10	10
구입자수	Pearson Correlation	.759*	1
	Sig. (2-tailed)	.011	.
	Sum of Squares and Cross-products	900.000	1850.000
	Covariance	100.000	205.556
	N	10	10

*. Correlation is significant at the 0.05 level (2-tailed).

계산결과 상담전화수와 여행상품구입자간의 상관계수는 0.759로 매우 높게 나타났다. 즉, 상담전화가 많으면 많을 수록 여행상품의 구입자수는 증가한다는 것이다.

Graphs-Scatter-Simple에서 Y Axis에 '구입자수'를, X Axis에 '전화수'를 넣고 Ok 버튼을 누른다. 그 다음 그래프를 더블클릭하여 그래프를 수정한다.

[그림 1.4] 산포도

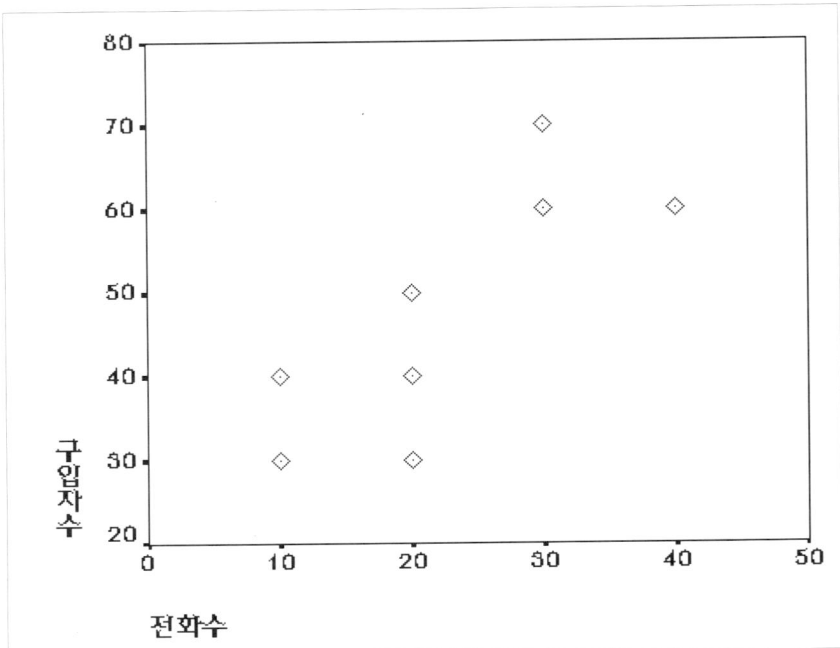

2. 단순회귀분석에서 상관관계

상관관계(r)가 두 변수간의 선형관계의 강도를 나타내 줄 수 있어도 변수간의 인과관계나 선형함수관계를 구체적으로 나타내 주지는 못한다. 또한 회귀분석에서 결정계수 R^2은 r의 제곱과 계산적으로는 같아지나 그 의미는 다르다. 즉 R^2은 Y_i의 전체 변동량(SS)중 표본회귀선 $\widehat{Y}_i$에 의해 설명될 수 있는 변동량의 비율 (SSR)을 나타내준다. 그러나 상관계수 r은 변수간의 관련성의 정도와 +와 −의 방향성을 제시해 주고는 있으나 R^2과 같이 종속변수의 변동을 독립변수가 어느 정도 설명 해주는지를 나타내지 못한다. 특히 상관관계 분석에서 두 변수가 아무런 관계가 없는데 높은 상관도를 보이는 변수들이 나타날 수 있다. 이러한 상황을 허구적 상관(spurious correlation)이라 하는데 우연적 상황으로 높은 상관도가 나타나는 경우를 말한다.

그러나 r이 두 변수간의 상관관계의 정도와 방향성을 나타내 주지만 이는 회귀계수 β_i의 부호도 종속변수 Y와 독립변수 X의 방향성을 설명해 주므로 r이 반드시 R^2보다 나은 설명력을 갖고 있다고 보기는 어렵다.

따라서 상관분석보다는 회귀분석이 선호되고 있으며 보다 효과적인 분석을 위해선 회귀분석에 치중할 필요가 있다.

3. 다중회귀분석에서 상관관계

상관관계란 두 변수간에 선형관계의 정도와 방향성을 측정하는 것이므로 2개 이상의 변수에 대해서는 여러 개의 상관관계를 측정할 수 있다.

다중선형회귀분석에서는 단순 상관계수 r의 개념과 유사한 편상관계수(partial correlation coefficient)와 보다 다양한 다중상관계수(ccefficient of multiple correlation)로 나누어 상관관계를 파악할 수 있다[4].

3.1 편상관계수

독립변수가 X_1, X_2의 두개이며 종속변수 Y의 다중회귀모형을 생각해보자. 이때 상관계수로 측정되어져야 하는 경우의 수는 변수의 수가 k라면 $k=3$이므로 $k \cdot (k-1)/2=3$이므로 3개이다. 즉 단순상관관계는 X_1과 X_2, X_1과 Y, X_2와 Y 3개의 조합으로 측정된다. 변수가 X와 Y, 2개일 때는 상관계수는 $r_{XY}=\dfrac{S_{XY}}{S_X \cdot S_Y}$였으므로 단순 상관관계의 측정식을 다음과 같이 유추할 수 있다.

4) 다중상관관계에 대한 내용은 다른 책을 참조 바란다.

$$r_{X1X2}=\frac{S_{X1X2}}{S_{X1}\cdot S_{X2}}\qquad \begin{cases} S_{X1}: X_1\text{의 표준편차}\\ S_{X2}: X_2\text{의 표준편차}\\ S_{X1X2}: \dfrac{\sum(X_{1i}-\overline{X_1})\cdot(X_{2i}-\overline{X_2})}{(n-1)S_{X1}\cdot S_{X2}}\end{cases}$$

$$r_{X1Y}=\frac{S_{X1Y}}{S_{X1}\cdot S_Y}\qquad S_{X1Y}: \frac{\sum(X_{1i}-\overline{X_1})(Y_i-\overline{Y})}{(n-1)S_{X1}\cdot S_Y}$$

$$r_{X2Y}=\frac{S_{X2Y}}{S_{X2}S_Y}\qquad S_{X2Y}: \frac{\sum(X_{2i}-\overline{X_2})(Y_i-\overline{Y})}{(n-1)S_{X2}\cdot S_Y}$$

그러나 단순상관계수의 개념으로 유추한 위식을·다중회귀 모형에 적용할 때 문제가 발생되어 수정하여야 한다. 왜냐하면 다중회귀분석에서 개별독립변수 X가 종속변수 Y에 미치는 영향을 파악하려면 다른 독립변수 값을 일정하게 한 후 영향을 파악하여야 하기 때문이다. 이렇게 타변수를 일정하게 하고 해당변수간의 상관관계를 파악하는 것을 편상관분석이라 한다. 따라서 편상관계수는 앞서 산출된 두 변수간의 단순상관계수를 통하여 다음과 같은 수식으로 변형되어야 한다.

위의 예에서 편상관계수는 $r_{X_1X_2.Y}$, $r_{YX_1.X_2}$, $r_{YX_2.X_1}$의 3가지이다.

$$r_{X_1X_2.Y}=\frac{r_{X_1X_2}-r_{YX_1}\cdot r_{YX_2}}{\sqrt{(1-r^2_{YX_1})(1-r^2_{YX_2})}}$$

$$r_{YX_1.X_2}=\frac{r_{YX_1}-r_{YX_2}\cdot r_{X_1X_2}}{\sqrt{(1-r^2_{YX_2})(1-r^2_{X_1X_2})}}$$

$$r_{YX_2.X_1}=\frac{r_{YX_2}-r_{YX_1}\cdot r_{X_1X_2}}{\sqrt{(1-r^2_{YX_1})(1-r_{X_1X_2})}}$$

$r_{X_1X_1.Y}$의 의미는 Y가 일정할 때 두 변수 X_1과 X_2의 편상관계수를 말한다.

편상관계수의 통계적 유의성은 t검정을 이용하며 가설은 다음과 같다.

귀무가설 $H_o: \rho_{X_1X_2,Y}=0,\ \rho_{X_1Y,X_2}=0,\ \rho_{X_2Y,X_1}=0$이며

기각영역은 $t_{\alpha,\ n-1}$의 임계치보다 산출된 t값이 크다면 귀무가설은 기각되어 두 변수간 선형관계는 유의하다고 결론을 내릴 수 있다.

$r_{X_1X_2,Y}$의 t 검정

$$\frac{r_{X_1X_2,Y}\cdot\sqrt{n-k-1}}{\sqrt{1-r^2_{X_1X_2,Y}}}$$

r_{YX_1,X_2}의 t 검정

$$\frac{r_{YX_1,X_2}\cdot\sqrt{n-k-1}}{\sqrt{1-r^2_{Y_1X_1,X_2}}}$$

r_{YX_2,X_1}의 t 검정

$$\frac{r_{YX_2,X_1}\cdot\sqrt{n-k-1}}{\sqrt{1-r^2_{YX_2,X_1}}}$$

여기에서 n은 표본자료 수, k는 독립변수의 수를 의미한다.

3.2 편상관계수의 예

다중회귀분석의 수퍼마켓의 예를 갖고 편상관계수를 구해보자. 설치비와 상품정보표시비용, 두 독립변수와 종속변수로서 판매액의 편상관계수를 산출한다. 편의상, 판매액 = Y, 설치비 = X_1, 가격대 = X_2라 하자. 자료는 http://cafe.naver.com/haveajoy 자료실에서 '편상관계수.xls'를 다운받으면 된다.

위에서 설명한 바와 같이 단순상관계수를 구하면 다음과 같다.

$r_{YX_1}=0.5351$이다.

즉, $r_{YX_1}=\dfrac{SS_{XY}}{(n-1)S_YS_{X_1}}=\dfrac{3613270.6}{(34-1)\cdot 1256.4\cdot 162.9}=0.5351$이하

같은 방법으로 계산하면 $r_{YX_2} = -0.7351$ $r_{X_1X_2} = -0.0968$ 이다.

따라서 각 편상관계수는 다음과 같이 산출된다.

$$r_{X_1X_2, Y} = \frac{r_{X_1X_2} - r_{YX_1} \cdot r_{YX_2}}{\sqrt{(1-r_{YX_1}^2)(1-r_{YX_2}^2)}} = 0.51790$$

$$r_{YX_1, X_2} = \frac{r_{YX_1} - r_{YX_2} \cdot r_{X_1X_2}}{\sqrt{(1-r_{YX_2}^2)(1-r_{X_1X_2}^2)}} = 0.6876$$

$$r_{YX_2, X_1} = \frac{r_{YX_2} - r_{YX_1} \cdot r_{X_1X_2}}{\sqrt{(1-r_{YX_1}^2)(1-r_{X_1X_2})}} = -0.81273$$

즉 순서대로 $Y, X_{2,} X$가 일정할 때 나머지 변수간의 상관관계는 0.6876, -0.8127, 0.5179가 된다. 가장 높은 상관도를 보인 변수는 설치비(X_1)가 일정할 때, 가격대(X_2)와 판매액(Y)으로 -0.8127이며 가격대가 높을수록 판매액은 역의 상관관계가 있다고 할 수 있다. 반면 가격대(X_2)가 일정하다고 할 때 설치비(X_1)가 높을수록 판매액(Y)은 증가하므로 두 변수는 정의 상관관계에 있다고 할 수 있다.

이때 t값은 각각 다음과 같다.

$r_{X_1X_2, Y}$의 $t = 5.273 > t_{n-k-1, \frac{\alpha}{2}} = 2.039$, p값 : 0.000

r_{YX_1, X_2}의 $t = -7.766 < t_{n-k-1, \frac{\alpha}{2}} = -2.039$, p값 : 0.000

r_{YX_2, X_1}의 $t = 3.371 > t_{n-k-1, \frac{\alpha}{2}} = 2.039$, p값 : 0.00202

3개 모든 산출된 t값이 설정된 임계치보다 커 기각영역에 속해 모든 귀무가설, 즉 $\rho_{X_1X_2, Y} = 0$, $\rho_{X_1Y_1X_2} = 0$, $\rho_{X_2Y, X_1} = 0$을 기각한다. p값에 의한 해석도 동일하다. 따라서 두 변수간의 선형관계는 유의하다.

문제풀이
Spss

SPSS에서 편상관계수의 계산

Analyze → Correlate → Partial

예를 들어 판매액(Y)가 일정한 상태에서 설치비(X_1)과 가격대(X_2)의 편 상관계수를 구하는 경우 $r_{X_1X_2.Y}$는 'Partial Correlations' 박스에서 Y가 일정하므로 'controlling for' 박스에 Y(판매액)을 보내고 'Variables' 박스에 X_1과 X_2를 보내 구한다.

$r_{YX_1.X_2}$와 $r_{YX_2.X_1}$도 동일한 과정을 반복한다.

[그림 3.1] $r_{X_1X_2.Y}$의 계산

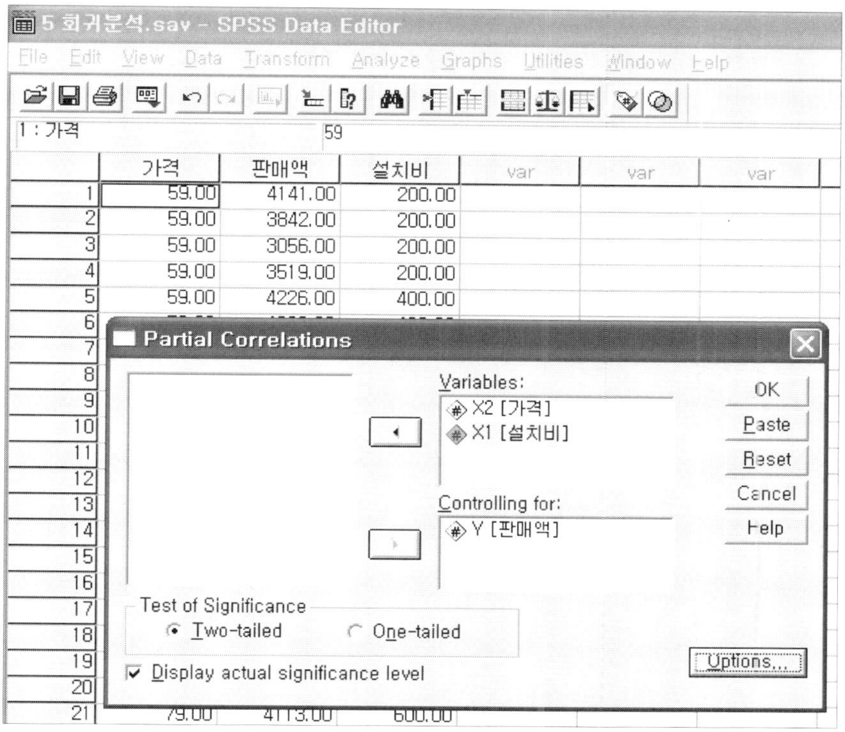

[그림 3.2] $r_{X_1X_2.Y}$의 계산 결과

```
Partial Corr

Variable           Mean      Standard Dev      Cases

가격             77.8235          16.2862         34
설치비          388.2353         162.8621         34
판매액         3098.6765        1256.4220         34


- - -  P A R T I A L   C O R R E L A T I O N   C O E F F I C I E N T S  - - -

Controlling for..    판매액

                  가격        설치비

가격            1.0000        .5179
               (     0)     (   31)
               P= .         P= .002

설치비           .5179       1.0000
               (   31)     (     0)
               P= .002      P= .

(Coefficient / (D.F.) / 2-tailed Significance)

" . " is printed if a coefficient cannot be computed
```

12

범주형 자료분석

우리는 앞서 변수 값을 구성하고 있는 숫자가 자료가 되는(numerical data) 데이터를 갖고 분석하였다. 그러나 어떤 때는 숫자가 아닌 범주형(categorical data)자료를 갖고 하나 혹은 둘 이상의 모집단의 차이를 검증할 수 있다. 예를 들면 성별(gender)이라는 변수와 소득(income)이라는 두 개의 변수가 있다고 하자. 소득변수는 그 자체가 자료가 되어 기술통계량의 분석을 할 수 있다. 그러나 성별변수는 소득과는 달리 그 자체가 자료가 되지 못한다. 성별에 남자를 1, 여자를 2로 코딩하여 분석하면 기술통계량 중 평균값이 1.546이 나왔다고 할 때 그 의미는 무의미하다. 이와 같은 범주형 자료는 자료가 갖는 평균, 분산, 표준편차, 첨도, 왜도 등의 기술통계량값보다는 각 범주에 속한 자료의 도수 또는 빈도분석이나 빈도를 갖고 만든 상대도수, 즉 비율이 더욱더 큰 의미를 갖게 된다. 이하 범주형 자료를 갖고 분석하되 둘 이상의 독립표본으로 비율에 대한 검정을 행할 것이다. 표준화된 정규분포인 통계량 Z와 자유도가 1인 χ^2를 갖고 분석해 보는데 그 값은 매우 유사한 결론을 갖는 것으로 조사되고 있다.

[그림 1.1] 범주형 자료분석 절차

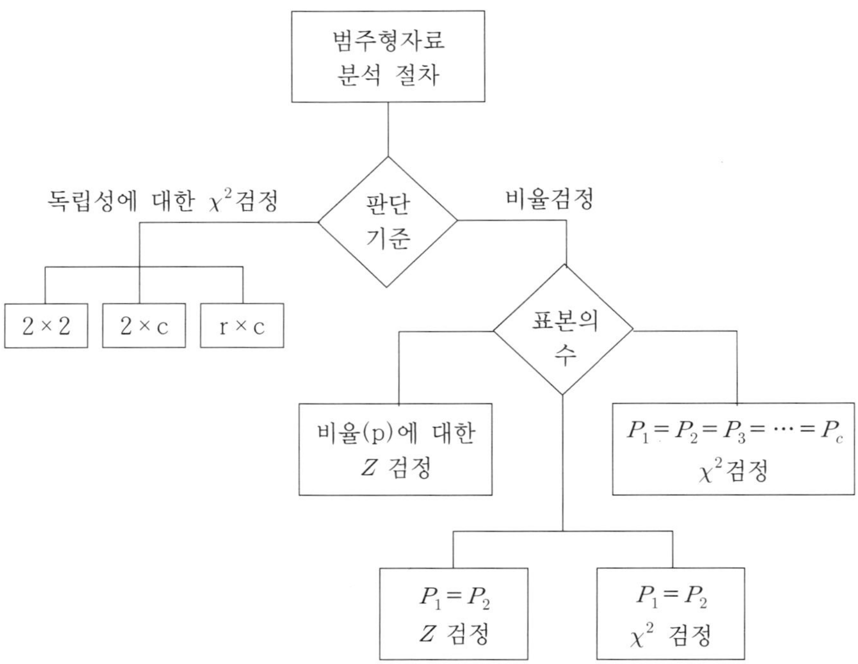

1. 하나의 비율에 대한 χ^2분석

1-1 | 예제문제 |

훼밀리 레스토랑에 근무하는 "꽃미남"씨는 고객관리를 의해 할인카드를 발급하기로 하고 카드의 색깔은 다양하게 하되 그객이 색을 선택할 수 있게 하였다. blue, brown, green, orange, red, yellcw의 6가지 색을 만들어서 고객에게 선택권을 준 결과 색깔별 발급실적은 다음 표의 굵은선 안과 같았다. 지배인은 고객들이 선호하는 색을 모르지만 카드의 발급된 색을 보고 선호된 색들이 골고루 발급되었는지의 여부를 알고자 한다. 유의수준 0.05에서 이를 검정하라.

〈표 1.1〉 레스토랑 색 종류별 카드발급 추이

색	blue	brown	green	orange	red	yellow	계
발급자수	13	33	14	7	36	17	120

문제풀이
직접계산

이 문제를 풀기 위해 우선 지배인은 카드가 발급된 관찰치(f_c: 관찰된 도수, Observed Frequencies)와 카드가 골고루 발급되었는가에 대한 기대치(f_e: 기대도수, Expected Frequencies)가 같거나 또는 거의 비슷하다는 가정을 한다. 또한 지배인은 카드가 발급되는 것이 중요하지 어떤 색이 선호되는지, 어떤 색이 다른 색보다 나은지 등은 고려되지 않는다.

따라서 지배인은 6가지 모든 카드에 대하여 동일한 기대치(f_e)를 갖는다. 지배인이 알고자 하는 것은 6가지 카드가 골고루 발급 되었는가 또는 차이가 있는가를 알고자 하며 이러한 과정은 5단계를 거쳐 검증될 수 있다.

STEP 1: 귀무가설과 대립가설의 설정

H_0: 실제 카드발급과 기대치는 차이가 없다

H_1: 실제 카드발급과 기대치는 차이가 있다

STEP 2: 유의한 수준의 선택

0.5라면 Type Ⅰ오류와 같다

STEP 3: 검정통계량의 선택

$$\chi^2 = \sum[\frac{(f_o - f_e)^2}{f_e}]$$

이때의 자유도는 $k-1$ 인데 여기서는 (6-1)=5

k: 범주의 수

f_e: 특정 범주의 관찰 빈도(observed frequency)

f_o: 특정 범주의 기대 빈도(expected frequency)

STEP 4: 판단 근거

[그림 1.1] χ^2(카이 자승)

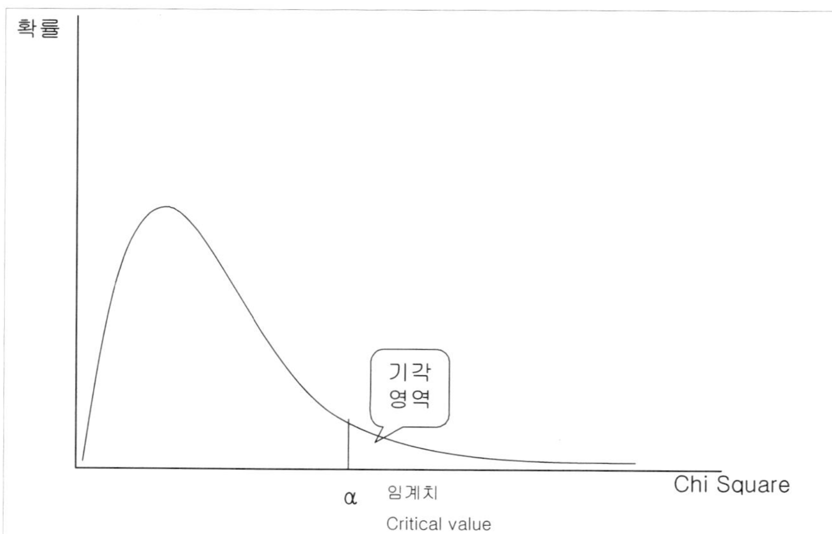

임계치를 χ^2 표에서 찾아 구한 값이 $\sum_{i=1}^{k}[\frac{(f_o-f_e)^2}{f_e}] > \chi^2_{k-1,\alpha}$이면 H_o를 기각하게 된다.

STEP 5: χ^2 값을 계산하고 의사결정

□ f_o와 f_e를 계산하되 〈표 1.2〉의 (1)과 같이 f_o와 f_e의 차이가 "0"이 되어야 한다. 여기에서 f_o는 실제 관찰치의 값을 이용하면 되지만 f_e는 골고루 발급되었으면 하므로 관찰치 합에 대해 각각의 색은 1/6의 발급확률을 갖게 된다.

□ $(f_o-f_e)^2$을 계산한다.

□ $\sum_{i=1}^{k}[\frac{(f_o-f_e)^2}{f_e}]$을 계산하고 계산된 값이 χ^2의 산출통계량이므

〈표 1.2〉 엑셀활용방법〈훼미리 컬러 카드 발급 χ^2 적합도 검정: 엑셀 활용 방법〉

문제풀이 엑셀

훼미리 컬러 카드발급 카이스퀘어 적합도 검정					
카드색	관측빈도 (f_o)	기대빈도 (f_e)	(1) (f_o-f_e)	(2) $(f_o-f_e)^2$	(3) $\frac{(f_o-f_e)^2}{f_e}$
blue	13	20	-7	49	2.45
brown	33	20	13	169	8.45
green	14	20	-6	36	1.80
orange	7	20	-13	169	8.45
red	36	20	16	256	12.80
yellow	17	20	-3	9	0.45
계	120	120	0	688	34.40
chi-square 산출통계량	(3)열의 합				34.40
chi-square 임계값	CHIINV(α,df)=CHIINV(0.05,6-1)				11.07048
p-value	CHIDIST(SUM$\frac{(f_o-f_e)^2}{f_e}$, df)= CHIDIST((3)의합, 6-1)				0.00000

로 표에서 구한 임계치인 χ^2의 값과 비교하여 임계치보다 크면 기각영역에 속하므로 귀무가설을 기각한다. 따라서 훼미리 컬러카드의 경우 산출된 $\chi^2=34.4$이고 임계값이 11.070이므로 기각영역에 속하게 되므로 실제 카드발급과 기대치와는 차이가 없다는 귀무가설은 기각되고 차이가 있다는 대립가설을 채택한다.

Excel에서 χ^2의 임계값은=CHIINV(α, 자유도)로 구한다. 반면 p값은 '=CHIDIST($\sum[(f_o-f_e)^2/f_e$, 자유도])'로 구한다.

문제풀이 SPSS

□ 자료의 입력: 카드 발급색을 변수 'color'로 하고 발급카드수는 관찰된 수이므로 'observed'로 하되 'color'의 'value'값을 1=blue, 2=brown, 3=green, 4=orange, 5=red, 6=yellow로 입력한다.

□ 자료의 입력방법

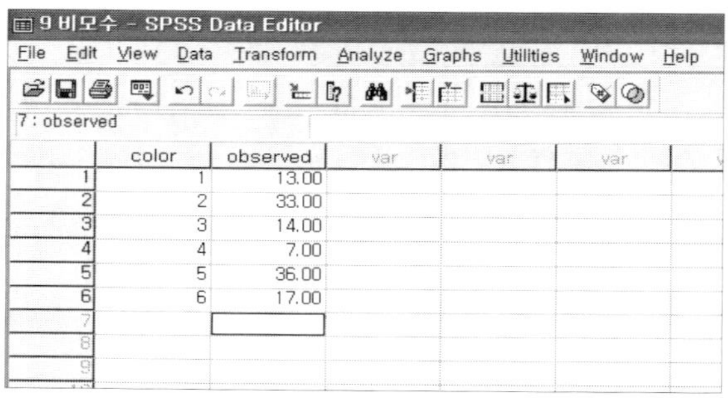

□ 'color' 변수의 카드색의 variable view 쉬트에서 'value' 값의 부여

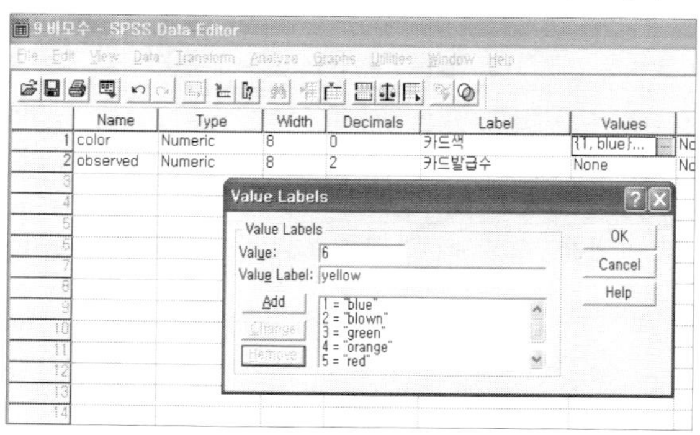

□ f_e작성을 위한 가중치 부여 〈χ^2실행명령〉

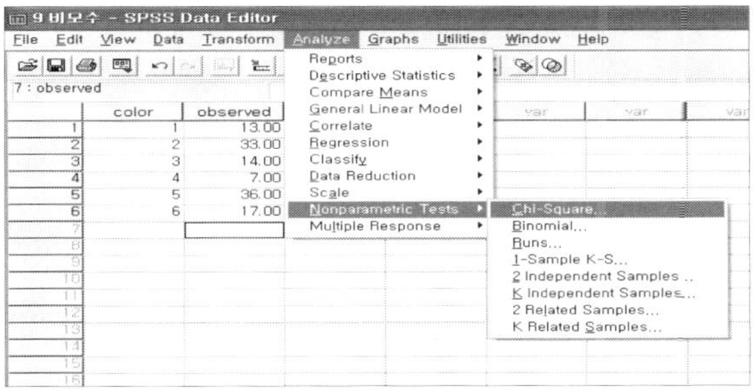

여기서는 카드 발급에 대해 동일한 기대값을 가지므로 아래 왼쪽의 Expected values Box에서 All categories equal을 클릭한다.

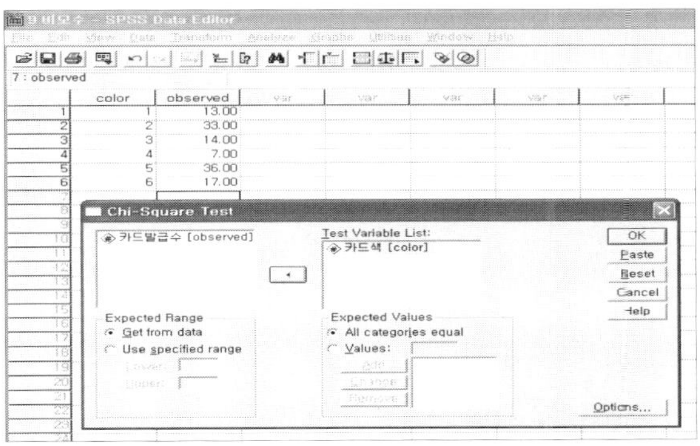

□ 결과의 해석

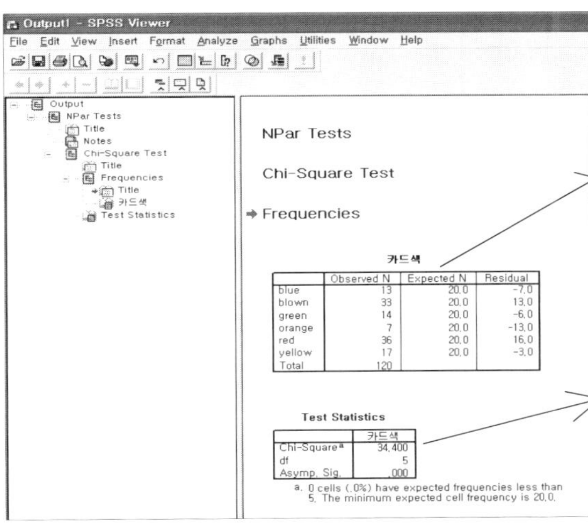

기댓값을 동일하게 주었으므로 f_e값이 20으로 같게 나타난다.

χ^2=34.4이며 p 값은 0.000을 결과로 보여주고 있다.

통계이야기

사실 상당한 기간 동안 데이터를 분석하고 해석했던 많은 학자들은 거의 모든 확률변수는 정규분포를 이룬다고 생각했다. 그리고 이 사실을 일반적인 것으로 생각했다. 앞부분에서 공부한 거의 모든 분포도 이를 가정하여 추론한 추측통계학이다.

그러나 Karl Pearson은 실험 자료들은 항상 정규분포를 이루는 것은 아니라는 점을 발견했지만 이를 증명할 수는 없었다. 그래서 Pearson은 이를 증명하기 위하여 χ^2통계량을 발견하였으며 모든 확률변수는 정규분포가 아니라는 점을 증명하였다.

1-2 예제문제

Sea-side 골프장은 5개의 코스를 운영하고 있다. 골프장 운영실장은 월요일부터 금요일까지 5개 코스의 rounding 수에 관해 다음의 표와 같이 굵은선안의 자료를 얻었다. 이 표를 보고 0.05 유의수준에서 주중 요일별로 라운딩의 차이가 있는지를 검정하라.

문제풀이
Excel

H_0: 라운딩의 차이가 없다.

H_1: 라운딩의 차이가 있다.

요일별	rounds 관측빈도	기대빈도 (f_e)	$(f_o - f_e)$	$(f_o - f_e)^2$	$\frac{(f_o - f_e)^2}{f_e}$
월	124	104	20	400	3.85
화	74	104	-30	900	8.65
수	104	104	0	0	0.00
목	98	104	-6	36	0.35
금	120	104	16	256	2.46
계	520	520	0	1592	15.31

χ^2 산출통계량:15.31

χ^2 임계값:CHIINV(α, df)=9.48773

p-value: χ^2([SUM$\frac{(f_o - f_e)^2}{f_e}$, df])=0.00410

$$X^2 = \sum \frac{(f_o - f_e)^2}{f_e} = 15.308 >$$

$$X^2_{df.\alpha} = X^2_{4.0.05} = 9.48773$$

H_0기각

1-3 | 예제문제 |

관광레스토랑에서는 변화하는 고객의 입맛을 돋우고 매출신장을 위해 새로운 메뉴를 개발하였다. 기존음식과 새로운 메뉴와 차별성이 있는지를 검토해 보고자 조사를 한 결과 다음과 같은 자료를 얻었다. 레스토랑 사장은 이 표를 보면서 매우 만족한 답을 한 사람이 47명으로 가장 많았기 때문에 곧 시판을 해도 될 것으로 생각하였다. 그러나 직원들과 회의를 하는 과정에 지배인은 그렇지 않을 수도 있다고 하는 등 의견이 엇갈리고 있다. 그래서 평가 간에는 차이가 없다는 지배인의 주장을 0.01의 유의수준에서 검정하여라.

문제풀이
직접계산

H_0: 만족도에는 차이가 없으므로 새로운 메뉴를 시판할 필요가 없다.

H_1: 만족도에는 차이가 있으므로 새로운 메뉴를 시판할 필요가 있다.

레스토랑 신 메뉴 만족도

새로운 메뉴	관측빈도 (f_o)	기대빈도 (f_e)	$(f_o - f_e)$	$(f_o - f_e)^2$	$\frac{(f_o - f_e)^2}{f_e}$
대단히 만족	47	40	7	49	1.23
매우 만족	45	40	5	25	0.63
보통 만족	40	40	0	0	0.00
좀 낫다	39	40	-1	1	0.03

그냥 그렇다	35	40	-5	25	0.63
불만족	34	40	-6	36	0.90
계	240	240	0	136	3.40

χ^2 산출통계량: 3.40
χ^2 임계값: CHIINV(α, df)=15.08632
p-value: χ^2([SUM$\frac{(f_o-f_e)^2}{f_e}$, df]) = 0.63857

$$X^2=\sum\frac{(f_o-f_e)^2}{f_e}=3.40<$$

$$X^2_{df,\alpha}=X^2_{5,0.01}=15.08632$$

H_0채택

그러므로 새로운 메뉴와 기존음식과는 만족도에는 차이가 없으므로 개발하지 않는 것이 낫다.

2. 두 비율 차이에 대한 χ^2 검정

두 비율의 차이에 대한 검정은 성공과 실패의 두 경우로 나누어 비교하되 두 집단의 성공의 빈도를 갖고 분석한다. 성공확률이라는 의미는 원하는 답에 응답한 자의 비율로 정하면 된다. χ^2은 자유도 1을 가지며 앞에서 검토한 Z-검정과 동일하다.

우리는 성공과 실패로 분류된 분할표(contingency table)를 작성할 수 있다. 분할표를 간단하게 설명하자면 우리가 보통 설문조사에서 작성하는 빈도분석표가 바로 이 분할표와 같은 개념이며 해당 도수(frequencies)를 상대도수인 비율을 갖고 분석한다.

2-1 예제문제

리조트에 두 개의 호텔이 있다고 하자. Beach와 Winds Hotel인데 두 호텔은 방문고객에 대해 재방문 의사를 물어 다음 표와 같은 관측 자료(f_o)를 확보했다. χ^2검정하시오.

〈표 2.1〉 Hotel 재방문에 대한 조사표

재방문여부	Beach	Winds	계
예	163	154	317
아니오	64	108	172
계	227	262	489

문제풀이

비율의 동질성은 χ^2검정이 두 호텔의 재방문율을 비교함으로써 할 수 있는데 재방문율에서 '예'라고 답한 사람의 비율을 성공비율로 볼 수 있게 된다. 관찰빈도인 f_o는 자료에서 구할 수 있으나 문제는 어떻게 기대빈도인 f_e를 만들어 내는가이다. 변수가 한개일 때는 동일 기대값으로 간단하게 작성할 수 있으나 변수가 두개이면 좀 복잡한 과정을 거쳐 작성해야 한다.

귀무가설 H_o : $p_1 = p_2$

대립가설 H_1 : $p_1 \neq p_2$

두 비율간 차이에 대한 χ^2 검정

$$\chi^2 = \sum_{\text{모든}cell} \frac{(f_o - f_e)^2}{f_e}$$

f_o = 관찰된 빈도(observed frequency)

f_e = 기대된 빈도(expected frequency)

기대빈도 f_e를 계산하기 위해 f_e의 기본적인 구조를 이해하는 것이 필요하다. 이때는 귀무가설이 사실이면 두 모집단의 성공확률은 서로 같다는 점이 전제가 된다. 두 집단 A와 B가 있고 빈도의 계가 n_A와 n_B라 하자. 성공 빈도를 각각 p_A, p_B로 하면 두 집단의 성공의 평균 $\bar{p}$를 구할 수 있다. 실패비율은 당연히 $1-\bar{p}$가 된다. 따라서 f_e는 각 집단 A와 B의 n_A와 n_B에 평균비율($\bar{p}$)을 곱하여 성공부문의 기대빈도를 구하고 반면 실패빈도는 n_A와 n_B에 실패확률 $1-\bar{p}$를 곱하여 구한다.

평균비율의 계산
$\bar{p}=\dfrac{p_A+p_B}{n_A+n_B}$

이러한 분포는 χ^2분포에 따르게 되고 열의 수를 c라 하고 행의 수를 r이라고 할 때 자유도는 (열의 수$(c)-1$)과 (행의 수$(r)-1$) 에 따른다.

χ^2분포의 자유도
자유도 (d.f.) = $(r-1)$ $(c-1)$ r: 행의 수, c: 열의 수

이 때 분할표(contingency table)는 2×2 매트릭스이므로 $d.f.=(2-1)(2-1)=1$이 된다. 따라서 H_o는 $\chi^2>\chi_1^2$일 때 기각된다. 만약 귀무가설이 사실이라면, 즉 두 집단의 비율의 차이가 없다면 f_o와 f_e의 차이가 매우 적어 0에 가깝게 위치하게 된다. 반대로 H_o가 거짓이면 두 모집단 비율의 차이가 있어 χ^2통계량의 값이 크게 된다.

여기에서 $\bar{p}$ 값을 구하면

$$\bar{p}=\frac{p_A+p_B}{n_A+n_B}=\frac{163+154}{227+262}=0.6483$$

$$1-\bar{p}=0.3517$$

위의 값을 이용하여 분할표의 f_e 값을 구하면 다음과 같다.

〈표 2.2〉 호텔 재방문의사의 f_o과 f_e값의 계산

	Beach Hotel(A)		Winds Hotel(B)		관찰치
답변	관찰치 (f_o)	기대치(f_e)	관찰치 (f_o)	기대치(f_e)	계
예	163.0	$227(n_A) \times 0.6483(\bar{p})$ = 147	154	$262(n_A) \times 0.6483(\bar{p})$ = 170	317
아니오	64.0	$227(n_A) \times 0.3517(1-\bar{p})$ = 80	108	$262(n_A) \times 0.3517(1-\bar{p})$ = 92	172
계	$n_A = 227.0$	227	$n_B = 262$	262	489

귀무가설은 $H_o : P_1 = P_2$ 이며 대립가설은 $H_1 : P_1 \neq P_2$ 이고 임계치는 χ^2표와 Excel에서 구할 수 있다. Excel에서는 '=CHIINV(α, 자유도)'로 구한다. 즉 여기서는 CHIINV(0.05, 1)=3.841이다.

그런데 산출된 χ^2검정통계량은 9.048로서 임계치 3.841보다 크므로 기각영역에 속해 귀무가설은 기각됨으로써 두 호텔의 재방문의사는 차이가 있다는 대립가설을 채택하게 된다.

p 값도 '=CHIDIST(9.048, 1)=0.00263'이므로 $\alpha = 0.05$보다 작아 제1종 오류를 범할 확률이 적으므로 귀무가설을 기각한다. 따라서 두 호텔의 방문 만족도는 차이가 있으며 이에 따른 고객 재방문율도 차이가 있다고 할 수 있다. Z-test와 χ^2 test는 동일한 결과를 보여준다.

〈표 2.3〉 두 호텔의 재방문 비율에 대한 χ^2검정

f_o	f_e	$f_o - f_e$	$(f_o - f_e)^2$	$\frac{(f_o - f_e)^2}{f_e}$
163.000	147.160	15.840	250.906	1.705
154.000	169.840	-15.840	250.906	1.477
64.000	79.840	-15.840	250.906	3.143
108.000	92.160	15.840	250.906	2.723
			χ^2값	9.047

2-2 | 예제문제 |

다음의 분할표를 보고 문제를 푸시오.

	A	B	계
1	20	30	50
2	30	20	50
계	50	50	100

문제풀이

직접계산 $p = \dfrac{20+30}{50+50} = 0.5 \qquad 1-p = 0.5$

〈표 2.4〉 f_o와 f_e의 계산

	A		B		계
	f_o	f_e	f_o	f_e	
1	20	25	30	25	50
2	30	25	20	25	50
계	50	50	50	50	100

$\alpha = 0.05$ 수준에서 유의한가?

〈표 2.5〉 두 집단 비율차이 검정

f_o	f_e	$(f_o - f_e)$	$(f_o - f_e)^2$	$\dfrac{(f_o - f_e)^2}{f_e}$
20.000	25.000	-5.000	25.000	1.000
30.000	25.000	5.000	25.000	1.000
30.000	25.000	5.000	25.000	1.000
20.000	25.000	-5.000	25.000	1.000
				4.000

$d.f. = (2-1)(2-1) = 1$이며 '=CHIINV(0.05, 1)'=3.841이다. 산출된

χ^2통계량은 4.0이나 임계치는 3.841이므로 귀무가설은 기각한다.

2-3 | 예제문제 |

최근 '환경에 대한 관심이 커지면서 소비자들의 브랜드 충성드는 기업이 환경문제에 어떻게 대응하는가?'에 영향을 받는다는 조사가 있었다. '기업이 환경에 나쁜 영향을 준다면 남성 10명 중 4명이, 여성은 10명 중 6명이 다른 기업제품으로 브랜드를 바꿀 것으로' 응답했다. 표본크기는 발표되지 않았지만 남성 150명 여성 100명으로 가정하여 다음의 문제를 풀어라.

1. 분할표를 작성하라.
2. $\alpha = 0.01$ 수준에서 환경문제 때문에 브랜드를 바꾼다는 남성과 여성의 유의적인 차이가 있는가를 검정하시오.

문제풀이
직접계산

1. 선호하는 기업이 환경에 나쁜 영향을 주면 타기업 브랜드로 바꿀 것인지에 대한 분할표는 다음과 같다.

〈표 2.6〉 분할표의 작성

응답	남자		여자		계
	f_o	f_e	f_o	f_e	
예	60	72	60	48	120
아니오	90	78	40	52	130
계	150	150	100	100	250

$\bar{p} = 0.48$

〈표 2.7〉 두 집단 비율차이 검정

f_o	f_e	$(f_o - f_e)$	$(f_o - f_e)^2$	$\frac{(f_o - f_e)^2}{f_e}$
60	72	-12	144	2.000
60	48	12	144	3.000
90	78	12	144	1.846
40	52	-12	144	2.769
			$\chi^2 =$	9.6154

2. Excel에서 '=CHIINV(0.01, 1)=6.63489, p value=0.00193

$\chi^2 = 9.6154 > X^2_{0.01,\ 1} = 6.6348$이므로 기각되어 남성과 여성이 다르다.

2-4 | 예제문제 |

주식시장의 장세에 관한 설문조사 결과 on-line 투자자의 69%, 객장에 참여한 일반 투자자의 48%가 활황증시를 보일 것으로 예상하고 있다. 조사표본수는 각각 500명이다.

1. 유의수준 0.05에서 객장투자자와 on-line 투자자간의 활황 증시예측 비율의 차이가 있는가를 검정하라.
2. p-value를 구하여라.

문제풀이

직접계산

〈표 2.8〉 객장투자자의 48%, 온라인투자자 69% 활황 전망

응답	객장투자자		온라인투자자		계
	f_o	f_e	f_o	f_e	
활 황	240	292.5	345	292.5	585
아니오	260	207.5	155	207.5	415
계	500	500	500	500.0	1,000

$\overline{P} = 0.5850$

〈표 2.9〉 두 집단 비율차이 검정

f_o	f_e	(f_o-f_e)	$(f_o-f_e)^2$	$\frac{(f_o-f_e)^2}{f_e}$
240.000	292.500	-52.500	2756.250	9.423
345.000	292.500	52.500	2756.250	9.423
260.000	207.500	52.500	2756.250	13.283
155.000	207.500	-52.500	2756.250	13.283
			$\chi^2=$	45.4124

'=CHIINV(0.051)'=3.84146, p 값 0.00000

산출된 $\chi^2 = 45.4124 > \chi^2(0.05, 1)^2 = 3.84146$보다 크다.

따라서 H_0는 객장투자자와 on-line투자자의 증시예측비율은 차이가 있다.

3. 두 비율 이상에 대한 χ^2 검정

χ^2 검정은 비교되어야 하는 둘 이상의 독립 모집단으로 확장되어 적용할 수 있다. c 가 검정대상의 독립표본 비율이라면 분할표는 두 행과 c 열을 갖게 된다. 이때 귀무가설 H_o는 $H_o; P_1 = P_2 = P_3 = \ldots P_c$가 된다.

$$\chi^2 = \sum_{\text{모든 } cell\text{에 대해}} \frac{(f_0 - f_e)^2}{f_e}$$

f_0: $2 \times c$ 분할표의 특정 칸(a particular cell)의 관측빈도

f_e : 귀무가설이 사실이라고 할 때 기대빈도

c개의 집단에 대한 평균비율의 계산
$\bar{p} = \frac{X_1 + X_2 + \ldots X_C}{n_1 + n_2 + \ldots n_C} = \frac{X}{n}$

분할표의 첫번째 행(row)의 f_e는 각 표본크기나 열의 합계에 $\bar{p}$를 적용하여 계산할 수 있으며 두번째 행은 각 표본크기에 $(1-\bar{p})$를 적용하여 계산할 수 있다. 이때 자유도는 $(2-1)(c-1)=c-1$이 된다.

3-1 | 예제문제 |

제주도의 A기업은 3개의 리조텔을 운영하고 있다. Golden, Royale, Princess 리조텔인데 이 3개의 리조텔 방문고객을 대상으로 재방문 의사를 집계한 결과 다음과 같은 관측치(f_0)를 얻었다. 각 호텔의 재방문의사에 차이가 있는가를 검정하라.

〈표 3.1〉 제주도 3개 리조트의 재방문 의사 조사

리조트별	Golden	Royale	Princess	계
예	128	199	186	513
아니오	88	33	66	187
계	216	232	252	700

문제풀이
직접계산

각 호텔의 재방문의사에 차이가 있는가를 검정하고자 하므로 χ^2 검정을 하기 위해서는 기대치(f_e)가 필요하다. f_e를 계산하기 위해서는 다음과 같이 생각하는 것이 필요하다. 즉 귀무가설이 사실이라면, 각 호텔별로 재방문하고자 하는 비율이 같아야 한다. 따라서 '예' 또는 '아니오'라고 답한 총비율의 구성비와 같게 각 호텔에서도 동일한 비율이 산출되어야 한다. 그러나 각 호텔에 대한 응답한 고객의 수가 다르므로 총 비율과 같게 응답결과를 이론적으로 조정할 수 있게 된다.

$$\text{성공비율 } \bar{p}=\frac{128+199+186}{216+232+252}=\frac{513}{700}=0.733$$

$$1-\bar{p}=0.267$$

즉 각 행의 f_e는 열의 합에 $\bar{p}$를 곱하여 구할 수 있다. 이와 같은 방법으로 계산된 f_e표는 다음과 같다. χ^2 검정은 $(f_o - f_e)^2/f_e$의 합을 구하는 것이므로 성공과 실패의 기대치 f_e를 추가적으로 〈표 3.3〉과 같이 계산하여야 한다.

〈표 3.2〉 제주도 3개 리조텔 관측치와 기대치의 계산

응답	golden		royal		princess		계
	f_o	fe	f_o	fe	f_o	fe	
예	128	216 × 0.733 = 158	199	232 × 0.733 = 170	186	252 × 0.733 = 185	513
아니오	88	216 × 0.267 = 58	33	232 × 0.267 = 62	66	252 × 0.267 = 67	187
계	216	216	232	232	252	252	700

주: $\bar{p}$=0.7329, 1 − $\bar{p}$ =0.2671

〈표 3.3〉 제주도 3개 리조텔 재방문의사 검정결과

f_o	f_e	$(f_o - f_e)$	$(f_o - f_e)^2$	$(f_o - f_e)^2/f_e$
128	158.2971	-30.2971	917.9169	5.7987
199	170.0229	28.9771	839.6748	4.9386
186	184.6800	1.3200	1.7424	0.0094
88	57.7029	30.2971	917.9169	15.9077
33	61.9771	-28.9771	839.6748	13.5481
66	67.3200	-1.3200	1.7424	0.0259
		산출된 χ^2 =		40.2284

임계값 계산 '=CHIINV(0.05,(2-1)*(3-1))'=5.99148, p value=0.00000

따라서 귀무가설은 기각되고 각 호텔의 재방문 의도는 차이가 있다. 즉 모든 호텔의 고객만족에 따른 만족도는 서로 같지 않다고 할 수 있다.

p 값은 '=CHIDIST(40.2284, (2−1)×(3−1)'=0.0000으로 제 I 종 오류를 범할 확률이 거의 없다고 할 수 있다.

[그림 3.1] χ^2 검정결과

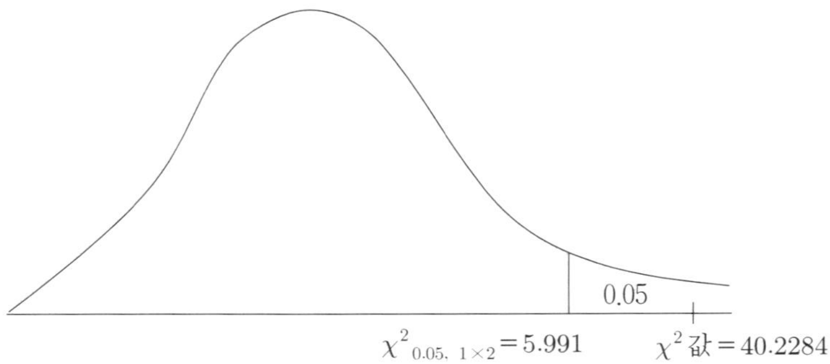

χ^2 검정으로 3개의 리조텔 간 재방문율에 차이가 있다는 것을 알았다. 그런데 각 호텔별 재방문율이 차이가 있다면 어떤 변수로 인하여 차이가 있는가를 알아 볼 수 있다. 예를 들면 재방문하는 이유를 추가 설문 문항을 통하여 조사하거나 재방문하지 않는 이유를 추가로 조사할 수 있다는 것이다. 이때는 변수가 두개가 된다. 즉, 각 호텔별 재방문율과 재방문하는 또는 하지 않는 이유변수이다. 따라서 이 두 변수 간에 어떤 관계가 있는지 또는 서로 독립적인지를 검정해야 하는데 이를 독립성 검정이라 한다.

3-2 | 예제문제 |

다음 표의 굵은선 안의 관측치 f_o를 참고로 기대빈도(f_e)를 작성하고 $\alpha=0.05$에서 유의한가를 검정하시오.

〈표 3.4〉 f_o와 f_e의 계산

문제풀이
직접계산

응답	A		B		C		계
	f_o	f_e	f_o	fe	f_o	fe	
예	10.00	20.00	30.00	30.00	50.00	40.00	90.00
아니오	40.00	30.00	45.00	45.00	50.00	60.00	135.00
계	50.00	50.00	75.00	75.00	100.00	100.00	225.00

$\bar{p}=$ 0.4000, $1-\bar{p}=$ 0.6000

〈표 3.5〉 χ^2검정

f_o	f_e	(f_o-f_e)	$(f_o-f_e)^2$	$(f_o-f_e)^2/f_e$
10.000	20.0000	-10.0000	100.0000	5.0000
30.000	30.0000	0.0000	0.0000	0.0000
50.000	40.0000	10.0000	100.0000	2.5000
40.000	30.0000	10.0000	100.0000	3.3333
45.000	45.0000	0.0000	0.0000	0.0000
50.000	60.0000	-10.0000	100.0000	1.6667
		계산 χ^2 =		12.5000

엑셀식 '=CHIINV(0.05,(2-1)*(3-1))'=5.99148
p value=0.00193

3-3 | 예제문제 |

Fast-Food Chain 본부는 잡지, TV, 라디오의 3개의 대중매체별로 소비자들의 광고지각의 차이가 있는가, 없는가를 검증하고자 한다. 이 표를 보고 0.05유의수준에서 광고를 지각하고 있는 정도를 검정하라.

〈표 3.6〉 광고매체별 소비자 지각 정도의 관측자료

	대중매체			계
	잡지	TV	라디오	
광고지각 소비자수	25	10	7	42
지각하지 못하는 소비자수	73	93	108	274
계	98	103	115	316

문제풀이 직접계산 두 개의 표와 계산된 값을 보고 여러분 모두 각자 문제를 풀어 보기 바란다.

〈표 3.7〉 광고매체별 소비자 지각 정도의 관측치와 기대치의 계산

응답	잡지		TV		라디오		계
	f_o	f_e	f_o	fe	f_o	f_e	
알고있음	25.00	13.03	10.00	13.69	7.00	15.28	42.00
모름	73.00	84.97	93.00	89.31	108.00	99.72	274.00
계	98.00	98.00	103.00	103.00	115.00	115.00	316.00

$\bar{p}$ = 0.1329 , $1-\bar{p}$=0.8671

〈표 3.8〉 광고매체별 소비자 지각정도 검정

f_o	f_e	(f_o-f_e)	$(f_o-f_e)^2$	$(f_o-f_e)^2/f_e$
25.000	13.0253	11.9747	143.3930	11.0088
10.000	13.6899	-3.6899	13.6152	0.9945
7.000	15.2848	-8.2848	68.6381	4.4906
73.000	84.9747	-11.9747	143.3930	1.6875
93.000	89.3101	3.6899	13.6152	0.1524
108.000	99.7152	8.2848	68.6381	0.6883
			산출된 χ^2 =	19.0222

임계값 '=CHIINV(0.05,(2-1)*(3-1))'=5.99148
p value=0.00007

4. 독립성의 χ^2검정(χ^2 test of independence)

앞 절에서 둘 이상의 모집단의 비율의 차이를 검정하기 위해 χ^2을 이용하였다. 그런데 r개의 행과 c개의 열을 가진 분할표를 이용하여 변수간종속적인 관계의 존재 유무를 χ^2 검정으로 할 수 있는데 이를 독립성 검정이라고 한다. 독립성 검정가설은 다음과 같이 세울 수 있으며 추가적인 예를 통해 설명해 보기로 한다.

χ^2을 이용한 독립성 검정가설
□ 귀무가설 H_0 : 두 범주형 변수는 서로 독립적이다. (두 변수간에는 아무런 관계가 없다.)
□ 대립가설 H_1 : 두 범주형 변수는 종속적이다.
□ 검정 통계량 $\chi^2 = \sum_{\text{모든 셀에 대하여}} \frac{(f_o - f_e)^2}{f_e}$
□ 자유도(d.f.) : $(r-1)(c-1)$ r : 행의 수, c : 열의 수

4-1 예제문제

문제풀이
직접계산

예제 3-3의 제주 3개 리조텔의 예에서 재방문의사가 있는 고객비율과 관련하여 호텔간의 유의한 차이가 있을 수 있을 것이다. 그래서 우리는 호텔과의 상호관련성의 정도와 재방문율간의 유의적인 차이를 알고 싶어 한다. 비율의 동질성을 검정할 때 우리는 요인 하나에 둘 이상의 수준으로 분류하였다. 이때의 수준은 독립적인 모집단으로부터 추출된 표본으로 구성된다. 즉 '예'와 '아니오'라는 것을 성공과 실패라는 두 수준으로 분류하고 추가적인 조사를 통해 성공과 실패를 구성하는 요인으로 구성할 수 있다는 것이다.

아니오라는 실패요인에 대해 그 이유를 가격, 위치, 시설, 기타의 4 수준으로 물을 수 있다는 것이다. 예를 들어 3개의 리조텔에 대해 재방문하지 않는다고 했을 때 그 이유를 조사하여 다음 표와 같은 분할표를 작성할 수 있다는 것이다. 이때 변수 하나는 각 리조텔별 재방문하지 않는 비율과 재방문하지 않는 이유변수의 두개가 되고 분할표는 [4×3] 매트릭스가 된다.

〈표 4.1〉 리조텔별 재방문 하지 않는 이유

	Resotel			
재방문하지 않는 이유	golden	royal	princess	계
가격	23	7	37	67
위치	39	13	8	60
시설	13	5	13	31
기타	13	8	8	29
계	88	33	66	187

분할표를 기준으로 다음과 같이 가설을 설정할 수 있다.

H_0 : 리조텔 브랜드와 재방문하지 않는 이유와는 아무런 관계가 없다.
H_1 : 리조텔 브랜드와 재방문하지 않는 이유와는 관계가 있다.

가설을 검정하기 위해서는 관측빈도 f_o를 기준으로 결합확률을 이용하여 기대빈도 f_e를 계산 할 수 있다. 재방문하지 않는 주요 이유와 리조텔의 브랜드와의 곱셉법칙을 적용하여 f_e를 산출한다. 열과 행의 빈도가 총빈도에서 차지하는 경우를 이해하면 된다. 즉, golden 리조텔은 가격 때문에 재방문하지 않는다의 기대빈도 f_e는 총 빈도 중 가격에 응답할 확률에 golden 리조텔을 선택할 확률을 곱하여 다시 그 확률을 총빈도에 적용하면 기대빈도 f_e가 산출된다. 즉, 가격에 응답할 확률은 가격 행의 합 67을 총 빈도 187로 나눈 값이며 golden 리조텔을 선택할 확률은 열의 합 88을 총 빈도 187로 나눈 값이 된다. 따라서 golden 리조텔과 가격을 선택할 확률은 $\frac{88}{187} \times \frac{67}{187} = 0.471 \times 0.358 = 0.169$가 되고 이때 기대빈도는 $187 \times 0.169 = 32$가 되어 이 32가 f_e가 된다. 따라서 각 기대빈도 f_e를 계산하면 표와 같다.

독립성 검정의 f_e의 계산
□ $f_e = \frac{\text{행의 계} \times \text{열의 계}}{n} \times \text{총 빈도}$

〈표 4.2〉 독립성 검정을 위한 기대빈도의 계산

호텔별	GOLDEN		ROYALE		PRINCESS		계
	f_o	f_e	f_o	fe	f_o	fe	
price	23.00	31.53	7.00	11.82	37.00	23.65	67.00
location	39.00	28.24	13.00	10.59	8.00	21.18	60.00
room	13.00	14.59	5.00	5.47	13.00	10.94	31.00
other	13.00	13.65	8.00	5.12	8.00	10.24	29.00
계	88.00	88.00	33.00	33.00	66.00	66.00	187.00

자유도 df = 행(r)4 - 1, 열(c)3 - 1 = 6.0000

〈표 4.3〉 카이자승의 독립성검정 계산 결과

결합확률	f_o	f_e	(f_o-f_e)	$(f_o-f_e)^2$	$(f_o-f_e)^2/f_e$
PRICE/GOLDEN	23.000	31.529	-8.529	72.751	2.307
PRICE/ROYALE	7.000	11.824	-4.824	23.266	1.968
PRICE/PRINCESS	37.000	23.647	13.353	178.301	7.540
LOCATION/GOLDEN	39.000	28.235	10.765	115.879	4.104
LOCATION/ROYALE	13.000	10.588	2.412	5.817	0.549
LOCATION/PRINCESS	8.000	21.176	-13.176	173.619	8.199
ROOM/GOLDEN	13.000	14.588	-1.588	2.522	0.173
ROOM/ROYALE	5.000	5.471	-0.471	0.221	0.040
ROOM/PRINCESS	13.000	10.941	2.059	4.239	0.387
OTHER/GOLDEN	13.000	13.647	-0.647	0.419	0.031
OTHER/ROYALE	8.000	5.118	2.882	8.308	1.623
OTHER/PRINCESS	8.000	10.235	-2.235	4.997	0.488

$(f_o-f_e)^2/f_e$의 합이 산출된 χ^2의 값이 된다. 유의수준 $\alpha=0.05$에서 산출된 검정통계량 $\chi^2=27.410$은 $\chi^2_{0.05,6}=12.591$보다 크므로 기각영역에 위치한다. 이때 p 값 또한 '=CHIDIST (27.410, (4-1) × (3-1))'= 0.00012로 유의수준 $\alpha=0.05$보다 작다. 그러므로 재방문하지 않는 이유와 리조텔 브랜드와는 아무런 관계가 없다는 귀무가설은 기각된다. 특정 호텔과 재방문하지 않는 이유에는 매우 강한 관계가 있다고 할 수 있다.

4-2 | 예제문제 |

독립성 검정을 위해 χ^2 검정을 행할 때 r행과 c열을 갖는 분할표를 기준으로 임계값을 구하라.

1. $\alpha = 0.05, r = 4, c = 5$: '=CHIDIST(0.05,(4-1)×(5-1))'=21.026.
2. $\alpha = 0.01, r = 4, c = 5$: 26.217
3. $\alpha = 0.01, r = 4, c = 6$: 30.578
4. $\alpha = 0.01, r = 3, c = 6$: 23.209
5. $\alpha = 0.01, r = 6, c = 3$: 23.209

4-3 | 예제문제 |

환타스틱 여행사는 직원의 통근시간과 근무 중에 받는 스트레스 정도와의 관련성을 알고자 한다. 116명을 조사한 관측치의 자료가 다음과 같다.

1. 유의수준 0.01에서 통근시간과 스트레스간의 유의적인 관계가 있는지를 검정하라.
2. 만약 유의수준이 0.05라면 위의 관계는 어떻게 변화하는가를 살펴보아라.

〈표 4.4〉 통근시간과 근무 스트레스와의 관계

통근시간	Stress			계
	높다	중간	낮다	
15분 미만	9	5	18	32
15-45분	17	8	28	53
45분 이상	18	6	7	31
계	44	19	53	116

〈표 4.5〉 기대빈도의 산출

문제풀이
직접계산

통근시간	높다		보통		낮다		계
	f_o	f_e	f_o	fe	f_o	fe	
15분 미만	9.00	12.14	5.00	5.24	18.00	14.62	32.00
15-45분	17.00	20.10	8.00	8.68	28.00	24.22	53.00
45분 이상	18.00	11.76	6.00	5.08	7.00	14.16	31.00
계	44.00	44.00	19.00	19.00	53.00	53.00	116.00

d.f.: 행(r)(4－1), 열(c)(3－1)＝6.0000

〈표 4.6〉 통근시간과 근무스트레스와의 관계 검정결과

결합확률	f_o	f_e	(f_o-f_e)	$(f_o-f_e)^2$	$(f_o-f_e)^2/f_e$
15분 미만/높다	9.000	12.138	-3.138	9.847	0.811
15분 미만/보통	5.000	5.241	-0.241	0.058	0.011
15분 미만/낮다	18.000	14.621	3.379	11.420	0.781
15-45분/높다	17.000	20.103	-3.103	9.631	0.479
15-45분/보통	8.000	8.681	-0.681	0.464	0.053
15-45분/낮다	28.000	24.216	3.784	14.322	0.591
45분 이상/높다	18.000	11.759	6.241	38.955	3.313
45분 이상/보통	6.000	5.078	0.922	0.851	0.168
45분 이상/낮다	7.000	14.164	-7.164	51.320	3.623

□ 분석결과 요약

산출된 $\chi^2=9.831$

＝CHIINV(0.01,(3－1)×(3－1))＝13.27670

＝CHIINV(0.05,(3－1)×(3－1))＝9.48773

p 값 ＝ 0.04337

유의수준 0.01에서 산출된 χ^2통계량이 9.831로서 임계치 $X^2_{0.05.6}=$ 13.276보다 작으므로 귀무가설은 채택된다. 또한 p 값 0.4337로서 설정된 유의수준 $\alpha=0.01$보다 크므로 귀무가설이 채택됨을 알 수 있어 통근

시간과 근무스트레스의 수준과는 상관없다는 귀무가설을 채택한다. 그러나 $\alpha=0.05$수준에서는 이와 반대의 현상으로 해석되어야 한다.

13

비모수 통계 분석

1. 모수 검정과 비모수 검정

지금까지는 공부해온 내용은 모집단의 어떤 특성을 알기위한 일이였다. 그런데 모집단 분석은 몇 가지의 가정이 충족되었다는 것이 전제가 된 것이다. 예를 들면 일원분산분석이 두 변수의 수준을 대상으로 평균치의 차이를 검정하는 것이고 MANOVA는 세 변수 이상의 수준을 대상으로 평균의 차이를 검정하는 것으로 알고 있다. 그러나 ANOVA와 MANOVA는 모두 모집단이 동일한 분산을 갖고[1] 정규분포를 이룬다는 것의 가정을 충족하고 있다는 것을 전제로 한 것이다. 이와 같이 종속변수들은 각 모집단에서 동일한 분산-공분산 행렬을 가지며 다변량 정규분포(multivariate normal distribution)를 이룬다는 것을 전제로 통계분석을 하는 것이 모수 통계학이다. 그러나 모든 모집단이 위의 가정을 충족하고 있는 것은 아니다. 동일한 분산-공분산 행렬을 갖지 않으며 정규분포를 이루지 않은 집단에 대해 통계분석을 할 수 있는 방법이 비모수 통계학이다.

t 검정을 보자. 우리는 t 검정을 2가지로 알고 있다[2]. independent t-test(독립적인 t 검정)와 paired t-test(쌍체 비교) 모두 두 집단 평균의 차이가 0인지 아닌지 검정한다. 그런데 independent t-test는 서로 다른 두 집단의 평균을 비교할 때 이용하고 paired t-test는 같은 개체를 두 번 측정하여 이용한다. 예를 들면 어떤 학습방법의 효과를 알기 위하여 도입 전과 도입 후의 성적을 비교하거나 약물 치료를 하기 전과 한 후를 비교할 때 우리는 paired t-test를 이용한다.

그런데 independent t-test(독립적인 t 검정)와 paired t-test(쌍체 비교), 둘 다 모집단은 정규분포를 가정하여 이를 이용하는 것이다. 만약 비교 두 집단이 정규분포를 이루고 있지 못하거나 표본수가 매우 적을 때는 비모수 통계를 이용해야 한다. paired t-test에 해당하는 비모수 검정이

1) 동분산에 대한 검정은 Levene's test로 한다.

2) http://kin.naver.com/db/detail.php?d1id=11&dir_id=110203&eid=tpJDLR9T/q9rKn4S+nJUgN/+uWMxeAlj 2006년 7월 17일.

Wilcoxon signed rank test이고 independent t-test에 해당하는 비모수검정은 Mann-Whitney U test(또는 Wilcoxon Rank Sum Test)가 있다.

따라서 모수적 검정법(parametric statistical tests)이란 수집된 자료를 분석할 때 모집단에 대한 가정을 전제로 결론을 내리는 분석법인 반면, 비모수적 검정법(non-parametric statistical tests)은 모집단의 형태에 관계없이 직접 확률을 계산하여 통계적 판정을 내리는 분석법이라고 할 수 있다.

비모수적 검정법을 사용하게 되는 경우[3] 첫째, 종속변수가 명목자료이거나 순위자료일 때 둘째, 자료의 종류에 관계없이 표본 수가 적을 때 셋째, 자료가 정규분포를 따르지 않음이 명백할 때 넷째, 모수적 검정법을 사용하기 전에 예비분석을 시도할 때를 들 수 있다.

그러나 표본 수가 적어 비모수적 방법을 적용해야 하는 경우라도 먼저 모수적인 방법을 권장하며, 만일 모수적인 방법에서 만족할 만한 결과가 나오지 않은 경우 비모수적인 방법을 추가적으로 적용하는 것이 좋다.

〈표 1.1〉 모수검정에 상응되는 비모수 검정

자료 종류	모수 검정	비모수 검정
	종속변수가 명목자료	
한 개의 집단		
두 개의 독립된 집단		Fisher's exact test
두 개의 짝을 이룬 집단	χ^2 검정	McNemar test
세 개 이상의 독립된 집단		Cochran's Q test
세 개 이상의 짝을 이룬 집단		
	종속변수가 순위자료	
한 개의 집단	Z-test, t-test	Kolmogorov-Smirnov test, Runs test
두 개의 독립된 집단	Student's t-test	Wilcoxon Rank Sum Test Mann-Whitney test, Median test
두 개의 짝을 이룬 집단	Paired t-test	Wilcoxon signed rank test, Sign test
세 개 이상의 집단	일원분산분석	Kruskal-Wallis test
제 3의 변수의 영향을 고려	이원분산분석	Friedman's 2-way ANOVA
	자료가 명확하지 않을 때	

3) http://blog.naver.com/jowoon3?Redirect=Log&logNo=70005762666 2006년 7월 17일.

상관분석		Pearson's correlation	Spearman's correlation Kendall's τ(tau) test Stuart's τ(tau) test

〈표 1.2〉 독립, 종속변수의 자료종류에 따른 모수 검정 요약

독립변수 자료종류		종속변수 자료종류	
		이산적 자료	연속적 자료
독립변수	이산적 자료	χ^2- test	t - test paired t -test One-way ANOVA
	연속적 자료		상관분석 회귀분석

〈표 1.3〉 독립, 종속변수의 자료종류에 따른 비모수 검정 요약

비모수적 검정법		종속변수	
		이산적 자료	연속적 자료
독립 변수	이산적 자료	Fisher's exact test McNemar test	Mann-Whitney test Wilcoxon signed rank test, Sign test Kruskall-Wallis test
	연속적 자료		Spearman 상관계수 Kendall's τ(tau) test

〈표 1.4〉 독립, 종속변수의 자료종류에 따른 중고급 통계학 요약

중고급검정		종속변수		
		있음		없음
		이산적 자료(범주형)	연속적 자료	
독립 변수	이산적 자료			
	연속적 자료	판별분석 로지스틱 회귀분석 프로빗분석 더미정준상관분석		요인분석 군집분석
	이산적 + 연속적 자료	생존분석 더미정준상관분석 더미범주형분산분석	공분산분석 더미회귀분석 더미정준상관분석	더미군집분석

2. 자유분포 검정(Distribution-Free test)

우리가 공부한 것은 모수추정에 관한 것이었다. 즉, 모집단은 정규분포를 하고 있다는 가정하에 t 검정, F 검정, ANOVA 등의 분석을 행하였다. 그런데 현실적으로 모든 분포가 정규분포의 모양을 하는 것은 아니다. 때론 평평한 모양이나 뾰족한 삼각형 또는 오른쪽 왼쪽으로 치우친 분포모양도 많이 있다.

[그림 2.1] 각종 분포의 모양

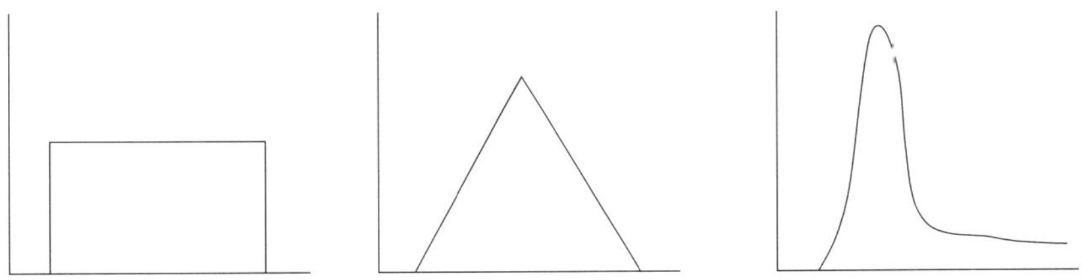

이러한 분포를 갖고 있는 변수에 t 검정을 하면 문제가 발생한다. 왜냐하면 t 검정은 모집단이 정규분포를 하고 있다는 가정에서 시작하므로 아무리 결과가 좋아도 분석 방법 자체의 오류로 인해 결과는 신뢰할 수 없게 되기 때문이다. 그 이유는 첫째, Type I 오류(귀무가설이 사실임에도 이를 기각)를 범할 확률이 α보다 매우 커지게 되고 둘째, 검정력 $1-\beta$가 극대화 되지 못하기 때문이다. 정규분포를 하지 않은 자료를 분석하기 위한 기법이 비모수 통계(nonparametric)이다. 비모수 통계는 분포의 모양을 따지지 않기 때문에 자유분포 검정이라 한다. 모집단의 평균과 분산과 같은 특정 변수 값에 의존하기보다는 모집단의 확률분포의 위치(the locaters of the probability distribution)에 집중하여 분석하기 때문에 비모수(non-parametrics) 통계라 한다.

자유분포 검정(distribution-free-test)은 표본집단의 확률분포에 대해 어떠한 가정도 하지 않고 있다. 비모수 검정은 순위가 있는 서열자료(ordinal data)의 경우에 매우 적절하게 이용할 수 있다. 예를 들면 B보다는 A를, C보다는 B를 선호한다고 했을 때 정확하게 그 선호도를 측정하진 못해도 선호순위를 정할 수 있을 때 이용할 수 있으며 이 때문에 순위검정(Rank test)이라고 부른다.

3. 부호 검정: 단일집단 추론(single population inferences: the sign test)

모집단 평균 검정에 Z와 t통계량을 이용하였다. Z 통계량은 표본크기가 크고 정규분포를 이룬다는 가정에, 그리고 표본크기가 작을 때는 t 통계량을 이용하였다. 그렇다면 표본크기가 작고 정규분포를 이루지 않는

한 모집단의 중앙값 η에 대한 부호검정 (큰 표본 대상)	
단측 검정	양측 검정
$H_0 : \eta = \eta_0$	$H_0 : \eta = \eta_0$
$H_0 : \eta > \eta_0 , \eta < \eta_0$	$H_1 : \eta \neq \eta_0$
[4]검정통계량 $Z = \dfrac{(S - 0.5) - 0.5 \times n}{0.5 \times \sqrt{n}}$	
S: : S_1과 S_2로 구성 S_1 : η_0보다 값이 적은 자료의 수 S_2 : η_0보다 값이 큰 자료의 수	
귀무가설 기각영역 $Z > Z_{\alpha}$	귀무가설 기각영역 $Z > Z_{\frac{\alpha}{2}}$

4) 이를 이항분포의 정규분포 근사치로 계산할 수 있다. 평균 μ를 np로 표준편차 σ를 $\sqrt{np(1-p)}$로 대체하여 계산하면 된다. 따라서 $np = n \times 0.5 = 0.5n$이 되고 $\sqrt{np(1-p)} = \sqrt{n \cdot 0.5 \cdot 0.5} = 0.5\sqrt{n}$가 된다. $Z = \dfrac{X-\mu}{\sigma}$이므로 $\mu : n \times 0.5$, $\sigma : 0.5\sqrt{n}$로 대체하여 Z 값을 산출할 수 있다.

다면 분석 모형을 어떻게 하여야 할까? 정규분포를 이루지 않을 때 평균이 아닌 다른 집중 경향치(central tendency)로 가설검정을 할 수 있는 방법이 부호 검정(sign test)이다. 부호 검정은 모집단의 평균을 제외한 다른 집중 경향치를 이용한다는 점을 유념해야 한다. 즉, 모평균 μ보다 중앙값(M_e: median)을 이용한다. 왜냐하면 비모수 검정은 모든 확률분포에 대해 이용할 수 있어야 하므로 집중경향치가 갖는 값 중에 보다 확고한(robust) 측정치를 이용하는데 그것이 중앙값 M_e이다.

$n \geq 10$보다 크면 부호 검정은 표준정규 Z 분포(standard normal z-distribution)를 이용한다. 한 모집단의 중앙값(median)을 η(eta)라고 하고 표본집단의 중앙값을 η_0라 하자.

3-1 | 예제문제 |

CD Player 제조회사는 자사제품의 수명을 조사하기로 하였다. 조사결과 제품이 고장 나거나 소모될 때까지의 총 사용시간의 중앙값은 5,250시간이었다. 타사제품과의 비교를 위해 20개의 타사표본을 구해 총 수명시간을 조사하였더니 5시간부터 6,575시간의 범위를 갖는 것으로 조사되었다. 20개 표본 중 14개는 자사의 중앙값인 5,250시간을 초과하였다. 유의수준 $\alpha = 0.10$에서 자사제품과 경쟁사 CD Player의 사용시간의 중앙값에 차이가 있는지를 검정하라

문제풀이

귀무가설 $H_0: \eta = 5.250$ 시간

대립가설 $H_1: \eta \neq 5.250$ 시간

$n \geq 10$이므로 표준정규 Z통계량을 사용할 수 있다.

$$\text{산출된 통계량 } Z = \frac{(S-0.5)-0.5n}{0.5\sqrt{n}}$$

양측검정에서 $Z > Z_{0.05} = 1.645$이므로 S값 중 η_0보다 큰 $S_2 = 14$를 적용해야 한다.

$$Z = \frac{(14-0.5)-0.5\times 20}{0.5\sqrt{20}} = \frac{3.5}{2.236} = 1.565$$

산출된 Z값이 $Z_{0.05} = 1.645$보다 작으므로 기각영역에 있지 않아 귀무가설이 채택되어 두 CD Player회사 제품의 수명의 중앙값은 서로 다르지 않다[5].

4. 독립표본의 두 집단간 비교: Wilcoxon 순위 합 검정(Rank Sum Test)= Mann-Whitney의 U검정

지금부터는 두개의 표본이 독립적으로 추출된 경우의 동질성을 검정하기로 한다. 어떤 자료가 독립적으로 추출되었고 순서가 있는 순위자료라면 Wilcoxon Rank Sum Test를 할 수 있다. 이 검정은 Mann-Whitney의 U검정이라고 하는데 두 표본의 수가 적은 경우와 10개 이상인 경우로 나누어 검정 할 수 있다. 그런데 본 책에서는 두 표본의 수가 각각 10개 미만일 경우만을 그 예로서 들기로 한다.

두 개의 독립표본의 동일성 검정

Mann-Whitney의 U검정 = Wilcoxon Rank Sum Test	
D_1 : 모집단1의 확률분포	D_2 : 모집단2의 확률분포
단측 검정	양측 검정
• H_0: D_1과 D_2의 확률분포는 동일. H_1: D_1은 D_2의 오른쪽이나 왼쪽에 분포한다.	• H_0: D_1과 D_2의 확률분포는 동일 H_1: D_1은 D_2의 오른쪽 또는 왼쪽에 분포한다.

5) 중앙값을 이용한 단일표본 비모수 부호검정은 t 검정의 대안으로 활용되곤 하나 분포의 모양이 비교적 정규분포에 가깝다면 집중 경향치에 대한 분석 방법으로서 그래도 t 검정이 보다 유용하다고 한다.

• 검정통계량 T_1: 만약 $n_1 < n_2$ T_2 : 만약 $n_1 > n_2$ T_1 또 T_2둘 중 하나: $n_1 = n_2$ • 기각영역 T_1: $T_1 \geq T_U$[또는 $T_1 \leq T_L$] T_2: $T_2 \leq T_L$[또는 $T_2 \geq T_U$]	• 검정통계량 T_1: 만약 $n_1 < n_2$ T_2 : 만약 $n_1 > n_2$ T: $n_1 = n_2$ • 기각영역 $T \leq T_L$또는 $T \geq T_U$

- T_L과 T_U는 Wilcoxon Rank Sum Test 에서 부표로 제공되어 하한 값(Lower)과 상한 값(Upper)을 나타냄 (통계관련 책자의 부표를 참조 바람)
- T는 Ties란 용어로 순위가 같은 측정치의 평균 순위를 말하며 만약 3위와 4위가 둘이라면 $(3+4)/2 = 3.5$가 된다.

4-1 | 예제문제 |

정부기관과 대학에 근무하는 경제학자들에게 내년도 생계비에 대해 예상 증가율을 물었다. 조사된 자료가 다음과 같다고 할 때 두 집단의 확률분포의 동질성, 즉 예측력에 차이가 있는가를 유의수준 0.05에서 검정하라.

〈표 4.1〉 경제학자의 내년도 생계비 증가율 예측

정부기관(6명)		대학(7명)	
예상 증가율	순위	예상 증가율	순위
3.1	4	4.4	6
4.8	7	5.8	9
2.3	2	3.9	5
5.6	8	8.7	11
0.0	1	6.3	10
2.9	3	10.5	12
		10.8	13

문제풀이
직접계산

이때 정규분포에 대한 기본가정이 타당하지 않기 때문에 t 검정은 사용할 수 없다. 순위는 정부기관과 대학에 근무하는 경제학자를 그룹별로 구분하지 않고 낮은 증가율부터 높은 증가율을 예측한 순서로 순위를 정한다. 예상 증가율에 대한 순위를 정한 후 T_1은 정부기관 경제학자의 생계비 예상 증가율의 순위의 합이라 하고 T_2를 대학 경제학자의 생계비 예상 증가율의 순위의 합이라 하자.

$$T_1 = 4 + 7 + 2 + 8 + 1 + 3 = 25$$
$$T_2 = 6 + 9 + 5 + 11 + 10 + 12 + 13 = 66$$

산출된 Wilcoxon Rank Sum Test의 값은 25～66의 값을 갖는데 정부기관의 패널수는 $n_1 = 6$이고 대학의 패널수는 $n_2 = 7$일 때 Wilcoxon Rank Sum Test 의 임계치는 $T_L = 30$이고 $T_U = 54$이다[6]. 그런데 위의 자료는 정부기관의 패널 수가 대학의 패널 수보다 적은 $n_1 < n_2$이다. 따라서 검정 통계량은 T_1이므로 기각영역에서 $T_1 \geq T_U$보다 크거나 $T_1 \leq T_L$ 보다 작으면 되는 단측 검정을 하면 된다.

따라서 $T_1 = 25$는 임계치의 하한값이 $T_L = 30$보다 작은 좌측에 위치하므로 귀무가설 H_0는 기각하게 되어 두 모집단은 동일한 확률분포의 모양을 갖고 있지 않으며 예상증가율에 관한한 정부기관 경제학자와 대학에 근무하는 경제학자간의 차이가 있다고 할 수 있다.

문제풀이
Spss

경제학자의 예

Spss에서 Mann-Whitney Test : Wilcoxon Rank Sum Test

6) 각종 통계관련 책자의 부록 편을 보면 찾을 수 있는데 때론 Excel 프로그램에 Add-in 하여 만든 소프트웨어프로그램도 이용할 수 있다. 또한 Wilcoxon Rank Sum Test 에는 독립표본에 관한 표와 Wilcoxon Paired Difference Signed Rank Test의 표가 있다.

STEP 1. 자료의 입력 및 분석

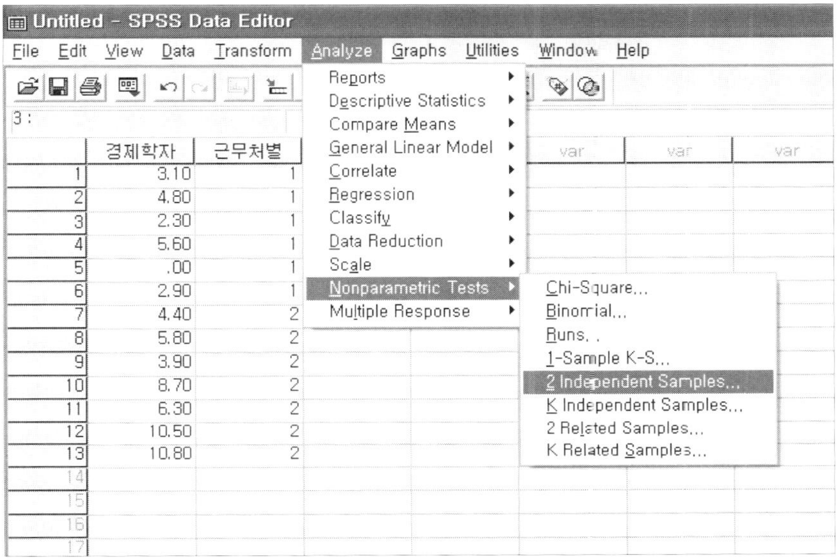

Step 2: Mann-Whitney U 지정 및 option 지정, OK 실행

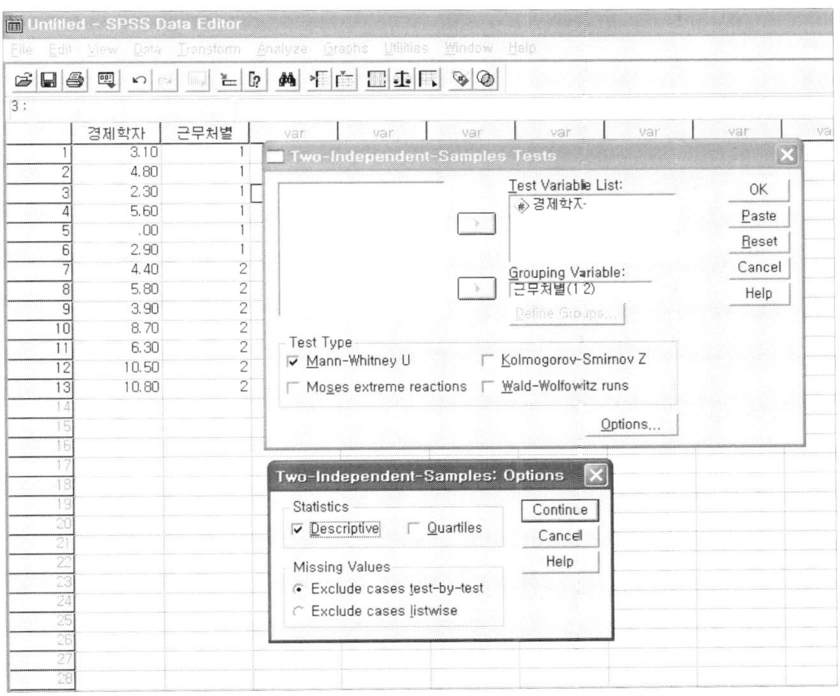

STEP 3: 분석결과의 해석

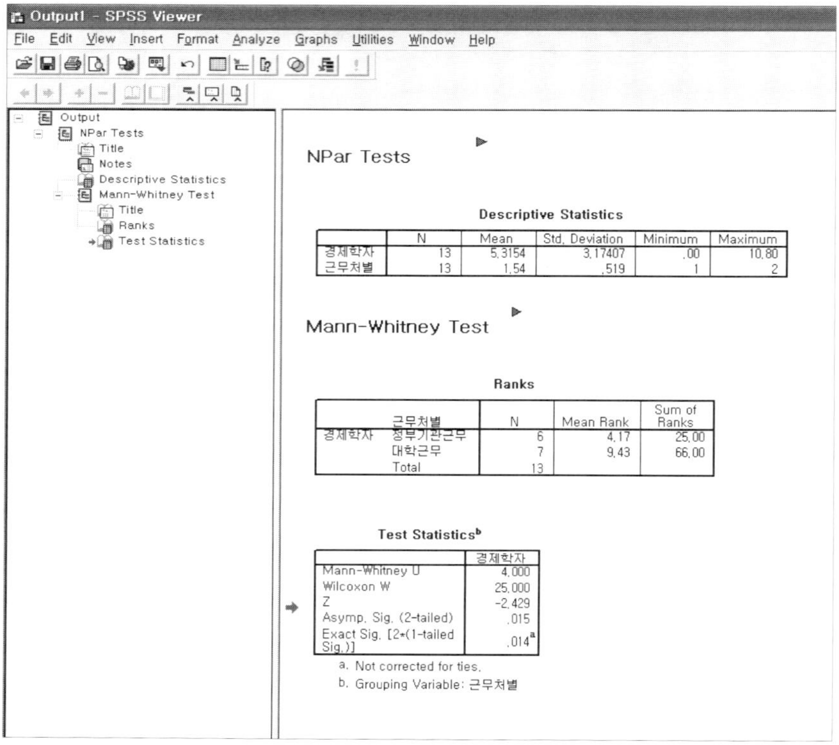

NPar Tests

Descriptive Statistics

	N	Mean	Std. Deviation	Minimum	Maximum
경제학자	13	5.3154	3.17407	.00	10.80
근무처별	13	1.54	.519	1	2

Mann-Whitney Test

Ranks

	근무처별	N	Mean Rank	Sum of Ranks
경제학자	정부기관근무	6	4.17	25.00
	대학근무	7	9.43	66.00
	Total	13		

Test Statistics[b]

	경제학자
Mann-Whitney U	4.000
Wilcoxon W	25.000
Z	-2.429
Asymp. Sig. (2-tailed)	.015
Exact Sig. [2*(1-tailed Sig.)]	.014[a]

a. Not corrected for ties.

b. Grouping Variable: 근무처별

Mann-Whitney Test 표에서 정부기관 근무 경제 학자, $n_1 = 6$이며 순위의 합(sum of Ranks)인 $T_1 = 25$이고 대학근무 경제학자 $n_2 = 7$이며 순위의 합 $T_2 = 66$으로 제시되었다. 검정통계량에서는 Wilcoxon $W = 25$이며 양측검정의 유의수준이 0.014로 제시되었다. $n_1 < n_2$이므로 $T_1 \leq T_L$보다 작으면 귀무가설이 기각되므로 단측 검정이다. 따라서 유의수준 0.014는 $0.014/2 = 0.007$이 되며 설정된 유위수준 0.05보다 작으므로 귀무가설이 기각되고 두 경제학자 집단간의 내년도 생계비 예상증가율은 차이가 있다.

4-2 | 예제문제 |

두 모집단으로부터 두개 표본을 독립적으로 추출한 표가 다음과 같다.

표본 1	표본 2
15, 16, 10, 13, 12, 8	5, 9, 5, 12, 8, 10, 9, 4

Wilcoxon 순위 합 검정을 이용하여 표본을 추출한 모집단의 확률분포의 위치가 이동했다는 확실한 근거가 있는지를 $\alpha = 0.05$로 검증하라.

문제풀이 Spss

〈SPSS의 분석결과〉

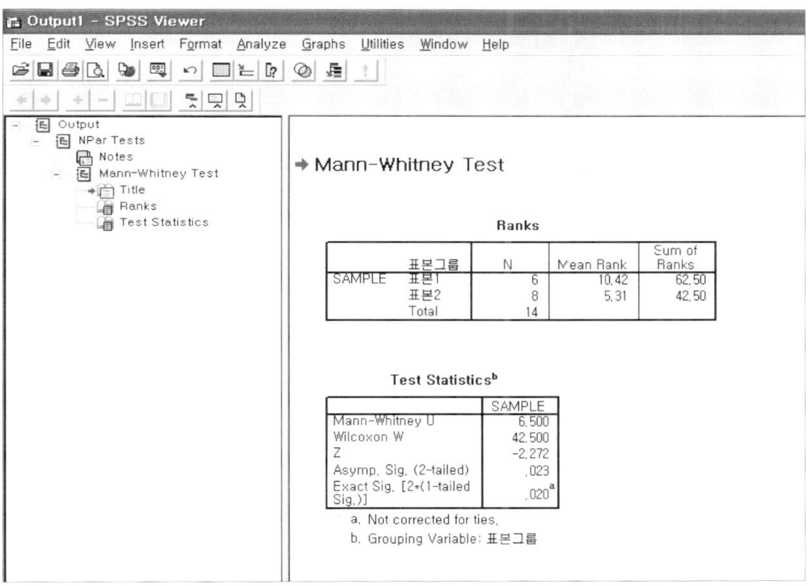

Ranks

	표본그룹	N	Mean Rank	Sum of Ranks
SAMPLE	표본1	6	10.42	62.50
	표본2	8	5.31	42.50
	Total	14		

Test Statistics[b]

	SAMPLE
Mann-Whitney U	6.500
Wilcoxon W	42.500
Z	-2.272
Asymp. Sig. (2-tailed)	.023
Exact Sig. [2*(1-tailed Sig.)]	.020[a]

a. Not corrected for ties.

b. Grouping Variable: 표본그룹

Rank 표에서 표본1의 Sum of Rank = 62.5 이며 $n_1 < n_2$이므로 T_1에 대한 단측검정을 하게 된다. 따라서 $sig = 0.010 < \alpha = 0.05$보다 작으므로 차이가 없다는 또는 모양이 같다는 귀무가설을 기각된다.

4-3 | 예제문제 |

1일 국민소득 당kg으로 표시되는 고체 쓰레기 배출율(kg/국민소득)이 저소득 도시와 중위소득 도시간에 차이가 있는 것으로 1994년에 조사되었다. 이 표를 보고 두 도시집단간의 고체 쓰레기 배출율에 차이가 있는가를 유의수준 0.05에서 검정하라.

〈표 4.2〉 도시별 소득수준에 따른 쓰레기 배출율

문제풀이
SPSS

저소득 도시	중위소득 도시
Jakarta : 0.60	Singapore : 0.87
Surabaya : 0.52	Hongkong : 0.85
Bandung : 0.55	Medellin : 0.54
Lahore : 0.60	Kano : 0.46
Karachi : 0.50	Manila : 0.50
Calcuta : 0.51	Cairo : 0.50
Kanpur : 0.50	Tunis : 0.56

[그림 4.1] 두 도시집단 간 쓰레기 처리: SPSS의 분석결과 표

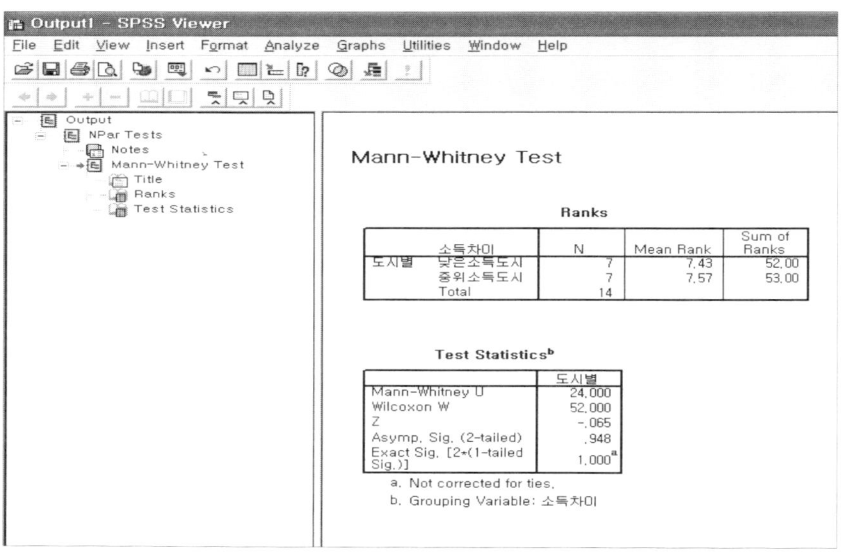

낮은 소득도시와 중위 소득도시의 표본수가 같으므로 T_1(낮은 소득도시)이나 T_2(중위 소득도시) 중 아무거나 이용할 수 있다. $T_2=53$의 경우 산출된 유의수준이 1.0이므로 단측 검정에서 $\alpha=0.05$를 초과하므로 귀무가설을 기각할 수 없어 두 도시간의 고체쓰레기 배출율은 동일하다. 즉, 일일 배출하는 쓰레기의 배출율(kg/국민소득)은 다르지 않다.

4-4 | 예제문제 |

높은 이직률은 제품 불량률을 높인다고 한다. 다음은 미국과 일본의 에어컨 제조공장에 대한 2003년 이직률(%) 조사표이다. 이 표를 보고 미국 공장의 평균 이직률이 일본공장의 평균 이직률을 초과하는가를 $\alpha=0.05$ 수준에서 t 검정을 행하라. 또한 $\alpha=0.05$에서 Wilcoxon순위 합 검정을 행하고 t검정의 결과와 일치하는가를 설명하라.

〈표 4.3〉 이직률 자료(2003년)

미국	일본
7.11	3.52
6.06	2.02
8.00	4.91
6.87	3.22
4.77	1.92

문제풀이
직접계산

두 모집단 평균의 차에 대한 추정과 검정에서 위의 자료는 소표본에 해당된다. 소표본의 경우 산출통계량 t는

$$t=\frac{(\overline{X_1}-\overline{X_2})-(\mu_1-\mu_2)}{s_p\times\sqrt{\frac{1}{n_1}+\frac{1}{n_2}}},\quad s_p=\frac{(n_1-1)\cdot s_1^2+(n_2-1)\cdot s_2^2}{n_1+n_2-1-1}$$ [7)]

	평균	분산	자료수
미국	6.562	1.481	5
일본	3.118	1.506	5

따라서

$$t = \frac{3.444}{1.2222 \cdot \sqrt{\frac{1}{5} + \frac{1}{5}}} = 4.455 \text{ 이며}$$

양측검정의 임계치 $t_{n_1 + n_2 - 2, \frac{\alpha}{2}} = TINV(\ 0.05,\ 5+5-2\ ) = 2.3060$ 이다. $t_{8.0025} = 2.3060 < t = 4.455$ 이므로 산출된 t값이 임계값 2.3060 보다 커 기각영역에 속한다. 따라서 귀무가설은 기각하여 미국과 일본의 이직률은 차이가 있다. 또한 p 값도 $\alpha = 0.05$보다 작아 귀무가설이 기각됨을 알 수 있다.

문제풀이
Excel
도구메뉴

[그림 4.2] 엑셀을 이용한 t 검정

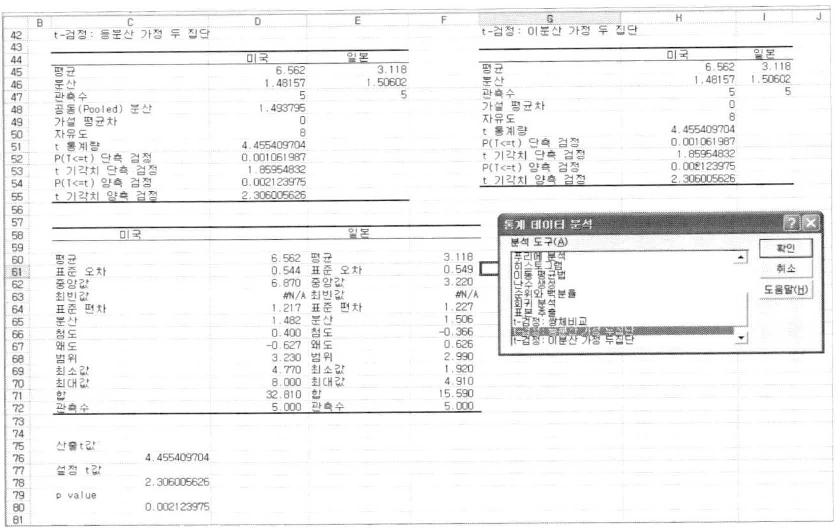

7) s_p = 두 모집단의 통합분산

문제풀이
Spss

□ Mann–Whitney U 및 Wilcoxon 순위 합 검정

순위 합 검정결과 n이 n_{USA}와 n_{JAPAN}이 같으므로 T_1을 기준으로 볼 때 양측검정의 유의수준이 0.016/2로 나타났다. 그러므로 귀무가설이 기각되어 미국의 평균 이직률이 일본보다 크다는 대립가설이 채택된다. 따라서 t검정에서 검정한 결과와 일치됨을 알 수 있다.

〈표 4.4〉 이직률에 관한 계산

국가별	미국	일본
이직률	7.1	3.5
	6.1	2.0
	8.0	4.9
	6.9	3.2
	4.8	1.9
평균	6.562	3.118
분산var	1.48157	1.50602

[그림 4.3] 이직률에 관한 Mann–Whitney 검정

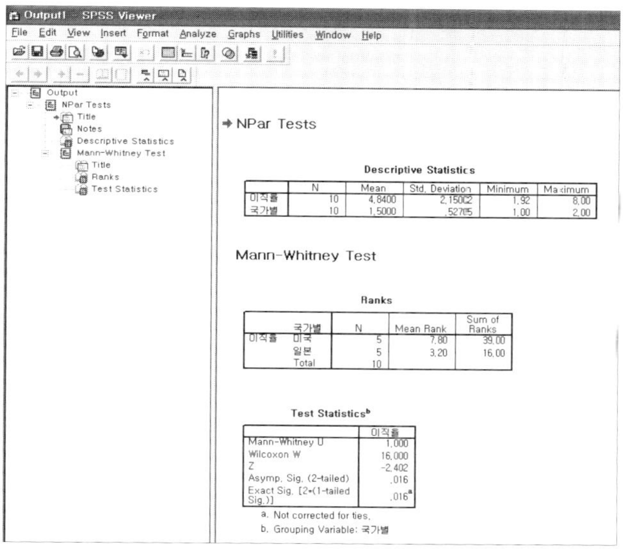

NPar Tests

Descriptive Statistics

	N	Mean	Std. Deviation	Minimum	Maximum
이직률	10	4.8400	2.15002	1.92	8.00
국가별	10	1.5000	.52705	1.00	2.00

Mann-Whitney Test

Ranks

	국가별	N	Mean Rank	Sum of Ranks
이직률	미국	5	7.80	39.00
	일본	5	3.20	16.00
	Total	10		

Test Statistics[b]

	이직률
Mann-Whitney U	1.000
Wilcoxon W	16.000
Z	-2.402
Asymp. Sig. (2-tailed)	.016
Exact Sig. [2*(1-tailed Sig.)]	.016[a]

a. Not corrected for ties.

b. Grouping Variable: 국가별

5. 짝을 이룬 두 집단비교 : 짝을 이룬 두 집단의 Wilcoxon 부호순위검정(Wilcoxon Signed Rank Test for the Paired Difference Experiment)

비모수 통계는 짝을 이룬 집단에 대한 차이를 검정하는데도 이용할 수 있다. 두 경쟁사의 제품에 대한 소비자의 선호도 조사 등을 그 예로 들 수 있다.

5-1 | 예제문제 |

소비자 10명이 *A*맥주와 *B*맥주에 대한 맛 검정을 실시하여 그 맛의 정도에 따라 1에서 10까지의 평점을 주었다. 높은 점수를 받을수록 맛이 뛰어나다고 하자. 이 실험은 두 회사 맥주 회사 제품의 맛에 대한 평가이므로 짝을 이루게 된다. 〈표 5.1〉을 보고 Wilcoxon Signed Rank Test를 하여라.

이들 Wilcoxon의 짝을 이룬 두 집단의 부호 순위 검정(Wilcoxon Signed Rank Test for the Paired difference Experiment)은 다음과 같은 단계로 이루어진다.

□ 두 제품 평점에 대한 차이를 구한다.

□ 차이의 절대 값을 구한다.

□ 절대 값 차이가 작은 순서부터 순위를 정한다. 이때 동일한 절대값이 같은 개수가 있을 경우 그 평균으로 수위를 정하는데 예를 들면 편차가 3인 개수가 3개이고 순위가 4부터 시작한다면 4, 5, 6 순위에 해당 제품을 배정할 때 순위의 합$(4+5+6=15)$를 동일 순위의 개수인 3으로 으로 나누면 5가 되어 동일순위에 모두 5순위를 부여한다.

□ 이렇게 정한 순위 값을 기준으로 1번의 차이에서 부호 +, −의 해

당되는 순위 값을 합하여 T_+의 값과 T_-의 값의 합을 구한다.

□ 가설을 세운다.

귀무가설

H_0: A맥주와 B맥주에 대한 부호순위의 확률분포는 동일하다.

대립가설

H_1 : 두 맥주회사 제품은 부호순위의 확률분포가 다르다.

문제풀이
Excel에서 직접계산

+(T_+:정)의 값을 갖는 순위 합과 −(T_-:부)의 값을 갖는 브호 순위를 T라 하자. T는 두 집단의 순위에 대한 차이를 의미하는데 그 차이가 +인 경우와 그 차이가 −인 경우로 구분한다. + 또는 −와는 관계없이 절대값을 택하고 그 절대값을 기준으로 순위를 정한다. 그리고 절대값의 순위를 차이의 +나 −로 구분하면서 +의 합인 T_+와 −의 합인 T_-를 계산한다. 결과적으로 T_+ 또는 T_- 중 작은 값으로 검정통계량인 T로 한다. 왜냐하면 T 값이 작으면 작을수록 두 제품의 확률분포는 크게 다르다는 것을 의미하기 때문이다. 따라서 T의 기각영역은 대부분 각 통계 관련 책자 뒤에 부표로 제시되어 있는 Wilcoxon의 짝의 차이에 대한 부호 순위 검정량에서 유의수준과 n을 이용하여 찾아 이용하여 T_0를 파악한다. 표에서 구한 값이 임계치[8] T_0이기 때문에 임계치보다 작은 경우에 귀무가설은 기각하게 된다.

짝을 이룬 두 표본의 부호순위 검정: Wilcoxon Signed Rank Test

D_1 : 집단 1에 대한 확률분포	D_2 : 집단 2에 대한 확률분포
단측 검정	양측 검정
□ H_0: D_1과 D_2는 동일하다 □ T_+와 T_-를 계산하되 차이가 '0'인 경우는 제거한다.	□ H_0: D_1과 D_2는 동일하다

8) Critical Values of the Wilcoxon Paired Difference Signed Rank Test.

□ 검정통계량 T_- : -(부)의 차이를 보인 순위의 합 또는 T_+ : +(정)의 차이를 보인 순위의 합	□ 검정통계량 T_+ 또는 T_- 중 작은 것
□ 기각영역(임계치는 표로 주어진다) $T_- \leq T_0$(임계치) 또는 $T_+ \leq T_0$(임계치)	□ 기각영역 검정통계량 $T \leq T_0$(임계치)

* 동일순위는 해당순위의 합을 동일순위의 개수로 나누어 구하고 해당순위 모두에게 적용한다.

양측검정에서 $\alpha = 0.05$이고 $n = 10$일 때의 임계치를 표에서 찾으면 8이므로 기각영역 $T \leq 8$이 되면 된다. 그러나 검정대상 통계량 T는 부호순위의 합이 적은 것을 대상으로 하기 때문에 $T_+ = 46$, $T_- = 9$이므로 $T_- = 9$가 T가 된다. 따라서 $T_- = 9$는 임계값 $T_0 = 8$보다 크므로 귀무가설은 $\alpha = 0.05$에서 채택된다. 따라서 유의수준 $\alpha = 0.05$에서 두 회사의 맥주맛에 대한 차이는 없다고 할 수 있다.

그러나 유의수준 $\alpha = 0.10$에서 임계치가 $T_o = 10$이며 검정대상 통계량이 $T_- = 9$이어서 귀무가설이 기각되어 두 회사의 맥주 맛에는 차이가 있다.

〈표 5.1〉 두 맥주 맛의 평가

소비자	맥주제품		차이 A–B	차이 절대값	절대값의 순위
	A Beer	B Beer			
평가자1	6	4	2	2	5
평가자2	8	5	3	3	7.5
평가자3	4	5	-1	1	2
평가자4	9	8	1	1	2
평가자5	4	1	3	3	7.5
평가자6	7	9	-2	2	5
평가자7	6	2	4	4	9

평가자8	5	3	2	2	5
평가자9	6	7	-1	1	2
평가자10	8	2	6	6	10
T+ = 정의 순위의 합 = 46 T− = 부의 순위의 합 = 9					

자료: http://cafe.naver.com/haveajoy 자료실 두 맥주맛의 평가.xls

[그림 5.1] SPSS에서의 계산

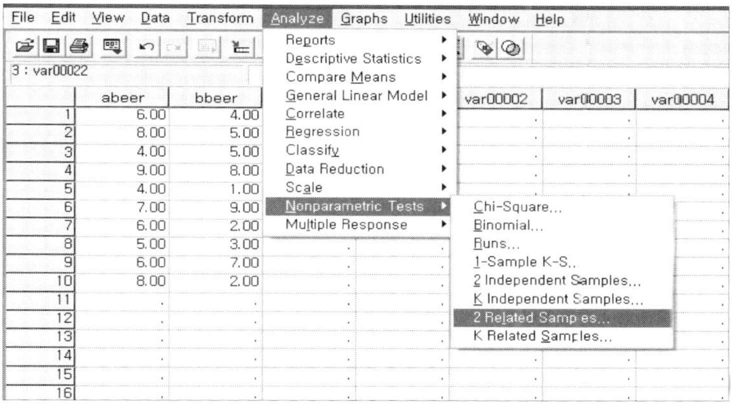

[그림 5.2] SPSS에서의 분석결과

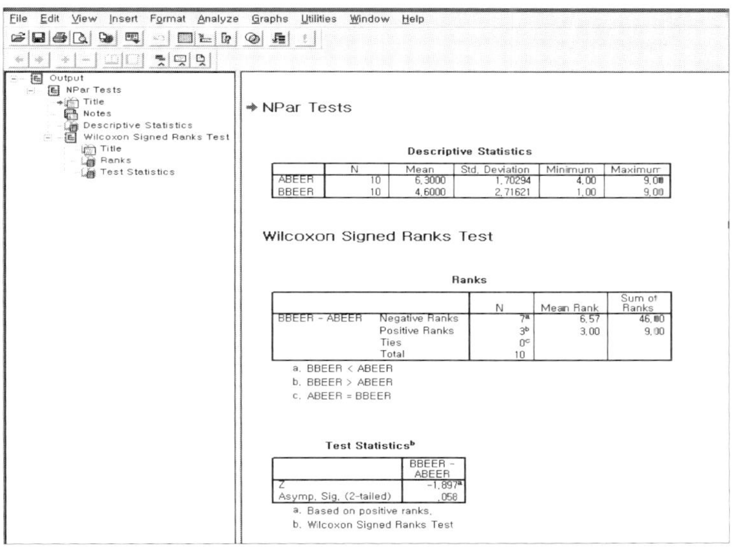

SPSS에서는 임계값 T_0는 제시되지 않고 T_+, T_- 그리고 p값이 Asymp. sig 값이 제시된다. 그런데 검정대상 통계량이 T_+, T_-의 값이 전절에서 계산한 값과 바뀌어 있되 Test Statistics의 표의 주에 a, Based an Positive Ranks라 표시되어 있다. 즉 T_+, T_-의 의미보다는 어느 변수를 기준으로 Positive와 Negative의 T값을 산정하고 그 결과 합의 값이 작은 T를 기준으로 분석하였다는 의미이다. 결과적으로, $p = 0.058$로서 설정된 $\alpha = 0.05$보다 커 귀무가설이 채택되어 두 맥주 맛의 차이는 없다.

5-2 | 예제문제 |

Tour여행사는 여행상품의 평가를 위해 대도시 지역과 중소도시에 사는 여행상품소비자 10명을 선정하여 여행상품에 대해 도시지역별로 만족도에 차이가 있나를 검증하고자 한다. $\alpha = 0.05$에서 이를 검증하라

〈표 5.2〉 여행상품에 대한 평가

소비자	도시별		차이	절대값의 순위
	대도시	중소도시		
여행자 1	7	9	-2	4.5
여행자 2	4	5	-1	2.0
여행자 3	8	8	0	제거
여행자 4	9	8	1	2
여행자 5	3	6	-3	6
여행자 6	6	10	-4	7.5
여행자 7	8	9	-1	2
여행자 8	10	8	2	4.5
여행자 9	9	4	5	9
여행자 10	5	9	-4	7.5
T+ = 정의 순위의 합 = 15.5 T- = 부의 순위의 합 = 29.5				

문제풀이 직접계산

단일검증에서 $n = 9$이고 $\alpha = 0.05$일 때의 임계값 $T_0 = 8$이다.

$n = 9$인 이유는 '0' 값을 갖는 한 짝의 관측치가 제거되었으므로 $10 - 1 = 9$가 된다. $T_+ = 15.5$이며 $T_- = 29.5$이므로 상대적으로 작은 T_+가 검정대상 통계량 T가 된다.

$\alpha = 0.05$에서 $T_+ = 15.5 \geq T_0 = 8$보다 크므로 기각영역에 해당되지 않아 귀무가설은 채택한다. 따라서 대도시지역이나 중소도시지역에 사는 여행상품소비자에게 여행상품의 만족도에는 차이가 없다고 할 수 있다.

문제풀이 SPSS

이를 SPSS로 풀면 Negative Ranks가 15.5로 검정대상 통계량이 되고 이때 Asymp. sig의 값이 0.404로서 $\alpha = 0.05$를 크게 상회하여 귀무가설은 채택된다.

[그림 5.3] SPSS에서의 분석결과

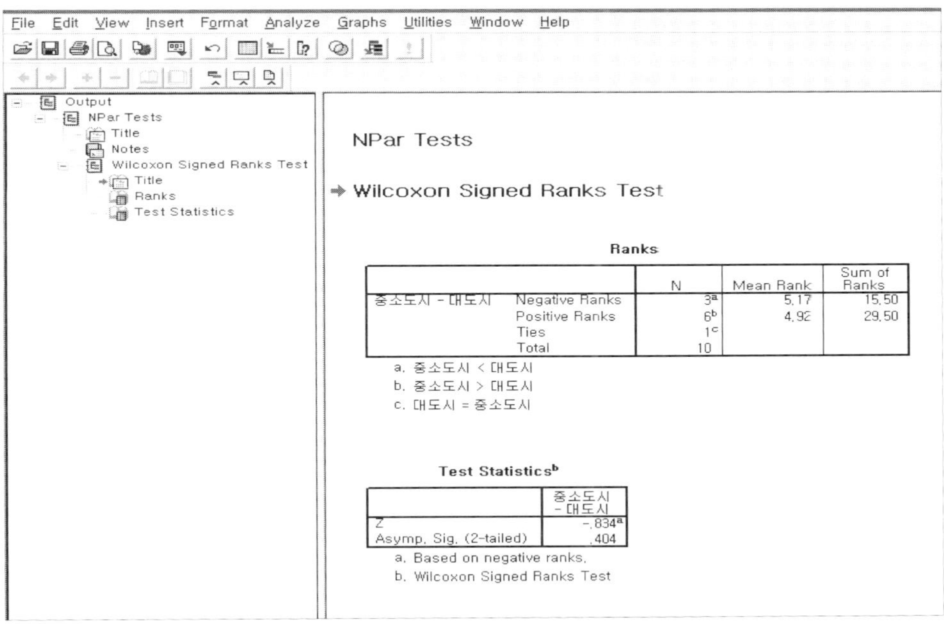

Ranks

		N	Mean Rank	Sum of Ranks
중소도시 - 대도시	Negative Ranks	3[a]	5.17	15.50
	Positive Ranks	6[b]	4.92	29.50
	Ties	1[c]		
	Total	10		

a. 중소도시 < 대도시
b. 중소도시 > 대도시
c. 대도시 = 중소도시

Test Statistics[b]

	중소도시 - 대도시
Z	-.834[a]
Asymp. Sig. (2-tailed)	.404

a. Based on negative ranks.
b. Wilcoxon Signed Ranks Test

5-3 | 예제문제 |

2007년 남자 대학생 13명에게 부모에 대해 갖는 태도를 조사한 결과 다음과 같은 결과를 얻었다. 1은 '나쁘다'에서 고득점 일수록 '대단히 좋다'의 5구간 척도법으로 조사하였다. 이 표를 보고 아버지와 어머니에 대한 태도가 같은지, 다른지를 알고 싶다고 할 때 정의 순위의 합과 부의 순위의 합으로 $\alpha = 0.05$에서 Wilcoxon 부호 순위 검정을 하시오.

〈표 5.3〉 부모에 대한 남학생의 태도

남학생 번호	부	모
1	2	3
2	5	5
3	4	3
4	4	5
5	3	4
6	5	4
7	4	5
8	2	4
9	4	5
10	5	4
11	4	5
12	5	4
13	3	3

문제풀이

직접계산

응답 학생 수는 남학생 2와 남학생 13은 차이가 없으므로 제거되어 $n = 11$이 된다. 양측검정, $\alpha = 0.05$의 T의 임계값은 부표에서 보듯이 $T_0 = 11$이다. 기각영역은 $T_+ \le T_0$이여야 하는데 $T_+ = 22$, $T_0 = 11$이므로 귀무가설을 기각할 수 없다. 따라서 남자 대학생의 부와 모에 대한 태도에는 차이가 없다.

〈표 5.4〉 부모에 대한 남학생의 태도: Wilcoxon Signed Rank Test

남학생수	부	모	차이	차이의 절대값	순위
1	2	3	-1	1	5.5
2	5	5	0	0	삭제
3	4	3	1	1	5.5
4	4	5	-1	1	5.5
5	3	4	-1	1	5.5
6	5	4	1	1	5.5
7	4	5	-1	1	5.5
8	2	4	-2	2	11.0
9	4	5	-1	1	5.5
10	5	4	1	1	5.5
11	4	5	-1	1	5.5
12	5	4	1	1	5.5
13	3	3	0	0	삭제
T+ = 정의 순위의 합 = 22.0 T- = 부의 순위의 합 = 44.0					
1: 나쁘다 -> 5. 대단히 좋다					

문제풀이
Spss

SPSS에서 T_-를 기준으로 검증한 결과 p값이 0.285로서 귀무가설을 채택하여 남학생들의 부와 모에 대한 태도는 다르지 않다고 할 수 있다.

[그림 5.4] SPSS에서 풀이

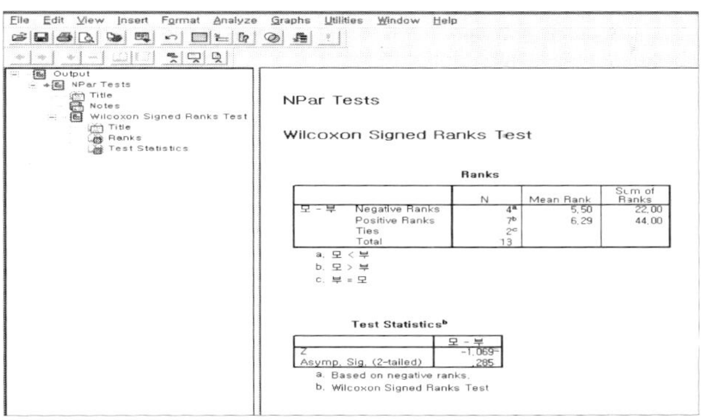

5-4 | 예제문제 |

A기업은 하루 8시간 일주일 40시간제에 대해 근무시간을 자유롭게 조정할 수 있는 근무시간 유연제를 도입한 후 다음과 같은 결과를 얻었다. 총 10명의 근로자에게 근무시간 유연제를 시행하기 앞서 의견조사를 시행하였고, 제도가 시행된 6개월 후 이에 대한 재평가 자료를 〈표〉와 같이 정리하였다. 점수가 높을 수록 근무시간 유연제를 적극 옹호하는 것이다. 근무시간 유연제의 도입 전과 도입 후의 의견이 동일한 가를 유의수준 0.05에서 비모수 검정으로 행하라

〈표 5.5〉 근무시간 유연제 대한 태도조사

근로자	시행 전	시행 후	근로자	시행 전	시행 후
1	54	68	6	82	88
2	25	42	7	94	90
3	80	80	8	72	81
4	76	91	9	33	39
5	63	70	10	90	93

문제풀이

직접계산 근로자의 수 $n=10$에서 근로자 3이 동일한 값이므로 한 표본이 삭제되어 $n=9$가 된다. $\alpha=0.05$, 양측 검정이므로 〈부표〉에서 구한 임계값은 $T_0=6$이다. 계산 결과 $T_+=2$이므로 $T_+ \le T_0$보다 작아 귀무가설은 기각된다. 따라서 근무시간 유연제의 도입 전이나 도입 후의 근로자의 태도는 차이가 있다.

〈표 5.6〉 근무시간유연제에 대한 태도조사 검정

근로자	근무시간유연제		차이	차이의 절대값	순위
	시행 전	시행 후			
1	54	68	-14	14	7
2	25	42	-17	17	9

3	80	80	0	0	삭제
4	76	91	-15	15	8
5	63	70	-7	7	5
6	82	88	-6	6	3.5
7	94	90	4	4	2
8	72	81	-9	9	6
9	33	39	-6	6	3.5
10	90	93	-3	3	1
T+ = 정의 순위의 합 = 2 T- = 부의 순위의 합 = 43					

문제풀이 Spss

SPSS에서 T_- (Negative Ranks)를 기준으로 한 p값이 0.015이므로 설정된 유의수준 0.05보다 작으므로 귀무가설은 기각되어 유연제 제도의 시행 전후의 근로자의 태도에는 변화가 있다.

[그림 5.5] SPSS의 분석 방법

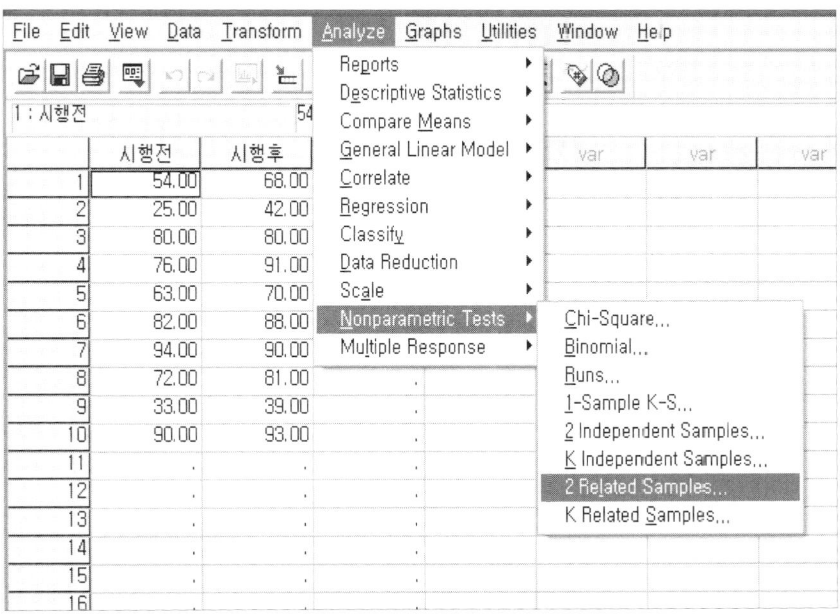

[그림 5.6] SPSS의 분석결과

NPar Tests

Wilcoxon Signed Ranks Test

Ranks

		N	Mean Rank	Sum of Ranks
시행후 - 시행전	Negative Ranks	1[a]	2.00	2.00
	Positive Ranks	8[b]	5.38	43.00
	Ties	1[c]		
	Total	10		

a. 시행후 < 시행전
b. 시행후 > 시행전
c. 시행전 = 시행후

Test Statistics[b]

	시행후 - 시행전
Z	-2.431[a]
Asymp. Sig. (2-tailed)	.015

a. Based on negative ranks.
b. Wilcoxon Signed Ranks Test

6. 완전 확률화 설계[9]에 대한 Kruskal-Wallis H 검정: The Kruskal-Wallis H-test for a Completely Randomized Design

ANOVA와 F 검정에서 우리는 공통분산 σ^2이면서 정규분포를 이룬 모집단에서 표본을 추출하고 평균을 비교하였다. 그런데 모집단이 정규분포를 갖는다는 가정이 없어도 모집단들을 비교할 수 있는 방법이 Kruskal - Wallis H검정이다.

9) ANOVA에서는 T_i로 표시함.

6-1 | 예제문제 |

어떤 도시의 의료행정 담당자는 도시의 빈 병상수를 조사하여 이를 의료정책에 반영하고자 한다. 도시내 3개의 병원 A, B, C를 선정하며 10일간 빈 병상수를 조사한 결과 다음의 자료를 얻었다. 자료를 보니 빈 병상수는 병원별 날자별로 차이가 커서 모수분석법을 적용하기가 어렵다. Kruskal-Wallis 의 H검정을 하여라.

문제풀이

직접계산 귀무가설은(H_0)은 적어도 3병원 중 한 곳은 다른 분포를 갖는다이다.

만약 병원들의 빈병상 순위가 동일할 경우 Wilcoxon 순위 합 또는 부호 순위 검정처럼 순위의 평균값을 갖는다.

각 병원의 순위의 합을 R_A, R_B, R_C라 하면 Kruskal-Wallis의 H값은

$H = \frac{12}{n(n+1)} \sum \frac{R_j^2}{n_j} - n_j(n+1)$이 된다.

n_j는 표본집단의 수이므로 $n_j = 3$이 되고 $n_A = 10$, $n_B = 10$, $n_C = 10$며 n은 총 표본의 수로서 $n = n_1 + n_2 + \cdots + n_p$이므로 위의 예에서 병원이 3곳이므로 $n = n_A + n_B + n_C = 30$ 이며 각 병원의 순위의 합은 $R_A = 120$, $R_B = 210.5$, $R_C = 134.5$이다.

$$H = \frac{12}{30(30+1)}\left[\frac{120^2}{10} + \frac{210.5^2}{10} + \frac{134.5^2}{10}\right] - 3(30+1)$$

$$= 99.097 - 93 = 6.097$$

〈표 6.1〉 이용가능 병상수와 순위의 값

조사일	병원 A		병원 B		병원 C	
	빈병상수	순위	빈병상수	순위	빈병상수	순위
1	6	5.0	34	25.0	13	9.5
2	38	27.0	28	19.0	35	26.0

3	3	2.0	42	30.0	19	15.0
4	17	13.0	13	9.5	4	3.0
5	11	8.0	40	29.0	29	20.0
6	30	21.0	31	22.0	0	1.0
7	15	11.0	9	7.0	7	6.0
8	16	12.0	32	23.0	33	24.0
9	25	17.0	39	28.0	18	14.0
10	5	4.0	27	18.0	24	16.0
합계	$R_A = 120$		$R_B = 210.5$		$R_C = 134.5$	

주: 순위는 A, B, C 병원 3곳 모두를 대상으로 정해야 하나 여기서는 계산을 편리하게 하기 위해 미리 작성하였다.

지금의 예에서 3개의 표본으로 설명하였으나 H-통계량은 P개의 표본으로 확장하여 적용할 수 있다. 이때 H의 수식은 달라진다.

$$H = \frac{12}{n(n+1)} \sum n_j (\overline{R_j} - \overline{R})^2$$

R_j : 각 j 집단별 순위의 평균(mean rank)

$\overline{R}$: 모든 n개 자료의 순위 평균

n_j: j 집단의 자료 수

H통계량이 '0'이면 모든 표본의 평균 순위가 같다는 의미이며 귀무가설이 사실이면 표본을 반복적으로 추출할 때 H분포는 χ^2분포와 유사해진다. H분포의 모양을 갖추려면 표본의 수는 최소한 5개 이상이 되어야 하며 H분포의 자유도(degree of freedom)는 비교되어야 하는 확률표본의 수보다 1작은 "$p-1$"이 된다. 기각영역은 χ^2분포 꼬리의 오른쪽이 된다. 따라서 위의 예에서 검정통계량 H는 자유도, $3-1=2$의 χ^2분포를 따르므로 χ^2의 값은 Excel에서 '=CHIINV(0.05, 2)'로 구해 $=5.9915$이 된다.

따라서 $H = 6.097 > \chi^2_{2,,\ 0.05} = 5.9915$이므로 산출된 H값은 임계값 $\chi^2_{2,0.05}$의 오른쪽에 위치하게 되어 귀무가설을 기각한다.

따라서 최소한 3개의 병원 중 한 곳은 다른 곳보다 빈병상수의 수에서 더 큰 값을 갖는다는 것인데 병원 한 곳은 다른 병원보다 이용가능한 병상이 더 많다는 의미로 해석할 수 있다.

[그림 6.1] Kruskal－Wallis의 H 값의 기각영역

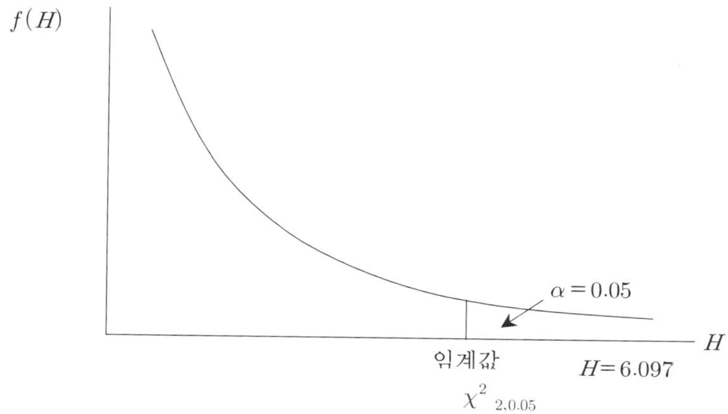

문제풀이 Spss

다음의 그림 2개처럼 자료를 입력하고 실행시키면 결과표를 얻게 된다. 결과표의 "Rank"에서 병원 A의 순위평균은 12.0이며 병원 B는 21.05, 병원 C는 13.45이다. "Test statistics"에서 chi-square 값은 Kruskal-Wallis의 H값으로서 6.099로 나타났으며 이때 p 값은 0.047로서 설정된 유의수준 $\alpha = 0.05$보다 작아 귀무가설을 기각함으로써 적어도 병원 1곳은 병상 이용가능성이 다른 2곳보다 크다고 할 수 있다.

STEP 1 SPSS 수행 절차

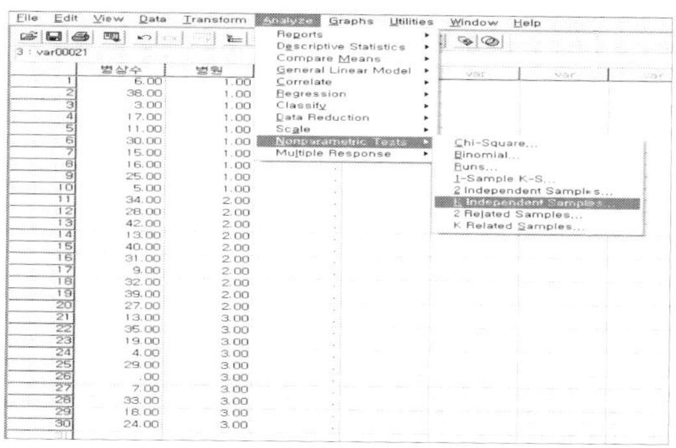

STEP 2 자료입력

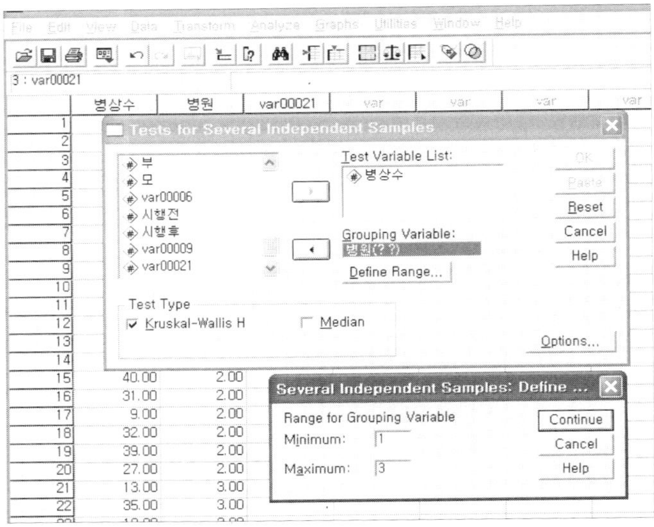

STEP 3 분석결과

Graphs Utilities Window Help

NPar Tests

Descriptive Statistics

	N	Mean	Std. Deviation	Minimum	Maximum
병상수	30	21.4333	12.57716	.00	42.00
병원	30	2.0000	.83045	1.00	3.00

Kruskal-Wallis Test

Ranks

	병원	N	Mean Rank
병상수	병원1	10	12.00
	병원2	10	21.05
	병원3	10	13.45
	Total	30	

Test Statistics[a,b]

	병상수
Chi-Square	6.099
df	2
Asymp. Sig.	.047

a. Kruskal Wallis Test

b. Grouping Variable: 병원

6-2 | 예제문제 |

Resort시장은 수요-공급변화에 따라 4가지 국면을 매년 반복한다고 한다. 한 연구소는 국내 리조트 6곳에 대해 성수기와 비성수기 중 4국면에 해당하는 자료를 수집-정리 하였다. 제1국면은 '회복기', 제2국면은 '확장기', 제3국면은 '시설확장기', 제4국면은 '침체기'를 의미한다. Resort별 전년대비 예약증가율 기준으로 볼 때 4국면은 서로 다른 사이가 있는가를 Kruskal-Wallis의 H검정을 행하라.

〈표 6.2〉 리조트별 전년대비 예약증가율

리조트별	국면1	순위	국면2	순위	국면3	순위	국면4	순위
리조트1	2.7	9.0	10.5	20.0	6.1	14.0	-1.0	4.5
리조트2	-1.0	4.5	11.5	23.0	1.2	7.0	6.2	15.6
리조트3	1.1	6.0	9.4	19.0	11.4	22.0	-10.8	1.0
리조트4	3.4	10.0	12.2	24.0	4.4	13.0	2.0	8.0
리조트5	4.2	12.0	8.6	18.0	6.2	15.5	-1.1	3.0
리조트6	3.5	11.0	10.9	21.0	7.6	17.0	-2.3	2.0
검증값	$\sum R_1 =$	52.5	$\sum R_2 =$	125.0	$\sum R_3 =$	88.5	$\sum R_4 =$	34.1
	$\overline{R_1} = 8.75$		$\overline{R_2} = 20.83$		$\overline{R_3} = 14.75$		$\overline{R_4} = 5.68$	
	전체 순위 평균: $\overline{R} = 12.5$ $n = 24$, 각 국면의 자료수 $n_j = 6$							

주: 국면 자료를 기준으로 순위를 미리 계산하여 놓은 것임.

문제풀이

직접계산 순위는 가장 낮은 '-'부호부터 +의 높은 값의 순으로 정렬하며 계산하여야 한다. 표본이 3개 넘어

$$H = \frac{12}{n(n+1)} \sum n_j (\overline{R_j} - \overline{R})^2$$ 을 이용한다. 즉,

$$= \frac{12}{24(24+1)} [6(8.75 - 12.5)^2 + 6(20.83 - 12.5)^2 + 6(14.75 - 12.5)^2 + 6(5.68 - 12.5)^2] = 16.20436$$ 이때의 임계값은 $\chi^2_{0.05,\,4-1}$

=CHIINV(0.05, 3)= 7.8147로 산출된다.

그러므로 $H = 16.20436 > \chi^2_{0.05,3} = 7.8147$이므로 귀무가설은 기각되며 각 리조트별의 국면별 전년대비 예약증가율은 차이가 있다.

문제풀이 Spss

H 값이 16.246으로 나타났으며 p 값은 0.001이므로 설정된 유의수준 $\alpha = 0.05$보다 작아 귀무가설이 기각됨으로써 4국면 중 1국면 이상은 전년대비예약증가율이 크다고 할 수 있다

Graphs Utilities Window Help

NPar Tests

Descriptive Statistics

	N	Mean	Std. Deviation	Minimum	Maximum
예약율	24	4.4542	5.50896	-10.80	12.20
국면별	24	2.5000	1.14208	1.00	4.00

Kruskal-Wallis Test

Ranks

	국면별	N	Mean Rank
예약율	국면1	6	8.75
	국면2	6	20.83
	국면3	6	14.75
	국면4	6	5.67
	Total	24	

Test Statistics[a,b]

	예약율
Chi-Square	16.246
df	3
Asymp. Sig.	.001

a. Kruskal Wallis Test

b. Grouping Variable: 국면별

7. 확률화 블록설계에 대한 Friedman의 F_r검정: The Friedman F_r-test for a Randomized Block Design

Friedman의 F_r검정은 P개의 모집단의 위치변동(detect a shift in location)을 검증할 수 있는 또 다른 방법이다. 다른 비모수 검정과 마찬가지로 순위를 매길 수 있는 개별 관측치를 제외하고는 모집단 특성에 관한 별다른 가정이 필요하지 않다.

서로 다른 약품을 투약하여 물질의 반응시간을 비교하는 문제를 생각해 보자. 이 실험의 장점은 장벽(block)을 침으로써 약품들간의 효과에 대한 변동성을 제거할 수 있어 특정 약품에 대한 순수효과를 밝힐 수 있다는 점이다. 약품, A, B, C 3개를 확률화 블록 설계하에 동일한 물체에 동일한 시간 간격으로 투입한다고 하자. 6개의 믈체에 투입시간에 관한 자료가 다음 표와 같다. 약품 A, B, C에 대한 순위는 약품내의 순위가 아닌 물질별 순위를 의미한다. 동일 순위의 처리는 앞서 본 바와 같다.

귀무가설 H_0 : 3개의 약품의 반응시간은 동일한 분포를 이룬다.
대립가설 H_1 : 최소한 약품 2개는 다른 확률분포를 보인다.

표본의 수가 작은 Friedman의 F_r통계량은 다음과 같다.

$$F_r = \frac{12}{bp(p+1)} \sum R_j^2 - 3b(p+1)$$

b : 블록자료의 수, P : 처리(약품)의 수
R_j : j번째 순위의 합

$$F_r = \frac{12}{6 \cdot 3 \cdot (3+1)} (7^2 + 12^2 + 17^7) - 3 \cdot 6 \cdot (3+1) = 80.33 - 72 = 8.33$$

그런데 표본의 수가 클 경우 F_r식은 다음과 같이 변한다.

〈표 7.1〉 3가지 약품의 반응시간

물질	약품A	순위	약품B	순위	약품C	순위
1	1.21	1	1.48	2	1.56	3
2	1.63	1	1.85	2	2.01	3
3	1.42	1	2.06	3	1.70	2
4	2.43	2	1.98	1	2.64	3
5	1.16	1	1.27	2	1.48	3
6	1.94	1	2.44	2	2.81	3
	$\sum R_A = 7$		$\sum R_B = 12$		$\sum R_C = 17$	

$$F_r = \frac{12}{bp(p+1)} \sum b(\overline{R_j} - \overline{R})^2$$

$\overline{R_j}$: j처리수준의 순위평균

$\overline{R}$: 모든 처리 수준의 평균.

Kruskal-Wallis H통계량과 같이 자유도는 $p-1$이며 블록의 수가 5개를 넘거나 혹은 처리수준의 수가 5를 넘으면 χ^2분포와 유사하게 된다.

검정통계량 $F_r > \chi^2_{\alpha.df}$이면 귀무가설을 기각한다.

$\alpha = 0.05$에서 $F_r = 8.33 > \chi^2_{0.05,\ 3-1} = 5.99147$이므로 귀무가설은 기각되어 3 약품 중 적어도 2개는 반응시간의 확률분포가 서로 다르다.

문제풀이

엑 셀

〈표 7.2〉 3가지 약품의 반응시간 검정

block (블럭)	Treatment(처리수준)					
	약품 A	순위	약품 B	순위	약품 C	순위
1	1.2	1	1.5	2	1.6	3
2	1.6	1	1.9	2	2.0	3
3	1.4	1	2.1	3	1.7	2
4	2.4	2	2.0	1	2.6	3
5	1.2	1	1.3	2	1.5	3
6	1.9	1	2.4	2	2.8	3

각 통계량	$\sum R_A=$	7	$\sum R_B=$	12	$\sum R_C=$	17
	$\overline{R_A}$ =	1.16667	$\overline{R_B}$ =	2.00000	$\overline{R_C}$ =	2.83333
	$\overline{R}$ =	9.50000				
	F_r =	8.33333	검정통계량 $F_r > \chi^2$설정통계량: 귀무가설 기각			
	$\chi^2=$	5.99148				
	p 값	0.01550				

주: EXCEL 계산식, 임계치: CHIINV(0.05,2), p-value: CHIDIST(F_r=8.3333, df=3-1).

문제풀이

Spss

STEP 1 계산방법

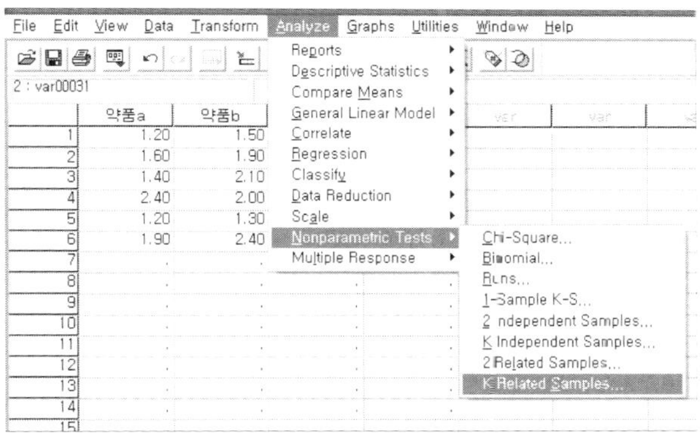

STEP 2 자료입력

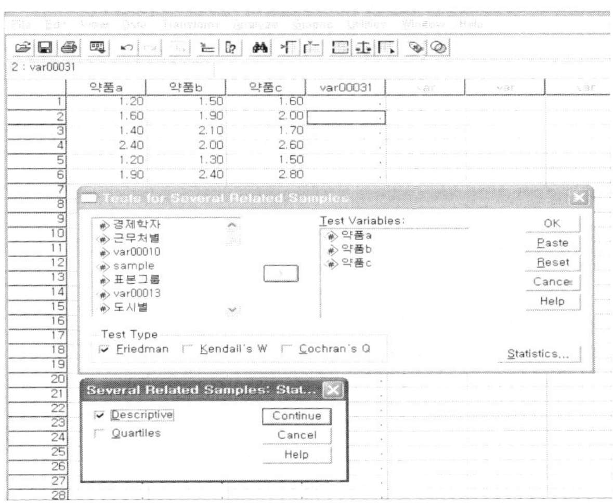

STEP 3 분석결과

→ NPar Tests

Descriptive Statistics

	N	Mean	Std. Deviation	Minimum	Maximum
약품A	6	1.6167	.46655	1.20	2.40
약품B	6	1.8667	.40332	1.30	2.40
약품C	6	2.0333	.54650	1.50	2.80

Friedman Test

Ranks

	Mean Rank
약품A	1.17
약품B	2.00
약품C	2.83

Test Statistics[a]

N	6
Chi-Square	8.333
df	2
Asymp. Sig.	.016

a. Friedman Test

7-1 | 예제문제 |

확률적 블록설계방법을 이용하여 4개 처리를, 6개 블록으로 실험한 순위 결과표이다. F_r 검증을 이용하여 적어도 2개의 처리수준의 확률분포가 다른 것과 다르다는 것을 $\alpha = 0.05$에서 검정하라.

〈표 7.3〉 확률적 블록설계 자료

처리수준	Block					
	1	2	3	4	5	6
1	3	3	2	3	2	3
2	1	1	1	2	1	1
3	4	4	3	4	4	4
4	2	2	4	1	3	2

문제풀이

엑 셀

〈표 7.4〉 4가지 처리수준에 따른 F_r 검정 : 엑셀풀이

block	Treatment							
	처리수준 A	순위	처리수준 B	순위	처리수준 C	순위	처리수준 D	순위
1	3.0	3	1.0	1	4.0	4	2.0	2
2	3.0	3	1.0	1	4.0	4	2.0	2
3	2.0	2	1.0	1	3.0	3	4.0	4
4	3.0	3	2.0	2	4.0	4	1.0	1
5	2.0	2	1.0	1	4.0	4	3.0	3
6	3.0	3	1.0	1	4.0	4	2.0	2
각 통계량	$\sum R_A =$	16	$\sum R_A =$	7	$\sum R_A =$	23	$\sum R_A =$	14
	$\overline{R_A}$ =	2.66667	$\overline{R_B}$ =	1.16667	$\overline{R_C}$ =	3.83333	$\overline{R_D}$ =	2.33333
	$\overline{R}$ =	12.50000						
	F_r =	13.00000	검정통계량 $F_r > \chi^2$설정통계량: 귀무가설 기각					
	$\chi^2 =$	7.81472						
	p값	0.00464						

주: 임계치: CHIINV(0.05,3), p-value:CHIDIST(F_r=13.0, df=4-1)

문제풀이

SPSS

[그림 7.1] 4가지 처리수준에 따른 F_r 검정 :SPSS풀이

NPar Tests

Descriptive Statistics

	N	Mean	Std. Deviation	Minimum	Maximum
수준A	6	2.6667	.51640	2.00	3.00
수준B	6	1.1667	.40825	.00	2.00
수준C	6	3.8333	.40825	3.00	4.00
수준D	6	2.3333	1.03280	1.00	4.00

Friedman Test

Ranks

	Mean Rank
수준A	2.67
수준B	1.17
수준C	3.83
수준D	2.33

Test Statistics[a]

N	6
Chi-Square	13.000
df	3
Asymp. Sig.	.005

a. Friedman Test

7-2 예제문제

문제풀이

직접계산 Geography 잡지는 많은 분야에서 다양한 사람들이 유용하게 이용하고 있다. 어느 분야에 가장 유용하게 잡지를 이용하고 있는가를 알아보고자 12개의 분야를 설정하여 그 순위를 매기게 하였다. 순위의 작성자는 고교 교사, 지리학과 졸업생, 지리학과 재학생, 일반인의 4개의 집단이었다. 이를 이용하여 Friedman의 F_r 검증으로 4집단의 순위분포를 검증하여라.

〈표 7.5〉 Geography잡지 용도의 F_r 검정

block	처리:Treatment							
	고교선생	순위	졸업생	순위	재학생	순위	일반인	순위
관광	10.0	4.0	2.0	2.0	5.0	3.0	1.0	1.0
물리	2.0	3.0	1.0	1.5	1.0	1.5	5.0	4.0
교통	7.0	3.5	3.0	2.0	7.0	3.5	2.0	1.0
인물	1.0	1.0	6.0	4.0	2.0	2.0	3.0	3.0
역사	2.0	1.0	5.0	3.0	9.0	4.0	4.0	2.0
기후	6.0	3.0	4.0	1.5	4.0	1.5	8.0	4.0
산림	5.0	2.0	8.0	4.0	2.0	1.0	7.0	3.0
농업	7.0	2.0	10.0	4.0	6.0	1.0	9.0	3.0
낚시	9.0	3.0	7.0	2.0	10.0	4.0	6.0	1.0
에너지	2.0	1.0	8.0	3.0	7.0	2.0	10.0	4.0
광산업	10.0	1.0	11.0	3.0	11.0	3.0	11.0	3.0
제조업	12.0	2.5	12.0	2.5	12.0	2.5	12.0	2.5
각 통계량	$\sum R_A =$	27.0	$\sum R_A =$	32.5	$\sum R_A =$	29.0	$\sum R_A =$	31.5
	$\overline{R_A}$ =	2.25000	$\overline{R_B}$ =	2.70833	$\overline{R_C}$ =	2.41667	$\overline{R_D}$ =	2.62500
	$\overline{R}$ =	24.50000						
	F_r =	0.92500	검정통계량 $F_r < \chi^2$ 설정통계량: 귀무가설 채택					
	χ^2 =	19.67515						
	p 값	0.99997						

주: 임계치: CHIINV(0.05,11), p 값 :CHIDIST(F_r =0.9250, df=12-1)

자료: http://cafe.naver.com/haveajoy 자료실 Geography 잡지.xls

8. Spearman의 순위상관계수: Spearmans' Rank Correlation Coefficient

새로 출시된 승용차 모델의 평가를 두개의 소비자 잡지에서 행하고 있다. '1'의 '매우 좋다'에서 '10'의 '매우 나쁘다'로 평가는 1에서 10까지의 값을 갖는다고 했을 때 두 잡지의 승용차 모델의 평가결과는 서로 관련성이 있을까? 잡지사 1로부터 좋은 평가를 받은 차는 잡지사 2에서도 동일한 평가가 나타날까? 한 잡지사에서 좋은 평가를 받은 차가 다른 잡지사에서는 낮은 평가로 나타나지는 않을까? 차에 대한 잡지사들의 평가가 상호관련성이 있을까? 등을 알고 싶다고 하자. 두 평가기관의 평가가 완전하게 일치하거나 완전하게 반대로 이루어지기는 어려울 것이다.

이러한 평가는 Spearman의 순위 상관계수(Spearman Rank Correlation Coefficient)를 이용하여 수행할 수 있다. Spearman의 순위 상관계수를 ρ (rho)라 하는데 $-1 \leq \rho \leq 1$ 이고 평가의 차이를 이용하여 계산한다. 만약 두 기관의 평가가 같다면 평가의 차이는 '0'이 된다.

$$\rho = 1 - \frac{6\sum d_i^2}{n(n^2-1)}$$

d : 두 기관 순위의 차이

이와 같은 ρ, 순위상관계수는 짝을 이룬 순위의 상관관계를 측정할 수 있다. 짝을 이룬 변수는 작은 값부터 큰 값으로의 순위를 정해주어야 한다. 임계값은 각 통계학 책의 부표에서 별도로 찾아야 한다.

Spearman의 순위상관계수

단측 검정	양측 검정
$H_0: \rho = 0$ $H_1: \rho > 0$ 또는 $\rho < 0$	$H_0: \rho = 0$ $H_1: \rho \neq 0$
검정통계량 ρ 귀무가설 기각영역 $\rho > \rho_\alpha$	$\mid \rho \mid > \rho_{\alpha/2}$

- ρ_α 또는 $\rho_{\alpha/2}$는 부표로 주어지는 Spearman의 순위상관계수의 임계치를 구할 수 있음
- 동일순위는 순위의 평균값을 이용

8-1 | 예제문제 |

다음의 표에서 주어지는 짝의 변수 4개, X_1, Y_1, X_2, Y_2의 Spearman의 순위상관계수를 구하라.

a	*X*1	33	61	20	19	40
	*Y*1	26	36	65	25	35
b	*X*2	89	102	120	137	41
	*Y*2	81	94	75	52	136

문제풀이

직접계산

〈표 8.1〉 Spearman의 순위상관계수의 계산

X1	순위	Y1	순위	d^2	X2	순위	Y2	순위	d^2
33	3	26	2	1.0	89	2	81	3	1.0
61	5	36	4	1.0	102	3	94	4	1.0
20	2	65	5	9.0	120	4	75	2	4.0
19	1	25	1	0.0	137	5	52	1	16.0
40	4	35	3	1.0	41	1	136	5	16.0
$\sum d_i^2 = 12.0$					$\sum d_i^2 = 38.0$				
$\rho = 0.4000$					$\rho = -0.9000$				

문제풀이

Spss

STEP 1 계산방법

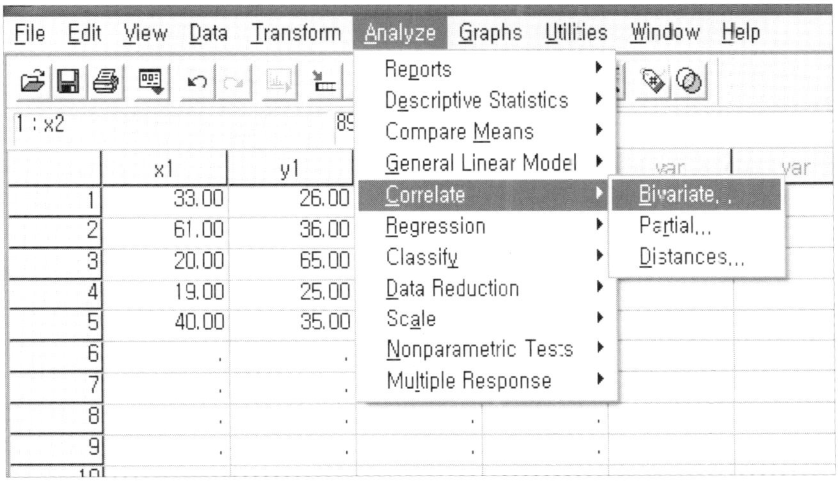

STEP 2 분석 결과

Nonparametric Correlations

Correlations

			X1	Y1	X2	Y2
Spearman's rho	X1	Correlation Coefficient	1,000	,400	-,700	,900
		Sig. (2-tailed)	.	,505	,188	,037
		N	5	5	5	5
	Y1	Correlation Coefficient	,400	1,000	-,100	,300
		Sig. (2-tailed)	,505	.	,873	,624
		N	5	5	5	5
	X2	Correlation Coefficient	-,700	-,100	1,000	-,900
		Sig. (2-tailed)	,188	,873	.	,037
		N	5	5	5	5
	Y2	Correlation Coefficient	,900	,300	-,900	1,000
		Sig. (2-tailed)	,037	,624	037	.
		N	5	5	5	5

8-2 | 예제문제 |

오렌지 쥬스 제조업체는 쥬스의 당도와 펙틴 함유량간의 상관관계를 알고자 한다. 당도가 높을수록 펙틴 함유량이 많은지의 여부를 알고자 다음의 표를 작성했다. Spearman의 ρ를 구하라.

문제풀이

직접계산

〈표 8.2〉 쥬스의 당도와 펙틴 함유량과의 관계

표본번호	당도	순위	pectin	순위	d^2
1	5.2	1.0	220.0	4.5	12.3
2	5.5	7.0	227.0	7.5	0.3
3	6.0	23.5	259.0	15.5	64.0
4	5.9	20.5	210.0	1.0	380.3
5	5.8	16.0	224.0	6.0	100.0
6	6.0	23.5	215.0	3.0	420.3
7	5.8	16.0	231.0	9.0	49.0
8	5.6	10.0	268.0	19.0	81.0
9	5.6	10.0	239.0	11.0	1.0
10	5.9	20.5	212.0	2.0	342.3
11	5.4	5.0	410.0	24.0	361.0
12	5.6	10.0	256.0	14.0	16.0
13	5.8	16.0	306.0	22.0	36.0
14	5.5	7.0	259.0	15.5	72.3
15	5.3	3.0	284.0	21.0	324.0
16	5.3	3.0	383.0	23.0	400.0
17	5.7	12.5	271.0	20.0	56.3
18	5.5	7.0	264.0	18.0	121.0
19	5.7	12.5	227.0	7.5	25.0

20	5.3	3.0	263.0	17.0	196.0
21	5.9	20.5	232.0	10.0	110.3
22	5.8	16.0	220.0	4.5	132.3
23	5.8	16.0	246.0	13.0	9.0
24	5.9	20.5	241.0	12.0	72.3
$\sum d^2 = 3381.5$					
$\rho = -0.4702$					

자료: http://cafe.naver.com/haveajoy 자료실 쥬스 당도와 펙틴 함유량.xls

문제풀이

Spss

[그림 8.1] 쥬스와 당도와 펙틴 함유량과의 관계: SPSS에서 풀이[10)]

Nonparametric Correlations

Correlations[a]

			당도	PECTIN
Spearman's rho	당도	Correlation Coefficient	1.000	-.485*
		Sig. (2-tailed)	.	.016
	PECTIN	Correlation Coefficient	-.485*	1.000
		Sig. (2-tailed)	.016	.

*. Correlation is significant at the .05 level (2-tailed).

a. Listwise N = 24

10) Excel에서 계산한 값과 차이가 있음.

8-3 | 예제문제 |

미국 소비자 단체는 기업들의 평판을 조사하였다. 이 중 순위가 정해진 15개 기업을 1999년과 2000년에 임의로 선정해 본 결과가 다음의 표와 같다. 이 표를 보고 $\alpha = 0.05$ 에서 1999년과 2000년의 순위가 긍정적으로 상관도가 있는지를 검정하라.

문제풀이

직접계산

〈표 8.3〉 미국기업의 소비자 평판 순위

Company	1999년	순위	2000년	순위	d^2
Johnson&Johnson	1	1	1	1	0.0
Anheuser-Busch	14	6	6	3	9.0
Disney	10	5	8	5	0.0
Microsoft	15	7	9	6	1.0
FedEx	21	10	13	7	9.0
Wal-Mart	6	3	14	8	25.0
Coca-Cola	2	2	16	9	49.0
McDonald	24	11	24	11	0.0
Yahoo!	19	9	27	12	9.0
Sears	29	14	35	13	1.0
America Online	26	12	39	14	4.0
K mart	37	15	41	15	0.0
Toyota	28	13	19	10	9.0
Home Depot	8	4	4	2	4.0
IBM	17	8	7	4	16.0
$\sum d^2 = 136.0$					
$\rho = 0.7571$					

문제풀이

Spss

[그림 8.2] 미국기업의 소비자 평판 순위: SPSS

Graphs Utilities Window Help

Nonparametric Correlations

Correlations

			YR99	YR00
Spearman's rho	YR99	Correlation Coefficient	1.000	.757**
		Sig. (2-tailed)	.	.001
		N	15	15
	YR00	Correlation Coefficient	.757**	1.000
		Sig. (2-tailed)	.001	.
		N	15	15

**. Correlation is significant at the .01 level (2-tailed).

찾아보기

ㄱ

ㄴ

ㄷ

ㅇ

ㅈ

ㅊ

ㅋ

ㅌ

ㅍ

ㅎ

영문색인 및 함수명령어

이돈재 : 용인대학교 관광학과 교수
황호종 : 용인대학교 경영학과 교수

예제풀이중심 마케팅조사론

2007년 8월 30일 초판 1쇄 인쇄
2007년 9월 5일 초판 1쇄 발행

저 자 이 든 재
황 호 종
발행인 배 효 선

발행처 도서출판 法 文 社

413-832 경기도 파주시 교하읍 문발리 526-3
등 록 1957년 12월 12일 제2-76호(윤)
전 화 031-955-6500~6, 팩 스 031-955-6525
e-mail(영업) : bms@bobmunsa.co.kr
(편집) : edit66@bobmunsa.co.kr
홈페이지 http://www.bobmunsa.co.kr
조 판 광 암 문 화 사

정가 20,000원 ISBN 978-89-18-12456-8

저자연락처(e-mail address): djl@yongin.ac.kr
hjhwang@yongin.ac.kr

주제탐구표현
활동자료집

서울대어린이집

무엇을 배우나

주제탐구표현
활동자료집

서울대어린이집

무엇을 배우나

서울대학교 생활과학대학 어린이집

(주)교 문 사

머리말

서울대학교 생활과학대학 어린이집(이하 서울대어린이집)이 1998년 개교한 후 미국의 프로젝트 접근법과 이탈리아의 레지오 에밀리아 교육 프로그램을 한국 현실에 맞게 적용한 주제탐구표현활동 프로그램을 시작한 지 언 십 년이 지났다. 그동안 서울대어린이집 원장과 교사들은 어떻게 하면 아이들이 자발적으로 즐겁게 배울 수 있을까 또 생각하고 탐구해서 스스로 지식을 얻고 경험을 의미화할 수 있을까 하는 생각으로 연구와 노력을 지속해 왔다.

최근 국내 유아교육과 초등교육에서 주제탐구표현활동을 부분적으로나 또는 전체적으로 도입하는 움직임이 크게 늘었다. 이는 아이들이 지식을 얻는 방법에 대한 어른들의 이해를 기반으로 한 바람직한 변화라고 생각된다.

주제탐구표현활동은 아동과 함께 주제탐구표현활동을 진행하는 교사의 역량 및 성향이 프로그램의 질에 매우 지대한 영향을 끼친다. 따라서 똑같은 주제로 주제탐구표현활동을 하는 경우는 물론이고, 동일한 교육활동을 하더라도 탐구와 표현의 질이 달라질 수 있다. 서울대어린이집이 매 학기 회의를 통해 각 학급에서 진행된 다양한 주제탐구표현활동을 공유하고 교사들 및 원장이 토의를 해온 이유도 바로 주제탐구표현활동의 이러한 특성 때문이다.

어떤 교사들은 주제탐구표현활동을 하려면 교사가 따를 수 있는 일종의 매뉴얼의 필요성을 제기하기도 했다. 즉, 어떤 교사든지 질 높은 주제탐구표현활동을 할 수 있도록 지침서를 만들자는 것이었다. 주제탐구표현활동은 본래 영유아가 원하는 방향으로 탐구활동이 방향을 만들어 가는 것이므로 표준활동집의 형태인 지침서를 만드는 작업이 불필요할 수 있다. 과연 교사는 아이들과 어떻게 상호 작용하고 어떻게 교육활동들을 지도하였는지 교사들의 노력과 노하우를 들여다 볼 수 있도록 성공적이었던 주제탐구표현활동들을 살펴볼 필요가 있을 뿐이다.

이 책은 주제탐구표현활동 프로그램을 실시하는 과정에서 교사의 구체적인 상호 작용방식, 구체적으로 어떻게 하는 것이 도움이 될지를 보다 더 생생한 목소리로 자세하게 보여 줄 것이다.

독자가 이 책을 읽으면서 겉에 드러나는 활동 내용뿐만 아니라 그 이면에 담겨 있는 아동을 대하는 교사의 자세, 가르침과 배움에 대한 교사의 태도를 파악할 수 있다면 또 이를 실제 아동

교육현장에 적용하려 노력한다면 보람 있을 것이다.

이 책은 크게 이론 부분과 실제 사례로 구성되어 있으며, 이론을 구체화하는 의미에서 사례를 많이 제시했다. 서울대어린이집 주제탐구표현활동 사례를 통해 주제탐구표현활동을 기존의 영역별로 분리된 활동을 단지 하나의 주제에 맞춰서 교사 주도적으로 제시하는 것처럼 잘못 여기는 일이 없었으면 한다.

완벽한 주제탐구표현활동이란 학급 아동의 흥미와 상황에 가장 적절하고 교사 또한 그 주제탐구표현활동을 통해 새로 알아가는 것에 재미를 느낄 때일 것이다. 영유아보육이나 유아교육에 종사하는 교사들이 이 책에 소개된 사례를 읽으면서 스스로 주제탐구표현활동을 해나가는 데 더 나은 활동을 새롭고 풍부하게 생각해 본다면 기쁘겠다.

서울대어린이집 개원 10주년을 기념해 실제 현장에서 이루어진 주제탐구표현활동을 정리했다. 이탈리아의 레지오 에밀리아 프로그램을 정리해서 전 세계에 보급했듯 이 책은 서울대어린이집에서 그동안 이루어졌던 활동을 정리해 한 권의 책으로 발간했다. 서울대어린이집에서 교사로 일한 전가일, 박유정 대학원생이 자료 정리를 하느라고 수고했다. 모쪼록 신나는 주제탐구표현활동을 교사와 함께 영유아들이 즐기기를 바란다.

2008년 11월 관악에서

서울대학교 생활과학대학 어린이집 원장 이순형

차 례

Part 1 주제탐구표현활동이란

Part 2 영아반 주제탐구표현활동

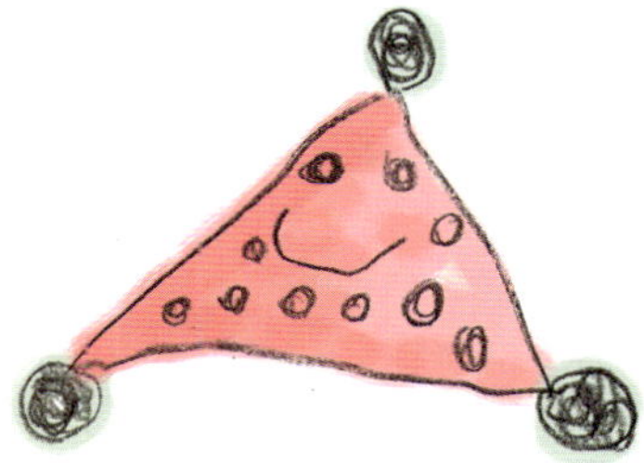

Chapter 8 만 6 · 7세 주제탐구표현활동_환경오염 180

P · A · R · T

one

주제탐구 표현활동이란

01 CHAPTER

주제탐구표현활동의 특징 및 구성

주제탐구표현활동의 정의 및 이론적 근거

주제탐구표현활동은 '교사의 지도하에 한 명 또는 그 이상의 유아가 특정 주제에 대해 깊이 있게 연구하는 것' 으로 정의되는 프로젝트 접근법(The project approach)을 그 의미에 가깝게 번역한 용어이다(이순형 · 서영숙 · 전인옥, 1999).

주제탐구표현활동은 유아 또는 교사가 제안한 주제와 관련된 여러 질문에 대한 해답을 발견하고자 하는 의도적 활동으로, 단지 질문에 대한 정답을 찾는 것이 아니라 주제에 대해 보다 많은 것을 알고자 하는 데 그 목적이 있다. 또한 주제탐구표현활동은 언어, 수, 과학 등의 영역별로 분리된 활동을 제공하는 것이 아니라, 주제를 탐구하는 과정에서 여러 학습 영역의 기본 개념과 기술을 통합적으로 적용하고 습득할 수 있는 장을 유아에게 제공한다.

주제탐구표현활동, 즉 프로젝트에 의한 학습법은 20세기 초 미국의 진보주의 교육운동의 대표적 인물인 듀이(Dewey)의 아동 중심 교육철학, 경험주의 이론과 통합교육과정의 원리에 근거를 두고 있다. 또한 비고스키(Vygotsky)의 사회적 구성주의에 의해서도 지대한 영향을 받았다. 듀이의 제자인 킬패트릭(Kilpatrick)이 《The project method》(1918) 라는 글을 통해 최초로 주제탐구표현활동에 관해 자세히 기술하면서 주제탐구표현활동의 체계적인 이론적 틀이 갖추어졌다. 근래에 캐츠(Katz)와 차드(Chard, 1989)가 유아교육 실정에 맞게 프로젝트에 의한 학습을 재조직해 소개하여 오늘날에는 많은 유아교육 현장에서 그 원리와 절차가 점차적으로 널리 적용되고 있다.

주제탐구표현활동의 구조적 특징

차드(1994)는 주제탐구표현활동의 구조적 특징으로 토의, 현장활동, 표현 · 표상, 조사, 전시의 다섯 가지를 제시했다. 이들 다섯 가지 특징은 주제탐구표현활동의 전(全) 과정에서 내용과 수준을 달리하여 나타난다. 다섯 가지 구조적 특징에 대해 자세히 살펴보면 다음과 같다.

토 의

토의는 학급 전체 아동 또는 소집단의 아동들이 모여서 개인의 경험이나 의견을 교환하는 과정이다. 주제탐구표현활동 프로그램에서는 아동들이 토의를 통해 주제를 선정하기도 하고 주제와 관련된 경험 나누기, 현장활동 계획 및 반성(돌아보기)을 한다. 토의에서 아동들은 타인의 경험을 공유하고 자신을 표현하며 타인의 의견과 자신의 의견을 조율한다. 교사는 아동의 생각을 듣고 개별적인 흥미와 경험의 정도를 파악한다.

현장활동

현장활동은 탐구할 주제에 관한 지식과 정보를 얻기 위해 교실 밖에 있는 현장에 가서 직접 조사하는 것이다. 현장활동은 먼 곳으로 가는 견학만을 뜻하지 않는다. 분수를 관찰하기 위해 분수대에 가는 것, 차 바퀴자국을 보기 위해 흙길에 가는 것, 토끼를 보러 토끼장에 가는 것, 개미를 보기 위해 화단에 나가는 것, 생선 조리법을 보기 위해 식당 선생님께 찾아가는 것 등이 모두 현장활동에 속한다. 현장활동의 대상은 사람, 장소, 사물, 사건 등이며, 이에 대한 직접 관찰과 면담이 포함된다. 현장활동은 주로 전개단계에서 이루어진다. 아동들은 지식을 책에서 간접적이고 추상적으로 얻는 것 이외에 현장활동에서의 직접적인 경험을 통해 보다 구체적인 지식을 적극적으로 얻는 법을 배운다.

표현 · 표상

표현과 표상 역시 주제탐구표현활동의 전(全) 과정에서 나타나며, 각 단계에서 어떤 방식으로 표현 · 표상이 나타날 수 있는지는 '주제탐구표현활동의 단계에 따른 다섯 가지 구조적 특징' 표에 제시되어 있다. 프로젝트 접근법을 주제탐구표현활동으로 번역한 것에서도 알 수 있듯이, 표현 · 표상은 주제탐구표현활동에서 매우 중요하다. 표현을 통해 유아는 자신이 알고 있는 것에 대한 이해를 강화하고 새로운 질문거리를 발견한다. 또 다른 사람과 이를 공유할 수 있을 뿐 아니라, 보다 정확하고 다양한 표현 기법을 모색하며 궁극적으로 지식과 정보를 더 잘 이해하려고 노력하게 된다. 주제탐구표현활동을 하는 동안 아동은 자신의 경험이나 자신이 지은 이야기, 관찰한 것, 디자인한 것을 그림으로 표현한다. 보다 나이 든 아동은 글로도 표현이 가능하다. 뿐만 아니라 조사에서 발견한 것을 표현하기 위해 벤다이어그램, 표, 그래프 등을 사용하기도 한다. 이 외에 극놀이, 모형 만들기, 노래나 동시, 춤이나 동작도 표상의 방법이 될 수 있다.

조 사

주제탐구표현활동은 주제에 대한 궁금증이나 문제를 해결하기 위해 다양한 자원과 방법을 동원해 조사하는 것이다. 아동은 현장활동(관찰과 면담), 실험, 책 등을 통해 자신이 갖고 있는 질문에 대한 해답을 구하고 보다 발전되고 심화된 질문을 제기하며 그에 대해 고찰한다. 예를 들어 쓰레기 분류, 어린이집 쓰레기통 개수 조사, 생선의 표면 돋보기로 관찰하기, 책을 통해서 물고기의 종류 알아보기 등이 이에 해당된다. 조사과정에서 아동은 주제에 대해 알 수 있는 다양한 방법을 경험한다.

전 시

전시는 자신의 활동 결과물과 과정을 전시함으로써 새로 습득한 지식과 경험을 전체 학급 및 외부 사람과 공유하는 것으로, 주제탐구표현활동의 마지막단계인 종결행사에서만 이루어지는 것이 아니라 주제탐구표현활동의 전(全) 과정에 걸쳐서 상시적으로 이루어진다. 전시를 통해 아동들은 자신의 활동 진행 정도를 알 수 있고 다른 친구들의 경험과 아이디어를 공유한다. 종결행사를 위한 전시는 아동들의 협동을 이끌어 낸다.

위에서 제시한 주제탐구표현활동의 구조적 특징이 주제탐구표현활동의 시작, 전개, 마무리단계에서 어떠한 내용으로 이루어지는지는 다음 표에 제시되어 있다.

이 다섯 가지 구조적 특징은 주제탐구표현활동을 원활히 진행시키는 핵심 요소로서, 이에 기초해 주제탐구표현활동이 어느 정도 예측된 진행방식을 가지고 그 안에서 유아들이 흥미에 따라 자유로운 활동을 할 수 있다.

주제탐구표현활동의 단계에 따른 다섯 가지 구조적 특징

	도입단계	전개단계	마무리단계
토 의	• 주제에 대한 경험과 현재 지식 공유하기	• 현장활동 또는 전문가 면담 준비 • 현장활동 다녀 온 후에 반성, 돌아보기 • 2차적 정보 원천으로부터 배우기	• 주제탐구표현활동의 지나온 이야기를 공유하기 위해 준비하는 과정 • 주제탐구표현활동을 돌아보고 평가하는 과정
현장활동	• 부모와 함께 자신의 경험에 관해 이야기하기	• 어린이집 밖으로 나가 현장에서 조사 • 그 분야의 전문가 면담	• 바깥에서 바라보는 시각을 가지고 프로젝트를 평가하는 과정
표현 · 표상	• 이전 경험과 지식을 공유하기 위해 그리기, 쓰기, 조형물 만들기, 극놀이 등으로 표현	• 간단한 현장 스케치와 노트 • 새롭게 배운 것을 표현하기 위한 그리기, 칠하기, 쓰기, 수학 다이어그램, 지도 등	• 주제탐구표현활동을 타인과 공유하기 위해 지나온 이야기를 압축하고 요약하기
조 사	• 현재 알고 있는 것에 기초해 질문 제기	• 초기 질문에 관해 조사 • 현장활동, 도서관에서 책 찾기, 정보 검색 • 후속 질문 제기	• 새로운 질문에 관해 추측하기
전 시	• 주제에 대한 개인적 경험의 표상을 전시 · 공유하기	• 새로운 경험과 지식의 표상을 공유하기 • 주제탐구표현활동의 과정을 계속해서 기록	• 주제탐구표현활동을 통해 배운 것을 요약

주제탐구표현활동의 구성

주제탐구표현활동은 크게 도입, 전개, 마무리단계로 구성되며, 본격적인 도입단계에 들어가기 전에 교사가 준비 및 계획하는 단계가 있다. 이에 대해 살펴보면 다음과 같다.

준비 및 계획단계

주제가 결정되고 학급에서 주제탐구표현활동이 시작되기 전에 교사는 예상 주제망을 짜고, 중요한 사건들을 계획하며, 가능한 현장활동은 무엇인지 조사하고, 이용 가능한 자원을 수집한다.

준비 및 계획단계 다음에 본격적인 주제탐구표현활동은 크게 3단계로 구성되며, 각 단계마다 중요한 사건들이 있다.

1단계(도입)

초기 시작단계로, 학급 전체에 흥미를 일으키는 어떠한 중요 사건이 발생하는 단계이다. 중요 사건이란 어떤 이야기일 수도 있고 교사가 아이들에게 제시한 새로운 사물일 수도 있다.

1단계에서는 주제망을 구성하고 주제에 대해 궁금한 것들을 모아서 질문 목록을 만드는 작업을 한다. 단순히 궁금한 점을 말해 보는 것보다 이번 주제탐구표현활동에서 아동들이 조사하고 싶은 문제는 무엇인지를 말해 보도록 하는 것이 도움이 될 수 있다. 또한 질문 목록 만들기는 한 번에 끝내는 것이 아니라, 1단계가 끝날 때까지 꾸준히 아동들이 주제에 대해 궁금한 사항이나 조사하고 싶은 것이 있을 때 적어서 넣을 수 있도록 질문 목록 상자를 마련하는 것이 좋다. 1단계의 마무리는 아동들의 질문을 살펴보고 토의를 하는 것으로 마무리할 수 있다.

2단계(전개)

2단계의 중요 사건은 현장활동이다. 또한 현장조사를 하기 전 준비와 현장조사 후의 활동도 포함된다. 질문을 해결하기 위한 현장조사는 하나 이상이 될 수도 있다. 준비에서 아동들은 어떤 질문을 조사할지, 어디로 갈지, 누구에게 물어볼지, 무엇을 볼지, 현장에서 올 때 무엇을 교실로 가지고 올지 등을 생각하고 토의하며 기록한다.

현장조사는 아동들이 주제와 관련된 동물, 식물, 사람들, 탈 것, 과정, 사건들을 직접 가까이에서 경험하는 것이다. 아동들은 현장조사 노트에 자신들이 관심 있는 것, 경험한 것을 스케치하거나 글로 쓴다. 교실에 가서 더 알아보고 싶은 문제를 발견하기도 한다. 현장조사 장소가 걸어서 갈 수 있는 거리에 있다면, 가는 길에 많은 흥미로운 것들(사물, 동 · 식물, 사람 등)을 볼 수 있다.

현장조사 후 활동에서 아동들은 자신들이 현장조사에서 무엇을 봤는지, 누구와 이야기를 했었는지, 무엇을 새로 배웠는지에 대해서 이야기한다. 또한 아동들이 현장에서 그려 온 스케치를 기초로 모형을 만들기도 하고, 현장에서 배운 내용을 토대로 책을 만들거나 퀴즈를 만들어 게임을 하기도 한다. 그리고 본 것에 대해 더 알아보기 위해 책을 보거나 편지를 쓰기도 하고, 새로운 질문을 제기하기도 한다. 필요한 경우 후속 현장조사를 계획해서 나갈 수도 있다.

주제에 관련해 직접 경험을 갖고 있거나 많이 아는 사람, 여행 등을 통해 경험한 사람을 초대해 아동들이 궁금한 것을 물어보고, 함께 토의하며 인터뷰할 수도 있다.

3단계(마무리)

주제탐구표현활동의 마지막단계로, 중요 사건은 종결행사이다. 종결행사란 아동들이 진행해 온 주제탐구표현활동을 다른 사람에게 보여 주고 이에 관해 소통하는 것이다. 다시 말해 주제탐구표현활동에 관한 이야기를 들려 주는 것이다.

종결행사를 함으로써 아동들은 지금까지 한 것들을 돌아보고 평가할 수 있게 된다. 종결행사에서 아동들이 한 모든 활동들을 보여 주기는 어렵기 때문에 아동들은 자신들의 주제탐구표현활동을 가장 잘 보여 줄 수 있도록 선택을 해서 제시해야 한다.

아동들이 새로운 지식을 자기 것으로 만드는 데는 각자 걸리는 시간도 다르다. 아동들이 이해한 것을 개인적으로 기억할 수 있고 의미 있게 만드는 방법 중 하나는 상상하여 이야기를 짓는 활동이다. 아동들과 함께 그동안 새로 습득한 지식이 녹아 있는 한 편의 이야기를 지어 이를 극화할 수 있다.

주제 선정의 기준

적절한 주제의 선정은 주제탐구표현활동의 성공 여부에 영향을 줄 수 있다. 가령 '평화', '갈등' 과 같이 아동이 현장조사할 수 없는 추상적 주제를 유아들을 대상으로 한다면 성공적인 주제탐구표현활동이 되기 어렵다. 따라서 여기에서는 주제탐구표현활동의 주제 선정 기준을 제시하고자 한다.

교사는 아동들이 궁금해 하는 주제들 중에서도 선택적으로 주제를 선정해야 하며 아동들이 선호하는 주제를 좋은 주제가 될 수 있는 방향으로 잘 유도해야 한다. 주제탐구표현활동의 주제를 정할 때 교사는 다음과 같은 점들을 고려해야 한다.

- 이 주제는 아동들이 이미 알고 있는 것과 어떻게 연결되며 아동이 이미 가지고 있는 지식을 어떻게 확장시킬 수 있는가?
- 이 주제는 아동이 사는 세계에 대해 더 잘 이해할 수 있도록 도움을 줄 수 있는가?
- 이 주제는 아동들이 서로를 이해하는 데 어떻게 도움이 되나?
- 이 주제는 어떻게 실생활의 문해와 수를 이해할 수 있게 해주는가?
- 이 주제는 아동들의 극(drama play)이나 표현할 수 있는 어떤 아이디어를 줄 수 있는가?
- 이 주제는 아동들이 학교 밖에서 자원을 찾도록 어떻게 격려하나?
- 이 주제는 부모와의 소통을 어떻게 촉진시키나?

또한 교사는 주제를 결정하기 전에 다음의 주제 선정 체크리스트를 사용해 본다. 가장 중요한 것은 주제탐구표현활동을 하는 동안 주제에 대한 아동들의 관심을 이끌어 내고 그 관심을 유지시키는 것이다. 아동들의 관심은 실제 아동들의 생활과 사는 곳, 사람들, 장소, 사건과 직접 연결되어 있을 때 유지되기 쉽다.

주제 선정 체크리스트

- 주제가 아이들한테 얼마나 흥미로운 것인가?
- 현실 세계의 주제인가?
- 아동들이 주제에 대한 경험을 이미 가지고 있나?
- 현장조사를 통해 직접 조사할 수 있는가?
- 정보를 얻을 수 있는 방법이 성인이나 책에 얼마나 의존적인가?
- 주제에 대해 초청할 수 있는 전문가가 있는가?
- 아동들이 궁금해 할 수 있는 다양한 질문들이 있는가?
- 아이들이 적극적으로 조사할 수 있는 기회가 있나?
- 아동들이 발견한 것을 표상할 수 있는 여러 가지 방법이 있나?
- 극놀이로 표현할 수 있나?
- 아동들이 가지고 놀거나 들어가서 놀 커다란 구조물이 있나?
- 세기, 측정하기, 비교하기 등의 활동을 얼마나 할 수 있나?
- 이 주제에 대한 조사에서 다양한 모양, 색깔, 크기, 질감이 존재하나?
- 학부모로부터 끌어 낼 수 있는 전문적 지식이나 기술에는 무엇이 있나?
- 주제에 대한 관심이 빨리 사라질 경우 자연스럽게 뒤따라 나올 수 있는 주제가 있나?

주제탐구표현활동의 의의

마지막으로 주제탐구표현활동은 다음과 같은 의의를 지닌다.

- 탐구할 하나의 주제를 중심으로 수, 언어, 미술 등 여러 영역의 학습을 통합적으

로 제공해 유아의 전인적 성장을 도모한다.

- 필요한 관련 지식과 정보를 구하고자 관찰, 토의, 추론, 기록 등을 통해 유아들 나름대로의 학습방법을 발달시킨다.
- 활동 전 과정을 통해 교사와 유아, 유아와 유아 간의 적극적인 사고의 교류와 상호 작용을 강조한다.
- 활동의 전 과정에 있어 부모 및 지역 사회와 협조적 관계를 형성한다.

02 CHAPTER

교사들의 대화

주제탐구표현활동을 하게 되면 교사들은 종종 어려움에 직면한다. 주제 결정하기, 아이들의 질문 목록을 활동으로 구성하기, 활동들을 서로 유기적으로 구성하기, 주제탐구를 위한 자원 활용하기 등 많은 부분에서 어려움을 만나고 질문이 생기게 될 것이다. 이러한 어려움과 질문을 해결하기 위한 가장 근본적이고 좋은 방법은 교사가 직접 자신이 생각하는 것을 실행함으로써 그 결과로부터 배우는 것이다. 대부분의 교사들이 이러한 경험을 통해 주제탐구표현활동을 하는 더 좋은 방법을 알아간다.

그러나 모든 문제들을 교사가 직접 경험하는 방법으로 해결하며 배울 수는 없는 일이다. 그래서 우리는 다른 사람의 책을 통해 배우고 다른 사람의 경험을 공유하려고 노력한다. 동료교사들과 함께 활동의 어려움에 대해 이야기를 나누는 것은 주제탐구표현활동을 실천하는 현장의 교사들에게 매우 유익한 일이다. 우리는 다른 교사들의 이야기를 들으며 자신의 교실에서 겪는 어려움에 대한 답을 얻기도 하고 내가 안고 있는 문제들을 이야기 하다가 스스로 해결의 방법을 찾기도 한다.

이 글에서는 주제탐구표현활동을 실천하는 교사들이 겪는 어려움을 알기 위해 교사 경력이 있는 아동학 전공자들의 대화를 정리해 보았다. 대화의 주제는 탐구의 주제를 결정하는 것과 관련된 것이며 대화에 참여한 교사들은 각각 영아반, 유아반, 방과후반 보육교사 경험이 있는 연구자들이다.

교사 1 : 저는 항상 그것이 고민이었어요. 아이들이 매우 흥미를 보이는 어떤 주제가 있잖아요. 그런데 이게 굉장히 어렵고 흔히 말하는 '프로젝트로서 적합한 주제'가 아니예요. 이런 경우 주제를 선택할 때 어떻게 해야 할까요? 예를 들어 '우주' 같은 주제가 그랬어요. 우리 반 아이들은 모두 우주에 대해 굉장히 흥미 있어 하고 좋아했는데, 막상 우주에 대한 주제탐구표현활동을 하고 나서는 그게 좋은 주제였다는 생각이 잘 들지 않았어요. 우주는 흔히 말하는 유아들이 프로젝트를 진행하기에 '추상적'인 주제이긴 하니까.

교사 2 : 전 교사가 프로젝트의 주제를 결정할 때 그 근거가 전적으로 아이들의 호기심에 달려 있어야 한다고 생각하지 않아요. 아이들이 원한다고 해도 그것이 주제탐구표현활동을 하기에 적절하지 못한 경우가 있고 이런 때에는 교사가 보다 적절하고 필요하다고 생각되는 주제를 아이들에게 제안해서 주제를 결정해도 된다고 봐요. 예를 들어 유아반의 대다수 남아들이 좋아하는 '싸움하는 벌레' 같은 것을 탐구의 주제로 결정할 수는 없잖아요. 결국 그런 판단을 하는 것이 교사의 중요한 역할이라고 생각해요. 많은 교사들이 '아이들이 원했다'라는 이유로 어떤 주제를 결정하는데, 그것은 다소 위험한 발상이 아닌가 생각돼요. 말씀하신 '우주' 같은 주제가 좋은 예인 것 같아요. 아이들이 좋아하고 흥미를 보인다고 해도 그 주제의 특성상 매우 추상적이어서 적절한 주제탐구표현활동을 하기가 어려울 것 같아요.

교사 3 : 전 그렇게 생각하지 않아요. 저도 우주라는 주제로 프로젝트를 해보았는데, 아이들이 주제탐구표현활동을 진행하는 내내 매우 흥미를 보이며 잘 집중했어요. 활동도 재미있게 잘 했고요. 물론 그 교육활동 내용을 아이들이 전부 다 이해했다고 생각하지 않아요. 어떤 것은 인지적으로 잘 이해했겠지만 어떤 부분은 그냥 느낌으로 받아들였고 어떤 부분은 의문으로 남아 있기도 했겠지요. 하지만 그런 것들이 고스란히 다 아이들의 재산으로 남는 거라고 생각해요. 그것이 바로 지시적 교수방법이 아닌 프로젝트 접근을 하는 이유이기도 하고요.

교사 2 : 선생님 말씀에 저도 동의를 해요. 하지만 프로젝트를 할 때 교사는 그 시점에서 아이들에게 가장 풍부한 탐구를 가능하게 하는 주제가 무엇인지를 고민할 필요가 있어요. 우주 같은 주제의 경우 실제로 만질 수도, 들을 수도, 볼 수도 없기 때문에 활동으로 구성하기가 매우 어려운 주제인 것이 사실이에요. 그런데 문제는 프로젝트를 진행할 때 가장 관건이 되는 것이 바로 교사의 역량이라는 점이에요. 주제탐구표현활동은 단원 중심적인 교육활동과는 달리 교사의 역량에 의해 활동의 질이 좌지우지되는 경향이 있어요. 단원 중심적 활동이야 교사의 역량이 어찌되었든 프로그램이 좋고 교사가 그것을 어느 정도 선에서 따라해 주면 웬만한 수준의 질을 보장할 수는 있지요. 하지만 프로젝트 활동은 달라요. 잘못하면 한없이 방만하고 실속이 없는 교육활동이 나열될 수도 있어요. 바로 이런 점, 그러니까 다른 어떤 접근법보다도 교사의 역량에 따라 교육활동의 질이 크게 달라진다는 점 때문에 주제탐구표현활동을 할 때는 될 수 있는 한 탐구하기에 가장 적절한 주제를 선택할 필요가 있다고 여기는 거예요. 예를 들어 '우주' 같은 주제는 매우 추상적이고 개념적이기 때문에 그것을 교육활동으로 잘 구성하는 데는 상당한 교사의 역량을 필요로 하는 주제예요.

교사 1 : 그러니까 만질 수 있고 볼 수 있고 느낄 수 있는 그런 주제들은 교사의 역량에서 보다 자유로울 수 있겠네요?

교사 2 : 그렇죠. 예를 들어 '물' 과 같은 탐구 주제가 그렇죠. 물은 만질 수도 있고 볼 수도 있고 아이들이 느낄 수도 있으며 그 자체로도 여러 가지 과학적 현상을 나타내기 때문에 유아들이 탐구하기에 아주 적절한 주제죠. 게다가 아이들도 아주 흥미 있어 하는 주제이고요. 만약 초임 교사가 물 주제탐구표현활동을 한다면 주제탐구표현활동의 원칙을 잘 알고 어느 정도의 자료와 제언을 가지고도 적절한 활동을 구성할 수 있을 거예요. 못해도 본전은 할 거라는 거죠. 하지만 우주 주제탐구표현활동을

한다고 생각해 볼 때는 다르죠. 그런 추상적인 주제를 가지고 유아들의 발달에 적절한 활동을 구성하기는 웬만한 경험을 가진 교사도 힘들 거라고 봐요.

교사 3 : 맞아요. 주제탐구표현활동에서는 교사의 역량이 정말 중요한 요소라는 건 확실해요. 하지만 주제탐구표현활동을 하는 교사의 역할이 아이들에게 과학적이고 객관적 사실을 모두 전달하는 것은 아니라고 생각해요. 예를 들어 '우주' 에 대한 주제탐구표현활동을 하는 어떤 아이가 달에 대한 경험을 표현하면서 "달이 우리 집 창문에 들어와 있다" 고 이야기 했다고 생각해 봐요. 그런 유아의 생각에 대해 교사가 달과 지구의 과학적 관계를 알게 하려고 굳이 애쓸 필요는 없겠지요. 그냥 교사는 "아, ○○는 달이 그렇게 보였구나." 라고 말하며 그 아이의 표현을 인정해 주고 계속해서 활동을 구성하면 되는 거죠. 아이는 계속되는 활동을 통해 달은 우주 속에 지구와 함께 공존하고 있는데, 창문에 비친 모습 때문에 자기 집 창문 속에 들어와 있는 것처럼 보인다는 사실을 알 수 있을 거예요. 설혹 그것을 알게 되지 못한다 하더라도 전 큰 문제는 없다고 봐요. 모든 경험이 그 아이가 자신의 지식을 구성하는 데 모종의 힘과 재산이 되어 줄 테니까요.

교사 2 : 저도 교사가 아이들에게 주제에 대한 과학적 사실들을 가르치려 하는 태도는 주제탐구표현활동을 하는 교사라면 버려야 할 강박이라고 생각해요. 그런데 이게 잘 안 되죠. 저부터도 그래요. 저는 레지오의 교육철학을 마음으로 받아들였고 제 의식은 그것을 지향하려고 애쓰지만 정작 활동을 할 때는 아이들에게 '사실' 을 알려 주고 싶어 참지 못할 때가 많아요. 제가 받은 오랜 교육방식이 제 몸에 새겨져 있기 때문이죠. 제 의식은 레지오를 따르지만 제 몸은 직접교수방식을 따르고 있는 거예요. 제 몸에 새겨진 닫힌 교육방식은 객관적 사실을 전달하려는 강박을 갖게 할 뿐 아니라 보다 창의적이고 열린 사고도 방해를 하죠. 몸에 새겨진 근대와 의식으로 받아들인 탈근대가 서로 분투하고 있는 형국이라고나 할까….

교사 1 : (웃음) 하하~ 그런데 그건 단지 웃을 일만은 아니네요. 그게 사실이라고 한다면 좀 허무해져요. 결국 아무리 노력해도 우리 몸에 새겨진 질서 때문에 잘 되지 않을 거라고 하면 우리는 왜 주제탐구표현활동을 하려고 애쓰는 걸까요? 결국 되지 않을 일에 우리가 헌신하는 건가요?

교사 2 : 그렇지 않죠. 교육이란 더 나은 방향을 지향하는 거니까 지금 우리가 그렇게 하지 못한다고 해서 영원히 하지 못할 거라고 생각하면 안 되겠지요. 우리는 다만 지금 우리의 상황에서 최선을 다하는 것이고 그러면 우리 다음 세대는, 지금 내가 가르친 아이들은 나보다는 더 자유로운 발상과 상상력 그리고 사고력을 가지리라는 믿음 그런 걸 가지고 아이들을 키우는 게 아닐까요? 그러니까 우리가 아이들을 주제탐구표현활동의 방식으로 가르치려고 하는 것은 아이들이 보다 나은 방향으로 자라길, 보다 사고력 있는 사람이 될 수 있도록, 보다 열린 상상력을 가진 사람이 되도록 돕는 것이지요. 이 지점에서 다시 한번 교사의 역량과 역할이 얼마나 중요한가 하는 점을 새삼 상기하게 되네요. 교사가 이런 태도를 가지고 아이들과 상호 작용하는가 그렇지 않은가는 매우 큰 차이가 있을 테니까요.

교사 3 : 그래요. 결국은 어떤 주제로 결정하느냐 하는 것보다 더욱 중요한 것은 교사가 그 주제를 어떻게 펼치고 그 주제에 대해 어떤 방식으로 아이들과 상호 작용하는가 하는 것이에요. 물을 탐구하든, 우주를 탐구하든 만약 그 교사가 아이들이 탐구 대상에 대해 가지는 호기심이 확장되도록 돕고 주제에 대한 아이들의 다양한 배움의 욕구를 더 부채질할 수만 있다면 주제탐구표현활동은 성공한 것이지요. 내 경험으로 볼 때 아이들은 모두 타고난 과학자인 것 같아요. 배움의 욕구를 본능적으로 타고났죠. 성인들이 그런 타고난 배움의 욕구를 방해하지만 않는다면 아이들은 저마다 자신의 시간에 맞춰 자신에게 필요한 것들을 배울 거라고 생각해요. 그러니 교사는 어떤 주제로 프로젝트를 할 것인가를 고민하는 것 못지않게 아이들을 어떻게 대할 것인가, 어떤 식으로 아이들에게 묻고 답할 것인가와 같은 아이들을 대하는 자신의 모습에 대해서 진지하게 고민할 필요가 있어요.

교사 2 : 선생님의 말씀에 매우 공감이 가요. 주제탐구표현활동을 할 때 연령과 발달에 적절한 주제를 선택하는 것도 중요하겠죠. 하지만 정말로 중요한 것은 그렇게 선택된 주제를 교사가 어떻게 풀어나가는가 하는 데 달

려 있어요. 만일 발달에 적절한 주제를 선택하고도 아이들의 지적 호기심과 활동의 깊이를 심화 · 확장시키지 못하고 교사가 일방적인 방식으로 활동을 전개해 나가서 아이들이 그 주제에 대한 새로운 사실을 발견하는 기쁨을 맛보지 못한다면 그것은 진정한 주제탐구표현활동이라고 볼 수가 없지요. 오히려 아이들에게 조금은 어려운 듯한 주제를 선택했다 할지라도 교사와 아이들과 함께 주제에 대해 진지하게 탐구하고 주제에 대한 아이들의 질문과 호기심을 확장시키고 그것을 바탕으로 활동을 구성해서 배움에 대한 아이들의 욕구를 충분히 받아 주고 격려해 줄 수 있다면 성공이죠.

교사 1 : 결국 중요한 것은 현장의 교사네요.

교사 3 : 그렇죠. 교사들이 중요해요. 어떤 교사를 만나느냐에 따라 아이들의 사고력과 상상력이 보다 많이 발현될 수도 있는 문제니까요.

교사 2 : 아이들을 가르치는 것만큼이나 교사를 가르치는 것도 중요하겠네요.

교사 3 : 그럼요. 좋은 교사 한 사람을 얻는 것이 얼마나 중요하고도 어려운 일인데요.

교사 2 : 아무튼 이 책이 현장에서 우리와 같은 고민을 하는 교사들에게 조금이나마 도움이 되어 주었으면 좋겠네요.

P · A · R · T two

영아반 주제탐구표현활동

03 CHAPTER

만 1 · 2세 주제탐구표현활동_봄산책

다음은 만 1 · 2세 학급에서 진행된 봄산책 주제탐구표현활동으로, 실외산책에서 영아들이 관심을 가지는 동물과 식물을 중심으로 주제탐구표현활동을 진행한 것이다.

도 입

주제 선정

봄산책 주제탐구표현활동은 전 연령의 유아들이 할 수 있다. 그 중에서도 영아반에서는 산책이 학기 초 영아들이 기관에 맡겨지는 경험을 처음 하거나 익숙하지 않아 부모와 헤어진 후 울거나 침울해 하는 영아의 마음을 진정시켜 주고 어린이집 적응에 도움을 주기 때문에 적당한 주제라고 할 수 있다. 영아들은 유아들처럼 좁은 주제에 대해 깊이 있는 탐구를 하기보다는 주변 세계의 다양한 사물을 인식하고 탐색하는 것이 발달적으로 더 적합하므로, 개나리라는 한 종류의 꽃을 탐구하기보다는 봄에 주변에서 볼 수 있는 동·식물을 탐구하고 경험하는 것을 목표로 한다.

3월과 4월, 영아와 교사가 얼굴을 익히고 교사가 개별 영아들의 특징에 대해 어느 정도 파악하면 가까운 곳부터 산책을 시작한다. 아직 적응 기간이 끝나지 않거나 새로 온 영아가 있을 경우에는 영아의 부모님을 산책에 동행하도록 하여 영아가 산책에 참여할 수 있도록 한다. 산책 장소로는 어린이집에서 가까운 정자, 벤치, 놀이터 등 근거리의 안전한 곳이 적당하다.

대부분의 영아들이 아직 옷 입기, 신발 신기가 서투르기 때문에 영아반은 산책 준비에 꽤 오랜 시간이 걸린다. 또한 한 줄로 서는 것은 물론, 친구와 손을 잡고 이동하는 것도 쉽지 않다. 교사는 이러한 영아의 발달적 특성을 인지하고 시간을 운영해야 한다. 영아들을 어서 빨리 준비시키고 나가야 한다는 마음으로 조급해 하지 않도록 한다. 산책 준비에 걸리는 시간을 매일 조금씩 줄여 나간다는 생각으로 준비하는 것이 좋다.

교사와 산책을 나가고 있는 만 1세 영아

초기에 산책 시간은 10~15분 정도로 한다. 교사는 산책 중 흥미로운 것을 발견하면 영아들과 함께 보고, 영아가 먼저 무언가에 흥미를 보일 때에는 반응적인 태도로 영아가 관심을 보이는 것에 함께 관심을 갖고 탐색할 시간을 주며 상호 작용을 한다. 때로는 산책 대신 그늘에 돗자리를 펴고 앉아서 간식을 먹으며 주변을 관찰하기도 한다.

이와 같이 주제탐구표현활동 도입단계에서는 교사가 영아들과 짧은 산책을 하며 영아가 관심을 갖는 것이 무엇인지 파악하는 것이 중요하다. 이는 전개단계의 활동을 계획하기 위해 필수적이다. 주제탐구표현활동은 본래 아동의 흥미에 의해서 아동 주도적으로 탐구활동과 표현활동이 이루어지는 것을 기초로 하기 때문이다. 영아들은 표현할 수 있는 언어의 한계로 인해 자신의 흥미와 호기심을 질문을 통해 표현하기보다는 행동으로 표현하기 때문에 교사의 관찰이 매우 중요하다.

봄산책으로 주제를 선정하고 나면 교사는 봄산책 주제탐구표현활동을 통해 영아들이 성취할 목표를 설정한다.

- 산책을 통해 영아들이 어린이집을 즐거운 곳으로 느끼고 잘 적응한다.
- 주변에서 볼 수 있는 동 · 식물의 이름을 알고 다양한 방법으로 관찰할 기회를 갖는다.

만 1세반의 산책 모습

• 산책 준비를 통해 옷 입고 벗기, 양말과 신발 신고 벗기 등과 같은 자조행동능력을 발달시킨다.

교실 엿보기

➔ 3월 18일 화요일

• 가족생활동 방향으로 산책
• 스스로 옷 입으려고 노력해 보기
• 신발 혼자서 신기
• 산책할 때 지켜야 할 약속 지키기
• 산책하면서 자전거, 오토바이, 나무, 빨래, 집, 쓰레기 등을 보고 이야기함
• 가족생활동 놀이터에서 놀기
• 어린이집으로 돌아옴

영아의 반응

• ○○이가 혼자서 신발을 벗지 못하고 교사가 선뜻 벗겨주지 않자 울음을 터뜨림
• 영아들이 대부분 옷을 입거나 벗는 것, 신발 신기, 양말 신기를 아직 못함

영아들의 관심을 파악하고 프로젝트의 구체적 목표를 설정하였으면 교사는 봄산책 주제탐구표현활동에 대한 가정통신문을 보낸다. 산책에서 영아가 무엇에 흥미를 보였는지 가정통신문을 통해 부모에게 알리고, 봄산책 주제탐구표현활동의 원활한 진행을 위해 가정에서 협조할 것은 무엇인지 전달한다. 예를 들면 영아가 걷기 편한 옷과 신발을 준비해 줄 것, 여벌옷을 충분히 준비할 것, 되도록 산책 시간 이전에 등원할 것 등을 부탁할 수 있다.

TIP

봄철에는 황사가 자주 발생하므로 교사는 매일 일기예보를 확인하고 황사가 예상되는 날은 실외활동을 자제한다.

교실 엿보기

어린이집 현관을 나서서 채 몇 걸음도 가지 않아 아이들이 개미를 보느라 멈추어 섰다. 선우는 아주 작은 개미를 보고 있었다. 조금 전까지 엄마를 찾으며 울던 서영이도 얼굴에 눈물과 콧물이 묻은 채 개미를 보고 있었다.

잠깐 동안 다함께 개미를 관찰하고 나서 정자 근처로 이동했다.

승준이는 "풀밭." 하며 토끼풀과 잔디가 있는 바닥을 가리켰다. 교사가 "그래, 풀밭. 우리 풀밭 위에서 뛰어볼까?" 라고 하자 승준이가 "뛰어, 뛰어." 라고 했다. 다른 아이들도 같이 뛰었다.

예지는 잔디를 손으로 뜯고 있었다. 옆에 있던 연수가 쑥을 뜯어 와서 교사에게 "이거." 하며 내밀었다. 교사가 '쑥' 이라고 가르쳐 주자, 이번에는 연수가 길다랗고 풀씨가 달린 풀잎을 뜯어서 가져왔다.

교사가 네잎클로버를 찾고 좋아하는 것을 보고 연호랑 선우가 자기들도 만져보고 싶어 했다. 연호는 자기도 클로버를 꺾어서 교사에게 내밀었다.

어디선가 노랫소리가 들려와서 보니 옆에서 지승이가 날아다니는 나방을 보고 "나비야~ 나비야~" 노래를 부르고 있었다.

요새 말이 많이 늘고 있는 병아리반 친구들은 교사의 말을 잘 따라한다. 정자 밑 그늘에서 잠시 쉬자고 하면서 교사가 "아~ 시원하다." 라고 하자 아이들이 그 말을 따라 했다.

꿈틀꿈틀 공벌레가 기어가는 게 보여 교사가 이를 가리키며 "공벌레." 라고 하니 아이들이 "콩버예." 하고 따라했다. 모여든 아이들은 쭈그리고 앉아서 공벌레가 기어가는 걸 한참 동안 보았다. 공벌레가 잡초 밑으로 숨자 아이들은 잡초 잎을 들춰보며 찾아냈다. 공벌레가 옆에 있는 나뭇잎 밑으로 들어가면 찾아내고 또 숨으면 찾아내는 모습이 숨바꼭질 같았다. 공벌레가 기어서 나무 밑으로 가자, 승준이는 "없네? 집에 갔나봐." 라고 했다. 교사가 "그래, 공벌레 집에 갔나봐. 집에 가서 뭐하지?" 하자, "엄마랑, 코 자려고." 라고 했다. 민교는 간혹 "오!" 하는 소리를 지르더니 공벌레가 멀리 가자 "빠이." 를 했다.

"아악!" 선우가 비명을 지르며 손을 털었다. 알고 보니 개미가 자기 무릎까지 왔다고 했다. 연호는 의자 위에 올라가서 걸어 다니는 놀이를 혼자서 하고 있었다. 예지는 이제 교실로 들어가자고 하자 노란색 아카시아 이파리를 손에 들고 그것을 가지고 교실로 들어가겠다고 했다.

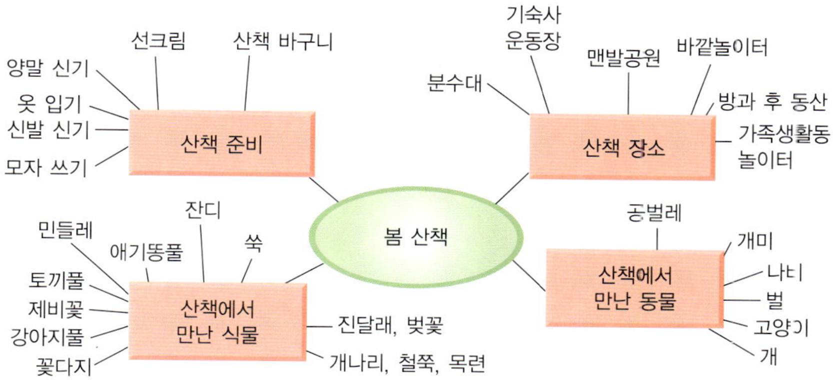

| 봄산책 주제망 |

주제망 구성

어린 영아들이 질문 목록을 만들고 주제망을 짜는 것은 어려운 일이다. 이럴 경우에는 교사가 자신이 관찰한 영아의 흥미를 기초로 주제망을 짜는 것도 좋다. 이때 영아의 발달 수준에 적합한 내용인지를 고려해서 구성하는 것이 가장 중요하고, 그 내용을 영아가 어떤 식으로 배우고 경험할 것인지, 그 방법을 미리 생각하면서 주제망에 포함시키도록 한다. 교사가 작성한 주제망은 영아들과 실제로 활동하면서 보다 구체적으로 변화한다.

전 개

봄산책 주제탐구표현활동은 실외활동과 실내활동으로 구성될 수 있다. 물론 실외활동은 봄산책 주제탐구표현활동의 중심이며 주제탐구표현활동 진행 기간 동안 지속적으로 이루어진다. 그러나 실외활동 못지않게 실내활동도 중요하다. 실외산책에서 영아가 보고 경험한 것, 흥미를 보인 것에 관해 더 자세히 탐구할 수 있는 환경과 기회를 주는 것이 실내활동이기 때문이다. 영아가 관심을 보이고 교육적 가치가 있는 것을 실내활동으로 연결하여 실외와 실내활동이 서로 연관되도록 하고, 실내활동을 통해 생긴 새로운 흥미와 호기심을 바탕으로 목표를 정해 실외활동을 나간다.

이야기 나누기

만 2세 정도가 되면 산책을 나갈 때 무엇을 준비해야 할지에 대한 이야기 나누기가 가능하다. 물론 영아들을 대집단으로 모이도록 해서 토의를 할 수 있는 시간은 매우 짧다. 교사는 영아의 주의 집중 시간을 이해하고 이를 고려해야 한다. 이야기 나누기 시간을 시작할 때 주제와 관련된 흥미로운 동화나 실화를 들려 주거나 노래, 손유희를 통해서 영아들의 주의를 집중시킬 수 있다.

이야기 나누기를 통해 영아들은 산책 준비에 대해 이미 알고 있는 것을 정리하고 아직 몰랐던 것을 새로 알게 된다. 산책을 나가기 위해서는 가지고 놀던 장난감이나 책을 제자리에 정리하고 먹고 있던 음식은 마저 먹은 후에, 옷을 입고 양말과 신발을 신어야 한다는 것과 그 순서를 알 수 있도록 한다.

영아들과 이야기할 때는 단순히 설명을 하기 보다 '만약 옷을 입지 않고 나가면 어떻게 될까? 양말, 신발을 신지 않고 나가면 어떨까?' 등의 질문을 던져서 영아가 스스로 생각해 보게 한다. 또한 양말 신기 게임, 옷 예쁘게 정리하기 게임을 통해서

| 이야기 나누기 시간 |

실제로 산책 준비 연습을 할 수 있도록 하는 것도 효과적이다. 이때 영아에게는 격려와 칭찬이 반드시 필요하다.

영아들과 산책을 나가기 전에는 산책에서 지켜야 할 약속을 꼭 이야기한다. 영아는 아직 위험을 인지하는 능력과 행동의 결과를 예측하지 못하기 때문에 안전을 위한 약속을 정하고 그에 대해 충분히 이야기를 한 후에 나가야 한다.

- 선생님이랑 같이 가고 혼자 가면 안 돼요.
- 길을 건널 때는 선생님과 같이 건너요.
- 길에서 뛰면 안 돼요.
- 짝꿍이랑 손을 잡고 걸어요.
- 길을 건널 때는 손을 높이 들어요.

주제탐구표현활동에서 이야기 나누기는 매우 중요하다. 언제라도 영아와 이야기를 나누고, 또 즐거운 기분으로 이야기를 나눌 수 있는 교사는 정말 훌륭한 교사라

교실 엿보기

➔ 날씨가 따뜻해졌어요(만 2세 학급)

- 따뜻하다, 춥다, 안 춥다, 봄이다 등을 사용해 이야기를 나눔
- 산책 준비에는 어떤 것이 있나요? : 양말, 옷, 신발
- 산책 다녀와서 할 일은? : 코트, 바지, 양말 벗어 옷걸이에 걸고 장에 넣기, 손 씻기, 점심 먹을 준비하기

영아의 반응 및 평가

- ○○는 산책 준비에 대해 "양말 신고 옷 입고 신발 신어요."라고 대답해 그동안 연습한 것을 잘 알고 있음
- 다른 아이들도 산책 경험을 통해 대부분 알고 있는 것 같음
- 이번 주부터 산책 준비 스스로 할 수 있게 연습을 조금씩 해나갈 예정. 오랜 시간 꾸준한 연습이 필요할 것임
- 아이들이 실내에서 내복을 입고 있기 때문에 밖에 나가려면 바지나 웃옷을 입어야 함. 날씨가 더 따뜻해지면 아이들 옷 입기가 덜 복잡해질 것임

할 수 있다. 교사는 이야기 나누기 시간에 영아들과 이야기를 나누며 영아의 발달 수준에 적합한 어휘를 사용해 가르치고 정서적으로도 영아와 친밀해진다.

이야기 나누기 시간에는 관련 시청각 자료가 도움이 된다. 동화책, 동시, 노래, 사진 자료 등은 영아가 언어적 · 비언어적으로 봄과 관련된 이미지를 이해하고 어휘를 습득하는 데 도움을 준다.

현장활동 : 산책 나가기

TIP

산책 나가기 전 준비

- 산책 장소 물색 : 어린이집 실외놀이터, SK빌딩 쪽 등산로, 가족생활동 놀이터, 분수대, 기숙사 운동장, 어린이집 앞 정자, 벤치, 서울 과학전시관, 낙성대 공원 등
- 산책 시 필요한 물품 구비 : 비상약(후시딘, 반창고 등), 물티슈, 사진기, 휴지 등을 산책가방에 넣어 교사가 메고 나갈 수 있도록 한다.
- 산책길에서 볼 수 있는 것들 교사가 미리 예상하고 조사 : 가령 애기똥풀, 쑥 등 꽃이름, 풀이름, 나무이름 등을 알아놓는다.

참고할 수 있는 책들

- 나무도감(보리), 쉽게 찾을 수 있는 우리나물, 쉽게 볼 수 있는 야생화 등

TIP

산책 나가기 전 확인사항

- 산책에서 지킬 약속을 확인한다.
- 영아들에게 이름표를 달아 준다.
- 산책 장소와 산책 목표를 정한다. 예를 들면 "오늘은 날씨가 어떤지 보자.", "개미가 있는지 보고 오자.", "놀이터에 가면 무엇을 볼 수 있을까?", "오늘은 산책하면서 민들레꽃을 찾아 보자."와 같이 이야기를 나눈다. 이러한 이야기는 오전 간식을 먹으면서 영아와 대화를 나눌 수도 있고, 산책 전에 따로 이야기 나누기 시간을 가질 수도 있다.

여러 가지 봄꽃·풀꽃에 관심 갖기

산책길에 피어 있는 봄꽃들을 보면서 꽃이름을 알려 주고 특징을 탐색할 수 있도록 한다. 영아가 원할 경우 그리고 교사가 안전하다고 판단될 경우 만져 보고 냄새 맡아 보며 보다 자세히 관찰할 수 있는 시간을 준다. 더 자세히 관찰하고자 할 때에는 바닥에 떨어진 꽃잎이나 나뭇가지를 교실로 가져 온다.

여러 가지 봄꽃과 풀꽃에 관심을 갖는 영아

철쭉을 보고 있는 영아

아카시아꽃을 탐구 중인 영아

봄에 피는 꽃들은 색깔, 모양, 크기가 여러 가지이므로 이에 대해 탐색하고 이야기를 해본다. 영아들은 꽃이름뿐만 아니라 '노랑', '분홍', '하양', '작다', '크다' 등의

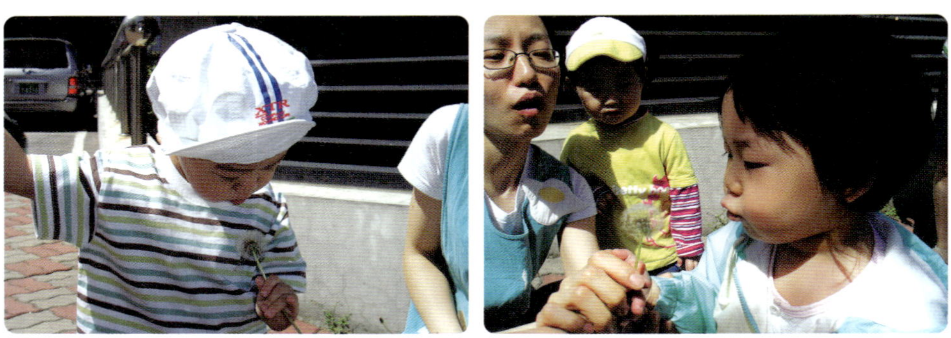

민들레꽃을 탐구 중인 영아

관련 어휘를 이해하고 배울 수 있을 것이다.

민들레, 제비꽃 등 특정 꽃의 이름을 알게 되면서 같은 꽃 찾기 활동을 할 수 있다. 똑같은 꽃 찾기는 영아에게 비교와 공통점 찾는 능력을 요한다. 같은 꽃을 총 몇 개나 찾았는지 수를 세어 볼 수도 있다.

이 밖에도 민들레 홀씨를 찾아 불어 씨를 날리는 것은 영아들이 매우 좋아하는 놀이 중 하나이다. 또한 토끼풀꽃으로 꽃반지나 팔찌, 목걸이를 만들어 줄 수 있고, 강아지풀로는 복슬복슬한 부분을 손에 쥐고 움직이면 강아지풀이 손 밖으로 나오거나 안으로 들어가게 할 수 있다. 애기똥풀은 줄기를 꺾으면 줄기에서 노랗고 독특한 냄새가 나는 액체가 나오는데, 이를 손톱에 바르는 놀이를 할 수 있다. 이처럼 가까이에서 볼 수 있는 여러 가지 풀꽃을 관찰하고 그것으로 놀이를 하는 것이 영아에게는 곧 탐색의 과정이 된다.

여러 가지 동물

산책을 하다 보면 식물뿐 아니라 동물도 많이 볼 수 있다. 개미, 나비, 벌, 콩벌레, 거미 등과 고양이, 청설모, 다람쥐, 다른 사람이 산책에 데리고 온 개 등을 보기도 한

토끼장 관찰

| 개미를 관찰하는 영아 |

다. 영아반의 봄산책 주제탐구표현활동에서는 산책길에서 만난 동물의 이름과 특징도 알아볼 수 있다. 여러 가지 동물 중 개미는 다른 동물보다 더 쉽게 발견할 수 있고 영아들이 관심을 많이 갖는 대상이다. 영아가 개미를 보고 반응을 보일 때 교사는 영아에게 '개미' 라는 이름을 가르쳐 줄 뿐만 아니라 개미가 기어가는 모습을 관찰할 수 있는 시간을 준다. 개미가 가는 길을 따라가 볼 수도 있고, 그러다보면 개미집이 있는 곳을 발견할 수도 있다. 영아는 땅 속에 개미집이 있다는 것을 알게 된다. 이때 교사는 영아가 탐색할 수 있도록 돕는 역할을 해야 한다.

예를 들어 교사는 개미를 보고 있는 영아들을 보고, "이 개미는 어디에 가는 걸까?" 하고 질문을 할 수 있다. 비슷하게 "개미도 맘마를 먹을까?", "개미도 밤에는 코~ 잘까?", "개미는 밤에 어디에 있을까?" 하고 질문을 해볼 수 있다. 즉, 때에 따라서 교사는 영아에게 궁금증을 불러일으키기도 한다.

한편 영아반에서 교사는 문제 해결의 모델이 될 수도 있다. 가령 영아들과 함께 개

영아들의 봄산책

개나리를 탐구 중인 영아

미가 어디로 가는지 개미가 가는 길을 따라서 가 볼 수 있다. 영아들은 개미가 가는 모습을 매우 흥미롭게 지켜보는데, 이때 영아가 개미를 따라서 화단 밖으로 나가지 않도록 주의해야 한다.

산책가는 곳에 작은 연못이나 냇가가 있다면 갈대잎으로 배 만들어 띄우기, 종이배 띄우기, 나뭇잎배 띄우기 등의 활동도 가능하다. 또 산책하면서 살금살금 걷기, 쿵쿵 소리내며 걷기, 천천히 걷기, 빨리 걷기 등을 할 수도 있다.

산책 후 활동

이야기 나누기

산책 후에는 이야기 나누기를 통해 영아들이 산책에서 무엇을 보았는지, 무엇이 인상적이었는지를 파악한다. 그리고 영아가 이를 표현할 수 있는 기회를 준다.

이야기 나누기

영아들이 본 것을 회상할 수 있게 돕는다.

교사 : 승준아, 우리 나가서 뭐 봤지?
승준 : 매미(개미)! 꼬~(꽃)!

그림으로 표상하기

산책 후에 영아가 본 것을 자유로이 그림으로 그려 보도록 할 수 있다. 영아는 이러한 기회를 통해 자신이 경험한 것을 그림으로 표현하기를 시도해 본다.

책 읽기

봄이나 산책과 관련한 동화책들이 많이 있다. 이러한 책들을 읽어 주면서 봄에 관한 어휘를 익히고 다음 산책에서 무엇을 찾아볼지 계획을 세울 수도 있다. 책에 나온 그

교사와 함께 책을 읽는 영아

림과 실제로 본 것을 비교해 볼 수도 있다.

사진 전시

영아들의 산책 사진을 학급에 게시하면 영아가 산책을 회상하고 이에 대해 이야기 나누기 할 때 도움이 된다.

노래 배우기

봄과 관련된 다양한 노래를 영아들과 함께 불러볼 수 있으며, 〈나비야〉, 〈봄나들이〉 등 쉽고 잘 알려진 노래는 가정에서 부모님도 함께 부를 수 있다.

산책에서 주워 온 것들 전시

영아들이 산책에서 마음에 드는 것을 발견하고 교실로 가지고 가겠다고 하는 것들이 종종 있다. 예를 들면 솔방울이나 도토리, 씨주머니, 나뭇가지, 돌멩이 같은 것들이다. 물론 주워서 탐구할 만한 대상으로 보기 어려운 것들도 있지만 영아가 탐구를 계속하고 싶어 할 때 길에서 시간을 지체하는 대신 대상물을 교실로 가지고 가서 탐구하자고 할 수 있다.

산책 가방 만들기

산책에서 영아들이 교실로 가지고 오고 싶어 하는 것들이 늘어나면, 천 또는 종이를 사용해 산책 가방을 만들어 본다.

종이나 천으로 만들어진 가방에 영아가 무늬 또는 그림을 그려 넣는 활동을 할 수 있다. 종이로 만든 가방의 경우에는 시트지를 가방 도안대로 잘라 붙이면 좀더 튼튼한 산책 가방을 만들 수 있다.

교실 엿보기

➜ 4월 2일 수요일

- 산책을 가기 위해 간식을 먹은 후 양말 신기, 옷 입기, 신발 신기
- 봄나들이

날씨도 따뜻하고 황사도 물러가서 산책을 나갔다. 목련, 개나리, 벚꽃, 산수유를 볼 수 있었다. 10시 30분쯤 출발했더니 꽤 멀리까지 다녀올 수 있었다.

영아의 반응 및 평가

○○이는 아직 찻길과 인도의 구분이 없는 것으로 보여서 특별히 주의를 요한다.

목련의 이름을 알게 된 아이들이 아직 피지 않은 목련꽃 봉오리를 보고 "이것도 목련이에요?" 하고 물었다. 벚꽃을 보고는 "하얀꽃." 이라면서 좋아했다. ○○이는 개나리를 따서 입에 물었다. 꼭 노래가사처럼 병아리 같이 보여서 교사와 친구들이 하하하 웃었다.

교사가 풀을 뿌리째 뽑아보였더니 ○○와 ○○이가 생일축하노래를 부르고 촛불을 끄듯이 후~ 하고 불었다.

풀냄새도 맡아보고 맨발공원 언덕을 기어오르기도 했다. 교사의 도움 없이 풀벽을 잘 오르는 모습이 놀라웠다. 먼저 온 영아들은 친구들을 보고 "힘내라!" 하고 소리쳐 응원해 줬다.

산책에서 볼 수 있는 것을 모루로 찍어 보는 미술활동을 하는 영아

실내탐구활동 : 산책에서 본 것 탐구 및 표현활동

반복적으로 산책을 하면서 영아가 보고 느끼는 것이 풍부해지고 영아들 스스로 산책에서 본 것에 관해 많이 이야기를 할 때 한층 더 깊은 탐구활동 진행이 가능하다.

다양한 사물들을 오감으로 탐구하기

교실 한쪽에 산책에서 가지고 온 사물들을 모아두고 이것을 가지고 탐색한다. 돌멩이, 꽃잎, 나뭇잎 등 다양한 것들을 손으로 만져 보고 느낌이 어떤지 말해 보기, 냄새 맡아 보기, 자세히 보기, 통 속에 넣고 흔들어 소리가 나는지 보기, 떨어뜨려 보기, 물 위에 띄워 보기 등 다양한 방법으로 각각을 탐색하며 특징을 파악한다.

교사는 나뭇잎과 돌멩이의 표면 느낌이 어떻게 다른지 영아가 만져볼 수 있도록 하고, 표면의 무늬는 어떻게 다른지 볼 수 있게 질문하고 격려한다. 이 과정에서 교사는 '크다', '작다', '단단하다', '부드럽다', '거칠거칠하다' 등의 어휘를 사용하여 영아가 이를 듣고 배울 수 있게 할 수 있다.

표현하기

아동이 사물을 탐색할 시간을 가진 후 자신이 탐구한 것을 표현할 수 있게 표상의 기회를 준다. 그리고 교사는 여러 가지 방법의 표상을 시도해 볼 수 있다. 예를 들어 그림으로 표상하는 방법 중 한 가지는 아무 것도 그려지지 않은 종이에 영아에게 꽃을

| OHP 필름에 꽃을 그려 표현하는 영아 |

그려보라고 하는 것이다. 또 다른 방법으로 교사는 돌멩이와 진달래꽃의 윤곽이 그려진 종이에 영아가 질감이나 자신이 발견한 것을 표현해 보도록 할 수도 있다. 영아의 발달 수준과 개성에 따라서 영아의 표상은 매우 다를 수 있음을 이해해야 한다. 영아의 자유로운 표현을 방해하고 강요하지 않도록 조심한다. 교사는 영아가 자신이 발견한 것을 표상할 수 있도록 격려하는 데 중점을 둔다.

분류 및 서열화

영유아의 수학적 개념발달에서 분류 및 서열화는 대응관계와 함께 중요한 인지적 기

주제에 대한 영아의 탐구활동을 부모와 공유하기의 예

구 분	내 용
탐색 중인 영아	
영아의 탐구방법	○○이는 친구들과 간식 먹고 남은 빵을 들고 가서 개미가 먹는지 안 먹는지 지켜봤어요.
언어적 반응	"애미, 어디 가?" 하고 물었어요.
비언어적 반응	개미집에 개미가 아주 많이 있는 것을 보고 "와~"하고 소리 질렀어요. 오랜 시간 집중해서 개미를 관찰하네요.

능이다. 산책에서 가져 온 것들을 일정한 기준에 따라서 분류 및 서열화를 해보는 것은 수학적 개념의 기초를 형성하는 활동이라고 할 수 있다. 돌, 꽃, 나뭇잎 등을 섞어 놓고 이를 같은 것끼리 분류하는 활동을 해본다. 또 이렇게 분류한 것을 다시 큰 것에서 작은 것으로, 작은 것에서 큰 것 순서대로 놓아 본다. 어떠한 것이 마음에 드는지를 이야기해 보고 영아의 물건을 표시하는 캐릭터로 사용할 수도 있다.

교사는 영아가 탐구하는 모습, 영아의 탐구행동, 언어적·비언어적 반응을 글이나 사진 등으로 기록해 둔다. 이러한 기록은 주제탐구표현활동의 과정에서 영아들이 배워가는 것을 부모와 공유하는 데 중요한 역할을 한다.

개미집 관찰

영아들이 개미에 흥미를 많이 보일 경우 교사는 개미에 관해 영아 수준에서 탐색할 수 있는 것을 해볼 수 있도록 돕는다. 예를 들어 영아들은 땅 속에 개미의 집이 있다는 것을 매우 흥미로워할 수 있다. 그리고 개미집이 어떻게 생겼는지 궁금해 할 수 있다. 이럴 경우 교사는 관련 자료들을 찾아보고 영아에게 보여 줄 수 있다. 책이나

| 개미집을 관찰하고 있는 영아 |

사진 자료를 통해서 개미에 대해서 알려 주고 같이 사진을 보면서 이야기를 나눌 수 있다.

영아에게는 언어적인 설명보다는 실물을 통해서 직접 보여 주는 경험이 중요하므로 실제로 보여 줄 수 있다면 그러한 기회를 만드는 것이 좋다. 예를 들어 개미집에 관해서 궁금해 하는 영아들을 위해 교사는 밖에서 흙을 퍼오고 개미를 데리고 와서 개미가 집을 짓는 모습을 교실 내에서 관찰할 수 있도록 할 수 있다.

이러한 자료들을 이용할 때, 즉 영아들에게 정보를 전달하기 위해 제시할 자료를 선택할 때 교사는 항상 영아의 발달 수준을 고려하여 영아의 눈높이에서 자료가 이해 가능한 것인지를 생각해 보아야 한다. 가령 개미집을 설명하기 위해서 단면도를 사용한다면, 그것은 영아가 사물을 단면으로 자른 평면도를 보고 그것을 단면으로 이해한다는 가정을 하고 있는데, 그것은 영아의 입장에서 이해되지 않을 수 있다.

또한 영아에게 생물과 관련된 관찰활동을 할 때에는 생명을 소중히 하고 괴롭혀서는 안 된다는 점을 함께 가르칠 필요가 있다. 개미집을 보기 위해 개미를 밖에서 잡아 왔지만 관찰이 끝난 후에는 다함께 가서 돌려보내 줄 수 있다.

놀이 및 표현, 기타 활동

탐구활동 외에 산책에서 본 동·식물들과 관련해 재미있는 놀이나 표현활동을 계획하여 영아들과 해본다.

꽃잎, 풀 따서 말리기

산책에서 찾은 봄꽃들을 한 가지씩 따와서 두꺼운 책 사이에 끼워 놓는다. 잘 말려서 가방 만들기, 꽃발 꾸미기, 책갈피 만들기, 가방고리 만들기 등에 사용한다.

꽃잎을 따고 있는 영아

쑥 포프리 만들기

포프리는 방향제 및 장식품 역할을 하도록 집에 걸어두는 것이다. 영아들과 쑥을 뜯어 잘 말린 다음 꽃다발을 만들 때 쓰는 망 안에 넣고 리본을 예쁘게 묶어서 포프리를 만든다. 완성된 포프리는 교실에 걸거나 가정으로 가져간다.

자연물 콜라주 : '풀친구' 만들기

산책에서 뜯어 온 풀과 스티로폼 등 폐품을 이용해서 멋진 조형물을 만들어 본다. 예를 들어 둥근 스티로폼에 나뭇가지, 솔방울, 나뭇잎 등을 붙여서 눈, 코, 입을 만들고 마른 풀을 이용해 머리카락을 붙여서 인형을 만들 수 있다. 완성된 인형에 이름을 붙여 준다.

그림 감상

봄꽃과 풀꽃을 그린 그림들을 영아들과 함께 감상한다. 가령 풀꽃을 주로 그리는 화가의 작품을 영아들과 함께 감상한 후 OHP 필름 위에 유성펜으로 풀꽃을 표현해 보도록 한다. 완성된 작품으로 벽을 장식할 수 있다.

진달래화전 만들기

산책에서 따온 진달래 꽃잎으로 화전을 만들어 먹는다. 영아들은 쌀가루 반죽을 납작하게 누르고 그 위에 진달래 꽃잎을 붙이는 활동을 할 수 있으며, 불 위에서 가열하는 것은 교사가 한다. 영아의 안전에 특히 주의한다.

진달래 따기

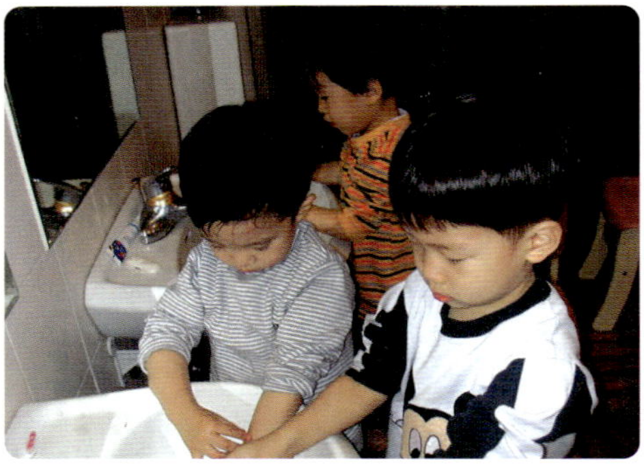

진달래화전 만들기 준비

| 찹쌀 반죽을 납작하게 만들어 진달래 꽃잎 붙이기 |

| 프라이팬에 부쳐서 맛있게 먹기 |

빨대로 물감 불어서 나무 그림 만들기

물감에 물을 적당히 섞어서 도화지에 방울로 떨어뜨린 다음 빨대로 불어 나무 그림을 완성한다. 영아가 빨대로 물감을 마시지 않도록 주의한다.

화원 견학

가까운 곳에 화원이 있다면, 산책길에 화원에 들러 길에서 볼 수 없는 다른 꽃들도 관찰해 본다. 꽃씨를 구입해서 어린이집 화분에 심어 볼 수도 있다.

꽃씨 심기

마무리

종결행사

주제탐구표현활동 마무리단계에서는 프로젝트 진행 기간 동안 영아들이 발견하고 탐구해 온 과정을 총 정리해서 전시하는 종결행사와 주제탐구표현활동에 대한 평가를 한다.

영아들은 동극을 하기 어려우므로 전시회, 노래 부르기, 요리활동 등으로 종결행사를 구성해 본다. 여기에 교사의 아이디어가 더해진 다른 활동들도 추가할 수가 있다.

먼저 전시회는 주제탐구표현활동 마무리단계에서 가장 중요한 부분이라고 볼 수 있다. 영아가 그린 그림, 즉 표상의 변화과정들을 모은 것으로 전시를 구성할 수 있다. 영아들이 한 달 정도의 주제탐구표현활동 기간 동안 얼마나 표상이 발달하였는지는 유아의 변화에 비하면 그리 눈에 띌 정도가 아닐 수 있다. 하지만 교사가 영아 그림의 발달단계에 대해 지식을 가지고 부모들에게 어지러운 낙서단계에서 무언가를 표현하려는 시도에서 동그라미와 선과 점을 그리는 단계로 발달하는 모습을 설명해 주고 자녀의 그림에서 그러한 점을 발견할 수 있도록 도와준다면 참 좋을 것이다.

종결행사 날에 교사가 많은 학부모들과 개별적으로 오랜 대화를 나누며 상호 작용을 하기는 그리 쉽지 않을 수도 있다. 따라서 다른 대안적 방법으로 교사는 평상시에 영아가 그림으로 표상을 하거나 그 외의 발견적인 탐구활동들을 하고 언어적 · 비언어적 반응을 나타낼 때 그러한 모습을 잘 기록해 둘 필요가 있다. 그리고 그러한 기록을 그림 옆에 붙여 준다면 부모가 굳이 대화를 나누지 않고도 자녀의 그림을 보면서 그 그림이 어떠한 상황에서 그려졌고 그 그림에 대해서 영아가 무엇이라고 말을 하였으며 그 그림이 발달적으로 어떠한 의미를 가질 수 있는지에 대해 알 수 있을 것이다. 또한 그 동안 찍은 사진들을 전시하거나 프로젝트 빔을 이용해서 같이 보는 것도 좋다. 활동 내용이나 영아의 반응들을 적은 기록은 부모들이 자녀가 그동안 어린이집에서 경험한 것을 아는 데 큰 도움이 된다.

노래 부르기는 영아가 봄산책 주제탐구표현활동 기간에 배우고 많이 불렀던 노래들을 부모님들께도 불러 드리는 것이다. 영아들이 다른 사람들 앞에서 함께 노래를 하는 것은 영아에게나 학부모에게나 새로운 경험이 될 것이다.

진달래화전, 카나페 등 프로젝트 기간 동안에 해봤던 요리활동 중에서 한 가지를 골라서 종결행사의 날에 부모님께 대접할 수도 있다.

이 밖에 교사의 아이디어에 따른 종결행사활동으로는 봄산책 주제탐구표현활동을 하면서 아이들이 했던 활동을 부모님들에게 설명하고 이번에는 교사와 영아가 하는 것이 아닌 부모님과 영아가 같은 활동을 해보게 하는 것이다. 같은 활동이라 할지라도 부모님과 영아가 같이 하는 것은 교사가 여러 명의 영아들을 대상으로 하는 것과는 다를 수 있기 때문이다. 부모님은 자녀와 대화를 하면서 또 자녀가 활동하는 모습을 보면서 함께 도와서 작품을 완성해 볼 수 있다. 예를 들어 자연물 콜라주로 액자를 만들어서 가족사진 또는 종결행사 때 사진을 끼워서 가지고 간다든가, 봄 나무

| 교실에 전시한 공벌레 사진 |

그림을 꾸민다든가 등의 활동을 할 수 있다. 또는 마지막 종결행사로 부모님과 다 함께 가는 봄산책을 계획해 볼 수도 있을 것이다. 종결행사는 아동들이 지금까지 자신이 학급에서 해온 과정을 정리하고 아이들의 활동과정을 부모와 공유한다는 데 의의가 있으므로 이 점에 유의하여 어린 영아들에게 지나친 재롱잔치식의 공연 연습을 시키지 않도록 주의한다.

종결행사가 끝나고 나서 교사는 봄산책 주제탐구표현활동에 대한 평가를 하여 좋았던 점, 다음 번 주제탐구표현활동에서는 어떻게 하는 것이 더 좋을지 개선할 점, 부족했던 점, 잘했던 점 등을 분석해 보는 시간을 갖는다. 이 시간이 교사 자신을 성장시키고 다음 주제탐구표현활동의 성공적인 진행에 중요한 영향을 미친다.

평가의 영역은 교사가 영아들과 했던 상호 작용과 부모들과 교실에서 일어나는 활동을 얼마나 잘 공유하고 상호 작용했는가도 포함한다. 영아들이 주제탐구표현활동 기간 동안 얼마나 흥미를 가지고 그 활동들에 주도적인 역할을 하였는지 역시 중요한 평가 항목이다.

예를 들어 여러 평가 항목 중에 부모님들과 프로젝트 기간 동안 의사소통을 하고 학급에서 일어나는 일들을 얼마나 공유하였는가에 대한 항목에서 교사가 좋은 평가를 하였는데, 구체적으로 인터넷상에서 학급의 홈페이지와 교사 자신의 미니 홈페이지를 통해서 학급에서 찍은 사진을 올리고 그 사진에 대한 설명을 적었던 것이 부모님들과 정보를 계속해서 공유하는 데 큰 도움이 되었다고 평가하였다.

그 사진을 보고 부모님들은 아침에 울면서 헤어진 자녀가 어린이집에서는 편안하고 즐겁게 활동하며 잘 지낸다는 것을 알 수 있어서 좋았다고 하였고, 사진에 대한 반응을 보이고 답글을 담으로써 부모님들이 자기 자녀 외의 다른 자녀들에 대해서도 잘 알 수 있고 친근하게 되었다. 또한 부모님들끼리도 더 가까워지는 효과가 있었고 영아의 입장에서는 어린이집에서 있었던 일에 대해서 부모에게 이야기할 수 있는 환경이 더 조성되었다.

더불어 어린이집에서의 사진이나 활동에 대해 듣고 집에서 아동이 보이는 행동을 이야기해 주는 부모님들이 있어 교사의 입장에서도 교사가 볼 수 없었던 영아의 모습을 알 수 있었다.

부모의 반응 1

전에 어린이집에서 데리고 나올 때 보니까 개미를 보고 "빠빠이~"를 하고, 한참 대화(?)를 나누며 놀더니… 나중에 가자고 하니까 "안녀이~~~" 하면서 개미에게 꾸벅 인사를 하고 오더군요(대화를 나눈 결과 존대를 해야 했던 것인지…).

부모의 반응 2

준아가 어제 새벽에 일어났을 때 다시 재우려고 했더니, 자기를 거부하면서 갑자기 "공벌레"라고 하더라고요. "공벌레 봤어?" 했더니, "유치원에서", "유치원 집 앞에서", "잔디" 등등 얘기를 하더라고요. 뭐 하여간 본건 다 얘기하는 거 같았습니다.

바로…, 이것이 공벌레군요!

다음은 만 1세반과 2세반에서 봄산책을 주제로 한 주제탐구표현활동을 평가한 문서의 일부분을 발췌한 것이다.

만 1세반의 주요 활동

구 분	내 용
언 어	• 훨훨, 칙칙폭폭 • 그림책(프뢰벨 뽀삐 시리즈 : 언어발달을 위한 그림책 1단계) • 그 외 동화책 : 《소풍 가는 날》
음 률	• 손유희 • 노래 부르기(나비야, 봄나들이) • 음악 듣기(왕벌의 여행)
미 술	• 종이, OHP 필름에 꽃 · 개미 그려 보기 • 꽃잎, 나뭇잎 책갈피에 말려서 쇼핑백 꾸미기 • 더듬이 만들기 • 습자지 구겨서 찍기

구 분	내 용
실 외	• 길가, 잔디밭에 있는 풀꽃 관찰하고 이름 불러보기 • 개미, 나비, 고양이 등 동물 발견, 관찰 • 선생님, 친구들 벤치에 앉아서 기차놀이 • 민들레홀씨 불기 • 걷기, 달리기, 계단 오르기 • 돗자리 펴고 앉아서 휴식, 간식 먹기 • 개미 먹이 주기 • 공벌레 관찰
대근육	• 신체표현(꽃처럼, 나비처럼, 개미처럼)

교사후기 1

'봄을 느껴요' 라는 평이한 주제 아래, 활동들이 진부한 것이 되지 않도록 소주제를 브다 구체적으로 정하였다. 개나리, 진달래, 목련 등 나무에 피는 꽃이름뿐 아니라, 꽃다지, 토끼풀, 애기똥풀, 제비꽃 등 작은 풀꽃에도 아이들의 관심이 확장되었고, 산책길이나 댄발 공원 놀이에서 풀꽃을 발견한 아이들이 교사에게 "이 꽃은 뭐예요?"하고 질문하거나 "토끼풀이다.", "이거 보세요. 애기똥풀이에요."하며 반갑게 이야기하곤 하였다.

아이들은 더 많은 질문과 관심을 표현하였고, 그 결과 교사도 식물도감과 우리나라 꽃, 들꽃에 관련된 책을 더 찾아보면서 많이 배울 수 있었다.

(중략)

화단 만들기는 결과적으로 실패하였다. 무조건 꽃씨를 구입해 와서 심는 것으로는 꽃을 피울 수 없다는 것을 깨닫게 되었다. 아이들과 화원에 가서 꽃씨와 부엽토를 사와서 심기 전에 먼저 꽃씨 심는 방법, 물 주는 방법, 어디에 놓는 것이 좋을지 등을 충분히 조사했더라면 좋았을 것이다. 또한 꽃씨를 심기 전에 아이들과 관련된 활동들을 더 했더라면 아이들이 계속해서 관심을 보이는 데 도움이 되었을 것 같다.

자료 : 서울대어린이집(2005), 강아지반(만 2세 학급) 상반기 평가서에서 일부 발췌

교사후기 2

5월은 지난달 산책활동에서 병아리반 아이들이 관심 있게 본 각종 식물과 벌레들을 주제로 주제탐구표현활동을 하게 되었다.

5월에는 실외활동을 가능한 많이 하여 교실에서도 실외활동과 연관된 활동들을 하였다. 산책길에서 주워 온 각종 꽃을 말려 보기도 하고, 말린 꽃으로는 쇼핑백을 만들었다.

실외활동을 나가서는 실외활동에 강한 박○○ 선생님이 아이들과 상호 작용을 많이 하였고 아이들도 등 · 하원 때마다 산책할 때 보았던 각종 풀과 꽃을 양 손에 꼭 쥐고 있었다. 길을 가다 개미를 만나면 "안녕~"하고 인사도 하고, 5월 한 달 동안 병아리반은 자연 속에서 하루하루를 보냈다.

실외활동을 많이 하다 보니 교사뿐 아니라 아이들의 기분도 좋아져 아침에 엄마와 헤어질 때 우는 일도 많이 줄었고, 밖에만 나가면 울다가도 뚝 그치고 기분이 좋아졌다.

들꽃, 풀꽃에 관심이 많은 박○○ 선생님 덕분에 더욱 즐거운 실외활동이 되었으며, 교사가 사전 지식을 가지고 활동에 임하면 아이들의 관심도가 높아짐을 알 수 있었다.

산책의 필요성은 절실하나 현실이 따라주지 않을 때가 많다. 교사 대 아동 비율이 특히나 실외활동에서는 더욱더 중요하다. 무엇보다 안전이 제일 걱정이기 때문이다. 눈 깜짝할 사이에 차도로 가는 아이들, 바닥의 이물질(버려진 아이스크림 막대기, 떨어진 음식물 등)을 순식간에 입으로 가져가는 아이들 등 주의를 기울여야 할 일들이 너무도 많다.

영아반은 어떤 주제로 활동을 하든지 앉아서 그리고 만드는 구조적인 활동보다 많이 보고, 이야기 들려 주고 느끼고 표현해 보는 활동이 훨씬 더 효과적임을 다시 한번 느꼈다. 눈에 보이는 결과물을 꼭 남겨야 한다는 고정관념을 버리고 아이들 눈높이에서 생각하고 활동을 계획하는 것이 무엇보다 중요하다 하겠다. 집에 가져갈 작품이 없다고 해서 하루 종일 아이들이 무엇을 했는지 궁금해 하는 부모님이 계실지도 모르니 활동, 놀이 모습을 사진이나 문서로 기록해 보여드리는 것도 한 방법이라 할 수 있겠다.

자료 : 서울대어린이집(2005), 병아리반 상반기 평가서에서 일부 발췌

이상 만 1 · 2세 학급에서 진행한 봄산책 주제탐구표현활동의 예를 살펴보았다. 주제탐구표현활동을 과연 영아반에서 할 수 있을까에 대해서는 부정적인 시각을 가진 교사들도 많이 있을 것이다. 하지만 주제탐구표현활동의 의의와 기본 취지를 고려할 때, 영아반에서 영아의 흥미를 보다 더 중요하게 고려하여 영아의 발달 수준에 맞는 탐색을 하도록 도와준다면 그것은 바로 영아의 주제탐구표현활동이라고 본다.

영아의 주제탐구표현활동의 주제는 유아의 그것에 비해서 범위가 넓을 가능성이 크다. 하지만 그 주제 안에서 무엇을 다룰지를 미리 교사가 정해서 서로 연결된다고 보기 힘든 활동들을 나열하는 경우가 매우 많다. 실제로 영아반들의 월간 활동들을 살펴보면 봄, 여름, 가을, 겨울, 탈 것, 우리나라 등으로 정말 큰 주제하에서 활동 간의 연계가 전혀 없는 경우가 많이 있다. 이와 달리 영아가 무엇에 관심을 갖는지 지속적으로 자세히 관찰하고 그 관찰 결과에 대해 부모와 공유하며, 그로부터 활동들을 계획하고, 영아가 궁금해 하는 것을 알아차려 그것을 탐색해 보고, 한 가지 대상을 한 가지 방법으로 탐구하고 마는 것이 아니라 다양한 방법으로 반복적으로 탐구하고, 그 과정을 기록하고 다양한 방법으로 자신이 발견한 것을 표현할 수 있는 기회를 주는 것은 분명히 다른 교육방법이라고 할 수 있을 것이다. 따라서 좀더 많은 영아반 교사들이 영아반에서의 주제탐구표현활동을 시도해 보기를 바란다.

04 CHAPTER

만 2 · 3세 주제탐구표현활동_도토리

이 장에서는 만 2세 학급에서 실시된 도토리 주제탐구표현활동을 살펴본다. 이 주제탐구표현활동이 진행된 가을에 이 학급의 아동들은 대부분 막 만 3세가 된 아동들이었다. 또한 본래 '가을' 이라는 큰 주제 내에서 계절의 특징을 경험할 수 있는 활동들을 하고 있었는데, 아이들이 산책에서 발견한 도토리에 지속적인 흥미를 보여서 이를 주제로 단기 주제탐구표현활동을 진행하였다. 따라서 도토리 주제탐구표현활동은 영아기와 유아기에 걸쳐 있는 아동들의 주제탐구표현활동을 보여 주며 영아반 프로그램에서 주제탐구표현활동을 부분적으로 적용하는 예를 보여 줄 수 있을 것이다.

도 입

주제 선정

영아반에서는 대주제로 교육활동을 구성하거나 영아의 발달에 필요하거나 적합한 교육활동을 주제와 상관없이 제공하는 경우가 많다. 그런데 때로 영아가 특정 대상에 특별한 관심을 보일 때 교사는 영아가 이를 탐구할 수 있도록 부분적으로 주제탐구표현활동을 프로그램에 적용한다. 유능한 주제탐구표현활동 교사는 영아가 무엇에 관심을 갖고 더 탐구하고 싶어 하는지 빠르게 인지하고 그에 따라서 교육활동을 계획하고 제공한다.

일반적이고 광범위한 대주제로부터 영아의 흥미에 따라 보다 더 구체적인 주제를 중심으로 주제탐구표현활동을 진행하는 예는 다음과 같이 다양하다.

- 봄 : 개미
- 여름 : 물
- 가을 : 도토리
- 겨울 : 눈사람

영아반 주제탐구표현활동 주제의 예 : 개미와 물

영아반 주제탐구표현활동의 다양한 주제들은 몇 가지 공통적 특성을 지닌다.

- 아이들이 지속적으로 관심을 가지는 대상이다.
- 주변에서 쉽게 볼 수 있다.
- 안전하다.
- 교실에 가지고 들어올 수 있다.
- 아이들이 만지고 가지고 노는 것이 가능하다.
- 다양한 방법으로 탐구가 가능하다.
- 주제에 관해 이야기를 얼마든지 지어낼 수 있다.

도토리 역시 위와 같은 고려사항들을 참고해 주제로 선정되었다. 가을 산책길에서 도토리는 별로 어렵지 않게 찾을 수 있다. 산이나 등산로, 동네 놀이터에서도 발견된다. 또한 아동들은 도토리를 발견하고 교사가 그것을 도토리라고 가르쳐 준 이후 지속적으로 관심을 가지고 있었다. 도토리는 교실에 가지고 들어오는 것이 가능하고 만지고 탐구하기에 안전하다. 또한 도토리와 다람쥐에 관해 재미있는 이야기를 지어낼 수 있다.

주제가 선정되고 나면 교사는 주제에 대한 아동의 관심을 유지시키고 호기심을 유발하기 위해 다음과 같은 활동들을 한다.

| 도토리 줍기 산책 |

- 가을을 느끼러 산책가기
- 솔방울, 도토리, 은행잎, 단풍잎 등 자연물 채집
- 도토리 찾기
- 도토리에 관한 노래 배워 부르기
- 동화책 읽기, 숲속 요정과 가을 보물에 대한 이야기
- 읽기 영역에 관련 도서 배치하기
- 사진 자료(예 : 다람쥐가 도토리를 먹는 사진) 전시

경험 나누기

영아들이 도토리에 흥미와 호기심을 가지면 교사는 도토리에 대한 경험 나누기, 생각 모으기, 주제망 구성, 질문 목록 만들기 등을 시작한다.

경험 나누기는 보통 대집단활동 시간에 이루어진다. 학급 아동 전체가 모여서 도토리에 관해 어떠한 경험을 가지고 있는지, 도토리를 본 적이 있는지, 언제 어디에서 보았는지 이야기를 나눈다. 그리고 아이들이 도토리에 관한 자신의 경험을 그림으로 표현해 보도록 한다. 그림 그리기가 끝난 뒤 교사들은 아동들에게 자신들의 그림이 무엇을 그린 것인지, 어떤 이야기를 표현한 것인지를 묻고 아동의 반응을 그림에 받아 적는다. 아동의 그림은 설명과 함께 교실에 전시해 아동끼리 서로의 경험을 공유할 수 있도록 하고 부모님이 아동의 그림을 볼 수 있도록 한다.

때로는 경험 나누기에 교사도 참여할 수 있다. 하지만 교사가 제일 먼저 이야기를 하면 아동들이 교사의 경험을 무조건 따라서 이야기하는 경향이 있을 수 있기 때문에, 교사는 아동들이 이야기를 하고 나서 중간에 자신의 경험을 이야기하도록 한다.

경험 나누기

생각 모으기

보통 유아반의 주제탐구표현활동에서는 생각 모으기를 유아가 주제에 대해서 떠오르는 생각들을 이야기하거나 또는 종이에 적어서 표현한다. 그리고 이를 모아서 유목화를 한다. 이러한 과정들을 영아반에서는 어떻게 적용할 수 있을까?

우선 만 2세 후반에서 만 3세 초반의 영아들은 교사의 안내를 받으면 생각 모으기를 할 수 있다. 도토리에 대한 생각을 모을 때에는 도토리 열매, 나뭇가지에 달린 도토리 등 산책에서 주워 온 실물이나 사진 등이 영아의 반응을 이끌어 내는 데 도움이 된다. 이 연령의 영아들은 쓰기를 할 수 없기 때문에 교사는 영아가 말한 생각을 녹음해 놓거나 적어 놓는다.

도토리에 대한 생각 모으기 결과

- 동그래요.
- 위에 뭐가 붙어 있어요.
- 산에 있어요.
- 왜 바닥에 떨어져 있었어요?
- 우리가 주워 왔어요.
- 많이 있어요.
- 조그맣게 생겼어요.
- 떼굴떼굴 공처럼 굴러가요.
- 콩 같아요.
- 다람쥐가 먹어요.

유목화

이 연령의 영아들은 글씨를 읽고 쓸 수 없는 경우가 대부분이므로 교사는 생각 모으기에서 나온 생각들을 그림으로 나타내서 유목화를 시도해 볼 수 있다. 도토리묵, 도토리의 모양, 산, 나무, 콩, 다람쥐 등을 그림으로 표현하거나 사진을 인쇄한 다음 이 이미지들을 가지고 유목화 활동을 할 수 있다.

2세 후반의 영아들은 교사의 안내를 받으면 유목화 활동이 가능하다. 영아가 하나의 그림을 골라서 그것이 도토리의 생김새인지, 도토리로 만든 음식인지 등을 물어보면 옳은 제목에 갖다 붙일 수 있다. 이처럼 게임 형식으로 만들어 유목화하는 방법 외

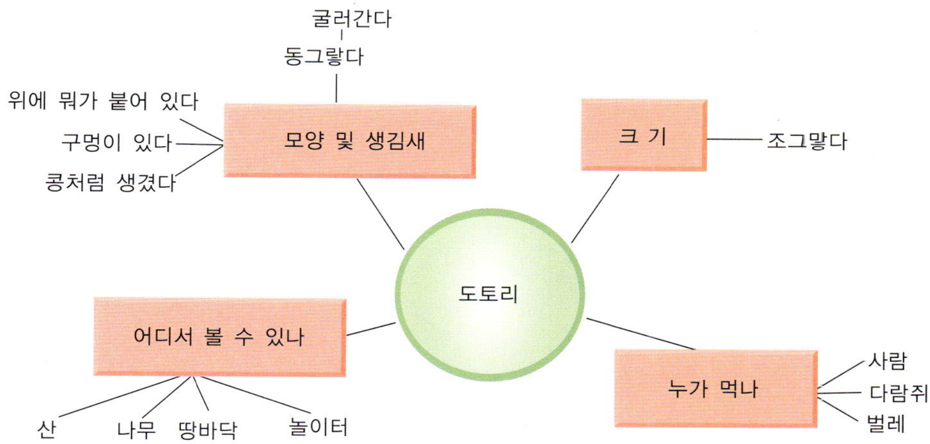

도토리 주제망

에 교사가 아이디어를 내어서 영아들을 생각 모으기와 유목화에 참여시킬 수 있다. 영아가 직접 그린 그림으로 유목화를 하고 그 그림들로 주제망을 구성할 수 있다.

주제망 구성

그 결과 '도토리 주제망' 그림과 같이 도토리에 대한 최초의 주제망을 구성할 수 있다. 주제망은 주제탐구표현활동이 진행되면서 계속해서 추가되고 변화한다.

질문 목록 만들기

주제에 관한 질문은 반드시 대집단 이야기 나누기 시간에만 이루어지는 것은 아니다. 특히 영아의 경우 대집단활동에 집중할 수 있는 시간이 길지 않으며, 유아반에서와 같이 궁금한 점을 적어서 궁금 상자에 넣는 것이 불가능하다. 따라서 영아반의 경우에는 대집단활동시간 외에 자유놀이 시간, 간식 시간 등 교사가 영아와 상호 작용하는 시간에 도토리에 대해서 영아가 가지고 있는 궁금증을 관찰하고 또 무엇이 알고 싶은지 질문하여 영아들의 질문 목록을 작성한다.

보육일지를 통해 영아들의 질문 목록을 부모들과 공유한다. 교사는 영아가 보인 반응, 아동의 경험, 질문 목록, 주제망을 기초로 프로젝트 전개단계에서 할 활동들을 각종 검색을 통해 조사한다. 영아의 질문에 대한 답을 찾을 수 있도록 활동이나 실험이 있는지 알아보고, 동시에 학부모에게 가정통신문을 보내 관련 자원에 대한 협조를 요청한다.

2세 영아의 질문

- 도토리는 왜 나무에서 떨어져요?
- 도토리는 왜 동그랗게 생겼어요?
- 도토리에 왜 구멍이 뚫려 있어요?
- 도토리는 누가 먹어요?
- 다람쥐는 왜 도토리를 먹어요?
- 왜 모자 같은 게 붙어 있어요?

전 개

도토리 관찰 및 탐색

영아들이 직접 산책에서 가져온 도토리를 관찰하고 탐색하면서 궁금한 점을 해결할 수 있도록 한다. 이를 위해 교사는 교실 한쪽에 테이블을 설치해 아동들이 자유롭게 도토리를 관찰할 수 있는 환경을 마련해 줄 수 있다. 영아들이 관찰 도중 발견한 것을 교사는 잘 기록해 둔다. 사진을 찍어 두는 것도 좋은 방법이다.

구멍 난 도토리

도토리 중에는 작은 구멍이 뚫려 있는 것이 종종 있어 영아들이 왜 구멍이 나 있는지 질문을 하곤 한다. 먼저 이유를 예상해 본 후 교사는 도토리를 잘라서 보여 줄 수 있다. 구멍 난 도토리에는 보통 벌레가 들어 있고 벌레가 싼 똥이 들어 있음을 알 수 있다.

아이들은 자신의 경험을 반복해서 이야기하며, 이를 그림에 표현하곤 한다. 교사는 영아가 무언가를 발견할 수 있도록 도와줄 뿐만 아니라 그러한 발견이 일어났을 때 그것을 표현하고 기록하는 것을 장려한다.

구멍 난 도토리 안에 벌레가 살고 벌레가 도토리를 먹으며 자란다는 것을 알게 되었을 때 그러한 사건을 이용해서 이야기를 지어볼 수도 있고, 그 이야기를 그림으로 표현해 볼 수도 있다.

도토리의 구조

오감을 사용해서 도토리를 탐색하는 활동을 한다. 촉감이 어떤지, 모양은 어떤지, 무엇처럼 생겼다고 생각하는지, 어떤 소리가 들리는지 또는 어떤 소리를 낼 수 있는지, 냄새는 어떠한지 영아가 직접 탐색하고 이를 언어적 · 비언어적인 수단으로 표현할 수 있도록 한다.

영아들은 도토리의 겉모습을 보다 더 자세히 보게 될 뿐만 아니라 도토리를 구성하고 있는 부분에 대해서도 궁금해 할 수 있다. 가령 한 영아는 도토리를 보고 "도토리에 달린 것이 꼭 모자 쓴 것 같아." 하고 말했다. 그리고 나서 자연스럽게 왜 어떤 것은 모자가 있고 어떤 것은 모자가 없는지를 질문했다. 도토리를 자세히 보면 어떤 도토리는 모자가 달려 있고 어떤 도토리는 모자가 달려 있지 않다. 이때 교사는 도토리에 달린 모자를 뗄 수 있다는 것을 보여 줄 수 있다. 또한 도토리는 껍질과 알맹이로 이루어져 있다는 것도 알 수 있다.

도토리 관찰

크기와 모양 비교

도토리를 크기에 따라 순서대로 늘어놓거나, 도토리를 모양에 따라 분류하는 활동을 할 수 있다. 도토리에 관한 동화책이나 자료를 통해 도토리 모양이 둥근지 조금 길쭉한지에 따라서, 그리고 도토리 알맹이에 붙은 모자의 모양에 따라서 갈참나무 도토리인지, 굴참나무 도토리인지 등 도토리나무 종류를 알아볼 수 있다.

도토리 표상

도토리에 관한 영아의 탐구과정이 나타날 수 있도록 자주 표상의 기회를 제공한다. 표상의 방법도 다양하게 제공하는 것이 좋은데, 그림 그리기 외에 지점토로 도토리를 입체로 만들어 볼 수 있고, 신체나 음률로 표상할 수도 있다. 점토로 만든 도토리는 마른 뒤에 물감으로 색을 칠해 나뭇가지에 붙여서 도토리 나뭇가지 모빌을 만들 수 있다. 완성된 도토리 입체는 교실에 모빌처럼 전시할 수 있다.

기타 도토리를 활용한 놀이활동

- 마라카스 만들기 : 도토리를 깡통 속에 넣거나 플라스틱 컵 속에 넣어서 흔들어 본다. 도토리를 한 개 넣었을 때와 두 개 넣었을 때, 도토리를 많이 넣었을 때의 소리가 어떻게 다른지 들어본다.

| 도토리 소꿉놀이 |

- 도토리 팽이 돌리기 : 도토리에 이쑤시개를 꽂아서 팽이를 만들어 돌리면 잘 돌아가는 팽이가 된다.
- 도토리 인형 만들기 : 필름통과 같은 폐품을 이용해서 도토리를 목공용 풀로 붙여 인형을 만든다. 도토리에 천을 붙여서 머리를 만들고, 도토리에 눈, 코, 입을 그리면 멋진 장식 인형이 된다.
- 소꿉놀이 : 도토리가 많이 있을 때는 소꿉 영역에서도 영아들이 도토리를 이용해 놀이를 한다. 숟가락으로 도토리 옮기기를 하면서 조작 기술을 발달시킬 수도 있다.
- 도토리 액자 만들기 : 우드락으로 액자 틀을 만들고 핸드 퍼티를 바른 후 핸드 퍼티가 마르기 전에 도토리와 솔방울 등 자연물을 붙여서 꾸민다.

도토리는 어디에서 왔나

도토리나무 찾기

영아들은 도토리를 산, 땅바닥, 놀이터에서 주워 왔기 때문에 그것이 나무에서 떨어진 것이라는 점을 잘 모를 수 있다. 하지만 많은 책을 통해 도토리가 나무에서 떨어졌다는 것을 알 수 있으므로 이를 직접 확인하기 위해 도토리를 주운 곳으로 찾아가 볼 수 있다.

교실 엿보기

방과 후 동산에 도착해서 아동들은 도토리를 쉽게 찾았다. 도토리는 낱개로 열매만 떨어져 있는 것만 있는 것이 아니라, 나뭇가지에 붙은 채로 여러 개가 달려 있는 것도 있었다.

"이것 좀 봐! 도토리나무가 부러졌다!"

여기저기서 영아들이 나뭇가지에 도토리가 달려 있는 것을 발견해서 교사에게 보여주었다. 영아들은 도토리나무가 매우 키가 크다는 것을 발견했다. 그리고 도토리 나뭇잎은 어떻게 생겼는지 알게 되었다. 교실로 돌아와서 영아들은 종이에 도토리나무와 나뭇잎을 그렸다.

노래 배우기

	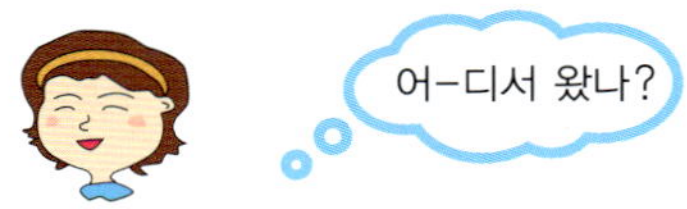
떼굴떼굴 떼굴떼굴 도토리가	어-디서 왔나

단-풍잎 곱게 물든	산골짝에서 왔지

| 도토리 노래 |

동화책 읽기

교사는 도토리에 관한 책을 읽어 주거나 아동들과 함께 읽을 수 있다. 다음은 활동 중 아이들과 함께 읽은 동화책 《나무가 된 토리》의 내용이다.

동화책 읽기 : 나무가 된 토리

- 내용 : 엄마 참나무에 매달려 있던 막내둥이 토리가 여러 고비를 넘기고 겨울을 보내고 봄에 새로운 참나무 새싹을 틔우게 된다는 내용
- 어휘 : 도토리, 참나무, 딱따구리, 다람쥐, 사람들, 도토리묵, 장대, 바람, 돌, 새싹, 나무

자료 : 《나무가 된 토리》, 이창형 글/김인경 그림, 바우솔, 2003

이 외에 싹이 나서 도토리나무가 되기까지 과정을 보여 주는 책과 사진자료를 교실에 비치해 아동들이 볼 수 있도록 한다.

여러 가지 도토리나무

도토리가 나무에 열려 있다가 떨어진다는 것 외에 영아들은 책을 통해 여러 가지 도토리나무가 있다는 것을 알게 되었다. 참나무에도 졸참과 굴참이 있고 그에 따라 모양도 다르며 상수리나무도 있다는 것을 알게 되었다. 영아들은 도토리 모양을 보고 어떤 나무의 도토리인지를 맞추어 보기도 하고 실제로 도토리나구를 찾아가서 그 나무 이름과 도토리 모양을 확인해 보기도 했다.

이러한 활동은 비록 도토리에 관한 활동이었지만 나무가 열매를 맺고 열매가 떨어지는 과정에도 관심이 확장되도록 이끌었다. 또한 나무마다 나뭇잎 모양이 다르다는 것에도 처음으로 관심을 갖는 아동이 있었다.

도토리나무와 관련된 활동을 하면서 영아에게 계속해서 표상의 기회를 주는 것이 중요하다. 왜냐하면 1세 영아와 달리 2세 후반, 3세 초반 영아의 경우에는 사물의 특징을 그림에 표현할 수 있으며, 자신이 배운 것을 그림 속에 잘 나타내기 시작하기 때문이다. 예를 들어 도토리나무를 보고 온 뒤에 영아가 그린 그림에서 이전에는 단순히 동그라미만 많이 그리고 도토리라고 하였다면, 이제는 커다란 나무에 도토리가

도토리나무의 일생

열린 모습을 볼 수 있게 된다. 또한 도토리에 붙어 있는 모자 모양의 받침도 그리게 된다. 영아의 그림에 영아가 가진 지식이 나타나게 되는 것이다. 따라서 지속적으로 표상활동의 기회를 갖는 것이 좋다.

책을 통한 조사

관련 자료와 책은 영아가 주제에 대한 조사를 하는 데 도움이 된다.

누가 도토리를 먹나 : 다람쥐

도토리에 관한 자연학습 사진 자료들이 있어 교실 벽에 영아의 눈높이에 맞게 전시해 주었더니 영아들은 그 중에서도 다람쥐가 도토리를 잡고 있는 사진에 관심을 보였다. 그래서 교사는 다른 다람쥐 사진을 찾아서 같이 볼 수 있도록 붙여 주었다. 그리고 다람쥐가 도토리를 좋아한다는 것과 겨울철에 먹기 위해서 가을철에 도토리를 많이 모아 둔다는 내용의 책도 배치해 두었다.

영아들은 그러한 자료들을 통해서 다람쥐에 대해 스스로 알아가는 것 같았다. 어느 날 다람쥐에 관해 그림을 그려 보자고 하였을 때 몇몇 영아들은 정확하게 다람쥐의 특징을 잘 잡아서 타원형의 몸체에 등에 있는 무늬와 꼬리를 달고 눈을 그려 넣어 다람쥐 그림을 그렸다.

다람쥐 신체표현

다람쥐 놀이

더 이상 밖에서 벌레 먹지 않은 도토리를 구하기 힘들어진 10월 말쯤 영아들은 도토리보다 다람쥐에 더 관심을 갖게 되었다. 이때쯤 교사는 도토리 주제탐구표현활동을 끝마칠 때가 왔다고 생각하고 영아의 작품을 정리하고 전시할 준비를 하였다.

그 즈음 하여 영아들은 다람쥐가 도토리를 쥐고 있는 동작을 따라하면서 팔짝팔짝 뛰어다니는 놀이를 하곤 했다. 교사는 그것에 착안하여 다람쥐 꼬리를 만들어서 그것을 달고 다람쥐처럼 쪼르르 달려가서 도토리 과자를 먹고 오는 게임을 하였다.

다람쥐 만들기

영상 자료를 통해 다람쥐에 대해 알아보기, 다람쥐 그려 보기, 다람쥐를 신체로 표현해 보기 등의 활동을 한 후 보다 구체적으로 다람쥐를 표현해 보기 위해 요구르트 병과 찰흙, 모루를 이용해서 다람쥐를 만들었다.

도토리묵 만들기

도토리가루를 사서 묵을 만드는 요리활동을 하였다. 아이들이 직접 도토리묵을 만들어 보았는데, 활동 전에 교사뿐만이 아니라 주변의 모든 분들께서 걱정해 주신 덕분에 성공적으로 요리활동을 마칠 수 있었다. 도토리가루가 풀어져 있는 물을 보며 "커피 같다."고 말한 영아도 있었고 기포가 터지는 모습을 보며 "이야기하는 것 같다."고 말한 영아도 있었다. 또한 요리활동 전에는 점심시간에 도토리묵이 나오면

도토리묵 만들기 활동

잘 먹지 않았던 영아도 자신들이 직접 물을 붓고 나무주걱으로 저어서 만든 도토리묵을 맛있게 먹었고, 요리활동 이후에 도토리묵이 나올 때마다 직접 묵을 만들어 봤던 이야기를 꺼내며 좋아했다.

마무리

도토리 주제탐구표현활동은 도토리에 대한 탐구가 어느 정도 이루어졌고 영아의 관심이 다람쥐로 확장되고 도토리가 더 이상 많이 구하기 힘들어지면서 자연스럽게 마무리단계로 접어들었다.

종결행사

종결행사로는 부모님을 어린이집에 초청하여 〈산골짜기 다람쥐〉와 〈떼굴떼굴 도토리〉 노래 및 율동을 보여 드렸다. 그리고 영아들의 사진 전시회, 작품 전시회로 구성되었다. 사진 전시는 영아들의 산책 모습과 도토리를 탐색하는 모습 등을 찍은 사진을 도토리 모양 배경지에 담아 교실에 전시했다. 또한 작품 전시회는 도토리 표상의 변화과정을 전시하는 데 중점을 두었다. 대부분 영아들의 도토리 그림에서 변화과정이 나타났다. 아동의 미술표현 능력, 인지 수준, 도토리에 대한 탐색과정, 발달의 과정을 한눈에 파악할 수 있었다.

교사후기

계절의 변화에 따라 가을에 대한 주제를 생각하며 추상적인 '가을' 보다는 아이들에게 좀 더 구체적이고 친근한 대상인 도토리로 주제를 선정하여 주제탐구표현활동을 진행하게 되었다. 무엇보다 가까운 거리에 산이 있기 때문에 아이들이 직접 방과 후 동산에 가서 도토리를 주워 올 수 있었다.

산책을 가기 전 숲속 요정과 가을 보물에 대한 이야기를 해주고 우리에게 멋진 자연을 선물해 준 요정에게 줄 선물로 보물(낙엽, 도토리, 밤 등)을 찾기로 했다. 영아들은 이 이야기를 무척 좋아하여 저마다 멋진 선물을 찾기 위해 애썼고 ○○의 경우 산책을 나갔다가 가을 요정이 왔다는 교사의 말에 진지하고 감동적인 표정으로 "내 마음 속에서 가을 요정의 소리가 들린다."고 말하기도 했다.

도토리 주제탐구표현활동을 진행하며 만든 작품 중에 영아들이 찰흙으로 만든 도토리에 포스터 물감으로 색깔을 입힌 후 길가에서 주운 나뭇가지에 접착제를 이용하여 고정시킨 도토리나무는 성인들도 놀랄 정도로 진짜처럼 보였다.

도토리 주제탐구표현활동가 끝나갈 무렵 영아들이 직접 도토리묵을 만들어 보았는데, 활동 전에 교사뿐만 아니라 주변의 모든 분들께서 걱정해 주신 덕분에 성공적으로 요리활동을 마칠 수 있었다. 도토리가루가 풀어져 있는 물을 보며 "커피 같다"고 말한 영아도 있었고 기포가 터지는 모습을 보며 "이야기하는 것 같다."고 말한 영아도 있었다. 또한 요리활동 전에는 점심시간에 도토리묵이 나오면 잘 먹지 않았던 영아도 자신들이 직접 물을 붓고 나무주걱으로 저어서 만든 도토리묵을 맛있게 먹었고, 요리활동 이후에 도토리묵이 나올 때마다 직접 묵을 만들어 봤던 이야기를 꺼내며 좋아했다.

가을이 깊어지자 도토리가 많이 사라졌다. 남아 있는 도토리는 거의 다 벌레먹은 것들이어서 더 이상 도토리 주제탐구표현활동을 하기가 힘들었다. 그래서 도토리 하면 가장 많이 연상되는 다람쥐를 주제로 선정해 마지막 주 활동을 했다. 그리고 영아들의 작품을 전시하면서 도토리 주제탐구표현활동을 종결했다.

도토리 주제탐구표현활동 이후 강아지반의 가장 큰 변화는 산책활동을 나갔을 때 모두 솔방울, 도토리를 찾는다는 것이다. 그리고 ○○의 경우에는 주제탐구표현활동의 도입단계에서 가을에 대한 이야기 나누기를 하며 만든 가을나무 꾸미기를 위해 은행잎, 단풍잎을 주제탐구표현활동 종결 때까지 등원할 때마다 가져 올 정도로 호응이 좋았다.

유아반이나 방과후반이라면 소량이라도 도토리를 말리고 빻아서 가루를 만들어 보고 직접 도토리가루를 만들어 요리를 했으면 좋았을 것이다. 10월 말이 되자 도토리가 거의 다 사라졌다. 음력절기를 참고해 아이들이 충분히 도토리를 접할 수 있는 기간을 선정해야 한다.

자료 : 서울대어린이집(2003), 강아지반 하반기 평가서에서 일부 발췌

P · A · R · T

three

유아반
주제탐구표현활동

05 CHAPTER

만 5세 주제탐구표현활동_물고기

여기서는 만 5세 학급에서 실시된 물고기 주제탐구표현활동을 살펴본다. 이 주제탐구표현활동은 어느 날 한 아동이 열대어 한 마리를 어린이집에 가지고 온 것이 중요한 발단이 되었다. 작고 예쁜 색깔의 열대어는 학급 전체 아동들의 관심을 끌었고 아동들의 관심은 물고기에 대한 호기심으로 확대되었다. 그럼 아동들의 이러한 관심과 호기심이 어떻게 주제탐구표현활동으로 실현되는지, 또한 그 과정에서 교사는 어떤 역할을 하는지 살펴보겠다.

도 입

도입에서는 학급 전체의 흥미를 일으키는 중요 사건이 발생하고, 주제가 정해지며,

주제망을 구성하고 주제에 대해 궁금한 것을 모아서 질문 목록을 만든다. 그 과정에서 아동들은 토의(이야기 나누기)와 표상활동을 많이 한다.

열대어 기르기

학급 아동들이 공통적으로 경험하는 사건이나 사물 등은 주제탐구표현활동의 좋은 주제가 될 수 있다. 기존에 진행하던 주제탐구표현활동이 끝나고 아직 새로운 주제를 정하지 않은 시기에 한 유아가 열대어를 가지고 등원하였다. 유아들은 열대어를 보면서 귀엽다거나 예쁘다거나 하며 좋아하였고 학부모님은 그 열대어를 교실에서 키워도 좋다고 허락을 하였다.

교실에서 공동으로 물고기를 기르는 경험은 먹이 주기, 어항 물 교체, 모래 청소 등 여러 가지 일을 해야 한다는 것을 알려 준다. 뿐만 아니라 물고기의 생김새와 움직임을 관찰하면서 물고기에 대한 아동들의 호기심이 증가한다.

교사는 물고기를 기르기 위해서 해야 하는 일들을 처음에는 자신이 주도하고 유아들은 옆에서 보거나 부분적으로 도움을 주도록 하다가, 점차 유아들이 맡아서 할 수

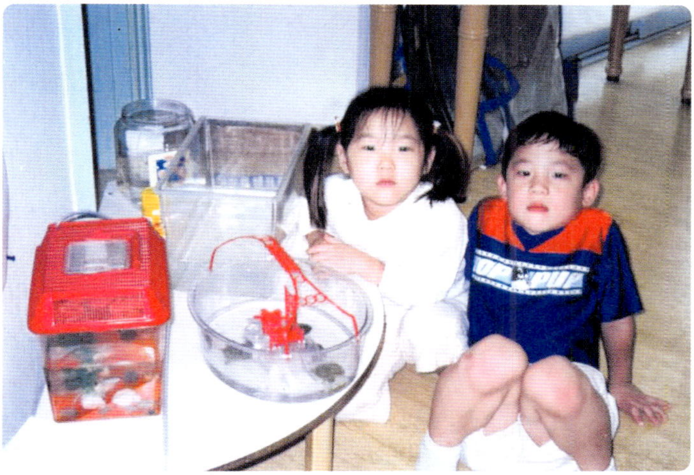

교실에 설치된 어항 앞에서

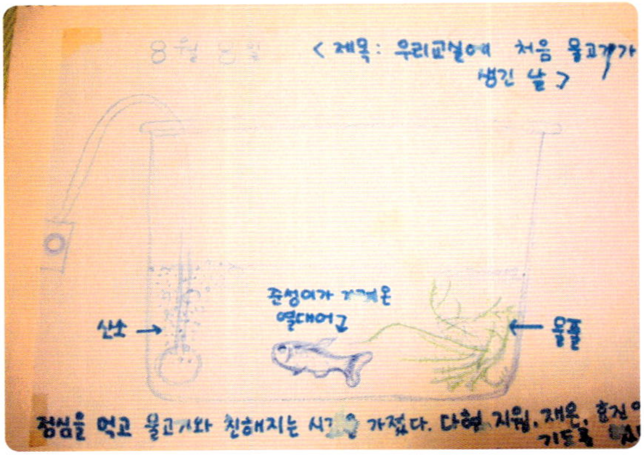

| 은하수반 교실에 처음 물고기가 생긴 날 기록 |

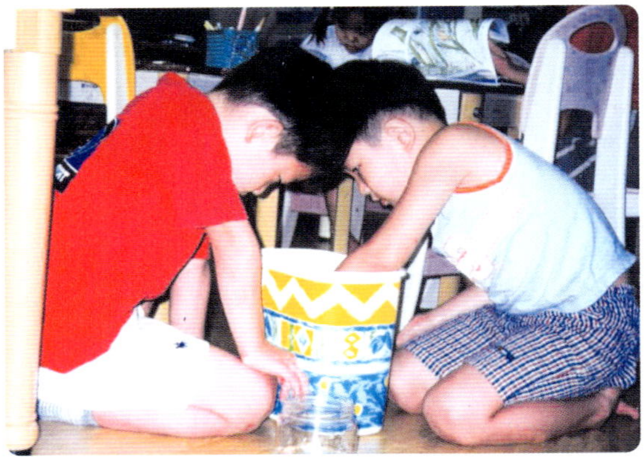

| 어항 물 갈아주기 |

있는 부분을 늘려가서 나중에는 유아들이 당번을 정해서 돌아가면서 할 수 있도록 한다. 유아들은 이와 같은 경험을 통해 생명에 대한 책임감과 구체적으로 보살피는 방법을 배울 수 있다.

주제탐구표현활동 프로그램을 진행하는 교사는 유아들의 대화나 행동을 주의 깊

교실 엿보기

어항 앞에 모여 앉아 유아들이 아까부터 계속 열대어에 관한 대화를 하고 있다.

"우리가 시끄럽게 하면 물고기가 스트레스 받을 거 같애."

"그럼 조그맣게 얘기하면 되잖아. 그런데 물고기 심심하겠다."

"친구 넣어주면 좋겠다."

"밥을 주면 되잖아."

"아까 줬어. 우리 누나가 먹이를 너무 많이 주면 물고기가 죽는대."

"선생님, 진짜예요?"

여아 세 명이 물고기를 위해 기도를 하겠다고 한다.

아이들이 ○○이가 가져 온 물고기에 매우 큰 흥미를 보인다. 열대어를 잘 기르려면 이렇게 해야 한다며 자기들끼리 토론을 한다. 이야기 나누기 시간에 이것에 대해 토의하고 조사해 오도록 해서 결과를 어항 옆에 붙여 놓으면 좋을 것 같다.

게 관찰한다. 그리고 유아들의 흥미를 실제로 탐구·조사·토의활동으로 연결하기 위해 노력한다. 위와 같이 유아들의 대화는 학급 전체 토의로 확장될 수 있으며, 토의를 통해 아동들이 생각해 낸 아이디어들은 종이에 기록해서 전시한다.

주제 선정

주제탐구표현활동의 주제는 교사에 의해 제안되기도 하고 아동들에 의해 제안되기도 한다. 여기서는 교실에서 기를 열대어로 인해서 유아들의 관심이 자연스럽게 물고기로 향하게 되었고, 물고기 주제탐구표현활동을 하고 싶다는 분위기가 형성되었다.

주제 선정에 있어서 주제에 대한 아동의 흥미가 매우 중요하지만, 그렇다고 해서 아이들이 재미있어 하는 것이 모두 주제탐구표현활동에 적합한 주제인 것은 아니다. 앞장의 이론 부분에서 살펴보았듯이 교사는 아동의 흥미는 물론이고 그 외의 여러 가지 기준을 고려해야 한다. 예를 들어 유아들이 흥미 있어 하는 대상이 탐구할 만한

주제 선정 기준에 따라 살펴본 물고기 주제

질 문	해결안
주제가 아이들한테 얼마나 흥미로운가?	• 매우 흥미로워 함
현실 세계의 주제인가?	• 매일 어린이집에서 관찰할 수 있음
아동들이 주제에 대한 경험을 갖고 있나?	• 물고기라는 것에 대해서는 개인적 경험이 대부분 있음. 집에서 먹는 생선 반찬, 가정에서 아쿠아리움 등 수족관에 놀러 갔던 경험들이 있을 것임 • 무엇보다도 요즘 우리반 아이들은 물고기 관찰을 매일 하고 있음
현장활동을 통해 직접 조사할 수 있는가?	• 조금 멀긴 하지만 63수족관이나 아쿠아리움으로 가면 여러 가지 다양한 물고기가 살아 움직이는 것을 볼 수 있음 • 가까이에는 원당시장에 가면 횟집, 열대어 파는 가게 등이 있음

질 문	해결안
정보를 얻는 방법이 성인이나 책에 얼마나 의존적인가?	• 직접 관찰하여 정보 얻을 수 있음 • 성인에 크게 의존적이지 않음
초청할 수 있는 전문가가 있는가?	• 관계 분야와 관계된 학부모님이 계신지 알아봐야 함 • 원당시장 수족관 가게 아저씨께 부탁
아동들이 궁금해 할 수 있는 다양한 질문이 있는가?	• 벌써부터 다양한 질문 나오고 있음 • 왜 움직이지 않느냐, 언제 자냐, 물 속에 있는데 어떻게 숨을 쉬냐 등
아동들이 적극적으로 조사할 수 있는 기회가 있는가?	• 있음
발견한 것을 표상할 수 있는 여러 가지 방법이 있나?	• 그리기, 막대그래프, 점토 등
극놀이로 표현할 수 있나?	• 관련 동화 활용 : 《수족관 아저씨》, 《생선가게》 극놀이 가능
가지고 놀거나 들어가서 놀 커다란 구조물이 있나?	• 지금은 없음
세기, 측정, 비교 등의 활동을 할 수 있나?	• 물고기 세기, 물고기 길이 측정, 무게 측정, 물고기 모양 비교, 색깔이나 사는 곳에 따라서 분류해 볼 수도 있음 • 수학과 과학이 통합된 활동 풍부
다양한 모양, 크기, 색깔, 질감이 존재하나?	• 매우 다양
학부모로부터 이끌어 낼 수 있는 전문적 지식이나 기술에는 무엇이 있나?	• 알아볼 예정 • 생물학 전공하신 학부모님 한 분 계심
주제에 대한 관심이 짧게 끝날 경우 자연스럽게 뒤따라서 다룰 수 있는 주제가 있는가?	• 다양한 바다생물, 땅에 사는 동물, 양서류로 확장될 수 있음. 아니면 다른 동물을 키워 보거나, 애완동물이라는 주제로 확장 가능

가치가 있는 것인가, 그 주제를 통해서 유아들이 배울 수 있는 것은 무엇인가, 현실적으로 유아들이 조사하고 탐구하는 것이 가능한 주제인가를 고려해야 한다. 물고기 주제탐구표현활동에서 교사가 물고기라는 주제를 주제 선정 기준에 따라 살펴본 예는 '주제 선정 기준에 따라 살펴본 물고기 주제' 표에 제시되어 있다. 최종적으로 학급회의(이야기 나누기) 시간에 전체 아동들과 교사의 토의를 통해서 주제탐구표현활동의 주제를 결정한다.

주제를 정한 후 교사는 주제탐구표현활동을 위한 자료를 수집한다. 현장활동을 할 수 있는 곳이 어디인지 조사하고 일일 교사로서 아동들에게 설명을 해주실 학부모를 알아본다. 또한 서점 방문과 인터넷 검색을 통해 주제와 관련된 자료 중 아동들에게 적합한 것을 모으고, 책, 비디오, 전시회 등이 있는지 알아본다. 그리고 학부모에게 물고기 주제탐구표현활동에 대한 가정통신문을 띄운다.

물고기와 바다, 강에 관한 자료는 매우 풍부한 편이다. 물고기가 나오는 그림책이나 잡지에 나오는 물고기 사진들, 그리고 관련 비디오를 가정이서 모아서 어린이집에 보내 주실 것을 부탁한다.

TIP

물고기 주제탐구표현활동이 제대로 이루어지려면 실제로 물고기를 관찰할 수 있는 환경이 반드시 필요하다. 유아들은 책이나 비디오 같은 2차적 자료를 통해서 배울 때보다 직접 눈으로 보고 만지고 경험하면서 배울 때 흥미가 더 오래 지속된다. 또한 다양한 방법으로 직접 탐구활동을 해볼 수 있다.

물고기와 관련되어 좋은 내용을 담고 있는 책임에도 불구하고 제목에 물고기가 포함되지 않으면 검색해서 나오지 않는다. 따라서 교사가 평소에 유아용 동화책에 관심을 가지고 꾸준히 서점에 가서 동화책의 내용과 제목 등을 파악하는 것이 주제에 적합하고 재미있는 책을 고르는 데 큰 도움이 된다.

경험 나누기

일단 주제가 선정되면, 유아가 주제에 대해 이미 가지고 있는 경험을 토의와 표상활

물고기에 대한 경험 이야기 나누기

"나 언제 제주도에서 엄마랑 아빠랑 수족관에 가서 상어 봤어요."
"물고기 잡아먹으면 맛있어요."
"우리 아빠는 낚시가 취미예요. 저번에 엄청 큰 물고기 잡아서 가지고 왔어요. 엄마가 매운탕 끓여주셨어요."
"강에서 이모랑 물고기 잡았어요. 그물 같은 걸로 잡았어요."
"텔레비전에서 보니까 사람을 잡아먹는 물고기도 있대요."
"저번에 뉴스에서 물고기가 떼죽음을 당했다고 했어요."
"형아들이랑 계곡에 갔는데요, 아주 조그만 물고기가 많이 있었어요. 물고기가 요리조리 빨리 도망쳤어요."
"서울대학교 안에 있는 연못에도 물고기가 있어요. 색깔은 주황색, 노란색, 약간 검은색이었던 것 같아요."
"딩구 비디오에서 핑구가 물고기를 먹었어요."

동을 통해 학급 전체와 공유한다. 유아들은 물고기에 대한 어떠한 경험이든 자유롭게 이야기하고 이를 그림으로 표현한다. 교사도 자신의 경험을 유아들에게 이야기할 수 있는데, 특히 유아들의 경험이 한쪽으로 치우치고 있을 때 교사가 자신의 경험을 소개함으로써 아동들이 다른 경험이 있는지도 생각해 볼 수 있도록 유도한다.

교사는 유아들이 이야기한 것을 기록하여 부모님이 보실 수 있게 보육일지에 게시하고, 유아들의 그림을 교실에 전시한다. 경험 나누기는 주제망 구성, 질문 목록 만들기 등 이후 활동의 바탕이 된다.

주제망 구성

주제망 구성은 주제에 대해 떠오르는 생각을 모으는 생각 모으기와 모아진 생각을 분류해 보는 유목화 활동, 그리고 유목화한 결과를 가지고 웹의 형태로 그려 보는 주제망 그리기의 과정으로 이루어진다.

생각 모으기

❖ 준비물 : 작은 종이 조각 또는 포스트잇, 연필

생각 모으기는 아동들이 물고기에 관해 떠오르는 것을 각자 종이에 적거나 그림으로 표현하는 것을 말한다. 교사는 혼자서 글을 쓰지 못하는 아동들도 생각 모으기에 적극적으로 참여할 수 있도록 배려한다.

아동의 생각이 한 가지 영역에만 치우칠 때 교사는 아동의 생각이 다른 영역으로 확장될 수 있도록 자극을 주기도 한다. 가령 아동들이 생각 모으기 종이에 주로 물고기의 다양한 종류만 적고 더 이상 생각이 나지 않는다고 할 때가 있는데, 그럴 때 교사가 "선생님은 물고기 하면 오늘 아침에 먹은 멸치 반찬이 떠오르는데?" 라고 말해 아동이 물고기로 만든 음식도 생각해 볼 수 있도록 자극할 수 있다.

TIP

생각 모으기 종이로는 포스트잇을 사용할 수도 있지만, 평소에 사용하고 남은 자투리 색지나 종이를 네모 모양으로 오려서 모아 두었다가 사용하면 좋다.

유목화

❖ 준비물 : 4~5개 정도의 작은 바구니, 생각 모으기 한 종이

생각 모으기가 끝나면 비슷한 생각끼리 분류하는 유목화 활동을 한다. 생각 모으기 종이에는 같은 아이디어를 쓴 종이가 많이 중복되므로, 미리 소집단 아동들과 함께 중복된 아이디어를 묶어 놓는 작업을 하는 것도 좋은 방법이다.

유목화 활동은 주제탐구표현활동을 아직 많이 해보지 않은 유아들에게는 쉽지 않을 수 있다. 여러 번 주제탐구표현활동을 해보면서 유목화와 주제망 구성과정에 익숙해질수록 항목을 분류하는 기준을 정하는 것이 더 쉬워짐을 느낄 수 있다. 초기에는 교사의 안내가 중요하며, 대집단보다는 소집단으로 활동하는 것이 더 효과적이다. 교사는 유목화에 정답이 있는 것 같은 태도로 아동의 분류를 틀렸다거나 맞았다

교실 엿보기

아이들이 모은 생각 모으기 종이가 너무나 많아서 대집단활동시간에 일일이 펴볼 수가 없을 것 같아서, 자유놀이시간에 4~5명의 아이들을 데리고 소집단으로 똑같은 생각끼리 분류하였다.

교사 : 상어는 물고기의 무엇이지?
태연 : 물고기의 이름.
솔이 : 여러 가지 물고기.
교사 : 그럼, 여러 가지 물고기의 이름은 여기 파랑 바구니에 넣자.
정은 : 여기 가자미 있어요. 가자미도 물고기 이름이니까 파랑 바구니 맞지요?
교사 : 아가미. 이건 물고기의 무엇일까?
진규 : 몸. 숨쉬려면 이거 있어야 해요.
교사 : 그럼 물고기 몸에 있는 부분은 노랑 바구니에 넣자.

생각 모으기 종이를 하나씩 꺼내어 어느 바구니에 넣을지 아동이 생각해서 넣게 하고, 어느 바구니에도 넣기 어려운 것이 나올 때 새로운 바구니를 추가한다. 바구니별로 이름을 붙인다.

고 평가해서는 안 된다.

주제망 그리기

❖ 준비물 : 전지, 색연필, 사인펜, 풀

유목화가 끝나면 각각의 바구니에 있는 종이를 꺼내면서 이를 전지에 붙이거나 써서 주제망을 완성한다. 완성된 주제망은 교실 벽면에 게시한다.

주제탐구표현활동을 진행하면서 아동들이 새로운 물고기 이름을 알게 되거나, 새로운 생각이 떠오를 때마다 주제망은 계속해서 추가된다. 다음 표는 주제탐구표현활동이 절정에 이르렀을 즈음의 주제망을 표로 정리한 것이다.

'물고기'에 대한 아이들의 생각

구 분	내 용
물고기의 이름	개복치, 조기, 뱀장어, 흰동가리, 고등어, 미꾸라지, 도미, 붕어, 연어, 금붕어, 송사리, 실고기, 송어, 날치, 상어(고래상어, 박쥐상어, 망치상어), 아귀, 전갱이, 잉어, 돌돔, 잉어, 오징어, 복어, 가오리, 문어, 가자미, 엔젤피시, 떨피시, 탠치, 바다뱀, 명태(북어)
생김새	꼬리지느러미, 몸통, 가슴지느러미, 머리, 뼈, 점무늬, 줄무늬, 아가미, 비늘, 뒷지느러미, 배지느러미, 앞지느러미, 상어뿔, 등지느러미, 입, 눈, 알, 이빨, 꼬리, 가시, 코
사는 곳	우리반, 강, 바다, 수족관, 바다반, 어항, 배, 집, 수산시장, 연못, 오아시스, 폭포, 롯데월드, 계곡, 낙성대 공원, 시장, 횟집, 물레방아, 우물, 개천
색 깔	섞인 색, 이상한 색, 하늘색, 검은색, 흰색, 회색, 표범색, 투명색, 특이한 색, 은색, 금색, 보라색, 초록색, 빨간색, 파란색, 남색, 노란색, 주황색, 흙색
물고기로 만들 수 있는 음식	가자미구이, 오징어볶음, 멸치볶음, 날치알김밥, 장어구이, 회, 참치샌드위치, 어묵, 추어탕, 매운탕, 명태전, 참치통조림, 쥐포, 문어발, 고등어조림
먹 이	흰동가리, 연어, 플랑크톤, 작은 물고기, 올챙이, 사료, 방울, 벌레, 달팽이, 벌레, 메뚜기, 물풀, 물

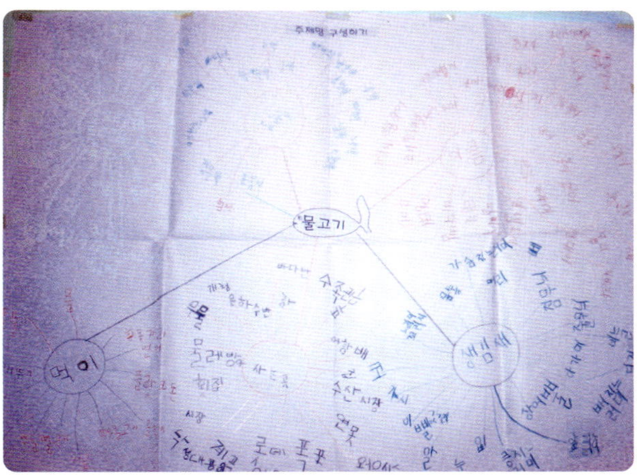

| 물고기 주제망 |

질문 목록 만들기

질문 목록 만들기는 주제에 대해 무엇이 궁금한지, 어떠한 것에 대해 알고 싶은지를 조사하는 것이다. 여기에서는 질문 목록을 만드는 데 두 가지 방법이 사용되었다. 하나는 대집단활동으로 교사가 아동들에게 물고기에 대해 궁금한 점을 묻고 아동들이 이야기한 것을 교사가 받아 적거나 녹음하여 질문 목록을 만드는 방법이다. 다른 하나는 궁금이 상자를 교실에 두고 유아가 책을 읽거나 물고기를 관찰하다가 궁금한 것이 생길 때 질문을 적어서 상자에 넣는 방법이다. 후자의 경우 교사는 정해진 시간에 궁금이 상자를 유아들과 함께 개봉하고 그 안에 들어 있는 질문 내용을 공유한다. 질문에 따라서 토의를 하고 끝나거나 질문 목록에 새롭게 추가되기도 한다.

유아들의 질문 목록은 교실에 전시하며 보육일지에 게시하여 부모들도 자녀가 궁금해 하는 것을 볼 수 있게 한다.

TIP

교사는 다소 엉뚱해 보이는 질문도 존중해 주고 아동의 질문을 격려한다. 동시에 질문하기 활동이 아동에게 아무것이나 생각나는 대로 질문을 해야 한다는 압박감을 주지 않도록 한다. 또한 '○○이는 물고기에 대해서 뭐가 궁금해? 무엇을 알아보고 싶어?' 와 같은 일반적 질문보다는 '아까 ○○이가 물고기를 한참 관찰하던데, 무엇을 봤니? 궁금한 점이 있었니?' 와 같이 보다 더 구체적으로 묻는다.

물고기 질문 목록

- 왜 가오리는 꼬리에 가시가 있어요?
- 왜 가오리는 납작해요?
- 왜 쏠배감펭은 색깔이 투명해요?
- 전기뱀장어는 물 속에서만 전기를 낼 수 있어요?
- 복어는 왜 배가 뚱뚱해요?
- 오징어는 왜 입이 다리 사이에 있어요?

- 왜 가자미는 색깔이 바뀌어요?
- 진짜 말은 기어 다니는데, 해마는 바다의 말이지만 왜 일어서서 다니나요?
- 고등어는 왜 등이 파래요?
- 범돔은 왜 검은 줄무늬가 있어요?
- 붕어는 왜 등이 금색이에요?
- 물고기는 왜 이름이 다 달라요?
- 왜 피가 종이에까지 나와요?
- 물고기는 왜 아가미가 있는데, 코가 있어요?
- 왜 물고기는 등지느러미가 있어요?
- 물고기는 아가미를 어떻게 움직일 수가 있어요?
- 왜 사람은 아가미가 없는데, 물고기는 있어요?
- 물고기는 왜 눈알이 있어요?
- 미꾸라지는 왜 수염이 있어요?
- 물고기는 왜 비늘이 있어요?
- 물고기의 꼬리는 왜 있어요?
- 왜 물고기는 눈썹이 없어요?
- 물고기는 왜 물이 있는 곳에서만 숨을 쉬어요?
- 물고기는 왜 옆줄이 꼭 있어야 돼요?
- 왜 물고기는 방울을 뿜어요?
- 왜 물고기는 가슴지느러미랑 꼬리지느러미가 있어요?
- 왜 어떤 물고기는 가시가 있어요?
- 물고기는 왜 콧구멍이 있어야 해요?
- 부레는 왜 커져요?
- 물고기는 왜 소리를 못 내요?
- 물고기랑 어떻게 놀아줘요?
- 물고기는 어디에서 자요?
- 물고기는 어떻게 길러야 잘 커요?
- 물고기는 몇 살인지 어떻게 알아요?

질문 목록에 있는 모든 질문들에 대해서 반드시 옳은 답을 알아보아야 하는 것은 아니다. 질문이 많은 경우 교사의 역할은 많은 질문들을 몇 개의 중요한, 조사할 수 있는 질문으로 압축하는 것이다. 물고기에 관한 아동의 질문 목록을 교사는 다음과 같이 압축할 수 있다.

- 물고기 종류에 따른 특성에 관한 질문
  - 가오리는 왜 꼬리에 가시가 있어요?
  - 복어는 왜 배가 뚱뚱해요?
- 물고기의 몸을 이루는 부분에 관한 질문
  - 물고기는 아가미가 있는데, 왜 코가 있어요?
  - 물고기는 왜 비늘이 있어요?

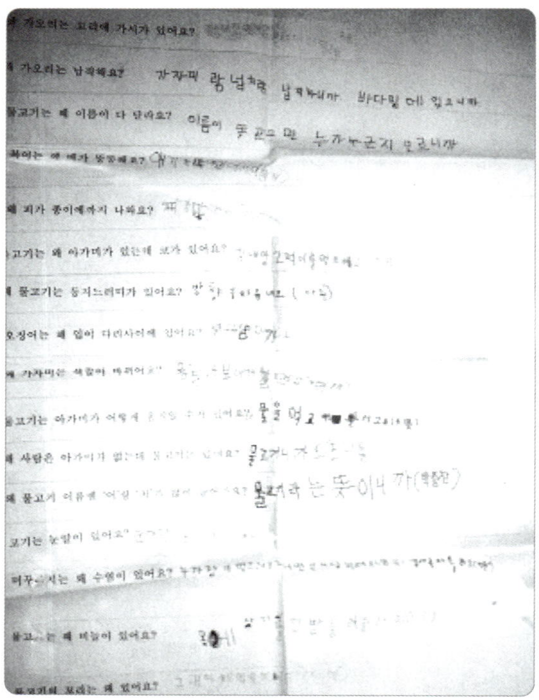

벽에 전시한 질문 목록

- 물고기 기르기 및 물고기의 생활과 관련된 질문
  - 금붕어 어항에는 왜 산소가 많아야 돼요?
  - 물고기는 어디에서 자요?

전 개

주제탐구표현활동의 전개단계에서는 궁금한 것을 알아보기 위한 현장활동이 중심이 된다. 또한 현장활동 준비, 현장활동 후의 활동들이 전개단계에 포함되며 주제에 대한 깊이 있는 탐구가 이루어진다.

열대어 관찰일지

우선, 아동들은 가까이에서 경험할 수 있는 물고기인 열대어를 관찰하고 이를 그림으로 표현한다. 아동에 의해서 이러한 행동이 자발적으로 일어날 때 교사가 이를 칭찬하고 격려하며, 교사도 또한 그러한 기록과 관찰의 행동을 하는 것이 좋다.

은하수반에서는 다음날 다른 아동이 어린이집에 다양한 색깔의 열대어를 더 가지고 왔다. 그 결과 물고기에 대한 아동들의 흥미가 더욱 높아졌다. 열대어 종류가 늘어나자 아동들은 열대어의 이름에 관심을 보였다. 몰리, 지브라, 구피, 플라티 등의 열대어 이름도 알게 되었다.

유아들은 교실에 있는 열대어를 보면서 자발적으로 그림을 그리기 시작했다. 교사는 이를 격려하여 '우리 교실에 처음 물고기가 생긴 날'을 기념해 그림을 그려 보자고 제안했다. 그 후로 아동들은 자발적인 관찰 일지 그리기를 계속하였다.

물고기 관찰일지 스크랩북

| 아동들의 물고기 관찰일지 |

만 5세 유아들은 그림과 문자에 흥미가 많으므로 그림에 날짜와 이름을 쓰고 자신이 관찰한 것을 적을 수 있도록 격려한다. 혼자서 글씨를 쓰지 못하는 유아들은 교사가 아동의 설명을 듣고 그림에 적어 주어도 된다. 또한 이 연령의 아동들은 모방하는 경향이 강하므로 교사가 먼저 관찰하고 이를 기록하는 모습을 보여 준다면 아동들도 그러한 모습을 따라서 할 가능성이 높다. 교사는 아동들이 그린 열대어 표상을 벽면에 전시해 준다.

주제탐구표현활동에서 아동의 표상은 중요한 자료이다. 일반적으로 아동들은 처음에는 도식적인 물고기 그림을 그리는 경우가 많다가, 물고기 주제탐구표현활동을 진행하면서 자신이 관찰한 것, 배운 지식을 그림 속에 반영하게 된다. 따라서 주제탐구표현활동 진행에 따라 아동의 표상의 변화과정을 보는 것은 주제탐구표현활동의 중요한 부분이라고 할 수 있다.

아동의 관찰일지가 늘어나면 교사는 '○○○반 물고기 관찰일지'라는 제목을 붙인 스케치북을 마련해 주어 아동들의 관찰일지를 모은다. 많은 아동들이 참여한다면, 아동별로 관찰 그림일지를 모아둘 수 있는 파일을 마련해 줄 수도 있다. 이것은 일종의 저널 역할을 할 것이다. 그리고 프로젝트 종결단계에서 할 전시의 중요한 부분을 차지할 것이다. 즉, 프로젝트가 어떻게 시작되었는지를 잘 보여 주는 자료가 된다.

책을 통한 조사활동

유아들이 호기심을 많이 갖는 것 중 하나는 물고기의 종류와 특징에 관한 것이다. 이에 대한 정보는 책을 통해서 많이 얻을 수 있다.

만 5세 아동들은 교실에 비치된 물고기 관련 도서들을 읽으며 스스로 지식을 추구하는 경향이 있다. 물고기에 관한 책에는 줄거리가 있는 동화책과 물고기에 대한 객관적 정보를 아동 수준에 맞게 제시한 책이 있는데, 많은 아동들은 이 두 가지를 모두 좋아했다. 후자 종류의 책에는 다양한 모양과 색깔, 특징을 지닌 물고기들의 그림

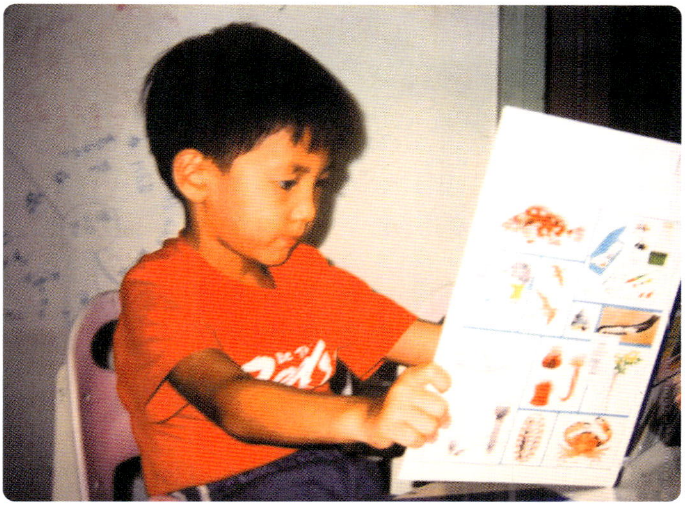

물고기와 관련된 책을 읽고 있는 아동

및 사진과 그에 대한 설명이 쓰여져 있는데, 아동들은 책을 보면서 많은 물고기의 이름을 혼자서 배워 가고, 책을 친구와 함께 보며 물고기 사진을 보고 따라서 그려 보기도 했다. 아동이 책을 보다가 교사에게 질문을 할 경우에는 대답해 주고 교사도 알지 못하는 내용일 경우 같이 답을 찾아본다.

물고기 관련 자료의 예

- 〈어머, 물고기가 됐어요!〉 영화 오리지널 사운드 트랙 CD
- 〈무지개 물고기〉 시리즈
- 《달팽이》 과학동화
- 〈낚시〉 잡지
- 〈바다에 사는 동물〉 비디오

전문가 초청

물고기의 종류와 특징에 관한 아동들의 질문은 대부분 책을 통해 해결되는 것이 많지만 해결되지 않는 것은 전문가에게 아동들의 질문에 대답해 주도록 부탁한다. 은하수반의 경우는 생물학을 전공하신 학부모님이 계셔서 일일 교사로 자원해 주셨다.

또래의 부모가 학급에 일일 교사로 올 때 아동들은 편안하고 친근하게 자신이 궁금한 것을 물어보곤 한다. 또한 일일 교사를 자원하신 부모님도 자녀를 통해 아이들의 언어나 인지 수준을 잘 알기 때문에 그에 맞추어서 설명을 해주시는 경향이 있다.

은하수반 아동들은 특정한 물고기가 어째서 그러한 특징을 갖는지를 궁금해 하는 경우가 많았는데, 일일 교사 어머니께서 그러한 점에 대해 재미있게 설명을 잘 해주셨다. 예를 들어 "가자미는 왜 색깔이 변해요?" 라는 아동의 질문에 대해서, 어머니는 신문지에 빨강, 노랑, 초록 가자미를 붙였을 때와 신문지에 신문지로 된 가자미를 붙였을 때 가자미를 찾기가 어느 것이 더 어려운지를 직접 보여 주시며 보호색에 관한 설명을 명쾌하게 해주셨다. 더구나 신문지에 숨은 가자미를 찾으면서 모두 몇 마리가 숨어 있는지를 찾도록 함으로써 흥미도 유발하고 수를 세는 활동도 할 수 있게 하였다.

전문가 초청 수업이 끝난 후에는 아동들이 일일 교사를 해주신 부모님께 감사의 편지를 썼다.

기타 활동

이 밖에 교사는 주제에 대한 아동의 흥미를 증가시키는 다른 활동이나 게임을 만들어 학급에 배치할 수 있다. 예를 들어 아동들이 여러 가지 물고기 이름과 모양에 한참 흥미를 갖기 시작했다면, 교사는 물고기 빙고 게임판을 만들어서 교실에 배치해 두고 아동들이 게임을 통해 여러 가지 물고기 이름을 익힐 수 있도록 한다. 뿐만 아니라 물감, 점토, 철사, 비닐봉투, 비닐장갑, 스타킹 등 다양한 재료를 사용한 물고기 표상활동을 할 수 있도록 한다.

현장활동 준비

아동이 제기한 질문 중 두 번째로 많은 것은 물고기의 신체 부분에 관한 질문이었다. 아동들은 책에서 지느러미, 뼈, 부레, 콧구멍, 옆줄, 무늬, 색깔 등에 관해 읽고 이에 많은 관심을 가졌다. 교실에 있는 열대어를 관찰하며, "정말 지느러미가 있네."라고 발견을 하기도 하였다.

하지만 열대어는 너무 작아서 자세히 보기가 어려운 점이 있었다. 뿐만 아니라 물고기 몸 속에 있는 것은 볼 수가 없었다. 그래서 몇몇 아동이 시장에 가서 통고기를 사와서 자세히 관찰해 보자는 의견을 제시했다. 이 의견에 대한 아동들의 열정적 호응으로, 전체 회의를 통해 어린이집에서 그리 멀지 않은 재래시장인 낙성대 원당시장에 가서 생선을 사오기로 하였다.

문제 상황이 닥쳤을 때 이를 어떻게 해결할 것인가에 대해 아이들과 이야기해 보는 것은 매우 좋은 방법이다. 아동들은 교사의 고정된 사고방식을 뛰어넘어 훨씬 상상력이 풍부하고 기발한 아이디어를 제공해 주기 때문이다. 교사는 이러한 생각들을

| 현장활동을 하러 가는 아동들 |

TIP

원활한 현장활동을 위해서는 첫째, 현장 견학을 통해서 얻고자 하는 목표가 뚜렷해야 하며 둘째, 견학 장소를 사전 답사해야 한다. 다음은 본문에서 언급한 생선가게 현장활동에 대한 견학 목표와 사전 답사 내용이다.

교사가 세운 현장 견학 목표

- 물고기에 대한 심층 탐구를 위해 실제 물고기를 관찰하고 만져 본다.
- 지역 사회에 대해 탐구한다.
- 평상히와 다른 곳으로 나들이를 해본다.
- 부모님의 도움 없이 대중교통을 체험해 본다.
- 물건을 사고파는 습관에 대해서 배운다.

사전 답사 내용

- 넓은 시장 안에서 생선가게는 어디에 있는가? 몇 개가 있는가?
- 아동들이 생선 가게에 가는 길에는 다른 볼 것들이 무엇이 있는가?
- 견학 시간은 얼마나 소요되는가?
- 견학 도우미가 얼마나 필요한가?

적극 반영하여 문제 해결의 경험을 갖게 해줌으로써 아동에게 주도성과 자부심을 심어 주도록 한다.

교사는 아동들이 현장활동의 구체적인 계획을 세울 수 있도록 돕는다. 아동들의 회의 결과 아동들은 부모님의 차량 지원을 받지 않고 마을버스를 타고 낙성대 생선가게에 가기로 하였다. 은하수반 아동들 중에는 버스를 타본 아동도 있고 타보지 않은 아동도 있었다. 아동들은 버스를 탔던 경험을 친구들과 공유하면서 버스를 타고 갈 때의 주의사항에 대해 이야기를 하였다.

다음으로 아동들은 어떤 물고기를 사올지에 대해 의논하였다. 아동들은 생선가게에서 어떤 생선을 파는지를 잘 모르기 때문에 생선가게에서 팔지 않는 여러 가지 물고기들을 사오자고 제안하기도 했다. 사올 물고기를 결정하고 나면, 마지막으로 생선가게 주인아저씨 또는 아주머니께 무엇을 질문할지 정하고 이를 수첩에 적는다.

현장활동 : 생선가게

담임교사와 보조교사 2명이 아동들과 함께 물고기에 대해 궁금한 점을 알아보고, 교실에서 관찰할 수 있는 물고기를 구입하기 위해 생선가게로 현장활동을 간다.

견학 장소로 가고 오는 길에 있는 것들에 대해 유아들이 흥미를 가질 수 있다. 가령 생선가게로 가는 길에 있는 모든 물고기를 찾는 게임을 할 수 있다. 아동들은 복어요리를 파는 식당의 간판에 그려진 그림을 가리키며 "야, 저기 복어 있다!" 라고 반갑게 외치기도 한다. 그 외에도 아동들은 횟집, 건어물 상점 앞에서 잠시 멈추어 관찰하기도 한다. 생선가게로 가는 중 아이들은 다음과 같은 질문들을 했다.

" 어떤 생선은 말려서 팔고 어떤 생선은 얼음 상자에 넣고 팔아요?"
"누가 물고기를 잡아요?"
"생선가게의 생선은 어디에서 가져왔어요?"
"물고기는 남자인지 여자인지 어떻게 알 수 있어요?"

생선 가게에 도착한 아동들은 주인아저씨께 준비한 질문을 했다. 생선가게 아저씨는 아동들의 질문에 대답해 주었다. 아저씨는 동해 바다와 서해 바다에서 어부들이 잡은 물고기를 새벽에 아저씨가 경매시장에 가서 사 와서 여기에서 판다는 것을 설명해 주었다. 아동들은 아저씨의 설명을 매우 진지하게 들었다.

생선가게 아저씨가 생선가게에 있는 여러 가지 생선을 관찰할 수 있게 해주셔서 아동들은 자세히 천천히 관찰을 할 수 있었다. 그리고 마지막으로 아동들은 갈치, 오징어, 고등어, 가오리, 조기를 사왔다. 아이들은 자신들이 사기로 결정한 생선을 사왔다는 사실에 굉장히 뿌듯해 한다. 돌아오는 길에 열대어를 판매하는 가게에 들러 열대어들을 구경하고 열대어 먹이를 사오기도 했다.

생선가게 놀이

생선가게를 다녀온 후 아동들은 교실에 생선가게를 만들고 싶어 했다. 아동들은 실제로 생선가게에서 본 것들을 기억하고 생선을 놓는 얼음 박스, 돈 넣는 바구니, 매달아 놓은 생선을 그대로 만들어 보고 싶어 했다.

아동들이 가게를 구성하고자 할 때 교사는 아동들이 필요로 하는 재료를 적극 제

| 생선가게 놀이 |

공하여 아이들의 생각이 구현될 수 있도록 도움을 주어야 한다.

완성된 생선가게에서 아동들은 가게 이름을 짓고 간판을 만들어 붙인 후 역할놀이를 하였다.

생선 관찰

실물을 직접 보고 만지면서 배우는 것은 유아들에게 훨씬 더 큰 즐거움을 준다. 유아들이 생선을 가까이에서 자세히 관찰할 수 있도록 교사는 교실의 책상들을 네 영역으로 나누어 서로 떨어뜨려 놓고, 유아들이 소집단으로 한 영역에 있는 생선을 관찰하도록 했다. 한 영역에서의 관찰이 끝나면, 조별로 영역을 바꾸어서 관찰하도록 했다.

교사는 아동과 함께 관찰에 참여한다. 그러면서 최대한 아동들 스스로 물고기를 관찰할 수 있게 배려한다. 아동들은 돋보기를 가져와서 생선을 살펴보고 조심스레 만져보기도 한다. 교사는 아동이 발견한 것을 이야기할 때 관심을 보이고 "어, 정말!", "잘 찾는다."와 같이 격려해 준다. 또 "입도 한 번 보자. 물고기도 입술이 있을까? 이빨은 어떻게 생겼을까?" 하고 유아의 호기심을 자극하는 질문을 던지기도 한다.

주제탐구표현활동에서는 이처럼 아동들이 발견하는 즐거움을 느끼도록 격려한다. 그리고 아동들은 발견한 것을 기록하고 공유하는 것을 배운다. 집중적인 관찰의 시간이 끝나고 나서 유아들은 손을 씻고 다함께 모여서 관찰하는 동안 발견한 것을

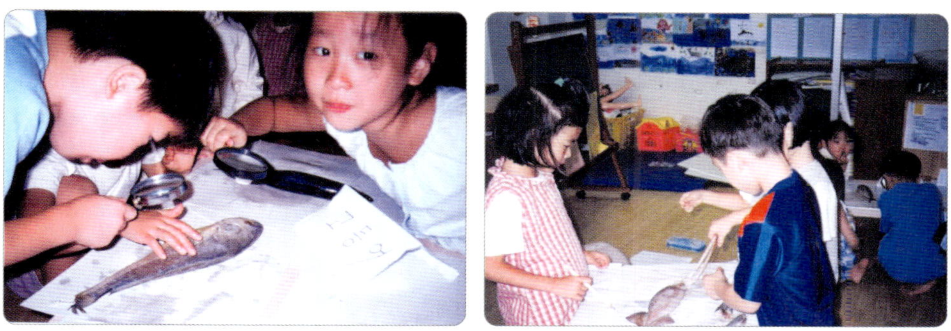

생선을 관찰하고 있는 아동

교실 엿보기

"콧구멍 찾았다!"
"선생님, 고등어가 오줌 싸는 데 찾았어요."
"이게 옆줄이지요?"
"오징어 다리가 미끌미끌하다."
"아, 냄새 지독하다."
(오감을 통한 탐구를 하며 즐거워하는 아이들)
"선생님, 이리 와 보세요."
"야, 이것 좀 봐!"
(여기저기서 자신이 발견한 것을 교사와 친구에게 알려 주려고 부르는 소리가 들린다)

나누고 기록하는 작업을 한다. 교사는 이러한 기록 작업을 위해 활동지를 미리 만들어 놓는다.

물고기 관찰 기록

	고등어	조 기	갈 치	오징어	가오리
보았어요	사람처럼 혀가 있어요. 눈썹이 없어요. 등에 푸른색이 있어요.	노란색이 있어요.	이빨이 사람처럼 한 줄이 아니고 여러 줄이에요.	색깔이 하얘요.	갈색이에요.
냄새 맡았어요	냄새나요.	지독하다.	좋은 냄새	좋은 냄새	지독한 냄새가 많이 나요.
만져 보았어요	부드러워요.	좀 안 부드러워요.	미끄럼틀처럼 미끄러져요.	다리가 미끌미끌해요.	가시 있어서 찔렸어요.

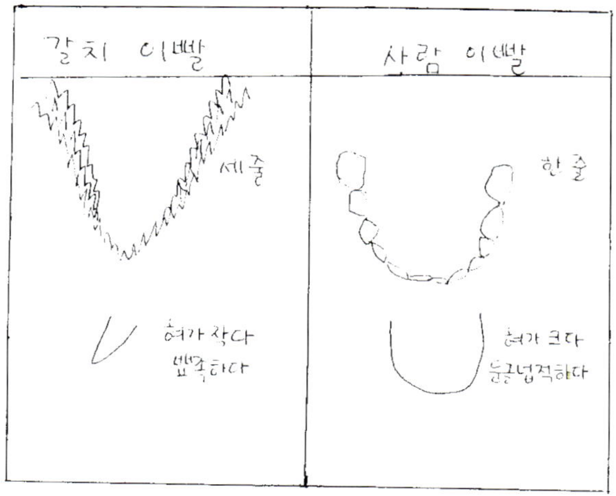

| 비교한 내용을 표로 나타내기 |

직접 관찰을 통한 아동의 발견은 교사에게도 매우 신선하고 귀중했다. 성인인 교사도 조기의 입 속에 혀와 이빨이 어떻게 생겼는지를 직접 본 적이 없었기 때문이다.

이처럼 관찰을 통해 발견한 내용은 활동지에 기록할 수 있으며, 공통점이나 차이점을 비교하여 표나 그래프 등도 만들어 볼 수 있다.

생선 냄새를 없애는 방법

주제탐구표현활동을 하면서 아동들은 문제 상황을 만날 수 있다. 교사는 아동들이 그에 대한 해결책을 찾기 위해 책을 찾고 주변 사람들(전문가)을 면담하는 것을 지원해 주는 역할을 한다.

여기에서는 교실 내에서 생선을 관찰하다 보니 교실에 생선 비린 냄새가 점점 많이 나게 되어 냄새를 덜 나게 할 수 있는 방법을 의논하였다. 누구에게 물어보는 것이 좋을지 토의한 결과 아동들은 어린이집 식당 선생님과 위생 담당 선생님에게 물어보자고 하였다. 아동들이 식당 선생님과 위생 담당 선생님에게 가서 여쭤보았더니 술과 양파를 사용하면 생선 냄새가 덜 난다고 말씀해 주셨다.

가오리 위에 양파를 올려놓고 있는 아동

아동들은 식당 선생님이 주신 양파를 가져와서 냄새가 많이 나는 생선 위에 올려 놓았다.

이 경험을 통해 아이들은 생선요리를 할 때 비린 냄새를 없애기 위해 사용할 수 있는 방법을 알게 되었고, 또한 문제를 해결하기 위해 다른 사람에게 조언을 구하는 방법도 배웠다. 뿐만 아니라 어린이집에서 어린이들을 위해 일하시는 분들도 아이들의 교육 활동에 도움을 줄 수 있게 되어 좋아하셨고 아동들과 더 친근해질 수 있는 기회가 되었다.

물고기 길이 측정 및 비교

주제탐구표현활동은 여러 영역의 기본 개념과 기술을 통합적으로 적용하고 습득할 수 있는 장을 제공한다. 아동들은 물고기를 관찰하면서 길이를 측정하는 방법과 길이의 비교를 시각화하는 방법을 배울 수 있다.

교사는 아동들에게 어떻게 하면 물고기 길이를 잴 수 있을지 생각해 보도록 질문을 던진다. 어떤 아동은 이미 길이를 측정하는 도구인 자에 대해서 알고 있을지도 모른다. 다른 아동은 손뼘을 이용해서 길이를 재는 법을 알고 있을 수도 있다. 교사는 아동들이 길이를 재는 다양한 방법을 생각해 볼 수 있도록 격려한다.

은하수반 아동들은 끈, 크레파스, 색연필, 블록 등을 사용할 수 있을 것 같다고 하였다. 교사는 아동이 생각한 방법을 실제로 행동으로 옮겨 볼 수 있도록 기회를 제공하였다. 다음 사진에는 한 아동이 종이 블록과 레고 블록을 사용해서 물고기의 길이를 측정하는 모습이 나와 있다.

블록을 가지고 실제로 물고기의 길이를 측정하기 전에 먼저 물고기의 길이만큼 놓

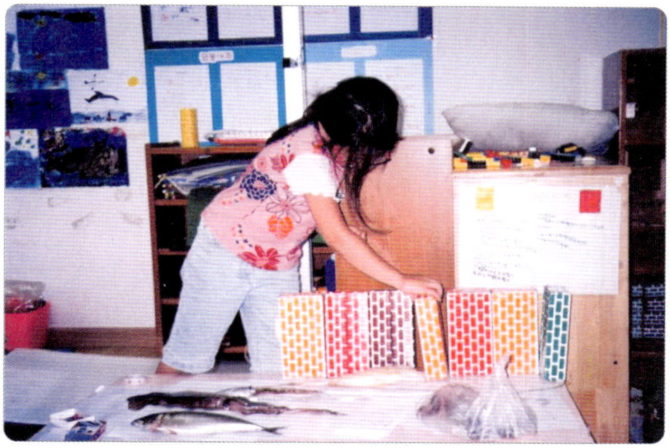

물고기의 길이를 측정하는 아동

으려면 블록이 몇 개나 필요할지 예상해 보도록 한다. 그리고 나서 실제로 레고 블록을 놓아보고 개수를 세어 처음 예상했던 것과 비교해 본다.

물고기 해부

아이들이 사온 물고기로 식당 선생님께서 생선조림을 만들어 주시기로 하셨다. 요리를 하기 전에 식당 선생님께서 아이들에게 물고기 해부를 하여 몸 속을 보여 주시기

물고기 해부

물고기 해부 표상활동을 하고 있는 아동

로 하였다. 책에서만 볼 수 있는, 보이지 않는 내부에 대해 직접 관찰하는 경험은 아동에게 새로운 흥미로운 세계를 열어 준다. 교사는 관찰 가능한 대상에 대해서 최대한 경험의 기회를 제공해 줄 필요가 있다.

책을 통해 물고기 몸 속에 관해 알고 있었던 아동들도 실제로 해부를 하자 매우 진지하게 보았다. 아동들은 식당 선생님에게 물고기 몸 속에 있는 것에 대해서 질문을 하였고, 식당 선생님은 여러 가지 생선 중 고등어의 뼈, 부레, 내장을 보여 주며 설명을 해주셨다.

아동들은 자신들이 사온 생선으로 만든 생선조림 반찬을 맛있게 먹었다. 먹으면서 뼈를 관찰하는 아동도 있었고, '이건 조기예요', '이건 고등어예요' 하면서 생선의 맛을 비교하는 아동도 있었다.

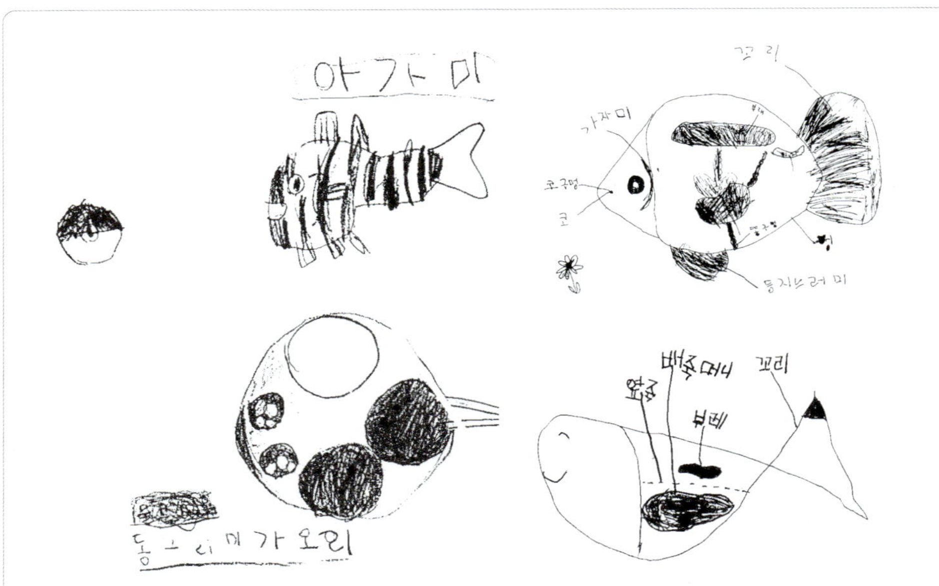

물고기 해부 후 아동의 표상

두 번째 현장활동 : 수족관 견학

아동의 관심은 열대어에서 물고기로, 물고기에서 세계의 여러 가지 특이한 물고기로 확장되었다. 교사는 아동의 확장된 관심을 실제 활동으로 반영해 줄 필요가 있다. 따라서 세계의 특이한 물고기들을 볼 수 있는 코엑스 아쿠아리움 수족관을 두 번째 현장활동 장소로 정하게 되었다.

코엑스 수족관은 특이한 생김새의 물고기들이 많고, 아동들이 책에서도 본 적이 없는 신기한 물고기들이 많이 있다. 아동들이 물고기 이름을 적고 관심 있는 물고기를 스케치할 수 있게 펜과 수첩이 달린 목걸이를 준비할 수 있도록 한다.

교실 엿보기

은하수반 아동들은 남아들을 중심으로 상어에 많은 관심을 가지고 있었고, 학부모님이 가져다 주신 물고기 모형을 가지고 놀면서 블록으로 상어집을 짓기도 하고, 망치상어, 전기가오리 등 특이한 물고기들에 관심을 많이 가졌다. 그리고 몇몇 아동이 가족과 함께 수족관에 가서 이러한 물고기를 보았다고 이야기한 것이 많은 다른 아동들도 수족관 견학을 가고 싶게 하였다. 그 결과 코엑스 아쿠아리움 수족관을 견학하기로 결정하였다.

아쿠아리움 견학

물고기 세밀화 표상활동

신기하고 독특하게 생긴 살아 움직이는 물고기들을 보는 경험은 책에 있는 물고기들에 대한 아동들의 느낌을 변화시켰다. 아동들은 수족관에서 본 물고기를 책에서 찾아보고, 책을 보고 물고기를 따라 그렸는데, 물고기를 보고 따라 그리는 아동들의 활동이 급격히 증가했다. 아동들이 이러한 관심의 증가를 보일 때 교사는 물고기에 대한 표상을 아동이 충분히 할 수 있도록 충분한 시간을 주고 지원한다.

교실 엿보기

두세 명의 아동이 처음으로 책에 나온 사진을 보고 따라 그리기 시작했다. 그 아동들이 각각의 종류가 가진 특징들을 매우 잘 파악하여 묘사했는데, 그것을 보고 다른 아동들도 물고기 그림 그리기에 동참하였다. 이는 전체 활동 시간에 이루어진 것이 아니라 자유 놀이 시간에 이루어진 것이다. 개별 아동별로 차이가 있었지만 전반적으로 집중 시간이 매우 길었다. 교사는 아동이 그린 그림을 전시하고 순서대로 모아둘 수 있도록 교실 벽면에 투명 파일을 설치했다.

물고기 세밀화를 그리고 있는 아동

식인 물고기 '피라냐' : 협동작품

수족관에서 본 물고기 중 아동들이 특별히 흥미로워하는 것이 있다면 이를 협동작품으로 표상해 본다. 아동들은 사람을 잡아먹는 식인 물고기에 깊은 인상을 받았다. 그래서 커다란 피라냐를 그리거나 만드는 아동들이 몇몇 있었다. 함께 피라냐를 만들어 보기로 하고 크레파스로 색칠한 그림을 비늘 모양으로 오려 붙여서 실제 크기와 같은 반짝반짝하는 커다란 피라냐를 만들었다. 완성된 피라냐는 코팅해서 모빌로 만들어 은하수반 천장에 매달아 놓았다.

물고기 신체표현 : 어머! 물고기가 됐어요

교사는 주제탐구표현활동이 다양한 영역의 활동들을 포함하도록 하고 다양한 표상의 방법을 제공할 필요가 있다. 따라서 과학적인 활동에만 치중하지 않고 상상력을 발휘할 수 있는 활동과 음악 감상, 창의적인 신체표현활동을 할 수 있도록 고려해야 한다.

여기에서는 만화 영화 〈어머! 물고기가 됐어요〉의 오리지널 사운드 트랙에서 몇 개의 신나는 곡들을 골라 이를 틀어 놓고 자신이 물고기가 되었다고 상상하여 몸으로 표현해 보는 활동을 하였다.

교사는 아동이 상상에 몰입할 수 있도록 환경을 조성해 준다. 예를 들면 바닥에 바다색깔 매트를 깔아 주고 돌고래, 갈치, 곰치, 상어, 가오리, 날치 등 아동들에게 흉내 낼 물고기 이름을 불러 주며 음악을 틀어 준다.

이 밖에도 생상스의 동물의 사육제에 나오는 〈수족관〉 등 다른 음악들을 찾아보고 음악에 맞춰 신체표현을 한다. 신비스러운 음악 속에서 두 명의 아동이 양쪽에서 천을 잡고 흔들어 바다의 물결을 표현하고 그 속에 아동들이 들어가서 물고기가 된 것처럼 신체표현을 할 수도 있다.

물고기 책 만들기

만 5세 아동은 글씨에 대한 흥미가 매우 많고 이미 몇몇 아동은 능숙하게 글씨를 쓸

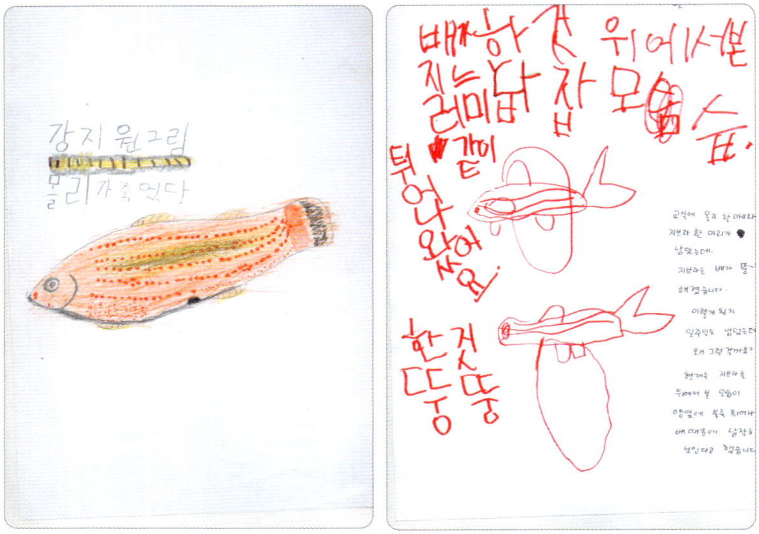

아동이 만든 물고기 책의 일부

수 있다. 또한 이야기 짓기를 좋아하고 자발적으로 글과 그림으로 이야기를 표현해 책을 만들기도 한다. 교사는 아동이 이야기 짓기를 할 때 이를 격려해 준다.

가령 책 만들기 종이 접는 법을 가르쳐 주거나, 아동이 책을 예쁘게 꾸밀 수 있게 제본해 주거나, 아동이 필요로 하는 재료를 제공해 주거나, 아동의 이야기를 대집단활동 시간을 통해 다른 아동들과도 공유하도록 하는 등 책 만들기 활동을 장려할 수 있다.

이야기 짓기와 책 만들기 활동은 프로젝트가 끝날 때까지 진행되었고 이 활동을 통해서 아동들의 문해발달이 촉진되었다. 처음에는 한 페이지에 그림과 함께 한 글자씩만 적을 수 있었던 아동이 주제탐구표현활동을 마칠 무렵 단어와 짧은 문장도 쓸 수 있게 되었다.

질문 목록에 답하기

주제탐구표현활동을 시작할 때 유아들이 제기했던 질문들이 얼마나 해결되었는지 알아보기 위해 대집단 토의 시간에 목록에 있는 질문들에 대해 토의를 한다.

여기서 한 가지 주의할 것은 주제탐구표현활동의 의미는 유아가 모든 질문에 대한 답을 정확하게 아는 데 있지 않다는 것이다. 유아들은 주제탐구표현활동을 시작할 때보다 지금 주제에 대해 더 많은 것을 알게 되었고, 계속해서 나름대로 주제에 대한 지식을 구성해 가는 과정에 있다고 본다. 따라서 질문에 대한 유아의 대답은 유아가 주제탐구표현활동을 통해서 무엇을 배웠는지를 보여 준다.

질문 목록에 대한 유아의 답

질 문	대 답
왜 가오리는 꼬리에 가시가 있어요?	적이 오면 가시를 내밀어 찔러요.
왜 가오리는 납작해요?	가자미랑 넙치랑 납작하니까. 바다 밑에 있으니까.
물고기는 왜 이름이 다 달라요?	이름이 똑같으면 누가 누군지 모르니까.
복어는 왜 배가 뚱뚱해요?	애기가 많이 있어서
왜 피가 종이에까지 나와요?	피가 많아서
물고기는 왜 아가미가 있는데 코가 있어요?	냄새 맡고 먹이를 먹으려고
왜 물고기는 등지느러미가 있어요?	방향을 잡으려고
오징어는 왜 입이 다리 사이에 있어요?	그냥 먹잖아.
왜 가자미는 색깔이 바뀌어요?	몸을 안 보이게 하려고
물고기는 아가미가 어떻게 움직일 수가 있어요?	물을 먹고 뱉으려고요.
왜 사람은 아가미가 없는데, 물고기는 있어요?	물고기니까요.
왜 물고기 이름에 '어'랑 '치'가 많이 들어가요?	물고기라는 뜻이니까.
고기는 왜 눈알이 있어요?	없으면 눈이 안 보이잖아.

질 문	대 답
미꾸라지는 왜 수염이 있어요?	누가 잡아먹으려고 그러면 간질이려고, 냄새를 맡으려고
물고기는 왜 비늘이 있어요?	몸에 상처를 안 받으려고
물고기의 꼬리는 왜 있어요?	그래야 헤엄을 치니까.
왜 물고기는 눈썹이 없어요?	물에서 헤엄칠 때 눈썹이 내려오니까, 눈썹이 있으면 안 보이니까.
진짜 말은 기어다니는데 해마는 바다의 말이지만 왜 일어서서 다니나요?	바다는 땅이 없으니까 발로 찍고 다닐 때 어려우니까, 바깥 말은 땅에서 살지만 해마는 바닷속 말이잖아요.
왜 물고기는 물이 있는 데에서만 숨을 쉬어요?	물이 없으면 숨을 못 쉬니까.
고등어는 왜 등이 파래요?	물이 파랗잖아요, 그러니까 고등어도 등이 파래요, 물 위쪽에 사니까.
왜 물고기 중에는 아침에 나오는 물고기가 많고 밤에 나오는 물고기는 조금이에요?	너무 졸리니까, 밤에는 컴컴하니까.
금붕어는 왜 산소가 많아야 돼요?	민물에서 사니까.
왜 나비고기는 눈이 뒤에 있는 것 같아요?	적이 올 때 꼬리가 눈인 줄 알고 속으니까.
왜 문어는 먹물을 뿜어요?	내 몸을 보호하기 위해서, 적을 내쫓으려고
날치는 왜 날아요?	적이 오면 뛰어서 적을 피해요.
왜 옆줄이 꼭 있어야 돼요?	진동을 느끼기 위해서
왜 물고기는 방울을 뿜어요?	숨쉬니까.
왜 물고기는 가슴 지느러미가 있어요?	헤엄치려고
왜 쏠배감펭은 색깔이 투명해요?	그래야지 몸을 숨길 수 있으니까, 그래야 독을 쏠 수 있으니까.

질문	대답
전기뱀장어는 물 속에서만 전기를 낼 수 있어요?	물 속에서 사니까.
왜 어떤 물고기는 가시가 있어요?	적이 오면 자기 몸을 보호하니까.
왜 물고기는 꼬리지느러미가 있어요?	느리게 가고 빨리 가고 싶어서, 너무 놀고 싶어서, 자기 마음대로 움직이려고
물고기는 왜 콧구멍이 있어야 해요?	냄새를 맡을 수 있으니까.
왜 지느러미에 뼈가 있어요?	마음대로 못 가니까.
부레는 왜 커져요?	물고기가 올라가면 부리가 커져오.
범돔은 왜 검은 줄무늬가 있어요?	표범인 척 하려고
붕어는 왜 등이 금색이에요?	밤에 잘 보여서 다른 물고기들과 부딪치지 않으니까. 그렇게 태어났으니까.
왜 뼈가 지느러미에도 있어요?	뼈가 없으면 적이 왔을 때 빨리 못 가니까, 지느러미를 똑바로 세우려고, 꼬리지느러미로 헤엄쳐야 되니까, 그러면 물렁물렁하니까.

물고기 노래 짓기

이야기 짓기 활동과 마찬가지로 노래 짓기 활동 역시 유아들이 주제에 대해 배운 내

TIP

나무 노래의 나무 이름 대신 물고기 이름을 넣어 가사를 짓는다.

아동들은 물고기 이름을 매우 많이 알고 있으므로 물고기 이름과 그 특징을 잡아서 가사를 만들어 보도록 한다.

교사는 아동이 자유롭게 많은 아이디어를 낼 수 있는 충분한 시간을 주고 아동의 아이디어를 기록한다.

나무 노래 원곡

가자가자 가자 감나무
오자오자 오자 옻나무
십리의 절반인 오리나무
열아홉 다음에 스무나무
뿡뿡 방귀 뀐다 뽕나무
아무리 낮에 봐도 밤나무
다섯 동강이 난 오동나무
벌벌 떤다 사시나무

개사한 곡

가다 다시 온다 가오리
따끔 따끔 따끔 가시복어
갈가리 갈가리 갈치
푸른 등 있어요 고등어
뿡 뿡 먹물 뿜는 오징어
오징어 친척은 문어
납작 엎드렸다 가자미
냄새 난다 미꾸라지

용이 녹아 들어갈 수 있는 활동이다. 또한 노랫말을 짓기 위해서는 글자 수와 리듬감도 고려해야 하므로 노래 만들기 활동은 좋은 언어활동이자 음률창작활동이다.

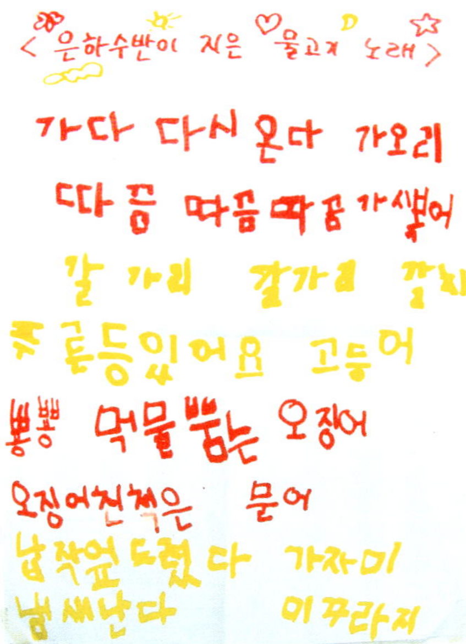

교실 벽에 게시한 물고기 노래 가사

노래를 짓는 방법에는 가사와 멜로디를 모두 새로 짓는 방법도 있지만, 보다 쉬운 방법으로 기존에 유아들이 알고 있는 노래를 개사해서 부르는 방법이 있다. 단, 개사를 하기에 적당한 노래는 학급의 모든 아동이 알고 있는 노래, 아이들이 재미있어 하는 노래, 신나는 노래, 리듬감이 있는 노래, 가사가 같은 구조가 반복되는 노래가 좋다. 여기서는 아동들이 알고 있는 〈나무 노래〉를 개사해 물고기 노래를 만들었다.

유아들이 제안한 노래 가사

- 돌처럼 생긴 돌돔
- 쏴 쏴 물뿜는다 고래, 달 닮은 해파리, 독을 가진 말미잘, 말을 닮은 바다의 말 해마, 예쁘다 송사리
- 쭉쭉 앞으로 헤엄치는 오징어
- 뱀처럼 기어가는 뱀장어, 배가 뚱뚱하다 복어, 노란색 줄무늬 흰동가리
- 모래처럼 생겼다 가자미, 주황색 점이 있다 몰리
- 바다에서 강으로 온다 연어, 밑에가 노랗다 조기
- 부채같이 캐스터네츠 같은 조개
- 별처럼 생긴 불가사리, 돛처럼 생긴 돛새치
- 아름답게 헤엄친다 나비고기
- 물 뿜는다 돌고래, 옆으로 기어간다 꽃게
- 뿅뿅 날라간다 날치
- 금짝 금짝 금짝 금붕어, 점이 있는 복어
- 보름달을 닮은 복어, 돌 같은 문어, 배가 날씬하다 갈치
- 사람을 해치는 백상아리, 가시가 많은 성게
- 무섭게 생긴 상어
- 몸이 크다 도미
- 전기 내뿜는다 전기가오리 전기뱀장어
- 책처럼 열었다 폈다 할 수 있는 조개, 개구리처럼 뛰는 날치
- 상어 같은 꼬마상어 별상어
- 세모를 닮은 엔젤피시
- 실을 닮은 실고기

마무리

주제에 대한 탐구활동과 표현활동이 충분히 이루어지면 교실이 아동의 활동결과물로 가득 차게 된다. 또한 아동의 관심이 새로운 주제로 옮겨가게 된다. 이때 교사는 아동들과의 토의를 통하여 주제탐구표현활동을 마무리하기 위한 종결행사를 계획한다.

종결행사

은하수반 아동들의 관심이 거북이로 옮겨 가고 학부모가 거북이 한 쌍을 기증하여 자연스럽게 물고기 종결행사를 계획하게 되었다.

종결행사는 그 동안 물고기 주제탐구표현활동을 통해 배운 것과 활동한 것을 다른 사람과 공유하는 의미를 갖는다. 교사는 종결행사 준비를 위한 회의를 열어 아동들이 자유롭게 의견을 낼 수 있도록 한다.

전시, 노래 부르기, 동극, 요리활동 및 대접, 부모와 함께 하는 활동 등 종결행사에 대한 계획이 끝나면 부모님과 동생, 다른반 아동들을 초대하는 초대장을 만든다. 또한 포스터를 만들어 어린이집 곳곳에 게시한다.

아동들은 전시를 위해 작품을 고르고 공연을 위해 노래 연습을 한다. 또한 손님들에게 대접할 음식을 만들기 위해 시장에서 장을 보고 요리를 한다.

이러한 과정들을 학급의 모든 아동이 참여하고 주도하는 것은 중요한 일이다. 따라서 교사는 필요한 일의 목록을 만들고 이를 전시 팀, 요리 팀 등과 같이 나누어 맡아서 하도록 할 수 있다. 전시 팀은 주제탐구표현활동 결과와 과정을 보여 주는 전시를 맡고, 교실에 있는 책상과 의자를 배열해서 부모님이 앉으실 수 있는 자리를 만든다. 요리 팀은 물고기로 할 수 있는 요리 중에서 동태전을 만들기로 하였다.

동태전 만들기를 위해서 아동들은 스스로 동태전 만드는 방법을 조사하고, 그 다음에 교사와 함께 시장에 가서 장을 본다. 밀가루 묻히는 팀, 달걀 푼 것에 동태를 넣

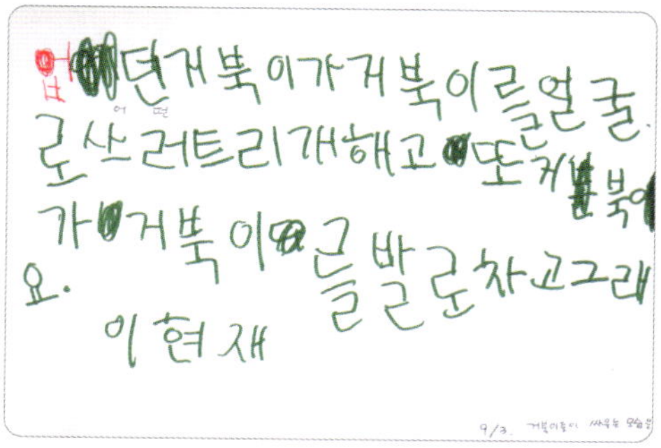

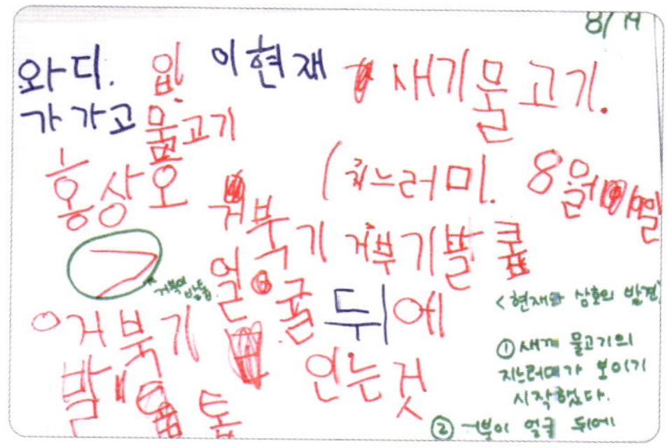

거북이 관찰일지

는 팀, 전을 부치는 팀, 테이블을 세팅하는 팀으로 나누어서 동터전 만들기 요리활동이 진행된다.

부모님을 초대해 자신들이 만든 음식을 대접하고 물고기 주제탐구표현활동에 대해서 설명하면서 아동들은 매우 자랑스러워 했다. 또한 자신들이 만든 노래를 부르는 것에 관해 굉장한 자부심을 느꼈다. 부모와 아이들이 함께 음식을 먹으며 전시된 작품을 둘러 보고, 아동들이 부모에게 자신의 관찰 일지, 프로젝트 과정 중 있었던 일에 대해서 열심히 설명했다.

종결행사가 끝나면 물고기 주제탐구표현활동을 하는 동안 아동들의 흥미가 얼마나 주도적인 역할을 하였는지, 무엇이 교사를 이끌었는지 또 아동들이 완전히 몰입했었는지 등을 평가한다. 아동들이 배워가는 과정에서 흥분되어 있고 스스로 동기화가 되어 답을 발견하고 자신의 지식을 구성해 나가는 모습을 볼 수 있었다면 성공적인 주제탐구표현활동이었다고 평가할 수 있을 것이다.

물고기라는 주제는 모양과 특징이 다양하고 묘사할 수 있는 대상이 많은 주제여서 아동들의 포트폴리오가 매우 풍부하다. 또한 관찰일지 작성과 같이 물고기 주제탐구표현활동을 통해 배운 방법은 주제탐구표현활동이 끝난 후에도 계속 아동에게 남아있을 것이다.

06 CHAPTER

만 5세 주제탐구표현활동_쌀

도 입

도입활동은 탐구할 주제를 정하고 탐색하며 앞으로의 활동에 대한 청사진을 계획하는 단계이다. 즉, 도입단계에서 유아들은 자신들의 지난 경험을 나누며 주제에 대한 생각을 모아 주제망을 만들고 교사는 이를 바탕으로 앞으로 주제탐구표현활동을 구성하는 청사진을 만든다. 쌀 주제탐구표현활동의 경우 도입단계에서 쌀에 관한 이전 경험 나누기와 생각 모으기, 유목화, 질문 목록 만들기, 쌀 1차 표상 등을 포함하게 된다.

'쌀'에 관한 이전 경험 나누기

유아들이 교사와 함께 쌀에 대한 자신의 이전 경험을 이야기한다. 반 전체가 한꺼번에 모여 이야기 나누기를 하면 자칫 산만해지거나 발표에 참여하지 못하는 아동이 생길 수도 있으므로 전체를 둘이나 세 모둠으로 나누어 이야기 나누기를 하는 것이 좋다. 활동을 시작하기 전에 쌀에 관한 동화를 읽거나 주제와 관련한 손 유희 등으로 아이들의 주의를 환기시킴으로써 이야기 나누기가 더 활발해질 수 있도록 돕는다. 혹 아이들이 먼저 말하기를 피하거나 발표가 원활하게 되지 못하면 교사가 먼저 쌀에 관한 자신의 경험을 나눔으로써 이야기의 물꼬를 트는 것도 도움이 된다.

서울대어린이집의 만 5세반에서는 쌀에 관한 이야기 나누기 시간에 다음과 같은 경험들이 발표되었다.

쌀에 관한 경험 목록

- 다섯 살인가 여섯 살 때요, 고기 잡으러 갔다가 돌아오는 길에 할아버지가 쌀을 발견해서 벼에 있는 쌀을 꺼내서 보여 주셨어요.
- 집에서 매일 쌀을 봐요.
- 엄마가 쌀을 배달시켰어요.
- 함양에 있는 할머니 집에 가서 모를 본 적이 있어요.
- 마트에 가서 쌀을 골라 봤어요.
- 집에서 보리랑 현미랑 쌀을 봤어요.
- 경기도에 있는 형아네 집에 가다가 논에서 벼를 본적이 있어요.
- 엄마가 밥을 할 때 내가 쌀을 푼 적이 있어요.
- 민속촌에서 떡을 만들었는데, 그 떡은 쌀로 만드는 거예요.

쌀에 관한 생각 모으기

쌀에 관한 생각 모으기 역시 한 반의 모든 아이들이 함께 모여 이야기를 나누면 몹시

| 생각 모으기 |

산만하고 자칫하면 교사가 활동을 진행하는 데 어려움을 겪을 수 있으므로 모둠을 나누어 하는 것이 좋다.

포스트잇이나 적당한 크기로 자른 종이를 충분히 준비해 둔 다음 아이들에게 쌀에 관한 어떠한 아이디어라도 표현하도록 한다.

5세 아동의 경우 대부분 글씨를 자유롭게 쓸 수 있으므로 자신의 생각을 스스로 표현하도록 하면 된다. 그러나 아직까지 글을 다 익히지 못한 아이들이 있을 수 있으므로 교사는 그런 아이들이 활동에서 소외되지 않도록 자신의 생각을 그림을 통해 표현할 수 있게 격려해야 한다. 때로는 아이의 말을 교사가 대신 기록하는 방법을 써도 좋을 것이다. 모둠별로 토의되었던 아이디어를 교사가 모두 수합하여 칠판에 붙여 놓고 반 전체가 자신들의 아이디어들을 함께 보는 시간을 갖는다. 이런 활동과정은 아이들에게 유목화를 위한 동기를 제공해 줄 것이다.

유목화 및 주제망 만들기

반 전체의 쌀에 관한 생각 목록을 보고 어떻게 분류하면 좋을지에 관해 이야기 나누기를 한다. 유목화는 속성과 특징을 찾아 분류하는 활동으로, 주제망을 완성해 가는 과정 중 아이들이 가장 힘들어하는 부분이다.

주제탐구표현활동을 처음으로 시작하는 경우 교사가 주도적으로 분류체계를 정하여 아이들을 안내하는 것도 하나의 방법이다. 그러나 주제탐구가 거듭되고 아이들의 사고능력이 신장되면 교사는 유목화에 있어 아이들의 능력이 최대한 발현될 수 있도록 활동 환경을 조성할 필요가 있다.

유목화를 위한 분류제목이 결정되면 아이들에게 자신의 생각 종이를 연관된다고 생각하는 분류제목 밑에 붙이도록 한다. 이러한 분류활동으로 아이들은 교육활동에 대한 주도감을 맛보며 활동 자체에도 흥미를 보일 것이다. 이러한 과정에서 전날에는 생각지 못했던 새로운 아이디어들이 나올 수도 있다. 이렇게 해서 완성된 주제망을 전지와 같은 큰 종이에 써서(이 작업은 교사가 직접 하기보다 아동이 하도록 격려한다) 교실 벽에 붙여 일상적으로 볼 수 있도록 한다.

주제망에 여백을 두어 활동이 진행되면서 다른 아이디어가 생기면 추가적으로 기록할 수 있도록 한다. 이렇게 하면 주제탐구를 마무리 할 때 초기보다 더 풍부한 주제망을 얻을 수 있게 될 것이다.

| 유목화 및 주제망 만들기 |

쌀 질문 목록 만들기

쌀에 관해 궁금한 점들을 교사와 아동이 함께 이야기한다. 질문들은 아동 스스로 글이나 그림으로 표현하면 좋으나 글씨 쓰기가 원활하지 못한 아동의 경우 교사가 아동의 이야기를 대신 써 주어도 좋다. 주제탐구표현활동에서 아동의 질문을 대하는 교사가 절대로 잊지 말아야 할 것이 있다. 그것은 아동의 질문이 성인의 관점에서는 매우 하찮고 당연해 보이는 것일지라도 교사는 결코 그것을 무시하거나 폄하해서는 안 된다는 점이다. 교사는 아이들의 너무나 당연해 보이는 듯한 질문에서 주제에 대한 아동의 관심 정도 혹은 인식을 찾아내려고 노력해야 할 것이다. 또한 아동의 질문에 대해 교사가 즉각적이며 직접적인 답을 주려는 시도를 주의해야 한다. 주제탐구표현활동에서는 아동이 체험과 활동을 통해 주제에 관해 자신이 던진 질문을 스스로 해결해 가는 과정 자체가 매우 중요한 의미를 지닌다. 따라서 교사는 아동의 질문에 직접적인 답을 주어 그러한 과정을 생략해 버리는 실수를 범하지 말아야 할 것이다.

쌀 질문 목록

- 왜 쌀은 백미, 흑미, 현미로 나뉘어져 있어요?
- 쌀은 어떻게 키워요?
- 모가 어떻게 자라나요?
- 쌀이 어떻게 밥이 되는 거예요?
- 밥을 할 때 왜 쌀을 물에 씻나요?
- 볍씨는 어디에서 구할 수 있나요?
- 찹쌀떡은 어떻게 만들어요?
- 초밥은 어떻게 만들어요?
- 쌀이 어떻게 쌀과자나 떡으로 변하는 건가요?
- 밥으로도 떡을 만들 수 있나요?
- 우리나라 사람만 쌀을 먹나요?
- 밥 대신 빵을 계속 먹으면 건강에 나쁜가요?

전 개

일상활동

1차 표상

'쌀' 과 같은 특정 자연물을 주제로 한 경우 주제탐구표현활동의 초기와 마무리 시기에 아동이 주제에 대해 표상을 해보도록 하는 것이 좋다. 주제탐구표현활동을 진행하면서 구성해 보는 아동의 이러한 표상은 주제에 대한 아동의 골입과 지식획득 정도를 가늠하게 해준다. 예를 들어 1차 표상 시에는 벼를 풀 모양으로 그리거나 이삭을 어지러운 동그라미 모양으로 표현한 아동들이 주제탐구표현활동의 마무리단계에서 2차 표상을 할 때는 벼의 독특한 모양과 특징이 잘 드러난 그림을 그릴 수 있게 된다. 이러한 표상활동에서 유념해야 할 점은 그림과 같은 평면 표상이 실상은 매우 고도의 추상을 요구하는 어려운 작업이라는 점이다. 삶 속의 모든 사물은 입체로 이루어져 있고 이것을 1차원적 평면에 근접한 모습으로 그려 낸다는 것은 성인에게도 어려운 일이다. 즉, 아동이 사물에 대한 지식의 정도가 모자라서 그리지 못하는 것이 아니라 평면 표상의 어려움 그 자체 때문에 그리지 못할 수 있다는 것이다. 따라서 교사는 다양한 매체를 제공하여 아동이 주제에 대한 자신의 인식을 보다 잘 표현하며 표상이 원활하게 될 수 있도록 도와야 할 것이다.

집에 있는 쌀과 곡식류 가져 와 친구들에게 보여 주기 및 쌀 관찰하기

쌀은 아동이 직접 만지고 볼 수 있으며 우리의 일상과 매우 가까이에 있으므로 주제탐구표현활동을 구성하기에 매우 좋은 주제가 된다. 또한 아동의 집에 흔히 있는 것이므로 주제에 대한 아동의 관심을 가정으로 연장하는 데도 용이하다.

아이들에게 집에서 쌀과 여러 가지 곡식류를 가지고 오게 하여 자신이 가져 온 것을 친구들에게 보여 주고 그 곡식에 대해 함께 이야기하게 한다. 이야기 나누기를 마친 후 아이들이 갖고 온 쌀과 곡식류를 모아서 관찰하는 시간을 갖는다. 이때 눈으로

| 쌀 관찰지 기록 |

보고 손으로 만지며 냄새를 맡아 볼 뿐 아니라 돋보기나 현미경과 같은 도구를 사용하는 것도 좋을 것이다. 활동지를 미리 준비하여 아이들이 자신이 관찰한 점들을 기록할 수 있도록 한다.

환경 구성 : 벼로 벽면 꾸미기

주제탐구표현활동이 진행되는 동안 교실의 환경을 주제와 관련된 것들로 꾸밈으로써 주제에 대한 아동의 관심을 지속하고 흥미를 확장하는 것을 도울 수 있다. 쌀 관련 곡류들을 작은 그릇에 담아 교실 한켠에 놓아 두고 일상적으로 관찰할 수 있게 하거나 벼를 사용해 벽면을 꾸미는 것도 좋다. 서울대어린이집 은하수반에서는 아이들을 모둠별로 나누어 벼를 사용해 벽면을 꾸미는 아이디어를 서로 이야기 한 후 전지 위에 자신들의 모둠만의 분위기가 있는 '벼 풍경' 을 만들어 벽면에 붙였다. 이러한

| 벼로 만든 벽지 |

전시로 쌀과 관련된 다양한 풍경을 표현할 수 있을 것이다.

바깥놀이터에서 농사짓기 놀이하기

주제탐구표현활동이 진행되는 동안 주제에 대한 아동의 관심이 교육활동 시간뿐 아

| 농사짓기 놀이 |

니라 일상으로 확장되는 것은 성공한 주제탐구표현활동의 한 징표가 된다. 교사는 쌀에 대한 아이들의 관심과 흥미가 교육활동 시간뿐 아니라 자유 놀이와 나들이 같은 아동의 일상으로 확장될 수 있도록 도울 수 있다. 교실의 환경 구성을 주제와 관련해서 새로 구성해 주거나 자유 놀이 시간에 주제와 관련한 놀이를 할 수 있도록 분위기를 조성하면 좋다. 예를 들어 자유 놀이 시간에 모래가 많은 바깥놀이터에서 교사가 아이들과 벼 심기 놀이를 한다면 탐구 주제에 대한 아이들의 자연스런 몰입을 도울 수 있을 것이다. 아이들이 자발적으로 그러한 놀이들을 시작한다면 더 좋다. 이런 경우 교사는 프로젝트의 주제가 아이들의 일상 속으로 들어온 그 순간을 놓치지 않고 주제에 대한 아이들의 관심을 더 많은 영역으로 확장할 수 있는 방법을 고민해야 할 것이다. '쌀' 주제와 관련하여 바깥놀이터에서 모내기, 벼가 많이 있는 논 만들기, 농사짓기 등의 놀이를 할 수 있다.

산책을 통해 실제 벼 관찰하기

어린이집 근처에 실제로 벼가 자라는 논이 있다면 그것은 더할 나위 없이 좋은 교육활동 자료가 될 수 있다. 도시에서 이러한 주변 환경을 갖춘 곳을 찾기는 힘들 것이다. 그러나 꼭 논이 아니더라도 그와 비슷한 조건에서 실제 벼를 관찰할 수 있는 곳을 찾을 수도 있다. 예를 들어 서울대어린이집 근처에는 서울시에서 운영하는 '과학전시관' 이 있는데, 이곳에 여러 가지 곡식들이 자라는 작은 화단이 있다. 주제탐구표현활동이 진행되는 동안 이러한 곳에 자주 나들이를 가는 것은 아이들이 자연스레 벼에 대한 관심을 환기하고 그 실제 모습을 관찰하는 좋은 기회가 된다.

미술활동

벼 세밀화 그리기 : 벼의 평면 표상

활동이 거듭되면서 몇 번의 관찰과 경험을 통해 아이들이 어느 정도 벼의 모습을 그려 볼 수 있다면 정밀화를 시도해 보는 것도 좋다. 처음에는 교실에서 벼를 보지 않은 채, 이제까지의 관찰을 통한 경험을 바탕으로 그려 본 다음 실제 벼가 있는 곳으

| 벼 세밀화 그리기 |

로 나들이를 가서 벼의 모습을 가까이에서 관찰하면서 정밀화를 다시 그려 본다. 그렇게 하면 아이들은 자신의 그림을 이전 것과 비교해 봄으로써 스스로 자기가 '벼'의 모습에 대해 몰랐던 부분이 무엇이었는지 알게 될 것이다.

혹은 실제 벼를 교실로 가져와 돋보기로 자세히 들여다보며 관찰한 것을 세밀화로 그려도 좋을 것이다. 세밀화를 그린 후 함께 모여 친구들에게 자신이 관찰한 벼의 모습과 자신이 표현한 세밀화에 대해 설명해 주는 시간을 갖는다.

벼 모형 만들기 : 벼의 입체 표상

정밀화를 통해 벼의 평면 표상을 했다면 수수깡 등의 입체적 매체를 사용하여 벼 모형을 만들어 봄으로써 벼의 입체적 표상을 할 수 있다. 이때 개별 아동이 홀로 작품을 완성하기보다는 모둠별로 하나의 논을 구성할 수 있게 한다면 아동의 협력을 촉

| 벼의 입체 표상 |

진하는 좋은 기회가 된다. 만들어진 각 조의 논을 교실에 전시해 두면 아이들이 협동 작품을 통해 주제탐구표현활동의 성취감을 맛보는 기회가 될 것이다.

허수아비 만들기

벼의 모형을 만드는 활동을 진행하다 보면 아이들은 자연스럽게 허수아비에 대해 관심을 갖게 될 것이다. 이렇게 한 관심에서 다른 관심으로 아동의 호기심이 확장되어 감에 따라 교육활동이 발현되는 것은 주제탐구표현활동의 핵심이다. 따라서 교사는 이때를 놓치지 않고 아이들의 관심이 교육활동으로 구성될 수 있도록 준비해야 한다.

허수아비를 만들기 전에 허수아비가 등장하는 동화나 동시를 함께 감상한다. 교사가 허수아비가 출현하게 된 배경에 대한 이야기를 재미있게 구성해 아이들에게 들려주어도 좋다. 또한 다른 나라의 허수아비 모형이나 사진을 준비해서 아이들에게 문화마다 다른 모양의 허수아비가 존재한다는 것을 알려 주어도 좋다. 예를 들어 동화 《오즈의 마법사》를 함께 읽으며 우리의 문화와는 다른 모양의 허수아비를 자연스럽게 접할 수 있다. 이렇게 허수아비에 대한 어느 정도의 사전 지식을 얻게 된 후 작업을 하게 되면 아이들의 표현력을 풍부하게 하는 데 도움이 될 것이다.

허수아비 만들기

아동 개인적으로 작업을 한다면 나무젓가락이나 색 빨대와 색지, 한지 등을 사용해 자그마한 허수아비를 만들면 좋다. 4~5명씩 모둠을 이루어 작업하거나 반 전체가 커다란 하나의 허수아비를 만들어 보아도 좋을 것이다.

곡식으로 액자 만들기

쌀이나 콩, 보리, 팥 등을 이용하여 액자를 만들어 본다. 곡식들의 울퉁불퉁한 질감이 살아 있는 액자를 만들 수 있을 것이다.

적당한 크기로 우드락을 잘라 준비해 두고 같은 크기의 우드락을 중간 부분을 오려 낸 후 그 위에 부착한다. 액자의 프레임이 될 부분에 핸디코트를 바른 다음 준비해 둔 여러 가지 곡식들을 자신이 원하는 모양이나 위치로 배열해 독특한 질감을 표현해 본다. 완성한 액자 속에 쌀 주제탐구표현활동 시 만든 작품 중의 하나를 부착한

곡식 액자 만들기

다. 이렇게 작품을 넣은 곡식 프레임 액자를 교실 벽면에 장식하면 매우 근사한 작품 코너가 탄생한다.

벼 풍경화 그리기

벼 풍경화 그리기

벼 관찰활동이 어느 정도 이루어졌다면 벼가 있는 풍경화를 그려 본다. 주제탐구를 진행하는 시기가 추수의 계절과 맞물려 아이들이 추수를 앞둔 논의 풍경을 직접 볼 수 있는 기회가 생긴다면 더욱 좋다. 풍경화를 그릴 때는 평소에 자주 사용하는 색연필이나 크레파스보다는 파스텔, 물감, 목탄 등의 색다른 매체를 사용해 볼 것을 권한다. 이렇게 색다른 매체를 제공하는 것은 아동이 표현을 풍부하게 하는 데 도움을 준다. 풍경을 그릴 종이도 일반 도화지뿐 아니라 한지, 재생지 등 질감이 다른 종이를 사용하거나 평소에 사용하던 종이보다 훨씬 큰 종이에 그려 보게 함으로써 다른 스케일의 풍경화를 발견하면 좋다. 교사는 주제를 표상하는 데 있어 늘 매체의 다양함을 고려할 필요가 있다.

언어활동

떡 · 쌀 · 밥 빙고 게임하기

주제탐구표현활동에 있어 언어 영역이 주된 탐구방식이 되는 교육활동의 경우 자칫 하면 아동이 지루해 하거나 어렵게 느낄 수 있으므로 활동을 구성할 때 색다른 방식의 접근을 시도하는 것이 좋다. 게임은 대부분의 아동이 흥미를 가지며 활동에 참여할 수 있게 해주는 방식 중 하나이다. 쌀과 관련한 단어들을 가지고 빙고 게임을 구성해 본다. 모둠별로 하거나 반 전체가 둘러 앉아 한 사람씩 단어를 선택해서 칸을 지워가며 게임을 할 수 있다. 이와 같이 게임의 방식을 사용하면 대집단으로 활동을 해도 아이들의 집중력이 흐트러지지 않는 것을 발견할 수 있다 또한 평소에 문해활동에 다소 거부감이 있거나 위축되어 있는 아동들도 자연스럽게 활동에 집중할 수 있다.

| 쌀 빙고 게임 |

게임을 할 때 한 가지 주의할 점은 게임을 하는 과정 중에 교사가 아동 간의 경쟁심을 부추기지 않도록 조심해야 한다는 점이다. 아동의 경쟁심은 표면적으로는 교육 활동을 촉진하는 것처럼 보이지만 아동이 지식을 구성하는 데 있어 내적 동기와 지식 습득의 내면화를 약화시킨다. 따라서 게임을 할 때 활동의 목적이 '친구를 이기기 위한 것' 이나 '점수를 많이 얻기 위한 것' 이 아니라 '즐거움으로 단어를 배우는 것' 임을 교사가 먼저 인식할 필요가 있다.

쌀 단어장 만들기

주제탐구표현활동이 무르익어 활발하게 전개되어 갈 즈음 쌀과 관련한 어휘들을 짧게 설명한 '쌀 단어장' 을 만든다. '이삭' , '벼멸구' , '삽' , '농사' , '보리' , '볍씨' 등 생각 모으기 판에 있는 단어들을 아동의 언어로 짧게 설명해 주는 단어장의 형태로 만든다. 단어장을 만들 때에는 아동용 사전이나 책을 찾아봄으로써 단어의 의미를 정리해도 좋겠지만 주제탐구표현활동을 해오면서 아이들이 알게 된 지식을 토대로 단어의 의미를 정리해 보는 것도 좋다. 각각의 설명 옆에 세밀화나 삽화를 그려 넣으면 멋진 단어장을 완성할 수 있다. 개별적으로 만든 단어설명들을 묶어 한 권의 '쌀 단어장' 을 만들거나 모둠별로 작업하여 '쌀 단어장 : ○○모둠' 을 만들어 보아도 좋을 것이다. 이렇게 만든 단어장을 도서 영역 등에 상시 비치하여 아이들이 언제라도 펼쳐 볼 수 있도록 한다. 이러한 활동 작품들은 주제탐구표현활동에 자연스럽게 활용할 수 있다.

쌀 글자 만들기

쌀과 곡식 등을 이용하여 콜라주 기법의 쌀 글자를 만든다. 주제와 관련된 단어(자신들의 '쌀 단어장' 에 수록되어 있는 단어면 더 좋다)들을 따라 접착제를 바른 뒤 여기에 자신이 원하는 곡식을 붙인다. 이때 재료들이 무겁기 때문에 풀로는 잘 접착되지 않으그로 목공용 접착제 등을 사용해야 한다. 곡식의 종류별로 단어들을 쓴 뒤 그 글자에 해당하는 곡식으로 콜라주를 만들어도 좋다. 예를 들어 '보리' 라는 글자는 실제 보리로, '콩' 이라는 글자는 실제 콩을 사용해 글자를 만들면 아이들이 다양한 곡식의 모양과 이름을 익히는 데 도움이 될 것이다.

곡식 글자 만들기

허수아비 아저씨에게 편지 쓰기

쌀 주제와 관련된 대상 중에 하나를 선택해서 편지를 써 본다. 편지를 받는 대상이 '농부아저씨', '떡 만드는 아줌마' 등 사람이어도 좋지만 '허수아비'나 '참새', '볍씨' 등 비의인이어도 좋다. 그런 경우 오히려 재미있는 생각들이 많이 표현될 가능성이 있다. 편지에는 그 대상에게 고마움을 표현하거나 그 대상과 관련하여 자신이 알고 있는 지식들을 확인하거나 궁금한 점을 묻는 내용들이 포함될 수 있다. 가능하다면 아동의 편지가 실제 대상에게 전달될 수 있도록 해주면 좋다. 예를 들어 아이들의 편지를 농부아저씨에게 보내서 답장을 받거나, 떡 가게의 아주머니에게 편지를 전달한 뒤 아주머니를 교실에 초대하여 '떡 만들기' 이야기를 듣는다면 아이들에게 매우 멋진 경험이 될 것이다. 이런 경우 교사가 적극적으로 그러한 외부의 인적 자원을 찾고, 미리 섭외하여 두는 노력은 필수이다.

책 만들기 : 《벼의 한살이》, 《우리가 기른 벼》

쌀 주제탐구표현활동 중 읽었던 동화책이나 노래의 내용들을 아동이 재구성하여 동화책을 만들어 본다. 쌀과 관련한 책 중에 자신이 좋아하는 이야기를 선택하여 책 만

| 플래그북 만들기 : 벼의 한살이 책 |

| 책 표지 만들기 |

들기를 할 수도 있고 쌀에 관해 그동안 자신이 알게 된 지식들을 모아서 책을 만들 수도 있다. 제작할 책의 내용이나 성격에 따라 다른 형태의 책을 만들어 보는 것도 재미있다. 예를 들어 벼의 성장에 관한 《벼의 한살이》처럼 순서가 있는 내용이라면 깃발이 차례대로 펼쳐지는 것과 같은 모양의 플래그북을 만든다.

쌀에 관한 동화를 구성한다면 면 대 면 제본의 스탠더드북을, 쌀에 관한 지식들을 단편적으로 묶을 생각이라면 스타북 등을 만들어 내용에 맞춘 책의 형태를 다양화할 수 있다.

책의 표지를 만드는 방법도 다양한 방식으로 바꾸어 볼 수 있다. 도화지에 쌀에 관한 그림을 그려 넣어 만들거나 다양한 재질의 종이들을 찢어 붙이는 콜라주 기법의 표지를 만들 수도 있다. 또 표지 그림을 그릴 때 개별적인 작업을 하는 것도 좋지만 모둠을 지어 큰 종이 위에 함께 그림을 그리면 색다른 경험이 될 것이다. 모둠의 친구들이 큰 종이에 다 함께 페인트로 그린 그림을 잘라 나누어 각자의 표지를 만들어 보는 것이다.

이와 같은 시도들은 주제탐구표현활동에 있어 아동이 협력의 기쁨을 배우는 좋은 기회가 될 것이다. 물감을 이용하여 그릴 때 접착제에 물감과 물을 섞어 그리면 독특한 색감이 표현될 뿐 아니라 코팅한 듯한 질감의 책 표지를 만들 수 있다.

인지활동

쌀 조사활동

쌀에 대한 질문 목록을 바탕으로 조사할 활동에 대한 노트를 만든다. 아이들 각자가 하나씩 제작하여 어린이집의 일과 중에 자유롭게 할 뿐 아니라 집에서도 조사활동을 계속할 수 있도록 격려한다. '쌀의 종류', '밥의 종류', '떡의 종류' 등을 조사해 보도록 하면 특별한 어려움을 겪지 않고도 아동이 부모님의 도움을 받아 자신의 조사 노트를 완성할 수 있을 것이다. 특히 주말에 부모님과 함께 내용을 조사하여 답을 작성하거나 관련된 자료들을 수집한 후 월요일에 그 결과를 친구들 앞에서 발표하며 함께 이야기를 나누면 좋다. 이 활동은 조사라는 성격상 전개단계 중 초기에 하는 것이 적절하다. 이를 토대로 주제에 관한 관심을 여러 가지 방향으로 확장하거나 새로운 질문들을 끌어 낼 수 있을 것이다.

수 그래프 활동 : 우리가 어린이집에서 가장 많이 먹는 밥은?

우리의 일상 중에 '쌀' 과 관련한 소재를 수로 표현하는 활동을 해본다. 예를 들어 점

우리가 좋아하는 쌀로 만든 음식 그래프 만들기

심시간에 밥 속에 들어 있는 곡식의 종류를 함께 이야기 하다가('쌀' 주제탐구를 하는 동안 매번 점심식사 시간마다 교사는 오늘의 밥 속에 들어 있는 곡식은 무엇인지 아이들과 이야기를 나눠야 함은 물론이다. 주제탐구를 진행할 때 아동의 일상이 탐구 주제로 수렴될 수 있도록 교사는 끊임없이 노력해야 한다) 아이들이 어린이집의 식단에 관심을 가지게 되었다면 식단표를 함께 보며 한 달 동안 어린이집의 밥 속에 들어간 곡식의 종류를 수 그래프로 그려 볼 수 있다. 또한 각자가 좋아하는 곡식의 종류를 스티커를 붙여서 그 합을 헤아린 후 그것을 막대그래프나 원그래프로 나타내어 보며 우리 반 친구들이 좋아하는 곡식이 무엇인지 그 순서를 알아볼 수도 있다. 수로 나타낼 수 있는 방법은 여러 가지가 있으나 만 5세의 경우 막대그래프가 가장 이해하기 쉬우면서 시각적으로 잘 표현할 수 있는 방법인 듯 하다.

수 그래프 활동으로 적합한 질문들

- 우리 반 친구들이 가장 좋아하는 곡식은 무엇인가요?
- 우리 반 친구들이 가장 좋아하는 쌀로 만든 음식은 무엇인가요?
- 지난 일주일 동안 우리 집에서 많이 먹은 곡식의 종류는 무엇인가요?
- 우리나라에게 많이 농사짓는 곡식은 무엇인가요?
- 쌀은 어느 곳(지방)에서 많이 농사짓고 있나요?
- 한 달 동안 우리 어린이집에서 많이 나온 밥은 무엇인가요?

쌀에 관한 퀴즈 답 맞추기

주제탐구의 전개가 막바지에 이르러 아이들이 '쌀'과 관련한 지식들을 다양하게 습득했다고 여긴다면 반 전체가 함께 모여 '쌀 퀴즈대회'를 해본다. 아이들이 한 사람씩 돌아가며 문제를 내거나 주제탐구표현활동 초기에 만들었던 아이들의 질문 목록을 기초로 하여 교사가 문제를 만들어도 좋다. 퀴즈를 낼 때에는 아이들이 그동안 자신들의 활동물을 모아 둔 포트폴리오나 책 등을 참고할 수 있게 한다. 혹은 퀴즈대회를 위한 '쌀 퀴즈' 책을 따로 만들어도 좋은 활동이 될 수 있다.

| 쌀 퀴즈 맞추기 |

2차 표상

'쌀' 주제탐구표현활동이 활발히 전개되어 주제가 확장되고 활동이 어느 정도 심화되었다면 주제에 대한 2차 표상을 해보는 것이 좋다. 유아들의 표상은 주제에 대한 아이들의 경험과 지식 구성 정도를 파악할 수 있는 좋은 지표가 되어 주기 때문이다. 아이들의 2차 표상을 주제탐구표현활동이 시작될 즈음 해두었던 1차 표상과 비교해 보면 활동을 통한 아이의 인식 변화를 더 뚜렷이 알 수 있다. 따라서 이렇게 아이의 인식 변화를 확인할 목적으로 하는 1, 2차 인지 표상의 경우는 표상의 매체를 선택할 때 1차 표상의 매체와 동일한 매체를 선택하는 것이 좋다. 1차 표상 시 종이에 무채색의 연필로 인지 표상을 했다면 동일한 방식으로 2차 표상을 하는 것이 비교하기 쉽다. 유아가 주제탐구표현활동을 통해 쌀에 대한 다양한 지식을 습득하

| 여러 가지 곡식들 |

고 경험하였다면 그 변화가 표상 속에 드러나는 것을 확인할 수 있다.

서울대어린이집 유아반의 경우 1, 2차 표상을 비교해 보면 1차 표상에서는 대부분 벼에 대한 구체적인 묘사가 전혀 없는 뻣뻣한 막대기나 풀 모양의 그림이 많았으며 심지어는 꽃 모양의 그림도 있었다. 그러나 2차 표상에서는 많은 유아들이 벼의 줄기와 잎 그리고 벼이삭이 붙어 있는 벼의 모습을 세밀하게 표상했다.

활동이 다 끝난 후 3차 표상을 해보는 것도 좋다. 이렇게 시간차를 두고 표상을 하면 주제에 대한 유아의 인식 변화과정을 좀더 구체적으로 파악해 볼 수 있다.

이런 표상물들은 주제탐구표현활동이 끝나고 유아의 활동 포트폴리오를 만들 때 가장 앞장에 붙여 주면 좋다. 이러한 표상물들은 주제탐구표현활동에서 아이의 변화를 말해 주는 소중한 기록들이다. 부모들도 이러한 그림들을 보며 주제탐구표현활동을 통해 아이가 주제에 대해 무엇을 배웠는지 쉽게 확인할 수 있을 것이다.

요리활동

주제탐구표현활동을 진행하는 과정의 중간중간에 '쌀' 과 관련한 요리활동을 꾸준히 한다면 쌀에 관한 아이들의 관심을 지속시킴과 동시에 활동에 대한 아이들의 적극적인 참여를 이끌 수 있을 것이다. 요리활동은 재료의 선정, 요리의 과정 등에서 주제에 관한 지식을 자연스레 습득하게 할 뿐 아니라 직접 손으로 만들고 먹음으로써 창작의 기쁨을 느낄 수 있게 해주는 좋은 교육활동이 된다. 특정한 요일을 정해 두고 '쌀 요리의 날' 을 만들어 보아도 좋다. 주제탐구표현활동에서 아이들의 의견과 생각을 활동으로 구성하는 것은 매우 중요한 부분이며 요리활동 또한 예외가 아니다. 따라서 교사는 요리할 음식을 결정할 때 활동의 편의를 위해서 독단적으로 결정하는 실수를 피해야 할 것이다. 아이들의 질문 목록(떡은 어떻게 만드나요?, 왜 밥을 할 때 물을 넣을까요?)을 토대로 하여 요리활동을 구성해도 좋고, 특별히 아이들이 먹고 싶은 종류의 곡식과 관련된 요리를 만들어 보는 것도 좋다.

또한 요리의 재료를 교사나 부모가 일방적으로 준비하는 것보다 이야기 나누기를 통하여 준비하는 것이 좋다. 요리 재료를 함께 살펴보아 목록을 작성한 뒤 아이들 스스로 자신이 원하는 재료를 선택하여 부모님과 함께 집에서 준비해 오도록 한다. 그렇게 하면 요리활동에 대한 아이들의 관심을 높일 뿐만 아니라 교육활동 구성에서 학부모의 협력도 구할 수 있게 된다.

밥 짓기

'쌀' 에 관한 가장 쉽고 가장 기초적인 요리활동이다. 직접 밥을 짓기 전에 관련한 책을 함께 읽은 후 밥을 짓는 과정에 대한 간략한 설명을 해준다. 재료를 준비할 때는 교사가 단독으로 준비하는 것보다 미리 상의하여 요리에 필요한 재료들을 아이들이 나누어 맡으면 좋다. 밥 짓기의 경우 아이들이 각자 자신의 집에서 먹는 쌀이나 잡곡들을 조금씩 가져오게 한다. 각자가 가져 온 곡식들을 함께 모아 놓고 친구들이 집에서 쌀과 함께 어떤 잡곡들을 넣어 밥을 지어 먹는지 알아보는 시간을 가져도 좋을 것이다. 예를 들어 아이들이 가져 온 곡식의 종류를 막대그래프로 나타낸 뒤 "○○반이 집에서 쌀 다음으로 많이 먹는 곡식은 무엇인가요?" 와 같은 수활동도 함께 해볼 수 있다.

밥을 지을 때는 안전한 전기밥솥을 사용하는 것이 좋다. 또한 요리활동은 가능한 교실에서 하길 권한다. 아이들이 요리가 되어가는 과정을 옆에서 기다리며 기대하는

| 밥 짓기 |

것은 좋은 교육효과가 있기 때문이다. 밥 짓기 활동을 오전에 하고 점심식사 시간에 그것으로 배식을 한다면 아이들의 흥미는 한층 더 고조될 것이다.

미니 김밥 만들기

김밥을 마는 과정 자체에 많은 시간이 걸리기 때문에 김밥에 들어갈 재료를 미리 손질해 두어야 한다. 김밥 만들기 활동을 하기 전에 함께 각자가 준비할 재료들을 나누고 학부모에게 도움을 청해 집에서 재료를 손질해 오게 한다. 달걀지단과 같이 시간이 걸리는 재료들은 미리 집에서 조리해 올 수 있도록 학부모에게 부탁한다.

활동 시간에 김밥에 들어가는 재료들을 다시 한번 확인한 후 각 재료를 볶는다. 요리를 할 때는 가스버너보다 핫플레이트이나 볶음요리의 경우 전기 팬을 사용할 것을 권한다. 요리활동에서는 유아들의 안전을 항상 염두에 두어야 하기 때문이다.

완성된 활동의 내용물을 집에 가지고 가서 부모님과 함께 시식해 보도록 하는 것은 프로젝트에 대한 학부모들의 관심을 유발하는 계기가 될 뿐만 아니라 아이들이 자신의 활동에 대해 가지는 뿌듯함과 흥미를 더욱 촉진하는 계기가 된다.

| 미니 김밥 만들기 |

김밥 만드는 과정

- 손질된 어묵과 햄을 팬에 볶는다.
- 당근을 볶는다.
- 모든 재료들을 길이의 반으로 자른다. 김 역시 반으로 자른다.
- 모든 재료들을 적당히 나누어 모둠별로 김밥을 말 수 있도록 쟁반 의에 늘어놓는다.
- 김 위에 밥을 올리고 각각의 재료를 올려놓는다.
- 재료들이 밥의 가운데에 들어가도록 힘을 주어 돌돌 만다.
- 김밥을 서너 개쯤 완성하면 한 줄은 간식으로 먹고 나머지는 포일에 포장하여 집에 가지고 가서 부모님과 함께 먹는다.

쇠고기채소죽 만들기

평소 아이들이 죽이나 채소를 싫어한다면 채소죽을 만들어 보기를 권한다. 아이들은 자신이 싫어했던 음식이라도 자신이 직접 요리하게 되면 음식에 대한 기존의 기억을 잊고 맛있게 먹기도 하기 때문이다. 그런 색다른 경험을 계기로 편식하던 음식을 좋

| 쇠고기채소죽 만들기 |

쇠고기채소죽 만드는 과정

- 쌀을 물에 불려 놓는다.
(쌀로 죽을 지으면 시간이 오래 걸리므로 밥을 이용해도 좋다)
- 잘게 다진 쇠고기를 팬에 볶는다.
- 냄비에 밥(혹은 쌀)과 다진 쇠고기를 넣고 끓인다.
- 잘게 다진 양파, 당근, 피망 등의 채소를 넣고 계속 끓인다.
- 어느 정도 완성되었을 때 참기름과 깨소금을 약간 넣는다.
- 뜨거울 때는 입을 데기 쉬우므로 어느 정도 식었을 때 시식한다.

아하게 되는 경우도 있다.

쇠고기채소죽에 들어갈 재료를 잘게 써는 것이 매우 많은 시간과 힘을 요구하는 일이므로 학부모님들께 부탁하여 준비해 둔다. 모든 요리활동과 마찬가지로 요리활동을 하기 전에 미리 각자가 준비할 재료들을 나누어 정하도록 한다. 이러한 준비과정을 통해 아이들은 그 요리에 들어갈 재료들과 필요한 물품들을 알 수 있고 활동에 대한 흥미와 적극성도 높일 수 있게 된다.

죽요리는 조리과정이 오래 걸리기 때문에 다른 어떤 것보다 유아들의 안전에 주의를 요하는 활동이다. 가열기구를 선택할 때와 활동을 구성할 때 이 점을 염두에 두어야 한다. 계속해서 뜨거운 재료가 끓고 있기 때문에 죽을 조리할 때는 교사(혹은 보조교사)가 조리대 옆을 절대로 떠나서는 안 된다.

떡볶이 만들기

쌀로 만든 여러 가지 간식 중에서 아이들이 매우 좋아하는 요리가 떡볶이이다. 쌀로 만들 수 있는 요리활동을 계획할 때 아마도 대부분의 교실에서 떡볶이는 아이들로부터 가장 많이 추천받는 요리일 것이다.

떡볶이 만들기를 계획할 때 각자가 집에서 요리법을 알아오게 하는 사전활동을 해보면 좋다. 아이들 각자가 집에서 떡볶이를 만드는 방식을 알아오게 한 뒤 함께 모여 '우리 집 떡볶이는 이렇게 만들어요' 라는 제목의 발표시간을 가져본다. 또한 원에서

떡볶이 만들기

아이들의 오후 간식으로 떡볶이를 제공하고 있는 경우라면 식당 선생님을 모셔 '우리 어린이집 떡볶이는 이렇게 만들어져요' 라는 제목의 간단한 강의를 요청하여 듣는 것도 좋은 활동이 될 것이다. 이러한 사전활동 후에 떡볶이 만들기를 하면 활동에 대한 유아들의 이해뿐 아니라 활동에 참여하는 적극성도 함께 높일 수 있다.

송편 만들기

쑥가루나 찹쌀가루를 사용하여 송편을 만든다. 속에 넣을 재료 또한 팥, 콩, 깨와 같은 곡식을 위주로 구성하면 좋다. 주제탐구표현활동을 진행하는 시기가 추석과 맞물려진다면 송편 만들기는 매우 시의적절한 요리활동이 될 수 있다. 교사가 혼자 쌀을 가지고 반죽을 하는 것이 힘들다면 식당 선생님들께 도움을 청할 수도 있다. 식당 선생님을 초대하여 반죽의 재료들을 살펴보고 반죽을 함께 만들어 볼 수도 있다. 그러나 송편 반죽은 시간을 요하는 일이므로 미리 만들어 두어야 한다. 만들어진 송편을 시루

송편 만들기

에 쪄서 간식으로 함께 먹어도 좋고 조금씩 포장하여 집에서 부모님과 함께 맛보며 떡에 관한 담화를 나누도록 해도 좋을 것이다.

견학활동 : 농업박물관

견학활동은 일반적으로 주제탐구의 과정 중 전개의 중반 부분에 하는 것이 좋다. 그래야 견학을 통해 주제에 대한 흥미와 관심, 질문 등을 끌어 내고 이를 통해 새로운 영역으로 주제를 확장시켜 나가며 교육활동을 구성할 수 있다.

'쌀' 과 관련한 견학 장소는 농업박물관 외에도, 떡박물관, 정미소, 추수하는 들판 등이 있을 수 있다. 견학할 장소를 선정할 때 아이들에게 가고 싶은 곳을 묻거나 학부모들에게 좋은 곳을 추천받을 수도 있다. 그러나 교사는 여러 가지 견학 장소 중 진행되고 있는 주제탐구표현활동의 흐름에 가장 긍정적인 교육적 효과를 노릴 수 있는 곳을 선택해야 한다. 물론 견학을 위한 여러 가지 제반여건(비용, 거리 등) 역시 견학지를 선택할 때 고려해야 할 점이다.

견학 전에 아이들에게 견학지에 대한 짤막한 안내와 함께 견학 시 알아보고 싶은 문제들을 함께 정리해 두는 것이 좋다. 그래서 각자 자신들만의 '견학 노트' 를 만들어 견학 후에 이러한 노트들을 공유한다면 보다 적극적인 견학이 될 수 있을 것이다.

| 농업박물관 견학 |

| 견학 후기 발표하기 |

견학 후에는 자신들이 견학하면서 보고 느끼고 새로 알게 된 내용을 활동지 형태로 기록하여 함께 공유하거나 앞서 말한 바와 같은 '견학 노트'를 기록했다던 그것으로 함께 이야기 나누기를 해도 좋다. 중요한 점은 견학이 구색 갖추기 식의 주제와 상관없는 외부활동 경험이 되지 않도록 주제탐구표현활동의 적절한 맥락 속에 들어 있어야 한다는 점이다.

마무리

논의 사계절 풍경 만들기(협동작품)

농업박물관 견학 후에 아이들의 관심이 고조되었다면 협동작품을 통해 논의 사계절을 교실에 재구성해 본다. 어떤 모양으로 구성할 것인지, 무슨 재료를 쓸 것인지 등을 상의하여 작품의 설계도를 결정했다면 여러 날에 나누어 작업을 한다. 한두 번의 활동으로 완성하고자 하면 작품의 완성도가 떨어질 뿐 아니라 아이들이 시간에 쫓겨 심적으로 압박을 받거나 제대로 된 표현을 하지 못할 수도 있다.

작품의 설계를 계획할 때 아이들에게 논의 사계절에 대한 독특한 모습을 잘 상기

논의 사계절 풍경 만들기

하도록 돕는다. 농업박물관의 견학 경험뿐 아니라 시골에서 직접 논의 풍경을 관찰한 아이들의 경험이 함께 어우러지도록 한다. 특히 계절에 따라 벼의 성장과정이 드러날 수 있도록 작품을 구성한다면 아이들은 쌀과 벼의 한살이를 다시 한번 되새길 수 있고 교사는 주제에 대한 아이들의 배움 정도를 알 수 있다.

이와 같은 협동작품은 1, 2차원의 표상보다는 3차원의 표상이 좋다. 사용 가능한 모든 매체를 동원하여 작품에 다양한 소재가 쓰일 수 있도록 한다. 가을 모습의 경우 실제 지푸라기를 사용하는 것도 좋다. 찰흙, 수수깡, 헝겊, 실제의 짚, 종이, 철사, 나무 등의 매체를 사용할 수 있을 것이다.

초가집 만들기(협동작품)

주제탐구표현활동의 마무리단계에서 반 아이들 전체가 함께 협동하여 커다란 작품을 만드는 것은 여러 가지 면에서 매우 유익한 활동이 된다. 협동작품을 만드는 활동은 유아들 간의 상호 작용을 돕고 주제에 대한 흥미를 증진시키며, 유아들이 서로에게 지적인 자극을 주는 기회가 된다. 또한 마무리단계에서 커다란 협동작품을 만드는 것은 이제까지 탐구했던 주제를 가장 풍부하고 총체적으로 표현해 보는 활동이므로 아이들이 구성해 온 주제에 대한 지식을 가장 종합적으로 활용해 보는 장이 될 것이다.

서울대어린이집 은하수반의 경우 아이들은 볏짚으로 초가집을 만들어 보길 원했

초가집 만드는 방법

- 빈 우유팩에 신문지를 넣고 우유팩을 연결해 붙여서 초가집의 골조를 만든다.
- 빈 상자를 펼쳐 소포지를 붙이고 초가집의 지붕을 만든다.
- 떡가래 스펀지를 이용하여 둥근 모양의 초가집 지붕 구조를 만든다.
- 소포지 위에 짚단을 엮어 붙여 초가집의 지붕을 만든다.
- 초가집 지붕 위에 짚단을 엮어 붙인 소포지를 올린다.
- 초가집의 문은 빈 상자에 짚을 엮어 붙여 완성한다.

볏집 꼬아 붙이기

우유팩에 신문지 넣기

초가집의 기본 구조

완성된 초가집

| 초가집 만들기 |

다. 집이라는 아이템은 대부분의 유아들이 매우 좋아하는 것인데, 많은 원아들이 단체생활을 하는 보육시설에서 자신만의 공간감을 맛볼 수 있는 막혀 있는 공간은 유아들에게 꼭 필요한 장소이기도 하다. 은하수반에는 집 모양의 플레이하우스가 없었던 관계로 평소부터 아이들이 집을 갖고 싶어 했는데, 주제탐구표현활동을 하면서

그러한 요구가 자연스럽게 실현되었다.

초가집 만들기와 같은 활동의 경우는 짧은 시간 안에 끝나지 않고 단순한 작업이 여러 번 반복되는 활동이므로 자칫하면 유아들이 지루해 할 수도 있다. 따라서 교사가 집을 완성하는 데 목표를 두고 아이들을 몰아붙인다거나 시간에 압박감을 가지고 빠른 시간 안에 완성하려는 태도를 가지지 않도록 조심해야 할 것이다. 교사 스스로 여유를 가지고 즐거움으로 활동을 할 때 아이들도 즐겁게 몰입할 수 있다.

종결행사

종결행사는 언제나 주제탐구표현활동을 진행하는 교사에게 있어 최대의 고민거리이다. 종결행사는 그동안 진행되어 온 탐구활동의 성과를 종합적으로 간추려 함께 나누는 자리이기 때문에 교사는 종결행사의 여러 가지 형태에 대해 고민을 하게 된다. 간혹 어떤 교사들은 부모님을 초청하여 그동안의 교육활동과 성과를 인정받아야 한다는 생각 때문에 종결행사에 대해서 심한 부담감을 가지는 경우도 있다. 그러나 주제탐구표현활동의 모든 과정과 마찬가지로 종결행사도 교사와 아이들이 그 활동을 즐

| 종결행사 |

기고 몰입할 수 있을 때 진정한 의미가 있다.

따라서 교사는 부담감과 일종의 강박을 버리고 좀더 여유 있는 태도로 종결행사를 기획할 필요가 있다. 종결행사에 학부모를 초대하여 그동안의 교육활동에 대한 성과를 보여 주는 것도 중요하겠지만 필요한 경우 학부모를 초대하지 않고 원내의 동생들을 초대하여 종결행사를 할 수도 있다.

서울대어린이집 은하수반의 경우 쌀 종결행사로 그동안의 작품들을 전시하고 부모님들과 원내의 동생들을 초대하여 쌀에 대한 퀴즈대회를 열었다. 퀴즈대회를 열기 전에 만들어 둔 떡과 식혜를 준비하여 퀴즈대회에 참석한 손님들이 자유롭게 맛볼 수 있도록 마련해 두었다.

쌀 주제탐구표현활동을 하면서 아이들이 활동했던 대부분의 자료들을 각각의 활동 모습을 담은 사진에 짤막한 교사의 설명과 함께 전시하였다. 쌀에 대한 노래를 시작으로 한 퀴즈대회에서는 아이들이 미리 준비해 둔 문제를 하나씩 출제하면 청중들 중에서 손을 든 사람이 맞추는 방식으로 진행되었다.

아이들은 퀴즈대회 전에 미리 쌀에 대한 주제탐구표현활동 기간 동안 탐구한 것 중에서 자신에게 인상 깊은 것들을 정리해 보고 그 중의 하나를 퀴즈문제로 준비해 두었다. 이러한 사전 활동은 유아들이 스스로 자신의 주제탐구표현활동을 돌아보고 평가해 보는 기회가 되기도 한다.

쌀 주제탐구표현활동 종결행사 아이템

- 떡 가게 열기 : 쌀로 2, 3가지 종류의 떡을 만들어 예쁘게 포장한 뒤 부모님들께 판매한다.
- 연극 혹은 간단한 뮤지컬 : 쌀이 되기까지의 벼의 한살이와 같은 간단한 스토리를 엮어 몇 개의 노래를 곁들인 연극으로 만들어 연출한다.
- 작품 전시전 : 그동안의 모든 활동 결과물들을 전시하는 전시회를 연다. 하루 동안 교실에서 전시할 수도 있지만 어린이집 로비나 원내에 공간이 넓은 복도 등을 이용하여 며칠에 걸쳐 전시를 하면 아이들에게 색다른 경험이 될 것이다.

'쌀' 관련 참고 자료

추천 서적

- 《쌀뱅이를 아시나요?》, 김향이 글/김재홍 그림, 파랑새어린이, 2000
- 《겨레의 삶과 땀과 혼이 담긴 쌀 박물관》, 이성아 글/서원종 · 박세종 그림, 푸른나무, 2004
- 《어린이가 꼭 알아야 할 쌀 이야기》, 김남길 글/강효숙 그림, 영교, 2007
- 《쌀 한톨 한톨》, 임정아 글/그림, 보림, 1998
- 《떡 잔치》, 강인희 글/정대영 그림, 보림, 2001
- 《쌀 한 톨로 장가 든 총각》, 이미애 글/김성민 그림, 아이즐북스, 2006
- 《할아버지의 쌀》, 김종상 글, 국민서관, 1993
- 《떡먹기 내기》, 유영소 글/김충열 그림, 웅진씽크하우스, 2007
- 《에헤야 데야 떡 타령》, 이미애 글/이영경 그림, 보림, 2007
- 《떼굴떼굴 떡 먹기》, 서정오 글/이억배 그림, 보리, 1999
- 《벼가 자란다》, 도토리 기획/김시영 그림, 보리, 2003
- 《고개를 숙이는 벼》, 송소영 엮음/최재천 감수, 기탄동화, 2006
- 《밥 힘으로 살아온 우리민족》, 김아리 글/정수영 그림, 아이세움, 2002
- 《밥》, 재미난책보 글/안지연 그림, 어린이아현, 2008
- 《뿌웅~ 보리 방귀》, 도토리 기획/김시영 그림, 보리, 2003

추천 사이트

- 농협 쌀, http://www. riceall. co.kr
- 떡박물관, http://www. tkmuseum.or.kr

추천 견학지

- 농업박물관
- 떡박물관
- 추수하는 논
- 모내기를 하는 논
- 정미소
- 방앗간

07 CHAPTER

만 5세 주제탐구표현활동_나뭇잎

주지가 정해지는 방식은 여러 가지이다. 한 주제탐구표현활동에서 확장된 다른 주제가 다음번 탐구의 주제로 정해질 수도 있으며 교사가 그 시기에 꼭 필요하다고 판단되는 주제를 제안할 수도 있다. 일상적 활동이나 놀이 중에 발현된 유아들의 특정한 관심에 착안하여 주제가 정해지기도 한다. 서울대어린이집 만 5세반인 무지개반의 경우 유아들의 일상적 산책활동을 통해 아이들의 관심이 낙엽으로 모아졌으며 이를 바탕으로 교사가 유아들과 함께 '나뭇잎' 이라는 주제로 주제탐구표현활동을 시작하게 되었다.

도 입

도입활동은 주제를 정하고 탐색하며 앞으로의 활동에 대한 청사진을 계획하는 단계

이다. 즉, 도입단계에서 유아들은 자신들의 지난 경험을 나누며 주제에 대한 생각을 모아 주제망을 만들고 교사는 이를 바탕으로 앞으로 주제탐구표현활동을 구성하는 청사진을 만든다.

나뭇잎 주제탐구표현활동의 경우 도입단계에서 나뭇잎에 관한 생각 모으기와 유목화, 나뭇잎 조 이름 정하기, 나뭇잎 1차 표상 등을 포함하였다. 여기에 일상적인 산책활동을 더하여 유아들이 가을 풍경을 감상하며 자연스레 나뭇잎을 접하게 될 기회를 가질 수 있도록 하였다.

자연 산책하며 가을풍경 감상하기

가을이 되면 자연스레 산책활동을 할 기회가 많아진다. 원 주변에 공원이나 야산 등이 인접해 있는 환경이라면 계절이 바뀔 때마다 산책을 하는 것만으로도 매우 훌륭한 교육활동이 될 수 있다. 자연 속에 있는 특정한 장소를 지속적으로 방문하여 아이들이 특정한 어느 장소에 자신들의 마음을 두고 그 장소에 관계를 맺는 것은 긍정적인 정서발달에 도움을 준다. 또한 꾸준한 자연의 변화를 살펴 관찰하는 것은 유아의 인지발달을 도울 수 있다. 이것이 바로 산책의 교육적 효과이다.

계절이 바뀌는 시기에는 이러한 산책활동의 효과가 더욱 극대화된다. 자연의 변화를 통해 아이들의 계절의 변화를 오감으로 경험할 수 있게 되기 때문이다. 특히 초가을에 나뭇잎의 색이 미세하게 바뀌기 시작할 때가 산책의 적기이다. 색의 변화를 통해 계절의 변화를 인지적으로 알게 될 뿐 아니라 자연의 푸름이 온갖 농도의 붉은색으로 변하는 모습을 통해 아이들은 심미적 만족을 얻을 수 있게 된다. 아이들은 산책을 하며 나뭇잎의 색, 모양, 소리의 변화까지 느낄 수 있다.

이러한 산책활동을 통해 아이들의 흥미와 관심이 자연스레 자신들의 자연 속 공간 중의 하나로 수렴된다면 교사가 그것들 중 하나를 탐구 주제로 제안해도 좋을 것이다. 예를 들어 산책활동을 통해 아이들의 관심이 나뭇잎의 변화에 모아진다면 자연스레 교사가 먼저 프로젝트의 주제로 '나뭇잎'을 제안할 수 있다. 일상적인 자연 산책활동 속에서 아이들이 나뭇잎에 관해 관심을 나타내면 교사는 그러한 유아의 호기심과 관심이 더욱 확장될 수 있도록 도울 수 있어야 한다.

| 산책하기 |

'나뭇잎'에 대한 생각 모으기 및 조별 유목화

꾸준한 산책활동을 통해 '나뭇잎'이라는 주제를 결정했다면 생각 모으기는 매우 활발하게 이루어질 수 있다. 주제에 대한 생각 모으기를 통해 유아들은 주제에 대한 관심과 호기심을 확장할 수 있게 되며 아직 주제에 흥미를 보이지 않는 유아들의 관심도 환기할 수 있게 된다.

생각 모으기를 할 때는 반 전체가 모여 대집단으로 활동하기보다는 몇몇씩 모둠을 지어 활동하는 것이 좋다. 소그룹으로 활동하면 보다 많은 의견교환이 이루어지고 풍부한 주제망을 구성할 수 있게 된다.

일상적인 산책활동을 한 직후 생각 모으기 활동을 하게 되면 유아들의 의견교환이 더욱 활발해질 수 있다. 유아들은 보통 오감을 통해 주제에 대한 직접 경험을 가진 직후에 많은 이야기를 한다.

각 모둠별로 만들어진 주제망을 교사가 종합하여 하나의 커다란 주제망을 만든다. 이때 이러한 과정을 교사가 혼자서 하는 것이 아니라 아이들이 함께 참여하게 한다. 주제망을 그릴 종이의 선택, 글의 배치, 유목화 등을 아이들과 상의하여 만들어 나간다. 유목화를 할 때는 교사가 아이들의 생각을 바탕으로 분류의 범주를 대략적으로 정해 준 다음 유아들에게 직접 자신들의 아이디어를 범주 밑에 분류해 보게 하는 것도 좋은 방법이다. 학기 초에는 이러한 유목화가 다소 어려울 수 있으나 시간이 흐르고 주제탐구표현활동이 거듭될수록 유아들은 아이디어의 유목화에 능숙해질 것이다.

주제망을 작성하고 유목화하는 모든 단계에서 교사 스스로 그 과정을 중요시 여기는 태도가 필요하다. 주제망을 만드는 것은 완성된 주제망을 얻기 위해서가 아니라 아이들과 함께 주제에 대한 다양한 의견들을 교환하고 배치함으로써 더 많은 질문을 찾아내고 주제에 대한 호기심을 확장하기 위한 것임을 잊지 않아야 한다. 주제망을 작성하면서 교사가 이러한 과정 자체를 중요시 여기고 유아들은 그것을 즐거워한다면 주제탐구표현활동은 이미 절반의 성공을 거둔 것이다.

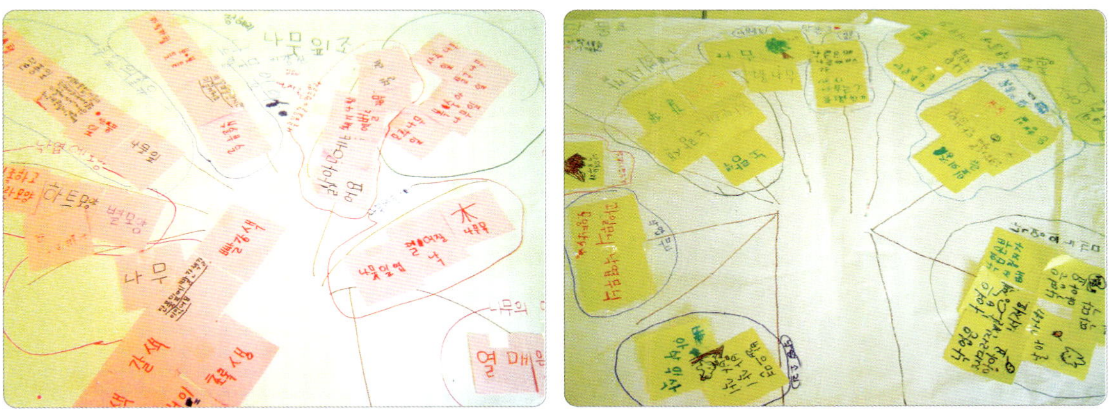

| 나뭇잎 생각 모으기와 조별 유목화 |

조 이름 정하기

주제탐구표현활동에서는 소그룹활동을 많이 하게 된다. 따라서 새로운 주제를 시작할 때 그 주제탐구표현활동을 하는 동안 함께 활동을 할 모둠을 정하는 것도 좋은 방법이다. 모둠을 정할 때는 반 전체의 인원을 고려하여 활동에 적절한 인원이 될 수 있도록 모둠의 수를 조절한다. 유아반의 경우 대개 4, 5개의 모둠이 적당하다. 모둠의 이름은 주제에 관련한 것들 중에서 아이들이 결정할 수 있게 한다.

나뭇잎 주제탐구표현활동을 위한 모둠 이름

- 빨간 단풍잎 모둠
- 노란 은행잎 모둠
- 낙엽 모둠
- 초록잎 모둠
- 항상 푸른 잎 모둠
- 파릇파릇 새싹 잎 모둠

| 모둠의 이름 정하기 |

나뭇잎 1차 표상

본격적인 전개활동을 시작하기 전에 주제에 대한 유아들의 지식 구성 정도를 알아보기 위해 나뭇잎을 표상하는 활동을 한다. 이러한 1차 표상은 주제탐구표현활동을 도입단계에서 이루어져야 하는데, 이것은 탐구활동이 진행되어 주제가 확장 · 심화됨에 따라 아이들의 지식 구성 정도가 어떻게 변하였는지를 알 수 있는 매우 중요한 자료이다.

표상활동을 할 때 교사는 항상 매체에 대해 생각해야 한다. 교사가 유아들에게 독특하고 다양한 매체를 제공하는 것은 매우 중요하다. 또한 탐구 주제를 표상하기에 적절한 매체를 선택하는 것도 중요하다.

나뭇잎 표상의 경우 도화지에 크레파스로 그림을 그리는 것보다 색이 없는 표상이 더 정확할 수 있다. 예를 들어 한지나 거친 느낌의 마분지 위에 굵은 연필이나 목탄을 사용해 나뭇잎을 표상하면 매끈한 종이 위에 도화지로 표상했을 때와는 또 다른 느낌의 나뭇잎을 표현할 수 있을 것이다.

교사는 주제 대상에 대한 유아들의 초기 표상을 잘 보관하여 탐구활동이 진행되면서 주제에 대한 아이들의 표상이 어떻게 바뀌어 가는지 알아보고 기록할 필요가 있다. 교사는 이러한 유아들의 변화를 염두에 두고 활동을 구성해야 한다. 주제탐구표현활동이 마무리단계에 이르렀을 때 나뭇잎에 관한 2차 표상을 하여 1차 표상과 비교해 봄으로써 유아 스스로 주제에 대한 자신의 지식 변화를 확인할 수 있도록 한다.

나뭇잎 질문 목록 만들기

주제망과 함께 탐구 주제에 대한 질문 목록을 작성한다. 탐구 주제에 대한 아이들의 질문 목록을 작성하는 것은 앞으로의 활동을 구성하는 데 있어 교사에게 매우 중요한 지침이 된다.

모둠별로 모여서 주제에 대해서 궁금한 점들에 관해 의견을 교환한다. 글을 쓸 수 있는 아이들은 직접 쓰게 해도 좋고 아직 글을 쓰지 못하는 아이들은 교사가 대신 써

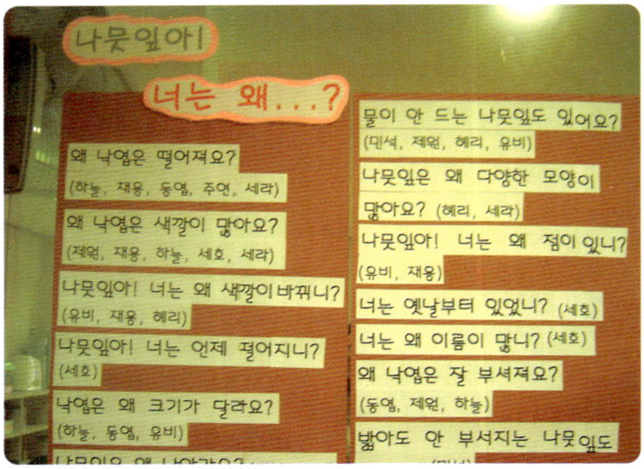

| 나뭇잎에 대한 질문들 |

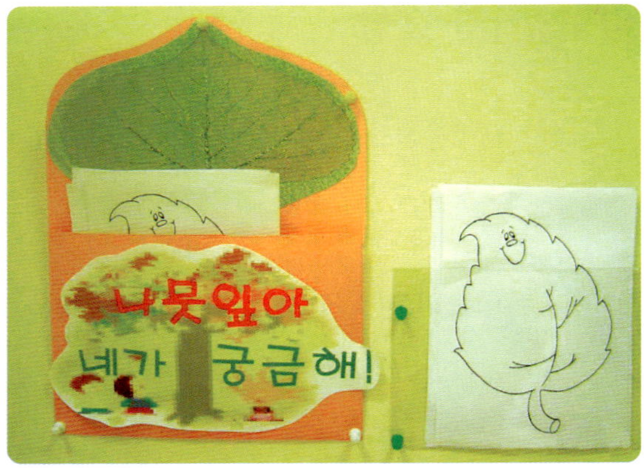

| 교실 벽면에 부착한 나뭇잎 질문 함 |

주어도 좋다. 궁금한 점들을 그림으로 표현하고 교사가 그 밑에 부연설명을 달아 주어도 된다. 모둠별로 작성한 질문 목록을 종합하여 유아들이 언제든지 볼 수 있도록 교실 벽면에 게시해 둔다. 질문 목록을 만들 때에는 질문 옆에 칸을 비워두면 좋다. 탐구활동이 진행되면서 유아들이 직접 질문에 대해 답을 할 수 있도록 하기 위해서이다. 주제가 전개되면 아이들이 일상적으로 답을 쓰게 해도 좋고 이틀에 한 번 정도 시간을 정하여 질문 목록에 답을 하는 활동을 만들어도 좋다. 이때 아직까지 글을 쓰지 못하는 아이들이 위축되지 않도록 언제든지 교사가 대필할 수 있음을 유아들에게 알려 주어야 한다.

가끔씩 질문 목록 만드는 것을 주제탐구과정의 하나의 관례처럼 여기고 질문 목록과 교육활동 구성을 전혀 별개로 생각하는 교사들을 볼 수 있다. 그러나 질문 목록은 교육활동의 매우 중요한 자원이 되어야 하며 실제로 그렇다. 질문 목록을 통해 교사는 주제에 대해 유아들이 무엇을 모르는지, 무엇을 궁금해 하는지 알 수 있게 되고 이러한 점은 당연히 교육활동을 구성하는 데 충실히 반영되어야 한다. 또 교육활동을 구성할 때 교사가 단독으로 하는 것보다 아이들의 질문 목록을 참고로 하면 보다 다양한 종류의 활동을 할 수 있게 된다. 아이들은 성인이 생각하는 것 이상으로 독특하고 창의적인 발상을 할 수 있는 능력이 있다. 따라서 교사는 주제의 질문 목록을 세심하게 검토하고 활동 구성에 적극적으로 활용해야 한다.

나뭇잎 관련 유아들의 질문 목록

- 나뭇잎은 왜 서로 모양이 틀릴까?
- 나뭇잎들은 왜 가을이 되면 색이 달라지는 걸까?
- 가을이 되면 낙엽은 왜 떨어지는 걸까?
- 어떻게 하면 더 크고 넓은 나뭇잎이 될까?
- 나뭇잎 위에 그림을 그릴 수 있을까?
- 나뭇잎을 수영장 물에 살짝 담았다 꺼내면 어떻게 될까?
- 나뭇잎의 종류는 뭐가 있을까?
- 나뭇잎을 테이프로 감싸서 붙이면 어떻게 될까?
- 나뭇잎 위에 아주 얇은 종이를 덮고 연필로 나뭇잎의 무늬를 그려볼 수 있을까?
- 나뭇잎 위에 실처럼 생긴 줄들은 무엇일까?
- 자두색 나뭇잎도 있을까?
- 왜 한 그루의 나무에 색이 다른 나뭇잎들이 있을까?
- 중국이나 미국에도 우리나라에 있는 나뭇잎들이 있을까?
- 나뭇잎으로 벽지를 만들면 어떻게 될까?

전 개

주제탐구표현활동의 전개단계는 활동 주제에 대한 아동의 경험, 관찰과 조사 그리고 그러한 경험을 바탕으로 하는 표현활동을 포함한다. 즉, 주제에 대한 본격적인 탐구가 이루어지는 것이다. 활동은 주제에 대한 직·간접적 경험과 관찰 그리고 그것들을 여러 방식과 매체를 통해 표현해 보는 과정을 반복하면서 점점 심화되고 확장되어 간다. 따라서 주제탐구표현활동의 전개과정을 경험활동, 관찰조사활동, 표현활동의 세 가지 배타적 범주로 나눈다는 것은 다소 무리가 있다. 주제탐구표현활동에서는 종종 경험과 관찰과 표현이 동시에 이루어진다는 점에서 더더욱 그러하다. 그러나 전개과정의 흐름을 따라 초기에는 주로 주제에 대한 직 · 간접적 경험활동이 주를 이루고 중기에는 관찰과 조사활동이 주를 이루며 주제를 심화시켜 나가게 된다. 이러한 과정 중에 여러 가지 방법과 매체를 통한 표현활동을 계속 반복해 나간다. 또한 후기에는 보다 통합적인 성격의 활동들이 주를 이루며 주제에 대해 심화된 활동을 구성할 수 있게 되어 마침내 마무리(종결)의 단계에 이르게 되는 것이다. 이 글에서는 기술의 편의를 위하여 주제탐구표현활동의 전개과정을 그 흐름에 따라 주제에 대한 경험, 관찰과 조사, 표현활동으로 나누어 살펴본다.

경 험

주제탐구표현활동에서 경험은 매우 중요한 교육활동 구성 요소이다. 유아들은 직접 보고, 만지고, 느끼고, 듣는 것과 같은 오감을 통해 주제가 되는 대상을 탐색하며 관찰하고 탐구하게 된다. 특히 나뭇잎과 같이 뚜렷한 실체를 가지며 우리 주변의 일상에서 흔히 접할 수 있는 주제로 프로젝트를 하는 경우에는 유아들에게 보다 많은 직접 경험의 기회를 제공하는 것이 매우 중요할 것이다.

| 숲에서 나무와 노는 아이들 |

산 책

'나뭇잎' 주제탐구표현활동이 진행되는 내내 산책활동을 꾸준히 해야 한다. 나뭇잎과 같이 우리 주변에서 흔히 접할 수 있는 자연의 소재를 주제로 하는 경우, 특정한 장소를 정하여 산책활동을 하는 것만으로도 좋은 교육활동이 되기 때문이다. 꾸준한 산책활동을 통해 주제가 되는 나뭇잎의 변화를 수시로 관찰하며 색의 변화를 살피고 떨어진 나뭇잎을 밟을 때 얻게 되는 느낌 등 산책의 매 순간에 만나는 모든 자연이 그 자체로 훌륭한 교육 자료가 된다.

산책을 할 때에는 교사가 지나치게 유목적적인 태도를 갖지 않는 것이 좋다. '오늘은 ○○을 위해 산책을 해야 한다'는 생각보다는 산책의 원래 의미에 맞게 아이들이 '느긋하게 즐기며' 걷고 자연과 자연스런 교감을 하는 것이 좋다. 가끔씩 산책 전에 활동을 위해 산책의 목표를 정할 수도 있는데, 이때에도 그 목적이 아이들에게서 산책의 즐거움을 빼앗지 않도록 조심해야 할 것이다. 예를 들어 산책을 하면서 '나뭇잎 탁본'을 위해 나뭇잎을 주워 모을 때보다 많은 나뭇잎을 모으기 위해 아이들이 걱정하거나 경쟁적으로 나뭇잎을 주워 모으느라 느긋하게 오가지 못했다면 그만큼 자연스런 교감은 적어지게 되는 것이다.

낙엽이 있는 작은 숲 산책

또 산책을 할 때에는 시간의 여유를 두고 하는 것이 좋다. 만약 점심시간 안으로 돌아오기가 빠듯하거나 산책 뒤에 또 다른 특별활동이 기다리고 있고 그때까지 시간이 충분하지 않다면 무리하게 산책을 하지 않는 것이 더 좋다. 산책을 하면서 교사가 아이들을 채근할 가능성이 높기 때문이다. '좀더 빨리 걷자. 우리 몇 시까지 돌아가야 하는데, 시간이 없어' 라고 말하며 아이들을 재촉하게 된다면 산책활동으로 얻을 수 있는 중요한 것들을 대부분 놓치게 된다. 아이들은 재촉받는 상황에서 자연과 교감하거나 나뭇잎의 변화를 충분히 감상할 수 없다. 산책을 갈 때는 무엇보다 마음의 여유를 두고 거니는 것이 중요하다. 유아들이 마음의 여유를 두고 거닐며 자연과 교감할 때 그때가 그 어떤 교육활동 때보다 아이들의 마음과 머리가 가장 빛나고 있을 때임을 잊지 말아야 한다.

교사는 일상적인 산책활동이 교실에서의 교육활동과 연계될 수 있도록 활동을 구성해야 한다. 산책을 나가서 아이들이 나뭇잎에 관해 특정한 관심을 보인다면 그것에 대해 적극적으로 반응해 주고 교사가 아이들에게 질문을 하거나 질문을 유도할 수도 있다. 아이들이 질문을 한다면 직접 답을 해주기보다 교사가 되묻는 질문을 통해 질문을 확장해 간다. 그런 다음 그러한 질문들을 풀 수 있는 활동을 구성하면 좋다. 또한 교실에서의 교육활동이 다음번 산책활동에 새로운 의미를 부여할 수 있도록 실내활동과 산책활동이 서로 연계되면 좋을 것이다.

나뭇잎에 대한 동화 듣기

오후의 낮잠이나 쉬는 시간 전에 나뭇잎에 관한 동화를 들려 준다. 특별히 쉬는 시간이 따로 없다면 '오늘의 나뭇잎 그림책' 시간을 따로 정해 나뭇잎과 관련한 책을 함께 읽는다. 영아들은 물론이고 나이든 유아들까지, 아이들은 교사가 직접 책을 읽어 주는 것을 매우 좋아한다. 아이들에게 나뭇잎과 관련한 책들을 집에서 가져 오게 해서 교사가 읽어 주는 것도 좋다.

책을 읽을 때는 책의 내용만 읽어 내리는 것이 아니라 그 내용을 가지고 교사와 유아가 상호 작용해야 한다. 내용 중에서 산책을 통해 반 전체가 이미 함께 경험한 것이 있다면 매우 좋은 이야기거리가 된다. 또한 책을 읽으며 새로운 궁금증을 발견할 수도 있고 궁금했던 점을 정리할 수도 있다.

동화에 대한 그림 감상문

동화를 듣고 난 후에는 짤막하게라도 유아들이 동화에 대한 자신의 느낌을 정리하는 기회를 갖도록 한다. 아직 글을 쓰지 못하는 아이들은 그림으로 동화에 대한 내용이나 감상을 표현해도 좋을 것이다. 이렇게 꾸준히 감상문을 쓴 것을 주제탐구표현활동의 마무리단계에서 한 권의 책으로 묶어 내면 아이들에게 매우 뿌듯함을 안겨주는 활동 결과물이 된다.

숲 속 나뭇잎 길 만들기

나뭇잎 주제탐구표현활동을 진행하는 동안 꾸준한 산책을 한다면 아이들은 산책에

나뭇잎 길 만들기

서 만난 자연물을 교실 안으로 옮기고 싶어 할 것이다. 산책에서 주운 나뭇잎이나 돌멩이들을 교실에 가져가고 싶어 하는 것은 물론이다. 프로젝트를 진행하는 교사가 이러한 아이들의 바람을 대했을 때 기본적으로 취해야 할 태도는 가능한 한 할 수 있게 하는 것이다. 많은 경우 아이들의 소원이나 바람은 언뜻 들었을 때에는 실현 불가능해 보이지만 조금만 발상을 달리 하면 얼마든지 가능한 것들이 많다.

서울대어린이집 무지개반의 경우 아이들이 산책에서 만난 낙엽 쌓인 길을 교실에 옮기고 싶어 하였다. 낙엽을 밟을 때 나는 특유의 바스락거리는 소리는 아이들에게 매우 매혹적인 소리이다. 무지개반의 교사는 아이들과 함께 커다란 박스 몇 개를 구하여 박스를 뜯고 기차와 같은 모양의 길을 만들었다. 그 속에 산책을 나가 아이들이 수시로 주워 온 낙엽을 넣어서 '숲 속 나뭇잎 길'을 교실에 만들게 되었다. 박스를 꾸밀 때에도 한지와 함께 밖에서 주워 온 나뭇잎을 사용하였다.

나뭇잎에 대한 노래 배우기

주제탐구표현활동이 계속 진행되면서 어떤 기간에는 같은 패턴의 활동이 반복되는 경우가 있다. 이런 경우 자칫하면 아이들이 활동에 대해 식상해 하거나 집중력이 떨어지기도 한다. 따라서 때때로 교육활동을 시작하기 전에 아이들의 관심을 환기시킬 만한 전위활동이 필요하다. 책 읽기나 노래, 손 유희 등은 유아들이 매우 흥미를 보이는 것들로 반복적으로 제시되어도 좋은 아이템들이다.

나뭇잎 탁본 뜨기

일상적인 산책활동을 하면서 몇 가지 매체를 사용하여 많은 교육활동을 할 수 있다. 나뭇잎의 탁본을 떠 보는 활동은 질감이 부드러운 종이만 있다면 산책을 나가서 쉽게 해볼 수 있는 활동 중 하나이다.

한지나 얇은 종이를 나뭇잎 뒷면 위에 올려놓고 연필로 색칠을 하듯 빗금을 그린다. 종이가 얇고 연필이 굵다면 나뭇잎의 잎맥이 자세히 나타나는 탁본을 얻을 수 있다. 한 가지의 잎사귀뿐 아니라 산책길에서 만난 여러 다른 종류의 나뭇잎을 탁본으로 떠 그 모양을 서로 비교해 보는 것도 좋다. 이러한 활동을 통해 유아들의 관심이 서로 다른 나뭇잎의 모양이나 나뭇잎 속에 있는 잎맥으로 확장된다면 그것을 바탕으로 다음의 교육활동을 구성하면 된다.

유아들이 어떤 것에서 다른 것으로 자신들의 관심을 확장시켜 나갈 때 교사가 그것을 교육활동으로 잘 구성해 내는 것은 매우 중요하다. 아이들의 확장된 관심을 교육활동으로 구성해 내면서 활동이 계속 유기적으로 연결되어 나갈 때 주제가 심화될 수 있다. 이럴 때 주제에 대한 유아들의 지식 구성과 참여 정도도 함께 심화되어 가는 것이다. 이것이 바로 주제탐구표현활동의 생명력이다.

아름다운 나뭇잎 담아 오기

가을의 중반이 되면 나뭇잎들이 여러 가지 색을 나타내며 빛을 낸다. 한 나무에서 다양한 색의 나뭇잎을 동시에 발견할 수도 있다. 이러한 계절에는 아이들이 그런 나뭇잎의 색을 보는 것만으로도 내적 충만감과 심미감을 맛볼 수 있다.

아이들이 이러한 아름다움을 간직하고 싶어 할 때 산책을 하면서 예쁜 색의 나뭇

나뭇잎 담기

잎들을 수집한다. 아이들의 눈에 아름답게 보이는 색을 수집하는 것이다. 이러한 활동에 '아름다운 가을의 색 담아오기', '아름다운 가을의 나뭇잎 담기' 같은 이름을 붙여 본다.

단풍잎 책갈피 만들기

보는 것만으로도 나뭇잎들이 탄성을 자아내는 아름다운 색을 자랑할 때, 단풍잎을 수집하여 그것을 오래 보관할 수 있도록 말려서 책갈피를 만든다.

산책을 나가서 아이들에게 가장 예쁜 색의 단풍잎을 수집하게 한 다음 교실로 돌아와 잎사귀의 겉을 깨끗이 닦고 두꺼운 책 사이에 끼워 둔다. 며칠 후 나뭇잎의 수분이 충분히 말랐을 때 마른 단풍잎에 수집한 아이의 이름을 쓰고 코팅한다.

관찰과 조사

나뭇잎이 가을에 떨어지는 이유

가을이 되면 나타나는 나뭇잎의 가장 큰 변화는 바로 낙엽이다. 아이들은 산책을 하

나뭇잎이 떨어지는 이유 자료 시청

면서 계절이 바뀌면 나뭇잎이 하나둘씩 떨어진다는 것을 발견하게 된다. 아이들이 먼저 질문을 하면 교사가 그것을 되받아 질문을 해도 좋고 산책을 하면서 낙엽을 밟을 때 교사가 직접 아이들에게 질문을 해서 낙엽에 대한 관심을 환기시킬 수 있다.

산책을 마친 후 가을에 나뭇잎들이 떨어지는 이유에 대해 함께 이야기 나누기를 한다. 교사는 유아들의 여러 가지 황당하거나 엉뚱한 이야기들도 무시하지 않고 진지하게 들어야 한다. 때때로 성인들이 황당하다고 여기는 유아들의 기발한 대답에 실제 과학의 원리가 들어 있을 때도 있다.

이야기 나누기를 통해 충분하게 아이들의 의견을 교환한 후 낙엽의 원리에 관한 책을 함께 읽거나 교사가 미리 준비한 입체 그림을 통해 그 원리를 알아본다. 낙엽은 기온이 떨어지면서 나뭇잎을 떨구어 수분을 유지하기 위한 것임을 나타내는 그림을 미리 만들어 두면 좋다. 아이들은 이때 나뭇잎이 계절에 따라 성장하고 퇴화한다는 것을 알게 된다. 자연스럽게 계절의 변화에 따른 나뭇잎의 변화를 이야기해 줄 수 있게 된다.

책이나 교안으로 낙엽의 원리를 알아본 후 그것을 몸으로 표현해 본다. 아이들 전체가 하나의 나무가 되었다고 생각하고 아이들 각각이 나무의 몸통과 줄기, 잎사귀가 되었다고 상상하게 한다. 나무의 각 부위를 나타내는 그림을 간단하게 그려서 가슴에 붙여도 좋다. 아이들 전체가 한 그루의 나무를 표현하며 봄, 여름, 가을, 겨울의 나뭇잎 변화를 몸으로 나타내 본다.

아이들 전체가 한 그루의 나무 모양으로 서게 한다. 이때 나뭇잎들은 무대 밖으로 나와 준비하고 있다. 교사가 "자 봄이에요. 이제 막 나뭇잎이 되기 위한 새싹들이 깨어 나기 시작했어요."라고 말해 준다. 봄과 어울리는 음악이 함께 있으면 더 좋다. 나뭇잎을 담당한 아이들이 몸을 작게 웅크리며 나뭇가지에 붙는다.

이러한 모든 활동들을 정해진 시간이나 하루의 일과 안에 므두 다 하기가 힘들다면 며칠에 나누어 해보아도 좋다.

나뭇잎 자세히 관찰하기 및 세밀화 그리기

나뭇잎을 육안으로 자세히 들여다보면 복잡한 잎맥을 발견하게 된다. 또한 자세히 관찰하면 한 개체의 나뭇잎도 한 가지 톤 이상의 색이라는 것을 발견할 수 있다. 단

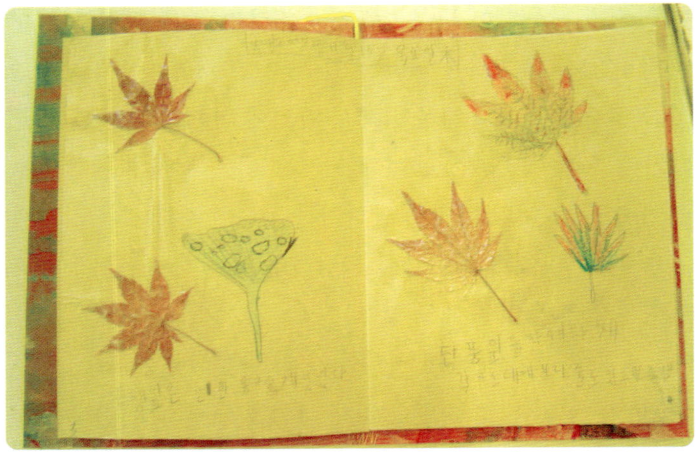

| 나뭇잎 세밀화 그리기 |

풍이 막 물들기 시작하는 무렵에는 한 개의 나뭇잎이 다양한 색으로 되어 있는 것을 볼 수 있다. 또한 어떤 나뭇잎들은 초록, 노랑, 붉은색을 한꺼번에 가지고 있는 것들도 있다.

관찰을 통해 알게 된 이러한 나뭇잎의 특성을 세밀화를 통해 표현해 보면 좋다. 유아들은 세밀화를 그림으로써 나뭇잎의 특성을 보다 상세히 관찰하게 될 뿐 아니라 그 특징을 오래도록 기억하게 될 것이다.

여러 가지 나뭇잎 비교하기

일상적인 산책활동을 통해 꾸준하게 나뭇잎을 관찰하다보면 아이들이 자연스럽게 나뭇잎들의 모양에 관심을 표현할 것이다. 나무의 종류에 따라 나뭇잎의 모양이 다르고, 같은 나무 일지라도 계절에 따라 나뭇잎의 색이나 모양이 조금씩 달라진다는 것을 어렴풋이 알게 되는 것이다. 산책을 할 때 유아들에게 나뭇잎의 모양을 서로 비교해 관찰할 수 있도록 격려하면서 모양이 다른 나뭇잎들을 수집하게 한다. 교실에 돌아온 뒤 수집한 나뭇잎이 어떤 나무의 잎사귀인지 알아본다. 종이 위에 수집한 나뭇잎을 쭉 늘어놓고 아이들에게 이 중 이미 알고 있는 나뭇잎이 있는지 물어보는 것도 관심을 환기시키는 방법이다.

| 여러 가지 나뭇잎들 비교하기 |

보다 세밀한 관찰을 위해 돋보기나 현미경과 같은 도구를 사용하는 것도 아이들에게 색다른 경험을 제공하는 기회가 될 것이다. 이러한 과학 기구의 사용은 육안으로는 보이지 않았던 나뭇잎의 특징을 발견할 수 있도록 도와준다.

시간에 따라 변하는 나뭇잎 관찰하기

산책을 나갈 때 아이들에게 특정한 나무를 자신의 것으로 정해 놓고 지속적으로 관찰하게 한다. 관찰일지를 만들어 꾸준하게 기록하면 좋다. 그렇게 하면 시간에 따라 변화하는 나뭇잎의 모습을 관찰일지에 담을 수 있다. 관찰일지를 쓸 때 아직 글씨를 쓰지 못하는 아이들은 그림으로 그리도록 하면 된다. 관찰일지를 쓰면서 나뭇잎의 생김을 표상하는 능력도 자연스레 발전하게 된다.

나뭇잎에 있는 여러 가지 색소 관찰 및 데칼코마니 하기

가을에 단풍이 들기 시작할 무렵, 나뭇잎들을 자세히 들여다보면 한 장의 잎사귀에도 여러 가지 색이 들어 있음을 알 수 있다. 아이들이 집중해서 나뭇잎을 들여다보았다면 이러한 점을 발견할 수 있다. 따라서 교사는 아이들이 나뭇잎의 자세한 생김새

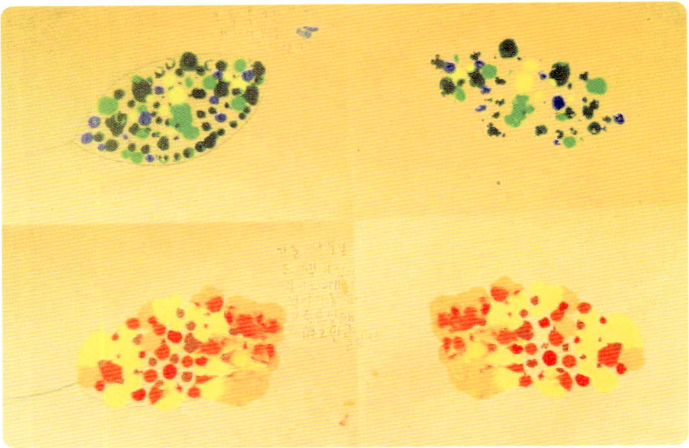

나뭇잎 데칼코마니 하기

를 꼼꼼히 관찰할 수 있는 시간의 여유와 환경을 제공할 필요가 있다. 활동의 종료 시간 때문에 아이들을 재촉하거나 활동을 진행하는 곳의 환경이 혼잡스럽다면 당연히 아이들은 마음을 두어 관찰하지 못할 것이다.

유아들이 자신의 마음을 두어 세심하게 관찰해서 하나의 잎 속에 여러 가지 색이 있음을 발견하게 되었다면 교사는 나뭇잎에 있는 색소에 관해서 이야기할 수 있을 것이다. 그러나 교사가 일방적으로 나뭇잎의 색소에 관한 책이나 교수안을 설명하는 것으로 그친다면 아이들의 호기심이 확장되기 어렵다. 색소에 대해서 이야기한 다음에는 유아들이 그것을 표현할 기회를 가져야 한다. 예를 들어 산책을 통해 수집한 특정 나뭇잎을 세밀하게 관찰한 후 그 속에 어떤 색소들이 들어 있는지 알았다면 그것을 모델로 하는 나뭇잎 데칼코마니를 할 수 있다. 나뭇잎이 담고 있는 자연의 색을 모델로 하게 되면 교사가 특별히 지시하지 않아도 아이들이 조화로운 색을 선택하여 표현할 것이다.

종이를 반쪽으로 접은 다음 다시 펼쳐서 자신이 선택한 색들을 종이 위에 짜 놓는다. 그 위에 접혀진 종이를 덮고 적당한 힘으로 누른 다음 펼치면 색들이 섞이면서 실제 나뭇잎의 색소와 비슷한 모습이 표현될 것이다.

나뭇잎 스테인드글라스 만들기

몇 차례에 걸쳐 나뭇잎을 자세히 관찰하였다면 유아들은 나뭇잎의 색소뿐 아니라 잎맥에도 자연스레 관심을 갖게 될 것이다. 관찰을 통해 아이들이 잎맥을 발견하였다면 교사가 아이들에게 잎맥은 나무의 물이 나뭇잎으로 지나가는 길임을 알려 주기에 가장 적절한 때이다.

잎맥을 실제로 관찰할 수 있는 방법은 나무에 붙어 있는 나뭇잎을 채취하여 나뭇잎의 코팅 막을 얇게 벗겨 낸 뒤 현미경으로 관찰하는 것이다. 이 과정을 짧은 시간 안에 할 수만 있다면 현미경으로 물방울과 같은 수분덩어리들이 이동하는 것을 관찰할 수 있다. 이러한 모습을 직접 관찰한 아이들은 나뭇잎에 대한 과학적 지식을 얻게 될 뿐만 아니라 그 모습에 일종의 신비감을 느끼고 자연에 대한 경외감 등을 가질 수도 있다.

잎맥을 관찰한 후 잎맥에 대한 표상을 해본다. 종이 위에 아이들의 기억을 토대로 그릴 수도 있지만 실제 나뭇잎을 사용하여 그릴 수도 있다. 서울대어린이집 무지개

나뭇잎 스테인드글라스 만들기

반의 경우 나뭇잎 위에 필름지를 대고 잎맥의 모양을 고스란히 그린 다음 그것을 자신이 원하는 색으로 표현하는 작업을 통해 스테인드글라스 효과를 얻었다. 오랜 시간이 걸리는 작업이었음에도 대부분의 아이들이 매우 진지하게 집중하였다. 완성된 잎맥 스테인드글라스는 교실 문 쪽의 천장에 모빌로 매달아 두었다.

수목원 견학

주제탐구표현활동의 전개가 활발하게 이루어지고 활동이 심화되어 갈 때 적절한 장소를 선택하여 견학을 하는 것은 탐구 주제에 대한 아이들의 관심을 더욱 심화하고 확장하는 좋은 계기가 된다. 활동 전개의 후반부에 견학을 할 경우에는 그동안의 주제탐구를 통해 알게 된 것들을 정리하는 계기가 되기도 한다.

나뭇잎 주제탐구표현활동을 할 때 좋은 견학지는 수목원과 생태공원 등이다. 수목원에서는 여러 종류의 나뭇잎을 한꺼번에 볼 수 있다. 수목원과 같은 경우에는 주제탐구표현활동이 어느 정도 충분히 이루어진 후 활동의 후반부에 견학을 해서 그동안의 지식을 비교하고 확인하는 의미를 삼는 것이 좋다.

숲 체험활동

서울시나 환경 관련 단체가 숲 해설가와 함께 숲 속을 산책하는 프로그램들을 특정

숲 체험활동

기관을 통해 운영하고 있는데, 이것을 적극 활용하면 나뭇잎 프로젝트에 매우 좋은 견학활동이 될 수 있다. 숲 해설가는 교육에 참가한 아이들과 함께 숲을 산책하며 숲의 생태를 설명해 준다. 예를 들어 서울대공원의 경우 아이들이 대공원 뒤편의 산을 숲 해설가와 함께 산책하며 숲 속에 있는 나무들을 직접 보고 숲 속의 여러 가지 자연 생태에 대해 해설가의 설명을 듣는 프로그램이 마련되어 있다. 이러한 숲 체험활동의 견학을 예약할 때 숲 해설가에게 미리 연락을 하여 나뭇잎과 관련한 교육활동을 진행하고 있음을 알리고 견학 당시 나뭇잎에 초점을 두어 설경을 해달라고 미리 부탁해 두면 좋다.

이러한 견학활동은 주제탐구표현활동의 초기나 마무리단계보다는 한창 진행되어 어느 정도 심화된 단계에서 기획하는 것이 적절하다. 유아들이 숲 체험활동을 통해 그동안 나뭇잎에 대해 자신이 구성한 지식들을 확인하고 또 다른 질문으로 나뭇잎에 관한 자신의 관심을 확장하고 심화시켜 나갈 수 있기 때문이다.

견학을 하기 전에는 숲 해설가에서 묻고 싶은 것들에 관해 이야기 나누기 등의 준비활동과 견학 후에 알게 된 점과 새로운 질문들을 정리하는 활동이 필수적이다.

표 현

주제탐구표현활동에서 표현활동은 여타의 교육활동과 분리될 수 없는 것이다. 주제탐구표현활동에서는 언제나 경험과 관찰을 한 뒤 그것을 표상하고 표현하는 활동이 유기적으로 연관되고 나선형으로 반복되기 때문이다. 다만, 각각의 활동을 진행하는 그 당시 상황에 따라 경험 그리고 관찰과 표현 중 어떤 것을 더 중점적으로 하게 되었느냐 하는 점에 따라 그 교육활동의 성격이 조금씩 달라질 수 있다. 표현활동은 이미 경험과 관찰의 단계에서도 반복되는 것이다. 따라서 아래에 기술한 교육활동들은 표현에 좀더 중점을 둔 활동들을 말한다.

나뭇잎 책 만들기

나뭇잎 주제탐구를 하면서 유아들이 알게 된 나뭇잎에 관한 모든 것을 집약하여 표현해 보는 활동으로 책 만들기는 매우 적절한 방법이다.

| 나뭇잎 책 만들기 |

먼저 책을 만드는 방식을 정하고 겉표지와 책 안의 면들을 만들어 제본한 뒤 내용을 채워 나간다. 반대로 책의 내용을 먼저 만들어 둔 뒤 나중에 제본의 방법을 정하고 표지를 만들어 책으로 묶어도 좋다. 후자의 방법을 선택하면 책의 내용이 유아들의 지식을 시간을 두고 보다 충실하게 담아 낼 수 있을 것이다. 이 시기의 유아들이 만들기에는 면 대 면 제본이 가장 적당한 방법이다.

책에는 그림과 글, 사진 등 다양한 방법으로 나뭇잎에 관한 지식들을 표현하게 한다. 그동안 꾸준하게 기록한 관찰일지, 견학이나 산책 시에 찍어 두었던 사진들, 아이들이 나뭇잎을 관찰하면서 가지게 된 마음속의 느낌 등이 모두 훌륭한 책의 자료가 된다.

책을 만드는 작업은 매우 시간을 요하는 일이므로 단시간에 완성하려 하지 말고 며칠에 걸쳐 시간을 두고 천천히 완성해 나간다.

동시 감상하기 및 동시 쓰기

나뭇잎에 관한 좋은 동시를 선정하여 동시를 감상하고 그것을 유아 자신의 언어로 개

| 나뭇잎 동시 개작하기 |

작하게 해본다. 동시를 감상할 때에는 눈으로 읽거나 교사가 읽어 주는 데서 끝나지 말고 아이들이 자신들의 목소리로 낭독할 수 있는 기회를 꼭 주는 것이 좋다. 시의 낭독을 통해 아름다움을 발견할 수 있으므로 꼭 소리를 내어 함께 낭독하도록 해본다. 동시를 고를 때에는 함께 낭독하기에 좋을 만큼 정결한 어휘로 쓰여진 것을 고르고 아직 글

| 친구들 앞에서의 나뭇잎 동시 낭독 |

을 알지 못하는 아이들도 몇 번의 낭독으로 함께 할 수 있을 만큼 간결한 것이 좋다.

나뭇잎 주제탐구표현활동을 진행하는 때가 학기의 후반부라면 대부분의 아이들이 어느 정도 글씨 쓰는 것에 자유로운 시기이므로 동시 창작을 시도해 볼 것을 권한다. '시' 라는 문학 장르를 아이들에게 인지적으로 다 이해시킬 수는 없지만 프로젝트를 진행하면서 교사가 간결하고도 좋은 시를 자주 낭송해 주었다면 이미 아이들 속에는 시에 대한 어느 정도의 앎이 존재하는 셈이다. 저자의 경험으로 보면 동시를 여러 번 지은 초등아동보다 의외로 시를 처음 쓰기 시작하는 유아들에게서 기발한 문장과 독특한 표현이 많이 나온다.

동시를 개작하거나 창작하였다면 그것에서 끝내지 말고 작품을 친구들 앞에서 낭독하는 기회를 가지면 좋다. 다른 어떤 문학 장르보다도 시는 낭독을 통해 아름다움을 발휘하는 특성을 지녔다. 유아들도 얼마든지 이 아름다움을 발견할 수 있으며, 또한 자신이 창작한 작품을 친구들 앞에서 발표함으로써 활동에 대한 흥미와 자신감을 더욱 불러일으킬 수 있을 것이다. 동시에 친구의 동시 낭독을 듣는 것은 아이들이 집중해서 타인의 소리에 귀를 기울이는 법을 배우는 매우 좋은 기회가 된다.

나뭇잎 끝말잇기 : 코팅한 나뭇잎 위에 펜으로 써서 연결하기

'나뭇잎' 을 시작으로 끝말잇기를 해본다. 반 아이들이 모두 함께 모여 게임을 하듯

| 나뭇잎 끝말잇기 |

이 한 사람씩 돌아가면서 해도 좋고 4~5명이 짝을 이루어 모둠별로 게임을 해도 좋다. 낱말을 기록할 때에 종이에 하는 것보다 실제 나뭇잎과 관련된 것을 사용하면 좋을 것이다. 예를 들어 나뭇잎을 말려 코팅한 나뭇잎 책갈피들을 사용해 끝말잇기에 사용된 단어들을 기록해 본다. 이렇게 해서 낱말이 기록된 나뭇잎들을 길게 연결하여 발처럼 만들면 멋진 장식품이 될 수 있다.

나뭇잎 퍼즐 만들기

잎이 무성한 나무의 그림이나 상세한 모습이 담긴 커다란 나뭇잎 그림으로 퍼즐을 만들어 본다. 사진을 이용해서 만들 수도 있겠고 아이들이 관찰한 나무나 나뭇잎을 직접 그리는 것도 좋은 방법이다. 먼저 나뭇잎을 상세하게 관찰한 다음 연필로 밑그

나뭇잎 퍼즐 맞추기

림을 그리게 한다. 이때 그림의 크기가 될 수 있는 한 종이에 꽉 찬 것이어야 퍼즐을 만들기에 좋다.

두꺼운 펜으로 나뭇잎의 모양과 잎맥 등을 그리고 나뭇잎의 실사를 잘 표현할 수 있도록 다양한 색을 넣어 채색한다. 물감이나 크레파스, 파스텔 등이 좋다. 파스텔을 쓸 경우 파스텔 입자가 날리지 않도록 고정액을 뿌려 준다. 이 그림을 두꺼운 종이 위에 붙인 다음 저마다 원하는 모양의 퍼즐을 그려 넣고 그 모양대로 가위질을 한다. 가위질을 하기 전에 퍼즐의 뒷면에 숫자를 써 놓으면 퍼즐 맞추기가 쉽지 않을 때 힌트가 된다.

나뭇잎 평면 표상 : 파스텔 나뭇잎 만들기

주제탐구표현활동에서 탐구 주제가 되는 대상을 여러 가지 다양한 매체로 표현해 보는 것은 매우 중요한 교육활동 요소이다. 따라서 나뭇잎 주제탐구표현활동을 하면서

파스텔을 이용한 나뭇잎 평면 표상

나뭇잎의 모양을 크레파스나 물감, 색연필, 연필 등으로 표상하는 데서 그치는 것이 아니라 평소에 아이들이 접해 보지 않았던 여러 가지 새로운 매체들을 제공하는 것이 좋다. 평면을 표상할 때도 백지 위에만 할 것이 아니라 마분지, 한지, 코팅지, 신문지 등 다양한 질감의 종이를 사용해 본다.

예를 들어 파스텔을 사용해 나뭇잎을 표현해 보면 평소에는 잘 표현되지 않았던 나뭇잎 색의 어울림을 자연스럽게 표현할 수 있으므로 아이들에게 색다른 표상의 경험이 될 것이다. 특히 나뭇잎이 그 색을 바꾸어 가는 계절에 유아들이 한 개체의 나뭇잎에서 여러 가지 색을 발견했을 때 그 나뭇잎의 모습을 파스텔로 표상해 보면 좋을 것이다.

나뭇잎 2차원 표상 : 색 철사로 잎맥이 있는 나뭇잎 만들기

탐구 주제에 관한 표상은 여러 가지 다양한 표현 매체를 사용하여 표상의 수준을 1, 2, 3차원으로 달리해 보아야 한다. 많은 경우 대상에 대한 표상을 평면에서 그치는 경우가 많은데, 실제로 평면 표상은 매우 어려운 작업이다. 성인들도 어떠한 입체적 대상을 1차원의 평면에 옮기는 것을 매우 어려워한다. 따라서 교사는 의식적으로 종이 위에 대상을 평면으로 구성하는 1차원 표상을 지양하고 다양한 수준의 표상을 넘

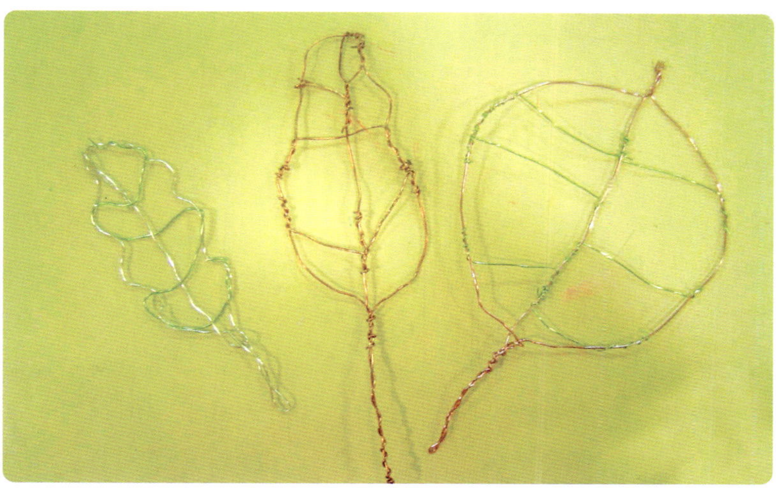

색 철사를 이용한 나뭇잎 2차 평면 표상

나들 수 있도록 활동을 구성할 필요가 있다.

나뭇잎과 같은 경우는 2차원 표상을 하기에 매우 적절한 주제이다. 나뭇잎 자체의 생김새 때문이다. 색 철사를 사용해 나뭇잎을 표현해 본다. 자신들이 조작하는 대로 자유롭게 구부러지며 원하는 대로 모양을 만들어 낼 수 있는 색 철사는 유아들에게 매우 매력적인 매체이다.

색 철사를 사용해 함께 만들 나무의 나뭇잎을 표현해 본다. 색 철사로 나뭇잎을 만들 때에는 유아들이 그동안의 활동을 통해 알게 된 지식을 바탕으로 나뭇잎의 잎맥과 모양을 잘 표현할 수 있도록 돕는다.

나뭇잎 3차원 입체 표상 : 단풍나무 만들기

2차원 표상에서 만든 여러 개의 나뭇잎을 사용하여 입체적인 나무 만들기를 시도해 본다. 이런 경우 한 명의 유아가 하나의 나무를 만들기보다는 반 전체가 커다란 한 그루의 나무를 함께 만드는 것이 더 좋다. 주제탐구표현활동은 협동활동을 통해 많은 교육적 효과를 기대하는 교육방식이므로 교사는 협동활동을 할 수 있는 기회를 놓치지 말아야 한다. 유아들은 협동활동을 통해 활동의 과정에서 생기는 문제들을 해결할 방법을 함께 고민하며 공동의 작업이 최적을 이루도록 조정하는 방법을 배워 나갈 수 있게 된다.

여러 개의 우유팩을 모아 그 안에 신문지를 집어 넣어 단단하게 만든 다음 양면테이프로 이어 붙인다. 나무의 몸통 모양을 만들어 가면서 이어 붙인 후 겉면을 갈색의 한지로 감싼다. 이때 나무를 탁본한 한지를 사용하면 좋다. 산책에서 떨어진 나뭇가지들을 모아 나무의 몸통에 이어 붙인다. 나뭇가지들을 이어 붙일 때에는 최대한 실제 나무와 같은 모습으로 만들어 나가려고 노력해야 한다. 나뭇가지에 만들어 둔 나뭇잎을 붙인다. 나뭇잎들을 붙일 때에는 최대한 실제의 모습과 같이 흔들림의 특성을 잃지 않도록 붙여야 한다.

완성된 나무를 교실에 전시해 둔다. 유아들은 자신들의 작품에 애정을 보이며 공동의 작품이 전시되어 있는 것을 매우 뿌듯하게 여길 것이다.

| 단풍나무 만들기 |

나뭇잎 모양 쿠키 만들기

요리활동을 하기에 나뭇잎은 그다지 용이한 주제는 아니다. 하지만 요리활동은 연속해서 이어지는 여러 가지 탐구 · 인지활동과 표상활동들 사이에서 아이들의 기분을 전환할 수 있는 좋은 활동 소재이다. 나뭇잎을 재료로 하는 요리는 쉽게 찾기 어려우

| 나뭇잎 모양 쿠키 만들기 |

므로 요리의 모양을 나뭇잎으로 만들어 보는 활동을 한다. 예를 들어 나뭇잎 모양의 주먹밥 만들기, 쿠키 만들기 등의 요리활동을 통해 유아들의 기분을 전환하며 주위를 환기시키면서도 주제에 대한 집중력을 놓치지 않을 수 있다.

나뭇잎 캐노피 만들기

커다란 아세테이지 위에 그림을 그리고 실제 나뭇잎들과 함께 장식하여 캐노피를 만

| 천장에 부착한 나뭇잎 캐노피 |

들어 본다. 아세테이지를 교실 바닥에 펼쳐 놓고 모둠별로 자신들이 그림을 그릴 공간을 정하여 나뭇잎 그림을 그린다. 주제탐구표현활동을 전개단계 중 후반부에 이르렀다면 아이들은 매우 다양한 모습의 나뭇잎을 표현할 것이다. 다양한 색과 다양한 모양의 나뭇잎 그림이 그려진 아세테이지의 양끝을 교실 천장에 튼튼하게 고정시킨다. 아세테이지 위에 산책에서 주워 온 나뭇잎들을 채워 넣는다.

서울대어린이집 무지개반의 경우 이렇게 나뭇잎 캐노피를 만들어 교실 천장에 부착해 두자 아늑한 교실 분위기가 연출되었다. 아이들 또한 매우 좋아하면서 자신들의 작품에 애정을 표현했다.

마무리

마무리활동은 그동안 유아들의 주제탐구표현활동을 정리하며 활동의 성과물들을 학부모, 친구들과 나누면서 서로를 격려하고 칭찬하며 활동을 정리하는 단계이다. 간혹 주제탐구표현활동 마무리의 시기를 결정하는 것을 어려워하거나 활동이 활발히 전개되고 있는 단계에서 마무리활동을 하는 교사들이 있다. 주제탐구표현활동의 마무리를 하기에 적당한 시기는 전개에서 활동이 확장·심화되며 주제망과 질문 목록에 있는 대부분의 문제들이 다루어졌고 유아들의 관심이 다른 주제들로 이동하고 있거나 진행되고 있는 주제에 대한 집중력이 떨어질 때이다. 즉, 교사는 그동안 진행되었던 교육활동을 주제망과 질문 목록 등에 비교해 가면 유아들의 태도 변화를 살핌으로써 적당한 마무리활동의 시기를 정할 수 있게 되는 것이다.

대부분의 유아들은 주제탐구표현활동의 종결행사를 통해 자신의 활동 성과에 대한 자부심과 성취감을 맛볼 수 있다. 이러한 성취감과 자부심은 다음번 주제탐구표현활동의 좋은 자산이 되며 유아의 배움에 대한 근원적인 동인이 되어 준다. 따라서 교사는 행사를 위한 종결을 할 것이 아니라 종결행사가 유아들이 그동안 해왔던 자신의 활동에 대한 애착과 자신감을 맛보고 표현할 수 있는 기회가 되도록 노력해야 할 것이다.

종결행사에 대한 이야기 나누기 : 〈아낌없이 주는 나무〉 동극

종결행사를 정할 때 교사가 미리 계획해 두었던 행사가 있다면 그것을 아이들에게 직접 제안해도 좋다. 하지만 대부분의 경우 종결행사 내용을 정할 때는 아이들과 상의하여 결정하는 것이 좋다. 아이들은 교사에 비해 보다 독특한 아이디어를 제안할 것이다. 또한 아이들이 의논 끝에 결정한 종결행사야말로 아이들에게 참여하고자 하는 의욕과 적극성을 불러일으키는 힘이 된다. 따라서 교사는 주제탐구표현활동의 매 단계에서 아이들과 함께 의논하고 아이들의 의견을 반영하고 조정하는 과정을 반복

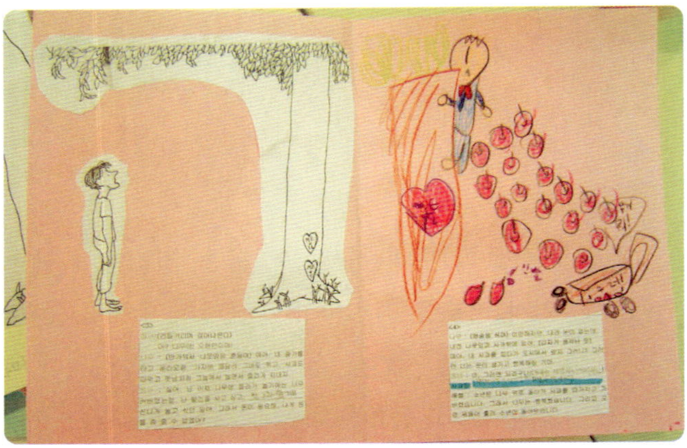

아이들이 만든 동극의 대본

나뭇잎 주제탐구표현활동의 종결행사 아이템 목록

- 작품 전시하기
- 나뭇잎으로 만든 책갈피나 포푸리 가게 열기
- 나뭇잎에 대한 퀴즈대회
- 나뭇잎 많이 떨어진 숲 속에서의 파티
- 나뭇잎과 관련한 내용의 동극이나 노래공연
- 나뭇잎을 주제로 하는 생태체험 캠프

해야 하며 이러한 상호 작용에 익숙해져야 할 필요가 있다.

서울대어린이집 무지개반의 경우 나뭇잎의 종결행사를 결정하기 위한 이야기 나누기에서 많은 아이들이 주제탐구표현활동 시 읽었던 동화 〈아낌없이 주는 나무〉를 연극으로 만들기를 원했다. 그 동화는 매우 심오한 뜻을 담고 있는 것이었지만 아이들은 그 동화에 상당한 매력을 느끼는 듯 했다.

아이들은 〈아낌없이 주는 나무〉를 동극으로 만들기로 결정하고 동극을 만드는 데 필요한 물품들과 준비과정을 정리해 보았다. 가장 먼저 필요한 것은 대본이었는데, 교사는 아이들과 함께 동화의 내용을 그림으로 정리해 가며 대본을 만들었다.

동극에 필요한 소품 만들기 및 무대 꾸미기

종결행사로 동극을 결정했다면 동극을 만드는 과정 자체가 또 하나의 프로젝트가 될 만큼 다양한 활동을 할 수 있음을 알게 될 것이다. 동극을 하기 위해서는 대본을 만들고 배역을 결정해야 하며 필요한 소품과 무대 배경을 만들고 꾸준히 연습을 해야 한다.

이런 과정 중에 아이들은 서로 간에 수많은 의견 조정의 과정을 거치게 될 것이다. 또래들과의 의견 조정을 통해서 부딪친 문제를 해결하고 자신들이 목표하는 것을 이

| 연극 연습하기 |

무대 의상 만들기

루어 내는 과정 자체가 주제탐구표현활동의 목적이다. 따라서 교사는 행사를 위한 동극이 되지 않도록 조심해야 하며 빠른 시간 안에 준비를 마치고 종결행사를 하기 위해 아이들을 다그쳐서는 안 될 것이다.

〈아낌없이 주는 나무〉의 동극을 위해 배역을 결정한 아이들은 자신들에게 필요한 무대 의상과 소품들을 정리하여 제작을 시작한다. 만약 대본의 특성상 소수의 몇몇만이 연기를 하는 작품이라면 아이들을 크게 연기 팀과 무대연출 팀으로 나누어 동극을 준비하는 것도 좋다. 이렇게 팀을 나누면 아이들은 자신들의 역할에 대해 보다 책임감과 전문성을 갖게 된다. 연기 팀은 배역을 정하여 연기연습을 하고 무대연출 팀은 필요한 무대 의상과 무대 배경들을 체크하여 제작한다.

종결행사 : 동극공연

주제탐구표현활동의 종결행사에서 부모님을 초대하여 그동안 자신들의 활동 성과물을 전시하여 보여 주는 것은 학부모와 아이들 모두에게 매우 의미 있는 일이 될 것이다. 주제탐구표현활동은 단원 중심적인 교수방식과는 달리 그 진행과정에서는 유아들의 성과를 쉽게 확인하기 어렵기 때문에 이러한 종결행사는 활동의 과정과 성과

〈아낌없이 주는 나무〉 동극

를 학부모들과 공유하는 매우 좋은 기회이다. 부모들 또한 아이들이 한 주제를 통하여 무엇을 배워왔는지 확인하며 주제탐구표현활동에 대한 이해를 높이는 기회가 될 것이다. 또한 아이들은 자신들의 성과물들을 전시하고 발표함으로써 활등에 대한 자신감과 성취감을 맛보게 된다. 따라서 종결행사로 동극 공연을 선택한 경우라도 공연만을 준비하는 것이 아니라 그동안의 활동 과정을 알 수 있는 사진과 교사의 기록, 아이들의 작품들을 함께 전시해 두는 것이 좋다.

동극을 공연할 때 교사는 아이들의 작품과 노력이 최대한 돋보이는 환경을 만들 필요가 있다. 예를 들어 아이들의 작은 목소리를 키우기 위해 핀 마이크를 사용하거나 청중을 고려하여 무대 배경을 배치하는 것 등이다. 또 동극이 흐지부지 끝나지 않도록 멋진 엔딩을 준비하거나 아이들이 다 함께 나뭇잎에 관련한 노래를 합창하면 보다 좋은 분위기로 동극을 마무리 할 수 있을 것이다.

동극을 끝낸 뒤에는 교사가 학부모들에게 그동안의 활동 과정을 짧게 설명하며 아이들의 노력과 성실을 칭찬한다. 그리고 마지막에 아이들과 교사가 다 함께 기념사진을 촬영하는 시간을 갖는다. 종결행사의 이러한 일련 과정 모두가 아이들에게 배움에 대한 자신감을 갖게 하는 귀중한 경험이 될 것이다.

참고자료

추천 서적

- 《나뭇잎이 달아나요》, 올레쾨네케, 시공주니어, 2008
- 《나뭇잎을 따라 갔어요》, 필리스 루트 글/크리스토퍼 드니즈 그림, 웅진주니어, 2002
- 《나무가 잠든 사이에 바람이 나뭇잎을 다 털어갔어요》, 이미옥 엮음, 골드닷컴, 2006
- 《낙엽이 춤을 춰요》, 이토 히로시 글/그림, 예림당, 2006
- 《숲 속의 나뭇잎집》, 소야 키요시 글/하야시 이키코 그림, 한림출판사, 2007
- 《아낌없이 주는 나무》, 셸 실버스타인 글/그림, 시공주니어, 2000
- 《요술 나뭇잎》, 마거릿 마이 글/마거릿 챔버린 그림, 비룡소, 2007
- 《아름다운 나무》, 박레지나 글, 초방책방, 2008
- 《사계절 생태놀이》, 붉나무 글/그림, 천둥거인, 2005
- 《생생 쏙도감 나뭇잎》, 구자춘 외 글/김이랑 외 그림, 동아사이언스, 2007
- 《나무도감》, 도토리 기획/이제호 그림, 보리, 2001
- 《세밀화로 보는 광릉숲의 풀과 나무》, 국립수목원 글/그림, 김영사, 2005
- 《세밀화로 그린 보리 어린이 나무 도감》, 임경빈 외 글/이제호 외 그림, 보리, 2008

추천 사이트

- 서울대공원, http://grandpark.seoul.go.kr
- 이안숲속, http://e-an. net
- 한택식물원, http://www.hantaek.co.kr
- 국립수목원, http://www.kna.go.kr
- 율봄식물원, http://www.yulbom.co.kr
- 부천식물원, http://www.bucheon.go.kr

- 해여림식물원, http://www.haeyeorim.co.kr
- 어린이대공원, http://www.sisul.or.kr

추천 견학지

- 식물원
- 수목원
- 서울대공원
- 생태공원
- 원 주변의 숲

08 CHAPTER

만 6 · 7세 주제탐구표현활동_환경오염

만 6 · 7세 아동의 경우 프로젝트의 주제로 범위가 너무 협소하거나 단순한 것보다는 좀더 범위가 넓고 몇 개의 개념들이 얽혀 있는 복합적인 성격의 주제를 선택하는 것이 좋다. 때로는 어느 정도 추상적인 주제들을 선택하는 것도 아이들에겐 도전적인 경험이 될 것이다. 연령에 맞는 범위의 활동 주제를 정하는 것은 주제탐구표현활동이 보다 깊이 심화되고 확장되는 것을 돕는다.

환경오염과 같은 주제는 환경, 생태, 오염, 쓰레기, 재활용의 문제 등 복합적인 측면을 포함하고 있다. 또한 환경오염의 문제는 우리 주변의 일상에서 쉽게 접할 수 있으며 아동이 흥미를 갖는 주제이므로 주제탐구표현활동을 하기에 매우 적절한 주제이다.

도 입

도입활동에서는 탐구의 주제를 정하고 주제망을 작성하며 주제에 대해 궁금한 것들을 정리하면서 앞으로의 주제탐구표현활동에 대한 계획을 세운다. 만 6 · 7세 아동의 경우에는 글 쓰기가 자유로우므로 도입활동에서 최대한 자신의 의견을 직접적으로 표현할 수 있도록 환경을 조성해 주는 것이 좋다. 교사 또한 이 단계에서 6 · 7세 아동의 특성을 고려하며 앞으로의 주제탐구표현활동을 어떻게 구성할 것인지에 관한 대략적인 청사진을 그리고 계획한다.

탐구 주제 정하기

주제탐구표현활동에서 하나의 탐구 주제를 정하는 과정은 여러 가지일 것이다. 교사가 일상이나 놀이 속에 나타나는 아동의 관심에 주목하여 그와 관련한 주제를 제안할 수도 있고, 자신들의 흥미가 탐구활동으로 이어지길 바라는 아동들의 적극적인 제안으로 주제가 발현될 수도 있다. 또한 이전에 진행되었던 주제탐구표현활동이 확장 · 심화되면서 자연스럽게 다른 주제로 넘어갈 수도 있으며 때에 따라서는 교사가 주도적으로 주제를 제안하여 결정하기도 한다. 아동의 연령이 높아지면 의사표현이 능숙해지고 보다 활발한 논의가 가능하게 되므로 교사와 아동 전체가 함께 논의하여 주제를 결정하는 것이 보다 쉬워진다.

서울대어린이집 만 6 · 7세 방과후반에서는 '환경오염' 의 주제가 결정될 때 일주일간의 긴 회의를 했다. 처음에는 하고 싶은 주제들을 모두 나열해 놓고 그 중에서 어떤 주제를 골라야 할지 이야기를 나누었다. 이때 교사가 주제를 고르는 기준에 대해 이야기해 주었는데, 그 기준들은 다음과 같다.

방과후반에서 탐구 주제를 결정하는 기준

- 우리가 정말 깊이 있게 알아보고 싶은 문제인가?
- 우리가 쉽게 만지거나 보거나 경험할 수 있는 것인가?
- 글쓰기, 실험이나 창작, 견학 등 여러 가지 활동을 골고루 해볼 수 있겠는가?
- 너무 크거나 너무 작은 범위의 주제는 아닌가?

위와 같은 기준들은 주제탐구표현활동에서 주제를 선정할 때 기초적으로 염두에 두어야 하는 것들이다. 교사는 반 전체의 논의를 통해 주제를 결정하기로 했으므로 아동 또한 이러한 기준을 알아야 한다고 생각했고 최대한 아이들이 쉽게 이해할 수 있는 언어를 통해 이것을 전달하려 했다. 아이들은 다소 어려울 수 있는 이런 기준들을 이해하였고 이것을 토대로 활발한 논의를 시작했다. 한 아이가 특정 주제를 하고 싶은 이유를 이야기 하면 다른 한 아이는 그 주제가 너무 쉽게 볼 수 없는 것이라 어려울 것 같다고 말했고 또 다른 아이는 다른 대안을 제시하곤 했다. 이렇게 하면서 아이들이 제시한 여러 가지 흥미 목록 가운데 실현 가능성이 희박한 것들을 지워나

주제를 결정하기 위한 이야기 나누기

갔다. 이러한 몇 번의 논의를 거쳐 우리는 탐구 주제를 3개로 압축했다.

주제를 선정하는 두 번째 단계는 투표하기였다. 선정된 세 가지 주제를 칠판에 써 놓고 이틀간에 걸쳐 투표를 하게 했다. 주제 옆에 자신의 이름을 쓰면서 의견을 조율해 갔다. 이런 과정을 통해 '환경오염' 이란 주제가 결정되었고 대다수의 아이들은 이 결론에 매우 만족해 했다.

주제탐구표현활동에서 주제를 무엇으로 결정하느냐는 앞으로의 모든 활동을 좌지우지하는 매우 중요한 부분이다. 또한 이러한 의사결정과정 자체가 아동의 적극적 참여라는 주제탐구표현활동의 매우 중요한 요소가 되므로 교사가 탐구의 주제를 정하는 과정에 공을 들일 필요가 있다.

TIP

현장교사가 주도적으로 주제를 결정했을 경우

주제탐구표현활동에서 때로 주제 간 맥락이나 교실과 아동의 상황 등을 이유로 하여 교사가 주도적으로 주제를 결정하기도 한다. 그런데 이때에도 교사가 거수로 아이들의 의견을 묻는 경우가 있는데, 이것은 매우 조심해야 할 부분이다. 이때 교사는 정당성을 위해 아이들의 의견을 자신이 결심한 주제로 몰고 가게 되는데, 이것은 진정으로 아이들의 의견을 묻는 행위가 아니라고 할 수 있다. 아이들은 이러한 것을 매우 민감하게 알아채므로 자칫하면 아이들을 기만하는 행동이 될 수도 있으니 매우 조심해야 한다.

교사가 주제를 미리 계획했다면 그냥 솔직히 아이들에게 직접적으로 제안을 하는 것이 좋다.

환경오염에 대한 생각 모으기 및 유목화

주제가 결정되면 주제에 대한 생각을 나눈다. 만 6 · 7세의 아동들은 읽고 쓰는 것이 능숙하므로 자신들의 아이디어를 직접 써보도록 하면 좋다.

방과후반에서는 이면지를 1/8 크기로 잘라 아이들에게 원하는 만큼 자신의 생각을 써 보도록 했다. 먼저 이야기를 나눈 후 각자의 생각을 쪽지에 적어 직접 칠판에 붙이도록 하였는데, 매우 많은 아이디어가 교환되었다. 아이디어 쪽지를 칠판에 붙이면서 비슷한 성격의 생각단어들이 모아지게 되어서 자연스레 유목화를 할 수 있게 되었다.

교육활동이 끝난 뒤 교사가 유목화를 조금 더 정교하게 다듬고 생각단어들 중 중복되는 부분을 제외하여 주제망을 완성했다. 완성된 주제망은 전지와 같은 큰 종이 형태로 주제가 진행되는 내내 교실 벽에 붙여 두었다. 또한 주제망에는 빈 공간을 두

환경오염에 대한 생각 모으기

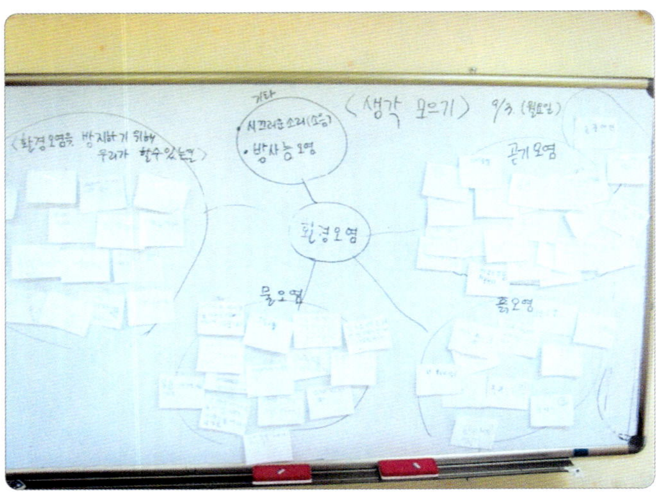

완성된 주제망

어 활동이 진행되면서 새로이 첨가될 생각단어들이 있으면 아이들이 언제든지 추가 기록할 수 있도록 했다.

이전 경험 표상하기 및 질문 목록 만들기

환경오염에 관한 아동의 이전 경험을 표상한다. 이전 경험을 표상할 때는 표상 작업을 하기 전에 아이들과 함께 이전의 경험에 대한 이야기 나누기를 하는 것이 좋다. 아이들은 이야기 나누기를 하면서 잊었던 기억을 떠올리기도 하고 어떠한 내용을 표상할지 정리할 수 있을 것이다. 특히 환경오염은 우리의 일상과 밀접한 관련을 맺고 있는 탐구 주제이므로 교사 스스로 교육활동을 준비할 때 활동이 아동의 삶과 분리되지 않도록 교육활동과 일상을 연계하는 노력을 해야 할 것이다.

이야기 나누기를 할 때에는 아동이 환경오염의 어떠한 부분을 경험하였는지 구체적으로 말할 수 있도록 지도하면 더욱 활발한 이야기 나누기가 될 것이다. 예를 들어 사람들이 쓰레기를 계곡에 버리는 것을 보았다면 어떤 장소에서, 무슨 상황에서, 어떤 쓰레기를 버렸는지 그때 그것을 보고 무슨 생각을 했는지 이야기할 수 있도록 격려해 주면 아이들이 보다 상세한 묘사를 할 수 있을 것이다.

TIP

표현 매체를 선택할 때

주제탐구표현활동에서 아동의 경험이나 주제가 되는 대상에 대해 표상할 때, 교사는 표상의 매체를 유의하여 선택할 필요가 있다. 교사는 아동이 자신의 경험과 지식을 보다 풍부하게 표현할 수 있도록 가능한 한 다양한 매체를 제공하려고 노력해야 한다. 그런데 매체를 선택할 때에는 그 매체가 얼마나 독특하고 다양한 표현이 가능한지에 대해 고려해야 할 뿐 아니라 그 매체가 탐구 주제에 적절한 매체인지를 잘 판단해야 한다. 서울대어린이집 방과후반의 경우 환경오염에 대한 아동의 이전 경험을 표상하는 활동을 할 때 아동들에게 2절 도화지와 물감을 제공했다. 그런데 활동을 하던 중 한 아동이 "어, 우리가 이렇게 물감을 많이 쓰면 물을 오염시키는 거 아니예요?"라는 질문을 했다. 우리는 그 경험을 통해 평상시에 자주 쓰는 '물감'이라는 교육 매체도 물을 오염시킬 수 있음을 알게 되었다.

초등 아동들은 쓰기가 자유로우므로 언제든지 탐구 주제에 대한 자신들의 질문을 기록할 수 있다.

주제탐구표현활동의 도입단계에서 환경오염에 관해 궁금한 점들을 수시로 적을 수 있도록 큰 종이를 마련하여 벽에 붙여 둔다. 아이들에게 질문 목록의 제목을 공모하여 재미있는 이름을 붙여 두면 더 좋다.

환경오염 질문 목록

- 공기가 더러워지는지 어떻게 알 수 있을까?
- 지구가 전부 더러워지면 사람들은 어떻게 될까?
- 굴이 더러워지면 어떻게 될까?
- 지구에 쓰레기가 가득 차서 더 이상 버릴 곳이 없게 되면 어떻게 해야 하나?
- 비누나 샴푸 대신 무엇으로 목욕을 하고 머리를 감을 수 있을까?
- 비는 깨끗할까, 산성일까?
- 쓰레기를 줄이려면 어떻게 해야 할까?
- 물을 깨끗하게 해주는 식물은 무엇이 있나?
- 물의 급수는 어떻게 정해지는 걸까?
- 쓰레기를 분리수거하면 왜 환경오염에 도움이 되나?
- 우리가 마시는 물은 어떻게 깨끗해지는 걸까?
- 음식을 재활용한다면 어떤 요리를 만들 수 있을까?
- 쓰레기를 어떻게 재활용하나?
- 우리가 재활용할 수 있는 물건들은 무엇이 있을까?

전개

일상 속에서의 활동

나들이 하는 계곡의 급수 알아보기

서울대어린이집의 방과후반 아이들이 '방과후 동산' 이라고 부르는 야산이 원의 뒤쪽에 위치하고 있다. '환경오염' 주제를 진행하던 초기에 방과후반은 그곳으로 자주 나들이를 나갔는데, 그곳에서 가재와 옆새우를 발견했다. 평소에도 곤충과 동물에 관심이 많던 한 친구가 계곡에서 발견한 것인데, 방과후반이 찾은 것이 모두 4마리나 되었다. 이 중 세 마리는 관찰한 후 놓아 주고 한 마리는 방과후반에서 키우기 위해 가지고 왔다. 아이들은 가재를 위해 최대한 계곡과 같은 환경을 만들어 주어야 겠다는 생각으로 계곡의 모래와 돌, 물을 모두 담았다. 이러한 고정 중에 몇몇 아이들이 물의 깨끗함과 가재를 연결하여 질문을 했다. 이와 관련한 아이들의 질문을 정리해 보면 다음과 같은 것들이다.

계곡 관련 새로 확장된 질문들

- 가재는 깨끗한 물에 사는데, 그럼 우리 계곡물은 얼마나 깨끗한 것일까?
- 우리가 산책을 가는 계곡 물은 몇 급수일까?
- 급수는 무엇으로 정해지는 것일까?
- 물이 깨끗한지 어떻게 알아볼까?
- 급수는 수가 많을수록 깨끗한 것일까, 더러운 것일까?
- 급수마다 사는 물고기가 다를까?
- 더러워진 물을 다시 좋은 급수로 만드는 것은 가능할까?

| 방과후반 동산의 계곡 |

| 방과후 동산 계곡에서 발견한 가재 |

나들이를 나가서 얻은 이러한 질문들은 나들이라는 일상을 교육활동으로 확장시킬 수 있는 절호의 기회가 되었다. 우리는 방과후반으로 돌아와 몇 가지 책을 참고하여 가재와 옆새우가 사는 물은 1급수라는 것을 확인했다. 이것은 주제탐구표현활동에서 중요시 되는 아동의 '발견' 과 '발현성' 이 나들이라는 일상을 통해 나타났으며, 이를 통해 교육활동과 일상의 자유로운 넘나듦/일상(놀이)의 확장으로서의 교육활동과 교육활동의 확장으로서의 일상(놀이)이라는 주제탐구표현활동의 정신을 구현할 수 있었다는 점에서 매우 중요한 순간이었다.

TIP

일상으로 확장되는 주제탐구표현활동

의미 있는 주제탐구표현활동이 되려면 주제에 대한 아이들의 관심과 몰입의 흔적이 분리된 교육활동 시간뿐 아니라 아이들의 일상과 놀이의 순간에도 나타나야 한다.

따라서 교사는 아이들과 상호 작용할 때, 아이들의 일상과 놀이를 관찰할 때 이것을 염두에 두어야 한다. 그리고 아이들의 일상과 놀이 속에서 주제와 관련된 모습들이 나타나면 그 순간을 놓치지 말고 그것을 확장시켜 교육활동으로 구성한다. 이것이 바로 아동으로부터 시작되는 탐구활동이다.

이렇게 하면 주제탐구표현활동에 대한 아이들의 참여가 보다 활발해지고 아이들의 흥미와 집중도가 더욱 높아진다.

길가에 버려진 쓰레기 종류 그래프 만들기

'환경오염' 주제가 전개된지 일주일쯤 지났을 때 방과후반에서는 주제에 대한 아이들의 몰입을 확인할 수 있는 중요한 순간이 찾아왔다. 몇몇 1학년 남자 아이들이 등원 길에 어린이집 주변에서 쓰레기를 주워왔던 것이다. 누가 시킨 것도 아니고 교사가 부탁한 것도 아닌데, 나타난 아이들의 이와 같은 행동은 아이들의 일상 속으로 주제가 파고 들어가고 있다는 것을 나타내는 의미 있는 순간이었다.

남자 아이들의 행동을 계기로 우리는 나들이를 나가서 어린이집 주변의 쓰레기를 주웠다. 그리고 이것을 다시 방과후반으로 가져와 종류별로 나누어 보았다. 아이들은 비닐류, 스티로폼류, 종이류, 플라스틱류, 깡통과 유리병류, 담배꽁초로 나누어 쓰레기의 수를 헤아렸다. 어린이집 주변에서 가장 많이 버려지는 쓰레기는 담배꽁초였다. 방과후반은 이것을 큰 전지에 막대그래프 형식으로 만들어 '어린이집 주변에 많이 버려지는 쓰레기의 종류' 라는 제목으로 벽에 붙여 두었다.

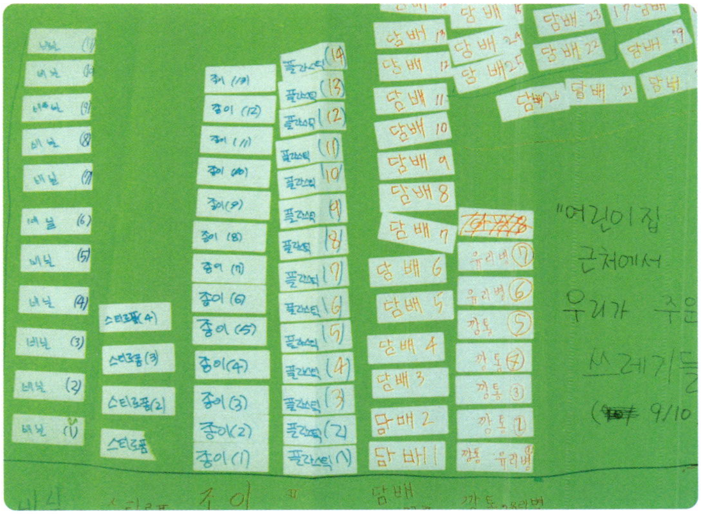

버려진 쓰레기 종류 막대그래프 만들기

내가 하루에 쓰는 물은 얼마나 되나?

여러 가지 크기의 그릇을 사용하여 자신이 하루에 소비하는 물의 양을 대략적으로 알아보는 활동이다. 아이들은 아직까지 용액의 부피에 대한 개념은 명확히 갖고 있지 않지만 크기가 다른 여러 종류의 통들은 물의 양을 가늠하는 데 도움을 준다.

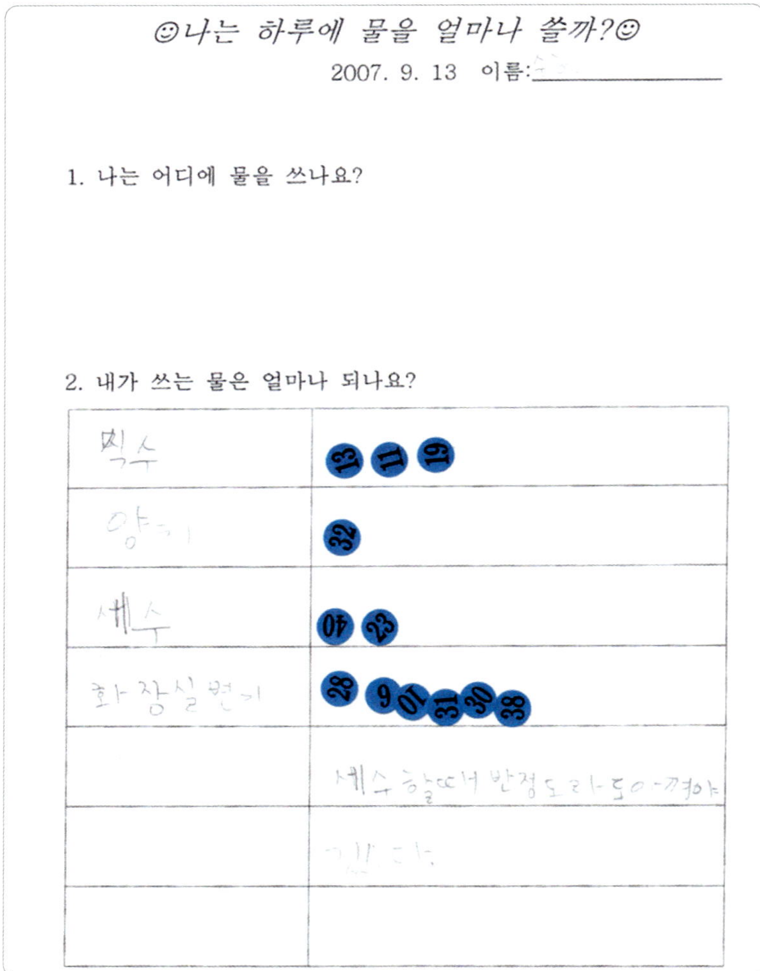

☺나는 하루에 물을 얼마나 쓸까?☺

2007. 9. 13 이름:

1. 나는 어디에 물을 쓰나요?

2. 내가 쓰는 물은 얼마나 되나요?

먹수	13 11 19
양치	32
세수	40 23
화장실 변기	28 9 10 31 30 38
	세수할때 반정도라도 아껴야
	겠다

| 활동지 |

각자 활동지에 자신이 일상생활 속에 어떤 부분에 물을 소비하는지 기록하고 다양한 크기의 통으로 물의 양을 가늠한다. 각 통에 각각 다른 색깔의 스티커를 붙여 놓고 활동지에는 그 스티커의 색으로 양을 표현한다. 예를 들어 빨간색 스티커가 3장이면 그 활동에 소비한 물의 양은 빨간색 스티커를 붙인 통의 3배만큼 소비한 것이다.

맨발로 흙을 느껴 보기 & 흙 그림 그리기

가끔씩 색다른 환경과 소재로 주제에 대한 아이들의 새로운 흥미를 촉발할 필요가 있다. 서울대어린이집에는 큰 바깥놀이터가 있다. 이 바깥놀이터 구석에 풀이 무성한 채 가꾸지 않은 조그만 땅이 있었는데, 방과후반이 지난 프로젝트의 일환으로 그 땅을 일구어 작은 텃밭을 만들었다. 방과후반 아이들은 그곳을 '방과후 농장'이라고 이름 붙였다. 가을이 와 텃밭의 채소들을 다 뽑아내고 밭을 쉬게 했다. 밭이 쉬는 동안에도 아이들은 방과후 농장을 좋아했다.

교사는 흙과 관련한 활동을 시작하기 전에 아이들의 흥미를 촉발할 생각으로 동화책을 한 권 들고 아이들과 바깥놀이터의 정자로 나갔다. 정자에서 주제와 관련한 동화를 읽고 난 후 아이들에게 '방과후 농장'의 흙을 맨발로 느껴보자고 제안했다. 머

흙으로 그림 그리기

뭇거리는 아이들 앞에서 교사가 먼저 양말을 벗고 땅을 밟았다. 아이들이 하나 둘 신발과 양말을 벗고 맨발로 땅을 밟기 시작했다. 곧이어 아이들은 서로서로 땅의 촉감과 느낌을 이야기 했다. 교사는 아이들에게 우리가 지금 느끼는 이 땅이 오염되지 않아 우리가 '방과후 농장' 을 만들고 여러 가지 맛있는 채소를 심어 먹을 수 있었다는 이야기를 해주었다. 아이들은 의미심장한 표정으로 그 말을 들었다.

흙을 밟고 손으로 만져보기도 한 후 우리는 흙으로 그림을 그렸다. 종이와 흙 그리고 약간의 풀만으로도 아주 근사한 그림들이 완성되었다. 흙으로도 다양한 표현을 할 수 있다는 것에 교사와 아이들 모두 흥미를 느끼며 고무되었다.

재활용품으로 만들기

'환경오염' 주제탐구를 하는 시간 동안 교실 구석에 재활용품함에 여러 가지 재활용품을 넣어 만들기에 적극적으로 활용하면 좋다. 우유팩, 요구르트병, 음료수병 등이 주된 재료가 될 것이다. 유리병, 우유팩, 화장지 심지, 각종 페트병 등을 모아 두고 자유롭게 만들기를 해봐도 좋고 모여진 재활용품들의 특성을 살려 함께 협동작품을 구성해도 좋을 것이다. 우유팩 등으로는 한지를 찢어 붙여 필통이나 연필꽂이 등을 만들 수 있으며, 페트병으로는 다양한 모습의 자동차, 배를 만들 수 있다. 또 화장지 심지를 이어 붙여 커다란 리스를 만들어 교실 문 앞을 장식해도 좋다.

서울대어린이집의 방과후반에서는 부모님들께 도움을 청해 매주 월요일에는 집에서 모은 재활용품을 방과후반에 가져오도록 했다. 아이들은 평소에도 폐품으로 다양한 작품을 만들지만 '환경오염' 이라는 주제탐구표현활동을 진행하는 동안 더 많은 작품을 만들어 냈다. 이렇게 쓸모없이 버려진 재활용 쓰레기를 사용해 다양한 창작을 해보는 경험은 아이들에게 재활용의 가치를 몸으로 익힐 수 있도록 도울 것이다.

확장 · 심화활동

주제탐구표현활동의 생명력은 활동이 거듭되면서 주제에 대한 아이들의 관심과 흥미뿐 아니라 지식의 정도가 확장되고 심화된다는 데 있다. 따라서 주제가 되는 대상에 대한 겉핥기식의 단순한 활동, 닫힌 지식을 얻을 수 있는 활동이 반복된다면 주제가 확장 · 심화되기 어려울 것이다. 교사는 주제탐구의 전개단계에서 아이들의 흥미와 관심의 이동과 확장의 흐름을 세밀하게 살펴서 아이들이 보다 심도 있는 지식에 관심을 가지는 순간을 놓치지 말고 그것들을 활동으로 잘 구성해 내야 할 것이다.

물의 깨끗함에 따라 사는 곳이 다른 생물

서울대어린이집의 방과후반은 환경오염 주제탐구표현활동이 진행되는 내내 뒷산의 계곡으로 빈번하게 나들이를 나갔다. 활동이 전개되던 초반에 아이들은 나들이 나간 계곡에서 가재를 발견하게 되었는데, 이것을 계기로 아이들은 물의 깨끗함 및 급수에 관심을 가지게 되었다. 아이들의 이러한 관심을 확장하여 급수에 따라 계곡에 사는 생물들이 어떻게 다른지 알아보는 활동을 준비한다.

커다란 크기의 두꺼운 종이나 하드보드지, 우드락 등에 계곡의 모습을 만들어 붙인다. 계곡을 만들 때는 상류를 1급수로, 중류를 2급수, 하류를 3급수로 표시하여 둔다. 아이들은 민물고기에 관한 세밀화나 자신들의 경험과 기억을 바탕으로 각 급수의 영역에 사는 생물들을 그린다. OHP 투명 필름지과 유성매직을 사용하여 그린 후 계곡판에 붙이면 훨씬 시원한 느낌의 계곡 모습을 연출할 수 있다. 방과후반 아이들

급수에 따라 사는 생물 표현해 보기

은 버들치, 가재, 옆새우, 부레옥잠, 메기, 송사리, 다슬기 등을 만들었다. 아이들에게 사전과 환경 서적 등을 참고로 하여 이 생물들이 각각 1급수부터 3급수까지 어떤 영역에 주로 서식하는지를 알아보고 해당하는 영역에 직접 붙이게 한다.

지구에서 우리가 쓸 수 있는 물의 양은 얼마나 될까?

지구 전체의 물 중에서 사람이 쓸 수 있는 물의 양이 상대적으로 얼마나 소량인지를 알아보는 활동을 해본다. 커다란 원이나 사각형을 지구 전체의 물로 보고 그 중에 해수와 담수의 양을 상대적으로 나타내 본다. 또한 담수 중에서도 지하수와 같이 사람이 사용할 수 있는 물의 양을 표시해 본다. 표시한 부분을 가위로 잘라서 각각의 크기를 비교해 보며 지구 전체의 물 중에서 우리가 사용할 수 있는 물의 양이 얼마나 되는지에 관해 함께 이야기 나눈다. 초등 아동은 비율에 대해 인식하기 시작하는 시기이므로 탐구 주제를 통해 수학의 비율 개념을 자연스럽게 익힐 수 있을 것이다. 또한 물 오염의 심각성과 물의 중요성을 알 수 있을 것이다.

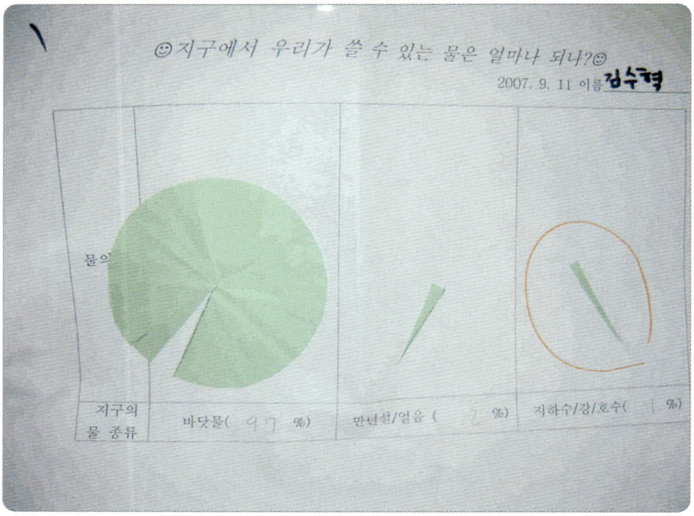

| 활동지 |

빗물의 산성도 측정

빗물이 얼마나 오염되었나를 알기 위한 실험이다. 비 오는 날 하루 동안 빗물을 받아서 리트머스 종이를 사용하여 빗물의 산성도를 측정해 보았다. 학부모가 대량의 리트머스 종이를 가져다 주었는데, 아이들은 리트머스 종이에 흥미를 보이고 빗물 외에도 여러 가지 용액의 산성도 측정을 위해 리트머스 종이를 사용하였다. 풀, 비누, 오렌지 주스, 수돗물 등의 산성도를 측정해 보았는데, 이 실험을 통해 산성과 염기성의 개념을 알아보고 리트머스 종이의 용도를 학습했다.

리트머스 종이의 성질을 알게 되면 아이들은 분명 빗물뿐 아니라 다른 물질의 산도도 측정하고 싶어 할 것이다. 바로 이때가 아이들의 호기심을 바탕으로 한 자발적

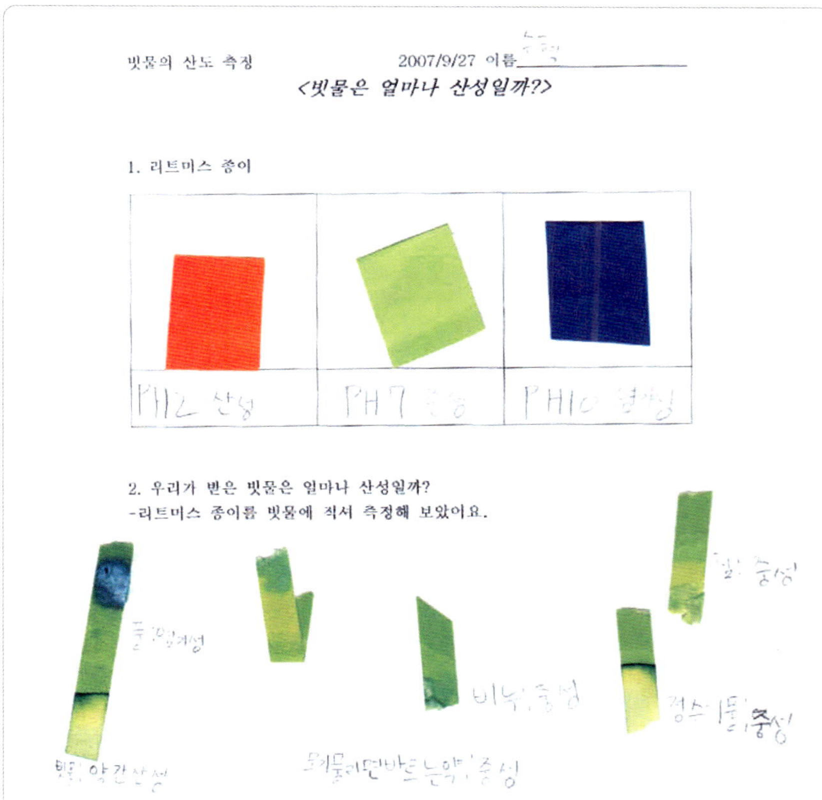
빗물의 산도 측정 2007/9/27 이름

<빗물은 얼마나 산성일까?>

1. 리트머스 종이

PH2 산성

2. 우리가 받은 빗물은 얼마나 산성일까?

-리트머스 종이를 빗물에 적셔 측정해 보았어요.

| 활동지 |

인 활동이 발현될 수 있는 기회이며 주제가 심화될 수 있는 절호의 기회이다. 이러한 때 교사가 수업의 질서나 편의를 위해 이러한 아이들의 욕구를 외면한다면 주제탐구표현활동의 생명력은 상실되고 만다. 많은 교사들이 이것을 간과한다. 질서정연한 수업을 진행하기 위해 아이들이 자신들의 관심을 확장시키는 것을 교사 스스로 막는 경우가 허다한 것이다. 탐구 주제가 아이들의 적극적인 호기심과 활동에 대한 즐거움을 바탕으로 심화되고 확장되어 가는 주제탐구표현활동의 이상을 진정 실현하고 싶다면 교사는 질서정연한 수업의 강박을 버리고 깔끔하고 질서정연한 수업의 편리함을 지양해야 한다.

서울대어린이집의 방과후반 아이들이 리트머스로 빗물의 산성도를 측정하는 실험을 할 때 한 아동이 리트머스 종이를 풀에다 대어 보았더니 색이 푸르게 변했다. 주위에 있던 많은 아이들이 탄성을 질렀다. 누구라고 할 것 없이 거의 동시에 많은 아이들이 "선생님, 또 다른 것도 해봐도 돼요?" 라고 물었다. 이렇게 해서 우리는 정수기 물, 풀, 주스, 비누, 침, 수돗물 등 교실에 있던 거의 대부분의 물질에 대한 산성도를 측정하게 되었던 것이다.

세제로 오염된 물 속의 셀러리

여러 가지 생활폐수로 오염된 물이 식물에 끼치는 영향을 알아보기 위한 실험이다. 생활폐수 중 대표적인 비누와 세제를 물에 풀어 넣고 싱싱한 셀러리를 장시간 넣어 둔 뒤 그 변화를 관찰한다. 먼저 셀러리를 바누와 세제물에 넣기 전에 상태를 관찰하여 기록해 둔다. 하루가 지난 뒤 비눗물 속의 셀러리를 관찰해 본다. 하루가 지나자 세제 속의 셀러리는 썩어 물러져 있을 것이다. 셀러리를 꺼내 자세하게 관찰하여 그 모양을 관찰지에 그림과 글로 기록한다. 관찰지에 기록을 마친 후에는 비눗물로 물이 오염되면 식물과 동물이 어떻게 될까에 관해 함께 이야기 나누기를 한다.

쓰레기가 썩는 데 걸리는 시간은?

여러 가지 종류의 쓰레기가 버려진 실제의 사진들을 제시하고 쓰레기의 각 종류대로 그것이 썩는 데 걸리는 시간을 알아본다. 쓰레기가 버려진 모습을 본 경험이나 쓰레기와 관련한 여타의 경험에 대해 함께 이야기를 나눈다. 이야기 나누기를 할 때는 발

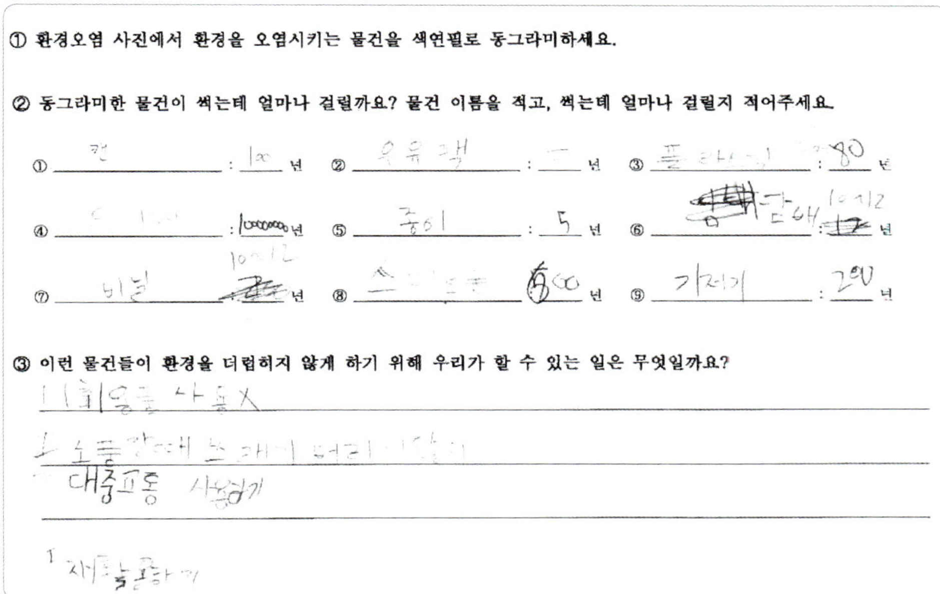
① 환경오염 사진에서 환경을 오염시키는 물건을 색연필로 동그라미하세요.

② 동그라미한 물건이 썩는데 얼마나 걸릴까요? 물건 이름을 적고, 썩는데 얼마나 걸릴지 적어주세요.

① ______ : ____ 년 ② ______ : ____ 년 ③ ______ : ____ 년

④ ______ : ____ 년 ⑤ ______ : ____ 년 ⑥ ______ : ____ 년

⑦ ______ : ____ 년 ⑧ ______ : ____ 년 ⑨ ______ : ____ 년

③ 이런 물건들이 환경을 더럽히지 않게 하기 위해 우리가 할 수 있는 일은 무엇일까요?

| 활동지 |

표에서 소외된 아동이 없는지 살펴야 한다. 다양한 경험에 대한 이야기 나누기 이후 아이들의 강, 하수 혹은 길가에 버려진 쓰레기 더미의 모습이 자세하게 나온 사진을 활동지로 만들어 아이들에게 보여 준다. 사진 아래쪽에는 활동 내용을 기록할 수 있도록 빈 공간을 마련해 둔다.

함께 사진을 보면서 어떠한 쓰레기들이 버려져 있는지 살펴본 후 쓰레기를 종류대로 분류해 본다. 그런 다음 각각의 쓰레기 종류가 썩는 시간을 막대그래프로 나타내 본다. 이때 교사가 칠판에 그래프의 예시를 그려 주면 좋다. 그래프를 완성한 다음 썩어 처리되는 데 가장 많은 시간이 걸리는 종류의 쓰레기가 무엇인지 함께 살펴본다. 그것과 관련하여 우리의 생활에서 그런 쓰레기를 줄이기 위해 각자가 할 수 있는 일에 대해 이야기 나누고 자신과의 약속을 하나씩 정하여 활동지 밑에 써 보게 한다.

재활용 요리 : 치즈 만들기

초등 아동의 경우 주제탐구표현활동을 진행하다 보면 아이들 스스로 주제에 관련하

TIP

치즈 만드는 방법

- 냉장고에서 유통기한 날짜가 막 지난 우유를 꺼내 냄비에 넣고 끓인다.
- 소금을 넣는다.
- 우유가 끓어오르면 불을 줄이고 레몬즙을 짜 넣으면서 젓는다.

(이때 우유가 순두부처럼 몽우리가 질 때까지 레몬즙(혹은 산)을 넣어야 한다. 카제인 단백질이 모두 분리되면 끓인 우유는 순두부 모양의 하얀 덩어리 부분과 연노란빛의 액체 부분으로 나뉜다)

- 불을 끄고 철망에 부어 물을 걸러 낸다.
- 천으로 눌러 짜서 치즈덩어리를 압축한다.
- 냉장고에 넣고 보관하였다가 잘라 먹는다.

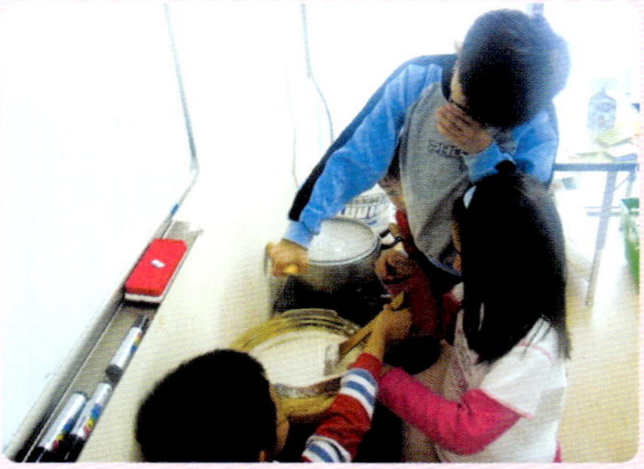

우유를 끓이면서 레몬즙을 넣는다.

우유에서 단백질 부분이 분리된다.

깨끗한 천에 거른다.

꼭 짜서 물기를 제거한다.

| 치즈 만드는 방법 |

여 실험해 보고 싶은 것들에 대해 이야기를 하는 경우가 많다. 주제탐구표현활동이 아이들의 자발성과 흥미에 기초하여 생동감 있는 교육활동으로 만들어져 가고 있다면 탐구 주제에 대한 아이들의 이러한 추가적 요구는 피할 수 없는 수순이다. 바로 이때가 교사가 활동을 또 다른 깊이로 심화하며 아동 주도적인 활동의 발현성을 이끌어 내고 아이들의 배움을 도울 수 있는 순간이다. 교사는 아이들에게서 나온 아이디어가 교육활동으로 구성될 수 있도록 주어진 환경에서 최대한 노력해야 한다.

활동의 초반부에 만든 '환경오염에 대한 질문' 목록 옆에 '함께 실험해 보고 싶은 목록'을 만들면 좋다. 질문 목록과 같은 형태의 커다란 전지에 활동을 하면서 수시로 실험을 통해 알고 싶은 것들을 기록하게 한다. 활동이 거듭되어 갈수록 아이들은 실험하고 싶은 다양한 내용들을 기록할 것이다.

서울대어린이집 방과후반의 경우 '실험하고 싶은 목록'에 한 아이가 "우유를 재활용할 수 있을까, 우유를 재활용하는 실험을 하고 싶다."고 썼다. 교사와 보조교사는 며칠 동안 우유를 재활용하는 아이디어에 관해 상의하였다. 우리는 우유를 재활용할 수 있는 방법으로 치즈를 만들기로 했다. 치즈는 유통기한이 좀 지난 우유를 끓여 소금과 레몬을 넣어 만들 수 있었다. 치즈를 만들면서 카제인이라는 우유 속 단백질의 성질과 산(레몬)의 역할 등을 알게 되었다. 맛이 담백하고 향긋한 치즈를 완성하여 아이들과 함께 간식으로 먹었다. 아이들은 직접 치즈를 만들 수 있다는 사실에 매우 흥분하였고 우유가 응고되어 치즈가 되는 과학적 원리에도 관심을 가지며 책을 찾아보고 부모님께 설명하기도 하였다.

신문지로 재생 종이 만들기

철이 지난 신문지를 사용해 재생 종이를 만들어 본다. 서울대어린이집 방과후반의 경우 주제탐구표현활동을 진행하면서 활동에 대한 아이들의 생각을 자유롭게 적을 수 있도록 마련한 공간에 한 아이가 "종이를 재활용 해보고 싶어요."라는 의견을 썼다. 종이를 만드는 방법은 여러 가지가 있겠으나 가장 손쉬운 방법은 신문지로 만드는 재생 종이인데, 별다른 특별한 도구 없이도 만들 수 있다.

TIP

신문지로 재생 종이 만드는 방법

- 신문지를 잘게 찢는다.
- 적당량의 물을 부어 죽처럼 될 때까지 잘게 찢는다.
  (전동 휘핑 기계를 사용하면 조직이 더 작은 부드러운 종이를 만들 수 있다)
- 종이죽에 자신들이 원하는 종이를 위한 특별한 물질을 넣는다.
  (색상이 있는 종이를 원하면 염색 원료를 넣을 수도 있고 반짝이를 넣어 반짝거리는 재생 종이를 만들거나 레몬즙을 넣어 향기가 있는 종이를 만들 수도 있다)
- 신문지를 깔고 적당한 크기로 자른 철망 위에 종이죽을 얇게 펴 올린다.
- 얇게 편 종이죽 위에 다시 신문지를 덮는다.
- 두꺼운 책 등으로 눌어 놓아 수분을 뺀 후 1~2일 정도 기다린다.
- 수분이 모두 빠지면 신문지를 걷어내고 재생 종이를 떼어 낸다.

신문지를 찢는다.

휘핑 기계로 종이죽을 만든다.

철망 위에 얇게 편다.

신문지로 덮는다.

| 재생 종이 만들기 |

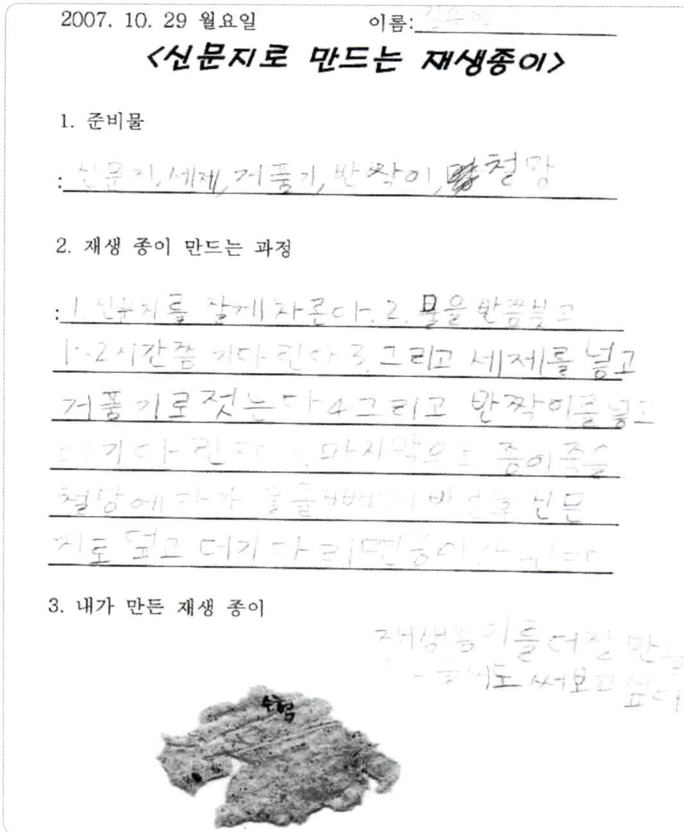

2007. 10. 29 월요일 이름:

<신문지로 만드는 재생종이>

1. 준비물

: 신문지, 세제, 거품기, 반짝이, 철망

2. 재생 종이 만드는 과정

: 1. 신문지를 잘게 자른다. 2. 물을 반쯤 붓고 1~2시간쯤 기다린다 3. 그리고 세제를 넣고 거품기로 젓는다 4 그리고 반짝이를 넣고 더 기다린다 5. 마지막으로 종이죽을 철망에다가 물을 빼기 바(?)한 후 신문지로 덮고 더 기다리면 종이 완성이다

3. 내가 만든 재생 종이

재생종이를 더 잘 만들어서 글씨도 써보고 싶다.

| 재생 종이 만들기 활동지 |

쓰레기를 줄이기 위한 우리의 실천 목록

환경오염 주제탐구표현활동이 전개되어 활동이 어느 정도 심화되면 아이들은 자연스럽게 환경오염을 방지하는 방법과 같은 실천적인 일들에 관심을 기울이게 될 것이다. 이러한 때 아이들의 관심을 적극적으로 교육활동 속에 구성해 낸다면 삶과 지식이 분리되지 않는 보다 통합적인 교육활동의 장을 마련하게 된다. 바로 이것이 주제탐구표현활동이 지향해야 할 교육의 방식이다.

서울대어린이집 방과후반의 경우 물과 흙의 오염에 대한 활동이 어느 정도 진행되자 아이들의 관심은 쓰레기를 향해 모아졌다. 쓰레기 문제는 흙과 물을 동시에 오염시키는 원인이며 바로 우리 인간이 주체가 되어 벌어지는 오염이기도 했기에 아이들의 관심은 사뭇 진지한 것이었다. 우리는 쓰레기를 줄이는 것이 환경오염을 막기 위해 얼마나 중요한 일인지에 관해 이야기를 나눈 다음 쓰레기를 줄이기 위한 각자의 실천 목

쓰레기를 줄이기 위한 방과후반의 실천 약속

- 옷이 작아지면 버리지 않고 만들기 해요.
- 다 쓴 종이 뒤에 그림 그려요.
- 필요하지 않은 물건은 사지 않아요.
- 헌 물건을 새로운 물건으로 만들어요.
- 헌 옷은 걸레로 사용해요.
- 쓰레기를 버릴 때는 생각해서 버려요.
- 쓸모 없는 물건을 많이 사지 않아요.
- 일회용품을 조금만 사용해요.
- 화장지를 아껴 써요.
- 화장지는 재활용을 많이 해요.
- 스티로폼과 비닐을 버리지 않아요.
- 쓰레기 분리수거를 잘 해서 버려요.
- 다 쓴 종이를 꾸며서 무엇인가 만들어요.
- 찢어진 옷은 다른 데 써요.
- 옷이 작아지면 동생에게 물려줘요.
- 음식은 남기지 말고 깨끗이 먹어요.
- 음식은 많이 만들지 말고 먹을 만큼만 만들어요.
- 더 쓸 수 있는 물건을 함부로 버리지 않아요.
- 부러진 장난감을 고쳐 써요.
- 음식점에서 음식을 많이 주문하지 않아요.
- 화장지를 쓸 만큼만 뜯어 써요.
- 물건을 살 때는 필요한가 생각하고 사요.
- 종이나 쓰레기를 버릴 때 더 쓸 수 있는지 생각해요.
- 건전지가 들어간 물건들을 많이 사용하지 않아요.

록을 작성했다. 너무 거창하거나 지키기 어려운 것이 아니라 지금의 생활 습관에서 환경오염을 막기 위해서라면 꼭 바꾸어야 하는 몇 가지 습관들을 고친다는 생각으로 자신과의 약속을 활동지에 기록했다. 이렇게 기록된 반 전체 아이들의 쓰레기를 줄이기 위한 자신과의 약속 목록들을 커다란 전지에 써서 교실 벽에 부착해 두었다.

환경을 위한 실천 스티커 만들기

'쓰레기를 줄이기 위해 내가 할 수 있는 일들' 이라는 실천 목록을 만들어 교실 벽에 붙여 놓았다. 자신이 만든 약속을 지키면 목록 옆에다 스스로 스티커를 붙여 주기로 했는데, 아이들은 특별한 스티커를 원했다. 우리는 '실천 스티커' 를 만들기로 했다. 스티커의 이름을 정하고, 도안을 하고 그 중에 둘을 선정하여 작은 스티커로 제작하기까지 4일 정도가 걸렸다. 아이들은 완성된 스티커를 매우 좋아했고 매일 등원하면 그날 자신의 환경을 위한 실천을 스스로 평가하여 스티커를 붙였다.

| 실천 스티커 붙이기 |

환경오염과 관련된 주제로 짧은 강의하기

주제탐구표현활동을 진행하다가 주제와 관련한 아이들의 지식 구성 정도가 어느 수준에 이르면 아이들 스스로 자신들이 이해한 바를 친구들 앞에서 발표해 보는 짧은 강의 형식의 활동을 해보아도 좋다. 서울대어린이집 방과후반의 경우 주제탐구표현활동을 진행하던 즈음에 두 아이가 러시아의 바이칼 호수로 여행을 다녀오는 기회가 생겼다. 아이들과 학부모들은 바이칼 호수 주변의 모습들을 상세하게 카메라에 담아 주었다. 아이들은 바이칼의 모습을 담은 사진들을 중심으로 바이칼 호수의 환경에 대한 짧은 강의를 해주었다. 이 밖에도 한 여자아이가 갯벌의 오염에 관한 주제로 강의를 하기도 했는데, 갯벌의 생태적 가치와 오염의 심각성에 관해 상세한 정보를 수집하여 강의해 주었다. 이러한 방식으로 활동이 심화될 즈음 그동안 자신이 알게 된 것에 관해 아이들이 발표를 하는 시간을 가지게 되면 교사는 주제에 대한 아이들의 인식 정도를 파악할 수 있고 아이들에겐 주제에 관한 관심과 흥미를 촉진하는 좋은 기회가 된다. 환경오염의 경우 특정 오염에 대한 자신이 알게 된 바를 정리하여 발표할 수도 있고 오염의 원인이 되는 주제에 대해 발표해 보는 것도 좋다. 아동의 발표를 준비할 때 가장 중요한 점은 아이들이 스스로 관심을 가지고 즐겁게 준비하는 활동이 되어야 한다는 점이다. 간혹 교사가 억지로 아이들에게 발표를 강요하거나 발표를 위한 발표

환경오염과 관련하여 강의해 볼 수 있는 소주제 목록

- 한강의 오염/갯벌의 오염
- 우리 집 뒷산의 쓰레기들은 환경에 어떤 영향을 미치게 될까?
- 내가 쓰는 샴푸와 비누는 어떻게 물을 오염시키나?
- 재활용쓰레기 분류의 중요성
- 태양열을 사용한 집
- 쓰레기를 재활용하는 여러 가지 방법들
- 다른 나라의 대체 에너지
- 우유팩이 다시 종이가 되기까지
- 물이 부족한 나라들

환경오염을 주제로 친구들에게 강의하기

활동을 하는 경우가 있는데, 이것은 주제탐구표현활동의 정신에 걸맞지 않을 뿐 아니라 효과적인 교육활동이 되지도 못한다. 아이들은 억지로 하는 활동을 통해서는 거의 배우지 않는다는 사실을 교사는 늘 기억해야 한다.

외부와의 연계활동

주제탐구표현활동의 주제가 확장·심화되면서 아이들의 관심과 흥미도 다양한 방향으로 확장될 것이다. 이러한 때에 견학이나 외부의 강사를 초청하는 등의 외부와 연계하는 활동을 하면 그 효과가 배가 된다. 대부분의 교사들이 프로젝트를 하면서 외부와 연계하는 활동을 힘들어 하는데, 발상을 달리하고 길을 트기 위해 조금만 노력하면 우리 주변에 주제탐구표현활동에 도움이 될만한 많은 외부와 접할 수 있다.

서울대어린이집 방과후반의 경우 환경오염 주제탐구표현활동을 하는 동안 몇 가지의 외부연계활동을 진행했다. 환경연대의 간사를 초대한 친환경 비누 만들기, 아름다운 재단과 함께한 물건 기증과 아름다운 가게 일일 점장되어 보기, 캔재활용협회 견학 등이다.

친환경 비누 만들기

프로젝트를 할 때는 다양한 인적 자원이 필요하다. 어린이집과 관련된 조직이나 지

친환경 비누 만들기

역사회와 관련된 인력도 중요한 자원이 되겠지만 제일 중요한 자원은 학부모들이다. 주제탐구표현활동을 하는 교사는 탐구활동에 도움을 줄 수 있는 학부모를 적극적으로 알아보아 좋은 자원을 개발할 필요가 있다.

서울대어린이집 방과후반의 경우 학부모 중에 환경연대에서 자원봉사를 하시는 분이 있었다. 이 학부모님의 소개로 환경연대에서 한 강사님을 초대하여 함께 '우리 몸과 환경이 좋아하는 친환경 비누 만들기' 활동을 했다. 교육활동이 있기 전 교사가 미리 연락하여 필요한 물품이나 준비해야 할 사항들을 의논하였는데, 비누를 만드는 데 필요한 모든 재료들은 강사가 재료비만 받고 직접 준비해 주었다.

완성된 친환경 비누들

비누를 만들기에 앞서 보통의 비누에 어떤 물질들이 들어가며 그것들은 나의 몸과 환경에 어떤 영향을 주는지에 대한 설명과 함께 친환경 비누 만들기 방법에 대한 강의를 들었다. 아이들은 시종일관 매우 진지한 자세로 설명을 들었으며 비누를 만들 때에는 그 용량을 재는 것부터 만들 때까지 매우 신중한 모습을 보였다. 아이들이 만든 비누는 교실 선반 위에 하루 동안 말려 둔 뒤 다음날 예쁘게 포장하여 크리스마스 선물로 부모님께 드렸다.

아름다운 가게 물건 기증

주제탐구표현활동의 내용이 여러 가지 자연환경들에 대한 오염에서부터 쓰레기로 옮겨지고 쓰레기를 줄이기 위한 우리의 실제적 실천으로 이어질 수 있다. 이럴 때 환경오염을 막기 위한 여러 가지 실천의 방법들을 교실의 활동지 위에서만 논할 것이 아니라 직접 행동을 해보는 것은 아이들에게 중요한 교육경험이 될 것이다.

서울대어린이집 방과후반은 쓰레기를 줄이기 위한 우리들의 실천 목록에서 자신들이 가지고 있는 물건들을 다시 쓴다는 의견이 많이 나온 것에 착안하여 아름다운 가게에 물건을 기증하는 외부활동을 진행하였다. 아름다운 가게 측에 전화를 하여 현재 진행되고 있는 교육활동을 간단히 설명한 후 물건을 기증하면서 함께 할 수 있

| 아름다운 가게에 물건 기증하기 |

는 부분이 있는지에 관해 문의하였다. 아름다운 가게 측에서는 친절하고 상세하게 설명해 주었다. 상의 끝에 방과후반이 아름다운 가게에 물건을 모아 기증하고 반나절 동안 모 지점의 아름다운 가게를 운영해 보는 활동을 진행하기로 하였다.

방과후반 아이들은 각자 자신의 집에서 자신은 쓰지 않지만 다른 사람들은 얼마든지 쓸 수 있는 물건들을 모으기 시작했다. 방과후반 교사가 교사실에 아름다운 가게에 기증할 물건을 모은다고 공고를 붙이자 어린이집 교사들도 물건을 기증해 주었다. 그렇게 해서 상당히 많은 양의 물건을 기증하게 되었고 행사 당일에는 방과후반 아이들이 지점을 방문하여 필요한 물건을 사는 손님도 되어 보고 잠깐 동안 판매를 돕는 도우미도 되어 보는 활동을 하였다.

캐니빌리지 견학

쓰레기를 재활용하여 오염을 줄이는 것에 관한 활동을 꾸준히 전개한 뒤 캔의 재활용에 관한 문제를 다루는 '캐니빌리지'에 견학을 갔다. 견학 전에 캔의 재활용에 관해 궁금한 사항들을 정리해 두어 견학을 하며 스스로 답을 찾도록 격려했다. 견학장소는 좋은 소재와 환경을 보유하였으나 교육 내용에 있어서 스크린에 너무 많이 의존했으며 아이들에게 일방적으로 설명하는 수동적인 교육방식을 취해 다소 실망스러웠다.

캐니빌리지 견학

마무리

마무리활동은 그동안 유아들의 주제탐구표현활동을 정리하며 활동의 성과물들을 학부모 · 친구들과 서로 나누는 단계이다. 주제탐구표현활동의 마무리를 위해 종결행사를 기획할 때 일반적으로는 학부모를 초대하여 일정한 형태의 행사를 진행하는 경우가 많다. 하지만 종결행사를 꼭 학부모들과 함께 해야 하는 것은 아니다. 필요하다면 반 친구들끼리 파티를 열 수도 있고 원내의 동생들과 마무리 행사를 치를 수도 있다.

서울대어린이집 방과후반의 경우 환경오염 주제탐구표현활동의 마무리 행사로 아나바다(아껴 쓰고 나눠 쓰고 바꿔 쓰고 다시 쓰는) 장터를 기획했다. 서울대어린이집의 아나바다 장터는 6년 전에 한 유아반이 '물' 주제탐구표현활동의 종결행사로 자신들의 물건을 가져와 장터를 연 것이 기회가 되어 어린이집의 전통으로 자리 잡은 것이다. 시간이 흐르고 몇 년 전부터는 아나바다 장터를 어린이집의 교사진들이 맡아 했다. 이런 장터를 자신들이 직접 준비하고 진행하겠다는 방과후반의 요청에 따라 이 해의 아나바다 장터는 방과후반이 자신들의 환경오염 주제탐구표현활동을 종결행사 일환으로 진행하게 되었다.

아나바다 장터의 의미를 알리는 포스터 만들기

주제의 종결행사로 어린이집에서 해마다 해오던 아나바다 장터를 방과후반 친구들이 준비하기로 했다. '쓰레기'에 대한 활동을 진행하면서 '재활용'에 대한 이야기가 충분히 나누어졌기 때문에 아이들은 장터와 환경의 관계성에 대해 잘 인식하고 있었다. 그러나 장터의 의미를 잘 모르는 동생들을 위해 아나바다 장터가 환경에 미치는 영향을 설명하는 포스터를 만들어 어린이집 곳곳에 부착하기

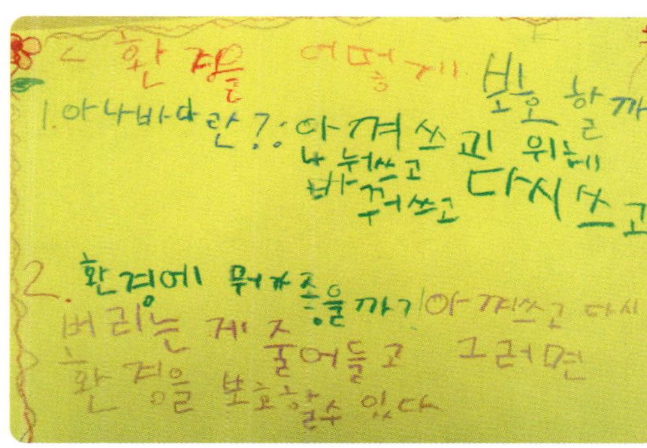

아나바다 장터의 의디를 알리는 포스터 만들기

로 하였다. 아이들이 구성한 포스터 문구는 다음과 같다.

아나바다 장터를 홍보하기 위한 포스터의 문구

- 아나바다 장터, 가장 좋은 환경보호입니다. 아껴 쓰고 나눠 쓰면 쓰레기를 줄일 수 있어요.
- 장터를 열면 물건을 다시 쓸 수 있다. 물건을 다시 쓰면 쓰레기를 줄일 수 있다. 쓰레기를 줄이면 환경을 보호할 수 있다.

장터의 의미에 대한 캠페인

아나바다 장터에 손님으로 참여할 유아반 동생들에게 아나바다 장터가 환경에 미치는 영향에 대해 설명하는 캠페인을 벌인다. 어린이집에서 해마다 준비해 오던 행사라 할지라도 어린 유아들의 경우 그 의미를 제대로 알지 못하는 경우가 많다. 이런 점에 착안하여 방과후반 아이들은 자신들이 동생들에게 아나바다 장터의 의미를 설명하고 그것이 왜 환경에 도움이 되는지를 설명하는 캠페인을 벌이기로 했다.

방과후반 아이들은 미리 준비해 둔 포스터와 설명서를 들고 가서 동생들에게 짧은 강의식으로 설명을 했다. 설명을 한 뒤에는 동생들의 질문에 대답을 하기도 했다. 첫 반을 방문할 때는 매우 긴장했는데, 모든 설명을 마치고 난 뒤 아이들의 표정은 기쁨과 뿌듯함으로 가득 찼다.

종결행사 : 아나바다 장터

서울대어린이집에서는 아나바다 장터가 열리기 일주일 전부터 각 반에서 물건을 모으기 시작한다. 이렇게 모아진 물건을 장터가 있기 하루 전에 행사를 할 공간에 모아서 종류별로 나누어 둔다. 또한 미리 쿠폰을 만들어 각 반에 지급해서 유아들이 직접 쿠폰으로 물건을 살 수 있도록 한다.

행사가 있기 전날 방과후반 아이들은 각자 자신이 맡아 판매할 가게를 정하고 무엇을 준비해야 할지에 대해 상의했다. 음식가게, 옷가게, 액세서리 가게, 책과 비디오가게, 장난감가게, 인형가게 등이 운영되었다. 아이들은 각자 자기 가게에 필요한 팻말과 장식품들을 만들었고 어떻게 판매할지 의견을 나누었다.

행사 당일에 방과후반 아이들은 미리 준비해 둔 가게 자리에 물건을 잘 정리해 두고 각자 맡은 자리에서 손님이 될 동생들을 기다렸다. 음식가게에서는 장터를 열기 전부터 음식을 만들기 시작했는데, 과일꼬치와 떡꼬치를 만들어 팔았다. 어린이집의 어린 영아반을 제외한 모든 반 아이들과 교사들과 함께 장터에 찾아와 물건을 샀다. 각 유아반에서는 장터에 오기 전 쿠폰을 나누고 지갑과 구매 목록을 만드는 활동을 진행한다.

방과후반 아이들은 매우 열의를 가지고 적극적으로 판매를 했으며 물건을 고르지 못하고 망설이는 동생들에게 물건을 권해 주기도 했다. 음식가게를 맡은 아이들은 장터가 열리는 내내 동생들이 간식을 사 먹는 모습을 지켜보면서도 미리 먹지 않았다. 나중에는 재료가 모자라자 아이들은 자신들의 몫으로 만들어 두었던 과일꼬치까지 내어 주는 성숙함을 보여 주었다. 이렇게 해서 방과후반의 환경오염 주제탐구표현활동의 종결행사인 아나바다 장터를 성황리에 마칠 수 있었다.

아나바다 장터

주제탐구표현활동 자기 평가

주제탐구표현활동을 마치고 그동안 진행했던 활동을 상기해 보며 교육활동 중 가장 흥미로웠던 것과 어려웠던 점, 앞으로 하고 싶은 주제 등을 아동 스스로 기록하며 주제탐구표현활동을 평가해 보았다. 아이들이 기억에 남는 활동으로 꼽은 것은 '친환경 비누 만들기', '재생 종이 만들기', '치즈 만들기', '실천 스티커 만들기' 와 같은 창조적 활동들이었다. 가장 재미있던 활동으로 꼽은 것은 '친환경 비누 만들기' 와 '아나바다 장터 준비하기' 였고 가장 힘들었던 활동으로 많이 꼽은 것은 '재생 종이 만들 때 종이 얇게 만드는 것', '실천 스티커 결정하기' 등 활동 자체에 대한 어려움보다 특정 기술에 대한 어려움이었다. 또 다음 주제로 하고 싶은 것들로는 '로봇', '한국의 역사', '위인들', '책' 등이 거론되었다.

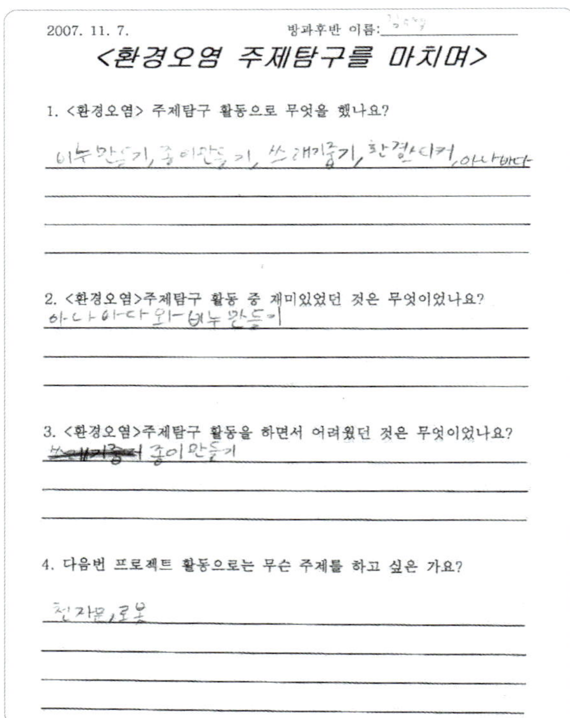
2007. 11. 7. 방과후반 이름:

<환경오염 주제탐구를 마치며>

1. <환경오염> 주제탐구 활동으로 무엇을 했나요?

비누만들기, 종이만들기, 쓰레기줍기, 환경스티커, 아나바다

2. <환경오염>주제탐구 활동 중 재미있었던 것은 무엇이었나요?

아나바다와 비누만들기

3. <환경오염>주제탐구 활동을 하면서 어려웠던 것은 무엇이었나요?

~~쓰레기줍기~~ 종이만들기

4. 다음번 프로젝트 활동으로는 무슨 주제를 하고 싶은 가요?

천자문, 로봇

환경오염 자기 평가 활동지

'환경오염' 관련 참고 자료

추천 서적

- 《보리 어린이 식물 도감》, 보리 편집부 편, 보리, 1997
- 《보리 어린이 동물 도감》, 남상호 외 글/권혁도 외 그림, 보리, 1998
- 《사계절 생태놀이》, 붉나무 글/그림, 천둥거인, 2005
- 《세계적 환경오염의 대 사건들》, 이광렬 엮음/바이러스 헤드 그림, 바른사, 2006
- 《숲을 그냥 내버려 둬》, 다비드 모리송 글/그림, 크레용하우스, 1998
- 《쓰레기 산에 패랭이 꽃이 피었어요》, 장수하늘소 글/백명식 그림, 아이세움, 2002
- 《어린이 환경사전》, 이창형 글/유순혜 그림, 계림북스쿨, 2005
- 《어린이가 꼭 알아야 할 환경 이야기》, 프랑스와 미셸 글/마크 부타방 그림, 영교, 2002
- 《어린이를 위한 갈리마르 생태 환경 교실》, 르네 메틀러 글, 키다리, 2007
- 《우리는 자연 속에 있어요》, 브리지뜨 라베 외 글/자크 아잠 그림, 소금창고, 2003
- 《지구가 큰일 났어요》, 이안 외 글/앤듀 그림, 뜨인돌어린이, 2003
- 《지구를 살리는 청소부》, 신현영 글/김성영 그림, 꿈소담이, 2004
- 《Why? 환경》, 허순봉 글/박종관 그림, 예림당, 2002

추천 사이트

- 꿈나무 푸른 교실, http://www.e-gen co.kr
- 그린피스, http://www.greenpeace.org
- 환경운동연합, http://www.kfem.or.kr
- 환경일보, http://www.hkbs.co.kr
- 인바이로넷, http://www.environet.co.kr
- 숲연구소, http://www.ecoedu.net
- 물포탈, http://www.water.or.kr

- 종합환경정보, http://www.0704.net/searchweb
- 환경지킴이 기자단, http://www.knnews.net
- 워터랑, http://www.waterang.com
- 부천환경교육센터, http://www.stopco2.kr
- 에코테스트, http://www.ecotest.co.kr
- 갯벌자연생태공원, http://wetland.incheon.go.kr

추천 견학지

- 재활용품센터
- 캔재활용협회 : 캐니빌리지
- 수돗물 정수장
- 대체에너지연구센터
- 생태공원

참고문헌

- 이순형 · 서영숙 · 전인옥(1999). 열린 교육을 위한 주제탐구표현활동. 창지사.
- 차드 저, 지옥정 역(1994). 프로젝트 접근법: 교사를 위한 실행지침서(*The project approach: A second practical for teachers*). 창지사.
- Katz, L. G. & Chard, S. C.(1989). *Engaging children's minds: The project approach*. Norwood: New Jersey, Ablex Publishing Co.
- Kilpatrick, W. H.(1918). The Project Method. *Teachers College Research*, *19* (4), 1–26.

찾아보기

ㅌ

ㅍ

ㅎ

지은이

이순형

서울대학교 대학원 아동학 박사
한국아동학회 회장
인간발달학회 회장
현재 서울대학교 생활과학대학 어린이집 원장
서울대학교 아동가족학과 교수

전가일

서울대학교 대학원 아동학 박사과정
하이닉스어린이집 주임교사
서울대학교 생활과학대학 어린이집 주임교사

박유정

서울대학교 대학원 아동학 석사
미국 Cornell University 아동학 박사과정
서울대학교 생활과학대학 어린이집 교사

김정민

서울대학교 대학원 아동학 박사수료
하이닉스어린이집 교사
서울법원어린이집 교사
국민체육진흥공단어린이집 원장
현재 서울대학교 생활과학대학 어린이집 부원장

주제탐구표현 활동자료집

서울대어린이집

무엇을 배우나

2008년 11월 20일 초판 인쇄
2008년 11월 25일 초판 발행

지은이 서울대학교 생활과학대학 어린이집
펴낸이 류 제 동
펴낸곳 (주)교 문 사

책임편집 강선혜
본문디자인 우일미디어
표지디자인 반미현
제작 김선형
영업 김재광 · 정용섭 · 송기윤
출력 우일미디어
인쇄 동화인쇄
제본 대영제책사

우편번호 413-756
주소 경기도 파주시 교하읍 문발리 출판문화정보산업단지 536-2
전화 031-955-6111(代)
팩스 031-955-0955
등록 1960. 10. 28. 제406-2006-000035호
홈페이지 www.kyomunsa.co.kr
이메일 webmaster@kyomunsa.co.kr
ISBN 978-89-363-0959-6 (93370)

*잘못된 책은 바꿔 드립니다.

값 18,000원